제3판

경비지도사

학개론

박문각출판문화연구소 편저

합격기준 박문각 자격증

PMG 박문각

이 책의 특징

FOREWORD

머리말

경비지도사(Security Instructor)는 경비원을 효율적으로 관리하고 감독할 수 있는 전문 인력을 양성하기 위해 도입된 자격제도이다. 경비지도사는 경비업법에 근거한 경비지도사 시험에 합격하고 행정안전부령이 정한 소정의 교육을 이수한 자로서 직무에 따라 일반경비지도사와 기계경비지도사로 나뉘어 운영되고 있다.

경비지도사 자격증을 취득하게 되면, 경비업체에서 경비지도사로서의 역할을 수행할 수 있고, 경비업체 내에서 상위직급으로의 승진할 가능성도 높일 수 있다. 점차 보안과 안전을 중시하는 사회변화로 인해 앞으로 경비업의 업무가 더욱 확대될 것으로 예상하고 있기 때문에, 그에 따라 경비지도사의 역할 또한 증대될 것으로 전망된다.

경비지도사 시험은 해가 갈수록 경쟁률이 높아지고, 타 자격시험과는 달리 선발인원이 제한되어 있어 커트라인 역시 해마다 높아지는 추세에 있다. 수험에 있어 합격이란 목표를 이루는 가장 빠른 방법은 출제된 기출문제를 충분히 분석하고, 이와 관련된 이론을 정리하는 것이다. 본서를 바탕으로 이론 및 문제를 반복 · 정리한다면 실제시험에서 좋은 결과를 얻을 수 있으리라 생각한다.

법학개론은 광범위한 영역에서 출제되고 초심자들에게 익숙하지 않은 용어들도 많지만, 흥미를 가지고 경비지도사로서 알아야 할 이론과 실무 내용을 포함한 보편적 이론과 관련 법령의 내용과 같은 기본에 충실하게 학습하면 시험에 합격할 수 있을 것이다.

이 책의 특징

01 **법학개론** 본문은 반복적인 학습이 필요한 **경비가이드**, 본문과 연계된 학습정리를 위한 **보충학습**, 최근 기출된 문제를 관련 내용에서 바로 확인할 수 있는 **최신기출확인** 등을 수록하여 필수적인 학습이 필요한 부분의 반복 학습을 강조하였다.

02 **법학개론** 사이드 부분에는 그동안 출제되었고 출제될 가능성이 높은 「**OX 문제**」, 출제자들의 변형된 함정에 빠지지 않도록 알려주는 「**Tip**」, 중요 포인트를 상세하게 설명한 「**Check up**」, 용어의 의미를 이해하기 쉽도록 도와주는 「**용어설명**」 등을 수록하였다.

03 각 단원이 끝나는 부분에는 최근 출제된 문제와 출제가능성이 높은 문제들을 수록한 기출 및 예상문제를 수록하였다.

본서를 바탕으로 수험생 여러분의 진심어린 노력과 반복적인 학습이 더해진다면 합격에 필요한 충분한 점수를 얻을 수 있으리라 생각한다.

박문각출판문화연구소

1 주관 및 시행처

- 주관 : 경찰청(www.police.go.kr)
- 시행처 : 한국산업인력공단(www.hrdkorea.or.kr)

2 2021년 제23회 경비지도사 시험일정

구분	접수기간	시험일정	합격자 발표기간
제1차 시험	2021. 9. 6. ~ 9. 10. 특별추가접수기간 : 2021. 10. 28.~10. 29.	2021. 11. 6.(토)	2021. 12. 22.
제2차 시험			

* 상기 일정은 불가피한 사유 발생 시 변경될 수 있으므로, 큐넷(www.q-net.or.kr)에서 시험일정을 확인하시기 바랍니다.

3 시험방법

제1차 시험과 제2차 시험을 구분하여 같은 날 동시 시행

4 시험과목

구분	시험과목		
	제1차 시험	제2차 시험	
		공통과목	선택과목(택일)
일반경비지도사	1. 법학개론 2. 민간경비론	1. 경비업법 (청원경찰법 포함)	2. 소방학 2. 범죄학 2. 경호학
기계경비지도사			2. 기계경비개론 2. 기계경비기획 및 설계

* 시험과 관련하여 법률 등을 적용하여 정답을 구하여야 하는 문제는 시험시행일 현재 시행 중인 법률 등을 적용하여 그 정답을 구하여야 함

5 시험시간 및 방법

구분	시험과목	출제문항	입실시간	시험시간	시험방법
제1차 시험	1. 법학개론 2. 민간경비론	과목별 40문항	09 : 00	09 : 30 ~ 10 : 50 [80분]	객관식 4지 택일형
제2차 시험	1. 경비업법 (청원경찰법 포함) 2. 선택과목	과목별 40문항	11 : 00	11 : 30 ~ 12 : 50 [80분]	

6 응시자격

제한 없음(단, 결격사유자 제외)

결격사유

1. 18세 미만인 사람 또는 피성년후견인
2. 파산선고를 받고 복권되지 아니한 자
3. 금고 이상의 실형의 선고를 받고 그 집행이 종료(집행이 종료된 것으로 보는 경우를 포함한다)되거나 집행이 면제된 날부터 5년이 지나지 아니한 자
4. 금고 이상의 형의 집행유예선고를 받고 그 유예기간 중에 있는 자
5. 다음 각 목의 어느 하나에 해당하는 죄를 범하여 벌금형을 선고받은 날부터 10년이 지나지 아니하거나 금고 이상의 형을 선고받고 그 집행이 종료된(종료된 것으로 보는 경우를 포함한다) 날 또는 집행이 유예 · 면제된 날부터 10년이 지나지 아니한 자
   가. 「형법」 제114조의 죄
   나. 「폭력행위 등 처벌에 관한 법률」 제4조의 죄
   다. 「형법」 제297조, 제297조의2, 제298조부터 제301조까지, 제301조의2, 제302조, 제303조, 제305조, 제305조의2의 죄
   라. 「성폭력범죄의 처벌 등에 관한 특례법」 제3조부터 제11조까지 및 제15조(제3조부터 제9조까지의 미수범만 해당한다)의 죄
   마. 「아동 · 청소년의 성보호에 관한 법률」 제7조 및 제8조의 죄
   바. 다목부터 마목까지의 죄로서 다른 법률에 따라 가중처벌되는 죄
6. 다음 각 목의 어느 하나에 해당하는 죄를 범하여 벌금형을 선고받은 날부터 5년이 지나지 아니하거나 금고 이상의 형을 선고받고 그 집행이 유예된 날부터 5년이 지나지 아니한 자
   가. 「형법」 제329조부터 제331조까지, 제331조의2 및 제332조부터 제343조까지의 죄
   나. 가목의 죄로서 다른 법률에 따라 가중처벌되는 죄
7. 제5호 다목부터 바목까지의 어느 하나에 해당하는 죄를 범하여 치료감호를 선고받고 그 집행이 종료된 날 또는 집행이 면제된 날부터 10년이 지나지 아니한 자 또는 제6호 각 목의 어느 하나에 해당하는 죄를 범하여 치료감호를 선고받고 그 집행이 면제된 날부터 5년이 지나지 아니한 자
8. 이 법이나 이 법에 따른 명령을 위반하여 벌금형을 선고받은 날부터 5년이 지나지 아니하거나 금고 이상의 형을 선고받고 그 집행이 유예된 날부터 5년이 지나지 아니한 자

* 결격사유 심사기준일은 응시원서 접수 마감일임
* 결격사유에 해당하는 자는 시험합격 여부와 상관없이 시험을 무효처리함

7 합격기준

구분	합격결정기준
제1차 시험	매 과목 100점을 만점으로 하며, 매 과목 40점 이상, 전 과목 평균 60점 이상 득점한 자를 합격자로 결정
제2차 시험	선발예정 인원의 범위 안에서 60점 이상을 득점한 자 중에서 고득점 순으로 결정 ※ 동점자로 인하여 선발예정 인원이 초과되는 때에는 동점자 모두를 합격자로 결정

*「경비업법 시행령」 제12조 제5항에 따라 제1차 시험에 불합격한 자가 치른 제2차 시험은 무효로 함

8 제1차 시험의 면제

가. 경력 또는 자격에 의한 제1차 시험 면제(「경비업법 시행령」 제13조)

▶ 다음 각 호의 어느 하나에 해당하는 사람은 경비지도사 제1차 시험을 면제함

1) 「경찰공무원법」에 따른 경찰공무원으로 7년 이상 재직한 사람
2) 「대통령 등의 경호에 관한 법률」에 따른 경호공무원 또는 별정직 공무원으로 7년 이상 재직한 사람
3) 「군인사법」에 따른 각 군 전투병과 또는 군사경찰병과 부사관 이상 간부로 7년 이상 재직한 사람
4) 「경비업법」에 따른 경비업무에 7년 이상(특수경비업무의 경우에는 3년 이상) 종사하고 행정안전부령으로 정하는 교육과정을 이수한 사람
5) 「고등교육법」에 따른 대학 이상의 학교를 졸업한 사람으로서 재학 중 제12조 제3항에 따른 경비지도사 시험과목을 3과목 이상을 이수하고 졸업한 후 경비업무에 종사한 경력이 3년 이상인 사람
6) 「고등교육법」에 따른 전문대학을 졸업한 사람으로서 재학 중 제12조 제3항에 따른 경비지도사 시험과목을 3과목 이상을 이수하고 졸업한 후 경비업무에 종사한 경력이 5년 이상인 사람
7) 일반경비지도사의 자격을 취득한 후 기계경비지도사의 시험에 응시하는 사람 또는 기계경비지도사의 자격을 취득한 후 일반경비지도사의 시험에 응시하는 사람
8) 「공무원임용령」에 따른 행정직군 교정직렬 공무원으로 7년 이상 재직한 사람

※ 청원경찰 근무 경력은 경비지도사 1차 시험 면제 요건에 해당되지 않음
※ 경비업무 경력 산정 시, '경비원'으로서 근무한 경력만을 인정함

나. 전(前) 회차 제1차 시험 합격에 의한 면제 (「경비업법 시행령」 제12조 제6항)

▶ 제1차 시험에 합격한 자에 대하여는 다음 회의 시험에 한하여 제1차 시험을 면제

※ 2020년도 제22회 경비지도사 제1차 시험에 합격한 사람은 2021년도 제23회 경비지도사 제1차 시험을 면제(별도의 서류제출 필요 없음)

※ 일반경비지도사와 기계경비지도사 자격 변경 지원 시 면제 불가(단, 제2차 시험 선택과목은 원서접수 시 선택 가능)

다. 제1차 시험 면제서류 제출기관 : 공고문 참조

9 응시원서 접수방법

가. 접수기간 및 시험장소 선택

▶ 접수기간 : 2021.9.6(월)~9.10(금)[5일 간]

※ 제1차 시험 면제자도 해당 기간 내에 반드시 제2차 시험 원서접수를 하여야 하며, 원서접수 마감 이후에는 접수 불가

※ 특별 추가 원서접수기간 : 2021.10.28(목)~10.29(금)[선착순 마감]

▶ 시험장소 선택 : 인터넷 원서접수 시 수험자가 직접 시험장 선택

나. 접수방법

▶ 큐넷 경비지도사 홈페이지(www.Q-Net.or.kr/site/security)를 통한 인터넷 원서접수만 가능

[시험응시자 접수 유의사항]

- 공단 국가자격시험(www.Q-Net.or.kr) 내 경비지도사 홈페이지에서 인터넷 접수
- 인터넷 원서 접수시 최근 6개월 이내에 촬영한 탈모 상반신 사진을 파일(JPG, JPEG 파일, 사이즈 : 90×120 이상, 300DPI 권장, 200KB 이하)로 첨부하여 인터넷 회원가입 후 원서접수(단, 기존 Q-Net 회원일 경우는 바로 원서접수 가능)
  ※ 원서접수 시 반드시 본인의 사진을 등재하여야 하며, 타인의 사진을 잘못 등재한 경우에는 부정행위자로 처리될 수 있음
  ※ 인터넷 활용이 어려운 수험자를 위한 접수도우미 운영(전국 공단지부, 지사)
- 합격자 신원조회 및 교육이수 안내를 위해 반드시 정확한 주민등록지 주소 및 연락처를 입력하여야 함

CONTENTS

차 례

CONTENTS

차 례

PART

01

법학 일반

법학 일반

제1장 | 법의 의의

01 법의 본질

(1) 법의 정의 19년 기출

① 법은 사회 구성원이 사회생활을 영유함에 있어서 지켜야 하는 강제력을 가지고 있는 사회규범이다.
② 법은 근거가 정당하여야 한다.
③ 법은 사회의 구성원이 사회의 가치를 실현하고 사회의 공통선을 목적으로 하는 사회규범이다.
④ 법의 본질은 당위의 법칙을 바탕으로 하고, 자연법칙은 존재의 법칙을 바탕으로 한다.

✓ OX
법의 본질은 존재의 법칙을 바탕으로 한다. (×)

(2) 법의 구조 19년, 11년 기출

법은 행위규범, 재판규범(강제규범), 조직규범의 통일체이다.

행위규범	사람은 '~하여야 한다.'고 명령하거나 또는 '~해서는 안 된다.'고 금지하는 등 각 개인의 행위를 직접적으로 규율하려고 하는 사회규범의 형태임 예 남의 물건을 훔치지 말라
재판규범 (강제규범)	행위규범에 위반하는 행위에 대하여 일정한 제재를 가함으로써 강제적으로 사회의 질서를 유지하는 작용을 갖는 것으로, 재판을 함에 있어서 그 기준이 되는 규범을 말함 예 사람을 살해한 자(행위규범)는 사형·무기 또는 5년 이상의 징역에 처한다(재판규범).
조직규범	법의 제정(制定)·적용·집행을 담당하는 조직체의 구성과 운영에 대하여 규정하고 있는 법규범, 즉 행정부, 국회, 법원 등과 같은 국가기관의 조직 및 그 권한범위 등을 정해놓은 법을 말함 예 헌법, 국회법, 정부조직법, 법원조직법 등

✓ Tip
"사람을 살해한 자는 사형·무기 또는 5년 이상의 징역에 처한다."는 형법의 규정이 지니는 규범적 성격은 행위규범, 재판규범(강제규범)이다.

체크-UP
재판규범의 강제력을 예링(Jhering)은 "강제가 없는 법은 타지 않는 불꽃과 같다"고 정의하여 법을 준수하지 않을 경우 제재를 가함으로써 준수하도록 하는 것을 원칙으로 하였다.

Guide 사회규범

- 사회가 있는 곳에 법이 있다.
- 사회의 질서유지를 위하여 반드시 사회규범이 필요하다.
- 사회규범에는 관습, 법, 도덕 등이 있다.

최신기출확인

법의 의의에 관한 설명으로 옳지 않은 것은? 19년 기출

① 법은 사회규범의 일종이다.
② 법은 재판규범이 되기도 한다.
③ 법은 존재법칙이지만 자연현상은 당위법칙이다.
④ 법은 양면성을 갖지만 도덕은 일면성을 갖는다.

해설

③ 법의 본질은 당위법칙이지만 자연현상은 존재법칙이다.
① 법은 사회 구성원이 사회생활을 영유함에 있어서 지켜야 하는 강제력을 가지고 있는 사회규범의 일종이다.
② 법은 재판을 함에 있어서 그 기준이 되는 규범인 재판규범이 되기도 한다.
④ 법은 양면성(권리 · 의무의 양 측면을 규율)을 갖지만 도덕은 일면성(의무적 측면만을 규율)을 갖는다.

답 ③

✓OX
법실증주의자들은 법과 도덕의 구별을 부인한다. (×)
→ 자연법론자

(3) 법과 다른 사회규범과의 관계

① 법과 도덕 18년, 17년, 15년, 11년 기출

㉠ 법과 도덕의 관계

ⓐ 법과 **도덕**은 사회에 관한 규범이라는 점에서는 동일하지만 법은 다른 사회규범으로부터 분리된 2차적 규범이라는 차이가 있다.

ⓑ 법은 인간의 외면적 행위를 주로 규율하고, 도덕은 인간의 내면적 의사를 주로 규율한다.

ⓒ 법도 때에 따라서는 '선의' 또는 '악의'와 같은 인간의 내부적 의사를 중요시한다.

ⓓ 법의 효력은 국가의 강제력에 의하여 보장되는 데 반하여, 도덕은 개인의 양심에 의해 구속받는다.

ⓔ 도덕은 법보다 평균인이 지키기 어려운 높은 이상을 지향한다.

* **도덕** : 인간이 지켜야 할 도리 또는 바람직한 행동기준

✓OX
법은 권리 · 의무의 양 측면을 규율하고, 도덕은 의무적 측면만을 규율하므로 권리가 없거나 의무가 없는 법은 존재하지 않는다. (×)

보충학습

법과 도덕에 관한 학자들의 견해 12년 기출

- **토마지우스**(Thomasius) : 사색은 누구도 벌을 가할 수 없다.
- **켈젠**(Kelsen) : 법은 강제질서라는 의미에서 다른 질서와 구별된다.
- **옐리네크**(Jellinek) : 법은 도덕의 최소한이다.
- **라드브루흐**(Radbruch) : 법은 법이념에 봉사한다는 의미를 지니는 현실이다.
- **슈몰러**(Schmoller) : 법은 도덕의 최대한이다.

✓OX
법은 강제성을, 도덕은 비강제성을 갖는다. (○)

✓OX
권리 및 의무의 측면에서 법은 일면적이나 도덕은 양면적이다. (×)

㉡ 법과 도덕의 차이점

비교	법	도덕
목적	정의(Justice)의 실현	선(Good)의 실현
규율대상	외면성(사람의 객관적 · 외부적 행위를 규율)	내면성(사람의 주관적 · 내면적 의사를 규율)
규범성 (위반 시 제재)	강제성	비강제성
성격	타율성	자율성
성립 및 발생원인	경험적 사실에 의하여 성립	선험적 이성에 의하여 발생
권리 · 의무관계	양면성	편면성(일면성)
수범자	상대성(평균적 인간)	절대성(이상적 인간)

최신기출확인

법과 도덕에 관한 설명으로 옳지 않은 것은? 18년 기출

① 법은 행위의 외면성을, 도덕은 행위의 내면성을 다룬다.
② 법은 강제성을, 도덕은 비강제성을 갖는다.
③ 법은 타율성을, 도덕은 자율성을 갖는다.
④ 권리 및 의무의 측면에서 법은 일면적이나, 도덕은 양면적이다.

해설 ④ 법은 권리 · 의무의 양 측면을 규율하고, 도덕은 의무적 측면만을 규율한다.

답 ④

② 법과 관습 10년 기출

㉠ 법은 인위적으로 만들어지는 반면, **관습**은 자연발생적 현상으로 생성된다.

㉡ 법은 국가 차원의 규범인 반면, 관습은 부분 사회의 관행이다. 즉, 법은 강제가능성을 가지고 있는 반면, 관습은 인간의 자유의사에 따라 이행된다.

* **관습** : 사회 구성원 사이에서 동일한 행위가 장기간 반복 수행됨에 따라 무의식적으로 형성되는 사회생활의 준칙

㉢ 법위반에는 법적 제재가 가능한 반면, 관습위반은 사회적 비난을 받는 데 그친다.

㉣ 법은 합목적성과 당위성을 기초로 하고 있지만 관습은 오랫동안 반복된 사실성에 기초하고 있다.

③ **법과 종교의 관계**

㉠ 법은 사회생활의 질서유지를 위한 규범이지만, 종교는 절대자에 귀의하기 위한 규범이다.

㉡ 법은 국가에 의해 강제되지만, 종교는 초인격적인 신을 대상으로 한다.

㉢ 법에는 신앙의 요소가 없지만, 종교에는 신앙의 요소가 있다.

㉣ 법은 행위중심의 외면성을 가지지만, 종교는 의사중심의 내면성을 가진다.

Guide 자연법과 실정법 16년 기출

1. 자연법

인간의 경험적인 인식에 의하여 형성되는 시간과 공간의 개념을 초월한 인위적이 아닌 자연적 성질에 바탕을 둔 보편적이고 항구적인 법률 및 규범으로, 역사적·장소적 제약을 받지 않고 보편적으로 타당하다.

2. 실정법

국가에 의하여 제정된 법으로서 과거에 시행되었거나 현재에 시행되고 있는 법으로, 때와 장소에 따라 변하는 상대적인 규범이다.

02 법의 목적(이념)

(1) 의의

① 법의 목적은 인간이 법으로 실현하려고 하는 사회생활의 실천목표로서 법이 추구하는 가장 궁극적이고 추상적인 이념이다. 또한 법의 가치를 평가하는 척도이자 법이 존재하는 이유가 되기도 한다.

② 칸트는 법의 목적을 '도덕적인 인격의 확보', 예링은 '사회이익의 확보', 벤담은 '최대다수의 최대행복'이라고 보았다.

(2) 내용(라드브루흐의 3요소설)

① **정의**(법의 추상적 목적)

㉠ **개념** : 정의는 법철학의 가장 기본적인 문제로, 법이 추구하는 이념에 있어 그 한 출발점인 동시에 궁극적인 목적이다.

✓ OX

법은 합목적성에 기초하는 반면, 관습은 당위성에 기초한다. (×)

✓ OX

국가에 의하여 제정되는 법규범은 실정법에 해당한다. (○)

체크-UP

함무라비법전

세계에서 가장 오래된 성문법으로서, 기원전 1750년 무렵에 바빌로니아의 함무라비 왕이 제정하였다. 함무라비법전은 "눈에는 눈, 이에는 이"와 같이 내가 당한 만큼 보복한다(동해보복형)는 복수주의를 원칙으로 한다.

✓ Tip

동양의 윤리사상 중 본래 자기의 본분을 자각하는 것을 의미하며 법의 이념으로서의 정의에 가장 가까운 관념은 의(義)이다.

✔OX
일반적 정의는 평균적 정의와 배분적 정의로 나뉜다. (×)

㉡ **아리스토텔레스(Aristoteles)의 정의론** 16년 기출

아리스토텔레스는 국가나 법이 추구하는 목적으로서의 정의를 일반적 정의와 특수적 정의로 나누었다.

ⓐ **일반적 정의** : 개인이 단체(국가)에 대한 의무를 다하는 것을 의미한다.

ⓑ **특수적 정의**

평균적 정의	개인 상호 간에 행하여지는 정의로, 절대적 평균으로서 모든 사람들에게 차별 없이 평등하게 적용되어야 한다는 절대적·형식적 평등을 의미한다.
배분적 정의	단체의 개인에 대한 관계에서의 정의로, 단체생활에 있어서 개인 각자의 능력과 가치에 따라 적합하게 분배되어야 한다는 상대적·실질적 평등을 의미한다.

최신기출확인

아리스토텔레스의 정의론에 관한 설명으로 옳은 것은? 16년 기출

① 정의는 일반적 정의와 특수적 정의로 나뉜다.
② 일반적 정의는 평균적 정의와 배분적 정의로 나뉜다.
③ 평균적 정의는 상대적·실질적 평등을 의미한다.
④ 배분적 정의는 절대적·형식적 평등을 의미한다.

해설
② 특수적 정의는 평균적 정의와 배분적 정의로 나뉜다.
③ 배분적 정의는 상대적·실질적 평등을 의미한다.
④ 평균적 정의는 절대적·형식적 평등을 의미한다.

답 ①

② **합목적성**

㉠ **개념** : 합목적성은 법질서가 국가이념과 가치관에 따라 결정·실행되는 원리로, 국가나 사회의 이념과 가치관에 따라 국가의 법질서를 구체적으로 제정·실시하는 데 기준으로서 동원된다.

㉡ **합목적성의 분류**(라드브루흐)

개인주의	국가나 단체보다 개인을 우선시하여 개인의 자유와 행복이 최대한 보장되는 것을 말함
초개인주의 (단체주의)	민족이나 국가와 같은 단체를 최고의 가치로 신봉하고, 개인은 단체의 가치를 실현하기 위한 구성원으로서의 의미를 가짐
초인격주의 (문화주의)	개인도 단체도 아닌 인간이 만든 문화를 최고의 가치로 인정하는 것으로, 개인과 단체는 작품의 가치에, 도덕과 법 및 국가는 문화에 봉사한다는 가치관을 말함

③ **법적 안정성** 17년 기출

㉠ **개념** : 사회의 여러 사람들이 법에 의하여 보호되거나 보장되는 사회생활의 질서와 안정을 말한다.

㉡ **법적 안정성을 위한 요건**

ⓐ 법의 내용은 명확하여야 한다.

ⓑ 법은 함부로 변경되어서는 안 된다.

ⓒ 법은 실제로 행사될 수 있어야 한다.

ⓓ 법은 국민의 법의식에 합치되어야 한다.

Guide **법적 안정성과 관련된 법언** 14년 기출

- "악법도 법이다."
- "정의롭지 못한 법이라 할지라도 무질서보다는 낫다."
- "법은 함부로 변경되어서는 안 된다."

✓OX

"법은 함부로 변경되어서는 안 된다."는 명제와 직접적으로 관련된 것은 법적 안정성이다. (O)

03 법의 효력 20년, 18년, 17년, 16년, 15년, 10년 기출

(1) 법의 실질적 효력

법의 실효성과 타당성은 법의 실질적 효력에 속하는 것으로, 이 둘 중에서 어느 하나라도 결여되어 있으면 법은 실정법적 가치를 잃게 되므로, 법이 효력을 가지려면 실효성과 타당성이 동시에 있어야 한다.

① **법의 실효성**

법이 현실로 지켜져 실현되는 강제력으로, 법질서에 대한 위법 사태의 발생 시 강제수단을 발동하여 국가가 권력으로써 그 효력을 보장하는데, 개인에 의한 자력구제는 인정되지 않는다.

② **법의 타당성**(정당성)

법이 구속력을 가질 수 있는 정당한 권능으로, 법이 정의에 합치하여 실현될 수 있는 것을 말한다.

✓OX

법이 효력을 가지려면 실효성과 타당성이 동시에 있어야 한다. (O)

(2) 법의 형식적 효력(적용범위)

구체적으로 국민의 법률관계를 규율하기 위해 사실이 어떠한 시기, 장소, 사람에 의하여 발생되었는가를 검토하는 실정법의 적용범위를 말한다.

① **시간적 효력**

㉠ **법의 유효기간** : 법은 시행일부터 폐지일까지 그 효력을 갖는다.

㉡ **법의 시행** : 법률은 제정과 동시에 효력을 발생하는 것이 아니라 특별한 규정이 없는 한 공포한 날로부터 20일을 경과함으로써 효력을 발생한다.

✓ Tip

공포한 날로부터 30일이 아니라 20일을 경과함으로써 효력을 발생한다.

ⓒ **법의 폐지** : 법의 효력이 소멸되는 것으로 명시적 폐지와 묵시적 폐지가 있다. 명시적 폐지는 법령에 의하여 법의 유효기간이 정해져 있어 그 기간이 만료되는 경우 또는 새로운 법령에서 일정한 법령의 폐지를 정하고 있는 경우이고, 묵시적 폐지는 구법령과 저촉되는 신법령이 제정되었을 경우 특별한 규정이 없어도 구법이 당연히 폐지되는 것을 말한다.

✓ Tip

한시법에 있어서 시행기간이 경과하여 적용되지 않게 된 경우, 이는 명시적 폐지에 해당한다.

ⓡ **법률불소급의 원칙**

ⓐ **원칙** : 법의 효력은 시행 후에 발생한 사항에 대하여서만 적용되고 그 시행 이전에 발생한 사항에 대하여는 소급하여 적용되지 않는다는 원칙을 말한다.

예 • 모든 국민은 행위시의 법률에 의하여 범죄를 구성하지 아니하는 행위로 소추되지 아니한다(헌법 제13조).
• 범죄의 성립과 처벌은 행위 시의 법률에 의한다(형법 제1조).

ⓑ **예외** : 법률불소급의 원칙은 사후입법에 의하여 행위자에게 불이익을 주는 것을 금지하기 때문에 때로는 입법상의 필요에 의하여 예외적으로 소급효를 인정하는 경우도 있다.

예 민법은 특별한 규정이 있는 경우 외에는 본법 시행일 전의 사항에 대하여도 이를 적용한다. 그러나 이미 구법에 의하여 생긴 효력에는 영향을 미치지 아니한다(민법 부칙 제2조).

✓ OX

민법은 특별한 규정이 있는 경우 외에는 법률불소급의 원칙이 적용된다. (×)

ⓒ **파생원칙** 16년 기출

사후법 제정 금지의 원칙	행위 당시에 적법한 행위에 대하여 사후에 이를 처벌하는 소급법을 제정하지 못하며 그러한 방법으로 형을 가중하는 것도 금지한다는 원칙을 말한다.
기득권존중의 원칙	이미 구법에 의하여 취득한 권리는 신법에 의하여 변경·소멸할 수 없다는 원칙을 말한다.

✓ Tip

신법이 시행되더라도 구법에 의하여 이미 발생한 기득권은 보장된다.

ⓜ **경과법** : 법령의 제정이나 개폐가 있을 때, 진행 중인 사항에 관하여 적용될 법령을 규정하고 있는 법을 말한다.

체크-UP

경과규정

법이 변경된 경우에 어떠한 사실이 신법의 적용을 받는가, 구법의 적용을 받는가에 대하여 설정해 두는 규정을 말한다.

② **장소적 효력** 15년 기출

㉠ **원칙(속지주의)** : 자국의 영역 내에 있는 모든 사람에 대하여 내·외국인을 불문하고 자국법을 적용할 수 있다는 원칙이다. 즉, 국가의 주권이 미치는 모든 영역인 영토·영해 및 영공의 전반에 미치는 것이므로 내국인이건 외국인이건 국적을 불문하고 그 영역 내에 있는 사람 전체에 적용되는 것을 의미한다.

ⓛ 예외(속인주의) : 지방자치단체의 자치법규(조례와 규칙), 외교특권을 누리는 자, 국제사법에 의해 본국법을 적용받도록 되어 있는 자 등은 예외에 해당된다.

ⓒ 기국주의 : 공해상의 선박이나 항공기는 국적을 가진 국가의 배타적 관할권에 속한다는 국제법상의 원칙이다(형법 제4조).

③ 대인적 효력 15년 기출

ⓐ 원칙 : 국제사회에 있어서 영토의 상호존중과 상호 평등원칙이 적용되므로 서로의 영역을 존중하는 입장에서 속지주의를 원칙적으로 적용하고 예외적으로 속인주의로 보충한다.

ⓛ 예외

ⓐ 속지주의의 예외 : 헌법상의 권리・의무 중 참정권 또는 병역의무 등은 외국인에게는 인정하지 않는 것, 내란죄, 외란죄, 국기에 대한 죄, 통화 및 유가증권에 관한 죄 등은 대한민국 영역 밖에서 죄를 범한 경우에도 자국법을 적용하는 것, 외교상 특권, 대통령과 국회의원의 형사상 특권 등이 있다.

ⓑ 속인주의의 예외 : 속인주의는 외국에서 범죄를 저지른 내국인에게 우리나라 형법이 적용된다는 것이다.

✓OX

현행 형법은 속지주의를 원칙으로 하되, 속인주의로 보충한다. (O)

체크-UP

속지주의의 예외 중 참정권 소급법률에 의한 참정권 제한 금지는 헌법에 규정되어 있다. 모든 국민은 소급입법에 의하여 참정권의 제한을 받거나 재산권을 박탈당하지 아니한다.

최신기출확인

법의 효력에 관한 설명으로 옳지 않은 것은? 20년 기출

① 「국제사법(國際私法)」에 따르면 사람의 권리능력은 우리나라 법에 의한다.
② 속지주의는 한 국가의 법은 자국의 영토 내에 있는 모든 사람에게 적용된다는 주의를 말한다.
③ 구법(舊法)과 신법 사이의 법적용의 문제를 해결하기 위해 제정된 법을 경과법이라고 한다.
④ 헌법에 의하면 법률은 특별한 규정이 없는 한 공포한 날로부터 20일을 경과함으로써 효력을 발생한다.

해설

① 사람의 권리능력은 그의 본국법에 의한다(국제사법 제11조).
② 속지주의란 자국의 영토 내에 있는 모든 사람에 대하여 내・외국인을 불문하고 자국법을 적용할 수 있다는 원칙이다.
③ 경과법이란 법령의 제정이나 개폐가 있을 때, 진행 중인 사항에 관하여 적용될 법령을 규정하는 법으로, 구법과 신법 사이의 법적용의 문제를 해결하기 위해 제정된다.
④ 법률은 특별한 규정이 없는 한 공포한 날로부터 20일을 경과함으로써 효력을 발생한다(헌법 제53조 제7항).

답 ①

제2장 법원(法源)

01 법원의 의의

법원(法源)은 법의 연원이라고도 하며, 법에 대한 인식수단 내지는 존재형식을 가리킨다.

(1) 법원의 구분

성문법	규범적 의사를 문서의 형식으로 표현하고 일정한 절차와 형식을 거쳐서 공포된 법으로, 헌법·법률·명령·조약·규칙·조례 등이 있음
불문법	일정한 형식과 절차에 따라 성문화되지 않은 성문법 이외의 법으로, 관습법, 판례법, 조리가 있음

✓OX

성문법이라 함은 그 제정의 주체가 반드시 의회인 경우에 국한된다. (×)

(2) 성문법과 불문법의 장단점 19년, 17년, 12년, 11년 기출

구분	성문법	불문법
장점	• 법질서의 안정성과 예측가능성 확보 • 법의 의미와 내용이 명확함 • 법체계의 통일성 확보 및 법의 통일·정비가 용이 • 외국법 계수 용이 • 입법기간이 짧으며, 입법정책을 통하여 발전적 방향으로 사회제도를 개혁할 수 있음 • 법규의 내용을 일반국민에게 알리기에 적합함	• 사회변화에 따른 필요(급변하는 사회의 현실적 수요)에 신속하게 대처 가능함 • 법적용상 융통성과 탄력성 존재 • 법 현실에 고정되지 않고(유동적) 탄력적인 적응이 가능함
단점	• 사회변화에 신속한 대처 곤란 • 법의 고착화(융통성↓, 탄력성↓)	• 법질서의 안정성과 예측가능성 확보 곤란 • 법의 의미와 내용의 불명확함 • 외국법 계수의 어려움

✓Tip

불문법주의 국가에서는 일반적으로 판례를 독립한 법원으로 인정하고 있다.

✓OX

성문법은 법적 안정성을 확보하기 어려운 점이 있다. (×)

→ 쉽다.

최신기출확인

성문법과 불문법에 관한 설명으로 옳은 것은? 19년 기출

① 조례는 불문법에 해당한다.
② 헌법에 의하여 체결・공포된 조약은 성문법에 해당한다.
③ '죄형법정주의'의 '법'에는 법률 및 관습법이 포함된다.
④ 성문법은 사회적 변화에 신속히 대응할 수 있는 장점이 있다.

해설

② 성문법은 규범적 의사를 문서의 형식으로 표현하고 일정한 절차와 형식을 거쳐서 공포된 법으로, 헌법・법률・명령・조약・규칙・조례 등이 있다.
① 조례는 성문법에 해당한다.
③ 죄형법정주의란 범죄와 형벌은 법률로써 규정되어 있어야 한다는 원칙을 말한다. 따라서 '죄형법정주의'의 '법'에는 관습법은 포함되지 않는다.
④ 성문법은 사회적 변화에 신속히 대응할 수 없는 단점이 있다. 답 ②

02 성문법

(1) 헌법 14년, 13년, 11년 기출

① 헌법은 국가의 이념이나 조직・통치 및 기본권, 그리고 그 작용에 관한 국가 최고의 근본법이다.
② 헌법은 최상위법으로서 법률, 명령, 규칙 등 하위법의 타당성의 근거가 되므로, 하위법은 헌법에 위반될 수 없고 헌법에 위반되는 법률, 명령 등은 무효이다.

✔OX
헌법에 의하여 체결・공포된 조약은 성문법에 해당한다. (O)

(2) 법률 14년, 13년, 11년 기출

법률은 넓은 의미에서의 법 또는 법질서 전체를 말하나, 좁은 의미(형식적 의미)에서의 법률은 입법기관인 국회의 의결을 거쳐 제정・공포된 성문법을 의미한다.

(3) 명령과 규칙 14년, 13년 기출

① **명령**

국회의 의결을 거치지 않고 행정기관에 의해 제정되는 성문법규를 말한다.

㉠ 명령은 제정하는 주체(제정권자)를 기준으로 대통령령・총리령・부령으로 나뉜다.
㉡ 법적 근거를 기준으로 하여 법률이 위임한 사항을 처리하기 위한 위임명령과 법규의 집행을 위한 집행명령으로 나뉜다.

✓ Tip

- 대통령의 긴급명령은 법률과 같은 효력을 가진다.
- 대법원규칙은 명령으로서의 성격을 갖는다.

② **규칙**

국가기관이 그 소관 사무에 관하여 법률에 저촉되지 않는 범위 내에서 정하는 내부규율과 사무처리에 관한 자율권을 행사하기 위하여 제정한 법규를 말한다.

예 국회규칙, 대법원규칙, 감사원규칙, 헌법재판소규칙 등이 있다.

③ **명령과 규칙의 구별**

법규의 성질을 갖는지의 여부에 따라 명령은 법규의 성질을 가진 것이고, 규칙은 법규의 성질을 가지지 않은 것이다.

(4) 자치법규 19년, 16년, 14년, 13년, 11년 기출

✓ Tip

지방자치단체는 법령의 범위 안에서 자치에 관한 규정을 제정할 수 있다.

지방자치단체가 법령의 범위 안에서 제정하는 자치에 관한 법규를 말한다.

① **종류**

조례	지방자치단체 의회(지방의회)가 법령의 범위 내에서 그 사무에 관하여 제정하는 자치법규
규칙	지방자치단체의 장이 법령 또는 조례가 위임한 범위 내에서 그 권한에 속하는 사무에 대해 제정하는 자치법규
교육규칙	교육감은 법령 또는 조례의 범위 안에서 그 권한에 속하는 사무에 관하여 교육규칙을 제정할 수 있다.

✓ OX

자치법규가 법령에 위반하는 경우에는 효력이 없다. (○)

② **효력**

자치법규는 그 지방자치단체 구역 내에서 효력을 갖는다.

최신기출확인

지방자치단체의 자치입법에 해당하는 것을 모두 고른 것은? 19년 기출

ㄱ. 조례 ㄴ. 규칙 ㄷ. 교육규칙

① ㄱ, ㄴ ② ㄱ, ㄷ
③ ㄴ, ㄷ ④ ㄱ, ㄴ, ㄷ

해설

④ ㄱ, ㄴ, ㄷ 모두 자치입법에 해당한다.
자치입법권에는 지방자치단체가 법령의 범위 안에서 그 사무에 관하여 조례를 제정하는 조례제정권(지방자치법 제22조)과 지방자치단체의 장이 법령이나 조례가 위임한 범위에서 그 권한에 속하는 사무에 관하여 규칙을 제정하는 규칙제정권(지방자치법 제23조), 지방교육자치에 관한 법률에서 교육규칙제정권(지방자치법 제25조)을 인정하고 있다.

답 ④

(5) 조약과 국제법규 14년, 13년, 10년 기출

① 조약

문서로써 국가 간에 체결되고 국제법에 의하여 규율되는 합의를 말한다.

② 국제법규

국제사회의 일반적·보편적 규범으로서 세계의 대다수 국가가 승인하고 있는 것을 말한다.

③ 법원성

㉠ 헌법에 의해 체결·공포된 조약과 일반적으로 승인된 국제법규는 국내법과 같은 효력을 가진다(헌법 제6조 제1항).

㉡ 국제법과 국내법의 효력에 대해서는 국내법우위설, 국제법우위설, 동위설 등이 주장되고 있는데, 우리 헌법은 국제법과 국내법의 효력관계에 있어서 동위설을 취하고 있다.

✓ Tip

헌법에 의하여 체결·공포된 조약은 국내법과 동일한 효력을 갖는다.

(6) 성문법 상호 간의 관계

① 상위법 우선의 원칙 15년, 10년 기출

㉠ 한 국가의 실정법 질서는 '헌법 → 법률 → 명령 → 조례 → 규칙'이라는 단계적 구조를 이루는데, 상위법은 하위법에 우선한다.

㉡ 모든 법규범은 상위법이 하위법에 우선하여 적용된다. 때문에 상위 법규범으로 하위 법규범을 개폐할 수 있지만, 하위 법규범으로 상위 법규범을 개폐할 수는 없다.

✓ OX

성문법이 상호간에 충돌할 때에는 상위법 우선의 원칙이 적용된다. (O)

최신기출확인

법단계설을 주장한 학자는? 18년 기출

① 켈젠(H. Kelsen) ② 슈미트(C. Schmitt)
③ 예링(R. v. Jhering) ④ 스멘트(R. Smend)

해설

① 켈젠(H. Kelsen)은 법을 순수히 논리적으로 고찰하면, 법질서 전체는 단계를 형성하고 있는 연속적 일체라 하였다.

답 ①

✓ Tip

법단계설을 주장한 법학자는 켈젠(H. Kelsen)이다.

② 특별법 우선의 원칙 10년 기출

법의 구별실익에 있어서 일반법과 특별법의 규정이 상반되는 경우 항상 특별법이 우선한다. 예를 들어 상법은 민법에 대한 특별법이므로 동일한 사항에 관하여 민법의 규정과 상법의 규정이 충돌하면 상법이 우선하여 적용된다.

✓ OX

신법 우선의 원칙은 특별법이 개정되는 경우에는 적용되지 않는다. (×)

✓ OX

구법에 의해 취득한 기득권은 신법의 시행으로 소급하여 박탈하지 못한다는 원칙은 절대적인 것이어서 입법으로도 제한할 수 없다. (×)

③ 신법 우선의 원칙 16년, 15년, 10년 기출

㉠ 신법 우선의 원칙이란 신법이 구법에 우선하여 적용한다는 원칙이다. 우리나라 현행법에 의하면 법률불소급의 원칙을 원칙적으로 적용하고, 예외적으로 신법우선의 원칙을 적용한다. 따라서 항상 신법이 우선하는 것은 아니다.

㉡ 범죄행위가 있은 후 법률의 변경에 의하여 그 행위가 범죄를 구성하지 아니하거나 형이 구법보다 가벼운 때에는 신법에 의한다. 범죄 후 법률의 변경이 피고인에게 유리한 경우에는 소급적용이 허용된다.

㉢ 신법 우선의 원칙은 특별법이 개정되는 경우에도 적용된다.

최신기출확인

법의 시간적 효력에 관한 설명으로 옳은 것은? 16년 기출

① 법률은 시행일을 특별히 규정하지 않는 한 공포한 날로부터 효력을 발생한다.

② 형법에서는 범죄 후 법률의 변경에 의하여 형이 구법보다 경한 때에는 신법에 의한다.

③ 신법 우선의 원칙은 특별법이 개정되는 경우에는 적용되지 않는다.

④ 신법이 시행되면 구법에 의하여 이미 발생한 기득권은 보장되지 않는다.

해설

② 형법에서는 범죄행위가 있은 후 법률의 변경에 의하여 그 행위가 범죄를 구성하지 아니하거나 형이 구법보다 경한(가벼운) 때에는 신법에 의한다.

① 법률은 시행일을 특별히 규정하지 않는 한 공포한 날로부터 20일을 경과함으로써 효력을 발생한다.

③ 신법 우선의 원칙은 특별법이 개정되는 경우에도 적용된다.

④ 신법이 시행되더라도 구법에 의하여 이미 발생한 기득권은 보장된다.

답 ②

보충학습

법령상 연령별 기준

- 만 14세 미만 – 형법상 책임무능력자
- 만 17세 이상 – 주민등록법상 주민등록증 발급대상자
- 만 18세 이상 – 공직선거법상 선거권자
- 만 19세 미만 – 청소년보호법상 청소년

03 불문법

(1) 관습법

① 의의 18년, 16년, 10년 기출

㉠ 관습법은 사회의 거듭된 관행으로 생성한 사회생활규범이 사회의 법적 확신과 인식에 의하여 법적 규범으로 승인·강행되기에 이른 것을 말한다.

㉡ 관습법은 공법보다 개인과 개인 간의 권리·의무관계를 규율하는 사법 특히 민법에서 중요한 법원이다.

㉢ 형법 영역에서는 죄형법정주의의 원칙상 관습법이 인정되지 않는다는 점, 즉 관습법을 근거로 형사처벌하는 것은 죄형법정주의의 원칙상 허용되지 않는다.

㉣ 관습법상 인정되는 제도로는 동산의 양도담보, 관습법상 법정지상권, 명인방법, 분묘기지권, 사실혼 제도 등이 있다.

② 성립요건

㉠ 관습이 오랫동안 **관행**으로 존재하여야 한다.

㉡ 관행이 법적 가치를 가진다는 법적 확신이 있어야 한다.

㉢ 관행이 선량한 풍속 기타 사회질서에 반하지 않아야 한다.

㉣ 관습은 헌법을 비롯한 강행법규에 위반되지 않는 적법한 것이어야 한다.

③ 효력 16년, 10년 기출

㉠ **성문법과 관습법의 관계** : 관습법은 성문법이 없는 경우 그것을 보충하는 효력만 인정하는 견해인 보충적 효력설과 관습법에 대해 성문법을 보충하는 효력을 넘어서 성문법을 변경하는 효력까지도 인정된다는 견해인 변경적 효력설이 대립하고 있으나 보충적 효력설이 다수설·판례이다.

㉡ **사실인 관습과 관습법과의 관계** : 양자는 관행으로부터 생성된 사회규범이라는 공통점을 갖지만, 관습법은 당사자의 의사와 무관하게 법규로서의 효력을 갖는 반면, 사실인 관습은 당사자의 의사가 명백하지 않은 경우에만 당사자의 의사를 해석하는 기준이 된다는 점에서 차이점을 갖는다.

✓ Tip

죄형법정주의에 따라 관습형법은 인정되지 않는다.

* **관행** : 동일한 사안에 대하여 일정기간 동안 동일한 행위태양이 반복되는 상태

✓ Tip

관행이 법원의 판결에 의해 인정될 것은 관습법의 성립요건으로 볼 수 없다.

체크-UP

상사에 관하여 본법에 규정이 없으면 상관습법에 의하고 상관습법이 없으면 민법의 규정에 의한다(상법 제1조). 즉, 상관습법도 상법의 법원이 될 수 있다.

✓ Tip

민법은 관습법의 보충적 효력을 인정한다.

✔OX
불문법에는 사실인 관습, 판례, 조리가 있다. (×)

✔OX
헌법재판소는 관습헌법을 인정하지 않는다. (×)

보충학습

관습법과 관습(사실인 관습)

관습법이란 사회의 거듭된 관행으로 생성한 사회생활규범이 사회의 법적 확신과 인식에 의하여 법적 규범으로 승인·강행되기에 이른 것을 말하고, 사실인 관습은 사회의 관행에 의하여 발생한 사회생활규범인 점에서 관습법과 같으나 사회의 법적 확신이나 인식에 의하여 법적 규범으로서 승인된 정도에 이르지 않은 것을 말하는 바, 관습법은 바로 법원으로서 법령과 같은 효력을 갖는 관습으로서 법령에 저촉되지 않는 한 법칙으로서의 효력이 있는 것이며, 이에 반하여 사실인 관습은 법령으로서의 효력이 없는 단순한 관행으로서 법률행위의 당사자의 의사를 보충함에 그치는 것이다(대판 1983.6.14, 80다3231).

④ **관습헌법** 16년 기출

㉠ **의의** : 관습헌법은 반복하여 행해진 기본적 헌법사항에 해당하는 관행이 헌법으로서의 규범력에 대한 사회구성원들의 법적 확신을 통하여 국가 내의 최고법으로서의 규범성을 획득하여 헌법과 동일한 효력을 가지게 된 것을 말한다.

㉡ **효력** : 관습헌법의 필요성과 그 규범력을 인정하는 것이 타당하다고 보며, 헌법재판소도 관습헌법의 필요성을 인정하고 있다.

Guide **관습헌법의 효력**

우리나라는 성문헌법을 가진 나라로서 기본적으로 우리 헌법전이 헌법의 법원이 된다. 그러나 성문헌법이라고 하여도 그 속에 모든 헌법사항을 빠짐없이 완전히 규율하는 것은 불가능하고 또한 헌법은 국가의 기본법으로서 간결성과 함축성을 추구하기 때문에 형식적 헌법전에는 기재되지 아니한 사항이라도 이를 불문헌법 내지 관습헌법으로 인정할 소지가 있다. 특히 헌법제정 당시 자명하거나 전제된 사항 및 보편적 헌법원리와 같은 것은 반드시 명문의 규정을 두지 아니하는 경우도 있다. 그렇다고 해서 헌법사항에 관하여 형성되는 관행 내지 관례가 전부 관습헌법이 되는 것은 아니고 강제력이 있는 헌법규범으로서 인정되려면 엄격한 요건들이 충족되어야만 하며, 이러한 요건이 충족된 관습만이 관습헌법으로서 성문의 헌법과 동일한 법적 효력을 가진다(헌재결 2004.10.21, 2004헌마554).

최신기출확인

관습법에 관한 설명으로 옳지 않은 것은? 18년 기출

① 관습법은 당사자의 주장·입증이 있어야만 법원이 이를 판단할 수 있다.
② 민법 제1조에서는 관습법의 보충적 효력을 인정하고 있다.
③ 형법은 관습형법금지의 원칙이 적용된다.
④ 헌법재판소 다수의견에 의하면 관습헌법도 성문헌법과 동등한 효력이 있다.

해설

① 관습법은 당사자의 의사와 무관하게 법규로서의 효력을 가진다. 답 ①

(2) 판례법

① 의의

판례법은 법원의 재판을 통하여 형성되는 법을 말한다. 즉, 유사한 사건에 대하여 법원이 동일한 취지의 판결을 반복할 때 **판례**는 법원이 되고 이를 판례법이라 한다.

② 법원성

영미법계의 국가에서는 선례구속의 원칙에 의해서 판례법이 제1차적 법원으로 구속력과 법규성이 인정되고 있으나, 대륙법계 국가는 성문법주의를 취하고 있고 선례구속의 원칙은 인정되지 않으므로 판례법은 법의 보충적 기능만을 담당한다.

보충학습

대륙법계와 영미법계 11년 기출

- 대륙법계는 성문법 중심의 법체계를 취하고 있다.
- 대륙법계는 관습법의 법원성(法源性)을 부정하지 않는다.
- 영미법계는 불문법인 판례법을 중심으로 하는 법체계를 말한다.
- 영미법계는 불문법국가라 할지라도 성문법의 존재 자체를 부정하는 것이 아니다.

* **판례** : 법원이 소송사건에 대하여 법을 해석 적용하여 내린 판단

✓ Tip

우리나라의 법 중 판례의 법원성에 관해 규정하고 있는 법은 법원조직법이다.

✓ OX

영미법계는 성문법의 존재를 부정한다. (×)

(3) 조리(條理) 10년 기출

① 의의

㉠ 조리는 일반 다수인들이 건전한 의식으로 승인하는 공동생활의 원리를 말한다.

㉡ 조리는 사물의 본질적 법칙으로서 법의 일반원칙 · 신의성실의 원칙 등으로 불리며 공서양속, 사회통념, 정의, 경험법칙 등으로 표현되기도 한다.

② 법원성

'민사에 관하여 법률에 규정이 없으면 관습법에 의하고 관습법이 없으면 조리에 의한다(민법 제1조)'고 규정되어 법원성이 인정된다.

✓ Tip

임의재량은 조리(條理)의 다른 표현으로서 옳지 않다.

✓ OX

우리 민법 제1조는 조리의 법원성을 인정하고 있다. (○)

제3장 | 법의 구조

01 법의 체계

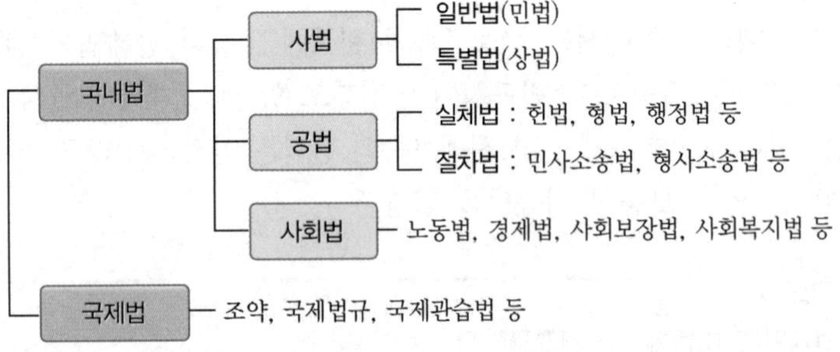

✓ OX

공법과 사법으로 분류하는 것은 영미법계의 특징이다. (×)

Guide 법의 체계

- 민법은 사법(私法)의 영역에 속한다.
- 형법은 개인 상호간의 권리 · 의무관계를 규율하는 법으로 실체법이다.
- 민사소송법은 국가의 조직과 기능 및 공익작용을 규율하는 법으로 공법이다.
- 행정소송법은 권리 · 의무를 실현하는 절차를 규율하는 법으로 절차법이다.
- 민법은 실체법이고 민사소송법은 절차법이다.
- 법은 강제규범이라는 점에서 도덕과 구별된다.
- 당사자의 의사에 의해 그 적용을 배제할 수 있는 법이 임의법이다.

02 법의 분류 20년, 19년, 18년, 17년, 16년, 15년, 13년, 12년 기출

(1) 국내법과 국제법

① 국내법

국가와 국민 또는 국민 상호간의 권리・의무관계를 규율하는 것을 목적으로 하는 법으로, 한 국가에 의해서 형성되고 그 국가의 주권이 미치는 범위 내에서 효력을 가진다.

② 국제법 14년 기출

국가 상호 간의 관계 또는 국가 간에 명시되거나 묵시된 합의를 기초로 형성된 국제사회의 법으로 국가뿐만 아니라 국제기구 또는 개인에게까지 영향이 미친다. 조약과 같은 성문법, 국제관습법과 같은 불문법, 일반적으로 승인된 국제법규 등이 있는데, 일반적으로 승인된 국제법규는 국내법과 같은 효력을 가진다.

(2) 공법과 사법

① 공법 19년, 14년, 10년 기출

사법에 대응하는 개념으로 개인과 국가, 공공단체와 국가, 국가들 간의 생활관계를 규율하는 법을 말한다.

예 헌법, 형법, 행정법, 민사소송법, 형사소송법, 행정소송법, 행정심판법, 국제법 등

② 사법 19년, 14년 기출

개인과 개인 간의 권리와 의무관계를 규율하는 법을 말한다.

예 민법, 상법, 회사법, 수표법, 어음법, 친족상속법 등

③ 사회법 20년, 15년, 10년 기출

㉠ 자본주의의 부분적 모순을 수정하기 위한 법으로, 종전 순수하게 사법영역에 해당하였던 법률관계에서 공법적 요소를 가미하는 제3의 법 영역이다.

㉡ 사회적・경제적 약자의 이익 보호를 목적으로 한다.

㉢ 경제법이란 자본주의가 발전함에 따라 생긴 문제점(대기업 횡포 등)을 해결하기 위해 국가적 개입을 위해 제정된 법으로 사회법에 속한다. 사회법 영역에 속하는 법은 경제법 이외에 노동법, 사회보장법 등이 있다.

✓ Tip

국내법과 헌법에 의하여 체결・공포된 조약은 국내법과 동일한 효력을 갖는다.

체크-UP

국제사법

국제사법은 외국적 요소가 있는 법률관계에 관하여 국제재판관할에 관한 원칙과 준거법을 정함을 목적으로 한다(국제사법 제1조). 한국인 甲과 미국인 乙이 캘리포니아 주에 소재한 X건물을 매매하는 경우, 미국법에 따라 소유권이전이 이루어진다고 규정한 국내법이 국제사법에 해당된다.

✓ Tip

공법과 사법으로 분류하는 것은 대륙법계의 특징이다.

✓ OX

민법이 사법이므로 민사소송법도 사법에 속한다. (×)

➜ 민사소송법은 절차법으로 공법이다.

✓ Tip

산업재해보상보험법은 사회법에 속한다.

보충학습

공법과 사법의 구별기준

이익설 (목적설)	공익의 보호를 목적으로 하는 법이 공법이고, 사익의 보호를 목적으로 하는 법이 사법임
주체설	국가 및 공공단체 상호 간, 국가 및 공공단체와 사인 간의 관계를 규율하는 법이 공법이고, 사인 상호 간의 관계를 규율하는 법이 사법임
성질설 (법률관계설)	불평등관계(권력관계)를 규율하는 법이 공법이고, 평등・대등한 관계(비권력관계)를 규율하는 법이 사법임
생활관계설	국민으로서의 생활관계(정치적 생활관계)를 규율하는 법이 공법이고, 개인적인 생활관계를 규율하는 법이 사법임
귀속설 (신주체설)	행정주체에 대해서만 권리・권한・의무를 부여하는 경우에는 공법이고, 모든 권리주체에게 권리와 의무를 부여하는 경우에는 사법임

(3) 실체법과 절차법 20년, 19년, 18년, 16년, 14년, 11년, 10년 기출

① 실체법

권리나 의무의 발생・변경・소멸 등 실체적인 사항을 규정하는 법으로, 헌법, 형법, 민법, 상법, 특정범죄 가중처벌 등에 관한 법률 등이 해당된다.

② 절차법

권리나 의무의 실질적 내용을 실현하기 위한 절차(수단과 방법)에 관하여 규정하는 법으로, 민사소송법, 민사집행법, 형사소송법, 행정심판법, 행정소송법, 채무자회생 및 파산에 관한 법률, 부동산등기법 등이 해당된다.

(4) 일반법과 특별법 20년, 15년, 14년, 12년, 11년 기출

① 일반법

그 적용범위가 일반적・보편적인 것이어서 사람・장소・사항 등에 있어서 특별한 제한이 없는 법으로, 헌법, 민법, 형법 등이 해당된다.

② 특별법

그 적용범위가 특정한 장소・사람・사물에 적용되는 등 제한된 범위 내에 한하여 효력을 가지는 법으로, 상법, 군형법, 폭력행위 등 처벌에 관한 법률, 경찰공무원법 등이 해당된다.

③ 일반법과 특별법의 관계

㉠ 일반법과 특별법은 적용되는 효력 범위에 따른 구분이다. 즉, 인적 범위를 기준으로 일반법은 일반인 모두에게 적용되고, 특별법

체크-UP

특정범죄 가중처벌 등에 관한 법률

형법 등에 규정된 특정범죄에 대한 가중처벌 등을 규정함으로써 건전한 사회질서의 유지와 국민경제의 발전에 이바지함을 목적으로 한다(특정범죄 가중처벌 등에 관한 법률 제1조). 특정범죄 가중처벌 등에 관한 법률은 형법과 같이 형사실체법에 속하며 형사실체법이란 형사에 관련하여 법률관계의 성립과 변경 소멸과 같은 실체적 내용을 규정하는 법이다.

✔OX

특정범죄 가중처벌 등에 관한 법률은 형사절차법에 속한다. (×)

✔OX

헌법은 특별법에 해당된다. (×)

은 특정한 사람에게만 적용된다(형법과 군형법의 관계). 장소의 범위를 기준으로 일반법은 모든 지역에 적용되고, 특별법은 특정한 지역에만 적용된다(지방자치법과 서울특별시 행정특례에 관한 법률의 관계). 규율하는 사항을 기준으로 일반법은 보편적으로 전체를 규율하고, 특별법은 특정한 사항만을 규율한다(민법과 상법의 관계).

ⓛ 법률의 적용에 있어서 특별법은 일반법에 우선하여 적용된다.

ⓒ 특별법에 규정이 없는 경우에 일반법의 규정이 보충적으로 적용된다.

ⓔ 일반법과 특별법의 관계는 절대적인 기준이 있는 것이 아니라 상대적인 것이므로 단일 법률 규정 상호간에 특별법과 일반법의 관계가 성립할 수 있다.

✓OX

일반법과 특별법이 충돌하는 경우에는 특별법이 우선한다. (O)

최신기출확인

법의 분류에 관한 설명으로 옳지 않은 것은? 20년 기출

① 절차법에서는 원칙적으로 신법 우선의 원칙이 적용된다.
② 일반법과 특별법이 충돌하는 경우에는 특별법이 우선한다.
③ 당사자가 임의법과 다른 의사를 표시한 때에는 그 의사에 의한다.
④ 사회법은 사법(私法)원리를 배제하고, 공공복리의 관점에서 사회적 약자보호와 실질적 평등을 목적으로 한다.

해설

④ 사회법이란 종전 순수하게 사법 영역에 해당하였던 법률관계에서 공법적 요소를 가미하는 제3의 법 영역으로, 사법원리를 배제한다는 설명은 옳지 않다.
①, ② 동일한 효력을 갖는 법 상호간에 모순이 있는 경우에는 특별법 우선의 원칙과 신법 우선의 원칙에 의해 특별법이 일반법보다, 신법이 구법보다 우선한다.
③ 당사자가 임의법과 다른 의사를 표시한 때에는 그 의사에 의한다(민법 제105조).

답 ④

(5) 강행법과 임의법 15년, 14년, 13년, 10년 기출

강행법과 임의법은 법 적용의 절대성(강행성) 여부에 따른 구분이다.

① 강행법

법률관계의 당사자 간의 의사에 의하여 그 적용을 배제할 수 없는 법, 즉 당사자의 의사와 관계없이 강제적으로 적용되는 법이다. 강행법은 대체로 공법이 주를 이루며 헌법, 형법, 행정법, 소송법 등이 있다.

✔ Tip

계약법은 강행법규가 아니라 임의법규에 해당한다.

체크-UP

강행규정에 해당하는 것
- 횡령죄에 관한 형법의 규정
- 국회의 권한에 관한 헌법의 규정
- 항소기간에 관한 형사소송법의 규정

② 임의법

당사자가 법의 규정과 다른 의사표시를 한 경우 그 법의 규정을 배제할 수 있는 법으로, 민법, 상법 등 대체로 사법이 주를 이룬다.

(6) 고유법과 계수법 15년, 11년 기출

고유법과 계수법은 법의 발생에 따른 구분이다.

① 고유법

국가·민족고유의 사회적·역사적 흐름 속에서 자연적으로 생성되어진 법이다.

② 계수법

다른 국가 또는 민족의 역사 속에서 생성된 법규범을 전면적으로 수용하여 해당 국가의 실정법에 반영한 것을 말한다.

(7) 원칙법과 예외법

① 원칙법

법의 적용대상에 대하여 일반적으로 적용되는 법을 말한다.

② 예외법

원칙법의 예외를 인정함으로써 원칙법을 배제하고 적용되는 법을 말한다.

최신기출확인

법의 분류에 관한 설명으로 옳은 것은? 19년 기출

① 민사소송법은 사법이다.
② 공법이 축소되고 사법이 확대되는 '공법의 사법화' 경향이 강해지고 있다.
③ 형법은 범죄를 저지른 사람에게만 적용된다는 점에서 특별법이다.
④ 권리나 의무의 발생·변경·소멸을 규율하는 법은 실체법이다.

해설

④ 실체법은 권리나 의무의 발생·변경·소멸 등 실체적인 사항을 규율하는 법으로 헌법, 형법, 민법, 상법, 특정범죄 가중처벌 등에 관한 법률 등이 해당된다.
① 민사소송법은 공법에 해당한다.
② 공법이 축소되고 사법이 확대되는 '사법의 공법화' 경향이 강해지고 있다.
③ 형법은 범죄를 저지른 사람에게만 적용된다는 점에서 일반법이다. 답 ④

제4장 | 법의 적용과 해석

01 법의 적용 19년, 18년, 15년, 14년, 13년, 11년, 10년 기출

(1) 의의 17년, 16년 기출

법률상 다툼의 대상이 되는 어떠한 구체적 사건이 발생하였을 경우 규율대상으로 삼고 있는 법규정을 찾아내어 그 법규정이 인정하고 있는 법적 효과를 그 사건에 적용할 것인지를 판단하는 과정을 말한다.

✓ Tip
법의 적용은 법원의 재판에 한정되는 것이 아니다.

(2) 법의 적용절차

사실의 확정 → 법규의 검색 → 법의 해석, 즉 추상적 법규를 대전제로 하여 소전제인 구체적 사실이 어떠한가를 확정하여야 하고(사실의 확정), 확정된 구체적 사실에 적용될 법이 어떤 것인지를 찾아서(법규의 검색), 그 법의 내용을 확정(법의 해석)하여야 한다.

(3) 사실의 확정

① 확정의 대상인 사실

확정의 대상인 사실이란 법률상 다툼이 되고 있는 현상으로, 법을 적용하기 위해서는 제일 먼저 법을 적용하기 위한 사실이 확정되어야 하는데, 법을 적용하기 위한 사실의 확정은 증거에 의한다.

✓ OX
확정의 대상인 사실이란 자연적으로 인식한 현상 자체를 말한다. (×)

② 사실을 확정하기 위한 방법 19년 기출

법규를 적용하기 전에 사실을 확정하기 위한 방법으로, 사실의 입증, 사실의 추정, 사실의 간주 등이 있다.

✓ Tip
사실의 발견은 사실을 확정하기 위한 방법이 아니다.

✓ Tip
사실의 인정을 위하여 증거를 내세우는 것을 입증이라고 한다.

구분	내용
사실의 입증	입증이란 사실인정의 근거가 되는 자료인 증거를 통하여 사실의 존재여부를 증명하는 행위로, 입증책임(거증책임)은 그 사실의 존부를 주장하는 자가 부담한다.
사실의 추정	• 추정은 어떠한 사실이 명백하지 않은 경우에 그 사실의 존부(存否)를 일단 가정하고 법률효과를 발생시키는 것을 말한다. • 추정이란 입증의 부담을 완화하기 위하여 불명확한 사실에 대하여 일정한 법적 효과를 부여하는 것으로, 반증이 입증되면 추정의 효력이 부정된다. • 추정은 반증으로 그 효과를 번복할 수 있는데, 추정된 사실과 다른 주장을 하는 자는 반증을 들어 추정의 효과를 뒤집을 수 있다. 예 2인 이상이 동일한 위난으로 사망한 경우에는 동시에 사망한 것으로 추정한다(민법 제30조).

✓ Tip
2인 이상이 동일한 위난으로 사망한 경우에는 동시에 사망한 것으로 간주하는 것이 아니라 추정한다.

✔OX
죄형법정주의를 취하고 있는 형법은 사실의 의제와 관련된 규정을 두지 않고 있다. (×)

✔OX
간주의 효과는 반증이 있으면 뒤집을 수 있다. (×)

사실의 간주 (의제)	• 간주는 불명확한 사실에 대하여 공익 또는 기타 법정책상의 이유로 사실의 진실성 여부와는 관계없이 확정된 사실로 의제하여 일정한 법률효과를 부여하고 반증을 허용하지 않는 것을 말한다. • 사실 여하를 불문하고 일정한 상태를 인정하는 것이며 이에 대하여는 반증을 가지고 그 효력을 깨뜨리지 못하는데, 이것을 인정할 수 있는 상태는 아니나 인정할 필요에 의하여 효력을 인정하는 것은 간주이다. • 법률의 규정에 의하여 사실을 인정하는 것을 의미하는 것으로 간주는 법이 의제한 효과를 반증에 의해 번복할 수 없다. 즉, 간주된 사실은 반증을 들어 이를 뒤집을 수 없다. • 법문에서는 '간주한다' 또는 '본다'라고 표현한다. 예 실종선고는 법원의 선고에 의해 사망이 간주된다. 실종선고가 취소되지 않는 한 반증을 들어 실종선고의 효과를 번복할 수는 없다(민법 제27조 ~ 29조).

체크-UP

준용
어떤 사항에 근거가 되는 자료인 증거를 통하여 사실의 존재여부를 증명하는 행위로, 어떤 사항에 관한 규정을 그와 유사하지만 본질적으로 다른 사항에 적용하는 것이다.

최신기출확인

법의 적용에 관한 설명으로 옳은 것은? 19년 기출

① 간주의 효과는 반증이 있으면 뒤집을 수 있다.
② 사실의 진실 여부와는 관계없이 의제하는 것은 추정이다.
③ 입증책임은 원칙적으로 사실의 존부를 주장하는 자가 부담한다.
④ 2인 이상이 동일한 위난으로 사망한 경우에는 동시에 사망한 것으로 간주한다.

해설

③ 입증책임(거증책임)은 원칙적으로 사실의 존부를 주장하는 자가 부담한다.
① 간주는 법률의 규정에 의하여 사실을 인정하는 것을 의미하는 것으로, 법이 의제한 효과를 반증에 의해 번복할 수 없다.
② 사실의 진실 여부와는 관계없이 의제하는 것은 간주이다. 추정은 어떠한 사실이 명백하지 않은 경우에 그 사실의 존부(存否)를 일단 가정하고 법률효과를 발생시키는 것을 말한다.
④ 2인 이상이 동일한 위난으로 사망한 경우에는 동시에 사망한 것으로 추정한다(민법 제30조).

답 ③

(4) 법 적용의 원칙 16년, 10년 기출

상위법 우선의 원칙	모든 법률은 하위법에 우선하여 상위법을 적용한다는 원칙으로, 최상위법인 헌법을 법률보다 우선 적용함
특별법 우선의 원칙	법률 사이의 관계가 일반법과 특별법의 관계일 경우 특별법을 우선하여 적용한다는 원칙으로, 민법과 상법 중 상법이 특별법으로 우선하여 적용됨
신법 우선의 원칙	신법이 구법에 우선하여 적용한다는 원칙으로, 형법 제1조 제2항은 법률불소급의 원칙의 예외이자 신법우선의 원칙을 보여주는 규정임
법률불소급의 원칙	법률은 시행 이전의 사항에 대하여 소급하여 적용되지 않는다는 원칙임 예 모든 국민은 행위시의 법률에 의하여 범죄를 구성하지 아니하는 행위로 소추되지 아니한다(헌법 제13조 제1항).

최신기출확인

법의 적용에 관한 설명으로 옳은 것은? 17년 기출

① 구체적 사실을 확정하는 것은 법률문제이다.
② 반증을 허용하지 않고 법률이 정한 효력을 당연히 생기게 하는 것을 추정이라고 한다.
③ 추정된 사실과 다른 반증을 들어 추정의 효과를 뒤집을 수 있다.
④ 사실의 존재 여부에 관하여 확신을 가지게 하는 것을 간주라고 한다.

해설

① 구체적 사실을 확정하는 것은 사실문제이다.
② 반증을 허용하지 않고 법률이 정한 효력을 당연히 생기게 하는 것을 간주라고 한다.
④ 사실의 존재여부에 관하여 확신을 가지게 하는 것을 입증이라고 한다.

답 ③

보충학습

법률불소급의 원칙

- 헌법 제13조 제1항 : 모든 국민은 행위시의 법률에 의하여 범죄를 구성하지 아니하는 행위로 소추되지 아니하며, 동일한 범죄에 대하여 거듭 처벌받지 아니한다.
- 형법 제1조 제1항 : 범죄의 성립과 처벌은 행위시의 법률에 의한다.

02 법의 해석

(1) 의의

추상적・일반적으로 법규의 개념을 사용하여 규정된 법규범의 의미와 내용을 구체적이고 개별적인 사건이나 사실에 적용하기 위하여 구체화・명확화하는 과정을 말한다.

(2) 법 해석의 필요성과 목표

① 법 해석의 필요성

법 해석이 필요한 이유는 법규범 자체가 난해한 전문용어, 추상적 용어와 많은 의미를 지닌 불확정적 개념으로 구성되었기 때문에 법규범의 단순한 문리적 의미뿐만 아니라 법질서 전체의 합리적 의미를 찾아내기 위함이다.

② 법 해석의 목표 16년 기출

법 해석의 목표는 법적 안정성을 저해하지 않는 범위 내에서 구체적 타당성을 찾는 데 두어야 한다.

(3) 법령해석(행정기본법 제40조)

① 누구든지 법령 등의 내용에 의문이 있으면 법령을 소관하는 중앙행정기관의 장(이하 "법령소관기관")과 자치법규를 소관하는 지방자치단체의 장에게 법령해석을 요청할 수 있다.

② 법령소관기관과 자치법규를 소관하는 지방자치단체의 장은 각각 소관 법령 등을 헌법과 해당 법령 등의 취지에 부합되게 해석・집행할 책임을 진다.

③ 법령소관기관이나 법령소관기관의 해석에 이의가 있는 자는 대통령령으로 정하는 바에 따라 법령해석업무를 전문으로 하는 기관에 법령해석을 요청할 수 있다.

④ 법령해석의 절차에 관하여 필요한 사항은 대통령령으로 정한다.

(4) 법 해석의 방법 20년, 19년, 18년, 17년, 16년, 14년, 12년, 11년 기출

법 해석의 방법은 해석의 구속력 여부에 따라 유권해석과 학리해석으로 나눌 수 있다.

① 유권해석 19년, 12년 기출

유권해석은 권한을 가진 국가기관에 의하여 행하여지는 해석으로, 유권해석에는 입법해석, 행정해석, 사법해석이 있다.

✔OX
행정해석은 유권해석에 해당한다. (O)

입법해석	법률 자체에 법의 해석규정을 두는 해석방법 예 본법에서 물건이라 함은 유체물 및 전기 기타 관리할 수 있는 자연력을 말한다(민법 제98조). – 물건의 정의규정
행정해석	행정기관이 법을 집행하는 과정에서 행하는 해석방법
사법해석	최종적인 법해석기관인 사법부가 재판을 통해 법을 적용하면서 행하는 해석방법

최신기출확인

유권해석에 해당하는 것은? 19년 기출

① 문리해석 ② 반대해석
③ 행정해석 ④ 유추해석

해설

법 해석의 방법은 해석의 구속력 여부에 따라 유권해석과 학리해석으로 나눌 수 있다.
③ 유권해석은 권한을 가진 국가기관에 의하여 행하여지는 해석으로, 입법해석, 행정해석, 사법해석 등이 있다.
① 문리해석, ② 반대해석, ④ 유추해석은 학리해석(무권해석)에 해당한다.

답 ③

② **학리해석(무권해석)** 20년, 19년, 18년, 17년, 16년, 14년, 12년, 11년 기출

법을 연구하는 법학자나 일반 사인들이 학문적인 연구과정에서 행하는 학리적 해설을 말하며, 문리해석과 논리해석이 있다.

㉠ **문리해석** : 법문을 형성하는 용어, 문장을 기초로 하여 그 법규정 속의 문장이나 문구가 가지는 사전적 의미에 따라서 법규 전체의 의미를 확정하는 해석방법을 말한다.

㉡ **논리해석** : 문리해석을 바탕으로 법의 입법취지 또는 법의 목적, 법 제정 시의 사회사정, 사회생활의 실태 등을 고려하여 논리적 추리에 의하여 다른 법문과의 관계나 전체적인 의미를 파악하는 것으로, 논리해석은 문리해석을 전제로 하는 것이나 양자의 구별은 극히 상대적이라 할 수 있다.

확장해석	법규의 내용에 포함되는 개념을 문자 자체의 보통의 뜻보다 확장해서 효력을 인정함으로써 법의 타당성을 확보하려는 해석방법 * 형벌법규의 해석은 엄격하여야 하고, 명문규정의 의미를 피고인에게 불리한 방향으로 지나치게 확장해석하거나 유추해석하는 것은 죄형법정주의의 원칙에 어긋나는 것으로서 허용되지 않는다(대판 2009.12.10, 2009도3053).

✓ Tip

정의규정(定義規定)은 입법해석에 해당된다.

✓ OX

논리해석은 유권해석에 해당되지 않는다. (○)

✓ Tip

문리해석과 논리해석은 학리해석의 범주에 속한다.

✓ OX

법의 해석에 있어 법률의 입법취지는 고려의 대상이 되지 않는다. (×)

축소해석 18년 기출	법 규정 문언이 본래 내포하고 있는 의미보다 좁은 의미를 부여함으로써 그 법 규정의 적용범위를 축소하는 해석방법 예 절도죄의 객체인 재물에 있어서 동산만 해당한다고 해석하는 것
반대해석	서로 반대되는 두 개의 사실 중 하나의 사실에 관해서만 규정이 되어 있을 때 다른 하나에 관해서는 법문과 반대의 결과를 인정하는 해석방법 예 민법상 성년은 19세이므로, 미성년자는 19세 미만인 자로 해석하는 것
물론해석 17년 기출	법 규정의 문언이 적용대상 내에서, 성질상 당연히 포함되는 것으로 인식되는 행위는 명시적인 규정이 없더라도 적용대상이 된다는 해석방법
유추해석	• 어떤 사항에 관하여 적용할 법 규정이 없는 경우에 이와 성질이 유사한 다른 사항의 법 규정을 적용하여 해석하는 방법 • 두 개의 유사한 사실 중 법규에서 어느 하나의 사실에 관해서만 규정하고 있는 경우에 나머지 다른 사실에 대해서도 마찬가지의 효과를 인정하는 해석방법 • 죄형법정주의가 적용되는 형법규정의 경우 피고인에게 불리한 유추해석은 당연히 허용되지 않음
보정해석 (변경해석)	법문의 용어가 잘못되었거나 표현이 부정확한 경우 등 착오가 명백한 경우에 그 자구를 보정하여 법의에 맞도록 하는 해석방법

✓ OX

반대해석은 서로 반대되는 두 개의 사실 중 하나의 사실에 관해서만 규정이 되어 있을 때 다른 하나에 관해서는 법문과 반대의 결과를 인정하는 해석방법이다. (O)

✓ Tip

형법은 원칙적으로 유추해석을 허용하지 않는다.

최신기출확인

'민법 제3조는 "사람은 생존한 동안 권리와 의무의 주체가 된다."라고 규정하고 있으므로 원칙적으로 태아에게는 권리능력이 인정되지 않는다'라고 하는 해석은? 20년 기출

① 축소해석 ② 반대해석
③ 물론해석 ④ 유추해석

해설

② 서로 반대되는 두 개의 사실 중 하나의 사실에 관해서만 규정이 되어 있을 때 다른 하나에 관해서는 법문과 반대의 결과를 인정하는 해석방법인 반대해석이다.
① 축소해석은 법 규정 문언이 본래 내포하고 있는 의미보다 좁은 의미를 부여함으로써 그 법 규정의 적용범위를 축소하는 해석방법이다.
③ 물론해석은 법 규정의 문언이 적용대상 내에서, 성질상 당연히 포함되는 것으로 인식되는 행위는 명시적인 규정이 없더라도 적용대상이 된다는 해석방법이다.

④ 유추해석은 어떤 사항에 관하여 적용할 법 규정이 없는 경우에 이와 성질이 유사한 다른 사항의 법 규정을 적용하여 해석하는 방법이다. 답 ②

(5) 실정법 해석상의 일반원칙

① 사법의 해석

당사자의 대등관계를 전제로 하므로 당사자 간의 이익형량과 공평성이 유지되도록 해석하여야 한다.

② 헌법의 해석

헌법은 국가의 기본법이며 정치적 성격이 강하고 공익우선적 법이므로 국민의 기본권 보장에 중점을 두어 해석하여야 한다.

③ 행정법의 해석

기술성·구체성을 가지므로 헌법의 가치를 실현할 수 있도록 해석해야 하고, 실질적 법치주의의 실현과 구체적 타당성의 확보를 위하여 목적론적 해석이 이루어져야 한다.

④ 사회법의 해석

그 성격이 당사자 사이의 관계를 실질적으로 보완하기 위한 법이므로 이들 사이의 실질적인 법적 평등이 보장되는 방향으로 해석해야 한다. 따라서 약자보호의 측면이 강조된다.

✓OX

법의 해석에 있어 법률의 입법취지도 고려의 대상이 된다. (O)

✓OX

헌법은 국가의 기본법이며 정치적 성격이 강하고 공익우선적 법이므로 국가에게 유리하도록 해석하여야 한다. (×)

최신기출확인

법의 해석에 관한 설명으로 옳지 않은 것은? 16년 기출

① 법 해석의 방법은 해석의 구속력 여부에 따라 유권해석과 학리해석으로 나눌 수 있다.

② 법 해석의 목표는 법적 안정성을 저해하지 않는 범위 내에서 구체적 타당성을 찾는 데 두어야 한다.

③ 법의 해석에 있어 법률의 입법취지도 고려의 대상이 된다.

④ 민법, 형법, 행정법에서는 유추해석이 원칙적으로 허용된다.

해설

④ 형법은 개인의 권리와 자유에 대한 예외적인 규정이기 때문에 유추해석이 허용되지 않는다. 답 ④

03 법의 제재

(1) 국내법상의 제재

① 공법상의 제재

㉠ **헌법상의 제재** : 헌법 위반자에 대한 법적통제로 국민주권주의의 실현을 뜻하는데, **탄핵**제도, 정당에 대한 해산, 국무총리와 국무위원의 해임, 국정조사, 국회의원에 대한 징계 등이 있다.

㉡ **행정법상의 제재** : 행정법규를 위반한 자에 대해 과해지는 제재를 말한다.

ⓐ **일반국민에 대한 제재** : 행정상의 강제집행(대집행, 집행벌, 직접강제, 행정상 강제징수), 행정벌(행정형벌, 행정질서벌), 행정상의 즉시강제 등이 있다.

ⓑ **공무원에 대한 제재** : 직위해제, 징계(파면, 해임, 강등, 정직, 감봉, 견책), 행정처분 등이 있다.

㉢ **형법상의 제재** : 형벌법규를 위반한 자에 대하여 사법적 절차에 따라 부과하는 제재로, 생명형(사형), 자유형(징역, 금고, 구류), 명예형(자격상실, 자격정지), 재산형(벌금, 과료, 몰수) 등이 있다.

② 사법상의 제재

민법・상법 등 사법을 위반한 자에 대하여 가하는 제재로, 손해배상, 강제이행, **실권** 등이 있다.

(2) 국제법상의 제재

국제사회에 있어서 국제조약 등 국제법을 위반한 경우에 과해지는 제재로, 국내법 위반에 대해 가해지는 국내법상의 제재에 비해 강력한 강제적 제재수단을 갖추고 있지 못하다.

* **탄핵** : 대통령・국무총리 기타 고위공무원이나 법관과 같은 신분보장이 되어 있는 공무원의 위법행위에 대하여, 국회의 소추・심판에 의하여 이를 처벌하거나 파면하는 것

* **실권** : 친권의 상실, 소멸시효에 의한 권리상실 등 법률상의 자격 또는 권리를 상실케 하는 것

제5장 | 권리와 의무

01 권리

(1) 권리의 의의

권리는 특별한 이익을 누릴 수 있도록 법에 의하여 인정된 힘을 말한다.

① 권리의 본질

의사설	권리를 법에 의하여 당사자에게 주어진 의사의 힘 또는 의사의 지배라고 보는 학설로, 당사자의 의사를 중심으로 봄
이익설	권리를 법에 의하여 보호되는 이익이라고 보는 학설로, 이익을 중심으로 봄
절충설	의사설과 이익설을 절충하여 권리를 권익보호를 위하여 인정된 힘 또는 의사에 의하여 보호되는 이익이라고 보는 학설
권리법력설 (법력설)	권리를 일정한 권익을 누릴 수 있도록 하기 위하여 법이 인정하는 힘이라고 보는 학설(통설)

② 권리와 구별되는 개념 19년, 15년, 14년, 13년, 12년 기출

권한	타인을 위하여, 그 타인에게 일정한 법률효과가 귀속되도록 하는 행위를 할 수 있는 법률상의 지위, 즉 다른 사람을 위하여 법률행위를 할 수 있는 법률상의 자격을 말함 예 대리인의 대리권, 이사의 대표권, 대통령의 법률안거부권 등
권능	권리의 내용을 이루는 각개의 법률상의 작용을 말함 예 소유권은 권능이 아닌 권리이고 그 안에 사용권능 · 수익권능 · 처분권능이 있음, 토지소유자의 토지에 대한 처분권은 권리가 아닌 권능임
권원	일정한 법률적 또는 사실적 행위를 정당화시키는 법률상의 원인을 말함 예 소유권, 지상권, 전세권, 질권, 임차권 등
반사적 이익	법이 일정한 사람에게 일정한 행위를 명하거나 금지함에 따라 다른 사람이 반사적으로 누리는 이익을 말함 예 공물이용자들이 공원, 도로 등을 자유로이 사용할 수 있는 것

✓ Tip

통설인 권리법력설에 따르면 의사무능력자도 권능의 주체가 될 수 있다.

✓ OX

대리인의 대리권은 권한에 해당한다. (O)

체크-UP

법규정의 결과로 각 사람이 저절로 받는 이익으로서 적극적으로 어떤 힘이 부여되어 있는 것이 아니기 때문에 타인이 그 이익의 향유를 방해하더라도, 그것의 보호를 청구하지 못하는 것은 반사적 이익이다.

✔OX

참정권은 개인적 공권에 해당한다. (O)

✔OX

인격권은 권리의 작용(효력)에 따른 분류에 속한다. (×)

(2) 권리의 종류

① **공권** 20년, 10년 기출

공권은 공법상의 법률관계에서 인정되는 권리로, 국가적 공권과 개인적 공권이 있다.

㉠ **국가적 공권** : 국가, 공공단체 또는 국가로부터 수권된 자가 지배권자로서 국민에 대하여 가지는 권리로, 내용상 입법권·사법권·행정권, 목적상 조직권, 형벌권, 경찰권, 강제권, 작용상 하명권, 형성권 등으로 나누어진다.

㉡ **개인적 공권** : 국가적 공권에 대응하는 개념으로서 국민이 국가에 대하여 가지는 공법상 권리이며, 개인적 공권으로는 평등권, 자유권, 참정권, 수익권 등이 있다.

최신기출확인

개인적(주관적) 공권에 해당하는 것은? 20년 기출

① 참정권　　② 입법권

③ 사법권　　④ 사원(社員)권

해설

① 개인적(주관적) 공권은 국민이 국가에 대하여 가지는 공법상 권리로, 참정권, 평등권, 자유권, 수익권 등이 있다.

② 입법권, ③ 사법권은 국가적 공권에 해당한다.

④ 사원(社員)권은 사권으로, 단체구성원이 그 구성원의 자격(지위)으로 단체에 대하여 가지는 권리이다.

답 ①

② **사권** 20년, 18년, 17년, 16년, 15년, 14년, 13년, 12년, 11년 기출

사법상의 권리로서 개인 상호 간에 인정되는 권리를 말한다.

㉠ **권리의 내용(이익)에 따른 분류**

인격권	권리의 주체와 분리할 수 없는 인격적 이익을 내용으로 하는 권리로, 권리자 자신을 객체로 하는 권리이므로 양도·처분할 수 없으며 시효의 대상도 되지 않는다. 예 생명권, 신체권, 자유권, 성명권, 명예권 등
재산권	사법상·공법상의 재산적(경제적) 가치가 있는 일체의 권리이다. 예 물권, 채권, 지식재산권, 위자료청구권 등
가족권	부모와 자, 부부, 친족과 같이 특정한 신분적 지위에 따라 부여되는 권리이다. 예 징계권, 자(子)의 부(父)에 대한 부양청구권, 후견인·친족의 권리 등

사원권	단체구성원이 그 구성원의 자격(지위)으로 단체에 대하여 가지는 권리이다. 예 의결권, 업무집행권, 이익배당청구권, 잔여재산분배청구권 등

✔ Tip

항변권은 권리의 내용에 따른 분류가 아니다.

㉡ 권리의 작용(효력)에 따른 분류 20년, 19년, 16년 기출

지배권	타인의 행위의 개입 없이 권리의 객체를 직접적·배타적으로 지배할 수 있는 권리로, 타인의 청구를 거절할 수 있는 권리가 아니라 타인의 개입 없이 권리를 지배하는 권리이다. 예 물권, 친권, 후견권, 소유권, 저당권, 지식재산권(저작권과 산업재산권) 등
청구권	특정인이 다른 특정인에 대하여 특정의 법률원인에 따라 특정의 행위를 청구할 수 있는 권리, 즉 타인의 작위·부작위 또는 인용을 적극적으로 요구할 수 있는 권리이다. 예 채권, 물권적 청구권, 부양청구권, 유아인도청구권 등
형성권	권리자의 일방적인 의사표시에 의해 권리변동의 효과(법률관계를 발생, 변경, 소멸, 기타의 법률상의 효과)가 발생하는 권리로, 권리와 의무는 서로 대응하는 것이 보통이나, 권리만 있고 그에 대응하는 의무가 없는 경우이다. 예 채권자취소권·해제권·추인권(무권대리행위에 대한 본인의 추인권), 친생부인권, 재판상 이혼권, 입양취소권, 재판상 파양권, 무능력자 상대방의 최고권 등
항변권	타인의 청구권의 존재 자체에 대하여는 인정하나, 그 청구권의 행사에 대하여만 그 청구권의 작용을 연기적 또는 영구적으로 저지하는 효력을 가지는 권리로, 청구권자의 이행청구에 대하여 이를 거절하는 형식으로 행사된다. 예 • 연기적 항변권 : 동시이행의 항변권, 보증인의 최고·검색의 항변권 • 영구적 항변권 : 상속인의 한정승인의 항변권

✔ Tip

계약해제권은 형성권으로서 그에 대응하는 의무가 없다.

✔ Tip

사원권은 사권을 작용을 기준으로 분류할 때 해당되지 않는다.

✔ OX

취소권·해제권·추인권은 항변권이다. (×)

➜ 형성권

체크-UP

항변권
타인의 청구권을 거절할 수 있는 사권이며 타인의 공격을 막는 방어적 수단으로 사용되는 권리이다. 상대방에게 청구권이 있음을 부인하는 것이 아니라 그것을 전제하고, 다만 그 행사를 배척하는 권리이다.

최신기출확인

권리자의 일방적 의사표시에 의하여 법률관계를 변동시킬 수 있는 권리는?

19년 기출

① 형성권　② 청구권
③ 항변권　④ 지배권

해설

① 형성권은 권리자의 일방적인 의사표시에 의해 권리변동의 효과(법률관계의 발생, 변경, 소멸, 기타의 법률상의 효과)가 발생하는 권리이다.
② 청구권은 특정인이 다른 특정인에 대하여 특정의 법률원인에 따라 특정의 행위를 청구할 수 있는 권리이다.
③ 항변권은 타인의 청구권의 존재 자체에 대하여는 인정하나, 그 청구권의 행사에 대하여만 그 청구권의 작용을 연기적 또는 영구적으로 저지하는 효력을 가지는 권리이다.
④ 지배권은 타인의 행위의 개입 없이 권리의 객체를 직접적·배타적으로 지배할 수 있는 권리이다.

답 ①

ⓒ 권리의 효력범위에 따른 분류

절대권	모든 사람에 대하여 권리의 효력을 주장할 수 있는 권리로, 배타적으로 지배할 수 있는 권리 예 물권, 인격권, 무체재산권 등
상대권	특정인에게만 권리의 효력을 주장할 수 있는 권리 예 채권 등

ⓓ 권리의 이전성 여부에 따른 분류

일신 전속권	권리가 특정한 주체와의 사이에 특별히 긴밀한 관계가 있기 때문에 타인에게 양도나 상속할 수 없고 그 주체만이 향유·행사할 수 있는 권리 예 • 귀속상의 일신전속권 : 인격권, 친권 등 • 행사상의 일신전속권 : 위자료청구권 등
비일신 전속권	권리의 주체(권리자)로부터 분리할 수 있는 권리 예 재산권(실용신안권, 법정지상권, 분묘기지권) 등

✓ Tip
초상권은 권리의 주체와 분리하여 양도할 수 없는 권리에 해당된다.

ⓔ 권리의 종속 여부에 따른 분류

주된 권리	독립성을 가진 권리로, 종된 권리의 전제가 됨
종된 권리	다른 권리에 의존하여 가치를 가질 수 있는 권리로, 주된 권리의 존재를 전제로 하여 발생함 예 원본채권에 대한 이자채권, 피담보채권에 대한 질권·저당권, 주채무에 대한 보증채권 등

✓ Tip
저당권은 원칙적으로 양도할 수 있다.

최신기출확인

권리에 관한 설명으로 옳지 않은 것은? 20년 기출

① 친권은 권리이면서 의무적 성질을 가진다.
② 인격권은 상속이나 양도를 할 수 없는 것이 원칙이다.
③ 청구권적 기본권으로는 청원권, 재판청구권, 환경권 등이 있다.
④ 물건에 대한 소유권은 권리이고, 그 사용권은 권능에 해당한다.

해설
③ 청원권, 재판청구권은 청구권적 기본권에 해당하나, 환경권은 생존권적(사회적) 기본권에 해당한다.
① 친권은 권리와 의무의 성질을 동시에 가진다.
② 인격권은 권리의 주체와 분리할 수 없는 인격적 이익을 내용으로 하는 권리로, 양도・처분할 수 없으며, 시효의 대상도 되지 않는다.
④ 물건에 대한 소유권은 권리이고, 그 안에 사용권능・수익권능・처분권능이 있다.

답 ③

③ 사회권

국민이 인간다운 생활을 영위하는 데 필요한 조건의 형성을 국가에 요구할 수 있는 권리로, 국가로부터 인간다운 생활을 보장받을 수 있는 국민의 기본적 권리이다. 헌법상의 생존권적 기본권 또는 사회권적 기본권과 밀접한 관련이 있으며, 근로권・단결권・단체교섭권・단체행동권 등이 있다.

(3) 권리의 충돌 19년, 17년, 10년 기출

① 의의

동일한 객체에 대하여 수개의 권리가 존재하는 경우에는 그 객체가 그 권리를 모두 만족시킬 수 없는 것을 말한다.

② 충돌의 순위

㉠ 물권 상호간

ⓐ 소유권과 제한물권 사이에서는 제한물권이 언제나 소유권에 우선한다.

ⓑ 같은 종류의 물권 상호간에는 먼저 성립한 권리가 후에 성립한 권리에 우선한다. 예를 들면 대항요건을 갖춘 부동산의 임차권은 나중에 성립한 전세권에 우선한다.

㉡ 채권 상호간

ⓐ 채권이 충돌하는 경우 채권은 성립시기에 상관없이 평등한 효력을 지닌다.

✓OX
채권이 충돌하는 경우 먼저 성립한 채권이 나중에 성립한 채권에 우선한다. (×)

ⓑ 채권자평등의 원칙에 의해 발생원인 · 발생시기의 선후 · 채권액의 다소를 묻지 않고서 평등하게 다루어지는데, 채권자가 파산한 경우 채권자 평등의 원칙이 적용된다.

㉢ **물권과 채권간** : 하나의 물건에 대하여 물권과 채권이 병존하는 경우 성립시기를 불문하고 원칙적으로 항상 물권이 우선한다.

✓OX
물권과 채권이 충돌할 경우에는 원칙적으로 채권이 우선한다. (×)

최신기출확인

권리의 충돌에 관한 설명으로 옳은 것은? 19년 기출

① 채권 상호간에는 원칙적으로 성립의 선후에 따른 우선순위의 차이가 없다.
② 물권과 채권이 충돌할 경우에는 원칙적으로 채권이 우선한다.
③ 소유권과 이를 제한하는 제한물권 사이에서는 원칙적으로 소유권이 우선한다.
④ 동일물에 성립한 전세권과 저당권은 그 성립시기에 상관없이 저당권이 우선한다.

해설

① 채권 상호간에는 원칙적으로 성립의 선후에 따른 우선순위의 차이가 없다. 즉, 채권이 충돌하는 경우 성립시기에 상관없이 평등한 효력을 지닌다.
② 하나의 물건에 대하여 물권과 채권이 병존하는 경우 성립시기를 불문하고 원칙적으로 항상 물권이 우선한다.
③ 소유권과 제한물권 사이에서는 제한물권이 언제나 소유권에 우선한다.
④ 동일물에 성립한 전세권과 저당권은 그 성립시기에 상관없이 저당권이 우선하는 것이 아니라 성립시기와 상관이 있다.

답 ①

(4) 권리의 보호

① **국가구제**

권리는 국가로부터 보호를 받지 못하면 권리로서 제 기능을 발휘할 수가 없게 되는데, 국민이 그의 권리를 침해당한 때에는 국가에 대하여 그의 보호를 요구하는 청구권을 가지게 된다. 국가가 권리를 보호하는 제도로는 재판제도와 조정제도, 중재제도가 있다.

② **사력구제**

㉠ 자기 또는 제3자의 이익을 방어하기 위해서는 타인의 불법행위에 대하여(정당방위) 또는 급박한 위난에 대하여(긴급피난) 타인에게 가해행위를 할 수 있고, 이에 대해서는 불법행위의 규정이 적용되지 않는다.

ⓛ 근대의 법치국가에 있어서의 권리의 보호, 구제는 일반적으로 국가구제에 의하고 있으며, 사력구제는 이를 허용하지 않는 것이 원칙이다. 즉, 사력구제는 예외적으로 부득이한 경우에 한하여 인정될 뿐이다.

✓OX
권리행사를 할 수 없다 하더라도 원칙적으로 사력구제는 허용되지 않는다. (O)

02 의무

(1) 의무의 의의

자기 의사와는 관계없이 반드시 일정한 행위를 하여야 하거나 또는 하여서는 아니 될 법률상의 구속력을 말한다.

✓OX
권리에는 항상 의무가 따른다. (×)

(2) 의무의 종류

① 공의무 19년, 14년, 10년 기출

공권에 대응하여 발생하는 의무로, 다른 사람의 이익을 위하여 의무자의 의사에 가하여진 공법상의 구속을 말한다.

국가적 공의무	국가가 국민에 대하여 지는 의무 예 자유권 보장과 평등권 보장 등의 의무, 국가의 손해배상지급의무, 봉급지급의무, 손실보상지급의무, 참정시킬 의무 등
개인적 공의무	개인(국민)이 일정한 한도 안에서 국가의 통제를 받고 국가가 합법적으로 명령・강제하는 데 대하여 무조건 복종해야 하는 의무 예 교육의무, 근로의무, 납세의무, 국방의무, 환경보전의무, 재산권 행사의 공공복리적합의무 등

✓OX
부양의무는 공법상의 의무가 아니다. (×)

체크-UP
금전급부의무는 어떤 법률관계에서 의무자가 권리자에게 금전을 지급해야 하는 적극적 의무이고, 경업피지의무는 특별한 지위에 있는 사람이 그 영업주나 본인의 영업과 경쟁이 되는 행위를 하지 않아야 할 의무로서 소극적 의무에 해당하고 경업금지의무라고도 한다.

② 사의무 19년, 18년 기출

사권에 대응하여 발생하는 의무로, 당사자의 자유로운 의사표시에 따라 설정된다.

작위의무	적극적으로 일정한 행위를 하여야 할 의무
부작위의무	일정한 행위를 하지 아니하여야 할 의무
수인의무	• 다른 사람이 하는 일정한 행위를 승인해야 할 의무 • 타인이 일정한 행위를 하는 것을 참고 받아들여야 할 의무
급부의무	일정한 행위를 급부해야 할 의무

최신기출확인

타인이 일정한 행위를 하는 것을 참고 받아들여야 할 의무는? 18년 기출

① 작위의무 ② 수인의무
③ 간접의무 ④ 권리반사

해설

② 수인의무 : 다른 사람이 하는 일정한 행위를 승인해야 할 의무
① 작위의무 : 적극적으로 일정한 행위를 하여야 할 의무
③ 간접의무 : 반드시 의무적으로 실행하도록 강제하는 것은 아니지만, 그 일을 하지 않으면 법률상 불이익을 초래하게 되는 의무
④ 권리반사 : 법률이 특정한 개인에게 어떠한 행위를 하도록 함으로써 다른 개인이 그 법률 규범의 이익을 보는 일

답 ②

03 권리의 행사와 의무의 이행

(1) 권리의 행사

① 의의

권리의 행사는 권리의 내용을 그 권리의 주체를 위하여 직접 실현하는 것을 말하며, 광의로는 권리를 처분하는 것도 포함한다.

② 방법

권리의 행사는 신의성실에 좇아 성실히 하여야 하고(신의성실의 원칙) 그 권리를 남용하여서는 안 되고(권리남용금지의 원칙), 또한 권리의 행사는 주체는 물론 대리인이나 관리인 등 타인에 의해서도 행해진다.

(2) 의무의 이행

의무자가 자신이 부담하고 있는 법적인 구속(의무)을 면하기 위하여 그 내용에 맞게 일정한 행위를 하는 것을 말한다.

(3) 표리관계 16년 기출

권리와 의무는 표리관계를 이루며 서로 대응하는데, 사법관계뿐만 아니라 공법관계에서도 표리관계를 이룬다.

04 권리 · 의무의 주체와 객체

(1) 권리 · 의무의 주체 16년 기출

사인 상호간의 권리 · 의무관계에 있어서 권리를 가지며 의무를 질 수 있는 자, 즉 권리를 가지는 특정인을 권리의 주체라고 하며 의무를 부담

체크-UP

실효의 원칙

실효의 원칙이란 권리자가 장기간에 걸쳐 그 권리를 행사하지 아니함에 따라 그 의무자인 상대방이 더 이상 권리자가 그 권리를 행사하지 아니할 것으로 신뢰할 만한 정당한 기대를 가지게 되는 경우에 새삼스럽게 권리자가 그 권리를 행사하는 것은 법질서 전체를 지배하는 신의성실의 원칙에 위반되어 허용되지 않는다는 원칙이다(대판 1995.8.25, 94다27069). 신의성실의 원칙으로부터 파생된 것이다.

하는 자를 의무의 주체라고 한다. 권리·의무의 주체에는 자연인과 법인이 있다.

① **자연인**

법률상으로 유기적인 생물학적 육체를 가진 인간인 자연인은 출생과 동시에 **권리능력**이 인정되어 자연인은 생존한 동안 누구나 당연히 권리·의무의 주체가 된다.

* **권리능력** : 권리·의무의 주체가 될 수 있는 법률상의 자격 또는 지위

② **법인**

㉠ 자연인 이외에 법률상 권리·의무의 주체가 되는 자로, 법인은 관청의 허가를 얻고 등기를 해야 비로소 권리·의무의 주체가 된다.

㉡ 법인은 법인격이 부여되는 사람의 단체를 사단법인, 법인격이 부여되는 재단을 재단법인이라 한다. 또한 법인은 공법인과 사법인, 영리법인과 비영리법인 등으로 나눌 수 있는데, 재단법인에는 비영리법인만 인정된다.

(2) 권리·의무의 객체

권리·의무의 객체란 권리 또는 의무의 목적, 즉 권리와 의무를 발생시키기 위하여 필요한 일정한 대상이 되는 것을 말하며 유체물과 무체물로 나눌 수 있다.

① **유체물**

고체·액체·기체 등과 같이 공간의 일부를 차지하고 유형적 존재를 가지는 물건으로, 부동산과 동산 등이 있다.

② **무체물**

유체물 이외의 물건으로, 생명·자유·행위 또는 권리 등 무형의 것으로 나눌 수 있다.

* **물건** : 유체물 및 전기 기타 관리할 수 있는 자연력을 말함

✔OX

유체물은 물론이고 전기 기타 관리할 수 있는 자연력도 사권의 객체가 될 수 있다. (O)

05 권리·의무의 변동

권리·의무관계(법률관계)는 고정된 것이 아니라 끊임없이 변동하는데, 권리·의무의 변동은 권리·의무관계가 발생·변경·소멸하는 현상을 말한다.

(1) 권리·의무의 발생(취득)

① **원시취득**(절대적 발생)

이전에 존재하지 않았던 권리를 타인으로부터 승계하지 않고 독자적으로 취득하는 것을 말한다.

예 무주물의 선점, 유실물의 습득, 신축한 주택에 대한 소유권 취득, 취득시효에 의한 취득 등

② **승계취득**(상대적 발생)

타인이 소유한 권리에 기하여 권리를 취득하는 것을 말한다.

이전적 승계	권리주체가 권리를 잃으면서 권리의 내용이 취득자에게 그대로 취득되는 것 예 매매에 의한 소유권의 취득 등
설정적 승계	권리주체가 권리를 보유하면서 그의 권리의 일부를 제한하여 취득자가 이용하고, 그 관계가 종료되면 권리주체는 원래의 권리를 회복하게 되는 취득 예 설정에 의한 지상권의 취득, 담보계약에 의한 저당권의 취득 등
포괄승계	하나의 법률상의 취득원인에 의하여 당사자의 의사와 관계없이 다수의 권리를 포괄하여 취득하는 것 예 상속, **포괄유증**, 합병 등
특정승계	개개의 법률상의 취득원인에 의하여 당사자의 의사에 따라 개별적 권리를 특정하여 취득하는 것 예 교환·증여 등에 의한 소유권의 취득 등

* **포괄유증** : 증여한 재산의 전부 또는 일부를 그 비율액(2분의 1이든지 3분의 1이든지)으로 증여하는 것

(2) 권리 · 의무의 변경

① **주체의 변경**

권리의 이전적 승계를 권리주체의 변경이라는 관점에서 바라본 것을 말한다.

② **내용의 변경**

권리의 객체가 되는 급부 내용의 성질이 변경되는 질적 변경(특정물채권이 손해배상채권으로 변경되는 경우)과 권리의 수량이 변경되는 양적 변경(제한물권의 설정 또는 소멸로 인한 소유권의 증감)이 있다.

③ **작용의 변경**

권리의 효력에 변경이 존재하는 경우로, 동일한 물건에 대하여 여러 명의 채권자가 있을 때, 그 우선순위가 빨라지는 저당권의 순위에 변경이 있는 경우, 등기된 임차권이 대항력을 갖춘 경우 등이 있다.

(3) 권리 · 의무의 소멸(상실)

① **절대적 소멸**

존재하던 권리 자체가 사라져 버려 권리의 귀속 주체가 없게 되는 상태를 말한다.

예 채무이행에 의한 채권·채무의 소멸, 물건의 멸실에 의한 소유권의 소멸 등

② 상대적 소멸

권리의 주체가 바뀐 것, 즉 종전의 권리자가 권리를 잃게 되는 경우를 말한다.

예 매매계약의 이행에 의해 매도인이 소유권을 상실하는 경우 등

최신기출확인

권리와 의무에 관한 설명으로 옳지 않은 것은? 19년 기출

① 공권(公權)은 공법관계에서 인정되는 권리이다.
② 권리에서 파생되는 개개의 법률상의 작용을 권능이라고 한다.
③ 헌법상 납세의 의무는 의무만 있고 권리를 수반하지 않는 경우에 해당한다.
④ 어떤 행위를 하지 않아야 하는 의무를 작위의무라 하고, 어떤 행위를 하여야 하는 의무를 부작위의무라 한다.

해설

④ 어떤 행위를 하지 않아야 하는 의무를 부작위의무라 하고, 어떤 행위를 하여야 하는 의무를 작위의무라 한다.
① 공권(公權)은 공법상의 법률관계에서 인정되는 권리로, 국가적 공권과 개인적 공권이 있다.
② 권능은 권리의 내용을 이루는 각개의 법률상의 작용을 말한다. 즉, 권리에서 파생되는 개개의 법률상의 작용을 권능이라고 한다.
③ 헌법상 납세의 의무는 의무만 있고 권리를 수반하지 않는 경우에 해당한다. 국민의 납세의무를 규정한 법률로서는 국세기본법, 국세징수법, 지방세법 등이 있다.

답 ④

PART 01 기출 및 예상문제

01 법원(法原)에 관한 설명으로 옳지 않은 것은? 17년 기출

① 영미법계 국가에서는 판례의 법원성이 부정된다.
② 죄형법정주의에 따라 관습형법은 인정되지 않는다.
③ 대통령령은 헌법에 근거를 두고 있다.
④ 민사에 관하여 법률에 규정이 없으면 관습법에 의하고 관습법이 없으면 조리에 의한다.

정답해설≫

① 영미법계 국가에서는 선례구속의 원칙에 의해서 판례법이 제1차적 법원으로 구속력과 법규성이 인정되고 있으나, 대륙법계 국가는 성문법주의를 취하고 있고 선례구속의 원칙은 인정되지 않으므로 판례법은 법의 보충적 기능만을 담당한다.

02 법과 도덕의 차이점에 관한 설명으로 옳지 않은 것은? 15년 기출

① 법은 강제성이 있지만 도덕은 강제성이 없다.
② 법은 타율성을 갖지만 도덕은 자율성을 갖는다.
③ 법은 내면성을 갖지만 도덕은 외면성을 갖는다.
④ 법은 양면성을 갖지만 도덕은 일면성을 갖는다.

정답해설≫

③ 규율대상을 기준으로 비교할 때, 법은 외면성을 갖지만 도덕은 내면성을 갖는다. 법은 사람의 객관적・외부적 행위를 규율하고, 도덕은 사람의 주관적・내면적 의사를 규율한다.

■ 법과 도덕

구분	법	도덕
규율대상	외면성	내면성
규범성	강제성	비강제성
자율성	타율성	자율성
권리・의무관계	양면성	편면성(일면성)
수범자	상대성(평균적 인간)	절대성(이상적 인간)

03 법과 도덕에 관한 설명으로 옳은 것은?

① 법은 도덕보다 상대적으로 자율성이 강하다.
② 도덕은 법보다 평균인이 지키기 어려운 높은 이상을 지향한다.
③ 법은 행위자의 고의나 과실을 고려하지 않는다.
④ 법은 도덕보다 규범적인 측면에서 강제성이 약하다.

오답해설 >

① 법은 도덕보다 상대적으로 타율성이 강하다.
③ 법은 행위자의 고의나 과실을 고려하여 양형에 차이를 둔다. 형법 제14조(과실)는 정상의 주의를 태만함으로 인하여 죄의 성립요소인 사실을 인식하지 못한 행위는 법률에 특별한 규정이 있는 경우에 한하여 처벌한다.
④ 도덕은 법보다 규범적인 측면에서 강제성이 약하다.

04 법과 도덕의 차이점에 관한 설명으로 옳은 것은? 17년 기출

① 법은 도덕보다 상대적으로 내면성이 강하다.
② 도덕은 법보다 상대적으로 타율성이 강하다.
③ 법은 양면성이 강하고 도덕은 일면성이 강하다.
④ 도덕은 법보다 규범적인 측면에서 강제성이 강하다.

오답해설 >

① 법은 도덕보다 상대적으로 외면성(사람의 객관적・외부적 행위를 규율)이 강하다.
② 도덕은 법보다 상대적으로 자율성이 강하다.
④ 도덕은 법보다 규범적인 측면에서 비강제성이 강하다.

05 법의 개념에 대한 견해와 학자가 바르게 연결되지 않은 것은?

① 법은 도덕의 '최대한'이다. – 슈몰러(Schmoller)
② 법은 법이념에 봉사한다는 의미를 지니는 현실이다. – 라드부르흐(Radbruch)
③ 법은 도덕의 '최소한'이다. – 옐리네크(Jellineck)
④ 법은 사회적 조직체의 공동정신이다. – 키케로(Cicero)

정답해설 >

④ 법은 사회적 조직체의 공동정신이다. – 몽테스키외(Montesquieu)

정답 > 01 ① 02 ③ 03 ② 04 ③ 05 ④

06 법과 관습에 관한 설명으로 옳지 않은 것은?

① 법은 자연발생적 현상으로 생성되는 반면, 관습은 인위적으로 만들어진다.
② 법은 강제가능성을 가지고 있는 반면, 관습은 인간의 자유의사에 따라 이행된다.
③ 법위반에는 법적 제재가 가능한 반면, 관습위반은 사회적 비난을 받는 데 그친다.
④ 법은 합목적성과 당위성 둘 다를 기초로 하고 있지만 관습은 오래 반복된 사실성에 기초하고 있다.

정답해설

① 법은 인위적으로 만들어지는 반면, 관습은 자연발생적 현상으로 생성된다.

07 "악법도 법이다."라는 말이 강조하고 있는 법의 이념은?

17년 기출

① 법적 안정성 ② 법적 타당성
③ 법적 형평성 ④ 법적 효율성

정답해설

① "악법도 법이다."는 법적 안정성을 강조한다. "정의롭지 못한 법이라 할지라도 무질서보다는 낫다." 또한 법적 안정성과 관련된 법언이다.

08 "눈에는 눈, 이에는 이"와 같이 동해보복형(同害報復刑)을 규정하고 있는 고대 바빌로니아의 법전은?

① 마누법전 ② 함무라비법전
③ 마그나 카르타 ④ 권리장전

정답해설

② 함무라비법전은 세계에서 가장 오래된 성문법으로서, 기원전 1750년 무렵에 바빌로니아의 함무라비 왕이 제정하였다. 함무라비법전은 "눈에는 눈, 이에는 이"와 같이 내가 당한 만큼 보복한다는 복수주의를 원칙으로 한다.

오답해설

① 마누법전은 고대 인도의 법전으로 종교적 색채가 짙다.
③ 마그나 카르타는 영국 헌법의 근거가 된 최초의 문서로, 17세기 왕의 전제에 대항하여 국민의 권리를 지키기 위한 최대의 전거이다.
④ 권리장전은 명예혁명의 결과로 이루어진 권리 선언으로서, 영국 헌법의 기초가 된 법률문서이다.

09 법의 효력에 관한 설명으로 옳은 것은?

17년 기출

① 법은 제정과 동시에 효력이 발생한다.
② 법의 효력기간이 미리 정해진 법률을 특별법이라 한다.
③ 모든 국민은 소급입법에 의하여 참정권의 제한을 받지 아니한다.
④ 속인주의는 영토주권이 적용되는 원칙이다.

오답해설

① 법은 제정과 동시에 효력을 발생하는 것이 아니라 특별한 규정이 없는 한 공포한 날로부터 20일을 경과함으로써 효력을 발생한다.
② 법의 효력기간이 미리 정해진 법률은 일반법이고, 특별법은 법의 효력이 특정한 사람이나 사항 및 특정지역에 한하여 적용되는 법을 말한다.
④ 속인주의가 아니라 속지주의는 영토주권이 적용되는 원칙이다.

10 법의 효력에 관한 설명으로 옳지 않은 것은?

15년 기출

① 민법은 특별한 규정이 있는 경우 외에는 법률불소급의 원칙이 적용된다.
② 소급법률에 의한 참정권 제한 금지는 헌법에 규정되어 있다.
③ 법이 효력을 가지려면 실효성과 타당성이 동시에 있어야 한다.
④ 하위 법규범으로 상위 법규범을 개폐할 수 없다.

정답해설

① 민법은 특별한 규정이 있는 경우 외에는 본법 시행일 전의 사항에 대하여도 이를 적용한다. 그러나 이미 구법에 의하여 생긴 효력에는 영향을 미치지 아니한다(민법 부칙 제2조). 민법은 형법과는 달리 법률소급의 원칙이 적용된다.

11 법의 효력에 관한 설명으로 옳지 않은 것은?

15년 기출

① 법률의 시행기간은 시행일부터 폐지일까지이다.
② 법률은 특별한 규정이 없는 한 공포일로부터 30일을 경과하면 효력이 발생한다.
③ 범죄 후 법률의 변경이 피고인에게 유리한 경우에는 소급적용이 허용된다.
④ 외국에서 범죄를 저지른 한국인에게 우리나라 형법이 적용되는 것은 속인주의에 따른 것이다.

정답해설

② 법률은 특별한 규정이 없는 한 공포한 날로부터 20일을 경과함으로써 효력을 발생한다(헌법 제53조 제7항).

정답 06 ① 07 ① 08 ② 09 ③ 10 ① 11 ②

12 법의 효력에 관한 규정으로 옳지 않은 것은? 18년 기출

① 법률은 특별한 규정이 없는 한 공포한 날로부터 20일을 경과함으로써 효력을 발생한다.
② 모든 국민은 소급입법에 의하여 참정권의 제한을 받거나 재산권을 박탈당하지 않는다.
③ 대통령은 내란 또는 외환의 죄를 범한 경우를 제외하고는 재직 중 형사상의 소추를 받지 아니한다.
④ 범죄의 성립과 처벌은 재판 시의 법률에 의한다.

정답해설

④ 범죄의 성립과 처벌은 행위 시의 법률에 의한다(형법 제1조 제1항).

오답해설

① 법률은 특별한 규정이 없는 한 공포한 날로부터 20일을 경과함으로써 효력을 발생한다(헌법 제53조 제7항).
② 모든 국민은 소급입법에 의하여 참정권의 제한을 받거나 재산권을 박탈당하지 아니한다(헌법 제13조 제2항).
③ 대통령은 내란 또는 외환의 죄를 범한 경우를 제외하고는 재직 중 형사상의 소추를 받지 아니한다(헌법 제84조).

13 다음 ( ) 안에 들어갈 법원으로 옳은 것은? 14년 기출

- (ㄱ) : 국가의 조직·통치 및 기본권에 관한 근본법
- (ㄴ) : 지방자치단체 의회가 제정하는 자치법규
- (ㄷ) : 문서로써 국가 간에 체결되고 국제법에 의하여 규율되는 합의

① ㄱ : 헌법, ㄴ : 조례, ㄷ : 조약
② ㄱ : 헌법, ㄴ : 법률, ㄷ : 명령
③ ㄱ : 법률, ㄴ : 조약, ㄷ : 조례
④ ㄱ : 법률, ㄴ : 명령, ㄷ : 조약

정답해설

① 각 괄호에 들어갈 법원은 헌법, 조례, 조약이다. 이 법원들은 성문법원으로 국가기관에 의하여 문서의 형식으로 제정되었다고 하여 제정법이라고 불린다.

14 다음 ( ) 안에 들어갈 법원(法源)이 바르게 연결된 것은? 13년 기출

- (ㄱ) – 국회의 의결을 거치지 않고 행정기관에 의해 제정되는 성문법규
- (ㄴ) – 국가기관이 그 소관 사무에 관하여 법률에 저촉되지 않는 범위 내에서 정하는 내부규율
- (ㄷ) – 지방자치단체의 장이 법령의 범위 내에서 제정한 법규

① ㄱ : 명령, ㄴ : 조례, ㄷ : 규칙
② ㄱ : 명령, ㄴ : 규칙, ㄷ : 규칙
③ ㄱ : 조례, ㄴ : 명령, ㄷ : 조례
④ ㄱ : 규칙, ㄴ : 규칙, ㄷ : 명령

정답해설≫

ㄱ. 국회의 의결을 거치지 않고 행정기관에 제정되는 성문법규를 명령이라고 하며 대통령령, 총리령, 부령 등이 있다.

ㄴ, ㄷ. 규칙은 세 가지로 분류하여 설명할 수 있는데, 첫 번째로는 행정기관 내부의 사항을 규율하기 위한 일반적인 규범으로서의 규칙으로서, 이와 같은 규칙은 법규적 성질을 가지고 있지 않다. 두 번째로는 국가기관이 제정하는 성문법 중의 규칙, 또는 헌법에서 특별한 기관에 규칙 제정권을 인정하는 경우의 규칙으로서 법규적 성질을 가지고 있다. 마지막으로 지방자치단체의 장이 법령 또는 조례가 위임한 범위 내에서 그 권한에 속하는 사무에 대해 제정하는 자치입법이 있다.

15 **한국인 甲과 미국인 乙이 캘리포니아 주에 소재한 X건물을 매매하는 경우, 미국법에 따라 소유권 이전이 이루어진다고 규정한 국내법은?** 13년 기출

① 국제법
② 국제사법
③ 국제민사사법공조법
④ 국내에서 비준·공포된 국제물품매매계약에 관한 국제연합협약

정답해설≫

② 국제사법은 외국적 요소가 있는 법률관계에 관하여 국제재판관할에 관한 원칙과 준거법을 정함을 목적으로 한다(국제사법 제1조). 위 문제에서 물어보는 국내법은 한국인과 미국인 사이의 매매를 미국법을 '준거법'으로 하므로 국제사법에 해당한다.

16 **법원(法源)에 관한 설명으로 옳지 않은 것은?**

① 불문법은 성문법에 비해 사회변화에 따른 필요에 신속히 대응할 수 있다는 장점이 있다.
② 법률은 국회의 의결을 거쳐 제정되는 법령이다.
③ 민사에 관하여 법률에 규정이 없으면 관습법에 의하고 관습법이 없으면 조리에 의한다.
④ 상관습법은 상법의 법원이 될 수 없다.

정답해설≫

④ 상관습법도 상법의 법원이 될 수 있다. 상사에 관하여 본법에 규정이 없으면 상관습법에 의하고 상관습법이 없으면 민법의 규정에 의한다(상법 제1조).

정답 > 12 ④ 13 ① 14 ② 15 ② 16 ④

17 법원(法源)에 관한 설명으로 옳은 것은?

① 헌법은 국가의 이념이나 조직 및 작용에 관한 국가 최고의 기본법이다.
② 넓은 의미에서의 법률은 입법기관인 국회의 의결을 거쳐 제정・공포된 성문법을 의미한다.
③ 일반적으로 승인된 국제법규는 국내법과 같은 효력을 가지지 않는다.
④ 지방자치단체는 법령의 범위 안에서 자치에 관한 규정을 제정할 수 없다.

오답해설

② 좁은 의미에서의 법률은 입법기관인 국회의 의결을 거쳐 제정・공포된 성문법을 의미한다.
③ 헌법 제6조 제1항은 헌법에 의해 체결된 조약과 일반적으로 승인된 국제법규는 국내법과 같은 효력을 가진다고 규정하고 있다. 국제법과 국내법의 효력에 대해서는 국내법우위설, 국제법우위설, 동위설 등이 주장되고 있다. 우리 헌법은 국제법과 국내법의 효력관계에 있어서 동위설을 취하고 있다.
④ 지방자치단체는 법령의 범위 안에서 자치에 관한 규정을 제정할 수 있다.

18 성문법의 장점이 아닌 것은?

① 입법기간이 짧으며, 입법정책을 통하여 발전적 방향으로 사회제도를 개혁할 수 있다.
② 법적 안정성을 확보할 수 있다.
③ 법규의 내용을 일반국민에게 알리기에 적합하다.
④ 급변하는 사회의 현실적 수요에 쉽게 대처할 수 있다.

정답해설

④ 급변하는 사회의 현실적 수요에 쉽게 대처할 수 있는 법은 불문법이다.

19 불문법의 법원성에 관한 설명으로 옳은 것은?

① 관습법은 사법보다 공법의 영역에서 중요한 법원이다.
② 성문법주의 국가에서는 일반적으로 판례를 독립한 법원으로 인정하고 있다.
③ 조리는 공서양속, 사회통념, 정의 등으로 표현되기도 한다.
④ 유수사용권과 온천권은 우리나라에서 인정되고 있는 관습법이다.

정답해설

③ 조리란 사물의 본질적 법칙으로서 법의 일반원칙・신의성실의 원칙 등으로 불린다. 현행 민법 제1조에 따르면 '민사에 관하여 법률에 규정이 없으면 관습법에 의하고 관습법이 없으면 조리에 의한다.'고 규정되어 법원성이 인정된다.

오답해설

① 관습법은 공법보다 개인과 개인 간의 권리・의무관계를 규율하는 사법 특히 민법에서 중요한 법원이다.
② 불문법주의 국가에서는 일반적으로 판례를 독립한 법원으로 인정하고 있다.

④ 관습법상 인정되는 제도로는 동산의 양도담보, 관습법상 법정지상권, 명인방법, 분묘기지권, 사실혼 제도 등이 있다. 유수사용권(민법 제229조 내지 제234조)은 민법에 규정되어 있는 성문법에 해당하고, 온천권은 우리나라에서 인정하고 있지 않는 물권이다(대판 1970.5.26, 69다1239).

20 관습법에 관한 설명으로 옳지 않은 것은?

16년 기출

① 민법은 관습법의 보충적 효력을 인정한다.
② 상법에서는 민법보다 상관습법을 우선 적용한다.
③ 죄형법정주의에 따라 관습형법은 인정되지 않는다.
④ 헌법재판소는 관습헌법을 인정하지 않는다.

정답해설

④ 헌법재판소도 관습헌법의 필요성을 인정하고 있다.

21 법의 존재형식에 관한 설명으로 옳은 것은?

① 헌법에 의하여 체결·공포된 조약은 국내법보다 우월한 효력을 갖는다.
② 불문법에는 사실인 관습, 판례, 조리가 있다.
③ 성문법이 상호간에 충돌할 때에는 상위법우선의 원칙이 적용되지 않는다.
④ 관습법은 성문법에 대하여 보충적 효력을 갖는다는 것이 다수설이다.

오답해설

① 헌법에 의하여 체결·공포된 조약은 국내법과 동일한 효력을 갖는다.
② 불문법에는 관습법, 판례, 조리가 있다. 사실인 관습이란 사회의 관행에 의하여 발생한 사회생활규범인 점에서 관습법과 같으나 사회의 법적 확신이나 인식에 의하여 법적 규범으로서 승인된 정도에 이르지 않은 것을 말하는 바, 법령으로서의 효력이 없는 단순한 관행으로서 법률행위의 당사자의 의사를 보충함에 그치는 것이다(대판 1983.6.14, 80다3231).
③ 성문법이 상호간에 충돌할 때에는 상위법우선의 원칙이 적용된다.

22 대륙법계와 영미법계에 관한 설명으로 옳은 것은?

① 대륙법계는 성문법 중심의 법체계를 취하고 있다.
② 영미법계는 관습법의 법원성(法源性)을 부정하지 않는다.
③ 대륙법계는 불문법인 판례법을 중심으로 하는 법체계를 말한다.
④ 영미법계는 성문법의 존재를 부정한다.

정답 > 17 ① 18 ④ 19 ③ 20 ④ 21 ④ 22 ①

오답해설

② 대륙법계는 관습법의 법원성(法源性)을 부정하지 않는다.
③ 영미법계는 불문법인 판례법을 중심으로 하는 법체계를 말한다.
④ 영미법계 국가는 불문법국가라 할지라도 성문법의 존재 자체를 부정하는 것이 아니다. 성문법주의의 대륙법에 비해 영미법은 판례법주의를 특징으로 한다. 근래에는 영미법계에서도 성문법의 중요성이 증가하고 있다.

23 법의 분류에 관한 설명으로 옳지 않은 것은?

17년 기출

① 이익설은 보호법익이 공익이냐 사익이냐에 따라 공법과 사법을 구별한다.
② 형사소송법, 행정소송법은 절차법이다.
③ 일반적으로 승인된 국제법규는 국내법과 같은 효력을 가진다.
④ 민법, 상법, 민사소송법은 사법(私法)이다.

정답해설

④ 민법, 상법은 사법(私法)이지만 민사소송법은 공법(公法)이다.

∷ 공법과 사법

공법	사법에 대응하는 개념으로 개인과 국가, 공공단체와 국가, 국가들 간의 생활관계를 규율하는 법을 말한다. 예 헌법, 형법, 행정법, 민사소송법, 형사소송법, 행정소송법, 행정심판법, 국제법 등
사법	개인과 개인 간의 권리와 의무관계를 규율하는 법을 말한다. 예 민법, 상법, 회사법, 수표법, 어음법, 친족상속법 등

24 법의 분류에 관한 설명으로 옳지 않은 것은?

14년 기출

① 당사자가 법의 규정과 다른 의사표시를 한 경우 그 법의 규정을 배제할 수 있는 법은 임의법이다.
② 당사자의 의사와 관계없이 강제적으로 적용되는 법은 강행법이다.
③ 국가의 조직과 기능 및 공익작용을 규율하는 행정법은 공법이다.
④ 대한민국 국민에게 적용되는 헌법은 특별법이다.

정답해설

④ 헌법은 일반법에 해당한다. 일반법이란 그 적용범위가 일반적・보편적인 것이어서 사람・장소・사항 등에 있어서 특별한 제한이 없는 법이다.

25 법의 분류에 관한 설명으로 옳지 않은 것은? 18년 기출

① 자연법은 시·공간을 초월하여 보편적으로 타당한 법을 의미한다.
② 임의법은 당사자의 의사에 의하여 그 적용이 배제될 수 있는 법을 말한다.
③ 부동산등기법은 사법이며, 실체법이다.
④ 오늘날 국가의 개입이 증대되면서 '사법의 공법화' 경향이 생겼다.

정답해설>

③ 부동산등기법은 공법 성격의 사법이며 절차법이다.

26 법의 분류에 관한 설명으로 옳지 않은 것은?

① 경제법은 사회법 영역에 속한다.
② 특정범죄 가중처벌 등에 관한 법률은 형사절차법에 속한다.
③ 형법은 강행법에 속한다.
④ 민사소송법은 공법 영역에 속한다.

정답해설>

② 특정범죄 가중처벌 등에 관한 법률은 형법 등에 규정된 특정범죄에 대한 가중처벌 등을 규정함으로써 건전한 사회질서의 유지와 국민경제의 발전에 이바지함을 목적으로 한다(특정범죄 가중처벌 등에 관한 법률 제1조). 본법은 형법과 같이 형사실체법에 속하며 형사실체법이란 형사에 관련하여 법률관계의 성립과 변경, 소멸과 같은 실체적 내용을 규정하는 법이다.

27 법의 분류에 관한 설명으로 옳은 것은?

① 계수법은 국가·민족고유의 사회적·역사적 흐름 속에서 자연적으로 생성된 법이다.
② 강행법은 당사자가 법의 규정과 다른 의사표시를 한 경우 그 법의 규정을 배제할 수 있는 법이다.
③ 고유법은 다른 국가 또는 민족의 역사 속에서 생성된 법규범을 전면적으로 수용하여 해당 국가의 실정법에 반영한 것을 말한다.
④ 실체법은 권리나 의무의 발생·변경·소멸 등을 규정하는 법이다.

오답해설>

① 고유법은 국가·민족고유의 사회적·역사적 흐름 속에서 자연적으로 생성된 법이다.
② 임의법은 당사자가 법의 규정과 다른 의사표시를 한 경우 그 법의 규정을 배제할 수 있는 법이다.
③ 계수법은 다른 국가 또는 민족의 역사 속에서 생성된 법규범을 전면적으로 수용하여 해당 국가의 실정법에 반영한 것을 말한다.

정답 > 23 ④ 24 ④ 25 ③ 26 ② 27 ④

28 법의 체계에 관한 설명으로 옳지 않은 것은?

16년 기출

① 국가에 의하여 제정되는 법규범은 실정법에 해당한다.
② 관습법은 불문법에 해당한다.
③ 헌법, 행정법, 상법 및 형사소송법 등은 공법에 속한다.
④ 지방자치단체는 법령의 범위 안에서 자치에 관한 규정을 제정할 수 있다.

정답해설

③ 헌법, 행정법, 형사소송법 등은 공법에 속하지만 상법은 사법에 속한다.

29 우리나라 법의 체계에 관한 설명으로 옳은 것은?

20년 기출

① 대법원규칙은 법률과 동등한 효력을 가진다.
② 대통령령과 총리령은 동등한 효력을 가진다.
③ 헌법에 의하여 체결·공포된 조약은 국내법에 우선한다.
④ 대통령은 법률의 효력을 가지는 긴급명령을 발할 수 있다.

정답해설

④ 대통령은 헌법 제76조 제1항, 제2항에 의거하여 법률의 효력을 가지는 긴급명령을 발할 수 있다.

오답해설

① 대법원은 법률에 저촉되지 아니하는 범위 안에서 소송에 관한 절차, 법원의 내부규율과 사무처리에 관한 규칙을 제정할 수 있다(헌법 제108조). 따라서 법률이 대법원규칙보다 상위 법령이다.
② 대통령령은 행정권의 수반인 대통령이 발하는 명령이고, 총리령은 국무총리가 발하는 명령으로 일반적으로 부령과 같은 위계이다.
③ 헌법에 의하여 체결·공포된 조약은 국내법과 동일한 효력을 갖는다.

30 법의 체계에 관한 설명으로 옳은 것은?

15년 기출

① 강행법과 임의법은 실정성 여부에 따른 구분이다.
② 고유법과 계수법은 적용대상에 따른 구분이다.
③ 일반법과 특별법은 적용되는 효력 범위에 따른 구분이다.
④ 공법과 사법으로 분류하는 것은 영미법계의 특징이다.

오답해설

① 강행법과 임의법은 법 적용의 절대성(강행성) 여부에 따른 구분이다. 실정성 여부에 따른 구분은 자연법과 실정법이다.
② 고유법과 계수법은 법의 발생에 따른 구분이다.
④ 공법과 사법으로 분류하는 것은 대륙법계의 특징이다.

31 법체계에 관한 설명으로 옳지 않은 것은?

14년 기출

① 일반적으로 승인된 국제법규는 국내법과 같은 효력을 가진다.
② 대통령의 긴급명령은 법률과 같은 효력을 가진다.
③ 민법이 사법이므로 민사소송법도 사법에 속한다.
④ 민법과 상법은 실체법이다.

정답해설 ≫

③ 민사소송법은 절차법으로 공법에 속한다.

32 공법에 속하지 않는 것은?

13년 기출

① 형사소송법
② 친족상속법
③ 행정심판법
④ 민사소송법

정답해설 ≫

② 친족상속법은 민법의 한 구성이고 민법은 사법에 속한다. 사법이란 사적이익추구의 원리를 바탕으로 하고 법률관계에 대한 분쟁은 민사소송을 통해 이루어진다.

33 사회법에 관한 설명으로 옳지 않은 것은?

15년 기출

① 공법영역에 사법적 요소를 가미하는 제3의 법영역이다.
② 노동법, 경제법, 사회보장법은 사회법에 속한다.
③ 자본주의의 부분적 모순을 수정하기 위한 법이다.
④ 사회적 · 경제적 약자의 이익 보호를 목적으로 한다.

정답해설 ≫

① 사회법이란 종전 순수하게 사법영역에 해당하였던 법률관계에서 공법적 요소를 가미하는 제3의 법 영역이다.

34 강행규정에 해당하지 않는 것은?

13년 기출

① 횡령죄에 관한 형법의 규정
② 위험부담에 관한 민법의 규정
③ 국회의 권한에 관한 헌법의 규정
④ 항소기간에 관한 형사소송법의 규정

정답해설 ≫

② 위험부담에 관한 민법의 규정은 임의규정에 해당한다.

정답 ≫ 28 ③ 29 ④ 30 ③ 31 ③ 32 ② 33 ① 34 ②

35 다음의 헌법 규정은 어떠한 원칙을 선언한 것인가?

> 모든 국민은 행위시의 법률에 의하여 범죄를 구성하지 아니하는 행위로 소추되지 아니한다.

① 신법 우선의 원칙 ② 특별법 우선의 원칙
③ 상위법 우선의 원칙 ④ 법률불소급의 원칙

정답해설

④ 법률불소급의 원칙이란 법률은 시행 이전의 사항에 대하여 소급하여 적용되지 않는다는 원칙이다. 법률불소급의 원칙은 형사법에서는 엄격하게 적용하고 있지만 절대적인 것은 아니며 예외가 존재한다. 형법 제1조 제2항을 살펴보면 '범죄 후 법률의 변경에 의하여 그 행위가 범죄를 구성하지 아니하거나 형이 구법보다 경한 때에는 신법에 의한다.'고 규정되어 있어 법률불소급의 원칙의 예외를 인정하고 있다.

오답해설

① 신법 우선의 원칙이란 신법을 구법에 우선하여 적용한다는 원칙으로, 형법 제1조 제2항은 법률불소급의 원칙의 예외이자 신법우선의 원칙을 보여주는 규정이다.
② 특별법 우선의 원칙이란 법률 사이의 관계가 일반법과 특별법의 관계일 경우 특별법을 우선하여 적용한다는 원칙이다. 예를 들어, 민법과 상법 중 상법이 특별법으로 우선하여 적용된다.
③ 상위법 우선의 원칙이란 모든 법률은 하위법에 우선하여 상위법을 적용한다는 원칙이다. 최상위법인 헌법을 법률보다 우선 적용한다.

36 법의 적용에 관한 설명으로 옳지 않은 것은? 16년 기출

① 법의 적용은 법원의 재판에 한정된다.
② 사실의 인정을 위하여 증거를 내세우는 것을 입증이라고 한다.
③ 간주된 사실은 반증을 들어 이를 뒤집을 수 없다.
④ 추정된 사실과 다른 주장을 하는 자는 반증을 들어 추정의 효과를 뒤집을 수 있다.

정답해설

① 법의 적용은 법원의 재판에 한정되는 것이 아니라 법률상 다툼의 대상이 되는 어떠한 구체적 사건이 발생하였을 경우 규율대상으로 삼고 있는 법규정을 찾아내어 그 법규정이 인정하고 있는 법적 효과를 그 사건에 적용될 것인지를 판단하는 과정을 말한다.

37 법의 적용에 관한 설명으로 옳지 않은 것은? 15년 기출

① 법을 적용하기 위한 사실의 확정은 증거에 의한다.
② 확정의 대상인 사실이란 자연적으로 인식한 현상 자체를 말한다.
③ 사실의 추정은 확정되지 못한 사실을 그대로 가정하여 법률효과를 발생시키는 것이다.
④ 간주는 법이 의제한 효과를 반증에 의해 번복할 수 없다.

정답해설

② 확정의 대상인 사실이란 법률상 다툼이 되고 있는 현상을 말한다. 법을 적용하기 위해서는 제일 먼저 법을 적용하기 위한 사실이 확정되어야 한다.

:: 사실의 확정방법

사실의 입증		사실인정의 근거가 되는 자료인 증거를 통하여 사실의 존재여부를 증명하는 행위
사실의 추정	반증 O	불명확한 사실에 대하여 일정한 법률효과를 부여하기 위하여 우선 사실을 확정하는 것
사실의 의제(간주)	반증 ×	

38 불명확한 사실에 대하여 공익 또는 기타 법정책상의 이유로 사실의 진실성 여부와는 관계없이 확정된 사실로 의제하여 일정한 법률효과를 부여하고 반증을 허용하지 않는 것은? 14년 기출

① 간주 ② 추정
③ 준용 ④ 입증

정답해설

① 통상적으로 사실의 존재가 간주(의제)된 경우, 법률규정상으로는 "~ 한 것으로 본다."라고 표현한다.

오답해설

② 추정이란 입증의 부담을 완화하기 위하여 불명확한 사실에 대하여 일정한 법적 효과를 부여하는 것으로, 반증이 입증되면 추정의 효력이 부정된다.
③ 준용이란 어떤 사항에 관한 규정을 그와 유사하지만 본질적으로 다른 사항에 적용하는 것이다.
④ 입증이란 사실인정의 근거가 되는 자료인 증거를 통하여 사실의 존재여부를 증명하는 행위이다.

39 '추정'과 '간주'에 관한 설명으로 옳은 것은? 13년 기출

① 추정은 입증부담을 완화하기 위하여 불명확한 사실에 대하여 일정한 법적 효과를 부여하는 것이다.
② 추정은 반증으로 그 효과를 번복할 수 없다.
③ 2인 이상이 동일한 위난으로 사망한 경우에는 동시에 사망한 것으로 간주한다.
④ 가정법원의 선고에 의해 사망한 것으로 간주되는 사법상의 효과는 반증에 의해 번복될 수 있다.

오답해설

② 추정은 반증으로 그 효과를 번복할 수 있다.
③ 2인 이상이 동일한 위난으로 사망한 경우에는 동시에 사망한 것으로 추정한다(민법 제30조).
④ 실종선고는 법원의 선고에 의해 사망이 간주된다. 실종선고가 취소되지 않는 한 반증을 들어 실종선고의 효과를 번복할 수는 없다(민법 제27조).

정답	35 ④ 36 ① 37 ② 38 ① 39 ①

40 다음 ( ) 안에 들어갈 용어로 옳은 것은?

> 사실의 확정과 관련된 용어인 ( )은/는 어떠한 사실이 명백하지 않은 경우에 그 사실의 존부(存否)를 일단 가정하고 법률효과를 발생시키는 것을 말한다.

① 추정 ② 간주

③ 입증 ④ 준용

정답해설

① 추정은 입증의 부담을 완화하기 위하여 불명확한 사실에 대하여 일정한 법적 효과를 부여하는 것으로, 반증이 입증되면 효력이 부정된다.

오답해설

② 간주(의제)는 불명확한 사실에 대하여 공익 또는 기타 법정책상의 이유로 사실의 진실성 여부와는 관계없이 확정된 사실로 의제하여 일정한 법률효과를 부여하고 반증을 허용하지 않는다.
③ 입증이란 사실인정의 근거가 되는 자료인 증거를 통하여 사실의 존재여부를 증명하는 행위이다.
④ 준용이란 어떤 사항에 근거가 되는 자료인 증거를 통하여 사실의 존재여부를 증명하는 행위이다.

41 사실확정을 위한 실정법의 추정규정으로 옳지 않은 것은? 18년 기출

① 공유자의 지분은 균등한 것으로 추정한다.
② 아내가 혼인 중에 임신한 자녀는 남편의 자녀로 추정한다.
③ 2인 이상이 동일한 위난으로 사망한 경우에는 동시에 사망한 것으로 추정한다.
④ 실종선고를 받은 자는 실종기간이 만료한 때에 사망한 것으로 추정한다.

정답해설

④ 실종선고를 받은 자는 전조의 기간이 만료한 때에 사망한 것으로 본다(민법 제28조). 즉, 추정규정이 아니라 간주(의제)규정이다.

오답해설

① 민법 제262조 제2항
② 민법 제844조 제1항
③ 민법 제30조

42 다음 ( ) 안에 들어갈 용어는? 17년 기출

> ( )은 법문에 일정한 사항을 정하고 있을 때 그 이외의 사항에 관해서도 사물의 성질상 당연히 그 규정에 포함되는 것으로 해석하는 것이다.

① 물론해석 ② 유추해석

③ 확장해석 ④ 변경해석

정답해설≫

① 물론해석은 법문에 일정한 사항을 정하고 있을 때 그 이외의 사항에 관해서도 사물의 성질상 당연히 그 규정에 포함되는 것으로 해석하는 것이다.

오답해설≫

② 유추해석은 어떤 사항에 관하여 적용할 법규정이 없는 경우에 이와 성질이 유사한 다른 사항의 법규정을 적용하여 해석하는 것이다.
③ 확장해석은 법규의 내용에 포함되는 개념을 문자 자체의 보통의 뜻보다 확장해서 효력을 인정함으로써 법의 타당성을 확보하려고 해석하는 것이다.
④ 변경해석(보정해석)은 법문의 용어가 잘못되었거나 표현이 부정확한 경우 등 착오가 명백한 경우에 그 자구를 보정하여 법의에 맞도록 해석하는 것이다.

43 법의 해석방법 중 유추해석 방법은?

14년 기출

① 서로 반대되는 두 개의 사실 중 하나의 사실에 관해서만 규정이 되어 있을 때 다른 하나에 관해서는 법문과 반대의 결과를 인정하는 해석방법
② 법규의 문자가 가지는 사전적 의미에 따라서 법규의 의미를 확정하는 해석방법
③ 두 개의 유사한 사실 중 법규에서 어느 하나의 사실에 관해서만 규정하고 있는 경우에 나머지 다른 사실에 대해서도 마찬가지의 효과를 인정하는 해석방법
④ 법규의 내용에 포함되는 개념을 문자 자체의 보통의 뜻보다 확장해서 효력을 인정함으로써 법의 타당성을 확보하려는 해석방법

정답해설≫

③ 유추해석이란 법 규정의 문언이 특정한 행위만을 적용대상으로 하고 있기 때문에 적용대상이 되는 행위와는 내용이 다르지만, 취지상의 유사성이 있는 경우 유사행위에 대해서도 다른 법 규정을 적용하여 법 규정의 흠결을 메우는 해석방법이다.

오답해설≫

① 반대해석에 대한 설명이다.
② 문리해석에 대한 설명이다.
④ 확장해석에 대한 설명이다.

44 법의 해석에 관한 설명으로 옳은 것은?

① 권한을 가진 국가기관에 의하여 행하여지는 해석을 무권해석이라고 한다.
② 법문을 형성하는 용어, 문장을 기초로 하여 그 문자가 가지는 의미에 따라서 법규 전체의 의미를 해석하는 것을 논리해석이라고 한다.
③ 법률 자체에 법의 해석규정을 두는 것을 입법해석이라고 한다.
④ 어떤 사항을 직접적으로 규정하는 법규가 없는 경우, 이와 유사한 사항을 규정한 법규를 적용하는 것을 보정해석이라고 한다.

정답 ≫ 40 ① 41 ④ 42 ① 43 ③ 44 ③

오답해설≫

① 권한을 가진 국가기관에 의하여 행하여지는 해석을 유권해석이라고 한다.
② 문리해석은 법률을 해석할 때 법문을 구성하고 있는 언어의 일반적인 의미와 문법규칙에 따라 그 뜻을 상식적・근사적으로 해석하는 것을 말한다. 문리해석을 바탕으로 다른 법문과의 관계나 전체적인 의미를 파악하는 것을 논리해석이라 한다. 논리해석은 문리해석을 전제로 하는 것이나 양자의 구별은 극히 상대적이라 할 수 있다.
④ 어떤 사항을 직접적으로 규정하는 법규가 없는 경우, 이와 유사한 사항을 규정한 법규를 적용하는 것을 유추해석이라고 한다.

45 어떤 사항에 관하여 적용할 법규정이 없는 경우에 이와 성질이 유사한 다른 사항의 법규정을 적용하여 해석하는 방법은?

① 행정해석
② 유추해석
③ 사법(司法)해석
④ 반대해석

정답해설≫

② 유추해석이란 법 규정의 문언이 특정한 행위만을 적용대상으로 하고 있기 때문에, 적용대상이 되는 행위와는 내용이 다르지만, 취지상의 유사성이 있는 경우, 유사행위에 대해서도 다른 법규정을 적용하여 법규정의 흠결을 메우는 해석방법이다.

오답해설≫

① 행정해석이란 행정기관이 법을 집행하는 과정에서 행하는 해석방법이다.
③ 사법(司法)해석이란 최종적인 법해석기관인 사법부가 재판을 통해 법을 적용하면서 행하는 해석방법이다.
④ 반대해석이란 법규정의 문언이 특정한 행위만을 적용대상으로 하고 있는 경우에, 그 행위 이외의 행위에 대해서는 해당 법규정이 정한 효과와는 반대효과를 인정하여야 한다는 해석방법이다.

46 권리와 구별되는 개념에 관한 설명으로 옳은 것은? 15년 기출

① 의사무능력자는 권능의 주체가 될 수 있다.
② 법규정에 의해 인정되는 반사적 이익은 권리가 될 수 있다.
③ 권원은 그 작용에 따라 지배권, 청구권, 형성권, 항변권으로 분류된다.
④ 권한은 일정한 법률적 또는 사실적 행위를 정당화시키는 법률상의 원인을 말한다.

정답해설≫

① 통설인 권리법력설에 따르면 의사무능력자도 권능의 주체가 될 수 있다.

오답해설≫

② 법규정에 의해 인정되는 반사적 이익은 권리가 될 수 없다.
③ 권리는 그 작용에 따라 지배권, 청구권, 형성권, 항변권으로 분류된다.
④ 권한은 타인을 위하여, 그 타인에게 일정한 법률효과가 귀속되도록 하는 행위를 할 수 있는 법률상의 지위를 말한다.

47 다음 각 용어에 관한 설명으로 옳은 것은?

14년 기출

① 권능이란 권리의 내용을 이루는 각개의 법률상의 작용을 말한다.
② 권원이란 일정한 법률상 또는 사실상 행위의 결과로 나타나는 효과를 말한다.
③ 반사적 이익이란 특정인이 법률규정에 따라 일정한 행위를 하였을 때 그 법률상 이익을 직접 누릴 수 있는 권리를 말한다.
④ 법인의 대표이사가 정관 규정에 의하여 일정한 행위를 할 수 있는 힘을 권리라 한다.

오답해설≫

② 권원이란 일정한 법률상 또는 사실상의 행위를 정당화시켜 주는 법률상의 원인을 말한다.
③ 반사적 이익이란 법률이 특정인에게 어떤 행위를 명함으로써, 그 명령의 효과로서 다른 특정인이 반사적으로 누리게 되는 이익을 말한다.
④ 일정한 이익을 누릴 수 있도록 법에 의하여 인정된 힘을 권리라 한다.

48 권리와 구별되는 개념들에 관한 설명으로 옳은 것은?

① 대리인의 대리권은 권능에 해당한다.
② 다른 사람을 위하여 법률행위를 할 수 있는 법률상의 자격을 권능이라고 한다.
③ 일정한 법률상 또는 사실상의 행위를 정당화시키는 법률상의 원인을 권한이라고 한다.
④ 법이 일정한 사람에게 일정한 행위를 명하거나 금지함에 따라 다른 사람이 반사적으로 누리는 이익을 반사적 이익이라고 한다.

오답해설≫

① 대리인의 대리권은 권한에 해당한다.
② 권능이란 권리의 내용을 이루는 개개의 법률상의 힘을 말한다. 다른 사람을 위하여 법률행위를 할 수 있는 법률상의 자격은 권한에 대한 설명이다.
③ 일정한 법률상 또는 사실상의 행위를 정당화시키는 법률상의 원인을 권원이라고 한다.

49 권리의 작용(효력)에 따른 분류에 속하지 않는 것은?

17년 기출

① 항변권 ② 인격권
③ 형성권 ④ 청구권

정답해설≫

② 인격권은 권리의 내용(이익)에 따른 분류에 속한다.

정답 ≫ 45 ② 46 ① 47 ① 48 ④ 49 ②

권리의 작용(효력)에 따른 분류

구분	내용
지배권	타인의 행위의 개입 없이 권리의 객체를 직접적·배타적으로 지배할 수 있는 권리로, 타인의 청구를 거절할 수 있는 권리가 아니라 타인의 개입 없이 권리를 지배하는 권리이다.
청구권	특정인이 다른 특정인에 대하여 특정의 법률원인에 따라 특정의 행위를 청구할 수 있는 권리, 즉 타인의 작위·부작위 또는 인용을 적극적으로 요구할 수 있는 권리이다.
형성권	권리자의 일방적인 의사표시에 의해 권리변동의 효과(법률관계를 발생, 변경, 소멸, 기타의 법률상의 효과)가 발생하는 권리로, 권리와 의무는 서로 대응하는 것이 보통이나, 권리만 있고 그에 대응하는 의무가 없는 경우이다.
항변권	타인의 청구권의 존재 자체에 대하여는 인정하나, 그 청구권의 행사에 대하여만 그 청구권의 작용을 연기적 또는 영구적으로 저지하는 효력을 가지는 권리로, 청구권자의 이행청구에 대하여 이를 거절하는 형식으로 행사된다.

50 권리에 관한 설명으로 옳지 않은 것은? 15년 기출

① 인격권은 권리자 자신을 객체로 하는 권리이다.
② 사원권은 단체의 구성원이 그 구성원의 지위에서 단체에 대하여 가지는 권리이다.
③ 형성권은 권리자의 일방적 의사표시에 의해 권리변동의 효과가 발생하는 권리이다.
④ 지배권은 배타적 지배를 하면서 타인의 청구를 거절할 수 있는 권리이다.

정답해설

④ 지배권이란 권리의 객체를 직접적·배타적으로 지배할 수 있는 권리를 말하며, 타인의 청구를 거절할 수 있는 권리가 아니라 타인의 개입 없이 권리를 지배하는 권리이다.

51 권리의 주체와 분리하여 양도할 수 없는 권리는? 15년 기출

① 실용신안권 ② 초상권
③ 법정지상권 ④ 분묘기지권

정답해설

② 초상권은 인격권 중 하나이다. 인격권은 권리의 주체와 분리할 수 없고 그 권리를 독점적·배타적으로 누릴 수 있다. 인격권에는 초상권 이외에 명예권, 성명권 등이 있다.

오답해설

①·③·④ 모두 재산권에 해당하며, 재산권은 주로 민법상 권리에 속하고 실용신안권, 법정지상권, 분묘기지권도 민법상 권리에 속한다.

52 권리에 속하지 않는 것은?

13년 기출

① 임차인의 임차권
② 자(子)의 부(父)에 대한 부양청구권
③ 토지소유자의 토지에 대한 처분권
④ 건물 매도인의 대금지급청구권

정답해설

③ 토지소유자의 토지에 대한 처분권은 권능에 속한다. 권능이란 권리의 내용을 이루는 개개의 법률상의 힘을 말한다.

53 권리와 의무에 관한 설명으로 옳은 것은?

16년 기출

① 권리와 의무는 사법(私法)관계에서만 표리관계를 이룬다.
② 계약해제권은 청구권으로서 그에 대응하는 의무가 있다.
③ 형성권은 청구권자의 이행청구에 대하여 이를 거절하는 형식으로 행사된다.
④ 자연인과 법인은 권리와 의무의 주체가 된다.

오답해설

① 권리와 의무는 표리관계를 이루며 서로 대응하는데, 사법(私法)관계뿐만 아니라 공법관계에서도 표리관계를 이룬다.
② 계약해제권은 형성권으로서 그에 대응하는 의무가 없다.
③ 항변권은 청구권자의 이행청구에 대하여 이를 거절하는 형식으로 행사된다.

54 현행법상 권리와 의무에 관한 설명으로 옳지 않은 것은?

① 실효의 원칙은 권리남용금지의 원칙으로부터 파생된 것이다.
② 평등권, 자유권, 참정권 등은 개인적 공권이다.
③ 유체물은 물론이고 전기 기타 관리할 수 있는 자연력도 사권의 객체가 될 수 있다.
④ 금전급부의무는 적극적 의무이고, 경업피지의무는 소극적 의무이다.

정답해설

① 실효의 원칙이란 권리자가 장기간에 걸쳐 그 권리를 행사하지 아니함에 따라 그 의무자인 상대방이 더 이상 권리자가 그 권리를 행사하지 아니할 것으로 신뢰할 만한 정당한 기대를 가지게 되는 경우에 새삼스럽게 권리자가 그 권리를 행사하는 것은 법질서 전체를 지배하는 신의성실의 원칙에 위반되어 허용되지 않는다는 원칙이다(대판 1995.8.25, 94다27069). 신의성실의 원칙으로부터 파생된 것이다.

정답 > 50 ④ 51 ② 52 ③ 53 ④ 54 ①

55 다음 중 공법상의 의무가 아닌 것은?

14년 기출

① 납세의무 ② 부양의무
③ 교육의무 ④ 국방의무

정답해설

② 개인적 공법상 의무에는 납세의무, 국방의무, 교육의무, 근로의무, 환경보전의무 등이 있다.

개인적 공의무와 국가적 공의무

개인적 공의무	국가적 공의무
• 국방의무 • 납세의무 • 교육의무 • 근로의무 • 환경보전의무 등 • 재산권 행사의 공공복리적합의무	• 국가의 손해배상지급의무 • 봉급지급의무 • 손실보상지급의무 • 참정시킬 의무

56 사권(私權)에 관한 설명으로 옳지 않은 것은?

14년 기출

① 사원권이란 단체구성원이 그 구성원의 자격으로 단체에 대하여 가지는 권리를 말한다.
② 타인의 작위·부작위 또는 인용을 적극적으로 요구할 수 있는 권리를 청구권이라 한다.
③ 취소권·해제권·추인권은 항변권이다.
④ 형성권은 권리자의 일방적 의사표시로 권리변동의 효과를 발생시키는 권리이다.

정답해설

③ 취소권·해제권·추인권은 형성권이다. 형성권이란 권리자의 일방적인 의사표시에 의하여 법률관계의 변동을 생기게 하는 권리이다. 항변권은 타인의 청구권의 존재 자체에 대하여는 인정하나, 그 청구권의 행사에 대하여만 그 청구권의 작용을 연기적 또는 영구적으로 저지하는 효력을 가지는 권리이다.

57 사권(私權)에 관한 설명으로 옳지 않은 것은?

13년 기출

① 물권적 청구권은 지배권이다.
② 위자료청구권은 재산권이다.
③ 저당권은 원칙적으로 양도할 수 있다.
④ 무권대리행위에 대한 본인의 추인권은 형성권이다.

정답해설

① 지배권이란 타인의 행위의 개입 없이 권리의 객체를 직접적·배타적으로 지배할 수 있는 권리이다. 물권적 청구권은 지배권이 아닌 청구권에 해당한다. 청구권은 특정인이 다른 특정인에 대하여 특정의 법률원인에 따라 특정의 행위를 청구할 수 있는 권리이다.

58 상대방의 권리를 승인하지만 그 효력발생을 연기하거나 영구적으로 저지하는 효과를 발생시키는 권리는?

20년 기출

① 형성권 ② 항변권
③ 지배권 ④ 상대권

정답해설

② 항변권은 상대방의 청구권의 행사를 저지할 수 있는 권리이다.

오답해설

① 형성권은 권리자의 일방적인 의사표시에 의해 권리변동의 효과(법률관계의 발생・변경・소멸 등)가 발생하는 권리이다.
③ 지배권은 타인의 행위의 개입 없이 권리의 객체를 직접적・배타적으로 지배할 수 있는 권리이다.
④ 상대권은 특정인에게만 권리의 효력을 주장할 수 있는 권리이다.

59 민법상 권리의 내용에 따른 분류가 아닌 것은?

① 가족권 ② 사원권
③ 재산권 ④ 항변권

정답해설

④ 항변권은 사권의 작용(효력)에 따른 분류에 해당한다. 사권을 권리의 내용(이익)에 따라 분류한다면 재산권, 가족권, 인격권, 사원권으로 분류할 수 있다.

60 민법상 권리의 충돌에 관한 설명으로 옳지 않은 것은?

① 채권이 충돌하는 경우, 먼저 성립한 채권이 나중에 성립한 채권에 우선한다.
② 채권자가 파산한 경우, 채권자평등의 원칙이 적용된다.
③ 소유권과 제한물권 사이에서는 제한물권이 언제나 소유권에 우선한다.
④ 하나의 물건에 대하여 물권과 채권이 병존하는 경우 성립시기를 불문하고 원칙적으로 항상 물권이 우선한다.

정답해설

① 채권은 채권자 평등의 원칙에 따라서 채권 발생의 원인・시기에 관계없이 평등의 효력을 가진다. 때문에 채권자가 파산한 경우에도 채권자평등의 원칙이 적용된다. 즉, 채권이 충돌하는 경우, 채권은 성립시기에 상관없이 평등한 효력을 지닌다.

정답 55 ② 56 ③ 57 ① 58 ② 59 ④ 60 ①

61 사람은 '~하여야 한다.'고 명령하거나 또는 '~해서는 안 된다.'고 금지하는 규범은?

① 임의규범 ② 행위규범
③ 재판규범 ④ 조직규범

정답해설

② 법은 사회질서의 유지를 위해 사회구성원에게 일정한 행위를 요구하거나 일정한 행위를 금지하는 행위규범의 성격을 가진다.

오답해설

① 임의규범은 당사자 간의 별도의 합의에 의해 배제되거나 수정할 수 있는 규범을 말한다.
③ 재판규범이란 행위규범에 위반하는 행위에 대하여 일정한 제재를 가함으로써 강제적으로 사회의 질서를 유지하는 작용을 갖는 것으로, 재판을 함에 있어서 그 기준이 되는 규범을 말한다.
④ 조직규범이란 법의 제정(制定)・적용・집행을 담당하는 조직체의 구성과 운영에 대하여 규정하고 있는 법규범, 즉 행정부, 국회, 법원 등과 같은 국가기관의 조직 및 그 권한범위 등을 정해놓은 법을 말한다.

62 법원(法源)에 관한 현행법의 설명으로 옳지 않은 것은? 20년 기출

① 상사에 관하여 상관습법은 민법에 우선하여 적용된다.
② 대법원 판결은 모든 사건의 하급심을 기속한다.
③ 민사관계에서 조리는 성문법과 관습법이 존재하지 않는 경우에 적용된다.
④ 민사관계에서 법령 중의 선량한 풍속 기타 사회질서에 관계없는 규정과 다른 관습이 있는 경우에 당사자의 의사가 명확하지 아니한 때에는 그 관습에 의한다.

정답해설

② 상급법원 재판에서의 판단은 해당 사건에 관하여 하급심을 기속한다(법원조직법 제8조).

오답해설

① 상사에 관하여 상법에 규정이 없으면 상관습법에 의하고 상관습법이 없으면 민법의 규정에 의한다(상법 제1조).
③ 민사에 관하여 법률에 규정이 없으면 관습법에 의하고 관습법이 없으면 조리에 의한다(민법 제1조).
④ 법령 중의 선량한 풍속 기타 사회질서에 관계없는 규정과 다른 관습이 있는 경우에 당사자의 의사가 명확하지 아니한 때에는 그 관습에 의한다(민법 제106조).

정답 > 61 ② 62 ②

PART

02

헌법

헌법

제1장 헌법 총설

01 헌법의 의의

국가적 공동체의 존재형태와 기본적 가치질서에 관한 국민적 합의를 법규범적인 논리체계로 정립한 국가의 기본법이다.

(1) 헌법의 특성

① 사실적 특성

헌법은 기본적으로 정치성을 가지며, 헌법 제정 당시의 국가공동체 구성원들이 추구하는 가치와 이념을 반영하기 위한 이념성을 지니고, 헌법이 추구하는 가치와 이념은 국가가 처한 역사적 조건과 정치·경제 등의 상황과 밀접한 관련을 갖는 역사성을 지닌다.

② 규범적 특성

최고규범성	헌법은 한 국가의 법체계 속에서 최고규범으로서의 특성을 지니는데, 헌법의 최고규범성은 헌법이 주권자인 국민에 의하여 정립되었다는 데에 근거한다.
기본권보장 규범성	헌법은 국민의 기본권보장을 가장 기초적 이념으로 한다.
수권조직 규범성	헌법은 국가의 통치기구를 조직하고 통치기구에 그 권한을 부여한다.
권력제한 규범성	헌법에 의하여 조직된 통치기구는 헌법에 의해 부여된 권한만을 행사할 수 있다.
자기보장 규범성	헌법은 실효성의 확보나 내용의 강제를 위한 별도의 수단이나 권한을 보유하지 못하므로 헌법 스스로 그 효력을 보장하기 위하여 여러 가지 장치를 자체 내에 스스로 마련하여 규정한다.
생활규범성	헌법은 국민의 모든 생활영역을 대상으로 하여 존재하면서 국민의 일상생활 속에서 실현되고 발전된다.

체크-UP

헌법의 이중성
헌법은 한 국가의 권력관계와 같은 정치적 사실을 나타내기도 하고, 권력관계를 규율하는 법규범을 뜻하기도 하는 것을 말한다.

(2) 헌법개념의 변천

① 고유한 의미의 헌법

헌법은 국가의 최고기관을 조직·구성하고, 권력기관의 상호관계 및 활동범위를 규정하는 국가의 근본조직법으로, 어떠한 국가든지 고유한 의미의 헌법은 가지고 있다.

② 근대 입헌주의 헌법

헌법은 국가권력의 조직과 작용에 관한 근본적 규범(권력분립)과 국민의 국가권력에 대한 지위보장(기본권보장)에 관하여 규정하고 있는 헌법으로, 버지니아헌법(1776년)이 그 효시이다.

③ 현대 복지국가 헌법

헌법은 근대 입헌주의 헌법을 기초로 하여 국민의 인간다운 생활을 보장하기 위한 것으로, 실질적 평등의 보장을 보다 중요시하고 있다. 바이마르헌법(1919년)이 그 효시이다.

체크-UP

현대 복지국가 헌법의 특징

- 국민주권주의의 실질화
- 사회적 기본권 보장의 강조
- 실질적 법치주의
- 권력행사의 통제와 합리적 조정
- 정당국가적 경향과 정당제도의 헌법적 수용
- 사회적 시장경제체제의 보장
- 국제평화주의의 채택

(3) 헌법의 분류

① 존재형식에 따른 분류

헌법의 존재형식이 성문이냐 불문이냐에 따라서 성문헌법과 불문헌법으로 분류할 수 있다.

구분	내용
성문헌법	헌법의 존재형식이 성문화되어 있는 것으로, 버지니아 헌법을 시작으로 미국, 독일 등 대부분의 국가가 채택함
불문헌법	헌법의 존재형식이 불문화되어 있는 것, 즉 성문의 법조문으로 구성되어 있지 않은 경우로 영국·뉴질랜드 등의 헌법이 해당됨

② 개정방법에 따른 분류

구분	내용
경성헌법	일반 법률보다 까다로운 절차와 방법에 의해 개정할 수 있는 헌법으로, 대부분의 국가들의 헌법이 해당됨
연성헌법	일반 법률과 동일한 절차와 방법에 의해 개정할 수 있는 헌법으로, 1948년의 이탈리아 헌법 등이 해당됨

③ 제정주체에 따른 분류

구분	내용
흠정헌법	군주 단독의 의사에 의하여 제정되는 헌법으로, 군주주권사상을 바탕으로 함
민정헌법	국민투표나 국민의 대표로 구성되는 제헌의회에서 제정되는 헌법
협약헌법	국민과 군주 간의 합의에 의하여 제정되는 헌법
국약헌법	둘 이상의 국가 간의 합의에 의하여 제정되는 헌법

✓OX

군주 단독의 의사에 의하여 제정되는 헌법은 흠정헌법이다. (O)

보충학습

실질적 의미의 헌법과 형식적 의미의 헌법

1. 실질적 의미의 헌법
   성문 또는 불문의 형식 여하를 불문하고 그 내용이 성질상 국가의 구성・조직・작용 및 국민과의 관계에 관한 기본원칙을 정하고 있는 법규범의 전체를 말한다. 따라서 존재형식을 불문하므로 성문헌법이 없는 영국 등의 불문헌법국가도 실질적 의미의 헌법은 가지고 있다.
2. 형식적 의미의 헌법
   법에 규정되어 있는 내용에 착안하지 않고 성립 및 존재형식, 형식적 효력 등에 따라 정의한 것으로서, 헌법전이라는 특별한 형식으로 성문화된 법규범을 말한다.

(4) 헌법의 기능

구분	내용
국가구성적 기능	헌법에 의하여 구성되고 조직되는 공동체인 정치적 통일체는 헌법에 의해 비로소 확정됨
공동체의 안정기능	헌법은 국가적 기본질서를 확보・유지하기 위한 기관과 절차를 형성하고, 국가기관 상호간 및 국가기관과 국민간, 국민 상호간의 분쟁을 조정할 기구와 절차를 규정함
국민통합기능	헌법은 모든 국민을 하나의 생활공동체 내지 운명공동체의 구성원으로 동화시키고 통합하는 기능을 수행함
권력통제기능	헌법은 국가권력을 통제함으로써 공권력행사가 민주적 정당성과 절차적 정당성을 확보할 수 있도록 하는 기능을 수행함

02 헌법의 제정과 개정

체크-UP

헌법제정권력
나라의 근본법인 헌법 자체를 만들고 헌법상의 국가기관에 권한을 부여하는 근원적인 권한 내지 권력으로, 근본성격은 시원적 창조성과 자율성에 구할 수 있다.

(1) 헌법의 제정

실질적 의미의 헌법의 제정은 정치적 통일체의 종류와 형태, 기본적 가치질서에 관한 국민적 합의를 법규범체계로 정립하는 것이고, 형식적 의미의 헌법의 제정은 헌법제정권자가 제정권력을 행사하여 헌법사항을 성문의 헌법으로 법전화하는 것을 말한다.

(2) 헌법의 개정

① 의의

헌법에 규정된 개정절차에 따라 기존의 헌법과 기본적 동일성을 유지하면서 헌법의 특정조항을 의식적으로 수정・삭제 또는 새로운 조항을 추가하는 것으로, 헌법의 형식이나 내용에 변경을 가하는 행위를 말한다.

② 헌법개정절차 16년, 12년 기출

제안 → 공고 → 국회의결 → 국민투표 → 확정 → 공포 → 발효

㉠ **제안** : 헌법개정은 국회재적의원 과반수 또는 대통령의 발의로 제안된다.

㉡ **공고** : 제안된 헌법개정안은 대통령이 20일 이상의 기간 이를 공고하여야 한다.

㉢ **국회의결** : 국회는 헌법개정안이 공고된 날로부터 60일 이내에 의결하여야 하며, 국회의 의결은 재적의원 3분의 2 이상의 찬성을 얻어야 한다.

㉣ **국민투표** : 헌법개정안은 국회가 의결한 후 30일 이내에 국민투표에 붙여 국회의원선거권자 과반수의 투표와 투표자 과반수의 찬성을 얻어야 한다.

㉤ **확정·공포** : 헌법개정안이 국회의원선거권자 과반수의 투표와 투표자 과반수의 찬성을 얻은 때에는 헌법개정은 확정되며, 대통령은 즉시 이를 공포하여야 한다.

㉥ **발효** : 발효시기는 공포 즉시 해당 헌법개정안이 발효된다는 공포시설과 공포 20일 후 헌법개정안이 발효된다는 20일 경과설이 대립하고 있다.

최신기출확인

헌법개정절차에 관한 설명으로 옳지 않은 것은? 16년 기출

① 헌법개정은 국회재적의원 과반수 또는 대통령의 발의로 제안된다.
② 헌법개정안은 발의된 날부터 30일 이내에 국회 재적의원 3분의 2 이상이 찬성해야 의결된다.
③ 대통령의 임기연장을 위한 헌법개정은 그 제안 당시의 대통령에 대하여는 효력이 없다.
④ 헌법개정안은 국회가 의결한 후 30일 이내에 국민투표에 붙여야 한다.

해설

② 헌법개정안이 공고된 날로부터 60일 이내에 의결하여야 하며, 국회의 의결은 재적의원 3분의 2 이상의 찬성을 얻어야 한다.

답 ②

03 헌법의 보장(수호)

헌법의 핵심적 내용이나 규범력이 헌법의 침해로 말미암아 변질되거나 훼손되지 아니하도록 헌법에 대한 침해행위를 사전에 예방하거나 사후에 배제하는 것으로, 국가형태, 정치형태 또는 기본권적 가치질서를 보호대상으로 한다.

✓ Tip

대통령의 임기연장 또는 중임변경을 위한 헌법개정은 그 헌법개정 제안 당시의 대통령에 대하여는 효력이 없다.

✓ OX

헌법개정안에 대한 국회의결은 재적의원 3분의 2 이상의 찬성을 얻어야 한다. (O)

* **방어적 민주주의** : 민주주의의 형식논리를 악용하여 민주주의를 파괴하는 것으로부터 민주주의가 자신을 효과적으로 방어하고 그것과 투쟁하기 위한 자기방어적 민주주의를 말한다.

(1) 평상적 헌법 보장

합리적인 정당정치 구현, 국가권력의 분립, **방어적 민주주의**, 공무원의 정치적 중립성 보장 등의 사전예방적 조치와 위헌법령심사·위헌처분심사제, 탄핵제도, 위헌정당 강제해산제, 헌법소원제, 국무총리·국무의원 해임 건의제, 국회 국정감사제·국정조사제 등의 사후교정적 조치가 있다.

(2) 비상적 헌법 보장

① 국가긴급권

전쟁·내란·경제공황이나 대규모의 자연재해 등 국가의 존립과 안전을 위태롭게 하는 비상사태가 발생한 경우 국가의 존립과 안전을 보전하기 위하여 국가원수가 계엄선포나 긴급조치를 강구할 수 있는 비상적인 권한을 말한다.

② 저항권 20년 기출

국민의 기본권을 침해하는 국가권력의 불법적 행사에 대하여 주권자로서의 국민이 그 복종을 거부하거나 실력행사를 통하여 저항할 수 있는 최후의 비상수단적 권리를 말한다.

✓OX
저항권은 헌법상 명문 규정이 없다. (O)

최신기출확인

헌법상 명문 규정이 없는 헌법보호수단은? 20년 기출

① 저항권　② 계엄선포권
③ 위헌법률심판제도　④ 정당해산심판제도

해설

① 저항권은 헌법상 명문 규정이 없다.
② 계엄선포권(헌법 제77조), ③ 위헌법률심판제도(헌법 제111조 제1항 제1호), ④ 정당해산심판제도(헌법 제111조 제1항 제3호)는 헌법상 명문 규정이 있다.

헌법 제111조

① 헌법재판소는 다음 사항을 관장한다.
1. 법원의 제청에 의한 법률의 위헌 여부 심판
2. 탄핵의 심판
3. 정당의 해산 심판
4. 국가기관 상호간, 국가기관과 지방자치단체 간 및 지방자치단체 상호간의 권한쟁의에 관한 심판
5. 법률이 정하는 헌법소원에 관한 심판

답 ①

제2장 | 대한민국 헌법

01 대한민국 헌법 전문 19년 기출

유구한 역사와 전통에 빛나는 우리 대한국민은 3·1운동으로 건립된 대한민국임시정부의 법통과 불의에 항거한 4·19민주이념을 계승하고, 조국의 민주개혁과 평화적 통일의 사명에 입각하여 정의·인도와 동포애로써 민족의 단결을 공고히 하고, 모든 사회적 폐습과 불의를 타파하며, 자율과 조화를 바탕으로 자유민주적 기본질서를 더욱 확고히 하여 정치·경제·사회·문화의 모든 영역에 있어서 각인의 기회를 균등히 하고, 능력을 최고도로 발휘하게 하며, 자유와 권리에 따르는 책임과 의무를 완수하게 하여, 안으로는 국민생활의 균등한 향상을 기하고 밖으로는 항구적인 세계평화와 인류공영에 이바지함으로써 우리들과 우리들의 자손의 안전과 자유와 행복을 영원히 확보할 것을 다짐하면서 1948년 7월 12일에 제정되고 8차에 걸쳐 개정된 헌법을 이제 국회의 의결을 거쳐 국민투표에 의하여 개정한다.

최신기출확인

대한민국 헌법 전문에서 언급하고 있는 내용이 아닌 것은? 19년 기출

① 3·1운동 ② 4·19민주이념
③ 5·18민주화운동 ④ 정의·인도와 동포애

해설

③ 대한민국 헌법 전문에서 5·18민주화운동은 언급하고 있지 않다. 답 ③

02 국가형태 및 국가의 구성요소

(1) 국가형태

헌법 제1조 제1항은 "대한민국은 민주공화국이다"라고 규정하여 국가의 형태로서 민주공화국을 채택하고 있다.

(2) 국가의 구성요소 14년 기출

국가가 존립하기 위해서는 국가를 구성하는 주권, 국민, 영토의 3가지 요소가 있어야 한다.

체크-UP

헌법의 전문에서 규정하고 있는 내용

- 대한민국 임시정부 법통과 4·19 민주이념의 계승
- 각인의 기회 균등
- 조국의 민주개혁과 평화적 통일 사명
- 사회적 폐습과 불의의 타파
- 자유민주적 기본질서의 확고화

✓ Tip

권력의 분립은 헌법의 전문에서 규정하고 있는 내용이 아니다.

주권	대한민국의 주권은 국민에게 있고, 모든 권력은 국민으로부터 나온다(헌법 제1조 제2항).
국민	• 대한민국의 국민이 되는 요건은 법률로 정한다(헌법 제2조 제1항). • 국가는 법률이 정하는 바에 의하여 재외국민을 보호할 의무를 진다(헌법 제2조 제2항).
영토	대한민국의 영토는 한반도와 그 부속도서로 한다(헌법 제3조).

✔ Tip

헌법재판소는 국가의 전통적 구성요소가 아니다.

03 헌법의 기본원리와 기본질서 13년 기출

(1) 헌법의 기본원리

① 국민주권주의

㉠ 국가의사를 전반적·최종적으로 결정하는 최고의 권력인 주권을 국민이 보유한다는 것으로, 통치권자는 국민에 의해서 결정되고 국가의 모든 통치권력의 행사는 국민에 의해서 이루어진다.

㉡ 국민주권주의를 구현하기 위한 제도로서 기본권보장, 복수정당제, 지방자치제, 법치주의, 권력분립, 직업민주제, 직업공무원제도 등이 있다.

② 자유민주주의

㉠ 자유주의와 민주주의가 결합된 정치원리로서, 자유주의는 국가권력의 간섭을 배제하고 개인의 자유와 자율을 옹호하고 존중할 것을 요구하는 것이고, 민주주의는 국민에 의한 지배 또는 국가권력이 국민에게 귀속되는 것을 말한다.

㉡ 다수결의 원칙에 의하여 국가의 기본방향을 결정하는 것은 자유민주주의 실현의 수단이다.

✔OX

다수결의 원칙은 기본권 존중주의 실현의 수단이다. (×)

③ 기본권존중주의

㉠ 천부인권사상을 토대로 인간의 존엄과 인격의 존중을 바탕으로 하는 원칙이다.

㉡ 헌법 제10조에서 "모든 국민은 인간으로서의 존엄과 가치를 가지며, 행복을 추구할 권리를 가진다"고 규정하고 있다.

④ 문화국가주의

국가로부터 문화활동의 자유가 보장되고 국가가 문화를 공급하고 문화를 형성하며 보호하여 실질적인 문화평등을 실현시키려는 원칙이다.

⑤ 법치주의

㉠ 법에 의한 지배를 의미하는데, 모든 국가적 활동과 국가공동체적

생활은 국민의 대표기관인 의회가 제정한 법률에 근거를 두고 법률에 따라 이루어져야 한다는 것이다.

ⓛ 형식적 법치주의보다 실질적 법치주의가 강조된다.

ⓒ 법치주의의 내용으로는 기본적 공권과 자유권의 보장, 법생활에서의 예측가능성, 권력분립의 확립, 포괄적 위임입법의 금지 등이다.

✔ OX

실질적 법치주의보다 형식적 법치주의가 강조된다. (×)

⑥ 복지(사회)국가주의

㉠ 모든 국민에게 그 생활의 기본적 수요를 충족시킴으로써 건강하고 문화적인 생활을 영위할 수 있도록 국가가 책임을 지고 이에 대한 요구가 국민의 권리로서 인정되는 국가 실현을 목표로 하는 것을 말한다.

ⓛ 복지국가주의의 헌법규정은 인간다운 생활의 보장, 근로자의 권익보장과 최저임금, 교육제도, 환경권, 경제민주화와 사회적 시장경제질서 등이 있다.

⑦ 권력분립주의

㉠ 국가의 권력을 입법권・사법권・행정권으로 나누고 이것을 각각 독립된 기관에 귀속시켜 기관 상호 간에 견제와 균형을 행사함으로써 국가권력의 남용을 방지하고 국민의 기본적 권리를 보장하려는 것을 말한다.

ⓛ 권력분립주의의 헌법규정은 '입법권은 국회에 속하고, 행정권은 대통령을 수반으로 하는 정부에 속하며, 사법권은 법관으로 구성된 법원에 속한다' 등이 있다.

⑧ 국제평화주의

국제적 차원에서 국제평화유지에 노력하고 침략전쟁을 부인하며, 국제법질서를 존중하는 주의로, 평화의 공존, 국제분쟁의 평화적 해결, 각 민족국가의 자결권 존중, 국내문제에 대한 불간섭 등을 내용으로 하는 것을 말한다.

✔ Tip

자주통일주의, 사유재산절대의 원칙, 포괄 위임입법주의는 헌법의 기본원리와 거리가 멀다.

(2) 헌법의 기본질서 15년 기출

우리나라 헌법의 기본질서에는 자유민주적 기본질서, 사회적 시장경제질서, 평화주의적 국제질서가 있다.

자유민주적 기본질서	• 헌법 전문 '자율과 조화를 바탕으로 자유민주적 기본질서를 더욱 확고히 하여…' • 헌법 제4조 대한민국은 통일을 지향하며, 자유민주적 기본질서에 입각한 평화적 통일 정책을 수립하고 이를 추진한다.
사회적 시장경제질서	• 헌법 제119조 ① 대한민국의 경제질서는 개인과 기업의 경제상의 자유와 창의를 존중함을 기본으로 한다. ② 국가는 균형 있는 국민경제의 성장 및 안정과 적정한 소득의 분배를 유지하고, 시장의 지배와 경제력의 남용을 방지하며, 경제주체 간의 조화를 통한 경제의 민주화를 위하여 경제에 관한 규제와 조정을 할 수 있다.
평화주의적 국제질서	• 헌법 제5조 제1항 대한민국은 국제평화의 유지에 노력하고 침략적 전쟁을 부인한다. • 헌법 제6조 ① 헌법에 의하여 체결・공포된 조약과 일반적으로 승인된 국제법규는 국내법과 같은 효력을 가진다. ② 외국인은 국제법과 조약이 정하는 바에 의하여 그 지위가 보장된다.

✔ Tip

사법국가적 기본질서는 우리나라 헌법의 기본질서에 해당하지 않는다.

04 대한민국 헌법의 기본제도

(1) 정당제도(복수정당제) 18년 기출

① **의의**

정당은 분산된 국민의 정치적 의사를 일정한 방향으로 유도하고 결집하여 국가의사결정에 반영하는 매개체 또는 중재자역할을 담당한다.

② **헌법상 규정**(제8조)

㉠ 정당의 설립은 자유이며, 복수정당제는 보장된다.

㉡ 정당은 그 목적・조직과 활동이 민주적이어야 하며, 국민의 정치적 의사형성에 참여하는 데 필요한 조직을 가져야 한다.

㉢ 정당은 법률이 정하는 바에 의하여 국가의 보호를 받으며, 국가는 법률이 정하는 바에 의하여 정당운영에 필요한 자금을 보조할 수 있다.

㉣ 정당의 목적이나 활동이 민주적 기본질서에 위배될 때에는 정부는 헌법재판소에 그 해산을 제소할 수 있고, 정당은 헌법재판소의 심판에 의하여 해산된다.

✔OX

국가는 법률이 정하는 바에 의하여 정당의 운영에 필요한 자금을 보조할 수 있다. (O)

최신기출확인

현행 헌법상 정당설립과 활동의 자유에 관한 설명으로 옳지 않은 것은? 18년 기출

① 정당의 설립은 자유이며, 복수정당제는 보장된다.
② 정당은 그 목적, 조직과 활동이 민주적이어야 한다.
③ 정당의 목적과 활동이 민주적 기본질서에 위배될 때에는 국회는 헌법재판소에 그 해산을 제소할 수 있다.
④ 국가는 법률이 정하는 바에 의하여 정당의 운영에 필요한 자금을 보조할 수 있다.

해설

③ 정당의 목적이나 활동이 민주적 기본질서에 위배될 때에는 정부는 헌법재판소에 그 해산을 제소할 수 있고, 정당은 헌법재판소의 심판에 의하여 해산된다(헌법 제8조 제4항).
① 헌법 제8조 제1항
② 헌법 제8조 제2항
④ 헌법 제8조 제3항

답 ③

(2) 선거제도

① 의의

선거제도는 국민적 합의에 바탕을 둔 대의제 민주주의정치를 구현하기 위하여 주권자인 국민이 그들을 대표하는 대표자를 선출하는 행위를 말한다.

② 선거제도의 원칙 19년 기출

보통선거제	사회적 신분·재산·납세·교육·신앙·인종·성별 등에 차별을 두지 않고 일정한 연령에 달하면 원칙적으로 모든 성년자에게 선거권을 부여하는 제도 ↔ 제한선거제
평등선거제	각 선거인의 선거권의 가치가 평등하게 취급되는 제도 ↔ 차등선거제
직접선거제	선거인이 중간선거인을 선정하지 않고 직접 선거하는 제도 ↔ 간접선거제
비밀선거제	투표자가 외부의 압력을 받지 않고 공정한 투표를 할 수 있도록 하기 위하여 선거인이 누구에게 투표했는가를 제3자가 알 수 없게 하는 제도 ↔ 공개선거제

✓ Tip

중선거구제는 소선거구제와 대선거구제의 장점을 모두 취하려 하고 있으나, 그 결과로 두 선거구제의 장점과 단점을 모두 가지고 있다.

③ 선거구제도

구분	소선거구	중선거구	대선거구
의의	한 선거구에서 한 명의 대표자를 선출하는 제도	한 선거구에서 2명~4명의 대표자를 선출하는 제도	한 선거구에서 5명 이상의 대표자를 선출하는 제도
장점	• 양당제도를 확립하여 정치적 안정을 꾀함 • 정책상 유사한 정당의 형성으로 안정된 정치상황의 확보 • 선거인과 의원 간의 친밀도 향상 • 공정한 선거의 수행과 선거비용의 감소	여러 명의 대표자를 선출하기 때문에 선거운동이 활발히 진행됨	• 사표발생을 줄일 수 있음 • 소수대표를 가능하게 하여 소수자보호에 유리 • 국민대표에 적합한 인물의 선택 가능 • 선거의 공정을 기할 수 있음
단점	• 사표의 발생가능성이 높음 • 평등선거의 원칙에 대한 침해가능성 • 게리멘더링의 발생 • 지방적 소인물의 당선 가능성이 높음	• 같은 정당소속의 후보자가 경쟁하는 경우도 발생 • 선거단속이 쉽지 않음	• 군소정당의 난립으로 정국의 불안정 • 유권자가 후보자의 인격이나 정책 등을 자세히 알지 못하는 한계 발생 • 선거관리가 쉽지 않고 선거비용의 과도한 지출 발생

✓OX

비례대표제는 군소정당의 난립이 방지되어 정국의 안정을 가져온다. (×)

Guide 비례대표제

1. 의의

정당의 득표수에 비례하여 당선자 수를 결정하는 선거제도를 말한다.

2. 특징

① 사표를 방지하여 소수자의 대표를 보장한다.
② 득표수와 정당별 당선의원의 비례관계를 합리화시킨다.
③ 그 국가의 정당사정을 고려하여 채택하여야 한다.
④ 군소정당의 난립을 가져와 정국의 불안을 가져온다.

최신기출확인

헌법상 국회의원 선거에서 보장하고 있는 선거원칙이 아닌 것을 모두 고른 것은? 19년 기출

ㄱ. 제한선거　　ㄴ. 직접선거　　ㄷ. 공개선거

① ㄱ, ㄴ　　② ㄱ, ㄷ
③ ㄴ, ㄷ　　④ ㄱ, ㄴ, ㄷ

해설

② 국회는 국민의 보통・평등・직접・비밀선거에 의하여 선출된 국회의원으로 구성한다(헌법 제41조 제1항).

답 ②

(3) 공무원제도

① 공무원의 의의

공무원은 직・간접으로 국민에 의하여 선출되거나 임용권자에 의하여 임용되어 국가 또는 공공단체와 공법상의 근무관계를 맺고 공무를 담당하는 자를 말한다.

② 헌법상의 지위(제7조)

공무원은 국민전체에 대한 봉사자이며, 국민에 대하여 책임을 진다. 공무원의 신분과 정치적 중립성은 법률이 정하는 바에 의하여 보장된다.

③ 직업공무원제도

우수한 인재를 공직에 유치하여 장기간에 걸쳐 성실하게 근무하도록 공무원의 신분을 보장하고, 국민전체에 대한 봉사자, 능력주의, 국가에 의한 생활보장, 공무원의 정치적 중립, 신분관계의 법적 보호 등을 내용으로 하는 제도를 의미한다.

④ 공무원의 근로3권(제33조)

㉠ 근로자는 근로조건의 향상을 위하여 자주적인 단결권・단체교섭권 및 단체행동권을 가진다.

㉡ 공무원인 근로자는 법률이 정하는 자에 한하여 단결권・단체교섭권 및 단체행동권을 가진다.

㉢ 법률이 정하는 주요방위산업체에 종사하는 근로자의 단체행동권은 법률이 정하는 바에 의하여 이를 제한하거나 인정하지 아니할 수 있다.

✓OX

우리나라는 엽관제를 채택하고 있다. (×)

✓ Tip

대통령에 대하여 책임을 지는 것은 직업공무원제도와 거리가 멀다.

✓OX

법률이 정하는 주요방위산업체에 종사하는 근로자의 단결권은 법률이 정하는 바에 의하여 제한할 수 있다. (×)

➜ 단체행동권

(4) 지방자치제도

① 의의

일정한 지역을 단위로 하여 일정한 지역의 주민이 국가로부터 자치권을 부여받아 자치단체의 고유 사무를 자신의 책임하에서 자신들이 선출한 기관을 통하여 직접 처리하는 제도를 말한다.

② 목적

㉠ 지방자치행정의 민주성과 능률성을 제고하고, 지방의 균형 있는 발전과 더불어 국가의 민주적 발전을 도모하기 위한 것이다.

㉡ 풀뿌리민주주의를 강화하고 직접민주주의 요소를 정착시키며 지방분권주의를 실현시키기 위한 것이다.

③ 자치단체의 종류

지방자치단체의 종류는 법률(지방자치법)로 정하는데, 특별시・광역시・특별자치시・도・특별자치도의 상급 지방자치단체와 시・군・구의 하급 지방자치단체가 있다.

④ 자치단체의 권한

지방자치단체는 주민의 복리에 관한 사무를 처리하고 재산을 관리하며, 법령의 범위 안에서 자치에 관한 규정을 제정할 수 있다.

자치행정권	지방자치단체가 자기의 사무를 원칙적으로 중앙정부의 간섭을 받지 않고 자주적으로 처리할 수 있는 권능을 말함
자치입법권	지방자치단체가 그 자치권에 근거하여 조례와 규칙 등을 제정・개폐할 수 있는 권한을 말함
자치재정권	지방세 과징, 사무처리 경비를 수입・지출하는 등 자주적으로 그 재원을 조달하고 관리하는 권능을 말함

* 조례 : 지방자치단체의 의회에서 제정되는 자치법규

제3장 | 국민의 기본권

01 기본권 총론

(1) 기본권의 의의

인간다운 생활을 영위하기 위해 헌법에 인간의 권리를 규정함으로써 인간의 권리를 국가가 보장하고, 국민으로서의 권리를 보호받을 수 있도록 헌법에 의하여 보장되는 국민의 기본적 권리를 말한다.

(2) 기본권의 분류

기본권은 주체・성질・내용・효력을 기준으로 분류할 수 있는데, 기본권의 내용과 성질에 따라 포괄적 기본권, 자유권적 기본권, 생존권적(사회적) 기본권, 청구권적 기본권, 참정권 등으로 나눌 수 있다.

(3) 기본권의 주체 16년 기출

① 자연인

㉠ 국민 : 한국의 국적을 가진 대한민국의 국민은 누구나 헌법이 보장하는 기본권의 주체가 될 수 있다. 따라서 태아도 제한적으로 기본권의 주체가 될 수 있다.

㉡ 외국인 : 인간의 존엄과 가치, 행복추구권 등은 인간의 권리이므로 외국인에게도 기본권의 주체가 될 수 있으나 선거권, 피선거권, 입국의 자유 등은 제한이 가능하다.

② 법인

법인도 법적으로는 법인격을 부여받고 있으므로 기본권의 주체가 될 수 있다. 즉, 사법인(私法人)은 언론・출판의 자유, 재산권의 주체가 된다. 다만, 공법인(국가나 지방자치단체 등)의 경우 원칙적으로 기본권의 주체성을 부정하되 제한된 범위 안에서 예외적으로 긍정하고 있다.

최신기출확인

기본권의 주체에 관한 설명으로 옳은 것을 모두 고른 것은? 16년 기출

ㄱ. 외국인은 대한민국에 입국할 자유를 보장받는다.
ㄴ. 태아는 제한적으로 기본권의 주체가 될 수 있다.
ㄷ. 사법인(私法人)은 언론・출판의 자유, 재산권의 주체가 된다.

① ㄱ, ㄴ
② ㄱ, ㄷ
③ ㄴ, ㄷ
④ ㄱ, ㄴ, ㄷ

해설

ㄱ. 외국인에 대해 입국의 자유는 허용되지 않으므로 외국인은 대한민국에 입국할 자유를 보장받지 못한다.

답 ③

(4) 기본권의 효력

기본권의 효력이란 기본권이 그 의미와 내용대로 실현될 수 있도록 하는 힘(기본권의 구속력)을 말한다.

✔ Tip
태아도 생명권에 대한 주체가 될 수 있다.

✔ OX
외국인은 대한민국에 입국할 자유를 보장받는다. (×)

✔ OX
KBS와 같은 공법인도 언론의 자유의 주체가 될 수 있다. (○)

✔ Tip
기본권의 수범자가 기본권을 침해하면 위법한 것이 된다.

① **대국가적 효력**

원칙적으로 기본권은 모든 공권력적 국가작용을 직접 구속하는 효력을 가진다. 권력작용은 그것이 국가기관에 의한 것이든 지방자치단체에 의한 것이든 기본권에 기속되지만 경제적 비권력작용까지 기본권에 기속되는가에 대해서는 견해가 나뉜다.

② **제3자적 효력**(대사인적 효력)

기본권이 사인의 법률행위나 사인 상호간의 법률관계에도 적용되는가에 대한 기본권의 보장효력을 인정할 필요에 따른 문제이다.

(5) 기본권의 제한 19년 기출

기본권의 제한은 기본권의 효력이나 적용범위를 축소하거나 한정하는 것을 말한다.

① **헌법유보에 의한 제한**

헌법에서 직접 명문으로 기본권의 제한을 규정하고 있는 경우로, 정당의 목적과 활동에 대한 제한, 언론・출판의 사회적 책임의 강조, 재산권 행사의 제한 등이 있다.

② **법률유보에 의한 제한**

헌법이 기본권의 제한을 직접 규정하지 아니하고 그 제한을 법률에 위임하고 있는 경우로, 제한하는 경우에도 자유와 권리의 본질적인 내용을 침해할 수 없다.

✓OX

국민의 모든 자유와 권리는 국가안전보장・질서유지 또는 공공복리를 위하여 필요한 경우에 한하여 법률로써 제한할 수 있으며, 제한하는 경우에도 자유와 권리의 본질적인 내용을 침해할 수 없다. (O)

Guide 기본권에 관한 주장

- 확정된 자신의 형사사건 수사기록의 복사신청을 거절한 행위는 알권리를 침해한 것으로 위헌이다.
- 상습절도범에게 징역형 이외에 보호감호처분을 하는 것은 이중처벌금지의 원칙에 위배되지 않는다.
- 18세 미만의 자에게 노래방 출입을 금하고 있는 것은 노래방주인의 영업의 자유를 침해하는 것이 아니다.
- 판례에 따르면 사형제도는 인간의 존엄과 가치를 침해하는 제도이지만 헌법에 위반된다고는 할 수 없다.

최신기출확인

헌법 제37조 제2항의 규정이다. ( )에 들어갈 용어가 순서대로 옳은 것은? 19년 기출

> 국민의 모든 자유와 권리는 ( )·( ) 또는 ( )를 위하여 필요한 경우에 한하여 법률로써 제한할 수 있으며, 제한하는 경우에도 자유와 권리의 본질적인 내용을 침해할 수 없다.

① 국가안전보장, 질서유지, 공공복리
② 국가안전보장, 질서유지, 환경보호
③ 국가안전보장, 환경보호, 공공복리
④ 환경보호, 질서유지, 공공복리

해설 >
① 국민의 모든 자유와 권리는 국가안전보장·질서유지 또는 공공복리를 위하여 필요한 경우에 한하여 법률로써 제한할 수 있으며, 제한하는 경우에도 자유와 권리의 본질적인 내용을 침해할 수 없다(헌법 제37조 제2항). 답 ①

02 포괄적 기본권

(1) 인간의 존엄과 가치

① 의의 15년 기출

㉠ 모든 국민은 인간으로서의 존엄과 가치를 가지며, 행복을 추구할 권리를 가진다. 국가는 개인이 가지는 불가침의 기본적 인권을 확인하고 이를 보장할 의무를 진다(제10조).

㉡ **인간의 존엄**과 가치는 포괄적이고 근본적인 원리로서 다른 모든 기본권의 종국적 목적이자 기본이념으로, 헌법상 기본권 보장의 대전제가 되는 최고의 원리이다.

② 내용

㉠ 인간의 존엄과 가치를 침해하는 국가권력에 대해 국민은 저항권을 행사할 수 있으며, 인간의 존엄과 가치에 반하는 헌법 개정은 허용되지 아니한다.

㉡ 인간의 존엄과 가치를 침해하는 행정처분이나 재판에 대해서는 헌법상 보장된 청구권의 행사, 재판청구권의 행사, 헌법소원 등을 통해 위헌·무효와 침해행위의 배제를 청구할 수 있다.

* 인간의 존엄성 : 최고의 헌법적 가치이자 국가목표규범으로서 모든 국가기관을 구속함

(2) 행복추구권

① 의의

국민이 인간으로서의 안락하고 만족스러운 삶(행복)을 추구할 수 있는 권리를 말한다.

② 주체

내국인과 외국인을 포함하는 자연인에 한정되며, 법인은 주체가 될 수 없다.

③ 제한

국가안전보장・질서유지 및 공공복리를 위하여 필요불가결한 경우에는 본질적인 내용을 침해하지 않는 한도 내에서 제한할 수 있다.

✔ Tip

행복추구권에는 생명권, 신체의 자유, 명예권, 성명권, 초상권, 자유로운 생활의 영위, 생존권 등이 있다.

보충학습

헌법 제10조의 행복추구권은 국민이 행복을 추구하기 위하여 필요한 급부를 국가에게 적극적으로 요구할 수 있는 것을 내용으로 하는 것이 아니라, 국민이 행복을 추구하기 위한 활동을 국가권력의 간섭 없이 자유롭게 할 수 있다는 포괄적인 의미의 자유권으로서의 성격을 가지므로 국민에 대한 일정한 보상금의 수급기준을 정하고 있는 이 사건 규정이 행복추구권을 침해한다고 할 수 없다(헌재결 1995.7.21, 93헌가14).

(3) 평등권

① 의의

㉠ 국가가 입법을 하거나 법을 집행하고 해석하는 경우 모든 국민을 합리적인 이유가 없는 한 차별하여서는 아니 된다는 것을 말한다.

㉡ 모든 국민은 법 앞에 평등하다. 누구든지 성별・종교 또는 **사회적 신분**에 의하여 정치적・경제적・사회적・문화적 생활의 모든 영역에 있어서 차별을 받지 아니한다(제11조 제1항).

* **사회적 신분** : 직업이나 사회적 지위

② 내용

법 앞에 평등에서의 '법'은 헌법・법률・명령・규칙 등의 성문법만이 아니라 관습법 등 불문법을 포함한 일체의 법을 의미하고, '평등'은 법 적용의 평등만이 아니라 법 내용의 평등까지를 의미한다.

③ 주체

모든 국민, 법인, 권리능력 없는 사단・재단이 주체가 되지만 외국인에게는 상호주의에 의한 제한이 가능하다.

④ 제한

평등권도 합리적인 이유가 있으면 제한이 가능한데, 헌법에 의한 제한과 법률에 의한 제한이 있다.

03 자유권적 기본권

(1) 의의

국민이 국가의 권력이나 부당한 간섭으로부터 자유로울 수 있는 권리로, 국가에 대해 어떤 행위를 요구할 수 있는 적극적인 권리가 아니라 국가가 개인을 방어하는 소극적인 권리에 해당된다.

✓ Tip

자유권적 기본권을 최초로 규정한 헌법이라고 볼 수 있는 것은 버지니아헌법이다.

(2) 인신의 자유

① 생명권

㉠ 의의 : 생명·신체 등을 목적으로 하는 생존에 관한 권리로, 우리 헌법재판소도 생명권은 헌법에 규정된 모든 기본권의 전제로 기능하는 기본권 중의 기본권이라고 하였다.

㉡ 근거 : 우리 헌법에는 명시적인 규정은 없지만 통설과 판례는 인간의 존엄성 규정, 신체의 자유, 형벌의 한 종류로서 사형 등에서 생명권의 근거를 인정하고 있다.

② 신체의 자유 20년, 14년 기출

㉠ 의의

ⓐ 사람이 법률과 적법절차에 따르지 않고는 신체적 제한이나 구속을 받지 아니하는 자유로, 신체의 자유는 인간의 모든 자유 중에서 가장 원시적인 자유이다.

ⓑ 모든 국민은 신체의 자유를 가진다. 누구든지 법률에 의하지 아니하고는 체포·구속·압수·수색 또는 심문을 받지 아니하며, 법률과 적법한 절차에 의하지 아니하고는 처벌·보안처분 또는 강제노역을 받지 아니한다(제12조 제1항).

㉡ 실체적 보장

죄형법정주의	범죄와 형벌은 미리 법률로 명확하게 정해져야 한다는 원칙을 말함(제13조 제1항)
이중처벌금지	판결의 기판력이 발생하면 동일한 범죄에 대하여 거듭 처벌받지 아니하는 원칙을 말함(제13조 제1항)
연좌제금지	모든 국민은 자기의 행위가 아닌 친족의 행위로 인하여 불이익한 처우를 받지 아니한다는 원칙을 말함(제13조 제3항)

✓ Tip

모든 국민은 행위시의 법률에 의하여 범죄를 구성하지 아니하는 행위로 소추되지 아니하며(죄형법정주의), 동일한 범죄에 대하여 거듭 처벌받지 아니한다(이중처벌금지 – 헌법 제13조 제1항).

✓ OX

범죄와 형벌은 법령 또는 관습법으로만 정한다. (×)

✓ Tip

체포·구속·압수·수색에는 적법한 절차에 따라 법관의 신청에 의하여 검사가 발부한 영장을 제시하여야 하는 것이 아니라 검사의 신청에 의하여 법관이 발부한 영장을 제시하여야 한다.

✓ OX

모든 국민은 형사상 자기에게 불리한 진술을 강요당하지 아니한다. (O)

㉢ 절차적 보장

적법절차의 원칙	국민의 권리를 제한하는 경우에는 반드시 적법한 절차와 국회가 정한 법률에 근거하여야 한다는 원칙으로, 법률과 적법한 절차에 의하지 아니하고는 처벌·보안처분 또는 강제노역을 받지 아니함
영장주의	법원 또는 수사기관의 형사절차에서 강제처분을 행하는 경우에는 법관이 발부한 영장을 필요로 하는 원칙임 • 체포·구속·압수 또는 수색을 할 때에는 적법한 절차에 따라 검사의 신청에 의하여 법관이 발부한 영장을 제시하여야 함. 다만, 현행범인인 경우와 장기 3년 이상의 형에 해당하는 죄를 범하고 도피 또는 증거인멸의 염려가 있을 때에는 사후에 영장을 청구할 수 있음(제12조 제3항) • 사법경찰관은 현행범을 발견하였을 경우 영장 없이 체포를 할 수 있음
체포구속적부 심사청구권	누구든지 체포 또는 구속을 당한 때에는 적부의 심사를 법원에 청구할 권리를 가지는데(제12조 제6항), 심사결과 위법하거나 부당한 때에는 법관이 직권으로 석방하는 제도를 말함

㉣ 형사피의자와 형사피고인의 인권보장

무죄추정의 원칙	형사피고인은 유죄의 판결이 확정될 때까지는 무죄로 추정된다는 원칙을 말함(제27조 제4항)
구속이유 등을 고지받을 권리	누구든지 체포 또는 구속의 이유와 변호인의 조력을 받을 권리가 있음을 고지 받지 아니하고는 체포 또는 구속을 당하지 아니함. 체포 또는 구속을 당한 자의 가족 등 법률이 정하는 자에게는 그 이유와 일시·장소가 지체 없이 통지되어야 함(제12조 제5항)
진술거부권	피고인·피의자·증인·감정인 등이 질문 또는 신문에 대하여 진술을 거부할 수 있는 권리를 말함
고문받지 아니할 권리	모든 국민은 고문을 받지 아니하며, 형사상 자기에게 불리한 진술을 강요당하지 아니함(제12조 제2항)
자백의 증거능력 제한	피고인의 자백이 고문·폭행·협박·구속의 부당한 장기화 또는 기망 기타의 방법에 의하여 자의로 진술된 것이 아니라고 인정될 때 또는 정식재판에 있어서 피고인의 자백이 그에게 불리한 유일한 증거일 때에는 이를 유죄의 증거로 삼거나 이를 이유로 처벌할 수 없음(제12조 제7항)

변호인의 조력을 받을 권리	누구든지 체포 또는 구속을 당한 때에는 즉시 변호인의 조력을 받을 권리를 가짐. 다만, 형사피고인이 스스로 변호인을 구할 수 없을 때에는 법률이 정하는 바에 의하여 국가가 변호인을 붙임(제12조 제4항)

최신기출확인

헌법상 신체의 자유에 관한 설명으로 옳지 않은 것은? 20년 기출

① 모든 국민은 고문을 받지 아니할 권리가 있다.
② 모든 국민은 형사상 자기에게 불리한 진술을 강요당하지 아니한다.
③ 누구든지 체포 또는 구속을 당한 때에는 즉시 국선변호인의 조력을 받을 권리를 가진다.
④ 누구든지 체포 또는 구속을 당한 때에는 적부의 심사를 법원에 청구할 권리를 가진다.

해설

③ 누구든지 체포 또는 구속을 당한 때에는 즉시 변호인의 조력을 받을 권리를 가진다. 다만, 형사피고인이 스스로 변호인을 구할 수 없을 때에는 법률이 정하는 바에 의하여 국가가 변호인을 붙인다(헌법 제12조 제4항).
① 헌법 제12조 제2항
② 헌법 제12조 제2항
④ 헌법 제12조 제6항

답 ③

(3) 사생활의 자유 15년 기출

① 거주・이전의 자유(제14조)

㉠ 모든 국민은 거주・이전의 자유를 가진다.
㉡ 거주・이전의 자유는 거주지를 결정하거나 거주지를 변경하여 이주하는 데 간섭을 받지 아니할 자유와 거주지를 변경할 것을 강요받지 아니할 자유를 말한다.
㉢ 거주・이전의 자유는 국내 거주・이전의 자유, 국외 거주・이전의 자유 및 국적이탈의 자유를 내용으로 한다.
㉣ 거주・이전의 자유는 기본권에 대한 일반적 법률유보의 규정에 따라 국가안전보장・질서유지 또는 공공복리를 위해 필요한 경우에 한하여 본질적 내용을 침해하지 않는 범위 내에서 법률로써만 제한할 수 있다.

✓ Tip

국민과 국내법인은 거주・이전의 자유의 주체이지만 외국인은 원칙적으로 입국의 자유를 가지지 못한다.

* **주거** : 사람이 거주하는 설비로서 널리 사생활을 영위하는 장소

② **주거의 자유**(제16조)

㉠ 모든 국민은 **주거**의 자유를 침해받지 아니한다. 주거에 대한 압수나 수색을 할 때에는 검사의 신청에 의하여 법관이 발부한 영장을 제시하여야 한다.

㉡ 주거의 자유는 법률에 의하지 아니하고는 제3자나 모든 공권력으로부터 그 주거에 대하여 침입·수색 및 압수를 당하지 아니하는 자유권을 말한다.

㉢ 주거에는 주택이나 아파트, 사무실, 강의실, 호텔, 선박, 차량 등이 해당된다.

③ **사생활의 비밀과 자유**(제17조)

㉠ 모든 국민은 사생활의 비밀과 자유를 침해받지 아니한다.

㉡ 사생활의 비밀과 자유는 사적 영역의 공개를 강요당하지 아니하며 사생활의 자유로운 형성을 방해받지 않고 사생활이 침해받지 아니하는 권리로, 프라이버시권이라고도 한다.

㉢ 사생활의 비밀과 자유의 주체는 외국인을 포함한 자연인이고, 법인은 원칙적으로 사생활의 비밀과 자유의 주체가 되지 못한다.

✔ Tip

프라이버시권은 헌법상 법인이 누릴 수 있는 권리에 해당하지 않는다.

④ **통신의 자유**(제18조)

㉠ 모든 국민은 통신의 비밀을 침해받지 아니한다.

㉡ 통신의 자유는 자유롭게 통신하는 것을 의미하는데, 통신·전화·전신 등으로 의사나 정보를 전달 또는 교환할 때 검열·도청을 금지하고 그 내용이 공권력에 의하여 침해당하지 않는 자유를 말한다.

체크-UP

법인의 기본권이 부정되는 경우
- 인간의 존엄과 가치
- 양심의 자유
- 신앙의 자유
- 주거의 자유
- 사생활의 자유

(4) 정신적 자유 13년 기출

① **양심의 자유**(제19조)

㉠ 모든 국민은 양심의 자유를 가진다.

㉡ 양심의 자유는 신념과 가치판단에 관한 내심의 자유로서 양심결정의 자유와 침묵의 자유를 포함한다.

㉢ 양심형성의 자유는 그 내용을 제한할 수 없는 절대적 기본권이다.

Guide 양심형성의 자유

양심형성의 자유란 외부로부터의 부당한 간섭이나 압력을 받음이 없이 온전히 자기 스스로의 판단에 따라 양심을 형성하고 양심상의 결정을 할 수 있는 자유를 말한다. 양심형성의 자유는 형성된 양심이 그 사람의 내면세계에 머무르는 한, 절대적 자유이므로 어떠한 제한도 인정될 수 없다(헌재결 1998.7.16, 96헌바35).

② **종교의 자유**(제20조)

㉠ 모든 국민은 종교의 자유를 가진다. 국교는 인정되지 아니하며, 종교와 정치는 분리된다.

㉡ 종교의 자유는 개인의 신앙의 자유를 그 핵심으로 하는 것으로, 자기가 원하는 종교를 자기가 원하는 방법으로 신봉할 자유를 말한다.

③ **언론·출판의 자유**(제21조)

㉠ 모든 국민은 언론·출판의 자유를 가지며, 언론·출판에 대한 허가나 검열은 인정되지 아니한다.

㉡ 언론·출판의 자유는 말 등을 통한 의사표현과 전달매체를 통한 의견·사상의 표현인 국민의 언론과 책을 발행하고 배포하는 출판을 국가로부터 제한받지 아니하는 자유로, 기본권 중에서도 가장 근간이 되는 것으로 인정된다.

㉢ 통신·방송의 시설기준과 신문의 기능을 보장하기 위하여 필요한 사항은 법률로 정한다.

㉣ 언론·출판은 타인의 명예나 권리 또는 공중도덕이나 사회윤리를 침해하여서는 아니 된다. 언론·출판이 타인의 명예나 권리를 침해한 때에는 피해자는 이에 대한 피해의 배상을 청구할 수 있다.

④ **집회·결사의 자유**(제21조)

㉠ 모든 국민은 집회·결사의 자유를 가지며, 집회·결사에 대한 허가는 인정되지 아니한다.

㉡ 집회·결사의 자유는 집회를 개최하는 데 방해받지 않고, 단체를 구성하고 활동하는 데 방해를 받지 아니하는 자유를 말한다.

㉢ 시위도 움직이는 집회로서 집회의 개념 속에 포함되는데, 관계법으로는 집회 및 시위에 관한 법률이 있다.

체크-UP

양심적 병역거부에 대한 대법원 판결

양심적 병역거부에 대해 형사처벌 등 제재를 가해 병역의무이행을 강제하는 것은 양심의 자유 등 기본권의 본질적 내용에 대한 위협이 될 수 있다. 병역의무이행을 일률적으로 강제하고, 이행하지 않으면 형사처벌로 제재하는 것은 자유민주주의 정신에 위배되며, 진정한 양심에 따른 병역거부라면 병역법에서 처벌의 예외로 정한 정당한 사유에 해당한다는 것이 다수의견이다(대판 2018.11.1, 2016도10912 전원합의체 판결).

⑤ **학문·예술의 자유**(제22조)

㉠ 모든 국민은 학문과 예술의 자유를 가지며, 저작자·발명가·과학기술자와 예술가의 권리는 법률로써 보호한다.

㉡ 학문의 자유는 학문을 연구하고 탐구하는 데 있어서 어떠한 제재나 간섭을 받는 일 없이 사실을 관찰하며 그 결과를 발표할 수 있는 자유로서, 교수내용의 자유, 연구의 자유, 연구의 결과를 발표할 자유, 학문을 위한 집회·결사의 자유 등이 있다.

㉢ 예술의 자유는 아름다움 또는 미를 추구하는 예술을 연구·발표·논의하는 데 제한받지 아니하는 자유로, 예술창작의 자유와 예술표현의 자유, 예술적 집회·결사의 자유 등이 있다.

✔ Tip

교수내용의 자유는 단순한 지식 전달을 내용으로 하는 '교육'과는 구별되며 교수의 자유가 더욱 보장되어야 하지만 교수의 자유는 기본권 제한 조항에 의해 제한될 수 있다.

(5) 경제적 자유

① **직업선택의 자유**(제15조)

㉠ 모든 국민은 직업선택의 자유를 가진다.

㉡ 직업선택의 자유는 자유롭게 직업을 선택하고 종사하며 그 직업을 변경할 수 있고 직업을 수행함에 있어서 방해를 받지 않을 자유를 말한다.

㉢ 직업선택의 자유에는 직업결정의 자유, 직업수행의 자유, 영업의 자유, 전직의 자유, 무직업의 자유 등이 포함된다.

② **재산권의 보장**(제23조)

㉠ 모든 국민의 **재산권**은 보장되며, 그 내용과 한계는 법률로 정한다.

㉡ 재산권의 행사는 공공복리에 적합하도록 하여야 하며, 재산권의 핵심적인 내용은 침해할 수 없다.

㉢ 공공필요에 의한 재산권의 수용·사용 또는 제한 및 그에 대한 보상은 법률로써 하되, 정당한 보상을 지급하여야 한다.

* **재산권** : 경제적 가치가 있는 모든 공법상·사법상 권리

✔ OX

공공복리를 위하여 재산권 수용 시 보상을 지급하지 않을 수 있다. (×)

04 생존권적(사회적) 기본권

(1) 의의

국민이 인간다운 삶을 영위하기 위하여 생활에 필요한 기본적인 조건을 국가에 대하여 적극적으로 요구할 수 있는 권리를 말한다.

(2) 인간다운 생활을 할 권리(제34조) 18년, 10년 기출

① 모든 국민은 인간다운 생활을 할 권리를 가지며, 국가는 사회보장·사회복지의 증진에 노력할 의무를 진다.

✔ OX

인간다운 생활권은 자유권적 기본권에 해당하지 않는다. (○)

② 인간다운 생활을 할 권리는 국가에 대하여 인간의 존엄성에 대한 최소한의 급부를 국가에 청구할 수 있는 권리를 말한다.
③ 국가는 여자의 복지와 권익의 향상을 위하여 노력하여야 하며, 노인과 청소년의 복지향상을 위한 정책을 실시할 의무를 진다.
④ 신체장애자 및 질병·노령 기타의 사유로 생활능력이 없는 국민은 법률이 정하는 바에 의하여 국가의 보호를 받는다.
⑤ 국가는 재해를 예방하고 그 위험으로부터 국민을 보호하기 위하여 노력하여야 한다.

최신기출확인

현행 헌법에서 명문으로 규정하고 있는 기본권은? 18년 기출

① 생명권 ② 인간다운 생활을 할 권리
③ 주민투표권 ④ 흡연권

해설 >
② 모든 국민은 인간다운 생활을 할 권리를 가진다(헌법 제34조 제1항). 답 ②

(3) 교육을 받을 권리(제31조) 14년, 12년 기출

① 모든 국민은 능력에 따라 균등하게 교육을 받을 권리를 가진다.
② 교육을 받을 권리는 국민이 능력에 따라 균등하게 교육을 받을 수 있도록 국가에 대해서 적극적으로 교육기회의 제공을 청구할 수 있는 권리를 말한다.
③ 모든 국민은 그 보호하는 자녀에게 적어도 초등교육과 법률이 정하는 교육을 받게 할 의무를 지며, 무상의무교육, 교육의 자주성·전문성·정치적 중립성 및 대학의 자율성, 교육제도의 법정주의를 규정하고 있다.

✓OX
교육을 받을 권리는 사회적 기본권 중 하나이다. (O)

(4) 근로의 권리(제32조)

① 의의
근로의 권리는 근로할 수 있는 기회가 없는 자가 국가에 대하여 근로할 직장을 요구하여 근로의 기회를 제공받고 보장받을 권리를 말한다.
② 내용 12년 기출
㉠ 모든 국민은 근로의 권리를 가진다. 국가는 사회적·경제적 방법으로 근로자의 고용의 증진과 적정임금의 보장에 노력하여야 하며, 법률이 정하는 바에 의하여 최저임금제를 시행하여야 한다.

✓OX
모든 국민은 근로의 권리를 가지며, 국가는 법률이 정하는 바에 의하여 최저임금제를 시행하여야 한다. (O)

㉡ 모든 국민은 근로의 의무를 진다. 국가는 근로의 의무의 내용과 조건을 민주주의원칙에 따라 법률로 정한다.
㉢ 근로조건의 기준은 인간의 존엄성을 보장하도록 법률로 정한다.
㉣ 여자의 근로는 특별한 보호를 받으며, 고용·임금 및 근로조건에 있어서 부당한 차별을 받지 아니한다.
㉤ 연소자의 근로는 특별한 보호를 받는다.
㉥ 국가유공자·상이군경 및 전몰군경의 유가족은 법률이 정하는 바에 의하여 우선적으로 근로의 기회를 부여받는다.

(5) 노동3권(근로3권, 제33조) 17년, 12년, 11년 기출

① 의의

근로자는 근로조건의 향상을 위하여 자주적인 단결권·단체교섭권 및 단체행동권을 가진다.

단결권	근로자가 근로조건을 유지·개선하여 그들의 이익과 지위의 향상을 위하여 단결할 수 있는 권리를 말함
단체교섭권	근로자가 노동조합을 통하여 사용자와 근로조건을 유지하고 개선하기 위하여 교섭할 수 있는 권리를 말함
단체행동권	근로자가 근로조건을 유지하고 개선하기 위하여 사용자에 대항하여 단체적인 행동을 할 수 있는 권리를 말함

② 제한

㉠ 공무원인 근로자는 법률이 정하는 자에 한하여 단결권·단체교섭권 및 단체행동권을 가진다.
㉡ 법률이 정하는 주요방위산업체에 종사하는 근로자의 단체행동권은 법률이 정하는 바에 의하여 이를 제한하거나 인정하지 아니할 수 있다.

✔ Tip

단체청원권은 헌법상 근로자에게 한정하여 보장하는 기본권이 아니다.

✔ Tip

법률이 정하는 주요방위산업체에 종사하는 근로자의 단결권·단체교섭권이 아니라 단체행동권은 법률이 정하는 바에 의하여 이를 제한하거나 인정하지 아니할 수 있다.

Guide 헌법의 규정과 관련 법률의 연결

① 국가는 법률이 정하는 바에 의하여 최저임금제를 시행하여야 한다. – 최저임금법
② 연소자의 근로는 특별한 보호를 받는다. – 근로기준법
③ 국가유공자의 유가족은 우선적으로 근로의 기회를 부여받는다. – 국가유공자 등 예우 및 지원에 관한 법률
④ 근로자는 근로조건의 향상을 위하여 자주적인 근로3권을 갖는다. – 노동조합 및 노동관계조정법

(6) 환경권(제35조)

① 모든 국민은 건강하고 쾌적한 환경에서 생활할 권리를 가지며, 국가와 국민은 환경보전을 위하여 노력하여야 한다.

② 환경권은 모든 국민이 건강하고 쾌적한 환경에서 공해 없이 인간다운 생활을 누릴 수 있는 권리를 말한다.

(7) 혼인의 자유와 모성의 보호를 받을 권리(제36조)

혼인과 가족생활	혼인과 가족생활은 개인의 존엄과 양성의 평등을 기초로 성립되고 유지되어야 하며, 국가는 이를 보장한다.
모성의 보호	국가는 모성의 보호를 위하여 노력하여야 한다.
국민보건	모든 국민은 보건에 관하여 국가의 보호를 받는다.

05 청구권적 기본권(기본권 보장을 위한 기본권) 20년, 17년, 13년 기출

(1) 의의

국민이 자신의 권리나 이익을 침해받거나 그러한 우려가 발생하였을 때 국가에 대하여 적극적으로 일정한 행위(작위 또는 부작위)를 요구할 수 있는 권리(국민의 주권적 공권)를 말한다. 청구권적 기본권은 그 자체가 권리의 목적이 아니라 기본권을 보장하기 위한 절차적 기본권이다.

(2) 청원권(제26조) 17년, 16년 기출

① 의의

청원권은 국민이 국가기관에 대하여 문서로써 일정한 사항에 관한 희망을 진술할 권리를 말한다.

② 내용

모든 국민은 법률이 정하는 바에 의하여 국가기관에 문서로 청원할 권리를 가지며, 국가는 청원에 대하여 심사할 의무를 진다.

(3) 재판청구권(제27조) 20년, 16년 기출

① 의의

재판청구권은 모든 국민은 헌법과 법률이 정한 법관에 의하여 법률에 의한 재판을 받을 권리를 말한다.

② 내용

공정하고 신속한 재판을 받을 권리, 공개재판을 받을 권리, 판결확정 전의 무죄추정을 받을 권리, 형사피해자의 재판절차 진술권 등을 규정한다.

✓ Tip

국민이 국가기관에 청원할 때에는 법률이 정하는 바에 따라 문서로 해야 한다.

체크-UP

청원사항(청원법 제4조)

1. 피해의 구제
2. 공무원의 위법·부당한 행위에 대한 시정이나 징계의 요구
3. 법률·명령·조례·규칙 등의 제정·개정 또는 폐지
4. 공공의 제도 또는 시설의 운영
5. 그 밖에 국가기관 등의 권한에 속하는 사항

✓ OX

재판청구권에는 공정하고 신속한 공개재판을 받을 권리뿐만 아니라 재판절차에서 진술할 권리도 포함된다. (O)

최신기출확인

헌법상 재판청구권에 관한 설명으로 옳은 것을 모두 고른 것은?

20년 기출

ㄱ. 형사피고인은 상당한 이유가 없는 한 지체 없이 공개재판을 받을 권리를 가진다.
ㄴ. 모든 국민은 신속한 재판을 받을 권리를 가진다.
ㄷ. 모든 국민은 헌법과 법률이 정한 법관에 의하여 법률에 의한 재판을 받을 권리를 가진다.

① ㄱ, ㄴ
② ㄱ, ㄷ
③ ㄴ, ㄷ
④ ㄱ, ㄴ, ㄷ

해설

④ ㄱ, ㄴ, ㄷ 모두 옳은 설명이다.
ㄱ. 모든 국민은 신속한 재판을 받을 권리를 가진다. 형사피고인은 상당한 이유가 없는 한 지체 없이 공개재판을 받을 권리를 가진다(헌법 제27조 제3항).
ㄴ. 헌법 제27조 제3항
ㄷ. 헌법 제27조 제1항

답 ④

(4) 형사보상청구권(제28조) 16년 기출

형사피의자 또는 형사피고인으로서 구금되었던 자가 법률이 정하는 불기소처분을 받거나 무죄판결을 받은 때에는 법률이 정하는 바에 의하여 국가에 정당한 보상을 청구할 수 있는 권리를 말한다.

(5) 국가배상청구권(제29조)

① 의의

국가배상청구권은 공무원의 직무상 불법행위로 손해를 받은 국민은 법률이 정하는 바에 의하여 국가 또는 공공단체에 정당한 배상을 청구할 수 있는 권리로, 이 경우 공무원 자신의 책임은 면제되지 아니한다.

② 제한

군인·군무원·경찰공무원 기타 법률이 정하는 자가 전투·훈련 등 직무집행과 관련하여 받은 손해에 대하여는 법률이 정하는 보상 외에 국가 또는 공공단체에 공무원의 직무상 불법행위로 인한 배상은 청구할 수 없다.

✓ Tip

군인이 훈련 중에 받은 손해에 대하여는 법률이 정하는 보상 외에는 이중배상이 금지된다.

(6) 범죄피해자구조청구권(제30조)

타인의 범죄행위로 인하여 생명・신체에 대한 피해를 받은 국민은 법률이 정하는 바에 의하여 국가로부터 구조를 받을 수 있는 권리를 말한다.

✔ OX

헌법은 범죄행위로 인한 피해구조에 관해 규정하고 있다. (O)

최신기출확인

청구권적 기본권에 관한 설명으로 옳지 않은 것은? 17년 기출

① 청원은 구두로도 할 수 있다.
② 재판청구권에는 신속한 재판을 받을 권리도 포함된다.
③ 형사보상제도는 국가의 무과실책임을 규정한 것이다.
④ 헌법은 범죄행위로 인한 피해구조에 관해 규정하고 있다.

해설

① 청원은 국민이 국가기관에 대하여 문서로써 일정한 사항에 관한 희망을 진술할 권리를 말하는 것으로, 구두로는 할 수 없다.

답 ①

06 정치적 기본권(참정권)

참정권이란 국민이 국가의사의 형성과 국가기관의 구성에 직접 또는 간접으로 참여할 수 있는 권리를 말하며, 선거권, 공무담임권, 국민표결(투표)권이 이에 해당한다.

✔ Tip

참정권은 청구권적 기본권에 속하지 않는다.

구분	내용
선거권	• 선거권은 국민이 각종 공무원을 선출하기 위한 행위에 참여할 수 있는 권리를 말한다. • 모든 국민은 법률이 정하는 바에 의하여 선거권을 가진다(제24조).
공무담임권	• 공무담임권은 국민이 국가나 공공단체의 구성원으로서 공무를 담당할 수 있는 권리를 말한다. • 모든 국민은 법률이 정하는 바에 의하여 공무담임권을 가진다(제25조).
국민표결(투표)권	• 국민표결권은 국민이 특정한 국정사안에 대하여 직접 참여하여 주권을 행사할 수 있는 권리를 말한다. • 현행 헌법에서는 국가안위에 관한 중요정책에 대한 국민투표(제72조), 헌법개정안에 대한 국민투표(제130조) 등을 규정하고 있다.

✔ Tip

국민소환권은 현행 헌법에 규정되어 있는 내용이 아니다.

✔ Tip

사유재산권, 국가배상청구권, 직업선택의 자유는 사회적 기본권에 해당되지 않는다.

Guide 헌법상 기본권 정리

<table>
<tr><td colspan="2">포괄적 기본권</td><td>• 인간의 존엄과 가치
• 행복추구권
• 평등권</td></tr>
<tr><td rowspan="4">자유권적 기본권</td><td>인신의 자유</td><td>• 생명권
• 신체의 자유</td></tr>
<tr><td>사생활의 자유</td><td>• 거주 · 이전의 자유
• 주거의 자유
• 사생활의 비밀과 자유
• 통신의 자유</td></tr>
<tr><td>정신적 자유</td><td>• 양심의 자유
• 종교의 자유
• 언론 · 출판의 자유
• 집회 · 결사의 자유
• 학문 · 예술의 자유</td></tr>
<tr><td>경제적 자유</td><td>• 직업선택의 자유
• 재산권의 보장</td></tr>
<tr><td colspan="2">생존권적(사회적) 기본권</td><td>• 인간다운 생활을 할 권리
• 교육을 받을 권리
• 근로의 권리
• 노동3권(근로3권)
• 환경권
• 혼인의 자유와 모성의 보호를 받을 권리</td></tr>
<tr><td colspan="2">청구권적 기본권</td><td>• 청원권
• 재판청구권
• 형사보상청구권
• 국가배상청구권
• 범죄피해자구조청구권</td></tr>
<tr><td colspan="2">정치적 기본권(참정권)</td><td>• 선거권
• 공무담임권
• 국민표결권</td></tr>
</table>

07 국민의 기본적 의무 11년 기출

✔ Tip

부부간의 의무는 민법 제826조의 내용으로 헌법상의 의무가 아니다.

헌법상 국민의 기본적 의무에는 납세의 의무(제38조), 국방의 의무(제39조), 교육을 받게 할 의무(제31조), 근로의 의무(제32조), 환경보전의 의무(제35조), 재산권 행사의 공공복리 적합의무(제23조)가 있다.

제4장 | 국가의 통치구조

01 통치구조의 원리와 형태

(1) 통치구조의 원리

① 국민주권의 원리

국가의사를 결정하는 최고의 원동력은 국민에게 있다는 것, 즉 통치권자는 국민에 의해서 결정되고 국가의 모든 통치권력의 행사는 국민에 의해서 이루어지는 것을 말한다.

예 대한민국의 주권은 국민에게 있고, 모든 권력은 국민으로부터 나온다(제1조 제2항).

② 권력분립의 원리

국가작용을 입법권, 행정(집행)권, 사법권으로 분류하고 이들 간의 상호 견제와 균형을 통하여 권력남용의 가능성을 방지하여 궁극적으로는 국민의 자유와 기본권을 보장하기 위한 것을 말한다.

예 입법권은 국회에 속하고(제40조), 행정권은 대통령을 수반으로 하는 정부에 속하며(제66조 제4항), 사법권은 법관으로 구성된 법원에 속한다(제101조 제1항).

③ 대의제의 원리

국민이 직접 주권을 행사하지 않고 자신의 대표자를 선출하여 그 대표를 통하여 간접적으로 국가의사나 국가정책의 결정에 참여하는 것을 말한다.

(2) 통치구조의 형태

① 대통령제

대통령제는 엄격한 권력분립에 입각하여 의회로부터 독립하고 의회에 정치적 책임을 지지 않는 대통령 중심의 정부 형태로, 대통령이 국민에 의하여 선출된다.

② 의원내각제

의회에 의해 구성되고 의회에 대하여 책임을 지는 내각을 중심으로 국정이 운영되는 정부 형태를 말한다.

✓ Tip

몽테스키외의 3권분립론의 가장 중심된 사상은 국민의 자유권 보장이다.

✓ Tip

우리나라는 대통령제를 원칙으로 하고, 의원내각제를 가미하고 있다.

✓ OX

입헌군주제는 정부형태의 전통적 분류에 속하지 않는다. (O)

✔ Tip

"정부는 법률안을 제출할 수 있다(제52조)"는 규정은 의원내각제적 요소로 볼 수 있다.

③ 우리나라 정부 형태의 요소

대통령제적 요소	의원내각제적 요소
• 대통령의 법률안 거부권 • 대통령은 국가원수이자 행정수반 • 대통령의 대법원장 및 대법관의 임명 • 행정부 구성원의 탄핵소추 • 대통령 직선제 • 대통령은 국회에 대해 정치적 책임을 지지 않음 • 국회가 대통령을 불신임하거나, 대통령이 국회를 해산할 수 없음	• 국무총리 및 국무위원의 부서제도 • 행정부의 법률안 제출권 • 국회의 국무총리임명동의권 • 국회의원과 국무위원의 겸직 가능 • 대통령의 임시국회소집요구권 • 국회의 국무총리 및 국무위원에 대한 해임건의권 • 국무총리 및 국무위원 등의 국회 및 위원회 출석발언권 및 출석발언 요구권

02 통치기구

(1) 국회 20년, 19년, 17년, 16년 기출

① 국회의 지위

㉠ **국민의 대표기관** : 국회는 국민의 보통·평등·직접·비밀선거에 의해 선출된 의원으로 구성되는 국민의 대표기관으로, 국회가 행한 행위는 국민이 한 행위로 간주된다.

㉡ **입법기관** : 국회는 권력분립의 원칙상 대표적인 입법기관이다.

㉢ **국정의 통제기관** : 국회는 국정을 감시·비판하는 기관으로서 탄핵소추권, 국무총리·국무위원해임건의권, 국무총리·국무위원 등에 대한 출석요구권, 국정감사·조사권 등을 가진다.

✔ Tip

국회의원은 법률안을 제출할 수 있다.

Guide 법률제정절차 11년 기출

① 법률안 제출은 입법기관인 국회의원과 정부에 의해 이루어진다.
② 국회에서 의결된 법률안은 정부에 이송되어 15일 이내에 대통령이 공포한다.
③ 법률안에 이의가 있을 때에는 대통령은 15일 이내에 이의서를 붙여 국회로 환부하고, 그 재의를 요구할 수 있다. 국회의 폐회 중에도 또한 같다.
④ 재의의 요구가 있을 때에는 국회는 재의에 붙이고, 재적의원 과반수의 출석과 출석의원 3분의 2 이상의 찬성으로 전과 같은 의결을 하면 그 법률안은 법률로서 확정된다.
⑤ 대통령이 15일 이내에 공포나 재의의 요구를 하지 아니한 때에도 그 법률안은 법률로서 확정된다.

✔ OX

국회에서 의결된 법률안이 정부로 이송되면 대통령은 이를 거부할 수 없다. (×)

⑥ 대통령은 확정된 법률을 지체 없이 공포하여야 한다. 법률이 확정된 후 또는 확정법률이 정부에 이송된 후 5일 이내에 대통령이 공포하지 아니할 때에는 국회의장이 이를 공포한다.
⑦ 법률은 특별한 규정이 없는 한 공포한 날로부터 20일을 경과함으로써 효력을 발생한다.

② **국회의 구성** 19년 기출

국회는 국민의 보통·평등·직접·비밀선거에 의하여 선출된 국회의원으로 구성하며, 국회의원의 수는 법률로 정하되, 200인 이상으로 한다.

③ **국회의 운영**

정기회	법률이 정하는 바에 의하여 매년 1회 집회되며, 회기는 100일을 초과할 수 없다.
임시회	• 대통령 또는 국회재적의원 4분의 1 이상의 요구에 의하여 집회되며, 회기는 30일을 초과할 수 없다. • 대통령이 임시회의 집회를 요구할 때에는 기간과 집회요구의 이유를 명시하여야 한다.

* 국회의 회기 : 국회가 의사활동을 할 수 있는 기간

④ **국회의 정족수** 13년 기출

㉠ 일반의결정족수 : 국회는 헌법 또는 법률에 특별한 규정이 없는 한 재적의원 과반수의 출석과 출석의원 과반수의 찬성으로 의결한다. 가부동수인 때에는 부결된 것으로 본다.

㉡ 특별의결정족수

재적의원 2/3 이상 찬성	• 헌법개정안 의결 • 국회의원 제명 • 대통령에 대한 탄핵소추 의결
재적의원 과반수의 찬성	• 국무총리·국무위원의 해임건의 • 계엄의 해제요구 • 대통령 이외의 탄핵소추 의결 및 대통령에 대한 탄핵소추 발의 • 헌법개정안 발의 • 국회의장 및 부의장 선출
출석의원 과반수 찬성	본회의 비공개결정

✔OX
재적의원 과반수의 출석과 출석의원 과반수의 찬성으로 의결하는 경우에 가부동수이면 부결된 것으로 본다. (○)

✔OX
출석의원 과반수의 찬성이 있으면 국회의 회의를 공개하지 않을 수 있다. (○)

재적의원 과반수 출석과 출석의원 2/3 이상 찬성	대통령에 의한 법률안에 대한 재의요구가 있는 경우 법률안의 재의결
재적의원 1/4 이상 찬성	임시국회 집회요구

⑤ **의사에 관한 원칙** 13년 기출

㉠ **의사공개의 원칙** : 국회의 회의는 공개한다. 다만, 출석의원 과반수의 찬성이 있거나 의장이 국가의 안전보장을 위하여 필요하다고 인정할 때에는 공개하지 아니할 수 있다.

㉡ **회기계속의 원칙** : 국회에 제출된 법률안 기타의 의안은 회기 중에 의결되지 못한 이유로 폐기되지 아니하고 다음 회기에 자동으로 넘겨 심의를 계속하도록 하는 원칙을 말한다. 다만, 국회의원의 임기가 만료된 때에는 그러하지 아니하다.

㉢ **일사부재의의 원칙** : 국회에서 일단 부결된 안건을 그 회기 내에는 재심의하지 않는다는 원칙으로, 소수파의 의사진행 방해를 배제하여 의사진행을 원활화하고자 하는 것이다.

✔ OX

국회의 회의는 원칙적으로 공개하지 않는다. (×)

⑥ **국회의 권한** 20년, 17년, 14년, 13년, 12년 기출

입법에 관한 권한	헌법개정 제안·의결권, 법률제정·개정권, 조약체결·비준 동의권 등
재정에 관한 권한	예산안 심의·확정권, 결산심사권, 기금심사권, 재정입법권, 예비비지출 승인권, 국채동의권 등
일반국정에 관한 권한	국정감사·조사권, 헌법기관 구성권, 탄핵소추권, 긴급명령에 대한 승인권, 긴급재정경제처분·명령 승인권, 계엄해제 요구권, 일반사면에 대한 동의권, 선전포고 및 국군의 외국파견·외국군대주류에 대한 동의권, 국무총리·국무위원 해임건의권, 국무총리·국무위원·정부위원 출석요구권 및 질문권, 국회의원 제명권 등

✔ Tip

탄핵심판권, 권한쟁의심판권, 명령·규칙에 대한 최종심사권은 국회의 권한이 아니다.

✔ OX

국회는 선전포고, 국군의 외국에의 파견 또는 외국군대의 대한민국 영역 안에서의 주류에 대한 동의권을 가진다. (○)

최신기출확인

헌법상 국회의 권한에 관한 설명으로 옳지 않은 것은? 20년 기출

① 국회는 국가의 예산안을 심의·확정한다.
② 국회는 국무총리의 해임을 대통령에게 건의할 수 있다.
③ 국회는 특정한 국정사안에 대하여 조사할 수 있다.
④ 국회는 정부의 동의 없이 정부가 제출한 지출예산 각항의 금액을 증가할 수 있다.

해설

④ 국회는 정부의 동의 없이 정부가 제출한 지출예산 각항의 금액을 증가하거나 새 비목을 설치할 수 없다(헌법 제57조).

① 헌법 제54조 제1항

② 헌법 제63조 제1항

③ 헌법 제61조 제1항

답 ④

⑦ **국회의원의 임기** 12년 기출

국회의원의 임기는 4년이고 국회의장과 부의장의 임기는 2년이다. 국회의원이 궐위되어 보궐선거로서 다시 의원을 선출하는 경우 당선된 의원의 임기는 잔여임기로 한다.

⑧ **국회의원의 특권** 19년, 15년, 11년 기출

㉠ **불체포특권** : 국회의원은 현행범인인 경우를 제외하고는 회기 중 국회의 동의 없이 체포 또는 구금되지 아니하며, 국회의원이 회기 전에 체포 또는 구금된 때에는 '현행범인이 아닌 한' 국회의 요구가 있으면 회기 중 석방된다.

㉡ **면책특권** : 국회의원은 국회에서 직무상 행한 발언과 표결에 관하여 국회 외에서 책임을 지지 아니한다.

⑨ **국회의원의 의무** 15년, 11년 기출

국회의원은 국민 전체에 대한 봉사자로서 법률이 정하는 직을 겸할 수 없고 국가이익을 우선하여 양심에 따라 직무를 행하며, 청렴의 의무가 있다.

⑩ **탄핵소추** 16년 기출

㉠ **대상** : 대통령・국무총리・국무위원・행정각부의 장・헌법재판소 재판관・법관・중앙선거관리위원회 위원・감사원장・감사위원 기타 법률이 정한 공무원이 그 직무집행에 있어서 헌법이나 법률을 위배한 때에는 국회는 탄핵의 소추를 의결할 수 있다.

㉡ **의결정족수** : 탄핵소추는 국회재적의원 3분의 1 이상의 발의가 있어야 하며, 그 의결은 국회재적의원 과반수의 찬성이 있어야 한다. 다만, 대통령에 대한 탄핵소추는 국회재적의원 과반수의 발의와 국회재적의원 3분의 2 이상의 찬성이 있어야 한다.

㉢ **권한행사의 정지** : 탄핵소추의 의결을 받은 자는 탄핵심판이 있을 때까지 그 권한행사가 정지된다.

㉣ **효력** : 탄핵결정은 공직으로부터 파면함에 그친다. 그러나 이에 의하여 민사상이나 형사상의 책임이 면제되지는 아니한다.

✓OX

현행범인이라도 회기 중에는 국회의 동의 없이 체포 또는 구금되지 아니한다. (×)

✓ Tip

국회의원은 국회에서 직무상 행한 발언과 표결에 관하여 국회 외에서 책임을 지는 것이 아니라 책임을 지지 아니한다.

✓ Tip

대통령이 탄핵소추의 의결을 받은 때에는 국무총리, 법률이 정한 국무위원의 순서로 그 권한을 대행한다.

최신기출확인

헌법상 국회의원에 관한 설명으로 옳지 않은 것은? 19년 기출

① 국회의원의 수는 법률로 정하되, 200인 이상으로 한다.
② 국회의원은 현행범인인 경우를 제외하고는 회기 중 국회의 동의 없이 체포 또는 구금되지 아니한다.
③ 국회의원이 회기 전에 체포 또는 구금된 때에는 현행범인이 아닌 한 국회의 요구가 있으면 회기 중 석방된다.
④ 국회의원은 국회에서 직무상 행한 발언과 표결에 관하여 국회 내・외에서 책임을 지지 아니한다.

해설

④ 국회의원은 국회에서 직무상 행한 발언과 표결에 관하여 국회 외에서 책임을 지지 아니한다(헌법 제45조).
① 국회의원의 수는 법률로 정하되, 200인 이상으로 한다(헌법 제41조 제2항).
② 국회의원은 현행범인인 경우를 제외하고는 회기 중 국회의 동의 없이 체포 또는 구금되지 아니한다(헌법 제44조 제1항).
③ 국회의원이 회기 전에 체포 또는 구금된 때에는 현행범인이 아닌 한 국회의 요구가 있으면 회기 중 석방된다(헌법 제44조 제2항).

답 ④

(2) 대통령

① 대통령의 헌법상 지위 17년, 12년 기출

㉠ **국민대표기관으로서의 지위** : 대통령은 국회와 더불어 국민의 대표기관으로서의 지위를 가진다.

㉡ **국가원수로서의 지위**

구분	내용
대외적인 국가대표	대외적으로 조약을 체결・비준하고, 외교사절을 신임・접수 또는 파견하며, 선전포고와 강화를 한다(제73조).
국가 및 헌법의 수호자	국가의 독립・영토의 보전・국가의 계속성과 헌법을 수호할 책무를 진다(제66조 제2항). 대통령은 이 지위에서 긴급명령권, 긴급재정경제처분・명령권, 계엄선포권 등을 갖는다.
국정의 최고조정자	국가기능의 효율성을 유지하고 국론을 통일하기 위하여 헌법개정 제안권, 국민투표회부권, 국회임시회집회요구권 등을 가진다.
헌법기관 구성권자	헌법재판소장과 재판관・대법원장・대법관, 감사원장, 중앙선거관리위원회 위원 등을 임명한다.

㉢ **행정부 수반으로서의 지위 :** 대통령은 행정부를 조직·통할하는 행정에 관한 최고책임자로서의 지위에서 집행에 관한 최종적인 결정권을 가지며, 행정부의 모든 구성원에 대하여 최고의 지휘감독권을 행사한다.

② **대통령의 선임**

㉠ 대통령은 국민의 보통·평등·직접·비밀선거에 의하여 선출(전국 단위의 대선거구제)한다.

㉡ 당선자의 결정은 상대적 다수대표제이고, 대통령후보자가 1인일 때에는 그 득표수가 선거권자 총수의 3분의 1 이상이 아니면 대통령으로 당선될 수 없다.

㉢ 대통령 선거에 있어서 최고득표자가 2인 이상인 때에는 국회의 재적의원 과반수가 출석한 공개회의에서 다수표를 얻은 자를 당선자로 한다.

③ **대통령의 임기**

㉠ 대통령의 임기는 5년으로 하며, 중임할 수 없다.

㉡ 대통령의 임기연장 또는 중임변경을 위한 헌법개정은 그 헌법개정 제안 당시의 대통령에 대하여는 효력이 없다.

④ **대통령의 권한** 18년, 13년 기출

행정에 관한 권한	행정에 관한 최고결정권, 법률집행권, 외교에 관한 권한, 정부의 구성과 공무원임면권, 국군통수권, 재정권, 영전수여권 등
국회와 입법에 관한 권한	임시국회소집요구권, 국회출석발언권, 국회에 대한 서한에 의한 의사표시권, 헌법개정제안권, 법률안제출권, 법률안거부권, 법률공포권, 행정입법권 등
사법에 관한 권한	사면권, 위헌정당해산제소권 등
국가긴급권	긴급명령권 및 긴급재정경제처분·명령권, 계엄선포권 등

✓ Tip

대통령은 국가의 원수이며, 행정권은 대통령을 수반으로 하는 정부에 속한다.

✓ Tip

위헌법률심판제청권은 대통령의 권한에 속하지 않는다.

✓ OX

헌법은 국무총리의 긴급재정경제처분권을 규정하고 있다. (×)

최신기출확인

국회와 행정부 간의 관계를 설명한 것으로 옳지 않은 것은? 18년 기출

① 국회는 국무총리 또는 국무위원의 해임을 대통령에게 건의할 수 있다.
② 대통령은 국회에 출석하여 발언하거나 서한으로 의견을 표시할 수 있다.
③ 국회는 국정을 감사하거나 특정한 국정사안에 대하여 조사할 수 있다.
④ 대통령은 국회에서 의결된 법률안의 일부에 대하여 재의를 요구할 수 있다.

해설

④ 대통령은 법률안의 일부에 대하여 또는 법률안을 수정하여 재의를 요구할 수 없다(헌법 제53조 제3항).
① 헌법 제63조 제1항
② 헌법 제81조
③ 헌법 제61조 제1항

답 ④

✓ Tip

감사원규칙은 헌법이 아닌 감사원법이 명시하고 있는 법규명령이다.

Guide **행정입법권** 14년 기출

1. 의의

행정입법은 대통령·국무총리·행정각부의 장 등 입법부 이외의 국가기관이 일반적·추상적인 규범을 정립하는 작용으로, 헌법에서는 대통령령제정권(대통령의 행정입법권)과 총리령·부령제정권(국무총리·행정각부 장관의 행정입법권)을 규정하고 있다. 행정입법은 법규명령과 행정명령으로 나누어진다.

2. 법규명령

법규명령은 행정기관이 헌법에 근거하여 국민의 권리·의무에 관한 사항을 규정하는 명령, 즉 행정기관이 정립하는 일반적·추상적 규범으로서 대외적 구속력을 가지는 법규범을 말한다.

구분	내용
제정권자에 따른 분류	대통령령, 총리령, 부령 등
법형식에 따른 분류	긴급재정·경제명령과 긴급명령, 시행령, 시행규칙 등
성격에 따른 분류	위임명령(법률에서 구체적으로 범위를 정해 위임받은 사항에 관한 규정을 마련하는 것), 집행명령(법률을 집행하기 위해 필요한 사항에 관해 발하는 것)

3. 행정명령

행정기관이 헌법상 근거없이 자신의 고유권한으로 제정하는 것으로 원칙적으로 국민의 자유와 권리와는 직접적 관계가 없고, 행정조직 내부에서만 효력을 가진다.

⑤ **대통령의 특권과 의무**

㉠ **특권** : 대통령은 내란 또는 외환의 죄를 범한 경우를 제외하고는 재직 중 형사상의 소추를 받지 아니하며(제84조), 탄핵결정에 의하지 아니하고는 공직으로부터 파면되지 아니한다.

㉡ **의무** : 헌법수호의무와 직무를 성실히 수행할 의무, 겸직금지의무 등이 있다.

⑥ **권한대행** 16년 기출

대통령이 궐위되거나 사고로 인하여 직무를 수행할 수 없을 때에는 국무총리, 법률이 정한 국무위원의 순서로 그 권한을 대행한다.

(3) 행정부

① **국무총리** 11년 기출

㉠ **지위** : 국무총리는 국회의 동의를 얻어 대통령이 임명하는데 국무총리는 대통령을 보좌하며, 행정에 관하여 대통령의 명을 받아 행정각부를 통할하며, 행정부의 제2인자로서 대통령 권한대행의 제1순위가 되며, 국무회의의 부의장이 된다.

㉡ **권한** : 국무총리는 국무위원의 해임을 대통령에게 건의할 수 있으며, 국무위원의 임명제청권, 국무회의의 심의·참가권, 국회에의 출석·발언권, 부서권, 행정각부 통할권, 총리령 제정권 등을 가진다.

② **국무위원**

㉠ **임명** : 국무위원은 국무총리의 제청으로 대통령이 임명한다.

㉡ **임무** : 국무위원은 국정에 관하여 대통령을 보좌하며, 국무회의의 구성원으로서 국정을 심의한다.

③ **국무총리·국무위원 또는 정부위원**

㉠ 국무총리·국무위원 또는 정부위원은 국회나 그 위원회에 출석하여 국정처리상황을 보고하거나 의견을 진술하고 질문에 응답할 수 있다.

㉡ 국회나 그 위원회의 요구가 있을 때에는 국무총리·국무위원 또는 정부위원은 출석·답변하여야 하며, 국무총리 또는 국무위원이 출석요구를 받은 때에는 국무위원 또는 정부위원으로 하여금 출석·답변하게 할 수 있다.

④ **국무회의** 11년 기출

㉠ **임무** : 국무회의는 정부의 권한에 속하는 중요한 정책을 심의한다.

㉡ **구성** : 국무회의는 대통령·국무총리와 15인 이상 30인 이하의

✓ Tip

군인은 현역을 면한 후가 아니면 국무총리나 국무위원으로 임명될 수 없다.

✓ OX

국무총리는 국무회의의 의장이 된다. (×)

국무위원으로 구성하고, 대통령은 국무회의의 의장이 되고 국무총리는 부의장이 된다.

⑤ 행정각부 11년 기출

㉠ 행정각부의 장은 국무위원 중에서 국무총리의 제청으로 대통령이 임명한다.

㉡ 행정각부의 장은 소관사무에 관하여 법률이나 대통령령의 위임 또는 직권으로 행정처분 및 부령을 발할 수 있다.

✔ Tip
부서(副署)권은 헌법상 대통령의 권한이 아니다.

⑥ 대통령의 자문기관

국가안전보장회의	국가안전보장에 관련되는 대외정책·군사정책과 국내정책의 수립에 관하여 국무회의의 심의에 앞서 대통령의 자문에 응하기 위하여 두는 기관으로, 대통령이 주재한다.
국가원로자문회의	국정의 중요한 사항에 관한 대통령의 자문에 응하기 위하여 국가원로로 구성되며, 의장은 직전대통령이 된다. 다만, 직전대통령이 없을 때에는 대통령이 지명한다.
민주평화통일자문회의	평화통일정책의 수립에 관한 대통령의 자문에 응하기 위하여 두는 기관이다.
국민경제자문회의	국민경제의 발전을 위한 중요정책의 수립에 관하여 대통령의 자문에 응하기 위하여 두는 기관이다.

⑦ 감사원 12년, 11년 기출

국가의 세입·세출의 결산, 국가 및 법률이 정한 단체의 회계검사와 행정기관 및 공무원의 직무에 관한 감찰을 하기 위하여 대통령 소속하에 감사원을 둔다.

㉠ 구성 : 감사원은 원장을 포함한 5인 이상 11인 이하의 감사위원으로 구성한다. 원장은 국회의 동의를 얻어 대통령이 임명하고, 그 임기는 4년으로 하며, 1차에 한하여 중임할 수 있으며, 감사위원은 원장의 제청으로 대통령이 임명하고, 그 임기는 4년으로 하며, 1차에 한하여 중임할 수 있다.

✔ OX
감사위원은 국회의 동의를 얻어 대통령이 임명한다. (×)

㉡ 권한 : 감사원은 세입·세출의 결산을 매년 검사하여 대통령과 차년도 국회에 그 결과를 보고하고, 행정기관 및 공무원의 직무에 대한 감찰 등을 행한다.

⑧ 선거관리위원회

선거와 국민투표의 공정한 관리 및 정당에 관한 사무를 처리하기 위하여 선거관리위원회를 둔다.

✔ Tip
선거관리위원회 위원의 임기는 6년이며 연임에 대한 제한규정은 없다.

㉠ 구성 : 중앙선거관리위원회는 대통령이 임명하는 3인, 국회에서 선출하는 3인과 대법원장이 지명하는 3인의 위원으로 구성한다. 위원장은 위원 중에서 호선한다.

ⓛ 지위 : 위원은 정당에 가입하거나 정치에 관여할 수 없으며, 탄핵 또는 금고 이상의 형의 선고에 의하지 아니하고는 파면되지 아니한다.

ⓒ 권한

ⓐ 중앙선거관리위원회는 법령의 범위 안에서 선거관리·국민투표관리 또는 정당사무에 관한 규칙을 제정할 수 있으며, 법률에 저촉되지 아니하는 범위 안에서 내부규율에 관한 규칙을 제정할 수 있다.

ⓑ 각급 선거관리위원회는 선거인명부의 작성 등 선거사무와 국민투표사무에 관하여 관계 행정기관에 필요한 지시를 할 수 있다.

(4) 법원

① 법원의 지위

㉠ 사법권은 법관으로 구성된 법원에 속한다.

㉡ 법에 관한 권한을 행사하며, 등기·호적·공탁·집행관·법무사에 관한 사무를 관장 또는 감독한다.

② 법원의 조직

법원은 최고법원인 대법원과 각급법원으로 조직된다. 즉, 대법원, 고등법원, 지방법원, 가정법원, 행정법원, 특허법원이 있다.

㉠ 대법원에 대법관을 둔다. 다만, 법률이 정하는 바에 의하여 대법관이 아닌 법관을 둘 수 있다.

㉡ 대법원장은 국회의 동의를 얻어 대통령이 임명한다.

㉢ 대법관은 대법원장의 제청으로 국회의 동의를 얻어 대통령이 임명하고, 대법원장과 대법관이 아닌 법관은 대법관회의의 동의를 얻어 대법원장이 임명한다.

③ 법원의 독립

공정한 재판이 이루어질 수 있도록 사법권을 입법권과 행정권으로부터 분리하여 독립하는 것을 말한다.

㉠ **신분상 독립**(인적 독립) : 재판을 담당하는 법관의 임기·자격·신분을 보장하는 것을 말한다.

㉡ **직무상 독립**(물적 독립) : 법관은 헌법과 법률에 의하여 그 양심에 따라 독립하여 심판한다.

✓ Tip

행정법원은 행정소송사건을 담당하기 위하여 설치된 것으로서 3심제로 운영된다.

✓ Tip

신분보장

법관은 탄핵 또는 금고 이상의 형의 선고에 의하지 아니하고는 파면되지 아니하며, 징계처분에 의하지 아니하고는 정직·감봉 기타 불리한 처분을 받지 아니한다.

> **보충학습**
>
> 법관의 임기
> - 대법원장의 임기는 6년으로 하며, 중임할 수 없다.
> - 대법관의 임기는 6년으로 하며, 법률이 정하는 바에 의하여 연임할 수 있다.
> - 대법원장과 대법관이 아닌 법관의 임기는 10년으로 하며, 법률이 정하는 바에 의하여 연임할 수 있다.

④ **법원의 권한** 15년, 12년 기출

㉠ **명령 · 규칙 또는 처분의 심사권** : 명령 · 규칙 또는 처분이 헌법이나 법률에 위반되는 여부가 재판의 전제가 된 경우에는 대법원은 이를 최종적으로 심사할 권한을 가진다.

㉡ **위헌법률심판제청권** : 법률이 헌법에 위반되는 여부가 재판의 전제가 된 경우에는 해당 사건을 담당하는 법원은 직권 또는 당사자의 신청에 의한 결정으로 헌법재판소에 위헌 여부 심판을 제청한다.

✔ Tip
위헌법률심판권은 헌법재판소의 권한이고, 위헌법률심판제청권이 법원의 권한이다.

㉢ **대법원규칙제정권** : 대법원은 법률에 저촉되지 아니하는 범위 안에서 소송에 관한 절차, 법원의 내부규율과 사무처리에 관한 규칙을 제정할 수 있다.

⑤ **재판의 공개주의**

재판의 심리와 판결은 공개한다. 다만, 심리는 국가의 안전보장 또는 안녕질서를 방해하거나 선량한 풍속을 해할 염려가 있을 때에는 법원의 결정으로 공개하지 아니할 수 있다.

✔ Tip
법원의 재판에서 판결선고는 항상 공개하여야 하지만 심리는 공개하지 않을 수 있다.

(5) 헌법재판소

① **헌법재판소의 지위** 15년 기출

헌법재판소는 헌법에 관한 분쟁이나 의의를 사법적 절차에 따라 해결하고, 법령의 합헌성을 심판하기 위해 설치된 헌법재판기관을 말한다.

✔ OX
헌법재판소는 포괄적인 재판권과 사법권을 가진다. (×)
➜ 사법권은 법원이 가짐

② **헌법재판소의 조직**

㉠ **구성** 17년, 12년, 10년 기출

ⓐ 헌법재판소는 법관의 자격을 가진 9인의 재판관으로 구성하며, 재판관은 대통령이 임명하는데 재판관 중 3인은 국회에서 선출하는 자를, 3인은 대법원장이 지명하는 자를 임명한다.

ⓑ 헌법재판소의 장은 국회의 동의를 얻어 재판관 중에서 대통령이 임명한다.

ⓛ 재판관의 임기 및 특권 10년 기출

ⓐ 헌법재판소 재판관의 임기는 6년으로 하며, 법률이 정하는 바에 의하여 연임할 수 있다.

ⓑ 헌법재판소 재판관은 정당에 가입하거나 정치에 관여할 수 없다.

ⓒ 헌법재판소 재판관은 형의 선고에 의하지 아니하고는 파면되지 아니한다.

✔ Tip

헌법재판소의 재판관은 벌금 이상이 아니라 탄핵 또는 금고 이상의 형의 선고에 의하지 아니하고는 파면되지 아니한다.

✔ OX

헌법재판소 재판관의 임기는 5년이며, 연임이 불가능하다. (×)

보충학습

헌법기관 구성원의 임기・정년・연임

구분	대법원	헌법재판소	중앙선관위	감사원	국가인권위원회
임기(년)	6	6	6	4	3
정년(세)	• 대법원장 : 70 • 대법관 : 70	• 소장 : 70 • 재판관 : 70	규정 無	• 원장 : 70 • 위원 : 65	규정 無
연임	• 대법원장 : × • 대법관 : ○	○	○	중임 가능	한 번만 연임

③ 헌법재판소의 권한 20년, 19년, 17년, 10년 기출

헌법재판소는 법원의 제청에 의한 법률의 위헌여부 심판, 탄핵의 심판, 정당의 해산 심판, 국가기관 상호간, 국가기관과 지방자치단체간 및 지방자치단체 상호간의 권한쟁의에 관한 심판, 법률이 정하는 헌법소원에 관한 심판을 관장한다.

ⓖ 위헌법률심판권 18년, 15년, 10년 기출

ⓐ 위헌법률심판은 헌법재판소가 국회가 의결한 법률이 헌법에 위반되는가의 여부를 심사하고, 헌법에 위반된 것으로 인정하는 경우에는 법률의 효력을 상실하게 하거나 그 적용을 거부하는 것을 말한다.

ⓑ 법률이 헌법에 위반되는가의 여부는 재판의 전제가 되었을 때 법원은 직권 또는 당사자의 신청에 의해서 위헌법률심판을 제청한다.

ⓒ 헌법재판소는 법률의 위헌여부 심판을 할 수 있을 뿐 헌법 규정에 대하여는 위헌심판을 할 수 없다.

ⓓ 헌법재판소에서 법률의 위헌결정, 탄핵의 결정, 정당해산의 결정 또는 헌법소원에 관한 인용결정을 할 때에는 재판관 6인 이상의 찬성이 있어야 한다.

✔ Tip

위헌법률심판은 법원의 제청을 전제로 한다.

최신기출확인

우리 헌법재판소가 목적의 정당성, 방법의 적절성, 피해의 최소성, 법익의 균형성 등으로 기본권의 침해 여부를 심사하는 위헌판단원칙은?

18년 기출

① 과잉금지원칙 ② 헌법유보원칙
③ 의회유보원칙 ④ 포괄위임입법금지원칙

해설

① 과잉금지원칙은 국가가 국민의 기본권을 제한하는 내용의 입법활동을 함에 있어서 준수하여야 할 기본 원칙 내지 입법활동의 한계를 의미하는 것으로서 다음의 4가지 부분원칙으로 구성된다. 즉, 국민의 기본권을 제한하려는 입법의 목적이 헌법 및 법률의 체제상 그 정당성이 인정되어야 하고(목적의 정당성), 그 목적의 달성을 위하여 그 방법이 효과적이고 적절하여야 하며(방법의 적절성), 입법권자가 선택한 기본권 제한의 조치가 입법목적달성을 위하여 설사 적절하다 할지라도 보다 완화된 형태나 방법을 모색함으로써 기본권의 제한은 필요한 최소한도에 그치도록 하여야 하며(피해의 최소성), 그 입법에 의하여 보호하려는 공익과 침해되는 사익을 비교·형량할 때 보호되는 공익이 더 커야 한다(법익의 균형성).
③ 의회유보의 원칙 : 일정한 요건하에서 일정한 규율은 반드시 법률로 정하여야 하며, 그 규율은 일정한 명확성을 가져야 한다는 원칙
④ 포괄위임입법금지의 원칙 : 법률에 규정할 사항을 다른 입법기관에 포괄적으로 위임하는 것을 금지하는 원칙

답 ①

✔ Tip
탄핵심판은 구두변론에 의한다.

✔ Tip
국회의원은 헌법상 탄핵소추의 대상에 해당되지 않는다.

✔ OX
법관탄핵소추권은 헌법재판소의 권한에 해당되지 않는다. (O)

㉡ 탄핵심판권 20년, 10년 기출

구분	내용
의의	탄핵제도는 일반사법절차나 징계절차에 따라 소추되거나 징계하기 곤란한 고위직 공무원 등이 직무상 헌법이나 법률을 위배한 경우 국회가 해당 공무원을 탄핵소추하면 헌법재판소가 심판을 통해 공직에서 파면하는 것을 말함
대상	대통령·국무총리·국무위원·행정각부의 장·헌법재판소 재판관·법관·중앙선거관리위원회 위원·감사원장·감사위원 기타 법률이 정한 공무원이 그 직무집행에 있어서 헌법이나 법률을 위배한 때에는 국회는 탄핵의 소추를 의결할 수 있음
절차	탄핵소추는 국회재적의원 3분의 1 이상의 발의에 의하여 국회재적의원 과반수의 찬성으로 의결함. 단, 대통령에 대한 탄핵소추는 국회재적의원 과반수의 발의와 국회재적의원 3분의 2 이상의 찬성이 있어야 함

최신기출확인

헌법상 탄핵 대상이 아닌 자는? 20년 기출

① 국무위원 ② 국회의원
③ 헌법재판소 재판관 ④ 중앙선거관리위원회 위원

해설 >
② 국회의원은 헌법상 탄핵 대상에 해당하지 않는다.

헌법 제65조 제1항

① 대통령·국무총리·국무위원·행정각부의 장·헌법재판소 재판관·법관·중앙선거관리위원회 위원·감사원장·감사위원 기타 법률이 정한 공무원이 그 직무집행에 있어서 헌법이나 법률을 위배한 때에는 국회는 탄핵의 소추를 의결할 수 있다.

답 ②

ⓒ **정당해산심판권** : 정부는 정당의 목적이나 활동이 민주적 기본질서에 위배될 때에는 국무회의의 심의를 거쳐 헌법재판소에 그 해산을 제소할 수 있으며, 헌법재판소의 재판관 중 6인 이상의 찬성으로 정당의 해산을 결정할 수 있으며 해산된 정당의 재산은 국고에 귀속된다.

ⓔ **권한쟁의심판권** : 헌법재판소는 국가기관 상호간, 국가기관과 지방자치단체 간 및 지방자치단체 상호간의 권한의 범위에 관한 분쟁에 대하여 심판한다.

ⓜ **헌법소원심판권** 15년 기출

ⓐ 헌법소원이란 공권력의 행사 또는 불행사로 인하여 헌법상 보장된 기본권이 침해된 경우 헌법재판소에 재판청구를 하여 그 침해의 원인이 된 공권력의 행사를 취소하거나 그 불행사가 위헌임을 확인받는 제도를 말한다.

ⓑ 해당 법률의 위헌 여부가 재판의 전제가 되는 경우에 만약 법원이 위헌심판제청을 받아주지 않는다면 헌법소원을 제기할 수 있다.

ⓒ 헌법소원은 청구인 자신의 기본권이 침해당한 경우에만 제기할 수 있다.

ⓓ 다른 법률에 구제절차가 있는 경우에는 그 절차를 모두 거친 후가 아니면 헌법소원을 청구할 수 없으며, 만약 법원에 계류중인 사건에 대해서 헌법소원을 청구한다면 이러한 청구는 부적법하다.

✓ Tip

공권력의 행사 또는 불행사로 인하여 헌법상 보장된 기본권을 침해받은 자는 법원의 재판을 제외하고는 헌법재판소에 헌법소원심판을 청구할 수 있다.

✓ OX

법원의 재판에 이의가 있는 자는 헌법재판소에 헌법소원심판을 청구할 수 있다. (×)

ⓗ 헌법재판소 규칙제정권 : 헌법재판소는 법률에 저촉되지 아니하는 범위 안에서 심판에 관한 절차, 내부규율과 사무처리에 관한 규칙을 제정할 수 있다.

최신기출확인

헌법 제113조 제1항의 규정이다. ( )에 들어갈 숫자는? 19년 기출

헌법재판소에서 법률의 위헌결정, 탄핵의 결정, 정당해산의 결정 또는 헌법소원에 관한 인용결정을 할 때에는 재판관 ( )인 이상의 찬성이 있어야 한다.

① 5　　② 6

③ 7　　④ 8

해설

② 헌법재판소에서 법률의 위헌결정, 탄핵의 결정, 정당해산의 결정 또는 헌법소원에 관한 인용결정을 할 때에는 재판관 6인 이상의 찬성이 있어야 한다(헌법 제113조 제1항).

답 ②

기출 및 예상문제

01 헌법의 내용에 관한 설명으로 옳은 것은? 17년 기출

① 국회 외의 국가기관이 법규를 제정하는 것은 위헌이다.
② 국회는 정부의 동의 없이 정부가 제출한 지출예산 각항의 금액을 증가할 수 있다.
③ 국방부장관은 현역군인의 신분을 유지할 수 있다.
④ 대법원장과 대법관의 임명권자는 대통령이다.

정답해설

④ 헌법 제104조 제1항·제2항

오답해설

① 국회 외의 국가기관이 법규를 제정하는 것은 위헌이 아니다.
② 국회는 정부의 동의 없이 정부가 제출한 지출예산 각항의 금액을 증가하거나 새 비목을 설치할 수 없다(헌법 제57조).
③ 군인은 현역을 면한 후가 아니면 국무위원으로 임명될 수 없으므로(헌법 제87조 제4항), 국방부장관은 현역군인의 신분을 유지할 수 없다.

02 우리나라 헌법의 기본원리로 옳지 않은 것은? 13년 기출

① 자주통일주의
② 복지국가주의
③ 국민주권주의
④ 기본권존중주의

정답해설

① 자주통일주의는 평화통일원리의 기본적 내용이 될 뿐 그 자체로서 헌법의 기본원리라고는 볼 수 없다.

03 헌법상 헌법개정절차에 관한 내용으로 옳은 것은?

① 헌법개정안은 대통령이 15일 이상의 기간 동안 이를 공고하여야 한다.
② 헌법개정은 국회재적의원 과반수 또는 대통령의 발의로 제안된다.
③ 헌법개정안은 국회가 의결한 후 20일 이내에 국민투표에 붙여 국회의원선거권자 과반수의 투표와 투표자 과반수의 찬성을 얻어야 한다.
④ 국회는 헌법개정안이 공고된 날로부터 60일 이내에 의결하여야 하며, 국회의 의결은 재적의원 과반수 이상의 찬성을 얻어야 한다.

정답 > 01 ④ 02 ① 03 ②

정답해설

② 헌법 제128조 제1항

오답해설

① 제안된 헌법개정안은 대통령이 20일 이상의 기간 이를 공고하여야 한다(헌법 제129조).
③ 헌법개정안은 국회가 의결한 후 30일 이내에 국민투표에 붙여 국회의원선거권자 과반수의 투표와 투표자 과반수의 찬성을 얻어야 한다(헌법 제130조 제2항).
④ 국회는 헌법개정안이 공고된 날로부터 60일 이내에 의결하여야 하며, 국회의 의결은 재적의원 3분의 2 이상의 찬성을 얻어야 한다(헌법 제130조 제1항).

04 우리나라 헌법의 기본질서에 해당하지 않는 것은? 15년 기출

① 사법국가적 기본질서 ② 자유민주적 기본질서
③ 사회적 시장경제질서 ④ 평화주의적 국제질서

정답해설

① 우리나라 헌법의 기본질서는 자유민주적 기본질서, 사회적 시장경제질서, 평화주의적 국제질서가 있다. 사법국가적 기본질서는 우리나라 헌법의 기본질서에 해당하지 않는다.

:: 우리나라 헌법의 기본질서 근거 조항

자유민주적 기본질서	• 헌법 전문 : '자율과 조화를 바탕으로 자유민주적 기본질서를 더욱 확고히 하여…' • 헌법 제4조 : 대한민국은 통일을 지향하며, 자유민주적 기본질서에 입각한 평화적 통일 정책을 수립하고 이를 추진한다.
사회적 시장경제질서	• 헌법 제119조 ① 대한민국의 경제질서는 개인과 기업의 경제상의 자유와 창의를 존중함을 기본으로 한다. ② 국가는 균형 있는 국민경제의 성장 및 안정과 적정한 소득의 분배를 유지하고, 시장의 지배와 경제력의 남용을 방지하며, 경제주체간의 조화를 통한 경제의 민주화를 위하여 경제에 관한 규제와 조정을 할 수 있다.
평화주의적 국제질서	• 헌법 제5조 제1항 : 대한민국은 국제평화의 유지에 노력하고 침략적 전쟁을 부인한다. • 헌법 제6조 ① 헌법에 의하여 체결·공포된 조약과 일반적으로 승인된 국제법규는 국내법과 같은 효력을 가진다. ② 외국인은 국제법과 조약이 정하는 바에 의하여 그 지위가 보장된다.

05 헌법상 조약과 국제법규에 관한 설명으로 옳지 않은 것은?

① 일반적으로 승인된 국제법규는 국내법과 동일한 효력을 갖는다.
② 헌법에 의해 체결·공포된 조약이더라도 국내법의 법원(法源)은 될 수 없다.
③ 외국인은 국제법과 조약이 정하는 바에 의하여 그 지위가 보장된다.
④ 헌법에 의해 체결·공포된 조약은 국내법과 동일한 효력을 갖는다.

정답해설 ≫

② 헌법에 의해 체결・공포된 조약과 일반적으로 승인된 국제법규는 국내법과 같은 효력을 지니므로(헌법 제6조 제1항), 국내법의 법원이 될 수 있다.

06 헌법상 기본권 보장의 대전제가 되는 최고의 원리는?

15년 기출

① 생명권의 보호
② 근로3권의 보장
③ 사유재산권의 보호
④ 인간의 존엄과 가치

정답해설 ≫

④ 인간의 존엄과 가치는 포괄적이고 근본적인 원리로서 다른 모든 기본권의 종국적 목적이자 기본이념으로, 헌법상 기본권 보장의 대전제가 되는 최고의 원리이다.

07 헌법상 기본권에 관한 설명으로 옳지 않은 것은?

① 모든 국민은 능력에 따라 균등하게 교육을 받을 권리를 가진다.
② 근로조건의 기준은 인간의 존엄성을 보장하도록 법률로 정한다.
③ 여자의 근로는 특별한 보호를 받으며, 고용・임금 및 근로조건에 있어서 부당한 차별을 받지 아니한다.
④ 법률이 정하는 주요방위산업체에 종사하는 근로자의 단결권・단체교섭권은 법률이 정하는 바에 의하여 이를 제한하거나 인정하지 아니할 수 있다.

정답해설 ≫

④ 법률이 정하는 주요방위산업체에 종사하는 근로자의 단체행동권은 법률이 정하는 바에 의하여 이를 제한하거나 인정하지 아니할 수 있다(헌법 제33조 제3항).

오답해설 >

① 헌법 제31조 제1항, ② 헌법 제32조 제3항, ③ 헌법 제32조 제4항

08 다음 기본권 중 의무의 성격을 동시에 갖지 않는 것은?

17년 기출

① 환경권
② 근로의 권리
③ 근로자의 단체행동권
④ 교육을 받을 권리

정답 > 04 ① 05 ② 06 ④ 07 ④ 08 ③

정답해설

③ 근로자의 단체행동권은 의무의 성격을 동시에 갖지 않는다.
* 기본권 중 의무의 성격을 동시에 갖는 것은 ① 환경권(헌법 제35조) · ② 근로의 권리(헌법 제32조) · ④ 교육을 받을 권리(헌법 제31조)와 재산권(헌법 제23조) 등이 있다.

09 헌법상 국민의 기본적 의무가 아닌 것은?

① 납세의 의무
② 교육을 받게 할 의무
③ 부부간의 의무
④ 환경보전의 의무

정답해설

③ 부부간의 의무는 민법 제826조의 내용으로 헌법상의 의무가 아니다. 헌법상 국민의 기본적 의무에는 납세의 의무, 국방의 의무, 교육을 받게 할 의무, 근로의 의무, 환경보전의 의무, 재산권 행사의 공공복리 적합의무가 있다.

10 헌법의 규정과 관련 법률의 연결이 옳지 않은 것은?

① 국가는 법률이 정하는 바에 의하여 최저임금제를 시행하여야 한다. – 사회보장기본법
② 연소자의 근로는 특별한 보호를 받는다. – 근로기준법
③ 국가유공자의 유가족은 우선적으로 근로의 기회를 부여받는다. – 국가유공자 등 예우 및 지원에 관한 법률
④ 근로자는 근로조건의 향상을 위하여 자주적인 노동 3권을 갖는다. – 노동조합 및 노동관계조정법

정답해설

① 헌법 제32조 제1항에 따르면 국가는 법률이 정하는 바에 의하여 최저임금제를 시행하여야 한다. 해당 조문에서 말하는 법률이란 최저임금법을 말한다.

11 헌법상 법인이 누릴 수 있는 권리에 해당하지 않는 것은?

15년 기출

① 결사의 자유
② 거주이전의 자유
③ 프라이버시권
④ 재판을 받을 권리

정답해설

③ 사생활의 비밀과 자유의 주체는 국민과 외국인에게 인정된다. 법인이나 사자(死者)는 학설의 대립이 있지만 원칙적으로 인정되지 않는다. 따라서 사생활의 비밀과 자유의 권리 중 하나인 프라이버시권은 법인의 권리에 해당하지 않는다.

12 신체의 자유에 관한 설명으로 옳지 않은 것은? 14년 기출

① 누구든지 법률에 의하지 아니하고는 체포·구속·압수·수색 또는 심문을 받지 아니한다.
② 체포·구속·압수·수색에는 적법한 절차에 따라 법관의 신청에 의하여 검사가 발부한 영장을 제시하여야 한다.
③ 사법경찰관은 현행범을 발견하였을 경우 영장 없이 체포를 할 수 있다.
④ 모든 국민은 고문을 받지 아니하며, 형사상 자기에게 불리한 진술을 강요당하지 아니한다.

정답해설≫

② 체포·구속·압수 또는 수색을 할 때에는 적법한 절차에 따라 검사의 신청에 의하여 법관이 발부한 영장을 제시하여야 한다(헌법 제12조 제3항).

13 다음 중 그 내용을 제한할 수 없는 절대적 기본권은? 13년 기출

① 교수내용의 자유
② 양심형성의 자유
③ 예술표현의 자유
④ 종교적 양심에 따른 집총거부의 자유

정답해설≫

② 양심형성의 자유란 외부로부터의 부당한 간섭이나 압력을 받음이 없이 온전히 자기 스스로의 판단에 따라 양심을 형성하고 양심상의 결정을 할 수 있는 자유를 말한다. 양심형성의 자유는 형성된 양심이 그 사람의 내면세계에 머무르는 한, 절대적 자유이므로 어떠한 제한도 인정될 수 없다(헌재결 1998.7.16, 96헌바35).

14 다음 중 사회적 기본권에 해당하는 것은? 14년 기출

① 사유재산권
② 교육을 받을 권리
③ 국가배상청구권
④ 직업선택의 자유

정답해설≫

② 교육을 받을 권리는 사회적 기본권 중 하나이다. 사회적 기본권은 생존권적 기본권이라 불리기도 하며 국민이 인간적인 삶을 영위하기 위하여 필요한 삶의 기본적인 조건을 국가에 대하여 요구할 수 있는 권리를 말한다.

오답해설≫

① 사유재산권은 자유권적 기본권, ③ 국가배상청구권은 청구권적 기본권, ④ 직업선택의 자유는 자유권적 기본권에 해당한다.

정답 ≫ 09 ③ 10 ① 11 ③ 12 ② 13 ② 14 ②

15 헌법상 사회권적 기본권에 해당하는 것은?

① 사생활의 비밀과 자유
② 범죄피해자구조청구권
③ 인간의 존엄과 가치 · 행복추구권
④ 혼인의 자유와 모성의 보호를 받을 권리

정답해설

④ 사회권적 기본권이란 생존권적 기본권이라고도 불리며 생존에 필요한 급부를 국가에게 요구하는 적극적인 권리로, 교육을 받을 권리, 인간다운 생활을 할 권리, 근로의 권리, 노동3권(근로3권), 환경권, 보건권, 혼인의 자유와 모성의 보호를 받을 권리 등이 해당된다.

오답해설

①은 자유권적 기본권, ②는 청구권적 기본권, ③은 포괄적 기본권에 속한다.

16 청구권적 기본권에 관한 설명으로 옳지 않은 것은?

16년 기출

① 국민이 국가기관에 청원할 때에는 법률이 정하는 바에 따라 문서로 해야 한다.
② 형사피고인과 달리 형사피의자에게는 형사보상청구권이 없다.
③ 군인이 훈련 중에 받은 손해에 대하여는 법률이 정하는 보상 외에는 이중배상이 금지된다.
④ 재판청구권에는 공정하고 신속한 공개재판을 받을 권리뿐만 아니라 재판절차에서 진술할 권리도 포함된다.

정답해설

② 형사보상청구권은 형사피의자 또는 형사피고인으로서 구금되었던 자가 법률이 정하는 불기소처분을 받거나 무죄판결을 받은 때에는 법률이 정하는 바에 의하여 국가에 정당한 보상을 청구할 수 있는 권리를 말한다(헌법 제28조). 따라서 형사피고인뿐만 아니라 형사피의자에게도 형사보상청구권이 있다.

17 청구권적 기본권에 속하지 않는 것은?

13년 기출

① 참정권
② 청원권
③ 재판청구권
④ 국가배상청구권

정답해설

① 참정권이란 국민이 국가의사의 형성과 국가기관의 구성에 직접 또는 간접으로 참여할 수 있는 권리를 말하며 선거권, 피선거권, 공무담임권, 국민투표권이 이에 해당한다. 참정권은 청구권적 기본권의 범주에 속하지 않는다.

18 헌법상 국회의원의 권리와 의무에 관한 설명으로 옳지 않은 것은? 15년 기출

① 법률이 정하는 직을 겸할 수 없다.
② 국가이익을 우선하여 양심에 따라 직무를 행한다.
③ 현행범인이라도 회기 중에는 국회의 동의 없이 체포 또는 구금되지 아니한다.
④ 국회에서 직무상 행한 발언과 표결에 관하여 국회 외에서 책임을 지지 아니한다.

정답해설>
③ 국회의원은 현행범인인 경우를 제외하고는 회기 중 국회의 동의 없이 체포 또는 구금되지 아니한다(헌법 제44조 제1항).

오답해설>
① 헌법 제43조, ② 헌법 제46조 제2항, ④ 헌법 제45조

19 국회의 권한으로 옳은 것은? 14년 기출

① 탄핵심판권 ② 권한쟁의심판권
③ 긴급명령에 대한 승인권 ④ 명령·규칙에 대한 최종심사권

정답해설>
③ 대통령은 긴급명령, 긴급재정경제처분 및 명령을 한 때에는 지체 없이 국회에 보고하여 그 승인을 얻어야 한다(헌법 제76조 제3항).

오답해설>
①·② 탄핵심판권, 권한쟁의심판권은 헌법재판소의 권한이다.
④ 명령·규칙에 대한 최종심사권은 대법원의 권한이다.

20 국회에 관한 설명으로 옳지 않은 것은? 13년 기출

① 국회의원이 회기 전에 현행범으로 체포되어 구금된 경우라도 국회의 요구가 있으면 회기 중에 석방하여야 한다.
② 재적의원 과반수의 출석과 출석의원 과반수의 찬성으로 의결하는 경우에 가부동수이면 부결된 것으로 본다.
③ 출석의원 과반수의 찬성이 있으면 국회의 회의를 공개하지 않을 수 있다.
④ 국회는 선전포고에 대한 동의권을 가진다.

정답해설>
① 국회의원이 회기 전에 체포 또는 구금된 때에는 '현행범인이 아닌 한' 국회의 요구가 있으면 회기 중 석방된다(헌법 제44조 제2항).

정답> 15 ④ 16 ② 17 ① 18 ③ 19 ③ 20 ①

오답해설>

② 헌법 제49조, ③ 헌법 제50조 제1항, ④ 헌법 제60조 제2항

21 국회의원에 관한 설명으로 옳은 것은?

① 국회에서 직무상 행한 발언과 표결에 관하여 국회 외에서 책임을 진다.
② 국회의원은 현행범인인 경우에도 회기 중 국회의 동의 없이 체포 또는 구금되지 아니한다.
③ 국가이익을 우선하여 양심에 따라 직무를 행한다.
④ 법률안을 제출할 수 없다.

정답해설>

③ 헌법 제46조 제2항

오답해설>

① 국회의원은 국회에서 직무상 행한 발언과 표결에 관하여 국회 외에서 책임을 지지 아니한다(헌법 제45조). 이는 면책특권으로 인적 처벌조각사유에 해당한다.
② 국회의원은 현행범인인 경우를 제외하고는 회기 중 국회의 동의 없이 체포 또는 구금되지 아니한다(헌법 제44조 제1항).
④ 국회의원과 정부는 법률안을 제출할 수 있다(헌법 제52조).

22 헌법상 탄핵소추의 대상이 될 수 없는 자는?

① 국회의원 ② 국무총리
③ 감사위원 ④ 법관

정답해설>

① 국회의원은 헌법상 탄핵소추의 대상에 해당하지 않는다. 국회는 의원의 자격을 심사하여, 의원을 징계할 수 있다(헌법 제64조 제1항).

* 탄핵소추의 대상(헌법 제65조 제1항) : 대통령 · 국무총리 · 국무위원 · 행정각부의 장 · 헌법재판소 재판관 · 법관 · 중앙선거관리위원회 위원 · 감사원장 · 감사위원 기타 법률이 정한 공무원이 그 직무집행에 있어서 헌법이나 법률을 위배한 때에는 국회는 탄핵의 소추를 의결할 수 있다.

23 대통령의 권한에 속하지 않는 것은? 13년 기출

① 헌법개정제안권 ② 긴급재정경제처분권
③ 임시국회소집요구권 ④ 위헌법률심판제청권

정답해설>

④ 법률이 헌법에 위반되는 여부가 재판의 전제가 된 경우에는 '법원'은 헌법재판소에 제청하여 그 심판에 의하여 재판한다(헌법 제107조 제1항).

24 헌법이 명시하고 있는 법규명령이 아닌 것은? 14년 기출

① 부령
② 총리령
③ 대통령령
④ 감사원규칙

정답해설

④ 감사원규칙은 헌법이 아닌 감사원법이 명시하고 있는 법규명령이다. 법규명령이란 행정기관이 정립하는 일반적·추상적 규범으로서 대외적 구속력을 가지는 법규범을 말한다.

법규명령의 분류

제정권자에 따른 분류	대통령령, 총리령, 부령 등
법형식에 따른 분류	긴급재정·경제명령과 긴급명령, 시행령, 시행규칙 등
성격에 따른 분류	위임명령, 집행명령

25 헌법상 통치기구에 관한 설명으로 옳은 것은?

① 입법권은 국회에 속하고, 국회의원의 임기는 5년으로 한다.
② 대통령은 국가의 원수이며, 행정권은 대통령을 수반으로 하는 정부에 속한다.
③ 헌법재판소는 법관의 자격을 가진 9인의 재판관으로 구성하며, 재판관은 헌법재판소장이 임명한다.
④ 법원은 명령규칙심사권, 위헌법률심판권, 탄핵심판권 등의 권한을 갖는다.

정답해설

② 헌법 제66조 제1항·제4항

오답해설

① 입법권은 국회에 속하고, 국회의원의 임기는 4년으로 한다(헌법 제40조, 제42조).
③ 헌법재판소는 법관의 자격을 가진 9인의 재판관으로 구성하며, 재판관은 대통령이 임명한다(헌법 제111조 제2항).
④ 법원은 명령·규칙 또는 처분의 심사권을 갖지만 위헌법률심판권, 탄핵심판권은 헌법재판소의 권한에 해당한다.

26 국무위원 및 국무회의에 관한 설명으로 옳은 것은?

① 국무회의는 정부의 권한에 속하는 중요한 정책을 결정한다.
② 국무총리는 국무위원의 해임을 대통령에게 건의할 수 없다.
③ 행정각부의 장은 국무위원 중에서 국무총리의 제청으로 대통령이 임명한다.
④ 국무총리는 국무회의의 의장이 된다.

정답 > 21 ③ 22 ① 23 ④ 24 ④ 25 ② 26 ③

정답해설

③ 헌법 제94조

오답해설

① 국무회의는 정부의 권한에 속하는 중요한 정책을 심의한다(헌법 제88조 제1항).
② 국무총리는 국무위원의 해임을 대통령에게 건의할 수 있다(헌법 제87조 제3항).
④ 대통령은 국무회의의 의장이 되고, 국무총리는 부의장이 된다(헌법 제88조 제3항).

27 감사원에 관한 설명으로 옳은 것은?

① 감사원은 원장을 포함한 5인 이상 11인 이하의 감사위원으로 구성한다.
② 감사위원은 국회의 동의를 얻어 대통령이 임명한다.
③ 감사원장과 감사위원의 임기는 6년으로 하며, 1차에 한하여 중임할 수 있다.
④ 감사원은 국무총리 소속하에 둔다.

정답해설

① 헌법 제98조 제1항

오답해설

② 감사위원은 원장의 제청으로 대통령이 임명하고, 그 임기는 4년으로 하며, 1차에 한하여 중임할 수 있다(헌법 제98조 제3항).
③ 감사원장과 감사위원의 임기는 4년으로 하며, 1차에 한하여 중임할 수 있다(헌법 제98조 제2항・제3항).
④ 국가의 세입・세출의 결산, 국가 및 법률이 정한 단체의 회계검사와 행정기관 및 공무원의 직무에 관한 감찰을 하기 위하여 대통령 소속하에 감사원을 둔다(헌법 제97조).

28 헌법기관의 구성원의 임기가 다른 것은?

① 감사위원 ② 헌법재판소 재판관
③ 중앙선거관리위원회 위원 ④ 대법관

정답해설

① 감사위원은 원장의 제청으로 대통령이 임명하고, 그 임기는 4년으로 하며, 1차에 한하여 중임할 수 있다(헌법 제98조 제3항).

오답해설

②・③・④ 모두 구성원의 임기는 6년에 해당한다.

29 헌법재판에 관한 설명으로 옳은 것은?

① 헌법은 헌법재판소장의 임기를 5년으로 규정한다.
② 헌법재판의 전심절차로서 행정심판을 거쳐야 한다.
③ 헌법재판소는 지방자치단체 상호간의 권한쟁의심판을 관장한다.
④ 탄핵 인용결정을 할 때에는 재판관 5인 이상의 찬성이 있어야 한다.

정답해설>
③ 헌법 제111조 제1항 제4호

오답해설>
① 헌법은 헌법재판소장의 임기를 6년으로 규정한다(헌법 제112조 제1항).
② 헌법재판의 전심절차로서 행정심판을 거치지 않아도 된다.
④ 탄핵 인용결정을 할 때에는 재판관 6인 이상의 찬성이 있어야 한다(헌법 제113조 제1항).

30 헌법 규정상 헌법재판소가 관장하는 사항으로 옳은 것은? 16년 기출

① 위헌・위법명령 심사권
② 선거와 관련된 선거소송과 당선소송
③ 지방자치단체 상호간의 권한쟁의심판
④ 재판에 대한 헌법소원심판

정답해설>
③ 헌법재판소는 법원의 제청에 의한 법률의 위헌여부 심판, 탄핵의 심판, 정당의 해산 심판, 국가기관 상호간, 국가기관과 지방자치단체 간 및 지방자치단체 상호간의 권한쟁의에 관한 심판, 법률이 정하는 헌법소원에 관한 심판을 관장한다.

31 헌법재판소에 관한 설명으로 옳지 않은 것은? 15년 기출

① 포괄적인 재판권과 사법권을 가진다.
② 헌법 규정에 대하여는 위헌심판을 할 수 없다.
③ 공권력의 행사 또는 불행사로 기본권을 침해받은 자는 헌법소원심판을 청구할 수 있다.
④ 법률이 헌법에 위반되는가의 여부는 재판의 전제가 되었을 때 법원은 직권 또는 당사자의 신청에 의해서 위헌법률심판을 제청한다.

정답해설>
① 사법권은 헌법재판소가 아닌 법원이 가진다.

정답 > 27 ① 28 ① 29 ③ 30 ③ 31 ①

오답해설 >

② 헌법 제111조 제1항 제1호
③ 헌법재판소법 제68조 제1항
④ 헌법재판소법 제41조 제1항

32 헌법재판소에 관한 설명으로 옳은 것은?

① 헌법재판소는 위헌정당해산심판권, 탄핵심판권, 권한쟁의심판권 등을 갖는다.
② 위헌법률심판은 법원의 제청을 전제로 하지 않는다.
③ 헌법재판소의 장은 국회의 승인을 받아 대통령이 임명한다.
④ 헌법재판소의 재판관은 벌금 이상의 형의 선고에 의하지 아니하고는 파면되지 아니한다.

정답해설 >

① 헌법재판소는 법원의 제청에 의한 법률의 위헌여부 심판, 탄핵의 심판, 정당의 해산 심판, 국가기관 상호간, 국가기관과 지방자치단체 간 및 지방자치단체 상호간의 권한쟁의에 관한 심판, 법률이 정하는 헌법소원에 관한 심판을 관장한다(헌법 제111조 제1항).

오답해설 >

② 법률이 헌법에 위반되는 여부가 재판의 전제가 된 경우에는 법원은 헌법재판소에 제청하여 그 심판에 의하여 재판한다(헌법 제107조 제1항).
③ 헌법재판소의 장은 국회의 동의를 얻어 재판관 중에서 대통령이 임명한다(헌법 제111조 제4항).
④ 헌법재판소 재판관은 탄핵 또는 금고 이상의 형의 선고에 의하지 아니하고는 파면되지 아니한다(헌법 제112조 제3항).

33 탄핵소추에 관한 설명으로 옳지 않은 것은? 16년 기출

① 대통령이 그 직무집행에 있어서 헌법이나 법률을 위배한 때에는 탄핵소추의 대상이 된다.
② 대통령에 대한 탄핵소추는 국회 재적의원 3분의 2 이상의 찬성이 있어야 의결된다.
③ 대통령이 탄핵소추의 의결을 받은 때에는 국무총리, 법률이 정한 국무위원의 순서로 그 권한을 대행한다.
④ 탄핵결정으로 공직으로부터 파면되면 민사상의 책임은 져야 하나, 형사상의 책임은 면제된다.

정답해설 >

④ 탄핵결정은 공직으로부터 파면함에 그친다. 그러나, 이에 의하여 민사상이나 형사상의 책임이 면제되지는 않는다(헌법 제65조 제4항).

오답해설 >

① 헌법 제65조 제1항
② 헌법 제65조 제2항
③ 헌법 제71조

정답 > 32 ① 33 ④

PART

03

민사법

민사법

제1장 | 민법

01 민법총칙

1. 민법 일반

(1) 민법의 의의

민법은 개인 간의 사적 생활관계인 재산관계와 가족관계를 규율하는 법을 말한다.

① **사법**

민법은 개인과 개인의 관계를 규율하는 사법이다.

② **일반사법**

민법은 인간이기만 하면 누구에게나 어떤 상황에나 일반적으로 적용되는 일반사법이다.

③ **실체법**

민법은 당사자의 직접 권리·의무에 관하여 정하는 실체법이다.

(2) 민법의 법원 11년 기출

민사에 관하여 법률에 규정이 없으면 관습법에 의하고 관습법이 없으면 조리에 의한다(민법 제1조). 다만, 상사에 관하여 본법에 규정이 없으면 상관습법에 의하고 상관습법이 없으면 민법의 규정에 의한다(상법 제1조).

① **법률**

민법 제1조의 법률은 민법전 이외에도 민사특별법, 조약, 명령, 규칙, 자치법규(조례) 등을 포함하는 개념이다.

② **관습법**

㉠ 법령 중의 선량한 풍속 기타 사회질서에 관계없는 규정과 다른 관습이 있는 경우에 당사자의 의사가 명확하지 아니한 때에는 그 관습에 의한다.

㉡ 분묘기지권, 관습법상의 법정지상권, 동산의 양도담보 등은 판례가 인정한 관습법이다.

✔OX
민법은 특별사법이다. (×)
→ 일반사법

✔OX
상사에 관하여 상법에 규정이 없으면 상관습법이 있어도 민법을 우선 적용한다. (×)

체크-UP

관습법
관습법이란 사회의 거듭된 관행으로 생성한 사회생활규범이 사회의 법적 확신과 인식에 의하여 법적 규범으로 승인·강행되기에 이른 것을 말하고, 바로 법원으로서 법령과 같은 효력을 갖는 관습으로서 법령에 저촉되지 않는 한 법칙으로서의 효력이 있다(대판 1983.6.14, 80다3231).

③ 조리

조리란 사물의 본질적 법칙 또는 도리를 의미하며, 조리의 법원성에 대해 다수설과 판례는 인정하는 입장이다.

(3) 민법의 기본원리

① 근대 민법의 기본원리(3대 원칙) 14년, 10년 기출

㉠ **소유권 절대의 원칙**(사유재산 자유의 원칙) : 개인에게 사유재산권의 절대적 지배를 허용하고 국가나 다른 사인은 이에 간섭하거나 제한하지 못한다는 원칙을 말한다.

㉡ **계약자유의 원칙**(사적 자치의 원칙, 법률행위 자유의 원칙) : 개인이 자유로운 의사에 따라 계약의 내용이나 형식 및 계약체결을 할 수 있는 원칙으로, 계약체결 여부의 자유, 계약상대방 선택의 자유, 계약내용 결정의 자유, 계약방식의 자유 등이 있다.

㉢ **과실책임의 원칙**(자기책임의 원칙, 개인책임의 원칙) : 개인이 자신의 행위로 인하여 타인에게 손해를 준 경우 그 행위가 고의·과실로 인한 위법행위에 기한 경우에만 책임을 지고, 고의·과실이 없는 행위에 대하여는 책임을 지지 않는다는 원칙을 말한다.

② 현대 민법의 기본원리(3대 원칙) – 근대 민법 원리의 수정

㉠ **소유권 공공의 원칙** : 소유권은 소유자를 위한 절대적인 것이 아니라 사회 전체의 이익을 위하여 제한을 받아야 한다는 것으로, 소유권을 행사함에 있어서 공공복리에의 적합의 의무를 강조한 개념이다.

예 재산권의 행사는 공공복리에 적합하도록 하여야 한다(헌법 제23조). 권리는 남용하지 못한다(민법 제2조).

㉡ **계약공정의 원칙** : 사회질서에 반하는 계약뿐만 아니라 매우 공정성을 잃은 계약은 법의 보호를 받을 수 없다는 원칙을 말한다.

예 선량한 풍속 기타 사회질서에 위반한 사항을 내용으로 하는 법률행위는 무효로 한다(민법 제103조).

㉢ **무과실책임의 원칙** : 과실이 없는 경우에도 일정한 경우에는 관계되는 자에게 책임을 물을 수 있다는 원칙을 말한다.

(4) 민법의 지도이념

① 신의성실의 원칙

사회공동생활에 있어서 권리의 행사와 의무의 이행은 상대방의 신뢰를 저버리지 않도록 성심껏 행하여야 한다는 원칙을 말한다.

예 권리의 행사와 의무의 이행은 신의에 좇아 성실히 하여야 한다(민법 제2조 제1항).

✓ Tip

의사표시해석의 자유, 법관선택의 자유, 소멸시효결정의 자유는 계약자유의 원칙에 포함되지 않는다.

✓ OX

계약자유의 원칙은 근대 민법의 3대 원칙에 속한다. (O)

✓ Tip

소유권 절대의 원칙은 현대적 수정원리가 아니다.

체크-UP

현대 민법의 특징
- 무과실책임이론의 발달
- 권리의 공공성·사회성의 강조
- 재산권 행사의 공공복리 적합의무

✓ Tip

추상적 인격의 자유·평등은 현대 민법과 거리가 멀다.

② 권리남용금지의 원칙

외형상 권리행사처럼 보이지만 실질적으로 권리가 법률상 인정되어 있는 사회목적에 반하여 부당하게 행사되는 것을 금지하는 원칙을 말한다.

예 권리는 남용하지 못한다(민법 제2조 제2항).

2. 자연인

(1) 권리능력 18년, 10년 기출

① 의의

권리가 귀속되는 주체인 권리의 주체가 될 수 있는 지위 또는 자격을 말하는 것으로, 민법은 사람은 생존한 동안 권리와 의무의 주체가 된다고 규정하고 있어 모든 자연인은 평등한 권리능력을 가진다.

② 강행규정

권리능력에 관한 규정은 강행규정이다.

③ 권리능력의 시기와 종기

시기	태아가 모체 밖으로 전부노출한 때부터 시작하여(전부노출설) 생존한 동안 계속 권리능력이 인정된다.
종기	자연인의 권리능력은 사망한 때 소멸되는데, 통설은 심장과 호흡이 영구적으로 정지한 때를 사망시로 보는 심장박동정지설이다. 실종선고를 받은 경우 사망으로 간주되지만 이는 주소지를 중심으로 사망으로 간주되는 것에 불과하며 권리능력을 상실하는 것은 아니다.

✓ OX

간주는 반대의 증거가 제출되면 규정의 적용을 면할 수 있는 것이며 민법은 간주조항을 '…으로 본다'고 표현한다. (×)

④ 외국인의 권리능력

외국인도 법령 또는 조약에 의하여 특히 금지되어 있지 않는 한 내국인과 같은 권리능력을 가진다.

⑤ 태아의 권리능력

사람은 출생하여야 권리능력이 인정되므로 태아는 원칙적으로 권리능력이 없다. 다만, 태아도 예외적으로 특정의 권리(불법행위로 인한 손해배상청구, 재산상속, 대습상속, 유증 등)에 관해서는 권리능력이 있는 것과 마찬가지로 취급된다.

✓ Tip

권리능력에 관한 규정은 당사자의 합의로 그 적용을 배제할 수 없다.

(2) 의사능력

법률행위를 구성하는 개개의 의사표시를 함에 있어서 그 의사를 단독적으로 형성하고, 결과를 합리적으로 판단할 수 있는 능력을 말한다.

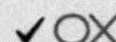

(3) 행위능력

① 제한능력자

법률에서 어떤 행위의 당사자가 될 자격인 능력이 없거나 부족한 사람을 제한능력자라 하고 제한능력자가 단독으로 행한 법률행위를 본인이나 후견인이 취소할 수 있게 하여 제한능력자를 보호하는 것을 제한능력자제도라고 한다.

② 미성년자

㉠ 의의 : 미성년자는 만 19세에 달하지 않은 자를 말한다.

㉡ 미성년자의 행위능력 15년 기출

ⓐ 원칙 : 미성년자는 단독으로 법률행위를 하지 못하고 법정대리인의 동의를 얻어야 한다. 즉, 법정대리인의 동의를 얻지 않고 한 행위는 취소할 수 있다.

ⓑ 예외 : 미성년자가 법정대리인의 동의 없이 할 수 있는 행위는 다음과 같다.

권리만을 얻거나 의무만을 면하는 행위	부담 없는 증여를 받는 행위, 채무의 면제, 부양료의 청구 등은 단독으로 가능하지만 부담부 증여나 유리한 매매계약의 체결, 상속을 승인하는 행위 등은 의무를 부담하는 행위로서 단독으로 할 수 없다.
처분을 허락한 재산의 처분행위	법정대리인이 범위를 정하여 처분을 허락한 재산은 미성년자가 임의로 처분할 수 있다.
허락을 얻은 특정한 영업에 관한 행위	미성년자가 법정대리인으로부터 허락을 얻은 특정한 영업에 관하여는 성년자와 동일한 행위능력이 있다.
대리행위	대리인은 행위능력자임을 요하지 않는다.
임금의 청구행위	미성년자인 근로자는 독자적으로 임금을 청구할 수 있다.

③ 피성년후견인 15년 기출

㉠ 의의 : 질병, 장애, 노령, 그 밖의 사유로 인한 정신적 제약으로 사무를 처리할 능력이 지속적으로 결여된 사람으로서 가정법원으로부터 성년후견개시의 심판을 받은 자를 말한다.

㉡ 성년후견개시의 요건

ⓐ 본인, 배우자, 4촌 이내의 친족, 미성년후견인, 미성년후견감독인, 한정후견인, 한정후견감독인, 특정후견인, 특정후견감독인, 검사 또는 지방자치단체의 장의 청구에 의하여 성년후견개시의 심판을 한다.

✓ OX

행위능력은 모든 자연인에게 인정되고 있다. (×)

✓ Tip

미성년자가 법정대리인의 동의 없이 단독으로 유효하게 할 수 없는 행위는 혼인과 같은 신분행위와 법정대리인의 재산에 대한 처분행위이다.

ⓑ 가정법원은 성년후견개시의 심판을 할 때 본인의 의사를 고려하여야 한다.

㉢ 피성년후견인의 행위와 취소

ⓐ 피성년후견인의 법률행위는 취소할 수 있다. 다만, 가정법원은 취소할 수 없는 피성년후견인의 법률행위의 범위를 정할 수 있다.

ⓑ 일용품의 구입 등 일상생활에 필요하고 그 대가가 과도하지 아니한 법률행위는 성년후견인이 취소할 수 없다.

✓OX

피성년후견인이 법정대리인의 동의를 얻어서 한 재산상 법률행위는 유효하다. (×)

④ 피한정후견인 15년 기출

㉠ 의의 : 질병, 장애, 노령, 그 밖의 사유로 인한 정신적 제약으로 사무를 처리할 능력이 부족한 사람으로서 가정법원으로부터 한정후견개시의 심판을 받은 자를 말한다.

㉡ 한정후견개시의 요건

ⓐ 본인, 배우자, 4촌 이내의 친족, 미성년후견인, 미성년후견감독인, 성년후견인, 성년후견감독인, 특정후견인, 특정후견감독인, 검사 또는 지방자치단체의 장의 청구에 의하여 한정후견개시의 심판을 한다.

ⓑ 가정법원은 한정후견개시의 심판을 할 때 본인의 의사를 고려하여야 한다.

㉢ 피한정후견인의 행위와 동의

ⓐ 가정법원은 피한정후견인이 한정후견인의 동의를 받아야 하는 행위의 범위를 정할 수 있다.

ⓑ 한정후견인의 동의가 필요한 법률행위를 피한정후견인이 한정후견인의 동의 없이 하였을 때에는 그 법률행위를 취소할 수 있다. 다만, 일용품의 구입 등 일상생활에 필요하고 그 대가가 과도하지 아니한 법률행위에 대하여는 그러하지 아니하다.

ⓒ 피한정후견인이 법정대리인의 동의를 얻어서 한 재산상의 법률행위는 행위능력이 있는 자의 법률행위에 해당하므로 피성년후견인의 법률행위와 달리 유효하여 취소할 수 없다.

✓ Tip

법정대리인이 대리한 피한정후견인의 재산상 법률행위는 유효하다.

⑤ 피특정후견인

㉠ 의의 : 질병, 장애, 노령, 그 밖의 사유로 인한 정신적 제약으로 일시적 후원 또는 특정한 사무에 관한 후원이 필요한 사람으로서 가정법원에 의해 특정후견의 심판을 받은 자를 말한다.

㉡ 특정후견개시의 요건

ⓐ 특정후견은 본인의 의사에 반하여 할 수 없다.

ⓑ 특정후견의 심판을 하는 경우에는 특정후견의 기간 또는 사무의 범위를 정하여야 한다.

⑥ 제한능력자의 상대방 보호 15년 기출

㉠ 상대방의 최고권(확답을 촉구할 권리)

ⓐ 제한능력자의 상대방은 제한능력자가 능력자가 된 후에 그에게 1개월 이상의 기간을 정하여 그 취소할 수 있는 행위를 추인할 것인지 여부의 확답을 촉구할 수 있다. 능력자로 된 사람이 그 기간 내에 확답을 발송하지 아니하면 그 행위를 추인한 것으로 본다.

ⓑ 제한능력자가 아직 능력자가 되지 못한 경우에는 그의 법정대리인에게 촉구를 할 수 있고, 법정대리인이 그 정하여진 기간 내에 확답을 발송하지 아니한 경우에는 그 행위를 추인한 것으로 본다.

ⓒ 특별한 절차가 필요한 행위는 그 정하여진 기간 내에 그 절차를 밟은 확답을 발송하지 아니하면 취소한 것으로 본다.

㉡ **상대방의 철회권** : 제한능력자가 맺은 계약은 추인이 있을 때까지 상대방이 그 의사표시를 철회할 수 있다. 다만, 상대방이 계약 당시에 제한능력자임을 알았을 경우에는 철회할 수 없다.

㉢ **상대방의 거절권** : 제한능력자의 단독행위는 추인이 있을 때까지 상대방이 거절할 수 있다.

㉣ **제한능력자의 속임수에 의한 취소권의 제한** : 제한능력자가 속임수로써 자기를 능력자로 믿게 하거나, 미성년자·피한정후견인이 속임수로써 법정대리인의 동의가 있는 것으로 믿게 한 경우에는 그 행위를 취소할 수 없다.

✔ Tip

제한능력자가 속임수로써 자기를 능력자로 믿게 한 경우 그 법률행위를 취소할 수 없다.

(4) 책임능력

자기의 위법행위로 인하여 타인의 법익을 침해한 경우에 책임을 질 수 있는 판단능력, 즉 자기의 행위를 인식하는 데 족하지 않고 법률상의 책임을 인식할 수 있는 능력을 말한다.

(5) 주소 11년 기출

① 의의

주소란 생활의 근거가 되는 곳으로, 주소는 동시에 두 곳 이상 있을 수 있다.

✔ OX

주소는 동시에 두 곳 이상 있을 수 없다. (×)

② 민법상 주소

우리 민법에서는 주소에 관하여 실질주의, 객관주의, 복수주의를 택한다.

③ 주소개념의 확대

거소	주소지 이외의 장소 중 상당기간에 걸쳐 거주하는 장소로서 주소를 알 수 없으면 거소를 주소로 보고, 국내에 주소 없는 자에 대하여는 국내에 있는 거소를 주소로 본다.
가주소	거래의 편의상 당사자의 의사에 의해 설정되는 주소로, 어느 행위에 있어서 가주소를 정한 때에는 그 행위에 관하여는 이를 주소로 본다.
주민등록법상 주민등록지	주민등록법에 의한 주민등록지는 주소로 추정된다.

✓OX

법인의 주소 효력은 주된 사무소의 소재지로부터 생긴다. (O)

④ 법인의 주소

법인의 주소는 주된 사무소의 소재지에 있는 것으로 한다.

(6) 부재자

① 의의

㉠ 부재자는 종래의 주소나 거소를 떠나서 단시일 내에 돌아올 가망이 없어서 그 재산이 관리되지 못하고 방치되어 있는 자를 말한다.

㉡ 부재자의 재산관리를 법원에 청구할 수 있는 이해관계인은 법률상 이해관계에 있는 자를 말하므로 상속인·배우자·채권자·보증인 등이 포함되나, 사실상 이해관계가 있는 자는 포함되지 않는다.

✓ Tip

검사는 부재자의 재산관리를 법원에 청구할 수 있는 이해관계인이 아니다.

② 부재자의 재산관리

㉠ 부재자가 재산관리인을 정하지 아니한 때에는 가정법원은 이해관계인이나 검사의 청구에 의하여 재산관리에 관하여 필요한 처분을 명하여야 한다.

㉡ 부재자의 생사가 분명하지 아니한 경우에 이해관계인이나 검사의 청구가 있는 때에는 법원은 부재자가 정한 재산관리인에 대하여 부재자의 재산을 보존하기 위하여 필요한 처분을 명할 수 있다.

㉢ 법원은 그 선임한 재산관리인으로 하여금 재산의 관리 및 반환에 관하여 상당한 담보를 제공하게 할 수 있으며, 그 선임한 재산관리인에 대하여 부재자의 재산으로 상당한 보수를 지급할 수 있다.

(7) 실종선고

① 의의

생사불명의 상태가 장기간 계속되고 있는 자를 일정한 요건과 절차에 의하여 사망한 것으로 선고하는 것으로, 법률관계가 오랫동안 불확정하게 방치됨으로써 이해관계인에게 불이익을 주는 것을 해결하기 위한 제도를 말한다.

② 실종의 선고 11년 기출

㉠ 부재자의 생사가 5년간 분명하지 아니한 때에는 법원은 이해관계인이나 검사의 청구에 의하여 실종선고를 하여야 한다.

㉡ 전지에 임한 자, 침몰한 선박 중에 있던 자, 추락한 항공기 중에 있던 자 기타 사망의 원인이 될 위난을 당한 자의 생사가 전쟁종지 후 또는 선박의 침몰, 항공기의 추락 기타 위난이 종료한 후 1년간 분명하지 아니한 때에도 실종선고를 하여야 한다.

③ 실종선고의 효과 11년 기출

㉠ **사망의 간주** : 실종선고를 받은 자는 실종기간이 만료한 때에 사망한 것으로 본다.

㉡ **효력의 범위** : 실종선고를 받은 자는 종래의 주소를 중심으로 하는 사법관계에서만 사망한 것으로 보므로 실종자가 다른 곳에 생존하고 있었더라도 법률관계에 대한 사망의 효과는 그곳에 미치지 아니한다.

④ 실종선고의 취소

㉠ 실종자의 생존한 사실 또는 사망한 사실의 증명이 있으면 법원은 본인, 이해관계인 또는 검사의 청구에 의하여 실종선고를 취소하여야 한다. 그러나 실종선고 후 그 취소 전에 선의로 한 행위의 효력에 영향을 미치지 아니한다.

㉡ 실종선고의 취소가 있을 때에 실종의 선고를 직접원인으로 하여 재산을 취득한 자가 선의인 경우에는 그 받은 이익이 현존하는 한도에서 반환할 의무가 있고 악의인 경우에는 그 받은 이익에 이자를 붙여서 반환하고 손해가 있으면 이를 배상하여야 한다.

(8) 동시사망과 인정사망

① 동시사망

2인 이상이 동일한 위난으로 사망한 경우에는 동시에 사망한 것으로 추정한다.

✓ Tip

실종기간은 보통실종은 5년, 특별실종은 1년이다.

✓ Tip

전쟁실종의 경우 실종기간의 기산점은 전쟁이 종지한 때이다.

✓ OX

실종선고를 받은 자는 실종기간이 만료하면 사망한 것으로 본다. (O)

② 인정사망

수해 · 화재 그 밖의 재난으로 인하여 사망한 것이 확실한 경우에 그 것을 조사한 관공서가 사망이라고 보고함에 따라 죽은 것을 인정하는 일을 말한다.

3. 법인

(1) 법인의 의의 및 본질

① 법인의 의의

법인이란 일정한 목적을 위하여 결합된 사람의 단체 또는 일정한 목적을 위하여 출연된 재산으로서 자연인 이외에 법인격, 즉 법에 의하여 권리능력(권리 · 의무의 주체)이 부여되는 단체를 말한다.

② 법인의 존재이유

법인은 단체를 둘러싼 각종 대내적 · 대외적 법률관계를 간단명료하게 처리해주고, 단체와 구성원의 재산을 분리하여 독립한 것으로 다룸으로써 구성원의 책임을 제한해 준다.

③ 법인의 본질

법인의 본질에 대하여 논의하는 실익은 법인의 능력 특히 불법행위능력을 설명하기 위한 것으로, 법인부인설, 법인의제설, 법인실재설 등이 있다.

(2) 법인의 종류

① 공법인과 사법인

공법인	특정의 공공목적을 위하여 특별한 법적 근거에 의해 설립된 법인
사법인	사적 목적을 위한 것으로 설립이나 운영에 국가의 공권력이 관여하지 않는 법인

② 사단법인과 재단법인

사단법인	일정한 목적을 위하여 결합한 사람의 단체로서 권리능력(법인격)이 부여된 법인
재단법인	일정한 목적을 위하여 출연된 재산을 기초로 하여 설립된 단체로서 권리능력(법인격)이 부여된 법인

✓ Tip

사단법인은 사람의 단체를 실체로 하고, 재단법인은 출연된 재산을 실체로 한다.

③ 영리법인과 비영리법인

영리법인	영리를 목적으로 하는 사단법인
비영리법인	영리 아닌 사업을 목적으로 하는 법인

보충학습

권리능력 없는 사단

1. 의의
   사단법인의 바탕이 되는 단체를 이루고 있지만 실질적으로는 법인격을 갖추지 못한 사단, 즉 일정한 목적에 따라 결합한 집단이면서 권리능력을 가지지 않은 것을 말한다.
2. 성립요건
   권리능력 없는 사단은 사단으로서의 실체적 요건을 구비하고 있어야 한다. 즉, 사단으로서의 정관 기타 규약을 가지고 있어야 하고, 총회를 반드시 운영하여야 하며, 의사결정기관 및 집행기관인 대표자를 두는 등의 조직을 갖추어야 하며, 재산의 관리 기타 단체로서의 중요사항이 확정되어 있어야 한다.
3. 형태
   권리능력 없는 사단에는 종중, 교회, 동·리, 자연부락, 주택조합, 아파트부녀회, 공동주택입주자대표자회의 등이 있다.

✓ Tip

민법상의 조합은 권리능력이 없다.

체크-UP

권리의 주체와 권리능력
자연인과 법인이 아니면 원칙적으로 권리의무의 주체가 될 수 없다. 즉, 설립 중인 법인, 법인격 없는 사단 등은 권리능력이 없다.

(3) 법인의 설립

① 사단법인의 설립

㉠ **목적의 비영리성** : 학술, 종교, 자선, 기예, 사교 기타 영리 아닌 사업을 목적으로 하여야 한다.

㉡ **설립행위** : 2인 이상의 설립자가 정관을 작성하여 기명날인하여야 한다(합동행위).

㉢ **정관의 기재사항** : 사단법인의 정관의 필요적 기재사항으로는 목적, 명칭, 사무소 소재지, 자산에 관한 규정, 이사의 임면에 관한 규정, 사원자격의 득실에 관한 규정, 존립시기나 해산사유를 정하는 때에는 그 시기 또는 사유 등이 있다.

㉣ **설립허가** : 주무관청의 허가를 얻어 법인으로 설립할 수 있다.

㉤ **설립등기** : 설립등기는 법인의 성립요건이다. 즉, 법인은 그 주된 사무소의 소재지에서 설립등기를 함으로써 성립한다.

② 재단법인의 설립

㉠ **목적의 비영리성** : 재단법인은 본질적으로 비영리법인이어야 한다.

㉡ **설립행위** : 일정한 재산을 출연하고 정관을 작성하여 이를 서면에 기재하고 기명날인하여야 한다(상대방 없는 단독행위).

㉢ **정관의 기재사항** : 재단법인의 정관의 필요적 기재사항으로는 목적, 명칭, 사무소 소재지, 자산에 관한 규정, 이사의 임면에 관한 규정 등이 있다.

체크-UP

민법상 법인의 설립요건
- 정관작성과 같은 설립행위
- 주무관청의 허가
- 설립등기
- 영리 아닌 사업을 목적으로 할 것

✓OX

설립신고, 목적의 영리성은 민법상 법인의 설립요건이 아니다. (O)

㉣ **설립허가 및 등기** : 주무관청의 허가를 얻어 법인의 주된 사무소의 소재지에서 설립등기를 함으로써 성립한다.

㉤ **출연재산** : 재단을 설립하기 위한 자본으로서 금전, 기타 재산을 출연하는 것으로, 재산의 출연이 재단법인의 본질을 이룬다.

ⓐ 생전처분으로 재단법인을 설립하는 때에는 출연재산은 법인이 성립된 때로부터 법인의 재산이 된다.

ⓑ 유언으로 재단법인을 설립하는 때에는 출연재산은 유언의 효력이 발생한 때로부터 법인에 귀속한 것으로 본다.

(4) 법인의 능력

① **법인의 권리능력**

㉠ **성질에 의한 제한** : 법인은 성질상 자연인과 같은 육체가 없으므로 자연인의 성질을 전제로 하는 권리를 가질 수 없다.

예 생명권, 신체권, 육체상의 자유권, 상속권 등은 누릴 수 없다.

㉡ **법률에 의한 제한** : 법인의 권리능력은 자연인과 마찬가지로 법률에 의하여 제한될 수 있다.

㉢ **목적에 의한 제한** : 법인은 법률의 규정에 좇아 정관으로 정한 목적의 범위 내에서 권리와 의무의 주체가 된다.

✓ Tip

재단법인은 법률, 정관, 목적, 성질, 그 외에 주무관청의 감독, 허가조건 등에 의하여 권리능력이 제한된다.

② **법인의 행위능력**

법인의 행위능력에 대해 명문의 규정은 없으나 법인은 권리능력의 범위 내에서 행위능력을 가지고 행위의 방식은 대리의 방식으로 할 수밖에 없다.

③ **법인의 불법행위능력**

㉠ 법인은 이사 기타 대표자가 그 직무에 관하여 타인에게 가한 손해를 배상할 책임이 있다. 이사 기타 대표자는 이로 인하여 자기의 손해배상책임을 면하지 못한다.

㉡ 법인의 목적범위 외의 행위로 인하여 타인에게 손해를 가한 때에는 그 사항의 의결에 찬성하거나 그 의결을 집행한 사원, 이사 및 기타 대표자가 연대하여 배상하여야 한다.

(5) 법인의 기관 19년, 10년 기출

법인의 기관은 법인이 사회에서 활동하기 위해 필요로 하는 일정한 조직으로, 의사를 결정하고, 이를 집행한다. 이에는 이사, 감사, 사원총회 등이 있다.

① 이사

㉠ 의의 : 이사는 법인을 대표하고 법인의 사무를 집행하는 필수기관으로, 모든 사단법인과 재단법인에는 이사를 두어야 한다. 이사가 될 수 있는 자는 자연인이어야 하고, 이사의 수는 정관으로 정할 수 있다.

㉡ 임면 : 이사의 임면 방법은 정관의 필요적 기재사항이며, 법인과 이사와의 임면 관계는 민법상 대리와 위임에 관한 규정을 준용한다.

㉢ 권한

대표권	수인의 이사는 법인의 사무에 관하여 각자 법인을 대표한다. 이사가 2인 이상 있어도 각 이사는 단독으로 대표할 수 있는 것이 원칙이고, 법인의 대표에 관하여는 대리에 관한 규정을 준용한다.
대표권의 제한	대표권은 정관·사원총회의 의결로 제한될 수 있다. 이사의 대표권에 대한 제한은 이를 정관에 기재하지 아니하면 그 효력이 없고, 정관에 기재한 경우에도 이를 등기하여야만 제3자에 대항할 수 있다.
업무 집행권	이사는 법인의 모든 사무를 집행한다. 이사가 수인인 경우에는 정관에 다른 규정이 없으면 법인의 사무집행은 이사의 과반수로써 결정한다.

㉣ 기타 대표기관

이사회	이사에 의하여 구성되어 법인의 업무집행에 관한 사항을 결정하기 위한 의결기관을 말한다.
임시이사	이사가 없거나 결원이 있는 경우에 이로 인하여 손해가 생길 염려 있는 때에는 법원은 이해관계인이나 검사의 청구에 의하여 임시이사를 선임하여야 한다.
특별대리인	법인과 이사의 이익이 상반하는 사항에 관하여는 이사는 대표권이 없다. 이 경우에는 이사에 갈음하여 법인을 대표하는 기관으로 이해관계인·검사의 청구에 의하여 법원이 특별대리인을 선임하여야 한다.
직무대행자	당사자의 신청에 따라 가처분으로 선임하는 이사의 직무대행자는 가처분명령에 다른 정함이 있는 경우 외에는 법인의 통상사무에 속하지 아니한 행위를 하지 못한다. 직무대행자가 이를 위반한 행위를 한 경우에도 법인은 선의의 제3자에 대하여 책임을 진다.

② 감사

법인의 재산 및 이사의 업무집행 상태를 감독하는 기관으로, 법인은 정관 또는 총회의 결의로 감사를 둘 수 있다.

✓OX

법인의 이사가 수인인 경우에 사무집행은 정관의 규정에 따른다. (O)

✓Tip

정관에 기재되지 아니한 이사의 대표권 제한은 유효하다.

✓Tip

민법상 법인과 이사의 이익이 상반하는 사항이 있는 경우, 이해관계인 또는 검사의 청구에 의하여 법원이 선임하여야 할 기관은 특별대리인이다.

보충학습

감사의 직무
1. 법인의 재산상황을 감사하는 일
2. 이사의 업무집행의 상황을 감사하는 일
3. 재산상황 또는 업무집행에 관하여 부정, 불비한 것이 있음을 발견한 때에는 이를 총회 또는 주무관청에 보고하는 일
4. 보고를 하기 위하여 필요 있는 때에는 총회를 소집하는 일

✔ OX
사원총회는 법인사무 전반에 관하여 결의권을 가진다. (×)

③ 사원총회 10년 기출

사원 전체로 구성되는 사단법인의 최고의결기관으로, 사원총회는 정관으로 이사 또는 기타 임원에게 위임한 사항 외의 법인사무 전반에 관하여 결의한다. 재단법인은 사원이 없으므로 사원총회가 없다.

통상총회	사단법인의 이사는 매년 1회 이상 통상총회를 소집하여야 한다.
임시총회	• 사단법인의 이사는 필요하다고 인정한 때에는 임시총회를 소집할 수 있으며, 총사원의 5분의 1 이상으로부터 회의의 목적사항을 제시하여 청구한 때에는 이사는 임시총회를 소집하여야 한다. • 청구가 있은 후 2주간 내에 이사가 총회소집의 절차를 밟지 아니한 때에는 청구한 사원은 법원의 허가를 얻어 이를 소집할 수 있다.
총회의 소집	총회의 소집은 1주간 전에 그 회의의 목적사항을 기재한 통지를 발하고 기타 정관에 정한 방법에 의하여야 한다.
사원의 결의권	• 각 사원의 결의권은 평등으로 한다. • 사원은 서면이나 대리인으로 결의권을 행사할 수 있다.

✔ Tip
비영리사단법인에서 사원의 결의권은 출자액과 무관하게 평등하다.

최신기출확인

민법상 법인의 기관에 관한 설명으로 옳지 않은 것은? 19년 기출

① 법인은 이사를 두어야 한다.
② 이사는 선량한 관리자의 주의로 그 직무를 행하여야 한다.
③ 법인은 2인 이상의 감사를 두어야 한다.
④ 사단법인의 이사는 매년 1회 이상 통상총회를 소집하여야 한다.

해설 >
③ 법인은 정관 또는 총회의 결의로 감사를 둘 수 있다(민법 제66조).
① 법인은 이사를 두어야 한다(민법 제57조).
② 이사는 선량한 관리자의 주의로 그 직무를 행하여야 한다(민법 제61조).
④ 사단법인의 이사는 매년 1회 이상 통상총회를 소집하여야 한다(민법 제69조).

답 ③

(6) 법인의 해산

① 의의

법인의 해산이란 법인의 법인격을 소멸시키는 원인이 되는 법률사실로, 해산으로 인해 법인격이 소멸되는 것이 아니라 청산절차가 종료되어야 소멸한다.

② 해산사유

㉠ **사단법인과 재단법인에 공통한 해산이유** : 법인은 존립기간의 만료, 법인의 목적의 달성 또는 달성의 불능 기타 정관에 정한 해산사유의 발생, 파산 또는 설립허가의 취소로 해산한다.

㉡ **사단법인에만 있는 해산사유** : 사단법인은 사원이 없게 되거나 총회의 결의로도 해산한다.

✔ Tip

총회의 결의는 사단법인과 재단법인에 공통한 해산이유가 아니다.

4. 물건

(1) 물건의 의의 12년, 11년 기출

물건이라 함은 유체물 및 전기 기타 관리할 수 있는 자연력을 말한다. 따라서 민법상 물건이기 위해서는 유체물이나 관리가능한 자연력이어야 하고, 사람이 그것을 관리할 수 있어야 하며, 인간 이외의 외계의 일부로서 지배 가능한 독립된 물건이어야 한다.

✔ OX

전기(電氣)는 민법상 물건이 아니다. (×)

(2) 물건의 종류

① 부동산과 동산 11년, 10년 기출

토지 및 그 **정착물**은 부동산이고, 부동산 이외의 물건은 동산이다. 상품권, 입장권 등은 무기명채권으로 동산에 해당되지 않는다.

* **토지의 정착물** : 건물(가옥), 수목, 미분리의 과실, 농작물 등

② 주물과 종물 12년 기출

물건의 소유자가 그 물건의 상용에 공하기 위하여 자기소유인 다른 물건을 이에 부속하게 한 때 그 기본이 되는 물건은 주물이고, 그 부속물은 종물이다.

예 배와 노, 자물쇠와 열쇠, 시계와 시곗줄에서 배·자물쇠·시계는 주물이고, 노·열쇠·시곗줄은 종물이다.

㉠ 종물의 요건

ⓐ 주물의 상용에 제공되어야 한다.

ⓑ 주물에 부속되어 있다고 인정될 만큼 장소적으로 밀접한 위치에 있어야 한다.

ⓒ 독립된 물건이어야 한다.

ⓓ 주물과 종물 모두 동일한 소유자에 속하여야 한다.

ⓛ **종물의 효과** : 종물은 주물의 처분에 따른다.

예 주물을 매매하면 특별한 의사표시가 없는 한 종물은 주물에 포함되고, 주물에 저당권을 설정하면 그 효력은 종물에 미친다.

✓ Tip

특허권의 사용료는 민법상 과실(果實)에 해당하지 않는다.

③ **원물과 과실** 18년, 12년, 11년 기출

물건의 경제적 효용에 따른 분류로, 수익을 낳게 하는 물건은 원물이고 그로부터 생기는 수익은 과실이다. 과실에는 천연과실, 법정과실이 있다.

천연과실	물건의 용법에 의하여 수취하는 산출물로, 그 원물로부터 분리하는 때에 이를 수취할 권리자에게 속함 예 달걀 · 젖소로부터 짜낸 우유
법정과실	물건의 사용대가로 받는 금전 기타의 물건으로, 법정과실은 수취할 권리의 존속기간 일수의 비율로 취득함 예 집세 · 이자, 지상권의 지료, 임대차에서의 차임

체크-UP

법정과실

甲이라는 사람은 자신의 집에 월세를 놓아서 乙이라는 사람에게 매월 500,000원을 받는다. 이러한 것을 법정과실이라고 한다.

최신기출확인

민법상 물건에 관한 설명으로 옳지 않은 것은? 18년 기출

① 건물임대료는 천연과실이다.
② 관리할 수 있는 자연력은 동산이다.
③ 건물은 토지로부터 독립한 부동산으로 다루어질 수 있다.
④ 토지 및 그 정착물은 부동산이다.

해설

① 건물임대료는 물건의 사용대가로 받는 금전 기타의 물건으로 법정과실에 해당한다.
② 민법 제98조
③ 건물은 토지로부터 독립한 별개의 부동산으로서 독립의 등기를 할 수 있으며, 등기부에는 토지등기부와 건물등기부로 나뉘어져 있다.
④ 민법 제99조 제1항

답 ①

5. 법률행위

(1) 권리변동

① **의의** 10년 기출

권리변동은 권리의 발생 · 변경 · 소멸을 총칭하는 것으로, 권리의 변동을 권리의 주체의 입장에서 보면 권리의 득실변경(권리의 취득 · 변경 · 상실)이 된다.

㉠ **권리의 발생** : 특정한 법률요건에 따라 권리가 발생하는 것으로, 권리를 취득하는 것을 말한다.

원시취득	이전에 존재하지 않았던 권리가 새로 발생하는 경우 예 매장물의 발견, 무주물에 대한 선점, 건물의 신축에 의한 소유권 취득, 취득시효, 유실물 습득, 첨부, 선의취득, 가족권의 취득, 수용 등
승계취득	이전에 존재하고 있던 타인의 권리를 바탕으로 하여 새롭게 권리가 발생하는 경우 예 • 이전적 승계 : 매매, 증여, 교환, 사인증여 등의 특정승계와 상속, 회사의 합병, 포괄유증 등의 포괄승계가 있음 • 설정적 승계 : 소유권에 지상권 설정, 소유권에 전세권 등의 제한물권 설정, 소유권에 임차권 설정 등

✔ Tip
상속은 민법상 권리의 원시취득에 해당하지 않는다.

㉡ 권리의 변경 : 권리의 동일성을 잃지 않고서 권리의 주체·내용·작용에 관하여 변경되는 것을 말한다.

주체의 변경	권리의 승계, 공유물분할에 의한 권리주체의 수적 변경 등
내용의 변경	목적물인도채권이 손해배상청구권으로 변경, 물상대위, 대위변제, 물권의 부합, 제한물권의 설정이나 소멸로 인한 소유권의 증감 등
작용의 변경	저당권의 순위 승진, 임차권의 등기 등

㉢ 권리의 소멸

절대적 소멸	권리 그 자체가 객관적으로 소멸되는 것으로, 목적물의 멸실, 소멸시효의 완성, 권리포기 등
상대적 소멸	권리 그 자체가 소멸하는 것이 아니라 그 주체가 변경되는 것으로, 매매, 증여 등에 따른 승계 등

✔ Tip
상대적 소멸은 권리의 이전적 승계를 전주의 입장에서 본 것이다.

② 원인

㉠ 법률요건 : 법률효과를 발생시키는 법률사실로 구성되는 법률관계의 변동의 원인으로, 법률행위가 주이며 준법률행위나 불법행위, 부당이득, 사무관리 등도 포함된다.

㉡ 법률사실 : 법률요건을 구성하는 개개의 사실을 말한다.

✔ Tip
법률사실이 모여서 법률요건을 이루고, 법률요건이 갖추어지면 일정한 법률효과가 발생한다.

(2) 법률행위의 일반

① 법률행위의 의의

일정한 법률효과의 발생을 목적으로 하여, 한 개 또는 수 개의 의사표시를 불가결의 요소(법률사실)로 하는 법률요건이다.

② 법률행위의 요건

㉠ 성립요건 : 법률행위의 존재를 위해 필요한 최소한의 형식적・외형적인 요건을 말한다.

일반적 성립요건	모든 법률행위에 공통하는 요건으로, 당사자(주체), 목적(내용), 의사표시 등이다.
특별성립 요건	개별적인 법률행위에 대하여 법률이 특별히 추가하는 요건이다. 예 요물계약의 물건의 인도, 혼인에서의 신고, 유언에서의 방식 등

✔ Tip

당사자가 존재할 것은 법률행위의 효력발생 요건이 아니라 성립요건에 해당한다.

㉡ 효력요건 : 이미 성립한 법률행위가 효력을 발생하는 데 필요한 요건을 말한다.

일반적 효력요건	• 법률행위의 당사자가 권리능력・의사능력・행위능력을 가지고 있을 것 • 법률행위의 목적이 확정・가능・적법・사회적 타당성이 있을 것 • 의사표시에 있어 의사와 표시가 일치하고 하자가 없을 것
특별효력 요건	개개의 법률행위에서 그 법률행위가 성립한 후에 효력을 발생하기 위하여 특별히 필요한 효력발생요건 예 대리행위에서 대리권의 존재, 조건・기한부 법률행위에서 조건의 성취, 기한의 도래 등

③ 법률행위의 종류

㉠ 단독행위 : 행위자 한 사람의 한 개의 의사표시로 성립하는 법률행위로, 원칙적으로 조건과 기한 등의 부관을 붙일 수 없다.

상대방 있는 단독행위	유언(유증), 재단법인의 설립행위, 권리의 포기 등
상대방 없는 단독행위	법정대리인의 동의, 철회, 상계, 취소, 추인, 채무의 면제, 계약의 해제 또는 해지 등

㉡ 계약 : 서로 대립하는 2개 이상의 의사표시의 합치로 성립하는 법률행위를 말한다.

예 매매, 교환, 임대차 등

㉢ 합동행위 : 방향을 같이하고 서로 대립되지 않는 2개 이상의 의사표시의 합치로 성립하는 법률행위를 말한다.

예 사단법인의 설립행위

㉣ 채권행위 · 물권행위 · 준물권행위

채권행위	채권 · 채무의 발생을 목적으로 하는 법률행위 예 매매, 교환, 임대차 등
물권행위	직접 물권의 변동을 목적으로 하는 법률행위 예 소유권이전행위, 지상권 또는 저당권의 설정행위 등
준물권행위	물권 이외의 권리의 변동을 목적으로 하는 법률행위 예 채권양도, 무체재산권 양도, 채무면제 등

✓OX
처분권 없이 한 채권행위와 물권행위는 모두 무효이다. (×)
➜ 채권행위는 유효

㉤ 요식행위와 불요식행위

요식행위	법률행위에 일정한 형식(방식)을 필요로 하는 법률행위 예 법인의 설립행위, 유언, 혼인, 입양, 어음행위, 수표행위 등
불요식행위	일정한 방식을 요하지 않는 법률행위

④ 법률행위의 목적

㉠ **확정성** : 법률행위의 목적은 법률행위 시에 이미 확정되어 있거나 이행기까지 확정될 수 있는 것이면 된다.

㉡ **가능성** : 법률행위는 실현가능한 것이어야 하고 가능이냐 불가능이냐는 사회관념에 의하여 결정되며 불능은 확정적인 것이어야 한다.

㉢ **적법성** : 법률행위의 목적은 **강행법규**에 위반하는 것이어서는 안 된다는 것, 즉 법률행위가 유효하기 위해서는 그 목적이 적법한 것이어야 한다.

* **강행법규** : 법령 중에 선량한 풍속 기타 사회질서와 관계있는 사항을 정한 법규

㉣ **사회적 타당성** : 법률행위의 목적이 사회적으로 보아서 타당성을 잃고 있는 경우에는 그것을 직접 규제하는 개별적인 강행규정이 없더라도 당연히 무효이다.

ⓐ 유형

정의관념에 반하는 행위	• 범죄 기타 부정행위에 가담하는 행위 • 부동산의 이중매매에 있어서 매도인의 배임행위에 적극 가담한 경우 • 사실대로 증언의 대가로 통상적으로 용인되는 정도의 수준을 초과하는 대가의 지급약정 • 수사기관에서 허위진술을 해주는 대가로 작성된 급부의 약정 각서
인륜에 반하는 행위	• 자식이 부모와 동거하지 않겠다는 계약 • 자식이 부모에게 불법행위로 인한 손해배상을 청구하는 행위 • 첩계약(첩관계를 그만두면서 첩에게 생활비나 양육비 등 금전을 지급하는 계약은 유효)

✓OX
자식이 부모와 동거하지 않겠다는 계약은 정의관념에 반하는 행위이다. (×)
➜ 인륜에 반하는 행위

개인의 자유를 심하게 제한하는 행위	• 일생 동안 혼인을 하지 않겠다는 계약 • 어느 일방이 타방에게 이혼하지 않겠다는 배우자 간의 계약 • 인신매매 및 매춘행위
생존의 기초가 되는 재산 처분행위	• 자기가 장차 취득하게 될 전 재산을 양도하기로 하는 계약 • 사찰이 그 존립의 기초가 되는 재산인 임야를 처분하는 계약
사행적인 행위	도박계약, 도박채무의 변제로써 토지의 양도계약

ⓑ **불공정한 법률행위**(폭리행위) : 당사자의 궁박, 경솔 또는 무경험으로 인하여 현저하게 공정을 잃은 법률행위는 무효로 한다.

⑤ 법률행위의 해석

법률행위의 내용을 확정하는 것으로, 당사자가 그 표시행위에 부여한 객관적 의미를 명백히 하는 것을 말한다.

㉠ **자연적 해석** : 의사와 표시가 일치하지 않는 경우 표현의 문자적·언어적 의미에 구속되지 않고 표의자의 진의를 밝혀 확정하는 것을 말한다.

㉡ **규범적 해석** : 내심의 효과의사와 표시행위가 일치하지 않는 경우 상대방의 신뢰보호를 위해 상대방의 시각에서 표시행위의 객관적 의미를 밝혀 확정하는 것을 말한다.

㉢ **보충적 해석** : 해석의 결과 법률행위에 흠결이 발견되면 제3자의 시각에서 그 흠결을 보충하기 위한 방법을 말한다.

(3) 의사표시

의사표시는 일정한 법률효과의 발생을 목적으로 권리주체의 의사를 표시하는 행위를 말한다.

① **진의 아닌 의사표시**(비진의표시)

의사와 표시의 불일치, 즉 표의자 자신이 내심의 효과의사와 외부에 대하여 한 표시행위가 일치하지 않는다는 것을 알면서 하는 의사표시를 말한다.

예 甲이 부동산을 증여할 의사가 없으면서 乙에게 증여하겠다고 표시한 경우

㉠ 요건

ⓐ 법률효과의 발생을 의욕하는 의사표시가 있어야 한다.

ⓑ 표시와 진의가 일치하지 않아야 한다.

ⓒ 표의자가 스스로 이와 같은 불일치를 알고 있어야 한다.

ⓓ 표의자가 진의 아닌 의사표시를 하는 이유나 동기는 묻지 않는다.

㉡ 효과 : 의사표시는 표의자가 진의 아님을 알고 한 것이라도 그 효력이 있다. 그러나 상대방이 표의자의 진의 아님을 알았거나 이를 알 수 있었을 경우에는 무효로 한다.

② 통정허위표시

상대방과 통정하여 행하는(서로 짜고 하는) 진의 아닌 허위의 의사표시를 말한다.

㉠ 요건

ⓐ 표시와 내심의 효과의사가 일치하지 않고 그러한 불일치를 표의자가 스스로 알고 있어야 한다.

ⓑ 진의와 다른 표시를 하는 데 대하여 상대방과 표의자 사이에 통정이 있어야 한다.

ⓒ 제3자를 속이려고 하는 동기나 목적의 유무는 불문한다.

㉡ 효과 : 상대방과 통정한 허위의 의사표시는 무효로 하고, 의사표시의 무효는 선의의 제3자에게 대항하지 못한다.

③ 착오

표의자가 한 표시행위의 내용과 진의가 일치하지 않는 것을 표의자 자신이 알지 못하는 것을 말하며, 표의자에게 고의 또는 중대한 과실이 없어야 한다.

㉠ 유형

표시상의 착오	오담, 오기와 같이 표시행위 자체를 잘못하여 내심적 효과의사와 표시상의 의사에 불일치가 생기는 경우
내용의 착오	표시행위가 가지는 내용적 의의에 착오가 있는 경우
동기의 착오	표의자가 의사표시를 하게 된 사유에 착오가 있는 경우

㉡ 효과

ⓐ 의사표시는 법률행위의 내용의 중요부분에 착오가 있는 때에는 취소할 수 있다. 그러나 그 착오가 표의자의 중대한 과실로 인한 때에는 취소하지 못하고 의사표시의 취소는 선의의 제3자에게 대항하지 못한다.

ⓑ 표의자의 고의 또는 중대한 과실에 대한 입증책임은 상대방에게 있다.

✓ Tip

A가 B에게 농담으로 시계를 선물하겠다고 약속한 것은 비진의 의사표시에 해당된다.

✓ Tip

선의의 제3자는 허위표시를 기초로 하여 새로운 이해관계를 맺은 자로, 선의는 추정되므로 무효를 주장하는 자가 악의의 입증책임을 진다.

✔ OX
화해계약은 화해의 목적인 분쟁 이외의 사항에 착오가 있으면 취소할 수 없다. (×)

ⓒ 화해계약은 착오를 이유로 하여 취소하지 못한다. 그러나 화해당사자의 자격 또는 화해의 목적인 분쟁 이외의 사항에 착오가 있는 때에는 그러하지 아니하다.

보충학습

용어정리

- 제3자는 원칙적으로 당사자 이외의 모든 자를 가리키나 때로는 그 범위가 제한될 수도 있다.
- 선의라 함은 어떤 사정을 알지 못하는 것이고, 악의는 이를 알고 있는 것이다.
- 대항하지 못한다는 뜻은 법률행위의 당사자가 제3자에 대하여 법률행위의 효력을 주장하지는 못하나 제3자가 그 효력을 인정하는 것은 무관하다는 것이다.

④ **사기·강박에 의한 의사표시**(하자 있는 의사표시) 10년 기출

㉠ **의의** : 표의자의 자유로운 의사에 기인하지 않고 타인으로부터 부당한 간섭을 받아 결정된 의사표시를 말한다.

구분	내용
사기에 의한 의사표시	타인의 고의적인 기망행위로 인해 착오에 빠져서 한 의사표시
강박에 의한 의사표시	표의자가 타인의 강박행위로 인하여 공포심을 느끼고 한 의사표시

✔ Tip
강박에 의한 의사표시는 법률행위의 취소원인에 해당한다. 사기나 강박에 의한 의사표시는 취소할 수 있다.

㉡ **효과** : 사기나 강박에 의한 의사표시는 취소할 수 있다. 상대방 있는 의사표시에 관하여 제3자가 사기나 강박을 행한 경우에는 상대방이 그 사실을 알았거나 알 수 있었을 경우에 한하여 그 의사표시를 취소할 수 있다.

⑤ **의사표시의 효력발생**

㉠ **도달주의** : 우리 민법은 상대방이 있는 의사표시는 상대방에게 도달한 때에 그 효력이 생긴다고 규정하여 도달주의를 원칙으로 하고, 예외적으로 발신주의를 택하고 있는데, 격지자 간의 계약은 승낙의 통지를 발한 때에 성립한다.

㉡ **효과**

ⓐ 의사표시의 부도착(不到着)의 불이익은 표의자가 입는다.

ⓑ 발신 후 도달 전에 표의자가 사망하거나 행위능력을 상실해도 의사표시의 효력에는 영향이 없다.

ⓒ 의사표시자가 그 통지를 발송한 후 사망하거나 제한능력자가 되어도 의사표시의 효력에 영향을 미치지 아니한다.

✔ OX
표의자가 그 통지를 발한 후 도달하기 전에 사망하면 그 의사표시는 무효이다. (×)

(4) 대리 19년, 17년 기출

대리는 대리인이 본인의 이름으로 법률행위(의사표시)를 하거나 의사표시를 수령함으로써 그 법률효과가 직접 본인에게 생기게 하는 제도를 말한다.

① 대리제도

㉠ 기능 : 대리제도는 의사능력이나 행위능력이 없는 자에게 대리인에 의한 거래의 길을 열어줌으로써 사적자치의 확장과 사적자치의 보충이라는 두 가지 기능을 한다.

㉡ 대리와 구별되어야 하는 제도

간접대리	간접대리는 위탁매매와 같이 대리인의 대리행위에 따른 법률효과가 간접적으로 본인에게 귀속한다는 점에서 법률효과가 직접적으로 본인에게 귀속하는 대리와 구별된다.
사자(死者)	본인이 결정한 내심의 효과의사를 표시하거나 전달하는 기관으로, 본인이 의사능력을 가지며 사실행위에도 성립이 가능하다는 점에서 대리와 구별된다.
대표	법인의 대표기관은 법인의 본체이므로 법인의 대표자는 법인의 대리인이 아니며 대표는 사실행위에도 성립이 가능하다는 점에서 대리와 구별된다.

㉢ 대리가 인정되는 범위 16년 기출

법률행위	재산법상의 법률행위에 한하여 대리가 인정되고, 신분법상 행위(혼인 · 인지 · 입양 · 유언 등), 쌍방대리, 불법행위, 사실행위 등에는 대리가 허용되지 않는다.
준법률행위	준법률행위에는 대리가 인정되지 않는다. 다만 의사의 통지와 관념의 통지에 관하여는 대리를 유추적용할 수 있다.

㉣ 종류

임의대리 · 법정대리	대리권이 본인의 의사에 기초하여 주어지는 것이 임의대리이고, 법률의 규정에 기초하여 주어지는 것이 법정대리이다.
유권대리 · 무권대리	정당한 대리권이 있는 자가 행한 경우는 유권대리이고, 대리권이 없는 자가 행한 경우는 무권대리이다.
능동대리 · 수동대리	대리인이 제3자(상대방)에 대하여 의사표시를 하는 것은 능동대리이고, 대리인이 제3자의 의사표시를 수령하는 것은 수동대리이다.

✔ Tip

대리제도는 근대사회의 소산이다.

✔ Tip

매매계약은 대리가 허용될 수 있는 행위이다.

✔ OX

사실행위에 대하여는 대리가 불가능하다. (O)

✓ Tip

법정대리권의 발생원인은 법률규정의 경우, 지정권자의 지정행위 또는 법원의 선임행위에 의한 경우이다.

✓ Tip

본인의 성년후견의 개시, 본인의 파산은 민법상 대리권 소멸사유가 아니다.

✓ OX

본인이 사망하면 대리권은 소멸한다. (O)

✓ Tip

대리권이 존재하지만 그 범위를 정하지 않은 경우에 대리인이 할 수 없는 것은 처분행위이다.

② 대리권

㉠ 의의 : 대리권은 대리인이 본인의 이름으로 의사표시를 하거나 의사표시를 받음으로써 직접 본인에게 법률효과를 귀속시킬 수 있는 법률상의 지위 내지 자격을 말한다.

㉡ 대리권의 발생

구분	내용
법정대리권의 발생	법률의 규정에 의한 경우(친권자, 후견인 등), 지정권자의 지정행위에 의한 경우(지정후견인, 지정유언집행자 등), 가정법원의 선임행위(부재자 재산관리인, 상속재산관리인 등)
임의대리권의 발생	본인의 수권행위, 즉 본인이 대리권을 수여하는 행위에 의해 발생함

㉢ 대리권의 소멸 16년 기출

구분	내용
공통의 소멸원인	본인의 사망, 대리인의 사망, 대리인의 성년후견의 개시 또는 파산
임의대리에 특유한 소멸원인	원인된 법률관계의 종료, 수권행위의 철회
법정대리에 특유한 소멸원인	법원에 의한 대리인의 개임, 대리권 상실선고

㉣ 대리권의 범위

구분	내용
법정대리	법률의 규정에 의해 대리권의 범위가 달라진다.
임의대리	원칙적으로 수권행위의 해석에 의하여 결정된다. 대리인의 보존행위, 대리의 목적인 물건이나 권리의 성질이 변하지 아니하는 범위에서 그 이용 또는 개량하는 행위만 할 수 있고 처분행위는 할 수 없다.

㉤ 대리권의 제한

ⓐ **자기계약·쌍방대리의 금지** : 본인의 이익을 보호하기 위해 자기계약이나 쌍방대리는 원칙적으로 금지되지만 자기계약이나 쌍방대리도 본인의 허락이 있으면 할 수 있다.

ⓑ **공동대리** : 대리인이 수인인 때에는 각자가 본인을 대리(각자대리)한다. 그러나 법률 또는 수권행위에 다른 정한 바가 있는 때에는 공동대리로 한다.

③ 대리행위

㉠ 대리의사의 표시(현명주의)

ⓐ 대리인이 그 권한 내에서 본인을 위한 것임을 표시한 의사표시는 직접 본인에게 대하여 효력이 생긴다.

ⓑ 대리인이 본인을 위한 것임을 표시하지 아니한 때에는 그 의사표시는 자기를 위한 것으로 본다. 그러나 상대방이 대리인으로서 한 것임을 알았거나 알 수 있었을 때에는 그 의사표시는 대리행위로써 효과를 발생한다.

㉡ 대리행위의 하자 10년 기출

ⓐ **원칙** : 의사표시의 효력이 의사의 흠결, 사기, 강박 또는 어떤 사정을 알았거나 과실로 알지 못한 것으로 인하여 영향을 받을 경우에 그 사실의 유무는 대리인을 표준으로 결정한다.

ⓑ **예외** : 특정한 법률행위를 위임한 경우에 대리인이 본인의 지시에 좇아 그 행위를 한 때에는 본인은 자기가 안 사정 또는 과실로 인하여 알지 못한 사정에 관하여 대리인의 부지를 주장하지 못한다.

㉢ 대리인의 능력 16년, 10년 기출

대리인은 행위의 효과가 귀속되는 자가 아니므로 대리인은 의사능력만 있으면 족하고, 행위능력자임을 요하지 않는다.

④ 대리의 효과(본인·상대방 간의 관계)

㉠ 대리인이 대리권을 가지고 행한 법률행위의 효과는 모두 직접 본인에게 발생한다.

㉡ 본인 스스로 법률행위 내지 의사표시를 하는 것이 아니므로 의사능력이나 행위능력을 요하지 아니하나 권리능력은 반드시 필요하다.

⑤ 복대리 16년, 10년 기출

㉠ **의의** : 복대리인은 대리인이 대리인 자신의 이름으로 선임한 본인의 대리인이다.

㉡ 법적 성질

ⓐ 복대리인은 대리인의 단순한 사자나 기타 보조자가 아니라 그 권한 내에서 본인을 대리한다.

ⓑ 대리인은 자기 이름으로 복대리인을 선임한다.

ⓒ 법정대리인은 그 책임으로 복대리인을 선임할 수 있고, 임의대리인은 원칙적으로 복임권이 없으나, 본인의 승낙이 있거나 부득이한 사유가 있을 때는 복임권을 갖는다.

▷ 복임권은 대리인이 복대리인을 선임할 수 있는 권한을 말한다.

✓ Tip

대리인의 행위가 대리행위로서 성립하려면 본인을 위한 것임을 표시하여야 한다.

✓ OX

대리행위의 하자는 본인을 표준으로 결정하여야 한다. (×)

➜ 대리인

✓ OX

대리인은 반드시 행위능력이 있어야 한다. (×)

✓ Tip

대리인이 행한 의사표시의 효과는 직접 본인에게 귀속한다.

✓ OX

복대리인을 선임한 뒤에는 대리인의 대리권은 소멸된다. (×)

최신기출확인

민법상 대리에 관한 설명으로 옳지 않은 것은? 19년 기출

① 대리인은 행위능력자임을 요하지 아니한다.
② 복대리인은 그 권한 내에서 대리인을 대리한다.
③ 임의대리인은 본인의 승낙이 있거나 부득이한 사유가 있는 경우, 복대리인을 선임할 수 있다.
④ 대리인이 그 권한 내에서 본인을 위한 것임을 표시한 의사표시는 직접 본인에게 대하여 효력이 생긴다.

해설

② 복대리인은 그 권한 내에서 본인을 대리한다(민법 제123조 제1항).
① 대리인은 행위능력자임을 요하지 아니한다(민법 제117조).
③ 대리권이 법률행위에 의하여 부여된 경우에는 대리인은 본인의 승낙이 있거나 부득이한 사유있는 때가 아니면 복대리인을 선임하지 못한다(민법 제120조). 즉, 임의대리인은 본인의 승낙이 있거나 부득이한 사유가 있는 경우, 복대리인을 선임할 수 있다.
④ 대리인이 그 권한 내에서 본인을 위한 것임을 표시한 의사표시는 직접 본인에게 대하여 효력이 생긴다(민법 제114조 제1항).

답 ②

⑥ **무권대리**

무권대리란 대리권 없이 행한 대리행위, 즉 대리행위의 다른 요건은 모두 갖추었으나 대리행위자에게 그 행위에 관한 대리권이 없는 경우를 말한다.

무권대리에 대하여는 본인과 상대방의 이익 및 대리제도의 신용과 거래의 안전 등을 모두 고려하여 효과를 결정하고 필요한 규율을 강구한다.

㉠ **표현대리** : 본인과 무권대리인 사이에 실제로는 대리권이 없음에도 불구하고 대리권의 존재를 추측할 수 있을 만한 사정이 있는 경우에는 무권대리 행위의 상대방이 기대하는 대로 대리의 효력을 발생케 하는 것을 말한다.

ⓐ **대리권수여의 표시에 의한 표현대리** : 제3자에 대하여 타인에게 대리권을 수여함을 표시한 자는 그 대리권의 범위 내에서 행한 그 타인과 그 제3자 간의 법률행위에 대하여 책임이 있다. 그러나 제3자가 대리권 없음을 알았거나 알 수 있었을 때에는 그러하지 아니하다(제125조).

ⓑ **권한을 넘은 표현대리** : 대리인이 그 권한 외의 법률행위를 한 경우에 제3자가 그 권한이 있다고 믿을 만한 정당한 이유가 있는 때에는 본인은 그 행위에 대하여 책임이 있다(제126조).

✓ Tip
우리 민법은 무권대리를 무조건 무효로 하지 아니하고 대리제도, 본인과 상대방의 이익을 보호할 수 있는 방법을 추구하고 있다.

✓ OX
대리권이 없는 자가 위임장을 위조하여 대리행위를 한 경우에도 제126조의 적용을 받는다. (×)

Guide 권한을 넘은 표현대리

- 권한을 넘은 표현대리규정에서 제3자라 함은 대리행위의 상대방만을 의미한다.
- 본인은 대리인의 행위에 대하여 책임을 져야 한다.
- 제126조의 일정한 행위에 대하여 대리권이 있어야 한다.
- 제126조는 대리권이 전혀 없는 자의 행위에 관하여는 그 적용이 없다.

ⓒ **대리권소멸 후의 표현대리** : 대리권의 소멸은 선의의 제3자에게 대항하지 못한다. 그러나 제3자가 과실로 인하여 그 사실을 알지 못한 때에는 그러하지 아니하다(제129조).

ⓛ **협의의 무권대리** : 협의의 무권대리는 표현대리의 요건을 갖추지 못하여 상대방은 본인에게 책임을 물을 수 없는 경우를 말한다.

ⓐ 대리권 없는 자가 타인의 대리인으로 한 계약은 본인이 이를 추인하지 아니하면 본인에 대하여 효력이 없다.

ⓑ 대리권 없는 자가 한 계약은 본인의 추인이 있을 때까지 상대방은 본인이나 그 대리인에 대하여 이를 철회할 수 있다. 그러나 계약 당시에 상대방이 대리권 없음을 안 때에는 그러하지 아니하다.

ⓒ 다른 자의 대리인으로서 계약을 맺은 자가 그 대리권을 증명하지 못하고 또 본인의 추인을 받지 못한 경우에는 그는 상대방의 선택에 따라 계약을 이행할 책임 또는 손해를 배상할 책임이 있다.

ⓓ 추인은 다른 의사표시가 없는 때에는 계약 시에 소급하여 그 효력이 생긴다. 그러나 제3자의 권리를 해하지 못한다.

✔ Tip

무권대리에 대한 본인의 추인은 소급효가 있다.

(5) 무효와 취소

① 법률행위의 무효 12년, 10년 기출

㉠ 의의 : 법률행위의 무효는 당사자가 얻고자 한 법률효과가 발생하지 않는 것이 처음부터 확정적인 경우를 말한다.

ⓛ 무효의 원인

ⓐ 의사무능력자의 법률행위

ⓑ 원시적 불능의 법률행위

ⓒ 강행법규에 위반하는 법률행위

ⓓ 반사회질서의 법률행위

ⓔ 불공정한 법률행위

✔ OX

민법상 선량한 풍속 기타 사회질서에 위반한 법률행위의 효력은 무효이다. (O)

ⓕ 상대방이 알거나 알 수 있었을 경우의 비진의 의사표시
ⓖ 통정한 허위의 의사표시
ⓗ 법률행위의 목적이 처음부터 확정적, 객관적, 영구적으로 불가능한 경우의 법률행위

ⓒ **무효행위의 전환** : 무효인 법률행위가 다른 법률행위의 요건을 구비하고 당사자가 그 무효를 알았더라면 다른 법률행위를 하는 것을 의욕하였으리라고 인정될 때에는 다른 법률행위로서 효력을 가진다.

ⓓ **무효행위의 추인** : 무효인 법률행위는 추인하여도 그 효력이 생기지 아니한다. 그러나 당사자가 그 무효임을 알고 추인한 때에는 새로운 법률행위로 본다.

② 법률행위의 취소

ⓐ **의의** : 법률행위의 취소는 법률행위의 취소권자가 취소할 때까지 일단 유효하게 다루고, 취소가 있는 경우 처음부터 무효로 다루는 경우를 말한다.

ⓑ **취소의 사유**

ⓐ 무능력자의 법률행위(미성년자 등)
ⓑ 착오에 의한 의사표시
ⓒ 사기 또는 강박에 의한 의사표시
ⓓ 재판상의 취소(혼인, 입양, 협의이혼과 같은 신분행위를 취소하는 경우)
ⓔ 실종선고의 취소
ⓕ 법인설립허가의 취소
ⓖ 부재자의 재산의 관리에 관한 취소

ⓒ **취소권자** : 취소할 수 있는 법률행위는 제한능력자, 착오로 인하거나 사기·강박에 의하여 의사표시를 한 자, 그의 대리인 또는 승계인만이 취소할 수 있다.

ⓓ **취소의 효과** : 취소된 법률행위는 처음부터 무효인 것으로 본다. 다만, 제한능력자는 그 행위로 인하여 받은 이익이 현존하는 한도에서 상환할 책임이 있다.

ⓔ **취소할 수 있는 행위의 추인** : 취소할 수 있는 법률행위를 추인하면 그 법률행위는 확정적으로 유효가 된다.

ⓕ **취소권의 소멸** : 취소권은 추인할 수 있는 날로부터 3년 내에, 법률행위를 한 날로부터 10년 내에 행사하여야 한다.

체크-UP

의사능력
의사능력이란 자신의 행위의 의미나 결과를 정상적인 인식력과 예기력을 바탕으로 합리적으로 판단할 수 있는 정신적 능력 내지는 지능을 말하는 것으로서, 의사무능력자의 행위는 의사능력을 흠결한 상태의 행위로 효력이 없다(대판 2002.10.11, 2001다10113).

✓OX
취소된 법률행위는 처음부터 무효인 것으로 보는 것이 원칙이다. (○)

✓OX
취소를 하면 법률행위는 취소한 때로부터 효력을 상실한다. (×)

ⓢ 무효와의 비교

ⓐ 일단 성립한 법률행위는 취소가 있기 전까지 유효하다는 점에서 무효와 다르다.

ⓑ 취소의 의사표시는 취소권을 가진 자만이 행사할 수 있다는 점에서 무효와 다르다.

보충학습

법률행위의 취소와 추인

- 취소할 수 있는 법률행위를 취소할 수 있는 자는 제한능력자, 하자 있는 의사표시를 한 자, 그 대리인 또는 승계인이며, 추인할 수 있는 자도 같다.
- 취소할 수 있는 법률행위의 추인은 무권대리행위의 추인과는 달리 추인의 소급효는 문제되지 않는다.
- 추인은 취소의 원인이 종료한 후에 하여야 효력이 있는데, 다만 법정대리인이 추인하는 경우에는 그렇지 않다.

✓OX

취소권자가 전부나 일부의 이행, 이행의 청구, 담보의 제공 등을 한 경우에는 취소의 원인이 종료되기 전에 한 것이라도 추인한 것으로 보아야 한다. (×)

➜ 법정추인사유는 취소의 원인이 종료한 후에 발생하여야 한다.

(6) 법률행위의 부관

① 조건

조건이란 법률행위의 효력의 발생 또는 소멸을 장래의 불확실한 사실의 성부에 의존케 하는 법률행위의 **부관**을 말한다.

* **부관** : 법률행위 효과의 발생 또는 소멸에 관하여 이를 제한하기 위하여 부가되는 약관

㉠ 조건의 종류

ⓐ 정지조건과 해제조건 12년 기출

구분	내용
정지조건	법률행위의 효력의 발생을 장래의 불확실한 사실에 의존케 하는 조건 예 내일 비가 오면 이 반지를 주겠다.
해제조건	법률행위의 효력의 소멸을 장래의 불확실한 사실에 의존케 하는 조건, 즉 조건의 성취가 있으면 이미 발생된 법률행위의 효력을 소멸시키는 조건 예 시험에서 낙제하면 학습비를 중단하겠다.

✓Tip

정지조건 있는 법률행위는 조건이 성취한 때로부터 그 효력이 생긴다.

✓OX

해제조건부 법률행위는 그 조건이 성취한 때로부터 그 효력이 생긴다. (×)

ⓑ 수의조건과 비수의조건

구분	내용
수의조건	조건의 성취 여부가 당사자의 일방적 의사에만 관계되는 조건 예 내 마음이 내키면 시계를 주겠다.
비수의조건	조건의 성취 여부가 당사자의 일방적 의사만으로 결정되지 않는 조건 예 내일 비가 온다면 우산을 사주겠다.

✔ Tip

조건의 성취가 아직 정하여지지 아니한 권리도 상속될 수 있다.

✔ OX

조건의 성취가 미정한 권리의무는 일반규정에 의하여 처분, 상속, 보존 또는 담보로 할 수 없다. (×)

✔ Tip

기한의 이익은 포기할 수 있으나 상대방의 이익을 해하지 못한다.

ⓒ 가장조건 : 조건으로서의 외관과 형식만 갖추었을 뿐 진정한 의미의 조건이 아닌 것으로, 법정조건, 불법조건, 기성조건, 불능조건 등이 해당한다.

㉡ 조건을 붙일 수 없는 법률행위

단독행위	원칙적으로 단독행위에는 조건을 붙일 수 없지만, 상대방의 동의가 있는 경우나 상대방에게 이익만 주는 단독행위(유증, 채무면제)에는 조건을 붙일 수 있다.
신분행위	혼인, 입양, 이혼 등은 조건을 붙일 수 없다. 그러나 유언에는 조건을 붙일 수 있다.
어음(수표) 행위	원칙적으로 조건을 붙일 수 없지만, 어음보증에는 조건을 붙일 수 있다.

㉢ 조건의 효력 12년 기출

ⓐ 조건이 사회질서에 반하는 것인 때에는 그 법률행위는 무효로 한다.

ⓑ 조건 있는 법률행위의 당사자는 조건의 성부가 미정한 동안에 조건의 성취로 인하여 생길 상대방의 이익을 해하지 못한다.

ⓒ 조건의 성취가 미정한 권리의무는 일반규정에 의하여 처분, 상속, 보존 또는 담보로 할 수 있다.

② 기한 12년 기출

㉠ 의의 : 기한이란 법률행위의 효력의 발생소멸 또는 채무의 이행을 장래에 발생할 것이 확실한 사실에 의존케 하는 종된 의사표시를 말한다.

㉡ 기한의 이익 : 기한의 이익은 법률행위에 기한이 붙음으로써 당사자가 얻는 이익으로, 채무자측에 있다고 추정된다.

기한의 이익의 포기	• 기한의 이익이 상대방을 위하여 존재하는 경우에는 상대방은 손해를 배상하고 포기할 수 있다. • 기한의 이익의 포기는 상대방 있는 단독행위로서 기한도래의 효과가 발생하며 소급효는 없다.
기한의 이익의 상실	• 기한의 이익의 상실사유는 채무자가 담보를 손상하거나 감소 또는 멸실하게 한 때, 채무자가 담보제공의 채무를 이행하지 아니한 때, 채무자가 파산한 때이다. • 채무자는 기한의 이익을 주장하지 못하며, 채권자는 즉시 변제를 청구할 수도 있고 변제기를 기다려 청구할 수 있다.

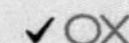

Guide **조건과 기한**

- 양자 모두 법률행위의 부관이다.
- 조건이 되는 사실이나 기한이 되는 사실이나 모두 장래의 사실이다.
- 기한은 도래함이 확실하고, 조건은 그 성부가 불확실하다.
- 어음행위는 기한에는 친하나 조건은 붙이지 못한다.

✔ OX

어음(수표)행위는 조건에는 친하나 기한에는 친하지 않다. (×)

6. 기간

(1) 의의

기간이란 일정한 시점에서부터 다른 시점까지의 계속된 시간의 구분을 말한다.

(2) 기간의 계산방법

① 자연적 계산법

기간을 시, 분, 초로 정한 때에는 즉시로부터 기산한다.

예 오전 5시 30분부터 8시간이라고 한다면 같은 날 오후 1시 30분이 만료점이 된다.

② 역법적 계산법

기산점	기간을 일, 주, 월 또는 연으로 정한 때에는 기간의 초일은 산입하지 아니한다. 그러나 그 기간이 오전 영시로부터 시작하는 때에는 그러하지 아니하다.
만료점	• 기간을 일, 주, 월 또는 연으로 정한 때에는 기간말일의 종료로 기간이 만료한다. 그러나 기간의 말일이 토요일 또는 공휴일에 해당한 때에는 기간은 그 익일로 만료한다. • 월 또는 연으로 정한 경우에 최종의 월에 해당일이 없는 때에는 그 월의 말일로 기간이 만료한다.

✔ Tip

연령의 기산점

연령계산에는 출생일을 산입한다.

7. 소멸시효 20년, 16년, 11년 기출

(1) 의의 11년 기출

시효는 특정한 사실상태가 일정기간 계속되는 경우에 그것이 진실된 권리관계에 합치하는지 여부를 묻지 않고 그 사실상태를 존중하여 그에 따른 법률효과를 인정하는 민법상의 제도를 말한다.

① 시효제도의 존재이유

㉠ 정당한 권리관계에 대한 증거보전의 곤란을 구제하기 위함이다.

㉡ 오랫동안 자신의 권리를 주장하지 않은 '권리 위에 잠자는 자'는 보호하지 않는다.

> ✔ Tip
> 진정한 권리자의 보호는 시효제도의 존재이유가 아니다.

㉢ 일정한 기간 동안 연속한 사실상태를 존중하여 거래의 안전과 사회질서의 안정을 위함이다.

② 시효의 분류

취득시효	타인의 물건을 장기간 점유함으로써 권리를 취득하는 것 예 20년간 소유의 의사로 평온·공연하게 부동산을 점유하는 자는 등기함으로써 그 소유권을 취득한다.
소멸시효	장기간 자신의 권리를 행사하지 않음으로써 권리가 소멸되는 것 예 채권은 10년간 행사하지 아니하면 소멸시효가 완성한다.

(2) 소멸시효의 요건

① 권리가 소멸하기 위한 요건

권리가 소멸시효의 목적이 될 수 있는 것이어야 하고, 권리자가 법률상 권리행사가 가능한데도 행사하지 않아야 하며, 권리불행사의 상태가 소멸시효기간 동안 계속되어야 한다.

② 소멸시효기간 16년 기출

20년	채권 및 소유권 이외의 재산권
10년	일반민사채권, 판결에 의하여 확정된 채권
5년	상법상 상행위로 인한 채권(상사채권)
3년	• 이자, 부양료, 급료, 사용료 기타 1년 이내의 기간으로 정한 금전 또는 물건의 지급을 목적으로 한 채권 • 의사, 조산사, 간호사 및 약사의 치료, 근로 및 조제에 관한 채권 • 도급받은 자, 기사 기타 공사의 설계 또는 감독에 종사하는 자의 공사에 관한 채권 • 변호사, 변리사, 공증인, 공인회계사 및 법무사에 대한 직무상 보관한 서류의 반환을 청구하는 채권 • 변호사, 변리사, 공증인, 공인회계사 및 법무사의 직무에 관한 채권 • 생산자 및 상인이 판매한 생산물 및 상품의 대가 • 수공업자 및 제조자의 업무에 관한 채권
1년	• 여관, 음식점, 대석, 오락장의 숙박료, 음식료, 대석료, 입장료, 소비물의 대가 및 체당금의 채권 • 의복, 침구, 장구 기타 동산의 사용료의 채권 • 노역인, 연예인의 임금 및 그에 공급한 물건의 대금채권 • 학생 및 수업자의 교육, 의식 및 유숙에 관한 교주, 숙주, 교사의 채권

> ✔ OX
> 의복의 사용료 채권은 민법상 소멸시효기간이 3년이다. (×)
> ➜ 1년

최신기출확인

민법상 소멸시효기간이 3년인 것은? 16년 기출

① 의복의 사용료 채권 ② 여관의 숙박료 채권
③ 연예인의 임금 채권 ④ 도급받은 자의 공사에 관한 채권

해설

①·②·③의 소멸시효기간은 1년이다(민법 제164조). 답 ④

(3) 소멸시효의 중단

소멸시효의 중단이란 소멸시효의 진행의 원인이 되었던 권리자의 권리 불행사 상태가 해소되어 소멸시효를 중단시킬 필요가 없으므로 그동안 진행한 소멸시효기간은 무효로 하고 소멸시키는 것을 말한다.

① **소멸시효의 중단사유**

청구, 압류 또는 가압류, 가처분, 승인 등이다.

② **소멸시효 중단의 효과**

㉠ 시효의 중단은 당사자 및 그 승계인 간에만 효력이 있다.

㉡ 시효가 중단된 때에는 중단까지에 경과한 시효기간은 이를 산입하지 아니하고 중단사유가 종료한 때로부터 새로이 진행한다.

(4) 소멸시효의 정지

소멸시효의 정지란 권리자가 권리행사를 곤란하게 하거나 불가능하게 되는 일정한 사유가 있는 경우 시효의 완성을 일정기간 유예시키는 것을 말한다.

① **제한능력자를 위한 정지**

소멸시효의 기간만료 전 6개월 내에 제한능력자에게 법정대리인이 없는 경우에는 그가 능력자가 되거나 법정대리인이 취임한 때부터 6개월 내에는 시효가 완성되지 아니한다.

② **혼인관계의 종료에 의한 정지**

부부 중 한쪽이 다른 쪽에 대하여 가지는 권리는 혼인관계가 종료된 때부터 6개월 내에는 소멸시효가 완성되지 아니한다.

③ **상속재산에 관한 정지**

상속재산에 속한 권리나 상속재산에 대한 권리는 상속인의 확정, 관리인의 선임 또는 파산선고가 있는 때로부터 6월 내에는 소멸시효가 완성하지 아니한다.

✓ Tip

취소는 소멸시효의 중단사유에 해당되지 않는다.

✓ OX

혼인관계가 종료된 때부터 3개월 내에는 소멸시효가 완성되지 아니한다. (×)

④ 천재 기타 사변에 의한 정지

천재 기타 사변으로 인하여 소멸시효를 중단할 수 없을 때에는 그 사유가 종료한 때로부터 1월 내에는 시효가 완성하지 아니한다.

(5) 소멸시효완성의 효과

① 소멸시효와 소급효

소멸시효는 그 기산일에 소급하여 효력이 생긴다.

② 소멸시효 이익의 포기

㉠ 소멸시효의 이익은 미리 포기하지 못하고 시효완성 후에만 포기가 가능하다.

㉡ 소멸시효는 법률행위에 의하여 이를 배제, 연장 또는 가중할 수 없으나 이를 단축 또는 경감할 수 있다.

체크-UP

소멸시효 이익의 포기의 효과

시효이익의 포기는 상대적 효과가 있음에 지나지 아니하므로 채무자 이외의 이해관계자에게는 영향이 없다(대판 1995.7.11, 95다12446).

최신기출확인

민법상 소멸시효제도에 관한 설명으로 옳은 것은? 20년 기출

① 지상권은 소멸시효의 대상이 된다.
② 소멸시효의 이익은 미리 포기할 수 있다.
③ 소멸시효 완성의 효력은 소급되지 않는다.
④ 소멸시효는 법률행위에 의하여 이를 연장할 수 있다.

해설

① 채권 및 소유권 이외의 재산권은 20년간 행사하지 아니하면 소멸시효가 완성한다(민법 제162조 제2항). 지상권은 타인의 토지에 건물, 기타 공작물이나 수목을 소유하기 위하여 그 토지를 사용하는 권리로, 소멸시효의 대상이 된다.
② 소멸시효의 이익은 미리 포기하지 못한다(동법 제184조 제1항).
③ 소멸시효는 그 기산일에 소급하여 효력이 생긴다(동법 제167조).
④ 소멸시효는 법률행위에 의하여 이를 배제, 연장 또는 가중할 수 없으나 이를 단축 또는 경감할 수 있다(동법 제184조 제2항).

답 ①

02 물권법

1. 물권법 총칙

(1) 물권의 의의

특정한 물건을 직접적으로 지배하여 이익을 향유하는 것을 내용으로 하는 배타적인 권리를 말한다.

(2) 물권의 기본원칙

① 일물일권주의

하나의 물권의 객체는 하나의 독립한 물건이어야 한다는 것이다.

② 물권법정주의

물권은 법률 또는 관습법에 의하는 외에는 임의로 창설하지 못한다.

(3) 물권의 종류

법률에 의해 인정되는 물권	점유권, 소유권, 지상권, 지역권, 전세권, 유치권, 질권, 저당권 등
관습법에 의해 인정되는 물권	분묘기지권, 관습법상 법정지상권, 동산양도담보 등

(4) 물권의 변동

① 동산물권의 변동

㉠ 법률행위에 의한 변동 : 인도에 의해 동산물권변동의 효력이 생긴다.

㉡ 선의취득 : 점유자가 무권리자인 경우 상대방이 권리자인 것으로 오신하여 동산을 양수한 때에 그 동산의 소유권을 취득한다.

② 부동산물권의 변동 10년 기출

㉠ 등기를 요하는 물권변동 : 부동산에 관한 법률행위로 인한 물권의 득실변경은 등기하여야 그 효력이 생긴다.

㉡ 등기를 요하지 않는 물권변동 : 상속, 공용징수, 판결, 경매 기타 법률의 규정에 의한 부동산에 관한 물권의 취득은 등기를 요하지 아니한다. 그러나 등기를 하지 아니하면 이를 처분하지 못한다.

㉢ 등기의 유형 : 등기의 효력에 의한 분류로, 본등기(종국등기)와 예비등기가 있다.

본등기 (종국등기)	등기의 본래의 효력인 물권변동의 효력 또는 대항력을 발생하게 하는 등기로, 본등기의 효력으로는 권리변동적 효력, 대항적 효력, 추정적 효력, 순위확정적 효력 등이 있다.
예비등기	장래 행하게 될 종국등기에 대비하여, 그 권리를 미리 보전하기 위해 미리 해놓는 등기로, 가등기가 이에 해당된다. 가등기의 효력으로는 순위보전적 효력이 있다.

✔ Tip

법률과 관습법이 인정하는 물권 이외에는 당사자들이 마음대로 새로운 물권을 창설할 수 없다.

✔ Tip

온천권은 독립한 물권이 될 수 없지만 토지이용권은 성립한다.

✔ Tip

순위보전적 효력은 민법상 본등기의 효력이 아니다.

2. 점유권과 소유권

(1) 점유권

점유권은 점유라는 사실을 법률요건으로 하여 물건을 사실상 지배하는 점유자에게 인정되는 물권을 말한다.

① **점유의 성립** 14년 기출

점유권은 소유권 취득여부와 상관없이 사실상의 지배만 있어도 인정된다.

② **점유권의 취득 및 소멸**

㉠ **점유권의 취득** : 물건을 사실상 지배하면 점유가 성립하는데, 이 경우 점유권을 취득하는 것으로 된다.

㉡ **점유권의 승계** : 점유자의 승계인은 자기의 점유만을 주장하거나 자기의 점유와 전점유자의 점유를 아울러 주장할 수 있다.

㉢ **점유권의 소멸** : 점유자가 물건에 대한 사실상의 지배를 상실한 때에는 점유권이 소멸한다. 그러나 점유를 회수한 때에는 그러하지 아니하다.

✔OX

점유권은 소유권이 있어야만 인정되는 물권이다. (×)

✔Tip

점유자는 그 점유를 부정히 침탈 또는 방해하는 행위에 대하여 자력으로써 이를 방위할 수 있다.

③ **점유권의 효력**

㉠ 점유자가 점유물에 대하여 행사하는 권리는 적법하게 보유한 것으로 추정한다.

㉡ 선의의 점유자는 점유물의 과실을 취득하고, 점유물의 멸실·훼손에 대한 책임이 경감된다.

㉢ 점유자가 점유물을 반환할 때에는 회복자에 대하여 점유물을 보존하기 위하여 지출한 금액 기타 필요비의 상환을 청구할 수 있다.

(2) 소유권

① **의의** 14년 기출

소유권은 물건을 전면적으로 지배하는 권리를 말하는 것으로, 하나의 물건 위에 둘 이상의 소유권을 인정할 수 없다.

② **소유권의 제한**

소유자는 법률의 범위 내에서 그 소유물을 사용, 수익, 처분할 권리가 있다.

✔OX

소유권은 물건을 사용, 수익, 처분할 수 있는 권리로서 우리 헌법은 재산권을 절대적으로 보장하고 있다. (×)

③ **소유권의 취득**

㉠ **취득시효** : 권리를 행사하고 있는 것과 같은 사실상태가 일정한 기간 동안 계속하는 경우에 그 상태가 진실한 권리관계를 묻지 아니하고 권리취득의 효과가 생기는 것을 말한다.

㉡ **부동산 소유권의 취득시효**

ⓐ 20년간 소유의 의사로 평온, 공연하게 부동산을 점유하는 자는 등기함으로써 그 소유권을 취득한다.

ⓑ 부동산의 소유자로 등기한 자가 10년간 소유의 의사로 평온, 공연하게 선의이며 과실 없이 그 부동산을 점유한 때에는 소유권을 취득한다.

㉢ **동산 소유권의 취득시효** : 10년간 소유의 의사로 평온, 공연하게 동산을 점유한 자는 그 소유권을 취득하는데, 점유가 선의이며 과실 없이 개시된 경우에는 5년을 경과함으로써 그 소유권을 취득한다.

㉣ **취득시효의 효과** : 취득시효로 인한 소유권취득의 효력은 점유를 개시한 때에 소급한다.

④ **공동소유**

㉠ **공유** 18년 기출

ⓐ 물건이 지분에 의하여 수인의 소유로 된 때에는 공유로 한다(민법 제262조 제1항).

ⓑ 공유자의 지분은 균등한 것으로 추정한다(민법 제262조 제2항).

ⓒ 공유자는 그 지분을 처분할 수 있고 공유물 전부를 지분의 비율로 사용, 수익할 수 있다(민법 제263조).

ⓓ 공유자는 다른 공유자의 동의 없이 공유물을 처분하거나 변경하지 못한다(민법 제264조).

ⓔ 공유물의 관리에 관한 사항은 공유자의 지분의 과반수로써 결정한다. 그러나 보존행위는 각자가 할 수 있다(민법 제265조).

ⓕ 공유자는 공유물의 분할을 청구할 수 있다. 그러나 5년내의 기간으로 분할하지 아니할 것을 약정할 수 있다(민법 제268조 제1항).

㉡ **합유** 20년, 18년 기출

ⓐ 법률의 규정 또는 계약에 의하여 수인이 조합체로서 물건을 소유하는 때에는 합유로 한다(민법 제271조 제1항).

ⓑ 합유물을 처분 또는 변경함에는 합유자 전원의 동의가 있어야 한다. 그러나 보존행위는 각자가 할 수 있다(민법 제272조).

ⓒ 합유자는 전원의 동의 없이 합유물에 대한 지분을 처분하지 못한다(민법 제273조 제1항).

ⓓ 합유자는 합유물의 분할을 청구하지 못한다(민법 제273조 제2항).

✓ Tip

부동산 소유권의 범위 : 토지의 소유권은 정당한 이익 있는 범위 내에서 토지의 상하에 미친다.

✓ OX

합유물의 보존행위는 합유자 각자가 할 수 없다.(×)

✓OX
법인이 아닌 사단의 사원이 집합체로서 물건을 소유할 때에는 총유로 한다. (O)

ⓔ 합유는 조합체의 해산 또는 합유물의 양도로 인하여 종료한다(민법 제274조 제2항).

㉢ 총유 18년 기출

ⓐ 법인이 아닌 사단의 사원이 집합체로서 물건을 소유할 때에는 총유로 한다(민법 제275조 제1항).

ⓑ 총유물의 관리 및 처분은 사원총회의 결의에 의한다(민법 제275조 제1항).

ⓒ 총유물의 관리 및 처분은 사원총회의 결의에 의한다(민법 제276조 제1항).

최신기출확인

민법상 합유에 관한 설명으로 옳은 것은? 20년 기출

① 합유는 조합계약에 의하여만 성립한다.
② 합유물의 보존행위는 합유자 각자가 할 수 없다.
③ 합유자는 전원의 동의 없이 합유물에 대한 지분을 처분하지 못한다.
④ 합유가 종료하기 전이라도 합유물의 분할을 청구할 수 있다.

해설
③ 합유자는 전원의 동의 없이 합유물에 대한 지분을 처분하지 못한다(민법 제273조 제1항).
① 법률의 규정 또는 계약에 의하여 수인이 조합체로서 물건을 소유하는 때에는 합유로 한다(동법 제271조 제1항).
② 합유물을 처분 또는 변경함에는 합유자 전원의 동의가 있어야 한다. 그러나 보존행위는 각자가 할 수 있다(동법 제272조).
④ 합유자는 합유물의 분할을 청구하지 못한다(동법 제273조 제2항).

답 ③

3. 용익물권 20년, 19년, 18년, 13년, 11년 기출

✓OX
용익물권은 물건의 교환가치를 파악하여 특정한 물건을 채권의 담보로 제공하는 것을 목적으로 한다. (×)

용익물권은 타인의 물건(부동산)을 일정한 범위 내에서 사용·수익하는 것을 내용으로 하는 권리를 말한다.

(1) 지상권 19년 기출

① 의의

지상권은 타인의 토지에 건물 기타 공작물이나 수목을 소유하기 위하여 그 토지를 사용하는 권리를 말한다.

② 특성

㉠ 타인의 토지를 사용·수익하는 용익물권이다.

ⓛ 물권이므로 당연히 상속성, 양도성을 가지며 양도금지특약은 무효이다.

ⓒ 토지에 대한 임차권이나 지상권을 설정할 수 없는 상태에서 토지와 건물의 소유자가 다르게 되는 경우 건물소유자에게 토지에 대한 지상권을 취득하게 하는 법정지상권이 인정된다.

③ **지료증감청구권**

지료가 토지에 관한 조세 기타 부담의 증감이나 지가의 변동으로 인하여 상당하지 아니하게 된 때에는 당사자는 그 증감을 청구할 수 있다.

✔ Tip

분묘기지권은 타인의 토지에 분묘를 설치한 자가 그 분묘를 소유하기 위하여 그 묘지부분의 타인소유 토지를 사용할 수 있는 권리로서, 관습법상 인정되는 지상권의 일종이다.

(2) 지역권 18년 기출

① **의의**

지역권은 일정한 목적을 위하여 타인의 토지를 자기토지의 편익에 이용하는 권리를 말한다.

② **법적 성질**

독립성	요역지소유권의 내용이 아니라 독립된 권리이다.
불가분성	토지공유자의 1인은 지분에 관하여 그 토지를 위한 지역권 또는 그 토지가 부담한 지역권을 소멸하게 하지 못한다.
부종성	지역권은 요역지소유권에 부종하여 이전하며 또는 요역지에 대한 소유권 이외의 권리의 목적이 되지만, 지역권은 요역지와 분리하여 양도하거나 다른 권리의 목적으로 하지 못한다.

✔ Tip

토지의 분할이나 토지의 일부양도의 경우에는 지역권은 요역지의 각 부분을 위하여 또는 그 승역지의 각 부분에 존속한다.

✔ Tip

임차권, 저당권은 용익물권이 아니다.

(3) 전세권

① **의의**

전세권은 전세금을 지급하고 타인의 부동산을 점유하여 그 부동산의 용도에 좇아 사용·수익하며, 그 부동산 전부에 대하여 후순위권리자 기타 채권자보다 전세금의 우선변제를 받을 권리를 말한다.

② **특성**

㉠ 건물뿐만 아니라 토지도 전세권의 목적이 된다. 다만, 농경지는 목적에서 제외된다.

ⓛ 임대차의 차임과 지상권의 지료는 반드시 금전에 한하지 않지만, 전세권의 전세금은 금전에 한한다.

ⓒ 전세권은 물권이므로 당연히 양도성과 상속성을 가지지만 설정행위로서 양도는 금지할 수 있다.

최신기출확인

민법상 타인의 토지에 건물 기타 공작물이나 수목을 소유하기 위하여 그 토지를 사용할 수 있는 물권은? 19년 기출

① 지역권　　② 지상권
③ 유치권　　④ 저당권

해설

② 지상권자는 타인의 토지에 건물 기타 공작물이나 수목을 소유하기 위하여 그 토지를 사용할 수 있는 권리가 있다(민법 제279조).
① 지역권자는 일정한 목적을 위하여 타인의 토지를 자기토지의 편익에 이용하는 권리가 있다(민법 제291조).
③ 타인의 물건 또는 유가증권을 점유한 자는 그 물건이나 유가증권에 관하여 생긴 채권이 변제기에 있는 경우에는 변제를 받을 때까지 그 물건 또는 유가증권을 유치할 권리가 있다(민법 제320조 제1항).
④ 저당권자는 채무자 또는 제3자가 점유를 이전하지 아니하고 채무의 담보로 제공한 부동산에 대하여 다른 채권자보다 자기채권의 우선변제를 받을 권리가 있다(민법 제356조).

답 ②

4. 담보물권 17년, 14년, 12년 기출

담보물권은 물건의 교환가치를 파악하여 특정한 물건을 채권의 담보로 제공하는 것을 목적으로 하는 권리를 말한다.

(1) 유치권 17년 기출

① 의의

유치권은 타인의 물건 또는 유가증권을 점유한 자가 그 물건이나 유가증권에 관하여 생긴 채권이 변제기에 있는 경우에는 변제를 받을 때까지 그 물건 또는 유가증권을 유치할 수 있는 권리를 말한다.

② 특성

㉠ 유치권자는 채권의 변제를 받기 위하여 유치물을 경매할 수 있다. 그러나 법률상 우선변제권은 없기 때문에 저당권에 기한 경매처럼 우선변제를 위한 경매로 볼 수 없고 환가를 위한 경매의 성질을 갖는다.

㉡ 유치권의 행사는 채권의 소멸시효의 진행에 영향을 미치지 아니하지만 유치권만 독립하여 소멸시효에 걸리지 않는다.

② 소멸

유치권은 점유의 상실로 인하여 소멸한다.

✔ Tip

유치권은 동산과 부동산 모두에 성립할 수 있는 법정담보물권이다.

✔ OX

유치권의 행사는 채권의 소멸시효의 진행에 영향을 미친다. (×)

최신기출확인

유치권에 관한 설명으로 옳지 않은 것은? 17년 기출

① 유치권의 행사는 채권의 소멸시효의 진행에 영향을 미친다.
② 유치권자는 채권의 변제를 받기 위하여 유치물을 경매할 수 있다.
③ 유치권자는 채권전부의 변제를 받을 때까지 유치물전부에 대하여 그 권리를 행사할 수 있다.
④ 유치권은 점유의 상실로 인하여 소멸한다.

해설

① 유치권의 행사는 채권의 소멸시효의 진행에 영향을 미치지 아니한다(민법 제326조).
② 민법 제322조 제1항
③ 민법 제321조
④ 민법 제328조

답 ①

(2) 질권

① 의의 13년 기출

질권은 채권자가 그의 채권을 담보하기 위하여 채무의 변제기까지 채무자로부터 인도받은 동산을 점유·유치하기로 채무자와 약정하고, 채무의 변제가 없는 경우에 그 동산의 매각대금으로부터 우선변제 받을 수 있는 담보물권을 말한다.

동산질권	동산질권자는 채권의 담보로 채무자 또는 제3자가 제공한 동산을 점유하고 그 동산에 대하여 다른 채권자보다 자기채권의 우선변제를 받을 권리가 있다.
권리질권	질권은 재산권을 그 목적으로 할 수 있다. 그러나 부동산의 사용, 수익을 목적으로 하는 권리는 그러하지 아니하다.

② 질권의 성립

질권은 질권을 취득하려는 채권자와 설정자 사이의 질권설정의 계약을 통해 성립한다.

③ 질권의 효력

질권은 동산 또는 재산권을 목적으로 하고, 질권자는 그 동산을 인도받아 점유하고 그 동산에 대해 우선변제권을 가진다.

✓ Tip

질권은 담보물권의 일반적 특징(통유성)을 모두 가지고 있다.

(3) 저당권

① 의의

저당권은 채무자 또는 제3자(물상보증인)가 점유를 이전하지 아니하고, 채무의 담보로 제공한 부동산 및 지상권, 전세권에 대하여 다른 채권자보다 자기채권의 우선변제를 받을 권리를 말한다.

② 효력

㉠ **효력의 범위** : 저당권의 효력은 저당부동산에 부합된 물건과 종물에 미친다. 그러나 법률에 특별한 규정 또는 설정행위에 다른 약정이 있으면 그러하지 아니하다.

㉡ **과실에 대한 효력** : 저당권의 효력은 저당부동산에 대한 압류가 있은 후에 저당권설정자가 그 부동산으로부터 수취한 과실 또는 수취할 수 있는 과실에 미친다. 그러나 저당권자가 그 부동산에 대한 소유권, 지상권 또는 전세권을 취득한 제3자에 대하여는 압류한 사실을 통지한 후가 아니면 이로써 대항하지 못한다.

✔ Tip

지역권은 민법상 담보물권이 아니다.

03 채권법

1. 채권법 총론

(1) 채권법 일반

① 채권법의 의의

채권법은 특정인 사이의 채권・채무 관계를 규율하는 법규범을 말한다.

✔ Tip

채권관계는 2인 이상의 특정인 사이에 채권・채무가 존재하는 법률관계를 의미한다.

② 채권의 본질

채권은 채권자가 채무자에 대하여 일정한 행위를 요구할 수 있는 권리이며, 재산권, 청구권, 상대권이다.

③ 채권의 목적

채권의 목적은 채무자의 행위, 즉 매매계약에서는 매도인이 매매목적물의 권리를 이전하는 행위이며, 매수인이 그 대금을 지급하는 행위이다. 금전으로 가액을 산정할 수 없는 것이라도 채권의 목적으로 할 수 있다.

특정물채권	특정물의 인도를 목적으로 하는 채권을 말한다.
종류채권 (불특정물 채권)	일정한 종류에 속하는 일정량의 물건을 인도할 것을 목적으로 하는 채권으로, 채권의 목적을 종류로만 지정한 경우에 법률행위의 성질이나 당사자의 의사에 의하여 품질을 정할 수 없는 때에는 채무자는 중등품질의 물건으로 이행하여야 한다.
금전채권	금전의 인도를 목적으로 하는 채권으로, 채권의 목적이 어느 종류의 통화로 지급할 것인 경우에 그 통화가 변제기에 강제통용력을 잃은 때에는 채무자는 다른 통화로 변제하여야 한다.
이자채권	이자의 지급을 목적으로 하는 채권을 말한다.
선택채권	채권의 목적이 수개의 급부 중에서 선택에 의하여 정하여지는 채권을 말한다.

✓ Tip

특정물의 인도가 채권의 목적인 때에는 채무자는 그 물건을 인도하기까지 선량한 관리자의 주의로 보존하여야 한다.

(2) 채권의 효력

채권의 효력이란 채권이라는 권리를 보유함으로 인하여 채권자가 가지는 법률상의 힘을 말한다.

① **채무불이행**

채무불이행은 채무자가 채무의 내용에 따른 이행을 하지 않는 일을 말한다.

㉠ **채무불이행의 유형** 20년 기출

이행지체	채무의 이행기가 되었고 채무의 이행이 가능함에도 불구하고 채무자가 책임 있는 사유에 의하여 이행을 하지 않고 있는 것을 말한다. 이행지체의 효과로는 강제이행청구권, 손해배상청구권, 책임의 가중, 계약해제권 등이 있다.
이행불능	채권이 성립한 후 채무가 성립할 당시에는 이행이 가능하였으나 채무자에게 책임 있는 사유로 이행할 수 없게 된 경우를 말한다. 이행불능의 효과로는 손해배상청구권, 계약해제권, 대상청구권 등이 있다.
불완전이행	채무자가 이행을 했지만 채무자의 이행행위가 불완전하여 채권자에게 손해가 발생하는 것을 말한다.

✓ Tip

채권자가 채무자의 이행을 받을 수 없거나 받지 아니한 때에는 채권자의 수령의무 위반에 대한 책임을 묻는 경우도 있다.

✓ Tip

채무의 강제이행 시 수인의 채권자가 있다면 모든 채권자들은 채권성립의 선후와 관계없이 평등하게 다루어진다.

최신기출확인

민법상 이행지체에 따른 효과가 아닌 것은? 20년 기출

① 계약해제권 ② 대상(代償)청구권
③ 손해배상청구권 ④ 강제이행청구권

해설

② 대상청구권은 이행불능에 따른 효과에 해당하는 것으로, 민법상 규정에는 없지만 대법원의 판례(대판 1992.5.12, 92다4581)에서 대상청구권을 인정한 이후 현재까지 그 입장을 유지하고 있다.

①, ③, ④ 이행지체는 채무의 이행기가 되었고 채무의 이행이 가능함에도 불구하고 채무자가 책임 있는 사유에 의하여 이행을 하지 않고 있는 것으로, 이행지체의 효과로 계약해제권, 손해배상청구권, 강제이행청구권 등이 있다. 답 ②

ⓛ 채무불이행에 대한 구제

ⓐ 채무불이행으로 인한 손해배상은 **통상의 손해**를 그 한도로 한다.

ⓑ 특별한 사정으로 인한 손해는 채무자가 그 사정을 알았거나 알 수 있었을 때에 한하여 배상의 책임이 있다.

* **통상의 손해** : 채무불이행이 있으면 일반적으로 발생한다고 생각되는 손해

② **채권자지체**

채무의 이행에 채권자의 협력을 필요로 하는 경우에 채무자가 채무의 내용에 좇은 이행의 제공이 있었음에도 불구하고, 채권자가 이행을 받을 수 없거나 받지 아니하여 이행이 지연되는 것을 말한다.

③ **책임재산의 보전**

채권자의 금전채권은 채무자의 일반재산에 의하여 확보되고 채무자의 일반재산은 채권에 대한 최후의 보장인데, 강제집행할 수 있는 채무자의 재산보전을 말한다.

㉠ 채권자대위권

ⓐ **의의** : 채권자가 자기의 채권을 보전하기 위하여 채무자에게 속하는 권리를 대신 행사할 수 있는 권리(일신에 전속한 권리는 예외)를 말한다.

ⓑ **성립요건** : 채권자가 자기의 채권을 보전할 필요가 있을 것, 채권자의 채권이 이행기에 있을 것, 채무자의 제3자에 대한 권리가 일신에 전속한 것이 아닐 것, 채무자 스스로 자신의 권리를 행사하지 않을 것을 요건으로 한다.

ⓒ **효력** : 대위권 행사의 효과는 채무자에게 귀속하여 채무자의 일반재산에 편입되고, 대위소송의 기판력은 소송사실을 인지한 채무자에게 미친다.

✓ Tip

채권자대위권은 채권자가 자기의 이름으로 행사하고 재판 외 행사도 가능하다.

㉡ **채권자취소권** 10년 기출

ⓐ **의의** : 채권자를 해치는 것을 알면서 채무자가 행한 법률행위(사해행위)를 취소하고 채무자의 재산을 원상회복하는 것을 목적으로 하는 채권자의 권리를 말한다.

ⓑ **효력** : 취소권 행사의 효과는 소송상 피고에 한정되고, 소송당사자가 아닌 채무자, 채무자와 수익자, 수익자와 전득자 사이의 법률관계에는 영향이 없다.

✓ Tip

재판상, 재판 외 행사가 가능한 채권자대위권과는 달리 채권자취소권은 오직 재판상으로 행사가 가능하다.

(3) 다수당사자의 채권관계

① **분할채권관계와 불가분채권관계**

㉠ **분할채권관계** : 채권자나 채무자가 수인인 경우에 특별한 의사표시가 없으면 각 채권자 또는 각 채무자는 균등한 비율로 권리가 있고 의무를 부담한다.

㉡ **불가분채권관계** : 채권의 목적이 그 성질 또는 당사자의 의사표시에 의하여 불가분인 경우에 채권자가 수인인 때에는 각 채권자는 모든 채권자를 위하여 이행을 청구할 수 있고 채무자는 모든 채권자를 위하여 각 채권자에게 이행할 수 있다.

② **연대채무** 17년, 16년 기출

㉠ **의의** : 여러 채무자가 같은 내용의 급부에 관하여 각각 독립해서 전부의 급부를 하여야 할 채무를 부담하고 그중 한 채무자가 전부의 급부를 하면 모든 채무자의 채무가 소멸하게 되는 다수 당사자의 채무관계를 말한다.

✓ OX

어느 연대채무자에 대한 법률행위의 무효나 취소의 원인은 다른 연대채무자의 채무에 영향을 준다. (×)

㉡ **대외적 효력** : 채권자는 연대채무자 중 어느 1인에 대하여 채무의 전부 또는 일부의 이행을 청구할 수 있고, 또한 모든 채무자에 대하여 동시 또는 순차적으로 전부나 일부의 이행을 청구할 수 있다. 민법상 절대적 효력이 있는 경우는 이행의 청구, 경개, 상계, 면제, 혼동, 소멸시효, 채권자지체 등이다.

✓ Tip

시효중단은 절대적 효력이 인정되는 경우가 아니다.

㉢ **대내적 효력** : 연대채무에서의 채무는 내부적으로는 각 연대채무자들이 일정한 비율로 출재한다는 관계에 있고, 출재를 분담하는 비율은 분담부분이 된다.

최신기출확인

연대채무에 관한 설명으로 옳은 것은? 17년 기출

① 어느 연대채무자에 대한 법률행위의 무효나 취소의 원인은 다른 연대채무자의 채무에 영향을 준다.

② 어느 연대채무자에 대한 이행청구는 다른 연대채무자에게도 효력이 있다.

③ 어느 연대채무자에 대한 채권자의 지체는 다른 연대채무자에게는 효력이 없다.

④ 어느 연대채무자와 채권자 간에 채무의 경개가 있는 때에도 채권은 소멸하지 않는다.

해설

② 민법상 절대적 효력이 있는 경우는 이행의 청구, 경개, 상계, 면제, 혼동, 소멸시효, 채권자지체 등이다. 즉, 어느 연대채무자에 대한 이행청구는 다른 연대채무자에게도 효력이 있다(민법 제416조).

① 어느 연대채무자에 대한 법률행위의 무효나 취소의 원인은 다른 연대채무자의 채무에 영향을 미치지 아니한다(민법 제415조).

③ 어느 연대채무자에 대한 채권자의 지체는 다른 연대채무자에게도 효력이 있다(민법 제422조).

④ 어느 연대채무자와 채권자 간에 채무의 경개가 있는 때에는 모든 연대채무자의 이익을 위하여 소멸한다(민법 제417조).

답 ②

③ **보증채무** 15년 기출

㉠ **의의** : 주된 채무자가 이행을 하지 않을 때 그 이행의 책임을 지는 종적인 채무로, 다수당사자의 채무이지만 그 작용은 채권을 담보하는 데 있다.

㉡ **법적 성질**

독립성	보증채무는 주채무와 독립한 별개의 채무이다.
부종성	보증채무는 주채무의 종된 권리이므로 주채무가 소멸하면 보증채무도 소멸한다.
보충성	보증채무는 주채무가 이행되지 않을 때 비로소 이행하게 된다.

㉢ **구상권** : 주채무자의 부탁 없이 보증인이 된 자가 변제 기타 자기의 출재로 주채무를 소멸하게 한 때에는 주채무자는 그 당시에 이익을 받은 한도에서 배상하여야 한다. 따라서 채무를 변제한 보증인은 주채무자에 대해서는 구상권을 행사할 수 있다.

✓ OX

채무를 변제한 보증인은 선의의 주채무자에 대해서는 구상권을 행사하지 못한다. (×)

㉣ **보증인의 최고, 검색의 항변** : 채권자가 보증인에게 채무의 이행을 청구한 때에는 보증인은 주채무자의 변제자력이 있는 사실 및 그 집행이 용이할 것을 증명하여 먼저 주채무자에게 청구할 것과 그 재산에 대하여 집행할 것을 항변할 수 있다.

(4) 채권양도와 채무인수

① **채권양도**

채권을 채권자로부터 제3자인 양수인에게 그 내용의 동일성을 유지하면서 이전하는 것을 말한다.

㉠ **지명채권의 양도** : 당사자인 양도인과 양수인의 합의에 의하여 행하여지며, **지명채권**의 양도는 양도인이 채무자에게 통지하거나 채무자가 승낙하지 아니하면 채무자 기타 제3자에게 대항하지 못한다.

㉡ **증권적 채권의 양도** : 증권적 채권은 채권자를 정하는 방법에 따라 지명채권·지시채권·지명소지인출급채권·무기명채권으로 나뉘는데, 지시채권은 그 증서에 배서하여 양수인에게 교부하는 방식으로 양도할 수 있고, 무기명채권은 양수인에게 그 증서를 교부함으로써 양도의 효력이 있다.

* **지명채권** : 채권자가 특정인으로 지명되어 있는 채권

② **채무인수**

채무인수는 채무를 동일성을 유지하면서 기존의 채무자로부터 인수인에게 이전시키는 것을 말한다. 채권자의 채무인수에 대한 승낙은 다른 의사표시가 없으면 채무를 인수한 때에 소급하여 그 효력이 생기지만 제3자의 권리를 침해하지 못한다.

(5) 채권의 소멸 11년 기출

민법상 채권의 소멸원인으로는 변제, 대물변제, 공탁, 상계, 경개, 면제, 혼동이 있다.

변제	채무자 또는 제3자가 채무의 내용인 급부를 실현하는 것을 말한다.
대물변제	채무자가 채권자의 승낙을 얻어 채무자가 부담하고 있던 본래의 채무이행에 갈음하여 다른 급여를 함으로써 채권을 소멸시키는 채권자와 변제자 사이의 계약으로, 변제와 같은 효력이 있다.
공탁	채권자가 변제를 받지 아니하거나 받을 수 없는 때 또는 변제자가 과실 없이 채권자를 알 수 없는 때에 변제자가 채권자를 위하여 변제의 목적물을 공탁하여 그 채무를 면할 수 있도록 하는 것이다.

상계	채권자와 채무자가 서로 같은 종류의 채권·채무를 가지고 있는 경우에 그 채권·채무를 대등액에서 소멸시키는 당사자 일방(채무자)의 단독행위를 말한다.
경개	채무의 요소를 변경하여 종전의 채무(구채무)를 소멸시키고 새로운 채무(신채무)를 성립시키는 계약을 말한다.
면제	채권자가 일방적인 의사표시에 의하여 채권을 포기함으로써 자신의 채권을 소멸시키는 단독행위를 말한다.
혼동	채권·채무와 같이 서로 대립하는 2개의 법률상 지위가 한 사람에게 귀속되어 채권을 소멸시키는 사유를 말한다.

✓ Tip
담보설정은 채권의 소멸원인이 아닌, 채권의 효력을 강화하는 제도이다.

2. 채권법 각론

(1) 계약 총론

① 계약의 의의

계약은 사법상 일정한 법률 효과를 목적으로 하는 당사자 간의 의사표시의 합치로써 이루어지는 법률행위를 말한다.

▷ 좁은 의미의 계약은 채권의 발생을 목적으로 하는 채권계약을 말한다.

② 계약의 특성 10년 기출

㉠ 계약에 관한 규정은 임의규정적 성격이 강하다. 즉, 계약에 관한 법률내용은 임의법규의 성격을 가진다.

㉡ 계약은 사적자치의 원리가 통용된다.

✓ OX
계약에 관한 법률내용은 강행법규의 성격을 가진다. (×)

③ 계약의 종류 20년, 15년, 14년, 13년, 12년, 11년, 10년 기출

㉠ 전형계약과 비전형계약

전형계약과 비전형계약의 구별은 민법에 규정된 계약의 형식인가 아닌가에 따른 분류일 뿐이고 전형계약이 비전형계약에 우선하는 효력이 있는 것은 아니다.

전형계약	민법전에 규정되어 있는 14종의 계약(증여계약, 매매계약, 교환계약, 소비대차계약, 사용대차계약, 임대차계약, 고용계약, 도급계약, 현상광고계약, 위임계약, 임치계약, 조합계약, 종신정기금계약, 화해계약)
비전형계약	민법전에 규정되어 있지 않은 그 밖의 계약

✓ OX
전형계약은 비전형계약에 대하여 우선적 효력이 있다. (×)

✓ OX
매매, 이자부 소비대차계약은 쌍무계약이다. (○)

✓ Tip
경개, 여행계약, 중개계약, 진료계약은 전형계약에 해당되지 않는다.

ⓛ 쌍무계약과 편무계약 13년, 10년 기출

쌍무계약	계약의 당사자 쌍방이 서로 대가적 의미를 가지는 채무를 부담하는 계약으로, 매매, 교환, 임대차, 고용, 도급, 조합, 화해, 유상소비대차(이자부 소비대차계약), 유상위임, 유상임치 등이 있다.
편무계약	계약의 당사자 일방만이 채무를 부담하는 계약으로, 증여, 현상광고, 사용대차, 무상소비대차, 무상위임, 무상임치 등이 있다.

ⓒ 유상계약과 무상계약 13년 기출

유상계약	계약의 당사자 쌍방이 서로 대가적 의미가 있는 재산상의 출연을 하는 계약으로, 매매, 교환, 임대차, 고용, 도급, 조합, 화해, 현상광고 등이 있다.
무상계약	계약의 당사자 쌍방이 서로 대가적 의미가 있는 재산상의 출연을 하지 않는 계약으로, 증여, 사용대차, 위임계약, 소비대차, 무상임치 등이 있다.

ⓔ 낙성계약과 요물계약 20년 기출

낙성계약	계약의 당사자의 합의만으로 성립하는 계약으로, 전형계약 중 현상광고를 제외한 13개 계약이 해당된다.
요물계약	계약의 당사자의 합의 이외에 일방이 물건의 인도 또는 일정한 급부를 하여야 성립하는 계약으로, 대물변제, 현상광고 등이 있다.

✓ Tip

위임은 무상계약이 원칙이다.

최신기출확인

경비업체 甲과 상가 건물의 건물주 乙이 경비계약을 체결하였다. 이 계약의 법적 성질로 옳은 것은? 20년 기출

① 매매계약성 ② 편무계약성

③ 요물계약성 ④ 낙성계약성

해설

경비계약은 일종의 도급계약으로, 유상・쌍무・불요식・낙성계약의 법적 성질을 갖는다.

④ 낙성계약은 계약의 당사자의 합의만으로 성립하는 계약이다.

② 편무계약은 계약의 당사자 일방만이 채무를 부담하는 계약이다.

③ 요물계약은 계약의 당사자의 합의 이외에 일방이 물건의 인도 또는 일정한 급부를 하여야 성립하는 계약이다.

답 ④

④ 계약의 성립

계약은 둘 이상의 계약당사자의 의사표시의 합치(합의)에 의하여 성립하는 것으로, 계약은 원칙상 청약과 승낙으로 이루어진다.

㉠ 청약과 승낙에 의한 계약의 성립

청약	승낙과 결합하여 일정한 계약을 성립시킬 것을 목적으로 하는 일방적·확정적 의사표시로서, 청약자가 청약을 한 뒤에는 이를 임의로 철회하지 못한다.
승낙	청약의 상대방이 청약에 응하여 계약을 성립시킬 목적으로 청약자에 대하여 하는 의사표시로서, 청약과 결합하여 계약을 성립하게 하는 효력이 있다.

㉡ **교차청약** : 청약·승낙 이외의 방법에 의한 계약으로, 거래 당사자 간의 청약이 서로 일치하는 것을 말한다.

✔ Tip

당사자 간에 동일한 내용의 청약이 상호 교차된 경우에는 양 청약이 상대방에게 도달한 때에 계약이 성립한다.

⑤ 계약의 효력

㉠ **동시이행의 항변권** : 쌍무계약의 당사자 일방은 상대방이 그 채무이행을 제공할 때까지 자기의 채무이행을 거절할 수 있으나 상대방의 채무가 변제기에 있지 아니하는 때에는 거절할 수 없다.

㉡ **위험부담** : 쌍무계약의 당사자 일방의 채무가 당사자 쌍방의 책임 없는 사유로 이행할 수 없게 된 때에는 채무자는 상대방의 이행을 청구하지 못한다.

㉢ **제3자를 위한 계약** : 계약에 의하여 당사자 일방이 제3자에게 이행할 것을 약정한 때에는 그 제3자는 채무자에게 직접 그 이행을 청구할 수 있다.

⑥ 계약의 해제

㉠ **의의** : 계약의 해제는 계약이 체결되어 일단 효력을 발생한 후에 당사자 일방의 의사표시(단독행위)로 그 계약이 처음부터 없었던 것과 같은 상태로 만들어 계약의 구속으로부터 벗어나게 하는 것을 말한다. 이에는 당사자의 계약에 의하여 발생하는 약정해제권과 법률의 규정에 의하여 발생하는 법정해제권이 있다.

㉡ **해제의 효과** : 당사자 일방이 계약을 해제한 때에는 각 당사자는 그 상대방에 대하여 원상회복의 의무가 있다. 그러나 제3자의 권리를 해하지 못한다.

✔ Tip

해제의 의사표시에는 조건이나 기한을 붙이지 못한다.

(2) 계약 각론

① 증여

㉠ 의의 : 증여는 당사자 일방이 무상으로 재산을 상대방에 수여하는 의사를 표시하고 상대방이 이를 승낙함으로써 그 효력이 생기는 계약을 말한다.

㉡ 법적 성질 : 증여는 전형적인 무상계약이며, 낙성 · 편무 · 불요식의 계약이다.

② 매매 10년 기출

㉠ 의의 : 매매는 당사자 일방이 재산권을 상대방에게 이전할 것을 약정하고 상대방이 그 대금을 지급할 것을 약정함으로써 그 효력이 생기는 계약을 말한다.

㉡ 법적 성질 : 매매는 전형적인 유상계약이며, 낙성 · 쌍무 · 불요식의 계약이다.

✔ Tip

매매계약은 전형적인 유상 · 쌍무계약이다.

③ 교환

㉠ 의의 : 교환은 당사자 쌍방이 금전 이외의 재산권을 상호이전할 것을 약정함으로써 그 효력이 생기는 계약을 말한다.

㉡ 법적 성질 : 유상 · 쌍무 · 낙성 · 불요식의 계약이다.

④ 소비대차 19년, 13년 기출

㉠ 의의 : 소비대차는 당사자 일방이 금전 기타 대체물의 소유권을 상대방에게 이전할 것을 약정하고 상대방은 그와 같은 종류, 품질 및 수량으로 반환할 것을 약정함으로써 그 효력이 생기는 계약을 말한다.

㉡ 법적 성질 : 편무 · 무상 · 불요식 · 낙성계약이지만, 이자 있는 소비대차는 쌍무 · 유상계약으로 된다.

✔ OX

이자부 소비대차계약은 쌍무계약이다. (O)

✔ OX

소비대차는 당사자 일방이 금전 기타 대체물의 소유권을 상대방에게 이전할 것을 약정하고 상대방은 그와 같은 종류, 품질 및 수량으로 반환할 것을 약정함으로써 그 효력이 생긴다. (O)

⑤ 사용대차

㉠ 의의 : 사용대차는 당사자 일방이 상대방에게 무상으로 사용, 수익하게 하기 위하여 목적물을 인도할 것을 약정하고 상대방은 이를 사용, 수익한 후 그 물건을 반환할 것을 약정함으로써 그 효력이 생기는 계약을 말한다.

㉡ 법적 성질 : 낙성 · 무상 · 편무 · 불요식의 계약이다.

⑥ 임대차

㉠ 의의 : 임대차는 당사자 일방이 상대방에게 목적물을 사용, 수익하게 할 것을 약정하고 상대방이 이에 대하여 차임을 지급할 것을 약정함으로써 그 효력이 생기는 계약을 말한다.

㉡ 법적 성질 : 낙성 · 쌍무 · 유상 · 불요식의 계약이다.

⑦ 고용

㉠ 의의 : 고용은 당사자 일방이 상대방에 대하여 노무를 제공할 것을 약정하고 상대방이 이에 대하여 보수를 지급할 것을 약정함으로써 그 효력이 생기는 계약을 말한다.

㉡ 법적 성질 : 낙성 · 유상 · 쌍무계약이다.

⑧ 도급

㉠ 의의 : 도급은 당사자 일방이 어느 일을 완성할 것을 약정하고 상대방이 그 일의 결과에 대하여 보수를 지급할 것을 약정함으로써 그 효력이 생기는 계약을 말한다.

㉡ 법적 성질 : 유상 · 쌍무 · 불요식 · 낙성계약이다.

✓OX
현상광고는 쌍무계약이다. (×)

⑨ 현상광고 13년 기출

㉠ 의의 : 현상광고는 광고자가 어느 행위를 한 자에게 일정한 보수를 지급할 의사를 표시하고 이에 응한 자가 그 광고에 정한 행위를 완료함으로써 그 효력이 생기는 계약을 말한다.

㉡ 법적 성질 : 현상광고는 유상계약, 편무계약, 요물계약에 해당한다.

✓Tip
위임은 무상계약이 원칙이다.

⑩ 위임 13년 기출

㉠ 의의 : 위임은 당사자 일방이 상대방에 대하여 사무의 처리를 위탁하고 상대방이 이를 승낙함으로써 그 효력이 생기는 계약을 말한다.

㉡ 법적 성질 : 원칙적으로 무상 · 편무 · 낙성계약이지만 실제로는 보수지급의 특약이 있는 유상 · 쌍무계약이다.

⑪ 임치 13년 기출

㉠ 의의 : 임치는 당사자 일방이 상대방에 대하여 금전이나 유가증권 기타 물건의 보관을 위탁하고 상대방이 이를 승낙함으로써 효력이 생기는 계약을 말한다.

✓Tip
임치는 무상 · 편무계약이 원칙이다.

㉡ 법적 성질 : 원칙적으로 무상 · 편무 · 낙성계약이지만 보관료를 지급하는 임치는 유상 · 쌍무계약이다.

⑫ 조합

㉠ 의의 : 조합은 2인 이상이 상호 출자하여 공동사업을 경영할 것을 약정함으로써 그 효력이 생기는 계약을 말한다.

㉡ 법적 성질 : 낙성 · 유상 · 쌍무계약이다.

⑬ 종신정기금

㉠ 의의 : 종신정기금계약은 당사자 일방이 자기, 상대방 또는 제3자의 종신까지 정기로 금전 기타의 물건을 상대방 또는 제3자에게 지급할 것을 약정함으로써 그 효력이 생기는 계약을 말한다.

㉡ 법적 성질 : 무상계약인데 외상채무・소비대차채무 기타 원본을 수취하여 종신정기금으로 하는 경우는 유상계약이며, 낙성・불요식계약이다.

⑭ 화해 12년 기출

㉠ 의의 : 화해는 당사자가 상호 양보하여 당사자 간의 분쟁을 종지할 것을 약정함으로써 그 효력이 생기는 계약을 말한다.

㉡ 법적 성질 : 쌍무・유상계약이다.

✓ Tip

당사자가 상호 양보하여 당사자 간의 분쟁을 종지할 것을 약정하는 행위는 화해에 해당된다.

최신기출확인

민법상 당사자 일방이 금전 기타 대체물의 소유권을 상대방에게 이전할 것을 약정하고 상대방은 그와 같은 종류, 품질 및 수량으로 반환할 것을 약정함으로써 그 효력이 생기는 전형계약은? 19년 기출

① 소비대차 ② 사용대차

③ 임대차 ④ 위임

해설

① 소비대차는 당사자 일방이 금전 기타 대체물의 소유권을 상대방에게 이전할 것을 약정하고 상대방은 그와 같은 종류, 품질 및 수량으로 반환할 것을 약정함으로써 그 효력이 생긴다(민법 제598조).

② 사용대차는 당사자 일방이 상대방에게 무상으로 사용, 수익하게 하기 위하여 목적물을 인도할 것을 약정하고 상대방은 이를 사용, 수익한 후 그 물건을 반환할 것을 약정함으로써 그 효력이 생긴다(민법 제609조).

③ 임대차는 당사자 일방이 상대방에게 목적물을 사용, 수익하게 할 것을 약정하고 상대방이 이에 대하여 차임을 지급할 것을 약정함으로써 그 효력이 생긴다(민법 제618조).

④ 위임은 당사자 일방이 상대방에 대하여 사무의 처리를 위탁하고 상대방이 이를 승낙함으로써 그 효력이 생긴다(민법 제680조).

답 ①

(3) 사무관리 12년 기출

사무관리는 의무 없이 타인을 위하여 사무를 관리하는 행위로서, 의무 없이 타인을 위하여 사무를 관리하는 자는 그 사무의 성질에 좇아 가장 본인에게 이익되는 방법으로 이를 관리하여야 한다.

(4) 부당이득 12년 기출

법률상의 원인 없이 타인의 재산 또는 노무로 이익을 얻고 이로 인하여 타인에게 손해를 가하는 것으로, 타인에게 손해를 가한 자는 그 이익을 반환하여야 한다.

✓OX

법률상 원인 없이 타인의 재산으로 인하여 이익을 얻고 이로 인하여 타인에게 손해를 가하는 행위는 사무관리이다. (×)

체크-UP

목욕탕에서 甲이라는 손님이 사물함에 귀중품을 넣어 두었는데 목욕을 하고 나와 보니 귀중품을 잃어 버렸다. 이때의 목욕탕의 주인인 乙은 고의와 과실이 없는 한 책임이 없다.

✔ OX

고의 또는 과실로 심신상실을 초래하였더라도 심신상실의 상태에서 행해진 것이라면, 배상책임이 인정되지 않는다. (×)

➜ 인정된다.

✔ Tip

중대한 과실에 의한 행위일 것은 불법행위로 인한 손해배상책임의 성립요건으로 타당하지 않다.

① **비채변제**

채무 없음을 알고 이를 변제한 때에는 그 반환을 청구하지 못한다.

② **불법원인급여**

불법의 원인으로 인하여 재산을 급여하거나 노무를 제공한 때에는 그 이익의 반환을 청구하지 못한다. 그러나 그 불법원인이 수익자에게만 있는 때에는 그러하지 아니하다.

(5) 불법행위

① **의의** 12년 기출

고의 또는 과실로 인한 위법행위로 타인에게 손해를 가한 자는 그 손해를 배상할 책임이 있다는 것을 말한다.

② **일반 불법행위의 성립요건** 18년, 14년 기출

㉠ **가해자의 고의 또는 과실** : 불법행위가 성립하기 위해서는 가해자의 고의 또는 과실에 의한 행위가 있어야 한다.

㉡ **행위자의 책임능력** : 불법행위가 성립하기 위한 책임능력은 자기의 행위로 인한 결과가 위법한 것으로서 법률상 비난받는 것임을 인식하는 정신능력이다.

미성년자의 책임능력	미성년자가 타인에게 손해를 가한 경우에 그 행위의 책임을 변식할 지능이 없는 때에는 배상의 책임이 없다.
심신상실자의 책임능력	심신상실 중에 타인에게 손해를 가한 자는 배상의 책임이 없다. 그러나 고의 또는 과실로 인하여 심신상실을 초래한 때에는 배상책임이 있다.

㉢ **가해행위의 위법성** : 불법행위는 가해자의 가해행위로 인해 타인의 권리 내지 법익을 침해하는 것을 요건으로 하는 점에서 위법성을 판단할 때 침해되는 이익과 침해행위를 고려하여 판단하여야 한다.

㉣ **가해행위에 의한 손해발생** : 가해행위가 불법행위가 되려면 피해자에게 현실적으로 손해가 발생했어야 하고, 가해행위와 손해발생 사이에 인과관계가 있어야 한다.

최신기출확인

민법상 불법행위책임의 성립요건이 아닌 것은? 18년 기출

① 고의나 과실로 인한 가해행위일 것
② 가해행위가 위법성이 있을 것
③ 가해자의 행위능력이 있을 것
④ 가해행위로 인한 손해가 발생할 것

해설

③ 민법상 불법행위의 성립요건은 가해자의 고의 또는 과실, 행위자의 책임능력, 가해행위의 위법성, 가해행위에 의한 손해발생이다.

답 ③

③ **민법상의 특수불법행위** 14년, 10년 기출

㉠ **책임무능력자의 감독자책임** : 다른 자에게 손해를 가한 사람이 미성년자, 심신상실자로서 책임이 없는 경우에는 그를 감독할 법정의무가 있는 자가 그 손해를 배상할 책임이 있다. 다만, 감독의무를 게을리하지 아니한 경우에는 배상책임이 없다.

㉡ **사용자의 책임** : 타인을 사용하여 어느 사무에 종사하게 한 자는 피용자가 그 사무집행에 관하여 제3자에게 가한 손해를 배상할 책임이 있다. 그러나 사용자가 피용자의 선임 및 그 사무감독에 상당한 주의를 한 때 또는 상당한 주의를 하여도 손해가 있을 경우에는 배상책임이 없다.

㉢ **공작물 등의 점유자·소유자의 책임** : 공작물의 설치 또는 보존의 하자로 인하여 타인에게 손해를 가한 때에는 공작물점유자가 손해를 배상할 책임이 있다. 그러나 점유자가 손해의 방지에 필요한 주의를 해태하지 아니한 때에는 그 소유자가 손해를 배상할 책임이 있다.

㉣ **동물점유자의 책임** : 동물의 점유자는 그 동물이 타인에게 가한 손해를 배상할 책임이 있다. 그러나 동물의 종류와 성질에 따라 그 보관에 상당한 주의를 해태하지 아니한 때에는 배상책임이 없다.

㉤ **공동불법행위** : 수인이 공동의 불법행위로 타인에게 손해를 가한 때에는 연대하여 그 손해를 배상할 책임이 있다.

✓ Tip

사용자책임은 상대적 무과실책임에 해당한다.

✓ OX

피해자가 수인의 공동불법행위로 인하여 손해를 입은 경우 가해자 각자의 기여도에 대해서만 그 손해의 배상을 청구할 수 있다. (×)

④ 불법행위의 효과 14년 기출

㉠ **손해배상의 청구권자** : 불법행위가 성립하면 피해자는 가해자에 대하여 손해배상청구권을 취득하게 되는데, 원칙적으로 손해를 입은 자인 직접적 피해자가 손해배상청구권을 가진다.

㉡ **손해배상의 방법** : 민법상의 손해배상은 금전배상을 원칙으로 한다.

㉢ **손해배상액의 산정**

ⓐ **재산 이외의 손해의 배상** : 타인의 신체, 자유 또는 명예를 해하거나 기타 정신상 고통을 가한 자는 재산 이외의 손해에 대하여도 배상할 책임이 있는데, 법원은 손해배상을 정기금채무로 지급할 것을 명할 수 있고 그 이행을 확보하기 위하여 상당한 담보의 제공을 명할 수 있다.

ⓑ **생명침해로 인한 위자료** : 타인의 생명을 해한 자는 피해자의 직계존속, 직계비속 및 배우자에 대하여는 재산상의 손해 없는 경우에도 손해배상의 책임이 있다.

ⓒ **과실상계 및 손익상계**

과실상계	불법행위의 성립 또는 손해발생의 확대에 피해자의 유책행위가 존재하는 경우에 손해배상책임의 유무 또는 그 범위를 결정하는 데 그것을 참작하는 제도를 말한다.
손익상계	불법행위로 인하여 피해자가 손해를 입음과 동시에 이익을 얻은 경우에는 배상액에 그 이익을 공제하여야 하는 제도를 말한다.

㉣ **손해배상청구권의 소멸시효**

ⓐ 불법행위로 인한 손해배상의 청구권은 피해자나 그 법정대리인이 그 손해 및 가해자를 안 날로부터 3년간 이를 행사하지 아니하면 시효로 인하여 소멸하고, 불법행위를 한 날로부터 10년을 경과한 때에도 행사하지 아니하면 시효로 인하여 소멸한다.

ⓑ 미성년자가 성폭력, 성추행, 성희롱, 그 밖의 성적(性的) 침해를 당한 경우에 이로 인한 손해배상청구권의 소멸시효는 그가 성년이 될 때까지는 진행되지 아니한다.

✔ Tip

불법행위로 인한 손해배상채무는 불법행위가 있었던 때부터 발생한다.

04 가족법(친족 · 상속법)

1. 가족법의 의의 및 특징

(1) 의의

가족법은 가족 및 친족 간의 공동생활을 규율하는 법으로, 친족법과 상속법을 통칭하는 것을 말한다.

(2) 특성

① 가족법은 국가나 사회의 기초가 되는 질서를 규율하므로 강행법규성을 가지며 이에 반하는 합의는 무효이다.

② 가족법상의 법률행위는 일신전속권이므로 대리가 불가능하고, 가족법상의 권리는 특정한 가족관계를 기초로 하여 발생하므로 가족권만 분리하여 양도하거나 상속하는 것은 불가능하다.

2. 친족의 종류와 범위

(1) 친족의 종류 12년 기출

배우자, 혈족 및 인척을 친족으로 한다.

배우자	부부의 한쪽에서 본 다른 쪽으로, 법률혼을 통해서 발생한 관계를 말한다.
혈족	• 직계혈족 : 자기의 직계존속과 직계비속을 말한다. • 방계혈족 : 자기의 형제자매와 형제자매의 직계비속, 직계존속의 형제자매 및 그 형제자매의 직계비속을 말한다.
인척	혈족의 배우자, 배우자의 혈족, 배우자의 혈족의 배우자를 말한다.

✓ Tip

입양으로 인한 친족관계는 입양의 취소 또는 파양으로 인하여 종료한다.

(2) 친족의 범위

친족관계로 인한 법률상 효력은 법률에 특별한 규정이 없는 한 8촌 이내의 혈족, 4촌 이내의 인척, 배우자에 미친다.

체크-UP

가족의 범위

• 배우자, 직계혈족 및 형제자매

• 직계혈족의 배우자, 배우자의 직계혈족 및 배우자의 형제자매

3. 혼인

(1) 약혼

① 의의

약혼은 장차 혼인할 것을 약정하는 가문 혹은 당사자 사이의 신분상 계약으로, 성년에 달한 자는 자유로이 약혼할 수 있다.

② 약혼연령

18세가 된 사람은 부모나 미성년후견인의 동의를 받아 약혼할 수 있다.

③ 성년후견과 약혼

피성년후견인은 부모나 성년후견인의 동의를 받아 약혼할 수 있다.

(2) 혼인

① 혼인적령

만 18세가 된 사람은 혼인할 수 있다.

✓ Tip

미성년자가 혼인을 한 때에는 성년자로 본다.

② 혼인의 성립

혼인의 실질적 요건은 당사자 간에 혼인의사의 합치가 있어야 하며, 혼인은 「가족관계의 등록 등에 관한 법률」에 정한 바에 의하여 신고함으로써 그 효력이 생긴다.

③ 혼인의 효과

㉠ 일반적 효력 : 혼인으로 인하여 친족관계가 발생하며, 부부는 동거하며 서로 부양하고 협조하여야 한다.

㉡ 재산상 효력

부부재산계약	당사자 사이의 합의에 의한 약정으로, 혼인신고 전에 체결되고 등기되이야 힌다.
법정재산제	당사자 사이에 합의가 없는 경우 법정재산제에 따른다. 부부의 일방이 혼인 전부터 가진 고유재산과 혼인 중 자기의 명의로 취득한 재산은 그 특유재산으로 하고, 부부의 누구에게 속한 것인지 분명하지 아니한 재산은 부부의 공유로 추정한다.

(3) 이혼

이혼은 혼인한 남녀가 살아 있는 동안 그들의 결합관계를 해소하는 것으로, 협의상 이혼과 재판상 이혼이 있다.

① 협의상 이혼

부부는 협의에 의하여 이혼할 수 있다.

✓ Tip

협의상 이혼은 가정법원의 확인을 받아 「가족관계의 등록 등에 관한 법률」의 정한 바에 의하여 신고함으로써 그 효력이 생긴다.

② 재판상 이혼 12년 기출

㉠ 의의 : 재판상 이혼은 부부간에 협의가 이루어지지 않았으나 혼인관계를 계속하기 어려워 가정법원에 이혼을 청구하여 재판에 의해 이혼하게 되는 것을 말한다.

㉡ 재판상 이혼원인

ⓐ 배우자에 부정한 행위가 있었을 때

ⓑ 배우자가 악의로 다른 일방을 유기한 때

ⓒ 배우자 또는 그 직계존속으로부터 심히 부당한 대우를 받았을 때

ⓓ 자기의 직계존속이 배우자로부터 심히 부당한 대우를 받았을 때

ⓔ 배우자의 생사가 3년 이상 분명하지 아니한 때

ⓕ 기타 혼인을 계속하기 어려운 중대한 사유가 있을 때

✓ Tip

배우자의 생사가 1년간 분명하지 아니한 때는 재판상 이혼원인에 해당되지 않는다.

4. 상속

(1) 상속의 의의

일정한 친족관계가 있는 사람 사이에 피상속인이 사망하거나 법률상의 원인이 발생하였을 때 피상속인의 재산적 또는 친족적 권리와 의무를 상속인이 포괄적으로 계승하는 것을 말한다.

(2) 상속인과 상속순위

① 상속순위

피상속인의 직계비속, 피상속인의 직계존속, 피상속인의 형제자매, 피상속인의 4촌 이내의 방계혈족 순으로 상속인이 된다.

체크-UP

배우자의 상속순위

피상속인의 배우자는 상속인이 있는 경우에는 그 상속인과 동순위로 공동상속인이 되고 그 상속인이 없는 때에는 단독상속인이 된다.

② 대습상속

상속인이 될 직계비속 또는 형제자매가 상속개시 전에 사망하거나 결격자가 된 경우에 그 직계비속이 있는 때에는 그 직계비속이 사망하거나 결격된 자의 순위에 갈음하여 상속인이 된다.

③ 상속회복청구권

상속권이 참칭상속권자로 인하여 침해된 때에는 상속권자 또는 그 법정대리인은 상속회복의 소를 제기할 수 있다. 상속회복청구권은 그 침해를 안 날부터 3년, 상속권의 침해행위가 있은 날부터 10년을 경과하면 소멸된다.

(3) 상속의 승인과 포기

① 상속의 승인

㉠ 상속의 승인은 상속인이 피상속인의 재산 및 권리・의무에 관하여 승계할 것을 수락하는 의사표시를 말한다.

㉡ 상속인은 상속개시 있음을 안 날로부터 3월 내에 단순승인이나 한정승인을 할 수 있다.

✓ Tip

상속인이 단순승인을 한 때에는 제한 없이 피상속인의 권리의무를 승계한다.

② 상속의 포기

㉠ 상속의 포기는 상속인이 상속개시에 의하여 발생하게 되는 권리・의무의 승계를 상속개시의 시기로 소급하여 소멸시키는 의사표시를 말한다.

㉡ 상속인은 상속개시 있음을 안 날로부터 3월 내에 포기를 할 수 있다.

▷ 상속인이 상속을 포기할 때에는 3월 내에 가정법원에 포기의 신고를 하여야 한다.

✓ Tip

민법상 증인이 필요 없는 유언방식은 자필증서에 의한 유언이다.

(4) 유언 11년 기출

유언은 유언자가 자신의 사망과 동시에 일정한 법률효과가 발생할 수 있도록 하는 특수한 의사표시로, 특정한 방식에 따라야 하는 상대방 없는 단독행위이다. 유언의 방식은 자필증서, 녹음, 공정증서, 비밀증서와 구수증서의 5종으로 한다.

구분	내용
자필증서에 의한 유언	• 자필증서에 의한 유언은 유언자가 그 전문과 연월일, 주소, 성명을 자서하고 날인하여야 한다. • 자필증서에 문자의 삽입, 삭제 또는 변경을 함에는 유언자가 이를 자서하고 날인하여야 한다.
녹음에 의한 유언	녹음에 의한 유언은 유언자가 유언의 취지, 그 성명과 연월일을 구술하고 이에 참여한 증인이 유언의 정확함과 그 성명을 구술하여야 한다.
공정증서에 의한 유언	공정증서에 의한 유언은 유언자가 증인 2인이 참여한 공증인의 면전에서 유언의 취지를 구수하고 공증인이 이를 필기낭독하여 유언자와 증인이 그 정확함을 승인한 후 각자 서명 또는 기명날인하여야 한다.
비밀증서에 의한 유언	• 비밀증서에 의한 유언은 유언자가 필자의 성명을 기입한 증서를 엄봉날인하고 이를 2인 이상의 증인의 면전에 제출하여 자기의 유언서임을 표시한 후 그 봉서표면에 제출연월일을 기재하고 유언자와 증인이 각자 서명 또는 기명날인하여야 한다. • 유언봉서는 그 표면에 기재된 날로부터 5일 내에 공증인 또는 법원서기에게 제출하여 그 봉인상에 확정 일자인을 받아야 한다.
구수증서에 의한 유언	• 구수증서에 의한 유언은 질병 기타 급박한 사유로 인하여 위의 4가지의 방식에 의할 수 없는 경우에 유언자가 2인 이상의 증인의 참여로 그 1인에게 유언의 취지를 구수하고 그 구수를 받은 자가 이를 필기낭독하여 유언자의 증인이 그 정확함을 승인한 후 각자 서명 또는 기명날인하여야 한다. • 증인 또는 이해관계인이 급박한 사유의 종료한 날로부터 7일 내에 법원에 그 검인을 신청하여야 한다.

(5) 유류분

① 의의

유류분은 일정한 상속인을 위해 법률상 유보된 상속재산에 대한 일정비율로, 피상속인의 사망 후 상속인의 생활을 보장하고 또 상속인 간의 공평을 도모하기 위한 것이다.

② 유류분의 비율

피상속인의 직계비속은 그 법정상속분의 2분의 1, 피상속인의 배우자는 그 법정상속분의 2분의 1, 피상속인의 직계존속은 그 법정상속분의 3분의 1, 피상속인의 형제자매는 그 법정상속분의 3분의 1이다.

③ 소멸시효

반환의 청구권은 유류분권리자가 상속의 개시와 반환하여야 할 증여 또는 유증을 한 사실을 안 때로부터 1년 내에 하지 아니하면 시효에 의하여 소멸한다. 상속이 개시한 때로부터 10년을 경과한 때도 같다.

05 경비업무와 손해배상

1. 경비계약

(1) 의의 14년 기출

경비계약은 경비대상시설에 대한 전속적인 경비의 실시와 계약자에 대한 일정한 기간 동안 화재와 도난 등의 사고를 방지하기 위한 계약으로, 유상계약 및 일종의 도급계약의 성질을 갖는다.

(2) 특징 15년, 14년, 13년 기출

① 계약의 당사자 및 상대방

민간경비계약의 당사자는 경비업자와 고객이고, 경비업자가 경비계약을 체결하는 상대방은 경비대상 시설의 소유자 또는 관리자이다.

② 경비업자의 의무

경비업자는 경비계약상 채무를 선량한 관리자의 주의로 이행하여야 한다.

③ 보수의 지급

경비업무 도급인은 특별한 사정이 없는 한 경비업무를 완성한 후 지체 없이 경비업자에게 그 보수를 지급하여야 한다. 보수는 시기의 약정이 없으면 관습에 의하고, 관습이 없으면 경비업무를 종료한 후 지체 없이 지급하여야 한다.

(3) 계약의 성립 14년, 13년 기출

경비계약은 민법상 계약의 일종으로 계약 성립의 시기는 원칙적으로 의사표시의 합치가 이루어진 그 당시이다(대판 2001.3.23, 2000다51650). 즉, 경비계약은 경비계약서 작성 시가 아닌 당사자 간의 합의만으로 성립한다.

✓ OX

판례에 따르면 태아는 살아서 출생한 경우에 유류분이 인정된다. (O)

✓ Tip

경비계약은 위임계약의 일종이 아니라 '도급'형식의 유상계약이다.

✓ OX

경비계약은 합의 후 경비계약서를 인가받은 때에 성립한다. (×)

✔ OX
경비업무 도급인은 경비업자가 경비업무를 완성하기 전에는 손해를 배상하더라도 계약을 해제할 수 없다. (×)

(4) 계약의 해제 13년 기출

수급인인 경비업자가 일을 완성하기 전에는 경비업무의 도급인은 손해를 배상하고 계약을 해제할 수 있다.

(5) 계약의 무효 및 취소 18년, 17년, 16년 기출

① 계약의 무효

진의가 아닌 청약임을 알고서 승낙한 경우, 상대방과 통정한 허위의 의사표시는 무효로 한다.

② 계약의 취소

착오로 인한 의사표시, 사기나 강박에 의한 의사표시는 취소할 수 있다.

최신기출확인

경비회사 甲이 乙과 경비계약을 체결하기 위하여 제안서를 교부하였을 때, 다음 중 옳은 것은? 18년 기출

① 甲의 의사표시가 진의가 아님을 乙이 알았다면 甲의 의사표시는 무효이다.
② 甲의 의사표시가 乙의 사기로 인한 것이라면 甲의 의사표시는 무효이다.
③ 甲의 의사표시가 乙의 강박으로 인한 것이라면 甲의 의사표시는 무효이다.
④ 甲과 乙이 서로 통정한 허위의 의사표시라면 甲의 의사표시는 취소할 수 있다.

해설

① 의사표시는 표의자가 진의 아님을 알고 한 것이라도 그 효력이 있다. 그러나 상대방이 표의자의 진의 아님을 알았거나 이를 알 수 있었을 경우에는 무효로 한다(민법 제107조 제1항).
②, ③ 사기나 강박에 의한 의사표시는 취소할 수 있다(민법 제110조 제1항).
④ 상대방과 통정한 허위의 의사표시는 무효로 한다(민법 제108조 제1항). 답 ①

2. 경비업자와 고객의 분쟁과 손해배상책임

(1) 채무불이행 19년, 17년, 15년 기출

채무자가 채무의 내용에 따른 이행을 하지 않는 것으로, 채무불이행 사항으로는 이행지체, 이행불능, 불완전이행 등을 들 수 있다.

① 이행지체 16년 기출

㉠ 의의 : 이행지체는 채무가 이행기에 있고 또한 채무이행이 가능한데도 채무자가 채무내용을 이행하지 않는 것을 말한다.

✔ Tip
경비원이 예정대로 모집되지 않아 경비개시 시간에 개시를 하지 않은 경우는 이행지체에 해당한다.

Guide **경비업자의 채무불이행책임이 발생하는 경우**

- 경비원의 부주의로 경비대상 시설이 파손된 경우
- 경비원이 업무수행 과정에서 근무태만으로 인하여 도난사고가 발생한 경우
- 경비원이 업무수행 과정에서 취득한 고객의 비밀을 누설하여 손해를 끼친 경우

ⓛ 성립요건

이행지체를 이유로 하여 손해배상을 받으려면 다음과 같은 성립요건이 필요하다.

ⓐ 채무의 이행기가 도래하여야 한다.

ⓑ 채무의 이행이 가능하여야 한다.

ⓒ 이행기에 이행하지 않는 것이 위법하여야 한다.

ⓓ 채무자에게 지체에 대한 고의나 과실이 있어야 한다.

ⓒ **이행지체와 전보배상** : 채무자가 채무의 이행을 지체한 경우에 채권자가 상당한 기간을 정하여 이행을 최고하여도 그 기간 내에 이행하지 아니하거나 지체 후의 이행이 채권자에게 이익이 없는 때에는 채권자는 수령을 거절하고 이행에 갈음한 손해배상을 청구할 수 있다.

ⓓ **이행의 강제** : 고객은 경비계약상의 채무가 이행되지 않는 경우 강제이행을 청구할 수 있다.

ⓜ **손해배상의 범위** : 채무불이행으로 인한 손해배상은 통상의 손해를 그 한도로 하고, 특별한 사정으로 인한 손해는 채무자가 그 사정을 알았거나 알 수 있었을 때에 한하여 배상의 책임이 있다.

② **이행불능** 13년 기출

ⓖ **의의** : 채무가 성립할 당시에는 이행이 가능하였으나 채권성립 후 채무자의 고의 또는 과실 등 귀책사유로 인하여 이행이 불가능하게 된 경우를 말한다.

ⓛ 성립요건

ⓐ 이행기를 기준으로 채무의 이행이 불가능하여야 한다.

ⓑ 이행의 불능이 채무자의 귀책사유에 의한 것이야 한다.

ⓒ 이행의 불능이 위법하여야 한다.

ⓒ **도급인의 손해배상청구** : 경비업무 도급인은 경비업자의 귀책사유로 그 업무의 이행이 불능하게 된 경우에 경비업자를 상대로 **전보배상**을 청구할 수 있다.

✓ Tip

경비원이 업무수행 과정에서 과실로 제3자에게 부상을 입힌 경우는 채무불이행책임이 아닌 불법행위에 따른 손해배상책임이 있다.

✓ Tip

경비계약 체결 후 경비개시 전에 경비업체가 도산한 경우는 이행불능에 해당한다.

* **전보배상** : 본래의 채무의 이행에 대신하는 손해배상

③ 불완전이행

㉠ 의의 : 불완전이행은 채무자에 의하여 적극적으로 이행행위가 행해졌으나, 채무자의 이행행위가 불완전하여 채권자에게 손해가 발생하는 것을 말한다.

㉡ 성립요건

ⓐ 채무의 이행으로 볼 수 있는 이행행위가 존재하여야 한다.

ⓑ 그 이행이 불완전한 이행이어야 한다.

ⓒ 불완전이행이 채무자의 귀책사유에 의한 것이어야 하며 위법하여야 한다.

최신기출확인

경비업자 甲과 경비계약을 체결한 乙은 甲의 과실로 인한 채무불이행으로 손해를 입었다. 이에 관한 설명으로 옳지 않은 것은? 19년 기출

① 다른 의사표시가 없으면 甲은 乙의 손해를 금전으로 배상하여야 한다.

② 채무불이행에 관하여 손해배상액을 예정한 경우, 그 금액이 부당히 과다하면 법원은 적당히 감액할 수 있다.

③ 甲의 채무불이행에 관하여 乙에게도 과실이 있다면 법원은 손해배상의 책임 및 그 금액을 정함에 이를 참작하여야 한다.

④ 만약, 甲의 채무불이행에 고의나 과실이 없었더라도 乙은 甲에게 손해배상을 청구할 수 있다.

해설

④ 채무자가 채무의 내용에 좇은 이행을 하지 아니한 때에는 채권자는 손해배상을 청구할 수 있다. 그러나 채무자의 고의나 과실 없이 이행할 수 없게 된 때에는 그러하지 아니하다(민법 제390조). 따라서, 甲의 채무불이행에 고의나 과실이 없었다면 乙은 甲에게 손해배상을 청구할 수 없다.

① 다른 의사표시가 없으면 손해는 금전으로 배상한다(민법 제394조).

② 당사자는 채무불이행에 관한 손해배상액을 예정할 수 있다. 손해배상의 예정액이 부당히 과다한 경우에는 법원은 적당히 감액할 수 있다(민법 제398조 제1항 및 제2항).

③ 채무불이행에 관하여 채권자에게 과실이 있는 때에는 법원은 손해배상의 책임 및 그 금액을 정함에 이를 참작하여야 한다(민법 제396조).

답 ④

Guide 불완전이행의 사례 13년 기출

- 경비시스템장비의 오작동으로 고객의 신체 및 재산에 중대한 손해가 발생한 경우
- 경비시스템이 작동은 하였으나 경비원의 현장 출동이 늦어 사고를 방지하지 못하고 고객의 신체 및 재산에 중대한 손해가 발생한 경우

- 경비업무 수행 중 운송경비 도중에 트럭에서 물건을 떨어트려 물건 수량이 부족하거나 부상을 입힌 경우
- 경비업무를 하지 않은 날이 있는 경우
- 심야에 경비계약대로 순회하지 않고 경비계약에서 정한 인원수보다 적은 수의 경비원을 파견하여 경비한 경우

✔ OX

경비원이 경비 중 고객의 금고에서 현금을 절취한 경우에는 적극적 채권침해에 해당한다. (×)

→ 불법행위

(2) 불법행위 20년, 19년, 15년, 14년, 13년 기출

① 불법행위의 내용

고의 또는 과실로 인한 위법행위로 타인에게 손해를 가한 자는 그 손해를 배상할 책임이 있다(제750조).

② 재산 이외의 손해의 배상

타인의 신체, 자유 또는 명예를 해하거나 기타 정신상 고통을 가한 자는 재산 이외의 손해에 대하여도 배상할 책임이 있다(제751조).

✔ Tip

경비원이 업무수행 과정에서 과실로 제3자에게 부상을 입힌 경우는 채무불이행 책임이 아닌 불법행위에 따른 손해배상 책임이 있다.

최신기출확인

경비업자 甲은 경비업무 중 취득한 고객 乙의 개인적인 비밀을 부주의로 누설하여 손해를 입혔다. 이에 관한 설명으로 옳지 않은 것은? 20년 기출

① 甲은 채무불이행에 의한 손해배상책임을 질 수 있다.
② 甲은 乙의 재산적 손해에 대하여 배상책임을 진다.
③ 乙에게 정신적 손해가 발생하였더라도 甲은 이에 대하여 배상책임을 지지 않는다.
④ 甲에게 불법행위책임을 묻는 경우, 행위와 결과에 대한 인과관계의 증명책임은 乙이 부담한다.

해설

③ 일반적으로 계약상 채무불이행으로 인하여 재산적 손해가 발생한 경우, 그로 인하여 계약 당사자가 받은 정신적인 고통은 재산적 손해에 대한 배상이 이루어짐으로써 회복된다고 보아야 할 것이므로, 재산적 손해의 배상만으로는 회복될 수 없는 정신적 고통을 입었다는 특별한 사정이 있고, 상대방이 이와 같은 사정을 알았거나 알 수 있었을 경우에 한하여 정신적 고통에 대한 위자료를 인정할 수 있다(대판 2007.12.13, 2007다18959). 또한 민법 제751조 제1항에서 "타인의 신체, 자유 또는 명예를 해하거나 기타 정신상 고통을 가한 자는 재산 이외의 손해에 대하여도 배상할 책임이 있다."라고 규정하고 있다. 따라서 乙에게 정신적 손해가 발생하였더라도 甲은 배상책임을 지지 않는다는 설명은 옳지 않다.

 ③

✔ OX
경비업자는 경비원이 업무수행 중 고의로 제3자에게 손해를 입힌 경우에만 이를 배상할 책임이 있다. (×)

체크-UP
경비업체 甲과 상가 건물의 건물주 乙이 경비계약을 체결한 경우, 경비원 A가 오토바이를 타고 순찰을 하던 중 부주의로 행인 B를 치어 상해를 입혔고 넘어진 오토바이로 인해 상가 건물의 화단이 훼손된 경우 B는 A에게 불법행위에 기한 손해배상을 청구할 수 있다.

③ 불법행위의 사례
㉠ 경비원이 경비업무 중 과실로 석유 스토브를 넘어뜨려 화재가 일어나 경비대상시설 및 이웃 건물을 화재로 소실하게 한 경우
㉡ 경비업무 중 고객의 금고에서 현금을 절취한 경우
㉢ 경비업무 중 고의 또는 과실로 개인에게 부상을 입힌 경우

④ 불법행위의 효과 19년, 14년, 13년 기출
㉠ **공동불법행위책임** : 수인(數人)의 경비원이 업무수행 중 고의 또는 과실로 경비대상에 손해를 발생시킨 경우에는 연대하여 그 손해를 배상하여야 한다. 즉, 여러 명의 경비원이 공동의 불법행위로 타인에게 손해를 가한 경우, 각 경비원은 피해자에게 연대하여 그 손해를 배상할 책임이 있다.
㉡ **소멸시효** : 불법행위로 인한 손해배상청구권은 피해자나 그 법정대리인이 그 손해 및 가해자를 안 날로부터 3년간 이를 행사하지 아니하면 시효로 인하여 소멸한다.

최신기출확인

경비업자 甲의 불법행위와 관련한 민법 제766조 제1항의 규정이다. (　)에 들어갈 숫자는? 19년 기출

> 불법행위로 인한 손해배상의 청구권은 피해자나 그 법정대리인이 그 손해 및 가해자를 안 날로부터 (　)년간 이를 행사하지 아니하면 시효로 인하여 소멸한다.

① 1　② 3
③ 5　④ 10

해설
② 불법행위로 인한 손해배상의 청구권은 피해자나 그 법정대리인이 그 손해 및 가해자를 안 날로부터 3년간 이를 행사하지 아니하면 시효로 인하여 소멸한다(민법 제766조 제1항).

답 ②

(3) 사용자의 배상책임 20년, 16년, 13년 기출

사용자의 배상책임은 경비원(피용자)이 업무수행 중 과실로 제3자에게 손해를 입힌 경우에 경비업자(사용자)가 그 제3자에게 지는 책임을 말한다.

① 법적 근거 14년 기출

㉠ 타인을 사용하여 어느 사무에 종사하게 한 자는 피용자가 그 사무집행에 관하여 제3자에게 가한 손해를 배상할 책임이 있다. 그러나 사용자가 피용자의 선임 및 그 사무감독에 상당한 주의를 한 때 또는 상당한 주의를 하여도 손해가 있을 경우에는 배상할 책임이 없다.

㉡ 경비원이 경비업무 중 고의로 제3자에게 입힌 손해를 경비업자가 배상한 경우, 경비업자는 경비원에게 구상권을 행사할 수 있다.

② 경비업자(사용자)의 책임 17년, 13년 기출

㉠ 경비원이 경비업무를 하면서 타인에게 손해를 가한 때에는 경비업자는 책임을 져야 한다. 즉, 경비업자는 경비원이 업무수행 중 과실로 경비대상에 손해가 발생하는 것을 방지하지 못한 때에는 그 손해를 배상하여야 한다.

㉡ 사용자책임을 지는 것은 사용자와 대리감독자이나, 사용자가 법인인 경우에는 이사가 책임을 진다.

체크-UP

A주식회사는 B경비회사와 경비업무에 관한 도급계약을 체결하였다. 이후 B경비회사의 경비원 甲이 C보험회사에 가입된 경비차량을 주차시키던 중 동료 경비원 乙을 다치게 한 경우, 乙이 손해배상을 청구할 수 있는 대상은 B경비회사, 경비원 甲, C보험회사 등이다.

최신기출확인

경비업자 甲에게 소속된 경비원 乙의 업무 중 불법행위로 인하여 제3자 丙이 손해를 입었다. 이에 관한 설명으로 옳은 것은? 20년 기출

① 丙은 甲에게 직접 손해배상을 청구할 수 없다.
② 乙은 丙에 대하여 일반 불법행위책임을 진다.
③ 甲에 갈음하여 그 사무를 감독하는 자는 손해배상책임을 부담하지 않는다.
④ 甲이 丙에게 손해를 배상한 경우, 乙의 귀책사유가 없더라도 배상한 손해 전부에 대하여 乙에게 구상권을 행사할 수 있다.

해설

② 고의 또는 과실로 인한 위법행위로 타인에게 손해를 가한 자는 그 손해를 배상할 책임이 있다(민법 제750조).
① 타인을 사용하여 어느 사무에 종사하게 한 자는 피용자가 그 사무집행에 관하여 제3자에게 가한 손해를 배상할 책임이 있다(동법 제756조 제1항). 따라서 甲은 乙의 사용자로서 사용자 배상책임을 부담한다.
③ 사용자에 갈음하여 그 사무를 감독하는 자도 전항의 책임이 있다(동법 제756조 제2항). 따라서 甲에 갈음하여 그 사무를 감독하는 자도 손해배상책임을 부담한다.
④ 사용자 또는 감독자는 피용자에 대하여 구상권을 행사할 수 있다(동법 제756조 제3항). 그러나 그 전제조건으로 피용자 乙에게 귀책사유가 있어야 하므로 乙에게 귀책사유가 없다면 甲은 乙에게 구상권을 행사할 수 없다.

답 ②

✓OX

경비업무 도급인이 파산하면 경비업자는 경비계약을 해제하고 경비업무 도급인에게 손해배상을 청구할 수 있다. (×)

③ **도급인의 책임** 15년, 14년 기출

㉠ **도급인의 파산과 해제권** : 도급인이 파산선고를 받은 때에는 수급인 또는 파산관재인은 계약을 해제할 수 있다. 이 경우에는 수급인은 일의 완성된 부분에 대한 보수 및 보수에 포함되지 아니한 비용에 대하여 파산재단의 배당에 가입할 수 있다. 각 당사자는 상대방에 대하여 계약해제로 인한 손해의 배상을 청구하지 못한다.

㉡ **손해배상책임** : 경비업무 도급인은 도급 또는 지시에 중대한 과실이 있는 경우에도 경비업자의 경비업무 수행으로 인하여 제3자에게 입힌 손해를 배상할 책임이 있다.

④ **공작물 등의 점유자, 소유자의 책임**

공작물의 설치 또는 보존의 하자로 인하여 타인에게 손해를 가한 때에는 공작물 점유자가 손해를 배상할 책임이 있다. 그러나 점유자가 손해의 방지에 필요한 주의를 해태하지 아니한 때에는 그 소유자가 손해를 배상할 책임이 있다.

✓Tip

공작물의 점유자 또는 소유자는 그 손해의 원인에 대한 책임이 있는 자에 대하여 구상권을 행사할 수 있다.

⑤ **자동차손해배상책임** 17년 기출

자기를 위하여 자동차를 운행하는 자는 그 운행으로 다른 사람을 사망하게 하거나 부상하게 한 경우에는 그 손해를 배상할 책임을 진다. 다만, 승객이 아닌 자가 사망하거나 부상한 경우에 자기와 운전자가 자동차의 운행에 주의를 게을리 하지 아니하였고, 피해자 또는 자기 및 운전자 외의 제3자에게 고의 또는 과실이 있으며, 자동차의 구조상의 결함이나 기능상의 장해가 없었다는 것을 증명한 경우, 승객이 고의나 자살행위로 사망하거나 부상한 경우에는 책임을 지지 않는다.

Guide 아파트 경비원이 근무 중 인근의 상가 건물에 화재가 난 것을 보고 달려가서 화재를 진압한 행위 15년 기출

- 아파트 경비원은 아파트를 경비할 의무를 지닐 뿐 인근 상가 건물과는 경비계약을 하지 않았으므로 이는 경비업무의 범위를 벗어난 행위이기 때문에 경비원에게 화재를 진압할 법적 의무가 없다.
- 의무 없이 타인을 위하여 사무를 관리하는 자(아파트 경비원)는 그 사무의 성질에 좇아 가장 본인에게 이익이 되는 방법으로 이를 관리하여야 한다. 따라서 경비원은 상가 건물주에게 이익이 되는 방법으로 화재를 진압해야 한다.
- 경비원이 상가 건물 임차인의 생명을 구하기 위해 화재를 진압하다가 발생한 손해는 고의나 중과실이 없으면 배상할 책임이 없다.

• 아파트 경비원이 의무 없이 타인인 상가 건물주의 상가 건물에 화재를 진압했으므로 사무관리에 해당하므로 관리자의 관리행위가 공공의 이익에 적합한 때 중대한 과실이 없으면 배상 책임이 없다. 따라서 상가 건물주의 이익에 반하지만 공공의 이익을 위해 화재를 진압하다가 손해를 끼친 경우, 경비원은 무과실이나 (경)과실이라면 아파트 경비원은 손해를 배상할 책임이 없다.

최신기출확인

경비업자 甲은 乙의 귀중품을 경비하던 중, 이를 절취하려는 丙의 손목시계를 정당방위로 부득이 파손하였다. 이에 관한 설명으로 옳은 것을 모두 고른 것은? 19년 기출

ㄱ. 甲과 乙은 丙에게 정신적 손해를 배상할 책임이 없다.
ㄴ. 甲은 丙에게 손목시계에 대한 재산적 손해를 배상할 책임이 있다.
ㄷ. 乙은 丙에게 손목시계에 대한 재산적 손해를 배상할 책임이 없다.

① ㄱ, ㄴ
② ㄱ, ㄷ
③ ㄴ, ㄷ
④ ㄱ, ㄴ, ㄷ

해설

② 옳은 것은 ㄱ, ㄷ이다.

ㄴ. 타인의 불법행위에 대하여 자기 또는 제3자의 이익을 방위하기 위하여 부득이 타인에게 손해를 가한 자는 배상할 책임이 없다(민법 제761조 제1항). 따라서 甲이 丙의 손목시계를 정당방위로 부득이 파손한 경우, 甲은 丙에게 손목시계에 대한 재산적 손해를 배상할 책임이 없다.

답 ②

(4) 강제집행절차 20년 기출

① 민사소송절차는 판결절차와 강제집행절차로 나눌 수 있는데, 판결절차는 국가가 공권력을 동원하여 그 강제실현에 앞서 권리가 있는지를 확정하는 절차이며, 강제집행절차는 확정된 권리를 실제로 실현시키는 절차를 말한다.

② 강제집행절차는 확정판결이나 공정증서 등 채무명의를 가지고 채권자가 국가권력에 대하여 그 집행을 신청하고, 국가는 채무자의 의사에 반하여 실력으로 그 청구권을 실현시켜주는 절차를 말한다.

③ 행정법상의 강제집행은 국민의 자유와 재산을 침해하는 작용이므로, 반드시 법률상의 근거가 있어야 하며, 일반법으로는 행정대집행법, 국세징수법이 있다.

최신기출확인

경비업자 甲은 경비계약 위반을 이유로 고객 乙에게 손해배상청구소송을 제기하여 승소하였다. 이후 乙이 판결내용에 따른 이행을 하지 않는 경우, 甲이 국가기관의 강제력에 의하여 판결내용을 실현하기 위한 절차는?

20년 기출

① 독촉절차
② 강제집행절차
③ 집행보전절차
④ 소액사건심판절차

해설

② 강제집행절차는 확정판결이나 공정증서 등 채무명의를 가지고 채권자가 국가권력에 대하여 그 집행을 신청하고, 국가는 채무자의 의사에 반하여 실력으로 그 청구권을 실현시켜주는 절차를 말한다.
① 독촉절차는 금전 기타 대체물, 유가증권의 일정한 수량의 지급을 목적으로 하는 청구권에 관하여 인정되는 절차이다.
③ 집행보전절차는 강제집행의 보전을 목적으로 하는 절차로 가압류, 가처분절차 등이 이에 해당한다.
④ 소액사건심판절차는 소송물 가액이 3,000만원을 초과하지 아니하는 금전 기타 대체물, 유가증권의 지급을 청구하는 사건을 대상으로 신속하고 경제적인 해결을 위해서 간이절차에 따라 재판이 진행될 수 있도록 한 절차이다.

답 ②

제2장 | 민사소송법

01 총칙

1. 민사소송 일반

(1) 의의 10년 기출

민사소송제도는 사인 간의 사법적 법률관계에서 발생하는 분쟁을 국가의 재판권에 의해 해결하는 재판절차를 말한다. 민사소송은 사인 사이의 법적 분쟁을 해결하는 절차이므로, 원고와 피고의 관계가 없다면 민사소송은 성립될 수 없다.

✔OX

원고와 피고의 대립관계가 존재하지 않아도 민사소송이 성립될 수 있다. (×)

(2) 법원

민사소송법은 국가재판권의 조직적인 작용을 규정하는 점에서 공법이며, 실체법으로서의 민법과 의존 관계에 있는 절차법에 속한다.

(3) 재판 이외의 민사분쟁 해결제도 10년 기출

화해	당사자 간의 상호 양보를 통하여 분쟁을 해결하는 절차로, 당사자가 상호 양보하여 당사자 간의 분쟁을 종지할 것을 약정함으로써 그 효력이 생긴다.
중재	법관(법원)이 아닌 제3자인 중재인의 판단에 복종할 것을 약정하여 분쟁을 해결하는 절차이다.
조정	분쟁 당사자 사이에 제3자(법관이나 조정위원회)가 중개하여 화해에 이르도록 함으로써 분쟁의 해결을 도모하는 제도이다.

(4) 민사소송법의 기본원리 10년 기출

① 민사소송을 지배하고 있는 원리는 형식적 진실주의이다. 민사소송은 형사소송과는 달리 당사자주의의 성격이 강하기 때문에 실체적 진실의 발견보다는 적정, 공평, 신속, 경제를 중요시한다.

② 당사자가 신청한 범위 내에서만 판결하는 처분권주의가 원칙이다.

③ 민사소송은 공개심리주의가 원칙이다.

④ 소송진행 중이라도 청구의 포기나 인낙을 통해 소송을 종료할 수 있다.

2. 민사소송의 4대 이상

적정	내용상 사실인정에 있어서 정확성을 기하여 민사소송절차가 법규의 내용에 따라 충실하게 실현되어 재판의 내용이 정당하고 과오가 있어서는 안 된다는 것으로, 이를 실현하기 위하여 심급제도, 구술주의, 직접주의, 직권증거조사주의, 석명권의 행사, **교호신문제도** 등을 두고 있다.
공평	법원은 중립적 위치에서 소송관계인을 평등하게 취급하고 각자 자기의 이익을 주장할 수 있는 기회를 공평하게 부여하여야 한다는 것으로, 이를 실현하기 위하여 심리의 공개, 법관에 대한 제척·기피·회피제도, 쌍방심리주의, 당사자평등주의, 변론주의, 소송절차의 중단·중지제도, 대리인제도 등을 두고 있다.
신속	공정하고 공평한 재판을 한다 하더라도 권리실현이 늦어지면 실효성을 잃게 되기 때문에 신속한 재판이 이루어져야 한다는 것으로, 이를 실현하기 위하여 독촉절차, 제소전화해절차, 기일변경의 제한, 전자소송제도 등을 두고 있다.
경제	소송관계인은 소송절차에 들이는 시간을 단축하여 비용과 노력의 최소화가 이루어져야 한다는 것으로, 이를 실현하기 위하여 변호사비용의 소송비용산입제도, 소의 병합, 소송이송, 소송구조제도 등을 두고 있다.

✓ Tip

송달은 민사소송에서 재판 이외의 분쟁해결방법이 아니다.

✓ Tip

영업정지처분은 행정처분에 해당하므로, 민사소송이 아닌 행정소송의 대상이다.

* **교호신문제도** : 증인을 신청하는 측과 그 상대방이 서로 교차하여 증인을 신문하는 방식

✓ Tip

"권리보호를 지연함은 권리보호를 부정한 것이나 다름없다"와 관계있는 민사소송 제도의 이상은 신속 이상이다.

3. 민사소송의 종류 11년 기출

민사소송법상 원고가 소를 제기함에 있어서 청구의 성질・내용에 따라 이행의 소, 확인의 소, 형성의 소로 분류한다.

(1) 이행의 소

① 의의

원고가 피고에 대하여 피고의 특정한 이행의무를 하도록 할 것을 법원에 요구하는 소로, 대여금반환청구의 소, 매매부동산 인도청구의 소 등이 있다.

② 이행판결

원고의 청구권을 인정하고 피고에게 의무이행을 명하는 것을 내용으로 하는 판결을 이행판결이라 한다.

✔ OX

권리・법률관계의 존재나 부존재를 확정하는 것을 내용으로 하는 판결은 이행판결이다. (×)

(2) 확인의 소

① 의의

당사자 간 다툼 있는 법률관계를 관념적으로 확정하여 법률적 불안을 제거하려는 목적으로 제기되는 소로, 권리 또는 법률관계의 존재를 주장하는 것을 적극적 확인의 소, 부존재를 주장하는 것을 소극적 확인의 소라고 한다.

적극적 확인의 소	소유권 확인의 소, 법인의 이사지위 확인의 소 등
소극적 확인의 소	채무부존재 확인의 소 등

② 확인판결

권리・법률관계의 존재나 부존재를 확정하는 것을 내용으로 하는 판결을 확인판결이라 한다.

(3) 형성의 소

① 의의

기존의 법률관계의 변동(변경, 소멸)이나 새로운 법률관계의 형성(발생)을 법원에 요구하는 소로, 회사설립의 무효취소 등의 소 등이 있다.

② 형성판결

민사소송에 있어서 기존의 법률관계를 변경하거나 소멸시키는 등 법률상태의 변경을 선언하는 판결을 말한다.

✔ Tip

책임의 소는 청구의 성질・내용에 따라 분류하는 소(訴)의 종류가 아니다.

02 소송의 주체

1. 법원

(1) 법원의 관할

① 의의

관할은 특정한 사건에 대하여 여러 법원 간에 어떤 법원이 어떤 사건을 담당하여 처리하느냐의 재판권행사의 분장을 정하는 것을 말한다.

② 관할의 종류

㉠ 관할의 결정방식에 따른 분류

법정관할	법률의 규정에 의하여 정해지는 관할로, 토지관할, 사물관할, 직분관할 등이 있다.
재정관할	법원의 재판을 통해서 정해지는 관할로, 지정관할을 말한다.

㉡ 관할의 강제성 여부에 따른 분류

전속관할	재판의 적정·신속한 사건해결을 위한 공익상의 요구에 의해 특정법원에만 관할권을 인정하여 당사자가 임의로 변경할 수 없는 관할을 말한다.
임의관할	당사자 간의 합의 또는 피고의 응소에 의하여 변경되는 성질의 관할을 말한다.

✓ Tip

당사자는 합의로 제1심 관할법원을 정할 수 있다.

③ 보통재판적 12년 기출

보통재판적은 민사소송에서 특정인에 대한 일체의 소송사건에 관하여 일반적으로 인정되는 토지관할로, 소(訴)는 피고의 보통재판적이 있는 곳의 법원이 관할한다.

✓ Tip

소는 원고가 아니라 피고의 보통재판적이 있는 곳의 법원이 관할한다.

㉠ **사람의 보통재판적** : 사람의 보통재판적은 그의 주소에 따라 정한다. 다만, 대한민국에 주소가 없거나 주소를 알 수 없는 경우에는 거소에 따라 정하고, 거소가 일정하지 아니하거나 거소도 알 수 없으면 마지막 주소에 따라 정한다.

㉡ **대사·공사 등의 보통재판적** : 대사·공사, 그 밖에 외국의 재판권 행사대상에서 제외되는 대한민국 국민이 보통재판적이 없는 경우에는 이들의 보통재판적은 대법원이 있는 곳으로 한다.

㉢ **법인 등의 보통재판적** : 법인, 그 밖의 사단 또는 재단의 보통재판적은 이들의 주된 사무소 또는 영업소가 있는 곳에 따라 정하고, 사무소와 영업소가 없는 경우에는 주된 업무담당자의 주소에 따라 정한다.

㉣ **국가의 보통재판적** : 국가의 보통재판적은 그 소송에서 국가를 대표하는 관청 또는 대법원이 있는 곳으로 한다.

✓ OX

국가의 보통재판적은 그 소송에서 국가를 대표하는 관청 또는 지방법원이 있는 곳으로 한다. (×)

(2) 법관의 제척 · 기피 · 회피

① 법관의 제척

㉠ 의의 : 법관의 제척은 법관이 구체적 사건과 특별한 관계에 있는 경우 그 사건에 관한 직무집행에서 그 법관을 배제하고 공정한 재판을 보장하기 위한 것을 말한다.

㉡ 제척사유

ⓐ 법관 또는 그 배우자나 배우자이었던 사람이 사건의 당사자가 되거나, 사건의 당사자와 공동권리자 · 공동의무자 또는 상환의무자의 관계에 있는 때

ⓑ 법관이 당사자와 친족의 관계에 있거나 그러한 관계에 있었을 때

ⓒ 법관이 사건에 관하여 증언이나 감정을 하였을 때

ⓓ 법관이 사건당사자의 대리인이었거나 대리인이 된 때

ⓔ 법관이 불복사건의 이전심급의 재판에 관여하였을 때(다만, 다른 법원의 촉탁에 따라 그 직무를 수행한 경우에는 그러하지 아니함)

② 법관의 기피

법률상 정해진 제척원인 이외의 공정한 재판을 기대하기 어려운 사정이 있는 경우 당사자의 기피신청을 기다려 재판에 의하여 법관을 직무집행에서 배제시키는 것을 말한다.

③ 법관의 회피

법관 스스로 제척 또는 기피사유가 있다고 판단하는 경우 자발적으로 그 사건에의 관여를 피하는 것을 말한다.

✓OX

법관의 기피는 법관 스스로 기피사유가 있다고 판단하는 경우 자발적으로 그 사건에의 관여를 피하는 것이다. (×)

2. 당사자

(1) 당사자능력

① 의의

당사자능력은 원고 · 피고 또는 참가인으로서 자기의 명의로 소송을 하고 소송상의 법률효과를 받을 수 있는 자격, 즉 소송법상의 권리능력이다. 당사자능력은 민법상의 이른바 권리능력에 대응하는 개념이며, 권리능력을 가진 자는 당사자능력을 가지지만, 당사자능력을 가진 자가 반드시 권리능력이 있는 것은 아니다.

* **당사자** : 형식적 개념으로서, 원고와 피고를 말한다.

② 법인이 아닌 사단 등의 당사자능력

법인이 아닌 사단이나 재단은 대표자 또는 관리인이 있는 경우에는 그 사단이나 재단의 이름으로 당사자가 될 수 있다.

(2) 소송능력

① 의의

소송능력은 민사소송의 당사자가 법원 또는 상대방 당사자에 대하여 유효하게 스스로 소송행위를 하거나 소송행위를 받을 수 있는 능력을 말한다.

② 제한능력자의 소송능력

미성년자 또는 피성년후견인은 법정대리인에 의해서만 소송행위를 할 수 있고, 피한정후견인은 한정후견인의 동의가 필요한 행위에 관하여는 대리권 있는 한정후견인에 의해서만 소송행위를 할 수 있다.

(3) 변론능력

① 의의

변론능력은 소송의 당사자가 법원에 대한 관계에서 유효하게 소송행위를 할 수 있는 능력을 말한다.

② 소송대리인

소송위임에 기한 소송대리인은 특정의 사건에 관하여 소송의 수행을 위임받아 이를 위한 대리권을 부여받은 대리인으로 원칙상 변호사이어야 하나 법원의 허가가 있으면 변호사가 아니라도 될 수 있다.

✓ Tip

소송능력이 있으면 원칙적으로 변론능력이 인정된다.

03 소송절차

1. 민사소송절차의 종류

(1) 통상절차

① 판결절차

원고의 소의 제기에 의하여 개시되고, 판결확정에 의하여 완결되는 소송절차로, 제1심, 항소심, 상고심의 3심구조가 있다.

② 민사집행절차

판결절차에 의하여 확정된 사법상의 의무가 임의로 이행되지 않는 경우에 채권자의 신청에 의하여 국가의 집행기관이 채무자에 대하여 강제력을 행사함으로써 이행의무의 실행을 도모하는 절차를 말한다.

③ 부수절차

판결절차나 민사집행절차에 부수하여 이들 절차의 기능을 보조하기 위한 절차로, 증거보전절차와 집행보전절차(**가압류** · 가처분절차)가 있다.

* **가압류** : 금전채권이나 금전으로 환수할 수 있는 채권에 대하여 후일 동산 또는 부동산에 대한 강제 집행을 보전하는 절차를 말한다.

✓ Tip
3,000만원 이하의 소액사건의 심판에 있어서는 소액사건심판법의 절차에 의한다.

(2) 특별소송절차 18년 기출

법이 정한 일정한 특수 민사사건에 한하여 적용되는 소송절차를 말한다.

① **소액사건심판절차**

소액사건심판절차는 소송물 가액이 3,000만원을 초과하지 아니하는 금전 기타 대체물, 유가증권의 지급을 청구하는 사건을 대상으로 신속하고 경제적인 해결을 위해서 간이절차에 따라 재판이 진행될 수 있도록 한 절차를 말한다.

② **독촉절차**

독촉절차는 금전 기타 대체물, 유가증권의 일정한 수량의 지급을 목적으로 하는 청구권에 관하여 인정되는 절차를 말한다.

③ **파산절차**

파산절차는 채무자의 자력이 불충분하여 총채권자에게 채권의 만족을 주지 못하여 파탄에 직면해 있는 채무자에 대하여 이해관계인의 법률관계를 조정하여 채무자의 회생을 돕거나 채무자의 전 재산을 공평하게 배당하는 것을 목적으로 하는 재판상의 절차이다.

최신기출확인

고객 乙이 경비회사 甲을 상대로 손해배상을 원인으로 민사소송을 제기하였을 때, 다음 중 옳지 않은 것은? 18년 기출

① 乙은 강제집행을 보전하기 위하여 가압류절차를 밟을 수 있다.
② 이 소송목적의 값이 5,000만원 이하라면 소액사건심판법의 절차에 의한다.
③ 항소는 판결서가 송달된 날부터 2주 이내에 하여야 하나, 판결서 송달 전에도 할 수 있다.
④ 乙이 미성년자라도 독립하여 법률행위를 할 수 있는 경우에는 소송을 제기할 수 있다.

해설

② 3,000만원 이하의 소액사건의 심판에 있어서는 소액사건심판법의 절차에 의한다(소액사건심판규칙 제1조의2).
① 민사집행법 제276조 제1항
③ 민사소송법 제396조 제1항
④ 민사소송법 제55조 제1항 제1호

답 ②

2. 소송의 개시

(1) 소의 제기

민사소송은 소장이라는 서면을 제1심 법원에 제출하는 소의 제기로 개시된다. 소장에는 당사자와 법정대리인, 청구의 취지와 원인을 적어야 한다.

(2) 중복제소의 금지

법원에 계속되어 있는 사건에 대하여 당사자는 다시 소를 제기하지 못한다는 원칙으로 이중제소의 금지라고도 한다. 이는 한 사람이 법원을 독점하게 되어 다른 사람들의 사건 심리가 그만큼 지연되는 것을 막기 위함이다.

> **체크-UP**
> 중복제소의 금지
> A가 B를 상대로 대여금반환청구의 소를 서울지방법원에 제기한 뒤 이 소송의 계속 중 동일한 소를 부산지방법원에 제기한 경우 저촉되는 민사소송법상의 원리를 말한다.

3. 변론

(1) 의의

소송에서 소송당사자들이 재판의 기일에 출석하여 소송에 관련된 사실이나 증거에 관해 구술로써 공격방어방법을 제출하여 소송을 심리하는 것을 말한다.

(2) 변론에 있어서 심리의 제원칙 13년 기출

① 변론주의

㉠ 의의 : 변론주의는 판결의 기초가 되는 소송자료의 수집과 제출의 책임을 당사자에게 맡기고 그 소송 자료만을 재판의 기초로 삼는다는 원칙을 말한다.

㉡ 내용

ⓐ **사실의 주장책임** : 주요사실은 당사자가 변론에서 주장하여야 하며, 존재하지만 주장되지 아니한 주요사실은 부존재하는 것으로 취급받는다.

ⓑ **자백의 구속력** : 당사자 간에 다툼이 없는 사실에 관해서는 증거조사를 할 필요가 없이 그대로 판결의 기초로 삼아야 한다.

ⓒ **청구의 기각금지** : 금전지급청구소송에서 원고가 제출한 차용증의 기재에 의하면 이미 소멸시효가 완성되었더라도 피고가 이를 주장하지 아니하면 법관은 이를 재판의 기초로 삼아 원고의 청구를 기각할 수 없다.

> ✓OX
> 주요사실은 반드시 그에 의하여 이익을 받는 당사자가 제출하여야 한다. (×)

② 공개심리주의

일반 국민에게 재판의 심리와 판결을 공개하는 원칙이다. 다만, 심리가 국가의 안전보장 또는 안녕질서를 방해하거나 선량한 풍속을 해할 염려가 있을 때는 법원의 결정으로 이를 공개하지 아니할 수 있다.

③ 쌍방심리주의

법원은 소송의 심리에서 당사자 쌍방에게 평등한 진술 기회를 보장해 주어야 한다는 원칙을 말한다.

④ 구술심리주의

법원은 당사자의 구두 변론을 근거로 재판을 해야 한다는 원칙이다. 현행 민사소송법은 구술심리주의를 원칙으로 하면서, 서면심리주의를 보충적으로 병용하여 결점을 보완한다.

⑤ 직접심리주의

판결을 하는 법관이 변론의 청취 및 증거조사를 직접 해야 한다는 원칙으로, 다른 사람의 심리결과를 재판의 기초로 하는 간접심리주의와 대립된다.

⑥ 적시제출주의

당사자는 공격 또는 방어의 방법을 소송의 정도에 따라 적절한 시기에 제출하여야 한다는 원칙을 말한다.

⑦ 처분권주의

당사자는 소송의 개시 및 종료, 심판의 대상에 대해 주도권을 가진다는 원칙으로, 법원은 당사자가 신청하지 아니한 사항에 대하여는 판결하지 못한다.

✔ Tip

동시제출주의, 실체진실주의는 민사소송의 심리와 재판의 과정을 지배하는 원칙이 아니다.

4. 증거

(1) 증거의 의의

증거는 민사소송에 있어서 사실의 진부를 판단하기 위하여 법규적용의 대상이 될 사실인정의 자료를 말한다.

✔ OX

사실의 인정은 증거에 의하여야 한다. (O)

(2) 자백간주

① 의의

자백간주는 당사자가 상대방의 주장사실을 자진하여 자백하지 않아도 명백히 다투지 아니하거나 당사자의 일방이 변론기일에 출석하지 아니하거나 답변서 제출의무기간 내에 답변서를 제출하지 아니한 경우 그 사실을 자백한 것으로 간주하는 것을 말한다.

② 민사소송에서 자백으로 간주할 수 있는 경우

㉠ 당사자가 변론에서 상대방이 주장하는 사실을 명백히 다투지 아니한 때에는 그 사실을 자백한 것으로 본다. 다만, 변론 전체의

취지로 보아 그 사실에 대하여 다툰 것으로 인정되는 경우에는 그러하지 아니하다.

㉡ 상대방이 주장한 사실에 대하여 알지 못한다고 진술한 때에는 그 사실을 다툰 것으로 추정한다.

㉢ 당사자가 변론기일에 출석하지 아니하는 경우에는 그 사실을 자백한 것으로 본다. 다만, 공시송달의 방법으로 기일통지서를 송달받은 당사자가 출석하지 아니한 경우에는 그러하지 아니하다.

㉣ 피고가 원고의 청구를 다투는 경우에는 소장의 부본을 송달받은 날부터 30일 이내에 답변서를 제출하여야 하는데, 이를 제출하지 아니한 때에는 청구의 원인이 된 사실을 자백한 것으로 보고 변론 없이 판결할 수 있다.

✔ Tip

상대방이 주장하는 사실에 대하여 알지 못한다고 진술한 경우는 자백으로 간주할 수 있는 경우가 아니고 그 사실을 다툰 것으로 추정한다.

(3) 자유심증주의

법원은 변론 전체의 취지와 증거조사의 결과를 참작하여 자유로운 심증으로 사회정의와 형평의 이념에 입각하여 논리와 경험의 법칙에 따라 사실주장이 진실한지 아닌지를 판단한다.

(4) 증명책임

소송상 구체적 사실이 진위불명일 경우에 해당 사실이 존재하지 않는 것으로 취급되어 법률판단을 받게 되는 당사자 일방의 위험 또는 불이익을 말한다.

04 소송의 종료 및 불복신청제도

1. 소송의 종료

(1) 소의 취하

① 의의

소의 취하는 소를 제기한 자(원고)가 청구한 심판의 일부 또는 전부를 취하하는 소송상의 의사표시를 말한다.

② 내용

㉠ 소는 판결이 확정될 때까지 그 전부나 일부를 취하할 수 있다.

㉡ 소의 취하는 상대방이 본안에 관하여 준비서면을 제출하거나 변론준비기일에서 진술하거나 변론을 한 뒤에는 상대방의 동의를 받아야 효력을 가진다.

✓OX
소의 취하는 원칙적으로 구두로 하여야 한다. (×)

✓Tip
법원은 소송의 심리를 마치고 나면 종국판결을 한다.

✓OX
원고의 청구가 이유 없다고 배척하는 판결, 즉 원고를 패소시키는 판결을 각하판결이라 한다. (×)

㉢ 소의 취하는 서면으로 하여야 한다. 다만, 변론 또는 변론준비기일에서 말로 할 수 있다.

③ 효과

취하된 부분에 대하여는 소가 처음부터 계속되지 아니한 것으로 본다.

(2) 재판상 화해

① 화해, 청구의 포기·인낙조서의 효력

화해, 청구의 포기·인낙을 변론조서·변론준비기일조서에 적은 때에는 그 조서는 확정판결과 같은 효력을 가진다.

② 소송상 화해

소송당사자 양쪽이 수소법원 앞에서 서로 권리관계의 주장을 양보하여 소송을 종료시키는 행위를 말한다.

2. 판결

(1) 종국판결

종국판결은 소송사건의 심리가 다 끝난 뒤에 선고하여 그 심급을 종결시키는 판결로서, 일반적으로 판결이라 하면 이를 말한다. 종국판결은 소가 제기된 날부터 5월 이내에 선고한다.

예 본안판결, 소각하판결, 소송종료선언, 환송판결이나 이송판결 등

(2) 중간판결

① 의의

소송의 심리 중에 문제가 되었던 당사자 간의 쟁점으로 된 사항에 관하여 종국판결 전에 미리 판단하여 해결하는 판결을 말한다.

② 특징

㉠ 법원은 독립된 공격 또는 방어의 방법, 그 밖의 중간의 다툼에 대하여 필요한 때에는 중간판결을 할 수 있다.

㉡ 청구의 원인과 액수에 대하여 다툼이 있는 경우에 그 원인에 대하여도 중간판결을 할 수 있다.

㉢ 중간판결에는 상소를 허용하지 않는데, 종국판결에 대하여 상소가 있는 경우에 상소심에서 이 점에 관한 판단을 받을 뿐이다.

3. 불복신청제도

(1) 항소 12년 기출

① 의의

지방법원의 단독판사 또는 지방법원합의부가 제1심으로 행한 종국판결에 대하여 불복할 때 그 파기 또는 변경을 직접 상급법원인 고등법원 또는 지방법원 합의부에 하는 불복신청이다.

② 항소의 절차

㉠ 항소기간 : 항소는 판결서가 송달된 날부터 2주 이내에 하여야 한다. 다만, 판결서 송달 전에도 할 수 있다.

㉡ 항소장 부본의 송달 : 항소장의 부본은 피항소인에게 송달하여야 한다.

③ 항소의 대상

항소는 제1심 법원이 선고한 종국판결에 대하여 할 수 있다. 소송비용 및 가집행에 관한 재판에 대하여는 독립하여 항소를 하지 못한다.

④ 항소의 취하

항소는 항소심의 종국판결이 있기 전에 취하할 수 있다.

(2) 상고

항소심의 판결(제2심 판결), 즉 종국판결에 대한 법률심인 대법원에 대한 불복신청으로, 하급법원의 법령해석・적용의 통일을 기하는 것이 목적이다.

(3) 항고

판결 이외의 재판인 법원의 결정・명령에 대하여 상급법원에 하는 독립한 상소를 말한다.

✓OX

항소는 판결서 송달 전에는 할 수 없고, 판결서가 송달된 날로부터 2주 후에 할 수 있다. (×)

기출 및 예상문제

01 관습법에 관한 설명으로 옳은 것은?

① 민사에 관하여 법률에 규정이 없으면 조리에 의하고 조리가 없으면 관습법에 의한다.
② 상사에 관하여 상법에 규정이 없으면 상관습법이 있어도 민법을 우선 적용한다.
③ 물권은 법률 또는 관습법에 의하는 외에는 임의로 창설하지 못한다.
④ 법령 중의 선량한 풍속 기타 사회질서에 관계없는 규정과 다른 관습이 있는 경우에 당사자의 의사가 명확하지 아니한 때에는 그 관습에 따르지 아니한다.

정답해설>

③ 민법 제185조

오답해설>

① 민사에 관하여 법률에 규정이 없으면 관습법에 의하고 관습법이 없으면 조리에 의한다(민법 제1조).
② 상사에 관하여 상법에 규정이 없으면 상관습법에 의하고 상관습법이 없으면 민법의 규정에 의한다(상법 제1조).
④ 법령 중의 선량한 풍속 기타 사회질서에 관계없는 규정과 다른 관습이 있는 경우에 당사자의 의사가 명확하지 아니한 때에는 그 관습에 의한다(민법 제106조).

02 근대 민법의 3대 원칙에 속하는 것은? 14년 기출

① 계약자유의 원칙
② 소유권 상대의 원칙
③ 신의성실의 원칙
④ 무과실책임의 원칙

정답해설>

① 계약자유의 원칙은 근대 민법 3대 원칙 중 하나인 법률행위 자유의 원칙에 포함된다.

03 근대 민법의 3대 원리에 해당하는 것으로만 묶인 것은?

① 과실책임의 원칙 – 유추해석금지의 원칙
② 소유권 절대의 원칙 – 소급효금지의 원칙
③ 사유재산 자유의 원칙 – 계약자유의 원칙
④ 소유권 절대의 원칙 – 명확성의 원칙

정답해설≫

③ 근대 민법의 3대 원리는 소유권 절대의 원칙(사유재산 자유의 원칙), 계약자유의 원칙(사적 자치의 원칙, 법률행위 자유의 원칙), 과실책임의 원칙(개인책임의 원칙, 자기책임의 원칙) 등이다.

04 제한능력자의 법률행위에 관한 설명으로 옳지 않은 것은?

15년 기출

① 피성년후견인이 법정대리인의 동의를 얻어서 한 재산상 법률행위는 유효하다.
② 법정대리인이 대리한 피한정후견인의 재산상 법률행위는 유효하다.
③ 법정대리인이 범위를 정하여 처분을 허락한 재산은 미성년자가 임의로 처분할 수 있다.
④ 제한능력자가 속임수로써 자기를 능력자로 믿게 한 경우 그 법률행위를 취소할 수 없다.

정답해설≫

① 피성년후견인은 의사능력이 없으므로 대리인의 동의를 받아도 혼자서는 단독으로 유효할 법률행위를 할 수 없다. 피성년후견인이 한 재산상 법률행위는 법정대리인의 동의를 받았더라도 취소할 수 있으므로(민법 제10조 제1항), 피성년후견인의 법률행위에 대한 동의권은 원칙적으로 인정되지 않는다.

오답해설>

② 피한정후견인은 제한된 행위능력이 있음을 전제로 한다. 법정대리인이 대리한 피한정후견인의 재산상 법률행위는 행위능력이 있는 자의 법률행위에 해당하므로 피성년후견인의 법률행위와 달리 유효하다.
③ 민법 제6조
④ 민법 제17조 제1항

05 민법상 주소에 관한 설명으로 옳은 것은?

① 주소를 알 수 없으면 가주소를 주소로 본다.
② 주소는 동시에 두 곳 이상 있을 수 없다.
③ 국내에 주소 없는 자에 대하여는 국내에 있는 거소를 주소로 본다.
④ 어느 행위에 있어서 가주소를 정한 때에는 그 행위에 관하여는 이를 주소로 보지 않는다.

정답해설≫

③ 민법 제20조

오답해설>

① 주소를 알 수 없으면 거소를 주소로 본다(민법 제19조).
② 주소는 동시에 두 곳 이상 있을 수 있다(민법 제18조 제2항).
④ 어느 행위에 있어서 가주소를 정한 때에는 그 행위에 관하여는 이를 주소로 본다(민법 제21조).

정답 > 01 ③ 02 ① 03 ③ 04 ① 05 ③

06 민법상 실종선고에 관한 설명으로 옳지 않은 것은?

① 특별실종기간은 1년이다.
② 실종선고를 하기 위해서는 이해관계인이 아니라 검사의 청구가 있어야 한다.
③ 전쟁실종의 경우 실종기간의 기산점은 전쟁이 종지한 때이다.
④ 실종선고를 받은 자는 실종기간이 만료한 때에 사망한 것으로 본다.

정답해설 >

② 실종선고를 하기 위해서는 이해관계인이나 검사의 청구가 있어야 한다(민법 제27조 제1항).

오답해설 >

① 민법 제27조 제2항
③ 민법 제27조 제2항
④ 민법 제28조

07 민법상 물건에 관한 설명으로 옳지 않은 것은?

① 물건이라 함은 유체물 및 전기 기타 관리할 수 있는 자연력을 말한다.
② 물건의 용법에 의하여 수취하는 산출물은 법정과실이다.
③ 부동산 이외의 물건은 동산이다.
④ 종물은 주물의 처분에 따른다.

정답해설 >

② 물건의 용법에 의하여 수취하는 산출물은 천연과실이고, 물건의 사용대가로 받는 금전 기타의 물건은 법정과실로 한다(민법 제101조).

오답해설 >

① 민법 제98조
③ 민법 제99조 제2항
④ 민법 제100조 제2항

08 민법상 물건에 관한 설명으로 옳지 않은 것은?

① 전기(電氣)는 민법상 물건이 아니다.
② 토지 및 그 정착물은 부동산이다.
③ 물건의 사용대가로 받는 금전 기타의 물건은 법정과실로 한다.
④ 법정과실은 수취할 권리의 존속기간 일수의 비율로 취득한다.

정답해설 >

① 민법상 물건이라 함은 유체물 및 전기 기타 관리할 수 있는 자연력을 말한다(민법 제98조).

오답해설 >

② 민법 제99조 제1항
③ 민법 제101조 제2항
④ 민법 제102조 제2항

09 민법상 권리의 원시취득에 해당하지 않는 것은?

① 회사의 합병
② 매장물의 발견
③ 무주물에 대한 선점
④ 건물의 신축에 의한 소유권 취득

정답해설 >

① 회사의 합병은 승계취득 중 포괄승계에 해당한다.
* 원시취득은 이전에 존재하지 않았던 권리가 새로 발생하는 경우로, 매장물의 발견, 무주물에 대한 선점, 건물의 신축에 의한 소유권 취득, 취득시효, 유실물 습득, 첨부, 선의취득, 가족권의 취득, 수용 등이 있다.

10 민법상 대리에 관한 설명으로 옳지 않은 것은? 16년 기출

① 대리인은 행위능력자임을 요하지 아니한다.
② 복대리인은 그 권한 내에서 대리인을 대리한다.
③ 임의대리인은 본인의 승낙이 있거나 부득이한 사유가 있는 경우, 복대리인을 선임할 수 있다.
④ 대리인이 그 권한 내에서 본인을 위한 것임을 표시한 의사표시는 직접 본인에게 대하여 효력이 생긴다.

정답해설 >

① 대리인은 행위능력자임을 요하지 않는다(민법 제117조). 즉, 대리인은 행위의 효과가 귀속되는 자가 아니므로 의사능력만 있으면 족하다.

오답해설 >

② 민법 제127조 제2호
③ 재산법상의 법률행위에 한하여 대리가 인정되고, 신분법상 행위(혼인 · 인지 · 입양 · 유언 등), 쌍방대리, 불법행위, 사실행위 등에는 대리가 허용되지 않는다.
④ 민법 제123조 제1항

11 민법상 대리에 관한 설명으로 옳지 않은 것은? 17년 기출

① 행위능력자가 아니라도 대리인이 될 수 있다.
② 권한을 정하지 아니한 대리인도 보존행위를 할 수 있다.
③ 복대리인은 제3자에 대해서 본인과 동일한 권리의무가 있다.
④ 대리인이 수인인 경우에는 원칙적으로 각자가 본인을 대리한다.

정답 > 06 ② 07 ② 08 ① 09 ① 10 ① 11 ③

정답해설

③ 복대리인은 본인이나 제3자에 대하여 대리인과 동일한 권리의무가 있다(민법 제123조 제2항).

오답해설

① 민법 제117조, ② 민법 제118조 제1호, ④ 민법 제119조

12 민법상 법률행위의 무효원인이 아닌 것은?

① 반사회질서 법률행위
② 통정한 허위의 의사표시
③ 강박에 의한 의사표시
④ 상대방이 알거나 알 수 있었을 경우의 비진의 의사표시

정답해설

③ 강박에 의한 의사표시는 법률행위의 취소원인에 해당한다. 사기나 강박에 의한 의사표시는 취소할 수 있다(민법 제110조 제1항).

13 민법상 선량한 풍속 기타 사회질서에 위반한 법률행위의 효력은?

① 취소
② 무효
③ 추인
④ 유효

정답해설

② 선량한 풍속 기타 사회질서에 위반한 사항을 내용으로 하는 법률행위는 무효로 한다(민법 제103조).

14 민법상 조건과 기한에 관한 설명으로 옳은 것은?

① 해제조건 있는 법률행위는 조건이 성취한 때로부터 그 효력이 생긴다.
② 조건 있는 법률행위의 당사자는 조건의 성부가 미정한 동안에 조건의 성취로 인하여 생길 상대방의 이익을 해하지 못한다.
③ 조건의 성취가 미정한 권리의무는 일반규정에 의하여 처분, 상속, 보존 또는 담보로 할 수 없다.
④ 기한의 이익은 포기할 수 있으며 상대방의 이익을 해할 수도 있다.

정답해설

② 민법 제148조

오답해설

① 정지조건 있는 법률행위는 조건이 성취한 때로부터 그 효력이 생기고, 해제조건 있는 법률행위는 조건이 성취한 때로부터 그 효력을 잃는다(민법 제147조 제1항·제2항).
③ 조건의 성취가 미정한 권리의무는 일반규정에 의하여 처분, 상속, 보존 또는 담보로 할 수 있다(민법 제149조).
④ 기한의 이익은 포기할 수 있으나 상대방의 이익을 해하지 못한다(민법 제153조 제2항).

15 특정한 사실상태가 일정기간 계속되는 경우에 그것이 진실된 권리관계에 합치하는지 여부를 묻지 않고 그 사실상태를 존중하여 그에 따른 법률효과를 인정하는 민법상의 제도는?

① 사실의 확정 ② 일사부재리
③ 시효 ④ 공소시효

정답해설 >

③ 민법상 시효로는 취득시효와 소멸시효가 있는데, 취득시효는 타인의 물건을 장기간 점유함으로써 권리를 취득하는 것이고, 소멸시효란 장기간 자신의 권리를 행사하지 않음으로써 권리가 소멸되는 것이다.

오답해설 >

① 사실의 확정은 법원이 재판에서 적용하고자 하는 법규범의 전제가 되는 사실관계를 명확히 하는 것이다.
② 일사부재리란 기판력이라고도 부르며 판결이 확정되면 동일한 사항에 대하여 당사자와 법원이 이를 번복하여 다른 주장과 판단을 부정하는 것이다.
④ 공소시효란 검사가 일정기간 동안 공소를 제기하지 않아 국가의 소추권이 소멸되는 제도이다.

16 민법상 본등기의 효력이 아닌 것은?

① 순위확정적 효력 ② 대항적 효력
③ 추정적 효력 ④ 순위보전적 효력

정답해설 >

④ 순위보전적 효력은 민법상 가등기의 주요 효력에 해당한다.
* 민법상 본등기의 효력은 권리변동적 효력, 대항적 효력, 추정적 효력, 순위확정적 효력이 있다.

17 민법상 물권에 관한 설명으로 옳은 것은? 14년 기출

① 점유권은 소유권이 있어야만 인정되는 물권이다.
② 하나의 물건 위에 둘 이상의 소유권을 인정할 수 있다.
③ 용익물권은 물건의 교환가치를 파악하여 특정한 물건을 채권의 담보로 제공하는 것을 목적으로 한다.
④ 유치권은 법정담보물권이다.

정답해설 >

④ 유치권이란 법정담보물권으로 타인의 물건 또는 유가증권을 점유한 자가 그 물건이나 유가증권에 관하여 생긴 채권이 변제기에 있는 경우에는 변제를 받을 때까지 그 물건 또는 유가증권을 유치할 수 있는 권리를 말한다.

오답해설 >

① 점유권은 소유권 취득여부와 상관없이 사실상의 지배만 있어도 인정된다(민법 제192조 제1항).
② 일물일권주의 원칙상 하나의 물건 위에 둘 이상의 소유권은 인정할 수 없다.
③ 용익물권이란 타인의 부동산을 일정한 범위 내에 사용・수익하는 제한물권이다.

정답 > 12 ③ 13 ② 14 ② 15 ③ 16 ④ 17 ④

18 용익물권이 아닌 것은? 13년 기출

① 지역권 ② 임차권
③ 구분지상권 ④ 분묘기지권

정답해설

② 임차권은 임대차계약의 임차인이 '목적물'을 사용, 수익할 수 있는 권리로서 채권에 해당한다. 용익물권이란 타인의 '부동산'을 일정한 범위 내에서 사용, 수익하는 것을 내용으로 하는 제한물권이며 지상권, 지역권, 전세권이 있다. 분묘기지권은 관습법상 인정되는 지상권의 일종이다.

19 민법상 용익물권인 것은? 18년 기출

① 질권 ② 지역권
③ 유치권 ④ 저당권

정답해설

② 용익물권은 타인의 물건(부동산)을 일정한 범위에서 사용・수익할 수 있는 권리로 지상권, 지역권, 전세권 등이 포함된다.

오답해설

담보물권은 채권담보를 위해 물건이 가지는 교환가치의 지배를 목적으로 하는 제한물권을 말하는데 민법상 유치권・질권・저당권 등의 3가지가 있다.

20 민법상 동산과 부동산 모두에 성립할 수 있는 물권은? 16년 기출

① 질권 ② 유치권
③ 지역권 ④ 지상권

정답해설

② 유치권은 타인의 물건 또는 유가증권을 점유한 자가 그 물건이나 유가증권에 관하여 생긴 채권이 변제기에 있는 경우에는 변제를 받을 때까지 그 물건 또는 유가증권을 유치할 수 있는 권리로, 동산과 부동산 모두에 성립할 수 있는 물권이다.

21 채권자가 그의 채권을 담보하기 위하여 채무의 변제기까지 채무자로부터 인도받은 동산을 점유・유치하기로 채무자와 약정하고, 채무의 변제가 없는 경우에 그 동산의 매각대금으로부터 우선변제 받을 수 있는 담보물권은? 13년 기출

① 질권 ② 유치권
③ 저당권 ④ 양도담보권

정답해설 ≫

① 질권이란 채권자가 자신의 채권을 담보하기 위하여, 채무자 또는 제3자로부터 넘겨받은 동산 또는 재산권을 점유하고, 그 동산 또는 재산권에 대하여 다른 채권자보다 자기채권의 우선변제를 받을 권리를 말한다.

22 민법상 담보물권이 아닌 것은?

① 저당권　　② 질권
③ 전세권　　④ 유치권

정답해설 ≫

③ 전세권이란 용익물권 중 하나로 전세금을 지급하고 타인의 부동산을 점유하여 그 부동산의 용도에 좇아 사용·수익하며, 그 부동산 전부에 대하여 후순위권리자 기타 채권자보다 전세금의 우선변제를 받을 권리를 말한다.

23 법인이 아닌 사단의 사원이 집합체로서 물건을 소유할 때의 소유형태는? 18년 기출

① 단독소유　　② 공유
③ 합유　　④ 총유

정답해설 ≫

④ 법인이 아닌 사단의 사원이 집합체로서 물건을 소유할 때에는 총유로 한다(민법 제275조 제1항).

오답해설 ≫

① 단독소유는 하나의 필지를 한사람이 소유하는 것을 말한다.
② 물건이 지분에 의하여 수인의 소유로 된 때에는 공유로 한다(민법 제262조 제1항).
③ 법률의 규정 또는 계약에 의하여 수인이 조합체로서 물건을 소유하는 때에는 합유로 한다(민법 제271조 제1항).

24 甲이 과수가 식재된 乙 소유의 토지 위에 권원 없이 건물을 신축하고 있는 경우에 乙이 甲을 상대로 행사할 수 있는 권리가 아닌 것은? 13년 기출

① 토지매수청구권　　② 공사중지청구권
③ 손해배상청구권　　④ 소유권에 기한 방해제거청구권

정답해설 ≫

① 甲이 권원 없이 건물을 신축하고 있으므로 乙은 물권적 청구권인 방해배제청구권을 행사할 수 있다. 방해배제청구권에는 반환청구권, 방해제거청구권, 방해예방청구권이 있으며, 그 외에 乙은 공사중지청구권과 甲의 건물 신축에 의해 생긴 손해에 대한 손해배상청구권도 행사할 수 있다.

정답 ≫	18 ②	19 ②	20 ②	21 ①	22 ③	23 ④	24 ①

25 민법상 채권의 소멸원인이 아닌 것은?

① 대물변제 ② 경개
③ 담보설정 ④ 공탁

정답해설≫

③ 담보설정은 채권의 소멸원인이 아닌, 채권의 효력을 강화하는 제도이다.
* 민법상 채권의 소멸원인으로는 변제, 대물변제, 공탁, 상계, 경개, 면제, 혼동이 있다.

26 민법상 연대채무자 1인에게 생긴 사유 중 절대적 효력이 인정되는 경우가 아닌 것은?

16년 기출

① 상계 ② 면제
③ 혼동 ④ 시효중단

정답해설≫

④ 시효중단은 시효를 인정할 수 없는 사실이 생겼을 때 시효의 진행을 중단시키는 것으로, 당사자 및 그 승계인 사이에만 효력이 있다. 따라서 시효중단은 절대적 효력이 인정되는 경우가 아니다.

오답해설>

연대채무자 1인에게 생긴 사유 중 절대적 효력이 인정되는 경우는 이행의 청구, 경개, 상계, 면제, 혼동, 소멸시효, 채권자지체 등이다(민법 제416조~제422조).

27 보증채무에 관한 설명으로 옳지 않은 것은?

15년 기출

① 주채무가 소멸하면 보증채무도 소멸한다.
② 보증채무는 주채무가 이행되지 않을 때 비로소 이행하게 된다.
③ 채무를 변제한 보증인은 선의의 주채무자에 대해서는 구상권을 행사하지 못한다.
④ 채권자가 보증인에 대하여 이행을 청구하였을 때, 보증인은 주채무자에게 먼저 청구할 것을 요구할 수 있다.

정답해설≫

③ 주채무자의 부탁 없이 보증인이 된 자가 변제 기타 자기의 출재로 주채무를 소멸하게 한 때에는 주채무자는 그 당시에 이익을 받은 한도에서 배상하여야 한다(민법 제444조 제1항). 이렇기 때문에 선의의 주채무자도 그 당시에 이익을 받은 한도에서 배상할 책임이 있다.

28 민법상 전형계약이 아닌 것은?

15년, 14년 기출

① 화해　　② 경개
③ 현상광고　　④ 종신정기금

정답해설

② 경개는 민법상 전형계약에 속하지 않는 비전형계약에 해당한다. 경개란 당사자가 채무의 중요한 부분을 변경하는 계약을 한 때에 구채무를 소멸하게 하는 효과이다.

:: 민법상 전형계약(14종)

재산권이전계약	증여계약, 매매계약, 교환계약
대차계약	소비대차계약, 사용대차계약, 임대차계약
노무공급계약	고용계약, 도급계약, 현상광고계약, 위임계약, 임치계약
기타 계약	조합계약, 종신정기금계약, 화해계약

29 민법상 전형계약에 관한 설명으로 옳지 않은 것은?

13년 기출

① 현상광고는 쌍무계약이다.
② 위임은 무상계약이 원칙이다.
③ 임치는 무상・편무계약이 원칙이다.
④ 이자부 소비대차계약은 쌍무계약이다.

정답해설

① 현상광고는 광고자가 어느 행위를 한 자에게 일정한 보수(유상계약)를 지급할 의사를 표시(편무계약)하고 이에 응한 자가 그 광고에 정한 행위를 완료함(요물계약)으로써 그 효력이 생긴다(민법 제675조). 현상광고는 유상계약, 편무계약, 요물계약에 해당한다.

30 민법상 계약에 관한 설명으로 옳은 것은?

① 도급계약은 비전형계약에 해당한다.
② 매매계약은 전형적인 유상・쌍무계약이다.
③ 계약에 관한 규정은 강행법규적 성격이 강하다.
④ 전형계약은 비전형계약에 대하여 우선적 효력이 있다.

오답해설

① 도급계약은 전형계약에 해당한다.
③ 계약에 관한 규정은 임의규정적 성격이 강하다.
④ 전형계약은 민법에 규정되어 있는 계약으로 유명계약이라고도 한다. 전형계약과 비전형계약은 민법상 규정 여부의 차이만이 있을 뿐, 효력상 우선순위가 없다.

정답	25 ③　26 ④　27 ③　28 ②　29 ①　30 ②

31 민법상 전형계약에 해당하는 것은?

① 증여계약 ② 여행계약
③ 중개계약 ④ 진료계약

정답해설»

① 증여계약은 민법상 14개의 전형계약 중 하나에 해당한다. 증여는 당사자일방이 무상으로 재산을 상대방에 수여하는 의사를 표시하고 상대방이 이를 승낙함으로써 그 효력이 생긴다(민법 제554조).

32 민법상 전형계약이 아닌 것은?

① 소비대차계약 ② 화해계약
③ 교환계약 ④ 중개계약

정답해설»

④ 중개계약은 민법상 전형계약에 속하지 않는 비전형계약에 해당한다.

* 민법상 전형계약에는 증여계약, 매매계약, 교환계약, 소비대차계약, 사용대차계약, 임대차계약, 고용계약, 도급계약, 현상광고계약, 위임계약, 임치계약, 조합계약, 종신정기금계약, 화해계약 등이 있다.

33 민법상 권리에 관한 설명으로 옳은 것은?

① 권리능력에 관한 규정은 당사자의 합의로 그 적용을 배제할 수 있다.
② 채권자취소권은 소의 제기 없이 권리행사가 가능하다.
③ 비영리사단법인에서 사원의 결의권은 출자액과 무관하게 평등하다.
④ 상품권, 입장권 등은 기명채권이다.

오답해설»

① 권리능력에 관한 규정은 당사자의 합의로 그 적용을 배제할 수 없다.
② 재판상, 재판 외 행사가 가능한 채권자대위권과는 달리 채권자취소권은 오직 재판상으로 행사가 가능하다(민법 제406조).
④ 상품권, 입장권 등은 양수인에게 그 증서를 교부함으로써 양도의 효력이 있는 무기명채권이다.

34 민법상 불법행위로 인한 손해배상을 설명한 것으로 옳은 것은? 14년 기출

① 태아는 불법행위에 대한 손해배상청구에 있어서는 이미 출생한 것으로 본다.
② 피해자가 수인의 공동불법행위로 인하여 손해를 입은 경우 가해자 각자의 기여도에 대해서만 그 손해의 배상을 청구할 수 있다.
③ 고의 또는 과실로 심신상실을 초래하였더라도 심신상실의 상태에서 행해진 것이라면, 배상책임이 인정되지 않는다.
④ 미성년자가 타인에게 손해를 가한 경우에 그 행위의 책임을 변식할 지능이 없는 경우에도 배상책임이 있다.

오답해설 >

② 수인이 공동의 불법행위로 타인에게 손해를 가한 때에는 연대하여 그 손해를 배상할 책임이 있다(민법 제760조 제1항).
③ 고의 또는 과실로 심신상실을 초래한 때에는 배상책임이 있다(민법 제754조).
④ 미성년자가 타인에게 손해를 가한 경우에 그 행위의 책임을 변식할 지능이 없는 때에는 배상의 책임이 없다(민법 제753조).

35 민법상 불법행위에 관한 설명으로 옳은 것은?

① 법률상 원인 없이 타인의 재산으로 인하여 이익을 얻고 이로 인하여 타인에게 손해를 가하는 행위
② 의무 없이 타인을 위하여 사무를 관리하는 행위
③ 당사자가 상호 양보하여 당사자 간의 분쟁을 종지할 것을 약정하는 하는 행위
④ 고의 또는 과실로 인한 위법행위로 타인에게 손해를 가하는 행위

정답해설 >

④ 민법상 불법행위는 고의 또는 과실로 인한 위법행위로 타인에게 손해를 가하는 행위이다.

오답해설 >

① 부당이득에 대한 내용으로 법률상 원인 없이 타인의 재산 또는 노무로 인하여 이익을 얻고 이로 인하여 타인에게 손해를 가한 자는 그 이익을 반환하여야 한다(민법 제741조).
② 사무관리에 대한 내용으로 의무 없이 타인을 위하여 사무를 관리하는 자는 그 사무의 성질에 좇아 가장 본인에게 이익되는 방법으로 이를 관리하여야 한다(민법 제734조 제1항).
③ 화해에 대한 내용으로 화해는 당사자가 상호 양보하여 당사자 간의 분쟁을 종지할 것을 약정함으로써 그 효력이 생긴다(민법 제731조).

정답 > 31 ① 32 ④ 33 ③ 34 ① 35 ④

36 다음 중 무과실책임에 해당하는 것을 모두 고른 것은?

ㄱ. 사용자책임	ㄴ. 의료사고에 대한 책임
ㄷ. 변호인의 불법행위책임	ㄹ. 금전채무불이행에 대한 책임

① ㄱ, ㄷ　② ㄱ, ㄹ
③ ㄴ, ㄷ　④ ㄴ, ㄹ

정답해설

ㄱ. 사용자책임은 상대적 무과실책임에 해당한다. 사용자는 피용자가 그 사무집행에 관하여 제3자에게 가한 손해를 배상해야 하지만, 사용자가 피용자의 선임 및 그 사무감독에 상당한 주의를 한 때 또는 상당한 주의를 하여도 손해가 있을 경우에는 배상책임이 없다(민법 제756조 제1항).

ㄹ. 금전채무불이행에 대한 책임은 무과실책임에 해당한다. 금전채무불이행의 손해배상에 관하여는 채권자는 손해의 증명을 요하지 아니하고 채무자는 과실 없음을 항변하지 못한다(민법 제397조 제2항).

37 민법상 친족에 관한 설명으로 옳은 것은?

① 친족관계로 인한 법률상 효력은 법률에 특별한 규정이 없는 한 8촌 이내의 인척, 4촌 이내의 혈족, 배우자에 미친다.

② 자기의 형제자매와 형제자매의 직계비속, 직계존속의 형제자매 및 그 형제자매의 직계비속을 방계혈족이라 한다.

③ 혈족의 배우자, 배우자의 혈족, 배우자의 혈족의 배우자를 직계혈족으로 한다.

④ 입양으로 인한 친족관계는 입양의 취소나 파양이 있어도 종료되지 않는다.

정답해설

② 민법 제768조

오답해설

① 친족관계로 인한 법률상 효력은 법률에 특별한 규정이 없는 한 8촌 이내의 혈족, 4촌 이내의 인척, 배우자에 미친다(민법 제777조).

③ 혈족의 배우자, 배우자의 혈족, 배우자의 혈족의 배우자를 인척으로 한다(민법 제769조).

④ 입양으로 인한 친족관계는 입양의 취소 또는 파양으로 인하여 종료한다(민법 제776조).

38 민법상 재판상 이혼원인에 해당하지 않는 것은?

① 배우자의 생사가 1년간 분명하지 아니한 때

② 배우자에 부정한 행위가 있었을 때

③ 배우자 또는 그 직계존속으로부터 심히 부당한 대우를 받았을 때
④ 자기의 직계존속이 배우자로부터 심히 부당한 대우를 받았을 때

정답해설 >

① 배우자의 생사가 '3년 이상' 분명하지 아니한 때가 민법상 재판상 이혼원인에 해당한다(민법 제840조).

39 민법상 증인이 필요 없는 유언방식은?

① 자필증서에 의한 유언
② 공정증서에 의한 유언
③ 비밀증서에 의한 유언
④ 구수증서에 의한 유언

정답해설 >

① 자필증서에 의한 유언은 유언자가 그 전문과 연월일, 주소, 성명을 자서하고 날인하여야 한다(민법 제1066조 제1항).

오답해설 >

② 공정증서에 의한 유언은 유언자가 증인 2인이 참여한 공증인의 면전에서 유언의 취지를 구수하고 공증인이 이를 필기낭독하여 유언자와 증인이 그 정확함을 승인한 후 각자 서명 또는 기명날인하여야 한다(민법 제1068조).
③ 비밀증서에 의한 유언은 유언자가 필자의 성명을 기입한 증서를 엄봉날인하고 이를 2인 이상의 증인의 면전에 제출하여 자기의 유언서임을 표시한 후 그 봉서표면에 제출연월일을 기재하고 유언자와 증인이 각자 서명 또는 기명날인하여야 한다(민법 제1069조 제1항).
④ 구수증서에 의한 유언은 질병 기타 급박한 사유로 인하여 자필증서, 녹음, 공정증서, 비밀증서 방식에 의할 수 없는 경우에 유언자가 2인 이상의 증인의 참여로 그 1인에게 유언의 취지를 구수하고 그 구수를 받은 자가 이를 필기 낭독하여 유언자의 증인이 그 정확함을 승인한 후 각자 서명 또는 기명날인하여야 한다(민법 제1070조 제1항).

40 경비계약에 관한 설명으로 옳지 않은 것은?

15년 기출

① 경비업자가 경비계약을 체결하는 상대방은 경비대상 시설의 소유자 또는 관리자이다.
② 경비업자는 경비계약상 채무를 선량한 관리자의 주의로 이행하여야 한다.
③ 보수는 시기의 약정이 없으면 관습에 의하고, 관습이 없으면 경비업무를 종료한 후 지체 없이 지급하여야 한다.
④ 경비업무 도급인이 파산하면 경비업자는 경비계약을 해제하고 경비업무 도급인에게 손해배상을 청구할 수 있다.

정답해설 >

④ 경비업무 도급인이 파산선고를 받은 때에는 수급인인 경비업자는 계약을 해제할 수 있지만, 계약해제로 인한 손해의 배상은 청구하지 못한다(민법 제674조 제1항·제2항).

정답 > 36 ② 37 ② 38 ① 39 ① 40 ④

41 경비업자와 체결하는 경비계약에 관한 설명으로 옳지 않은 것은? 14년 기출

① 경비계약은 유상계약의 성질을 갖는다.

② 경비계약은 일종의 도급계약의 성질을 갖는다.

③ 민간경비계약의 당사자는 경비업자와 고객이다.

④ 경비계약은 합의 후 경비계약서를 인가받은 때에 성립한다.

정답해설≫

④ 경비계약은 민법상 계약의 일종으로 계약 성립의 시기는 원칙적으로 의사표시의 합치가 이루어진 그 당시이다(대판 2001.3.23, 2000다51650). 따라서 경비계약은 경비계약서를 인가받은 때가 아닌 당사자 간의 합의로 성립한다.

42 경비계약에 관한 설명으로 옳지 않은 것은? 13년 기출

① 경비계약은 당사자의 합의만으로 성립한다.

② 경비업무 도급인은 특별한 사정이 없는 한 경비업무를 완성한 후 지체 없이 경비업자에게 그 보수를 지급하여야 한다.

③ 경비업무 도급인은 경비업자가 경비업무를 완성하기 전에는 손해를 배상하더라도 계약을 해제할 수 없다.

④ 경비업무 도급인은 경비업자의 귀책사유로 그 업무의 이행이 불능하게 된 경우에 경비업자를 상대로 전보배상을 청구할 수 있다.

정답해설≫

③ 수급인인 경비업자가 일을 완성하기 전에는 경비업무의 도급인은 손해를 배상하고 계약을 해제할 수 있다(민법 제673조).

43 경비계약이 무효가 아닌 것은? 17년 기출

① 상대방과 통정하여 허위의 청약의사표시를 한 경우

② 강박에 의해 승낙의 의사표시를 한 경우

③ 무경험으로 인하여 계약내용이 현저하게 공정을 잃은 경우

④ 진의가 아닌 청약임을 알고서 승낙한 경우

정답해설≫

② 강박에 의해 승낙의 의사표시를 한 경우에는 경비계약이 무효가 아니라 경비계약의 취소에 해당된다.

44 경비계약이 무효로 되는 경우는? 16년 기출

① 사기에 의해 청약의 의사표시를 한 경우
② 진의가 아닌 청약임을 알고서 승낙한 경우
③ 동기의 착오로 승낙의 의사표시를 한 경우
④ 계약내용의 중요부분에 착오가 있는 경우

정답해설≫

② 진의가 아닌 청약임을 알고서 승낙한 경우는 경비계약이 무효로 된다(민법 제107조 제1항).

오답해설≫

①·③·④의 경우에는 경비계약을 취소할 수 있다(민법 제109조·제110조).

45 경비업자의 채무불이행책임이 발생하는 경우가 아닌 것은? 15년 기출

① 경비원의 부주의로 경비대상 시설이 파손된 경우
② 경비원이 업무수행 과정에서 과실로 제3자에게 부상을 입힌 경우
③ 경비원이 업무수행 과정에서 근무태만으로 인하여 도난사고가 발생한 경우
④ 경비원이 업무수행 과정에서 취득한 고객의 비밀을 누설하여 손해를 끼친 경우

정답해설≫

② 경비원이 업무수행 과정에서 과실로 제3자에게 부상을 입힌 경우는 채무불이행책임이 아닌 불법행위에 따른 손해배상책임이 있다(민법 제750조).

46 경비업자 甲이 乙과 체결한 경비계약상의 채무를 이행하지 않은 경우, 甲의 乙에 대한 손해배상책임에 관한 설명으로 옳지 않은 것은? 16년 기출

① 甲의 채무불이행으로 인한 손해배상은 통상의 손해를 그 한도로 한다.
② 甲과 乙이 행한 채무불이행에 관한 손해배상액의 예정은 이행의 청구나 계약의 해제에 영향을 미치지 않는다.
③ 특별한 사정으로 인한 손해는 甲이 그 사정을 알았을 때에 한하여 배상의 책임이 있다.
④ 乙에게도 과실이 있는 때에는 법원은 甲의 주장이 없더라도 손해배상의 책임 및 그 액을 정함에 이를 참작해야 한다.

정답해설≫

③ 채무불이행으로 인한 손해배상은 통상의 손해를 그 한도로 하고, 특별한 사정으로 인한 손해는 채무자(乙)가 그 사정을 알았거나 알 수 있었을 때에 한하여 배상의 책임이 있다.

정답 ≫	41 ④ 42 ③ 43 ② 44 ② 45 ② 46 ③

47 **아파트 경비원이 근무 중 인근의 상가 건물에 화재가 난 것을 보고 달려가서 화재를 진압한 행위에 관한 설명으로 옳지 않은 것은?** 15년 기출

① 경비업무의 범위를 벗어난 행위이기 때문에 경비원에게 화재를 진압할 법적 의무가 없다.
② 경비원은 상가 건물주에게 이익이 되는 방법으로 화재를 진압해야 한다.
③ 상가 건물주의 이익에 반하지만 공공의 이익을 위해 화재를 진압하다가 손해를 끼친 경우, 경비원은 과실이 없더라도 손해를 배상할 책임이 있다.
④ 경비원이 상가 건물 임차인의 생명을 구하기 위해 화재를 진압하다가 발생한 손해는 고의나 중과실이 없으면 배상할 책임이 없다.

정답해설

③ 아파트 경비원은 의무 없이 타인인 상가 건물주의 상가 건물의 화재를 진압했으므로 민법 제734조의 사무관리에 해당한다. 사무관리에서는 관리자의 관리행위가 공공의 이익에 적합한 때 중대한 과실이 없으면 배상책임이 없다(민법 제734조 제3항). 따라서 상가 건물주의 이익에 반하여도 공공의 이익을 위해 화재를 진압하여 손해를 끼친 경우, 무과실이나 (경)과실이라면 아파트 경비원은 손해를 배상할 책임이 없다.

48 **경비견을 보관하는 경비원의 책임에 관한 설명으로 옳지 않은 것은?** 17년 기출

① 경비원의 과실로 경비견이 고객의 애완동물을 죽인 경우, 형사상 재물손괴죄의 책임을 진다.
② 경비견이 지나가는 행인을 물어 사망케 한 경우, 형사상 과실치사죄의 책임을 질 수 있다.
③ 경비견이 지나가는 행인을 물어 손해를 가한 경우, 민사상 손해배상책임이 있다.
④ 경비견의 보관에 상당한 주의의무를 다한 것을 입증한 경우, 민사상 손해배상책임을 지지 않는다.

정답해설

① 경비원의 고의로 경비견이 고객의 애완동물을 죽인 경우 형사상 재물손괴죄의 책임을 지지만, 과실로 경비견이 고객의 애완동물을 죽인 경우 형사상 재물손괴죄의 책임을 지지 않는다.

49 **경비업체 甲과 상가 건물의 건물주 乙이 경비계약을 체결한 경우, 경비원 A가 오토바이를 타고 순찰을 하던 중 부주의로 행인 B를 치어 상해를 입혔고 넘어진 오토바이로 인해 상가 건물의 화단이 훼손되었다. 甲과 A의 책임에 관한 설명으로 옳지 않은 것은?** 15년 기출

① A는 乙에게 채무불이행에 기한 손해배상책임을 부담한다.
② B는 甲에게 사용자책임을 물어 직접 손해배상을 청구할 수 있다.
③ B는 A에게 불법행위에 기한 손해배상을 청구할 수 있다.
④ 甲은 A의 화단 훼손행위에 의한 손해를 乙에게 배상하여야 한다.

정답해설≫

① 경비원 A는 경비업무 수행 도중 과실로 인해 오토바이로 건물 화단이 훼손되는 손해를 끼쳤으므로 경비원 A는 건물주 乙에게 불법행위에 의한 손해를 끼쳤다. 따라서 경비원 A는 건물주 乙에게 채무불이행이 아닌 불법행위에 대한 손해배상책임을 부담한다.

50 경비업자 등의 손해배상책임에 관한 설명으로 옳은 것은?

14년 기출

① 경비원이 경비업무 중 고의로 제3자에게 입힌 손해를 경비업자가 배상한 경우, 경비업자는 경비원에게 구상권을 행사할 수 없다.

② 경비업자는 경비원이 업무수행 중 고의로 제3자에게 손해를 입힌 경우에만 이를 배상할 책임이 있다.

③ 경비업무 도급인은 도급 또는 지시에 중대한 과실이 있는 경우에도 경비업자의 경비업무 수행으로 인하여 제3자에게 입힌 손해를 배상할 책임이 없다.

④ 수인(數人)의 경비원이 업무수행 중 고의 또는 과실로 경비대상에 손해를 발생시킨 경우에는 연대하여 그 손해를 배상하여야 한다.

정답해설≫

④ 수인이 공동의 불법행위로 타인에게 손해를 가한 때에는 연대하여 그 손해를 배상할 책임이 있다(민법 제760조 제1항).

오답해설 >

① 경비업자(사용자)는 경비원(피용자)에게 손해배상에 대한 구상권을 행사할 수 있다(민법 제756조 제3항).
② 경비업자(사용자)는 경비원의 고의 또는 과실로 인한 손해배상책임이 있다(민법 제750조).
③ 경비업무의 도급인은 도급 또는 지시에 관하여 도급인에게 중대한 과실이 있는 때에는 사용자의 배상책임이 있다(민법 제757조 제1항).

51 경비회사 甲의 경비원 A는 임산부 B를 경호하다가 A의 과실로 B의 태아 C가 사산되었다면, 다음 중 옳지 않은 것은? (단, 甲은 A의 선임 및 사무감독에 상당한 주의를 다하지 않았음)

18년 기출

① B는 甲에게 손해배상청구를 할 수 있다.
② B는 A에게 손해배상청구를 할 수 있다.
③ C는 甲에게 손해배상청구를 할 수 없다.
④ C는 A에게 손해배상청구를 할 수 있다.

정답 > 47 ③ 48 ① 49 ① 50 ④ 51 ④

정답해설 ≫

④ 민법 제762조("태아는 손해배상의 청구권에 관해서는 이미 출생한 것으로 본다.")에 대해 법원은 민법 제3조("사람은 생존한 동안 권리와 의무의 주체가 된다.")의 취지를 고려하여 태아가 살아서 출생한 경우에 한해 손해배상청구권을 갖는 것으로 해석하고 있고, 그에 따라 태아 상태에서 사망하여 출생의 기회를 갖지 못한 태아의 경우에는 그 생명침해에 대한 태아 자신의 손해배상청구권이 부정된다(헌재 2008.7.31, 2004헌바81 결정).

52 경비원이 업무수행 중 과실로 제3자에게 손해를 입힌 경우에 경비업자가 그 제3자에게 지는 책임은?

14년 기출

① 채무불이행책임
② 사용자배상책임
③ 부당이득책임
④ 진정연대책임

정답해설 ≫

② 민법 제756조에 따르면 타인을 사용하여 어느 사무에 종사하게 한 자(경비업자)는 피용자(경비원)가 그 사무집행에 관하여 제3자에게 가한 손해를 배상할 책임이 있다.

53 경비원이 경비업무 수행 중에 경비시스템 장비를 오작동하여 고객의 신체 및 재산에 중대한 손해를 발생하게 한 경우에 성립하는 경비업자의 책임유형은?

13년 기출

① 이행불능책임
② 이행지체책임
③ 불완전이행책임
④ 하자담보책임

정답해설 ≫

③ 경비원이 장비의 오작동으로 고객에게 손해를 끼친 경우, 일단 채무의 이행이 있기는 하지만 완전한 급부를 하지 못한 것이므로 불완전이행책임이라 할 수 있다.

54 경호업체 甲의 경비원 A가 회사의 업무수행을 위하여 회사소유의 자동차를 운전하다가 교통사고를 일으켜 B에게 상해를 입힌 사건에 관한 설명으로 옳지 않은 것은?

17년 기출

① 甲은 A의 사용자로서 B에 대하여 손해배상책임을 부담한다.
② 甲이 A의 선임 및 그 사무 감독에 상당한 주의를 했다면 B에 대하여 손해배상책임이 없다.
③ 甲을 갈음하여 그 사무를 감독하는 자도 손해배상책임을 부담할 수 있다.
④ A가 회사의 업무수행 중에 사고가 발생했으므로 B는 A에 대해서는 손해배상을 청구할 수 없다.

정답해설 ≫

④ 경비원 A는 경비업무 수행 도중 과실로 인해 자동차로 B에게 불법행위에 의한 손해를 끼쳤다. 따라서 B는 A에 대해서는 손해배상을 청구할 수 있다.

55 손해배상에 관한 설명으로 옳지 않은 것은?

13년 기출

① 경비업자는 경비원이 업무수행 중 과실로 경비대상에 손해가 발생하는 것을 방지하지 못한 때에는 그 손해를 배상하여야 한다.

② 경비원이 업무수행 중 과실로 인한 위법행위로 제3자에게 손해를 입힌 경우, 경비원은 그 손해에 대하여 배상책임을 진다.

③ 여러 명의 경비원이 공동의 불법행위로 타인에게 손해를 가한 경우, 각 경비원은 피해자에게 분할하여 손해배상책임을 진다.

④ 불법행위로 인한 손해배상청구권은 피해자나 그 법정대리인이 그 손해 및 가해자를 안 날로부터 3년간 이를 행사하지 아니하면 시효로 인하여 소멸한다.

정답해설

③ 여러 명의 경비원이 공동의 불법행위로 타인에게 손해를 가한 경우, 각 경비원은 피해자에게 연대하여 그 손해를 배상할 책임이 있다(민법 제760조 제1항).

56 경비업무 중 근무태만으로 도난사고가 발생하여 고객이 재산상의 손해를 입은 경우 경비업자의 책임은?

17년 기출

① 하자담보 ② 사무관리

③ 채무불이행 ④ 부당이득

정답해설

③ 경비업무 중 근무태만으로 도난사고가 발생하여 고객이 재산상의 손해를 입은 경우 경비업자의 책임은 채무자가 채무의 내용에 따른 이행을 하지 않는 것인 채무불이행 중 이행지체이다. 이행지체는 채무가 이행기에 있고 또한 채무이행이 가능한데도 채무자가 채무내용을 이행하지 않는 것을 말한다.

57 A주식회사는 B경비회사와 경비업무에 관한 도급계약을 체결하였다. 이후 B경비회사의 경비원 甲이 C보험회사에 가입된 경비차량을 주차시키던 중 동료 경비원 乙을 다치게 한 경우, 乙이 손해배상을 청구할 수 있는 대상이 아닌 것은?

① A주식회사 ② B경비회사

③ 경비원 甲 ④ C보험회사

정답해설

① 도급인인 A주식회사는 도급 또는 지시에 관하여 중대한 과실이 없는 한, 수급인인 B경비회사가 경비업무에 관하여 제3자에게 가한 손해를 배상할 책임이 없다(민법 제757조).

정답 52 ② 53 ③ 54 ④ 55 ③ 56 ③ 57 ①

오답해설 >

② B경비회사는 경비원 甲의 사용자에 해당한다. 사용자(B)는 피용자(甲)가 행한 경비업무에 관하여 제3자(乙)에게 가한 손해를 배상할 책임이 있다(민법 제756조 제1항).
③ 경비원 甲은 직접적인 불법행위자에 해당하므로 고의 또는 과실로 인한 위법행위로 乙에게 손해를 끼쳤으므로 배상의 책임이 있다(민법 제750조).
④ C보험회사는 불법행위자인 甲이 해당 보험회사에 가입된 차량으로 乙에게 손해를 끼쳤으므로 C보험회사는 보험자로서 손해배상책임을 부담한다.

58 우리나라 소송에 관한 설명으로 옳지 않은 것은?

20년 기출

① 사실의 인정은 증거에 의하여야 한다.
② 사실확정에 있어서 추정은 반증에 의해 그 효과가 부인될 수 있다.
③ 증인신문은 원칙적으로 법원의 신문 후에 당사자에 의한 교호신문(交互訊問)의 형태로 진행된다.
④ 형사소송에서 피고인의 자백이 그 피고인에게 불이익한 유일의 증거인 때에는 이를 유죄의 증거로 하지 못한다.

정답해설 >

③ 증인신문은 신청한 당사자가 먼저 하고, 다음에 다른 당사자가 한다. 재판장은 당사자의 신문이 끝난 뒤에 신문하거나 필요한 경우 언제든지 신문할 수 있다(민사소송법 제327조 제1항~제3항). 따라서 증인신문은 원칙적으로 당사자에 의한 교호신문 후에 법원의 신문이 진행된다.

오답해설 >

① 증거재판주의에 따라 사실의 인정은 증거에 의하여야 한다.
② 추정이란 입증의 부담을 완화하기 위하여 불명확한 사실에 대하여 일정한 법적 효과를 부여하는 것으로, 반증이 입증되면 그 효과는 부정된다.
④ 피고인의 자백이 그 피고인에게 불이익한 유일의 증거인 때에는 이를 유죄의 증거로 하지 못한다(형사소송법 제310조).

59 민사소송에 관한 설명으로 옳지 않은 것은?

① 영업정지처분에 대한 분쟁은 행정소송의 대상이 된다.
② 화해는 당사자 간의 상호양보를 통하여 분쟁을 해결하는 절차이다.
③ 중재는 법관의 판단에 복종하기로 합의하여 분쟁을 해결하는 절차이다.
④ 원고와 피고의 대립관계가 존재하지 않아도 민사소송이 성립될 수 없다.

정답해설 >

③ 중재는 법관(법원)이 아닌 제3자인 중재인의 판단에 복종할 것을 약정하여 분쟁을 해결하는 절차이다.

60 민사소송법의 기본원리에 관한 설명으로 옳은 것은?

① 민사소송을 지배하고 있는 원리는 실체적 진실주의이다.
② 당사자가 신청한 범위 내에서만 판결하는 처분권주의가 원칙이다.
③ 민사소송은 비공개심리주의가 원칙이다.
④ 소송진행 중이라도 청구의 포기나 인낙을 통해 소송을 종료할 수 없다.

오답해설 >

① 민사소송을 지배하고 있는 원리는 형식적 진실주의이다. 민사소송은 형사소송과는 달리 당사자주의의 성격이 강하기 때문에 실체적 진실의 발견보다는 적정, 공평, 신속, 경제를 중요시한다.
③ 민사소송은 공개심리주의가 원칙이다.
④ 소송진행 중이라도 청구의 포기나 인낙을 통해 소송을 종료할 수 있다.

61 민사소송법상 원고가 소를 제기함에 있어서 청구의 성질・내용에 따라 분류하는 소(訴)의 종류가 아닌 것은?

① 이행의 소
② 확인의 소
③ 책임의 소
④ 형성의 소

정답해설 >

③ 민사소송법상 소는 청구의 성질과 내용에 따라 이행의 소, 확인의 소, 형성의 소로 분류한다.

62 민사소송법상 보통재판적에 관한 설명으로 옳은 것은?

① 소는 원고의 보통재판적이 있는 곳의 법원이 관할한다.
② 사람의 보통재판적은 원칙적으로 그의 거소에 따라 정한다.
③ 법인의 보통재판적은 주된 사무소 또는 영업소가 있는 곳에 따라 정하고, 사무소와 영업소가 없는 경우에는 주된 업무담당자의 주소에 따라 정한다.
④ 국가의 보통재판적은 그 소송에서 국가를 대표하는 관청 또는 지방법원이 있는 곳으로 한다.

정답해설 >

③ 민사소송법 제5조 제1항

오답해설 >

① 소는 원고가 아닌 피고의 보통재판적이 있는 곳의 법원이 관할한다(동법 제2조).
② 사람의 보통재판적은 원칙적으로 그의 주소에 따라 정한다(동법 제3조).
④ 국가의 보통재판적은 그 소송에서 국가를 대표하는 관청 또는 대법원이 있는 곳으로 한다(동법 제6조).

정답 > 58 ③ 59 ③ 60 ② 61 ③ 62 ③

63 민사소송법상 심리의 원칙이 아닌 것은?

13년 기출

① 변론주의
② 당사자주의
③ 처분권주의
④ 동시제출주의

정답해설≫

④ 민사소송법상 우리나라는 동시제출주의가 아닌 적시제출주의를 취하고 있다. 적시제출주의란 당사자는 공격 또는 방어의 방법을 소송의 정도에 따라 적절한 시기에 제출하여야 한다는 원칙이다(민사소송법 제146조).

▪ 민사소송법상 심리의 원칙

공개심리주의	일반 국민에게 재판의 심리와 판결을 공개하는 원칙
쌍방심리주의	법원은 소송의 심리에서 당사자 쌍방에게 평등한 진술 기회를 보장해 주어야 한다는 원칙
구술심리주의	법원은 당사자의 구두 변론을 근거로 재판을 해야 한다는 원칙
직접심리주의	판결을 하는 법관이 변론의 청취 및 증거조사를 직접 해야 한다는 원칙
변론주의	당사자는 소송자료의 수집과 제출에 대한 책임이 있고 법원이 그에 따라 수집·제출된 소송자료만을 재판의 기초로 삼아야 한다는 원칙
적시제출주의	당사자는 공격 또는 방어의 방법을 소송의 정도에 따라 적절한 시기에 제출하여야 한다는 원칙
처분권주의	당사자는 소송의 개시 및 종료, 심판의 대상에 대해 주도권을 가진다는 원칙

64 민사소송법상 항소에 관한 설명으로 옳은 것은?

① 항소장의 부본은 항소인에게 송달하여야 한다.
② 항소는 판결서 송달 전에는 할 수 없고, 판결서가 송달된 날로부터 2주 후에 할 수 있다.
③ 항소는 항소심의 종국판결이 있기 전에 취하할 수 있다.
④ 소송비용 및 가집행에 관한 재판에 대하여도 독립하여 항소를 할 수 있다.

정답해설≫

③ 민사소송법 제393조 제1항

오답해설≫

① 항소장의 부본은 피항소인에게 송달하여야 한다(동법 제401조).
② 항소는 판결서가 송달된 날부터 2주 이내에 하여야 한다. 다만, 판결서 송달 전에도 할 수 있다(동법 제396조 제1항).
④ 소송비용 및 가집행에 관한 재판에 대하여는 독립하여 항소를 하지 못한다(동법 제391조).

정답 ≫ 63 ④ 64 ③

PART

04

형사법

제1장 형법
제2장 형사소송법

형사법

제1장 | 형법

01 형법 총론

1. 서론

(1) 형법의 의의와 기능

① 형법의 의의

형법은 범죄행위라는 법률요건을 확정하고 이에 대한 법적 효과로서 형벌이라는 국가적 제재를 과하게 되는 법규범의 총체를 말한다.

㉠ 실질적 의미의 형법이란 범죄와 형벌을 정한 모든 법규를 말한다.

㉡ 형식적 의미의 형법이란 '형법'이란 명칭을 가진 것만을 말한다.

✓ OX

형식적 의미의 형법에는 실질적 의미의 형법인 것만 규정되어 있다. (×)

② 형법의 성격 13년 기출

㉠ 법적 성격 : 형법은 공법이고 사법법이며, 형사법이고 실체법이다.

㉡ 규범적 성격

가설규범	일정한 범죄행위를 전제조건으로 하여 이에 대한 법률효과를 규정하는 규범을 말한다.
행위규범	각 개인의 행위를 명령 또는 금지하여 직접적으로 수범자에게 행위의 준칙을 제시하는 규범을 말한다.
재판규범	재판의 준칙이 되는 규범을 말한다.
평가규범	인간의 일정한 행위가 가치에 반하며 위법하다고 평가하는 규범을 말한다.
의사결정규범	어떤 행위를 하게 하거나 하지 못하게 하는 기능을 가지는 규범을 말한다.
강제규범	일정한 범죄나 위반행위 등에 대하여 형벌·강제집행 등의 일정한 효과로서의 제재를 가함으로써 강제적으로 사회의 질서를 유지하는 작용을 갖는 규범을 말한다.

✓ Tip

"사람을 살해한 자는 사형·무기 또는 5년 이상의 징역에 처한다"는 형법의 규정이 지니는 규범적 성격은 행위규범, 강제규범, 재판규범 등이다.

③ 형법의 기능

㉠ 보장적 기능 : 국가형벌권의 발동을 제한하여 국가형벌권의 자의적 행사로부터 개인의 자유와 권리를 보장하는 기능을 말한다.

㉡ **보호적 기능** : 범죄라는 침해행위에 대하여 형벌을 과함으로써 범죄로부터 일정한 법익과 사회 윤리적 행위가치를 보호하는 기능을 말한다.

㉢ **규율적(규제적) 기능** : 행위규범 내지 재판규범으로서 범죄행위자에 대하여 형사제재를 가함으로써 법질서교란행위를 규제하는 기능을 말한다.

㉣ **사회보전적 기능** : 형벌이나 보안처분이라는 강력한 수단을 동원하여 국가나 사회질서를 침해하는 범죄에 대하여 사회질서를 유지하고 보호하려는 기능을 말한다.

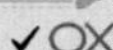

✓OX

자유민주주의 사회에서 특히 강조되는 형법의 기능은 보호적 기능이다. (×)

체크-UP

신파의 형법이론
- 의사결정론
- 행위자주의
- 형벌과 보안처분의 일원론
- 사회적 책임론

(2) 죄형법정주의

① 의의

죄형법정주의는 어떤 행위가 범죄로 되고 그 범죄에 대하여 어떤 형벌을 과할 것인가는 미리 성문의 법률에 규정되어 있어야 한다는 원칙을 말한다. "법률이 없으면 범죄 없고, 형벌도 없다."라는 의미로 표현된다.

② 기능

범죄와 형벌을 명확히 법률에 규정하여 국가형벌권의 자의적 행사로부터 국민의 자유와 안전을 보장하는 보장적 기능을 수행한다.

③ 죄형법정주의의 파생원칙 16년 기출

㉠ **관습형법 금지의 원칙** : 범죄와 형벌은 성문의 법률에 규정되어야 하고, 관습법에 의하여 가벌성을 인정하거나 형을 가중하여서는 안 된다는 원칙을 말한다.

㉡ **소급효 금지의 원칙**(형벌불소급의 원칙) : 형벌법규는 그 시행 이후에 이루어진 행위에 대해서만 적용되고, 시행 이전의 행위에까지 소급하여 적용될 수 없다는 원칙을 말한다.

✓Tip

범죄의 성립과 처벌은 행위시의 법률에 의한다(형법 제1조 제1항)는 것은 소급효 금지의 원칙을 표현한다.

㉢ **명확성의 원칙** : 형벌권의 자의적 행사로부터 국민의 자유와 권리를 보장하기 위해서는 범죄의 구성요건과 형벌을 명확하게 규정하여야 한다는 원칙을 말한다.

㉣ **유추해석 금지의 원칙** : 법률에 직접적인 규정이 없는 사항에 대하여 그것과 유사한 성질을 가지는 사항에 관한 법률을 적용하는 것을 금지하는 원칙을 말한다.

㉤ **적정성의 원칙** : 범죄와 형벌을 규정하는 법률의 내용은 인간의 존엄과 가치를 실질적으로 보장할 수 있도록 적정하여야 한다는 원칙을 말한다.

최신기출확인

죄형법정주의의 내용이 아닌 것은? 16년 기출

① 소급효 금지의 원칙
② 관습형법 금지의 원칙
③ 유추해석 금지의 원칙
④ 상대적 부정기형 금지의 원칙

해설
④ 부정기형은 형이 명확하지 아니한 경우에 해당되므로 죄형법정주의에 반한다고 할 수 있다.
답 ④

✓ Tip
"범죄의 성립과 처벌은 행위시의 법률에 의한다"는 것은 행위시법의 원칙을 선언하고 있다.

✓ Tip
범죄 후 법률의 변경이 있는 경우에는 원칙적으로 행위시법에 의하나 행위자에게 유리하게 변경된 경우에는 재판시의 법률에 따른다.

(3) 형법의 효력(적용범위)

① 시간적 효력

㉠ **원칙**(행위시법주의) : 형법은 그 실시 이후의 행위에만 적용되고 실시 이전의 행위에 소급하여 적용되지 아니한다는 원칙을 적용한다.

㉡ **예외**(재판시법주의)

ⓐ 범죄 후 법률의 변경에 의하여 그 행위가 범죄를 구성하지 아니하거나 형이 구법보다 경한 때에는 신법에 의한다.

ⓑ 재판확정 후 법률의 변경에 의하여 그 행위가 범죄를 구성하지 아니하는 때에는 형의 집행을 면제한다.

② 장소적 효력 12년, 10년 기출

현행 형법은 속지주의를 원칙으로 하고, 속인주의와 보호주의 및 세계주의를 가미하고 있다.

㉠ **속지주의** : 자국의 영역 안에서 발생한 모든 범죄에 대하여 범죄인의 국적을 불문하고 자국 형법을 적용한다는 원칙으로, 대한민국 영역 내에서 죄를 범한 내국인과 외국인에게 적용한다.

㉡ **기국주의** : 대한민국 영역 외에 있는 대한민국의 선박 또는 항공기 내에서 죄를 범한 외국인에게 적용한다. 기국주의도 속지주의의 일종으로 볼 수 있다.

㉢ **속인주의** : 자국민의 범죄에 대해서는 범죄지의 여하를 불문하고 자국 형법을 적용하는 원칙으로, 대한민국 영역 외에서 죄를 범한 내국인에게 적용한다.

㉣ **보호주의** : 자국 또는 자국민의 법익을 침해하는 범죄에 대하여는 누구에 의하여 어느 곳에서 발생하였는가에 관계없이 자국 형

법을 적용한다는 원칙으로, 대한민국 또는 대한민국 국민의 이익이 침해되는 경우 일정한 요건에 해당되면 적용한다.

ⓜ 세계주의 : 범죄지 · 범죄인의 국적 여하를 불문하고 공통적인 법익을 침해하는 행위에 대해서는 자국 형법을 적용한다는 원칙으로, 인류에 대한 공통적인 범죄인 약취 · 유인과 인신매매죄의 규정은 외국인이 외국에서 범한 경우에도 대한민국 형법을 적용한다.

③ 대인적 효력

형법은 시간적 · 장소적 적용범위 내에 있는 모든 사람에게 적용되는 것이 원칙이다. 예외로는 대통령의 형사상 특권, 국회의원의 면책특권, 외국의 원수와 외교관의 치외법권, 대한민국과 협정이 체결되어 있는 외국의 군대 등이다.

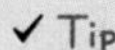

✓ Tip

일본인이 독일 내 공원에서 대한민국 국민을 살해한 경우, 대한민국 형법을 적용할 수 있는 근거는 보호주의이다.

2. 범죄론

(1) 범죄의 기본개념

① 범죄의 의의

범죄는 구성요건에 해당하는 위법하고 책임 있는 행위, 즉 사회에 유해하거나 법익을 침해하는 반사회적 행위를 말한다.

② 범죄의 성립요건 20년, 14년, 10년 기출

범죄가 성립하는 요건으로 구성요건해당성, 위법성, 책임이 있는데 이 요소 중 하나라도 결여되면 범죄가 성립하지 않는다.

구성요건 해당성	형법상 의미 있는 구체적인 행위가 법률이 규정한 범죄의 구성요건에 해당하는 성질을 말한다.
위법성	구성요건에 해당하는 행위가 법률상 허용되지 않는 성질을 말한다.
책임	구성요건에 해당하는 위법한 행위를 한 행위자에 대한 비난가능성을 말한다.

✓ OX

범죄의 성립요건을 갖춘 행위에는 형벌이 가해지는 것이 원칙이다. (○)

✓ Tip

객관적 처벌조건은 형법상 범죄의 성립요건이 아니다.

보충학습

범죄의 성립요건

- 해당 행위를 한 주체인 행위자에 대한 비난가능성, 즉 책임능력자의 고의 또는 과실이 있어야 한다.
- 행위자가 자신의 행위에 대한 사실의 인식과 위법성의 인식이 있어야 한다.
- 법률이 정하는 구성요건에 해당하는 행위를 하여야 한다.

✓ OX

범죄가 성립하려면 일개의 행위가 원칙적으로 법률이 규정한 수개의 죄에 해당하는 경우여야 한다. (×)

✓ OX

범죄의 성립과 처벌은 행위 시의 법률에 의한다. (○)

✓ Tip

자기 아버지의 물건을 훔친 아들은 절도죄의 성립은 인정되나 처벌조건이 흠결되어 불가벌이다.

③ 범죄의 처벌조건

처벌조건은 범죄가 성립한 경우에 형벌권의 발생을 위해 필요한 조건을 말한다.

객관적 처벌조건	범죄의 성립 여부와 관계없이 성립한 범죄에 대한 형벌권의 발생을 좌우하는 외부적·객관적 사유를 말한다. 예 사전수뢰죄에 있어서 공무원 또는 중재인이 된 사실
인적 처벌조각사유	이미 성립한 범죄에 대하여 행위자의 특수한 신분관계로 인하여 형벌권이 발생하지 않는 경우를 말한다. 예 친족상도례에 있어서 친족의 신분

최신기출확인

형법상 범죄의 성립과 처벌에 관한 설명으로 옳지 않은 것은? 20년 기출

① 범죄의 성립과 처벌은 행위 시의 법률에 의한다.
② 범죄 후 법률의 변경에 의하여 그 행위가 범죄를 구성하지 아니하거나 형이 구법보다 경한 때에는 신법에 의한다.
③ 재판확정 후 법률의 변경에 의하여 그 행위가 범죄를 구성하지 아니하는 때에는 형의 집행을 면제한다.
④ 대한민국 영역 외에서 '우표와 인지에 관한 죄'를 범한 외국인에게는 우리나라 형법을 적용할 수 없다.

해설

④ 대한민국 영역 외에서 '우표와 인지와 관한 죄'를 범한 외국인에게는 우리나라 형법이 적용된다(형법 제5조 제5호).

형법 제5조(외국인의 국외범)

본법은 대한민국 영역 외에서 다음에 기재한 죄를 범한 외국인에게 적용한다.
1. 내란의 죄
2. 외환의 죄
3. 국기에 관한 죄
4. 통화에 관한 죄
5. 유가증권, 우표와 인지에 관한 죄
6. 문서에 관한 죄 중 제225조 내지 제230조
7. 인장에 관한 죄 중 제238조

① 동법 제1조 제1항
② 동법 제1조 제2항
③ 동법 제1조 제3항

:: 형법 제1조(범죄의 성립과 처벌)

> ① 범죄의 성립과 처벌은 행위 시의 법률에 따른다.
> ② 범죄 후 법률이 변경되어 그 행위가 범죄를 구성하지 아니하게 되거나 형이 구법(舊法)보다 가벼워진 경우에는 신법(新法)에 따른다.
> ③ 재판이 확정된 후 법률이 변경되어 그 행위가 범죄를 구성하지 아니하게 된 경우에는 형의 집행을 면제한다.
> [전문개정 2020.12.8.]
> [시행일 : 2021.12.9.] 제1조

답 ④

④ **범죄의 소추조건** 10년 기출

범죄가 성립하고 형벌권이 발생한 경우에도 그 범죄를 소추하기 위하여 소송법상 필요한 조건을 말하며, 친고죄(정지조건부 범죄)와 반의사불벌죄(해제조건부 범죄)가 있다.

㉠ **친고죄** : 공소제기를 위하여 피해자 기타 고소권자의 고소가 있을 것을 요하는 범죄로, 사자명예훼손죄, 모욕죄, 비밀침해죄, 업무상비밀누설죄 등이 있다.

ⓐ 친고죄의 경우 공소를 제기하기 위해서는 피해자(법정대리인 포함)의 고소가 있어야 한다.

ⓑ 친고죄에 대하여는 범인을 알게 된 날로부터 6월을 경과하면 고소하지 못한다.

㉡ **반의사불벌죄** : 피해자의 의사에 관계없이 공소제기할 수 있으나 피해자의 명시한 의사에 반하여는 공소제기를 할 수 없는 범죄로, 외국원수 및 외국사절에 대한 폭행・협박・모욕죄, 외국국기・국장모독죄, 폭행죄, 존속폭행죄, 협박죄, 존속협박죄, 명예훼손죄, 출판물 등에 의한 명예훼손죄, 과실치상죄 등이 있다.

㉢ **친고죄와 반의사불벌죄의 고소**

ⓐ 고소는 제1심 판결선고 전까지 취소할 수 있다.

ⓑ 고소는 수사기관에 대하여 서면 또는 구술로 할 수 있다.

ⓒ 고소를 취소한 자는 다시 고소할 수 없다.

✓ Tip

명예훼손죄와 모욕죄의 구별 표준은 사실적시의 여부이다.

✓ OX

고소권자는 대법원 판결선고 전까지 고소를 취소할 수 있다. (×)

> ✔ Tip
> 인과관계를 거론할 필요가 없는 범죄는 형식범이다.

> ✔ Tip
> 범죄행위의 시간계속을 기준으로 즉시범, 상태범, 계속범으로 구분할 수 있다.

> ✔ OX
> 상태범이란 법익침해상태가 범죄종료 후에도 존속되는 경우를 말하며 체포감금죄, 주거침입죄 등이 있다. (×)

⑤ 범죄의 분류

㉠ 결과범과 거동범

결과범 (실질범)	구성요건이 행위 외에 일정한 결과의 발생도 요건으로 삼는 범죄로, 살인죄, 상해죄, 강도죄, 손괴죄 등이 해당된다.
거동범 (형식범)	결과의 발생을 요하지 않고 일정한 행위만 있으면 구성요건이 충족되는 범죄로, 모욕죄, 명예훼손죄, 공연음란죄, 주거침입죄, 무고죄, 위증죄, 폭행죄 등이 해당된다.

㉡ 침해범과 위험범

침해범	보호법익에 대한 현실적 침해가 있어야 구성요건이 충족되는 범죄로, 살인죄, 상해죄, 강도죄 등이 해당된다.
위험범	법익침해의 일반적 위험성만 있으면 구성요건이 충족되는 추상적 위험범(현주건조물방화죄, 공용건조물방화죄 등)과 현실적 위험이 야기된 경우에 구성요건이 충족되는 구체적 위험범(자기소유일반건조물방화죄, 일반물건방화죄 등)이 있다.

㉢ 즉시범과 계속범 및 상태범

즉시범	결과의 발생과 동시에 곧 범죄가 기수에 이르고 종료하는 범죄를 말하며, 살인죄·폭행죄 등이 해당된다.
계속범	구성요건적 행위가 법익침해에 대해서 일정한 시간적 계속을 필요로 하는 범죄로, 체포감금죄, 주거침입죄, 퇴거불응죄 등이 해당된다. 계속범의 경우는 기수에 이르렀어도 범죄가 종료할 때까지는 시효가 개시되지 않는다.
상태범	위법상태의 야기로 범죄는 기수가 되지만 기수 이후에도 위법상태가 존속되는 범죄로, 절도죄, 강도죄 등이 해당된다.

㉣ 일반범과 신분범 및 자수범

일반범	누구나 행위자(정범)가 될 수 있는 범죄를 말한다.
신분범	행위자의 일정한 신분이 구성요건요소로 되어 있는 범죄로, 일정한 신분 있는 자에 의하여만 성립되는 범죄인 진정신분범(위증죄, 업무상 비밀누설죄, 횡령죄 등)과 신분 없는 자에 의하여도 범죄가 성립할 수 있지만 신분 있는 자가 죄를 범한 때에는 형이 가중되거나 감경되는 범죄인 부진정신분범(존속살해죄 등 존속에 대한 범죄, 업무상 횡령죄, 영아살해죄 등)이 있다.
자수범	정범 자신이 직접 범행을 저질렀을 때 범죄가 성립하고 타인을 이용해서는 범할 수 없는 범죄로, 위증죄, 도주죄, 허위진단서작성죄 등이 해당된다.

(2) 구성요건해당성

① 의의

구성요건은 형법상 금지 또는 요구되는 행위가 무엇인가를 일반적 · 추상적으로 법률에 기술해 놓은 것을 말한다.

② 위법성과 책임과의 관계 10년 기출

범죄가 성립하려면 구성요건해당성 · 위법성 · 책임이 충족되어야 하는데, 구성요건에 해당하지 않는 행위는 범죄 성립요건에 충족되지 못하고, 더불어 위법성, 책임의 판단 대상에서 제외된다.

③ 구성요건요소

㉠ 행위의 주체 : 모든 사람(자연인에 한함)은 행위의 주체가 될 수 있다.

㉡ 행위의 객체 : 범죄의 대상을 말하며, 각 구성요건에 명시되어 있다.

예 살인죄에 있어서의 사람, 절도죄에 있어서의 타인의 재물 등

㉢ 보호의 객체 : 구성요건에 의하여 보호되는 법익을 말한다.

④ 작위범과 부작위범

㉠ 작위범 : 법적으로 금지된 것을 적극적으로 위반해 나아가는 작위를 구성요건의 내용으로 규정한 범죄를 말한다.

㉡ 부작위범 : 법률상 요구되는 의무 있는 행위를 하지 않음으로써 처벌되는 범죄를 말한다.

구분	내용
진정 부작위범	법률에 명문으로 부작위에 의해서만 실현될 수 있도록 규정된 범죄를 말한다. 예 다중불해산죄, 집합명령위반죄, 퇴거불응죄 등
부진정 부작위범	작위에 의하여 범할 것을 내용으로 하는 범죄를 부작위로 범하는 범죄를 말한다. 예 산모가 고의로 젖을 주지 않아 영아를 굶겨 죽인 경우

⑤ 인과관계

㉠ 의의 : 인과관계는 결과범에 있어서 발생된 결과를 행위자의 행위에 의한 것으로 귀속시키는 데에 요구되는 행위와 결과 사이의 연관관계를 말한다.

㉡ 인과관계에 관한 학설

구분	내용
조건설	어떤 행위가 없었더라면 그러한 결과도 발생하지 않았을 것이라는 논리적인 조건적 관계만 있으면 인과관계를 인정하는 학설을 말한다.

✓ OX

구성요건에 해당하지 않는 행위라도 위법하고 책임이 있는 때에는 범죄로 되는 경우가 있다. (×)

✓ Tip

생명 · 명예 · 정조 등은 범죄행위의 객체가 아니라 보호법익이다.

✓ Tip

조건설은 절대적 제약공식을 적용하여 인과관계의 존부를 결정한다.

원인설	결과의 발생에 대하여 중요한 영향을 준 조건과 단순한 조건을 구별하여 원인이 된 조건에 대하여만 결과에 대한 인과관계를 인정하는 학설을 말한다.
상당인과관계설	사회생활의 일반경험칙상 특정 행위로부터 그 결과가 발생하는 것이 상당하다고 인정될 때 그 행위와 결과 사이에는 인과관계가 있다고 보는 학설을 말한다(통설·판례).

⑥ 고의(구성요건적 고의) 10년 기출

* **객관적 사실** : 범죄사실, 구성요건적 사실

㉠ **의의** : 고의는 구성요건에 해당하는 **객관적 사실**을 인식하고 그 내용을 실현하려는 의사를 말한다.

> **형법 제13조(고의)** 〈개정 2020.12.8, 시행일 2021.12.9〉
> 죄의 성립요소인 사실을 인식하지 못한 행위는 벌하지 아니한다. 다만, 법률에 특별한 규정이 있는 경우에는 예외로 한다.

㉡ 종류

ⓐ **확정적 고의** : 구성요건적 결과에 대한 인식·의사가 확정적인 경우를 말하며, 직접적 고의라고도 한다.

ⓑ **불확정적 고의** : 구성요건적 결과에 대한 인식·의사가 불확정적인 경우를 말하며, 미필적 고의, 택일적 고의, 개괄적 고의가 있다.

미필적 고의	결과의 발생 그 자체는 불명확하나 행위자가 결과발생의 가능성을 인식하는 고의를 말한다. 예 산에서 사슴을 쏘려고 총을 겨누었을 때 부근에 사람이 있는 것을 알고도 '설마 맞지 않겠지.'하고 발사하여 사람이 맞은 경우
택일적 고의	결과발생 자체는 확정적으로 인식했지만 결과발생의 대상을 둘 중에서 택일적으로 인식하는 고의를 말한다. 예 甲·乙 두 사람을 향해 발포하여 그들 중 누구에 대해서 명중될지 불확실한 경우
개괄적 고의	결과발생 자체는 확정적으로 인식했지만 다수의 결과발생 대상 중 어느 대상에서 결과가 발생할 것인가를 불확실하게 인식한 고의를 말한다. 예 군중을 향해 돌을 던지면서 누가 맞아도 좋다고 생각하는 경우

⑦ 과실 10년 기출

㉠ 의의 : 과실은 정상의 주의를 태만함으로 인하여 죄의 성립요소인 사실을 인식하지 못하는 것을 말한다.

> **형법 제14조(과실)** 〈개정 2020.12.8, 시행일 2021.12.9〉
> 정상적으로 기울여야 할 주의(注意)를 게을리하여 죄의 성립요소인 사실을 인식하지 못한 행위는 법률에 특별한 규정이 있는 경우에만 처벌한다.

㉡ 과실의 종류

구분	내용
인식 있는 과실	행위자가 구성요건의 실현가능성은 인식하였으나 주의의무 위반으로 인하여 구성요건이 실현되지 않을 것으로 믿은 경우를 말한다. 예 사냥꾼이 사슴을 향해 총을 발사하면서 옆에 사람이 설마 맞지 않겠지 하고 발사했으나 사람이 맞아 사망한 경우
인식 없는 과실	행위자가 주의의무 위반으로 인하여 구성요건의 실현가능성을 인식하지 못한 경우로, 과실의 전형적인 형태이다. 예 사냥꾼이 사슴을 향해 총을 발사하였으나 옆에 있던 사람이 맞아 사망한 경우
업무상 과실	일정한 업무에 종사하는 자가 그 업무상 일반적으로 요구되는 주의의무를 태만히 한 경우를 말한다. 예 자동차 운전자가 운전에 필요한 주의의무를 다하지 못한 경우
중과실	주의의무를 현저히 태만히 하는 것, 즉 극히 근소한 주의만 하였더라면 결과발생을 예견할 수 있었음에도 불구하고 부주의로 이를 예견하지 못한 경우를 말한다. 예 휘발유를 주입하는 곳에서 담배를 피우다 폭발사고를 일으킨 경우

㉢ 과실범의 처벌

ⓐ 과실에 의하여 성립되는 범죄가 과실범이며, 과실범은 의사가 아니라 부주의에 의하여 법질서의 명령을 위반하는 것이므로 불법과 그 책임이 고의범보다 가볍다.

ⓑ 정상의 주의를 태만함으로 인하여 죄의 성립요소인 사실을 인식하지 못한 과실범의 행위는 법률에 특별한 규정이 있는 경우에 한하여 처벌한다.

⑧ 결과적 가중범

㉠ 의의 : 결과적 가중범은 고의에 기한 기본범죄에 의하여 행위자가 예견하지 않았던 중한 결과가 발생한 때에 그 형이 가중되는 범죄를 말한다.

✔ Tip

고의범은 원칙적으로 처벌하며, 과실범은 형법에 특별히 규정되어 있는 경우에만 처벌한다.

체크-UP

목욕탕에서 甲이라는 손님이 사물함에 귀중품을 넣어 두었는데 목욕을 하고 나와 보니 귀중품을 잃어버렸다. 이때 목욕탕 주인인 乙은 고의와 과실이 없는 한 책임이 없다.

ㄴ 종류

진정결과적 가중범	고의에 의한 기본범죄에 기하여 중한 결과를 과실로 발생케 한 경우에 성립하는 범죄를 말한다. 예 상해치사죄, 폭행치상죄 등
부진정결과적 가중범	고의에 의한 기본범죄에 기하여 중한 결과를 과실뿐만 아니라 고의로 발생케 한 경우에도 성립하는 범죄를 말한다. 예 현주건조물방화치상죄, 교통방해치상죄, 중상해죄 등

ㄷ 성립요건

ⓐ **기본범죄행위** : 현행법상 기본범죄는 반드시 고의범이어야 한다. 따라서 기본범죄가 과실범인 경우에는 결과적 가중범이 아니다.

ⓑ **중한 결과의 발생** : 결과적 가중범의 중한 결과는 기본범죄에 내포된 전형적인 위험의 실현으로서 과실에 의한 경우가 대부분이나 부진정결과적 가중범의 경우에는 고의에 의해서도 발생할 수 있다.

ⓒ **중한 결과에 대한 예견가능성** : 결과적 가중범이 성립하기 위해서는 중한 결과에 대한 예견가능성이 필요한데, 이는 과실의 동의어에 지나지 않는다.

✓ Tip
과실에 의한 과실치상죄, 과실치사죄는 결과적 가중범이 아니라 과실범이다.

(3) 위법성

① 의의

위법성은 구성요건에 해당하는 행위가 법질서 전체의 견지에 비추어 허용되지 않는 성질을 말한다.

✓ Tip
위법성은 법질서 전체의 입장에서 내리는 부정적 가치판단이다.

② 구성요건해당성 및 책임과의 관계

ㄱ 구성요건해당성과의 관계

ⓐ 구성요건은 위법한 행위를 유형화해 놓은 것이므로 구성요건에 해당하는 행위는 위법성이 있는 것으로 추정되고, 위법성조각사유가 존재하면 그 추정은 깨어져서 적법한 행위로 평가된다.

ⓑ 형법은 위법성을 적극적으로 규정하지 않고, 다만 위법성이 조각되는 경우를 소극적으로 규정하고 있다.

ㄴ **책임과의 관계** : 위법성은 법질서 전체의 입장에서 내리는 행위에 대한 객관적 판단이며, 책임은 행위자에 대한 비난가능성의 유무를 판단하는 행위자에 대한 주관적 판단이다.

③ 위법성조각사유 18년, 15년, 12년, 11년, 10년 기출

위법성조각사유는 어떤 행위가 구성요건에 해당하면 위법성이 추정되는데 그 추정을 깨뜨리는 특별한 사유를 말한다.

㉠ 정당행위 : 사회상규에 위배되지 아니하여 국가적·사회적으로 정당시되는 행위로, 법령에 의한 행위 또는 업무로 인한 행위 기타 사회상규에 위배되지 아니하는 행위는 벌하지 아니한다.

법령에 의한 행위	법령에 근거하여 정당한 권리 또는 의무로서 행하여지는 행위로, 공무원의 직무집행행위, 징계권자의 징계행위, 사인의 현행범인의 체포, 노동쟁의행위 등이 있다.
업무로 인한 행위	사람이 사회생활상의 지위에 의하여 계속 반복의 의사로 행하는 사무로서 행하여지는 행위로, 의사가 환자를 치료하기 위해서 환자의 배를 절개하는 행위, 변호사 또는 성직자의 업무행위 등이 있다.
사회상규에 위배되지 아니하는 행위	법질서 전체의 정신이나 그 배후에 놓여 있는 사회윤리 내지 사회통념에 비추어 용인될 수 있는 행위로, 소극적인 저항(방어)행위, 징계권 없는 자의 징계행위, 권리실행행위 등이 있다.

✓ Tip

법관이 발부한 구속영장에 의하여 사법경찰관이 피의자를 구속하는 행위에 적용될 수 있는 위법성조각사유는 정당행위이다.

㉡ 정당방위 : 자기 또는 타인의 법익에 대한 현재의 부당한 침해를 방위하기 위한 상당한 이유가 있는 행위로, 벌하지 아니한다.

과잉방위	정당방위 상황은 존재하지만 그 방위행위가 그 정도를 초과한 경우를 말한다. 예 자기의 재물을 절취하려는 자를 총으로 사살한 경우
오상방위	착각방위라고 불리며 정당방위의 요건이 충족되지 않았음에도 불구하고 요건에 해당한다고 오인하여 방위행위를 한 경우를 말한다. 예 물건을 배달하러 온 택배기사를 강도로 착각하여 폭행을 가한 경비원의 행위

✓ Tip

칼을 들고 위협하는 강도를 몽둥이로써 격퇴하던 중 상해를 입힌 경우는 정당방위에 해당된다.

> **형법 제21조(정당방위)** 〈개정 2020.12.8, 시행일 2021.12.9〉
>
> ① 현재의 부당한 침해로부터 자기 또는 타인의 법익(法益)을 방위하기 위하여 한 행위는 상당한 이유가 있는 행위로, 벌하지 아니한다.

㉢ 긴급피난 : 자기 또는 타인의 법익에 대한 현재의 위난을 피하기 위한 상당한 이유가 있는 행위로, 벌하지 아니한다.

예 • A 건물에서 대형화재가 난 후, B 건물로 그 불이 옮겨 붙고 다시 C 건물로 불이 옮겨 붙으려고 하여, C 건물 주인이 B 건물을 손괴하여 C 건물로 불이 옮겨 붙지 않게 했을 경우

✓ OX

긴급피난에 대해 긴급피난을 할 수 있다. (O)

• 다가오는 차를 피하려다 옆에 있던 사람이 들고 있던 꽃병을 깨뜨린 경우

㉣ **자구행위** : 법정절차에 의하여 청구권을 보전하기 불능한 경우에 그 청구권의 실행불능 또는 현저한 실행곤란을 피하기 위한 상당한 이유가 있는 행위를 말한다. 자구행위의 요건을 구비한 경우 구성요건에 해당하더라도 위법성이 조각되어 범죄가 성립되지 않는다.

예 도망가는 절도범을 추격하여 탈취당한 재물을 탈환한 경우

> **형법 제23조(자구행위)** 〈개정 2020.12.8, 시행일 2021.12.9〉
> ① 법률에서 정한 절차에 따라서는 청구권을 보전(保全)할 수 없는 경우에 그 청구권의 실행이 불가능해지거나 현저히 곤란해지는 상황을 피하기 위한 상당한 이유가 있는 행위를 말한다.

✔ OX
자구행위는 사후적 긴급행위이다. (O)

㉤ **피해자의 승낙** : 피해자가 가해자에 대하여 자기의 법익을 침해하는 것을 허락하는 것으로, 처분할 수 있는 자의 승낙에 의하여 그 법익을 훼손한 행위는 법률에 특별한 규정이 없는 한 벌하지 아니한다.

✔ Tip
강요된 행위, 사실의 착오는 위법성조각사유가 아니다.

Guide 피해자의 승낙

• 승낙에 의한 행위가 모두 위법성을 조각하는 것은 아닌바 살인죄, 낙태죄가 그 예이다.
• 법익의 처분권능을 가진 자가 자유로운 의사에 기한 것이어야 한다.
• 승낙은 승낙의 의미를 인식할 수 있는 자의 승낙이어야 한다.
• 승낙이 모두 명시적이어야 하는 것은 아니고 특정한 사항에서는 추정적 승낙도 피해자의 승낙으로 볼 수 있다.

✔ OX
승낙은 모두 명시적인 의사표시임을 요한다. (×)

최신기출확인

형법상 위법성 조각사유에 관한 설명으로 옳지 않은 것은? 18년 기출

① 자구행위는 사후적 긴급행위이다.
② 정당방위에 대해 정당방위를 할 수 있다.
③ 긴급피난에 대해 긴급피난을 할 수 있다.
④ 정당행위는 위법성이 조각된다.

해설
② 정당방위를 하는 상대방에게 정당방위를 할 수 없다.
① 자구행위는 법정절차에 의하여 청구권을 보전하기 불능한 경우에 그 청구권의 실행불능 또는 현저한 실행곤란을 피하기 위한 행위는 상당한 이유가 있는 때에는 벌하지 아니한다(형법 제23조 제1항). 자구행위는 사후적 긴급행위이다.

③ 긴급피난은 자기 또는 타인의 법익에 대한 현재의 위난을 피하기 위한 행위는 상당한 이유가 있는 때에는 벌하지 아니한다(형법 제22조 제1항). 긴급피난에 대해 긴급피난을 할 수 있다.

④ 정당행위는 법령에 의한 행위 또는 업무로 인한 행위 기타 사회상규에 위배되지 아니하는 행위는 벌하지 아니한다(형법 제20조). 정당행위는 위법성이 조각된다.

답 ②

(4) 책임

① 의의

책임은 구성요건에 해당하는 위법한 행위를 한 행위자에 대하여 행하여지는 비난가능성을 말한다. 즉, 적법한 행위를 할 수 있었음에도 불구하고 위법한 행위를 한 행위자에 대한 비난가능성을 말한다.

② 책임능력 12년, 10년 기출

책임능력은 행위자가 자기의 행위가 법에 의하여 허용 또는 금지되어 있는지를 알고(사물변별능력), 이에 따라 자기의 의사를 자유로이 결정할 수 있는 능력(의사결정능력)을 말한다.

㉠ 책임무능력자

구분	내용
형사 미성년자	14세 미만자는 개인적인 육체적·정신적 성숙도에 상관없이 절대적 책임무능력자이므로, 형사미성년자의 행위는 벌하지 아니한다.
심신 상실자	심신장애로 인하여 사물을 변별할 능력이 없거나 의사를 결정할 능력이 없는 자로, 심신상실자의 행위는 벌하지 아니한다.

✓OX

14세 된 미성년자의 행위는 벌하지 아니한다. (×)

㉡ 한정책임능력자

구분	내용
심신미약자	심신장애로 인하여 사물변별능력이나 의사결정능력이 미약한 자로, 심신미약자의 행위는 형을 감경할 수 있다.
농아자	청각과 발음기능 모두에 장애가 있는 자, 즉 농자인 동시에 아자로, 농아자의 행위는 형을 감경한다.

형법 제11조(청각 및 언어 장애인) 〈개정 2020.12.8, 시행일 2021.12.9〉
듣거나 말하는 데 모두 장애가 있는 사람의 행위에 대해서는 형을 감경한다.

㉢ **원인에 있어서 자유로운 행위** : 책임능력자가 고의 또는 과실에 의하여 자기 자신을 심신장애상태에 빠지게 한 후 범죄를 저지르는 행위이다. 예를 들면 행위자가 범행을 위하여 미리 술을 마시고 취한 상태에서 계획한 범죄를 실행한 경우로 형법은 제10조 제3항에서 위험의 발생을 예견하고 자의로 심신장애를 야기한 자는 심신장애인에 대한 경감규정을 적용하지 않는다고 규정하고 있다.

③ **위법성의 인식**

위법성의 인식은 행위자가 자신의 행위가 법적으로 허용되지 않는다는 인식, 즉 자기의 행위가 법규범에 반한다는 인식을 말한다.

✔ Tip
위법성의 인식은 법적 인식이므로 반윤리성에 대한 인식과 다르다.

④ **법률의 착오**

법률의 착오는 행위자가 행위 시에 구성요건적 사실(범죄사실)은 인식하였으나 착오로 인하여 위법성을 인식하지 못한 경우로, 자기의 행위가 법령에 의하여 죄가 되지 아니하는 것으로 오인한 행위는 그 오인에 정당한 이유가 있는 때에 한하여 벌하지 아니한다.

구분	내용
직접적 착오	행위자가 자기의 행위에 직접적으로 적용되는 금지규범 그 자체를 인식하지 못하고 자신의 행위가 허용되는 것으로 오인한 경우를 말한다.
간접적 착오	행위자가 금지된 것은 인식하였으나 구체적인 경우에 위법성조각사유의 존재나 한계를 오인하여 자기의 행위가 허용된다고 오인하는 경우를 말한다.

⑤ **기대가능성**

기대가능성은 행위 시의 구체적 사정으로 보아 행위자가 범죄행위를 하지 않고 적법행위를 할 것을 기대할 수 있는 가능성, 즉 적법행위에 대한 기대가능성을 말한다.

⑥ **책임조각사유**

✔ Tip
피해자의 승낙에 의한 행위는 형법상 책임이 조각되는 사유가 아니다.

㉠ **책임무능력자** : 14세 미만자(형사미성년자)와 심신상실자의 행위는 형법상 책임이 조각된다.

㉡ **강요된 행위** : 저항할 수 없는 폭력이나 자기 또는 친족의 생명·신체에 대한 위해를 방어할 방법이 없는 협박에 의하여 강요된 행위로, 형법상 책임이 조각된다.

(5) 미수론

① 미수범 19년, 11년 기출

㉠ 의의 : 미수범이란 행위자가 범죄의 실행에 착수하여 행위를 종료하지 못하였거나 종료하였더라도 결과가 발생하지 아니한 경우를 말한다.

> ✓ Tip
> 미수는 범죄의 실행에 착수하였으나 그 범죄의 완성에 이르지 못한 경우이다.

보충학습

범죄의 실현단계

범죄결심(범죄의사) → 예비 → 미수 → 기수 → 종료 순으로 이루어진다.

1. **범죄결심**(범죄의사) : 일정한 범죄를 하려고 하는 결심 내지 의사를 말한다.
2. **예비** : 범죄의 실현을 위한 일체의 준비행위를 말한다.
3. **미수** : 범죄의 실행에 착수하여 행위를 종료하지 못하였거나 행위는 종료하였으나 결과가 발생하지 아니한 경우를 말한다.
4. **기수** : 범죄의 실행에 착수하여 범죄를 완성한 경우, 즉 범죄구성요건의 모든 표지를 충족한 경우를 말한다.
5. **종료** : 범죄가 기수에 이른 후에 보호법익에 대한 침해가 실질적으로 끝난 경우를 말한다.

㉡ 종류

구분	내용
중지미수	범죄의 실행에 착수한 자가 그 범죄가 완성되기 전에 자의로 실행에 착수한 행위를 중지하거나 그 행위로 인한 결과의 발생을 방지하는 것으로, 이 경우 형을 감경 또는 면제한다(필요적 감면).
장애미수	범인이 자의로 실행에 착수한 행위를 외부적 장애로 인하여 범죄가 미완성이 되는 경우로, 미수범의 형은 기수범보다 감경할 수 있다(임의적 감경).
불능미수	범행할 의사로 실행행위에 착수하였으나 처음부터 실행의 수단 또는 대상의 착오로 인하여 결과발생이 불가능하나 위험성이 있기 때문에 미수범으로 처벌되는 경우로, 형을 감경 또는 면제할 수 있다(임의적 감면).

> ✓ Tip
> 불능미수와 불능범은 위험성의 유효가 구별하는 기준으로, 불능미수는 위험성이 있어 처벌되고, 불능범은 위험성이 없어서 처벌할 수 없다.

㉢ 처벌 : 미수는 형법 각 본조에 처벌규정이 있을 때에만 처벌된다.

형법 제26조(중지범) 〈개정 2020.12.8, 시행일 2021.12.9〉
범인이 실행에 착수한 행위를 자의(自意)로 중지하거나 그 행위로 인한 결과의 발생을 자의로 방지한 경우에는 형을 감경하거나 면제한다.

형법 제29조(미수범의 처벌) 〈개정 2020.12.8, 시행일 2021.12.9〉
미수범을 처벌할 죄는 각칙의 해당 죄에서 정한다.

📝 **최신기출확인**

형법상 미수범 등에 관한 설명으로 옳지 않은 것은? 19년 기출

① 미수범의 형은 기수범보다 감경하여야 한다.
② 범인이 자의로 실행에 착수한 행위를 중지한 때에는 형을 감경 또는 면제한다.
③ 범죄의 음모가 실행의 착수에 이르지 아니한 때에는 법률에 특별한 규정이 있어야 처벌할 수 있다.
④ 실행 수단의 착오로 인하여 결과발생이 불가능하더라도 위험성이 있는 때에는 처벌하되, 형을 감경 또는 면제할 수 있다.

해설

① 미수범의 형은 기수범보다 감경할 수 있다(형법 제25조 제2항).
② 범인이 자의로 실행에 착수한 행위를 중지하거나 그 행위로 인한 결과의 발생을 방지한 때에는 형을 감경 또는 면제한다(형법 제26조).
③ 범죄의 음모 또는 예비행위가 실행의 착수에 이르지 아니한 때에는 법률에 특별한 규정이 없는 한 벌하지 아니한다(형법 제28조).
④ 실행의 수단 또는 대상의 착오로 인하여 결과의 발생이 불가능하더라도 위험성이 있는 때에는 처벌한다. 단, 형을 감경 또는 면제할 수 있다(형법 제27조).

답 ①

② 예비 · 음모 11년 기출

㉠ 의의 : 범죄의 음모 또는 예비행위가 실행의 착수에 이르지 아니한 때에는 법률에 특별한 규정이 없는 한 벌하지 아니한다.

구분	내용
예비	특정범죄를 실현하기 위한 외부적 준비행위로서 아직 실행의 착수에 이르지 않은 일체의 행위를 말한다.
음모	2인 이상이 특정한 범죄를 실행할 목적으로 합의를 이루는 것으로, 실행의 착수 이전의 개념이라는 점에서 예비와 동일하다.

✔ Tip
예비 · 음모는 실행의 착수 이전의 행위다.

㉡ 예비 · 음모로 처벌되는 죄

구분	내용
일반범죄	강도죄, 현주건조물 · 공용건조물 · 일반건조물방화죄, 도주원조죄 등
선동	폭발물사용죄
선동 · 선전	내란의 죄, 외환의 죄

㉢ 처벌 : 법률에 특별한 규정이 있는 경우에 한하여 처벌하는데, 예를 들면 교사를 받은 자가 범죄의 실행을 승낙하고 실행의 착수에 이르지 아니한 때에는 교사자와 피교사자를 음모 또는 예비에 준하여 처벌한다.

(6) 공범론

① 서론

㉠ **범죄의 참가형태** : 행위자가 범죄에 가담하는 형태나 방식을 의미하는 것으로서 정범과 공범으로 구별된다. 정범에는 단독정범과 공동정범, 간접정범이 있고, 공범에는 교사범과 종범이 있다.

㉡ **필요적 공범** : 구성요건 자체가 1인이 단독으로 실행할 수 없고 반드시 2인 이상의 참가가 요구되는 범죄를 말한다.

집합범	다수의 행위자가 동일 방향의 행위를 통하여 동일목표를 지향하는 범죄로, 소요죄, 다중불해산죄, 내란죄 등이 있다.
대향범	2인 이상의 자가 상호 대립방향의 행위를 통하여 동일목표를 지향하는 범죄로, 도박죄, 수뢰죄, 증뢰죄, 음화판매죄 등이 있다.

✓ Tip

형법상 여럿이 함께 모여 거액의 도박을 한 경우는 필요적 공범에 해당된다.

② 공동정범

공동정범은 2인 이상이 공동하여 죄를 범한 경우로, 이 경우 각자를 그 죄의 정범으로 처벌한다.

Guide 공동정범의 관련문제

1. **동시범**(독립행위의 경합) 10년 기출
   ① 의의 : 동시범은 2인 이상의 정범이 의사연락 없이 동일한 객체에 대해서 동시 또는 이시에 각자 범죄를 실행하는 경우를 말한다.
   ② 처벌 : 동시 또는 이시의 독립행위가 경합한 경우에 그 결과발생의 원인된 행위가 판명되지 아니한 때에는 각 행위를 미수범으로 처벌한다.
   예 甲과 乙은 각각 독립된 범죄의사로 동시에 丙에게 발포하였고, 丙은 이 중의 한 발을 맞고 사망하였다. 그러나 누가 쏜 탄환에 맞았는지 밝혀지지 않은 경우, 甲과 乙은 동시범 관계가 성립된다. 이때의 동시범은 미수범으로 처벌하기 때문에 甲과 乙의 죄책은 살인미수죄가 성립된다.

2. **합동범**
   합동범은 2인 이상이 합동하여 일정한 죄를 범한 경우에 단독정범이나 공동정범보다 형벌이 가중되는 범죄를 말한다.

✓ Tip

의사 甲이 그 사정을 전혀 알지 못하는 간호사를 이용하여 환자 乙에게 치료약 대신 독극물을 복용하게 하여 乙이 사망에 이른 경우에 甲의 범죄 형태는 간접정범이다.

✓ Tip

어느 행위로 인하여 처벌되지 아니하는 자를 교사하여 범죄행위의 결과를 발생하게 한 자도 처벌한다.

✓ OX

종범은 정범과 동일한 형으로 처벌한다. (×)

③ **간접정범** 13년 기출

㉠ **의의** : 간접정범은 다른 사람을 생명 있는 도구로 이용하여 교사 또는 방조하여 간접적으로 자신의 범죄를 실행하는 것을 말한다.

㉡ **처벌** : 어느 행위로 인하여 처벌되지 아니하는 자 또는 과실범으로 처벌되는 자를 교사 또는 방조하여 범죄행위의 결과를 발생하게 한 자는 교사 또는 방조의 예에 의하여 처벌한다.

④ **교사범**

㉠ **의의** : 교사범은 타인으로 하여금 범죄를 결의하여 실행하게 하는 자를 말한다. 따라서 이미 범죄의 결의를 가지고 있는 자에 대해서는 교사범이 성립될 수 없다.

㉡ **미수의 교사** : 애당초 미수에 그칠 것을 예견하면서 교사한 경우로 현행법상 미수의 교사에 관한 규정은 없다.

㉢ **처벌** : 타인을 교사하여 죄를 범하게 한 자는 죄를 실행한 자와 동일한 형으로 처벌하고, 교사를 받은 자가 범죄의 실행을 승낙하고 실행의 착수에 이르지 아니한 때에는 교사자와 피교사자를 음모 또는 예비에 준하여 처벌한다.

보충학습

교사범
- 특정된 타인이 교사자의 지휘·감독을 받는 자인 경우에는 특수교사로 된다.
- 교사자에게 교사의 고의가 있고, 피교사자의 범죄결의가 있어야 한다.
- 범죄를 교사했으나 실패한 교사범은 해당 범죄의 예비와 음모에 준하여 처벌한다.
- 절도를 교사 받고 강도를 한 경우 교사자는 교사한 범위 내에서 책임을 진다.

⑤ **종범(방조범)**

㉠ **의의** : 종범은 타인의 범죄를 방조한 자를 말한다.

㉡ **처벌** : 타인의 범죄를 방조한 자는 종범으로 처벌한다. 종범의 형은 정범의 형보다 감경한다.

3. 죄수론

(1) 죄수론의 의의

죄수론은 범죄의 수가 1개인가 또는 수개인가의 문제와 이 경우에 어떻게 처벌할 것인지의 문제를 다루는 이론을 말한다.

(2) 일죄

① 의의

일죄는 범죄의 수가 실질적으로 1개인 것, 즉 범죄행위가 1개의 구성요건에 1회 해당하는 경우를 말하며 단순일죄 또는 실질상 일죄라고도 한다.

② 법조경합 13년 기출

㉠ 의의 : 법조경합은 한 개 또는 수개의 행위가 외관상 수개의 구성요건에 해당하는 것처럼 보이지만, 형벌법규의 성질상 어느 하나의 법규만 적용되어 일죄만 성립하는 것을 말한다.

㉡ 법조경합의 처리 : 법조경합의 경우에는 배제된 법률(구성요건)이 적용되지 아니하여 행위자가 배제되는 법률에 의하여 처벌받지 않지만, 배제되는 범죄에 대하여 제3자가 공범으로 가담하는 것은 가능하다.

③ 포괄일죄 13년 기출

㉠ 의의 : 포괄일죄는 수개의 행위가 포괄적으로 1개의 구성요건에 해당하여 일죄를 구성하는 경우를 말한다.

㉡ 포괄일죄의 유형

결합범	개별적으로 독립된 범죄의 구성요건에 해당하는 수개의 행위가 결합하여 1개의 범죄를 구성하는 경우를 말한다. 예 강도죄(폭행 또는 협박죄 + 절도죄), 강도살인죄(강도죄 + 살인죄)
계속범	위법상태를 야기하는 행위와 야기된 위법상태를 유지하는 행위가 포괄하여 1개의 범죄를 실현하는 경우를 말한다. 예 감금죄(감금된 피해자가 탈출한 경우 다시 잡아다 감금하더라도 감금죄 일죄에 해당)
접속범	단독으로도 범죄가 될 수 있는 수개의 행위가 동일한 기회에 시간적·장소적으로 극히 근접한 상황하에서 행하여지는 경우를 말한다. 예 동일한 기회에 같은 부녀를 수회 강간한 경우
연속범	연속된 수개의 행위가 동종의 범죄에 해당하는 경우를 말한다. 예 수일간에 걸쳐 창고에서 매일 밤 쌀 1가마니씩을 훔친 경우
집합범	다수의 동종의 행위가 동일한 의사경향에 의하여 반복되지만 일괄하여 일죄를 구성하는 경우를 말한다. 예 영업범, 직업범, 상습범

✓ Tip

법조경합은 불법의 이중평가금지의 원칙을 근거로 일죄로 평가된다.

✓ OX

범죄행위가 완료된 후에도 위법상태가 유지되는 범죄는 연속범이다. (×)

(3) 수죄

① 상상적 경합 13년 기출

㉠ 의의 : 상상적 경합은 하나의 행위로 수개의 구성요건을 충족시키는 경우를 말한다.

예 공무집행을 방해할 의사로 공무집행 중인 공무원을 상해한 경우

㉡ 특징

ⓐ 상상적 경합은 1개의 행위가 수개의 죄에 해당하는 경우로, 가장 중한 죄에 정한 형으로 처벌한다.

ⓑ 상상적 경합은 고의범이건 과실범이건 불문한다.

ⓒ 1발의 탄환으로 수인을 살해한 경우를 동종류의 상상적 경합이라고 한다.

ⓓ 1개의 행위로 A를 살해하고 B의 물건을 손괴한 경우를 이종류의 상상적 경합이라고 한다.

✓OX
상상적 경합은 사실상으로나 처분상으로나 일죄이다. (×)

> **형법 제40조(상상적 경합)** 〈개정 2020.12.8, 시행일 2021.12.9〉
> 한 개의 행위가 여러 개의 죄에 해당하는 경우에는 가장 무거운 죄에 대하여 정한 형으로 처벌한다.

② 실체적 경합범(경합범) 13년 기출

실체적 경합범은 판결이 확정되지 아니한 수개의 죄 또는 금고 이상의 형에 처한 판결이 확정된 죄와 그 판결이 확정되기 전에 범한 죄로, 경합범이라고도 한다.

동시적 경합범	동일인이 수개의 행위를 통하여 범한 수죄의 전부에 대하여 판결이 확정되지 아니하여 동시에 판결될 것을 요하는 범죄를 말한다.
사후적 경합범	동일인이 범한 수죄 중 일부에 대해서 금고 이상의 형에 처한 확정판결이 있는 경우에 판결이 확정된 범죄와 판결이 확정되기 전에 범한 범죄를 말한다.

체크-UP
경합범
甲은 살인죄를 범한 후 다시 6개월 뒤에 강도죄를 범하였다. 강도죄에 대해서 기소되어 확정판결을 받은 경우 살인죄와 강도죄의 관계를 경합범이라고 한다.

4. 형벌론

(1) 형벌의 의의 및 종류

① 형벌의 의의

형벌은 국가가 범죄에 대한 법률상의 효과로서 범죄자에 대하여 그의 책임을 전제로 하여 과하는 법익의 박탈을 말한다.

② 형벌의 종류 17년, 12년, 11년 기출

㉠ 생명형 : 수형자의 생명을 박탈하는 것을 내용으로 하는 형벌로서 사형이 있다. 사형은 형무소 내에서 교수(絞首)하여 집행한다.

> **형법 제66조(사형)** 〈개정 2020.12.8, 시행일 2021.12.9〉
> 사형은 교정시설 안에서 교수(絞首)하여 집행한다.

㉡ 자유형 : 수형자의 신체적 자유를 박탈하는 것을 내용으로 하는 형벌로서 징역, 금고, 구류가 있다.

징역	수형자를 교도소 내에 구치하여 정역에 복무하게 하는 것을 내용으로 하는 형벌을 말한다. 유기징역은 1개월 이상 30년 이하이나 형을 가중하는 때에는 50년까지로 하고, 무기징역은 종신형이다.
금고	수형자를 교도소 내에 구치하여 자유를 박탈하는 것을 내용으로 하는 형벌을 말한다. 형기는 징역과 같지만 정역에 복무하지 않는다.
구류	수형자를 교도소 내에 구치하여 자유를 박탈하는 것을 내용으로 하는 형벌이고 정역에 복무하지 않는 것은 금고와 같으나 기간이 1일 이상 30일 미만인 점에서 차이가 있다.

✔ Tip

구류는 재산형이 아니라 자유형에 해당된다.

> **형법 제67조(징역)** 〈개정 2020.12.8, 시행일 2021.12.9〉
> 징역은 교정시설에 수용하여 집행하며, 정해진 노역(勞役)에 복무하게 한다.
>
> **형법 제68조(금고와 구류)** 〈개정 2020.12.8, 시행일 2021.12.9〉
> 금고와 구류는 교정시설에 수용하여 집행한다.

㉢ 재산형 : 범인으로부터 일정한 재산을 박탈하는 것을 내용으로 하는 형벌로서 벌금, 과료, 몰수가 있다.

벌금	범죄인에 대하여 일정한 금액의 지급의무를 강제적으로 부담하게 하는 것을 내용으로 하는 형벌로서 5만원 이상으로 한다. 벌금은 판결확정일로부터 30일 내에 납입하여야 하는데, 벌금을 납입하지 아니한 자는 1일 이상 3년 이하의 기간 노역장에 유치하여 작업에 복무하게 한다.
과료	벌금형과 동일하나 2천원 이상 5만원 미만이다. 과료는 판결확정일로부터 30일 내에 납입하여야 하는데, 과료를 납입하지 아니한 자는 1일 이상 30일 미만의 기간 노역장에 유치하여 작업에 복무하게 한다.
몰수	범죄반복의 방지와 범죄로 인한 이익취득의 금지를 목적으로 범죄행위와 관련된 재산을 박탈하여 국고에 귀속시키는 것을 내용으로 하는 형벌로서 원칙적으로 다른 형에 부가하여 과하는 부가형이다.

✔ Tip

과태료는 행정법상 의무 위반에 대한 제재로서 부과·징수되는 것으로, 형법상 형벌이 아니다.

✔ OX

과료는 판결확정일로부터 60일 내에 납입해야 한다. (×)

➜ 30일

✔ Tip
절도범이 절취한 타인의 물건은 몰수할 수 없고 피해자에게 환부해야 한다.

보충학습

몰수할 수 있는 것
- 금제품
- 강도범이 소유한 단도
- 도박죄에 있어서의 도금

㉣ **명예형** : 범인의 명예 또는 자격을 박탈하는 것을 내용으로 하는 형벌로서, 자격상실과 자격정지가 있다.

자격상실	사형·무기징역·무기금고의 판결이 있으면 그 형의 효력으로서 당연히 일정한 자격이 상실되는 형벌을 말한다.
자격정지	일정한 기간 동안 일정한 자격의 전부 또는 일부를 정지시키는 것을 내용으로 하는 형벌을 말한다.

(2) 형의 양정

① 의의

법관이 구체적인 행위자에 대하여 선고할 형을 정하는 것을 형의 양정 또는 형의 적용이라고 한다.

② 형의 가중

형법은 일반적 가중사유로 경합범가중, 누범가중, 특수교사·방조가중의 3가지를 규정하고 있다.

③ 형의 감경 및 감면 19년, 11년 기출

필요적 감경 (~형을 감경한다)	• 종범 • 농아자
임의적 감경 (~형을 감경할 수 있다)	• 심신미약자 • 미수범 • 작량감경 • 범죄단체조직죄 • 약취·유인 및 인신매매의 죄, 인질강요죄·인질상해·치상죄 → 피해자를 안전한 장소로 풀어준 경우
필요적 감면 (~형을 면제한다)	• 중지미수 • 내란죄·외환죄·외국에 대한 사전죄·방화죄·통화위조죄 → 실행에 이르기 전에 자수한 경우 • 위증죄, 허위·감정·통역·번역죄, 무고죄 → 재판 또는 징계처분이 확정되기 전에 자백 또는 자수한 경우

✔ Tip
농아자의 행위는 임의적 감면사유에 해당하지 않는다.

✔ OX
인질강도죄에 대한 감경규정은 없다. (○)

	• 장물죄 → 장물범과 본범 간에 일정한 친족관계가 있을 때
임의적 감면 (~형을 면제할 수 있다)	• 외국에서 받은 형의 집행 • 과잉방위 • 과잉피난 • 과잉자구행위 • 불능미수 • 자수 · 자복

✓OX
미수범의 형은 기수범보다 감경할 수 있다. (O)

최신기출확인

형법상 '죄를 범한 사람이 약취 · 유인한 자를 안전한 장소로 풀어 준 때에는 그 형을 감경할 수 있다'는 별도의 감경규정이 없는 범죄는? 19년 기출

① 인질강요죄　② 인질강도죄
③ 인신매매죄　④ 미성년자 약취 · 유인죄

해설

② 인질강도죄 : 사람을 체포 · 감금 · 약취 또는 유인하여 이를 인질로 삼아 재물 또는 재산상의 이익을 취득하거나 제3자로 하여금 이를 취득하게 한 자는 3년 이상의 유기징역에 처한다(형법 제336조). 인질강도죄에 대한 감경규정은 없다.
① 인질강요죄(형법 제324조의2, 제324조의6)
③ 인신매매죄(형법 제289조, 제295조의2)
④ 미성년자 약취 · 유인죄(형법 제287조, 제295조의2)

답 ②

(3) 누범과 상습범

① 누범

금고 이상의 형을 받아 그 집행을 종료하거나 면제를 받은 후 3년 내에 금고 이상에 해당하는 죄를 범한 자로서, 누범의 형은 그 죄에 정한 형의 장기의 2배까지 가중한다.

> **형법 제35조(누범)** 〈개정 2020.12.8, 시행일 2021.12.9〉
> ① 금고(禁錮) 이상의 형을 선고받아 그 집행이 종료되거나 면제된 후 3년 내에 금고 이상에 해당하는 죄를 지은 사람은 누범(累犯)으로 처벌한다.
> ② 누범의 형은 그 죄에 대하여 정한 형의 장기(長期)의 2배까지 가중한다.

② 상습범

상습적으로 죄를 범한 자로서, 상습범의 형은 각조에 정한 형의 2분의 1까지 가중한다.

(4) 형벌의 적용

① 선고유예 17년, 10년 기출

㉠ 의의 : 선고유예는 범정이 경미한 범인에 대하여 일정한 기간 동안 형의 선고를 유예하고 그 유예기간을 경과한 때에는 면소된 것으로 간주하는 제도를 말한다.

㉡ 선고유예의 요건 : 1년 이하의 징역이나 금고, 자격정지 또는 벌금의 형을 선고할 경우에 양형의 조건을 참작하여 개전의 정상이 현저한 때에는 그 선고를 유예할 수 있다. 단, 자격정지 이상의 형을 받은 전과가 있는 자에 대하여는 예외로 한다.

✔ Tip

형의 선고를 유예하는 경우에 재범방지를 위하여 지도 및 원호가 필요한 때에는 보호관찰을 받을 것을 명할 수 있는데, 보호관찰의 기간은 1년으로 한다.

> **형법 제59조(선고유예의 요건)** 〈개정 2020.12.8, 시행일 2021.12.9〉
> ① 1년 이하의 징역이나 금고, 자격정지 또는 벌금의 형을 선고할 경우에 양형의 조건을 고려하여 뉘우치는 정상이 뚜렷할 때에는 그 형의 선고를 유예할 수 있다. 다만, 자격정지 이상의 형을 받은 전과가 있는 사람에 대해서는 예외로 한다.

㉢ 선고유예의 효과 : 형의 선고유예를 받은 날로부터 2년을 경과한 때에는 면소된 것으로 간주한다.

② 집행유예 10년 기출

㉠ 의의 : 집행유예는 일단 유죄를 인정하여 형을 선고하되 일정 기간 그 형의 집행을 유예하고 그것이 취소·실효됨이 없이 유예기간을 경과한 때에는 형의 선고의 효력을 상실케 하는 제도를 말한다.

㉡ 집행유예의 요건

ⓐ 3년 이하의 징역이나 금고 또는 500만원 이하의 벌금의 형을 선고할 경우이어야 한다.

ⓑ 양형의 조건을 참작하여 정상에 참작할 만한 사유가 있어야 한다.

ⓒ 집행유예기간은 1년 이상 5년 이하이다.

ⓓ 금고 이상의 형을 선고한 판결이 확정된 때부터 그 집행을 종료하거나 면제된 후 3년이 지난 범죄에 대하여 형을 선고하는 경우에 적용된다.

㉢ 집행유예의 효과 : 집행유예의 선고를 받은 후 그 선고의 실효 또는 취소됨이 없이 유예기간을 경과한 때에는 형의 선고는 효력을 잃는다.

③ 가석방

㉠ 의의 : 가석방은 자유형을 집행받고 있는 자가 개전의 정이 현저하다고 인정되는 때에 형기만료 전에 조건부로 수형자를 석방하

고 일정한 기간을 경과한 때에는 형의 집행을 종료한 것으로 간주하는 제도를 말한다.

㉡ **가석방의 요건** : 징역 또는 금고의 집행 중에 있는 자가 그 행상이 양호하여 개전의 정이 현저한 때에는 무기에 있어서는 20년, 유기에 있어서는 형기의 3분의 1을 경과한 후 행정처분으로 가석방을 할 수 있다.

> **형법 제72조(가석방의 요건)** 〈개정 2020.12.8, 시행일 2021.12.9〉
> ① 징역이나 금고의 집행 중에 있는 사람이 행상(行狀)이 양호하여 뉘우침이 뚜렷한 때에는 무기형은 20년, 유기형은 형기의 3분의 1이 지난 후 행정처분으로 가석방을 할 수 있다.

㉢ **가석방의 실효** : 가석방 중 금고 이상의 형의 선고를 받아 그 판결이 확정된 때에는 가석방은 그 효력을 잃는다. 단 과실로 인한 죄로 형의 선고를 받았을 때에는 예외로 한다.

> **형법 제74조(가석방의 실효)** 〈개정 2020.12.8, 시행일 2021.12.9〉
> 가석방 기간 중 고의로 지은 죄로 금고 이상의 형을 선고받아 그 판결이 확정된 경우에 가석방 처분은 효력을 잃는다.

㉣ **가석방의 취소** : 가석방의 처분을 받은 자가 감시에 관한 규칙을 위배하거나, 보호관찰의 준수사항을 위반하고 그 정도가 무거운 때에는 가석방처분을 취소할 수 있다.

㉤ **가석방의 효과** : 가석방의 처분을 받은 후 그 처분이 실효 또는 취소되지 아니하고 가석방기간을 경과한 때에는 형의 집행을 종료한 것으로 본다.

✓OX
가석방은 법원의 판결에 의하여 그 효력이 발생한다. (×)
→ 가석방은 법무부장관이 행하는 행정처분이다.

(5) 형의 시효와 소멸

① 형의 시효

㉠ **의의** : 형의 시효는 형의 선고를 받은 자가 재판이 확정된 후 그 형의 집행을 받지 않고 일정한 기간이 경과한 때에 집행이 면제되는 것을 말한다.

㉡ **시효의 효과** : 형의 선고를 받은 자는 시효의 완성으로 인하여 그 집행이 면제된다.

> **형법 제77조(형의 시효의 효과)** 〈개정 2020.12.8, 시행일 2021.12.9〉
> 형을 선고받은 사람에 대해서는 시효가 완성되면 그 집행이 면제된다.

ⓒ **시효의 정지** : 시효는 형의 집행의 유예나 정지 또는 가석방 기타 집행할 수 없는 기간은 진행되지 아니한다.

ⓔ **시효의 중단** : 시효는 사형, 징역, 금고와 구류에 있어서는 수형자를 체포함으로, 벌금, 과료, 몰수와 추징에 있어서는 강제처분을 개시함으로 인하여 중단된다.

② 형의 소멸

㉠ **의의** : 형의 소멸은 유죄판결의 확정에 의하여 발생한 형의 집행권을 소멸시키는 제도를 말한다.

㉡ **형의 소멸사유** : 형집행의 종료, 형의 시효의 완성, 형집행의 면제 등이 있다.

✔ Tip

가석방처분은 형의 소멸사유에 해당되지 않는다.

02 형법 각론

1. 개인적 법익에 대한 죄

(1) 생명과 신체에 대한 죄 12년, 11년, 10년 기출

① 살인의 죄

사람을 살해함으로써 그 생명을 침해하는 것을 내용으로 하는 범죄로, 형법에서는 살인죄의 유형으로 보통살인죄, 존속살해죄, 영아살해죄, 촉탁·승낙에 의한 살인죄 등을 규정하고 있다.

㉠ **사람의 시기** : 형법상 사람의 시기에 관해서 판례는 진통설을 취하고 있는데 형법에서 사람의 시기가 문제되는 것은 살인죄와 낙태죄의 구별, 과실치사와 과실낙태에 대한 범죄의 인정 여부에 있다.

㉡ **객체** : 살인죄의 객체는 생명 있는 자연인이며 임신 중인 태아는 그 객체가 될 수 없다.

✔OX

보통살인죄의 성격으로 일반범, 추상범, 침해범, 즉시범, 자수범을 들 수 있다. (×)

② 상해와 폭행의 죄 17년, 12년 기출

㉠ **상해죄** : 사람의 신체를 상해한 자는 7년 이하의 징역, 10년 이하의 자격정지 또는 1천만원 이하의 벌금에 처한다.

- 침해범(결과범), 미수범 처벌함

㉡ **폭행죄** : 사람의 신체에 대하여 폭행을 가한 자는 2년 이하의 징역, 500만원 이하의 벌금, 구류 또는 과료에 처한다.

- 반의사불벌죄에 해당함

③ 과실치상의 죄

과실로 인하여 사람의 신체를 상해에 이르게 한 자는 500만원 이하의 벌금, 구류 또는 과료에 처한다.

④ 유기죄

노유, 질병 기타 사정으로 인하여 부조를 요하는 자를 보호할 법률상 또는 계약상의무 있는 자가 유기한 때에는 3년 이하의 징역 또는 500만원 이하의 벌금에 처한다.

> **형법 제271조(유기)** 〈개정 2020.12.8, 시행일 2021.12.9〉
> ① 나이가 많거나 어림, 질병 그 밖의 사정으로 도움이 필요한 사람을 법률상 또는 계약상 보호할 의무가 있는 자가 유기한 경우에는 3년 이하의 징역 또는 500만원 이하의 벌금에 처한다.

⑤ 학대죄

자기의 보호 또는 감독을 받는 사람을 학대한 자는 2년 이하의 징역 또는 500만원 이하의 벌금에 처한다.

(2) 자유에 대한 죄

① 체포·감금죄 12년 기출

체포·감금죄는 불법하게 사람을 체포 또는 감금하여 사람의 신체적 활동의 자유를 침해하는 것을 내용으로 하는 범죄를 말한다.

예 경비원이 현행범인을 체포한 후 즉시 경찰관서에 인도하지 않고 장기간 구속한 경우에 성립할 수 있는 범죄는 감금죄이다.

② 협박죄

협박죄는 해악을 고지함으로써 개인의 의사결정의 자유를 침해하는 것을 내용으로 하는 범죄를 말한다.

③ 약취·유인 및 인신매매죄 16년 기출

약취·유인 및 인신매매죄는 사람을 약취, 유인 또는 매매하여 자기 또는 제3자의 실력적 지배하에 둠으로써 개인의 자유를 침해하는 것을 내용으로 하는 범죄를 말한다.

④ 강요죄

강요죄는 폭행 또는 협박으로 사람의 권리행사를 방해하거나 의무 없는 일을 행하게 함으로써 성립하는 범죄를 말한다.

⑤ 강간과 강제추행의 죄

㉠ 강간죄 : 폭행 또는 협박으로 사람을 강간함으로써 성립하는 범죄를 말한다.

㉡ 강제추행죄 : 폭행 또는 협박으로 사람에 대하여 추행을 함으로써 성립하는 범죄를 말한다.

(3) 명예와 신용에 대한 죄

① **명예에 대한 죄** 12년 기출

㉠ **명예훼손죄** : 공연히 사실 또는 허위의 사실을 적시하여 사람의 명예를 훼손함으로써 성립하는 범죄를 말한다.

㉡ **모욕죄** : 공연히 사람을 모욕함으로써 성립하는 범죄를 말한다.

✔ Tip

모욕죄는 친고죄에 해당하여 고소권자의 고소가 없는 경우 처벌할 수 없다.

② **신용·업무와 경매에 관한 죄** 15년, 10년 기출

㉠ **신용훼손죄** : 허위의 사실을 유포하거나 기타 위계로써 사람의 신용을 훼손함으로써 성립하는 범죄를 말한다.

㉡ **업무방해죄** : 허위의 사실을 유포하거나 기타 **위계** 또는 위력으로 사람의 업무를 방해함으로써 성립하는 범죄를 말한다.

* **위계** : 행위자가 행위목적을 달성하기 위하여 상대방에게 오인·착각 또는 부지를 일으키게 하여 이를 이용하는 것을 말한다.

㉢ **경매·입찰방해죄** : 위계 또는 위력 기타 방법으로 경매 또는 입찰의 공정을 해함으로써 성립하는 범죄를 말한다.

✔ Tip

신용훼손죄는 명예와 신용에 대한 죄로, 형법상 재산에 대한 죄가 아니다.

(4) 사생활의 평온에 대한 죄

① **비밀침해의 죄**

㉠ **비밀침해죄** : 봉함 기다 비밀장치한 사람의 편지·문서 또는 도화를 개봉하거나, 봉함 기타 비밀장치한 사람의 편지·문서·도화 또는 전자기록 등 특수매체기록을 기술적 수단을 이용하여 그 내용을 알아냄으로써 성립하는 범죄를 말한다.

㉡ **업무상 비밀누설죄** : 의사, 약제사, 변호인, 공증인 등 법문에 열거된 자가 그 업무처리 중 지득한 타인의 비밀을 누설함으로써 성립하는 범죄를 말한다.

② **주거침입의 죄**

㉠ **주거침입죄** : 사람의 주거, 관리하는 건조물, 선박이나 항공기 또는 점유하는 방실에 침입함으로써 성립하는 범죄를 말한다.

✔ Tip

주거침입죄의 실행의 착수시기는 신체의 일부가 들어가는 등 침입을 위한 구체적인 행위를 시작한 때이다.

㉡ **퇴거불응죄** : 사람의 주거, 관리하는 건조물, 선박이나 항공기 또는 점유하는 방실에서 퇴거요구를 받고 응하지 않음으로써 성립하는 범죄를 말한다.

(5) 재산에 대한 죄 15년, 14년 기출

① **절도죄**

절도죄는 타인이 점유하는 타인의 재물을 절취함으로써 성립하는 범죄로, 단순절도죄, 야간주거침입절도죄, 특수절도죄 등이 있다.

✔ Tip

甲은 아버지의 돈을 몰래 훔쳐 유흥비로 소비하였다. 甲의 죄책은 절도죄는 성립하지만 형이 면제된다.

② **강도죄**

강도죄는 폭행 또는 협박으로 타인의 재물을 강취하거나 기타 재산

상의 이익을 취득하거나 제3자로 하여금 이를 취득케 함으로써 성립하는 범죄로, 단순강도죄, 특수강도죄 등이 있다.

③ 사기죄 16년 기출

사기죄는 사람을 기망하여 재물의 교부를 받거나 재산상의 이익을 취득하거나 제3자로 하여금 재물의 교부를 받게 하거나 재산상의 이익을 취득하게 함으로써 성립하는 범죄로, 단순사기죄, 컴퓨터 등 사용사기죄, 부당이득죄 등이 있다.

④ 공갈죄 12년 기출

공갈죄는 사람을 공갈하여 재물의 교부를 받거나 재산상의 불법한 이익을 취득하거나 제3자로 하여금 재물의 교부를 받게 하거나 재산상의 이익을 취득하게 함으로써 성립하는 범죄를 말한다.

⑤ 횡령죄

횡령죄는 타인의 재물을 보관하는 자가 그 재물을 횡령하거나 반환을 거부하는 것을 내용으로 하는 범죄로, 단순횡령죄, 업무상 횡령죄, 점유이탈물횡령죄 등이 있다.

⑥ 배임죄

㉠ 의의 : 배임죄는 타인의 사무를 처리하는 자가 그 임무에 위배하는 행위로 재산상의 이익을 취득하거나 제3자로 하여금 이를 취득케 하여 본인에게 손해를 가하는 것을 내용으로 하는 범죄를 말한다.

㉡ 배임죄가 성립하는 경우

ⓐ 재산관리인이 재산을 소비한 경우

ⓑ 창고업자가 화물상환증 없이 보관품을 반환한 경우

ⓒ 조합이사가 사적 목적을 위하여 조합채권을 양도한 경우

⑦ 장물죄

장물죄는 장물을 취득・양도・운반・보관하거나 또는 이를 알선함으로써 성립하는 범죄를 말한다.

⑧ 손괴죄 10년 기출

타인의 재물, 문서 또는 전자기록 등 특수매체기록을 손괴 또는 은닉 기타의 방법으로 그 효용을 해하는 것을 내용으로 하는 범죄를 말한다.

⑨ 권리행사방해죄 12년 기출

권리행사방해죄는 타인의 점유 또는 권리의 목적이 된 자기의 물건 또는 전자기록 등 특수매체기록을 취거, 은닉 또는 손괴하여 타인의 권리행사를 방해하여 성립하는 범죄를 말한다.

✓ Tip

주거에 침입한 강도죄에 있어서 실행에 착수한 시기는 타인의 주거에 침입한 때가 아니라 폭행 또는 협박이 개시된 때이다.

✓ Tip

열차 차장이 운송 중인 석탄을 매각처분한 경우는 배임죄가 아니라 횡령죄가 성립한다.

✓ Tip

재물만을 객체로 하는 재산범죄는 장물죄이다.

✓ OX

공중위생에 대한 죄는 개인적 법익에 대한 죄에 해당된다. (×)

✔OX
소요죄는 형법상 국가적 법익에 관한 죄에 해당한다. (×)

✔OX
방화죄는 개인적 법익에 해당하는 범죄이다. (×)

최신기출확인

형법에 규정된 범죄가 아닌 것은? 16년 기출

① 컴퓨터 등 사용사기죄 ② 과실손괴죄
③ 직권남용죄 ④ 인신매매죄

해설

② 손괴죄는 형법 제366조에 규정되어 있으나 과실손괴죄는 형법에 규정된 범죄가 아니다.
① 컴퓨터 등 사용사기죄는 개인적 법익에 대한 죄 중 재산에 대한 죄이다(형법 제347조의2).
③ 직권남용죄는 국가적 법익에 대한 죄 중 국가의 기능에 대한 죄이다(형법 제123조).
④ 인신매매죄는 개인적 법익에 대한 죄 중 자유에 대한 죄이다(형법 제289조).

답 ②

2. 사회적 법익에 대한 죄

(1) 공공의 안전과 평온에 대한 죄

① 공안을 해하는 죄

공안을 해하는 죄는 공공의 법질서 또는 공공의 안전과 평온을 해하는 것을 내용으로 하는 범죄로, 범죄단체조직죄, 소요죄, 다중불해산죄, 공무원자격사칭죄 등이 있다.

② 폭발물에 관한 죄

폭발물에 관한 죄는 폭발물을 사용하여 사람의 생명·신체 또는 재산을 해하거나 기타 공안을 문란케 함으로써 성립하는 범죄로, 폭발물사용죄, 전시폭발물제조죄 등이 있다.

> **형법 제119조(폭발물사용)** 〈개정 2020.12.8, 시행일 2021.12.9〉
> ① 폭발물을 사용하여 사람의 생명, 신체 또는 재산을 해하거나 그 밖에 공공의 안전을 문란하게 한 자는 사형, 무기 또는 7년 이상의 징역에 처한다.

③ 방화와 실화에 관한 죄 10년 기출

방화죄와 실화죄는 고의 또는 과실로 불을 놓아 현주건조물·공용건조물·일반건조물 또는 일반물건을 불태운 것 등을 내용으로 하는 공공위험범죄를 말한다.

④ 일수와 수리에 관한 죄

㉠ 일수죄 : 수해를 일으켜 공공의 안전을 해하는 것을 내용으로 하는 범죄를 말한다.

㉡ 수리방해죄 : 제방을 결궤하거나 수문을 파괴하거나 기타 방법으로 수리를 방해함으로써 성립하는 범죄를 말한다.

> **형법 제184조(수리방해)** 〈개정 2020.12.8, 시행일 2021.12.9〉
> 둑을 무너뜨리거나 수문을 파괴하거나 그 밖의 방법으로 수리(水利)를 방해한 자는 5년 이하의 징역 또는 700만원 이하의 벌금에 처한다.

⑤ 교통방해의 죄

교통방해의 죄는 교통로 또는 교통기관 등 교통설비를 손괴 또는 불통하게 하여 교통을 방해하는 것을 내용으로 하는 범죄로, 일반교통방해죄, 교통방해치사상죄, 과실교통방해죄 등이 있다.

(2) 공공의 신용에 대한 죄

① 통화에 관한 죄

통화에 관한 죄는 행사할 목적으로 통화를 위조・변조하거나, 위조・변조한 통화를 행사・수입・수출 또는 취득하거나, 통화유사물을 제조・수입・수출・판매함으로써 성립하는 범죄로, 통화위조죄, 위조통화취득죄 등이 있다.

✔ Tip

통화위조죄는 개인적 법익에 대한 죄가 아니라 사회적 법익에 대한 죄에 해당된다.

② 유가증권・인지와 우표에 관한 죄

㉠ 유가증권에 관한 죄 : 행사할 목적으로 유가증권을 위조・변조 또는 허위 작성하거나 위조・변조・허위 작성한 유가증권을 행사・수입 또는 수출함으로써 성립하는 범죄를 말한다.

㉡ 인지・우표에 관한 죄 : 행사할 목적으로 대한민국 또는 외국의 인지, 우표 기타 우편요금을 표시하는 증표를 위조 또는 변조함으로써 성립하는 범죄를 말한다.

③ 문서에 관한 죄

문서에 관한 죄는 행사할 목적으로 위조 또는 변조하거나, 허위의 문서를 작성하거나, 위조・변조・허위 작성된 문서를 행사하거나, 문서를 부정행사함으로써 성립하는 범죄를 말한다.

보충학습

문서위조죄의 문서
- 의사의 진단서
- 주민등록증
- 실재하지 않는 공무소 명의의 문서

✔ Tip

명의인은 없으나 법률상 중요한 문서는 문서위조죄의 문서에 해당되지 않는다.

④ 인장에 관한 죄

인장에 관한 죄는 행사할 목적으로 인장 · 서명 · 기명 또는 기호를 위조 또는 부정사용하거나, 위조 또는 부정사용한 인장 · 서명 등을 행사하는 것을 내용으로 하는 범죄를 말한다.

(3) 공중의 건강에 대한 죄

① 음용수에 관한 죄

음용수에 관한 죄는 음용에 공할 정수 또는 그 수원에 오물 · 독물 기타 건강을 해할 물건을 혼입하거나, 수도 기타의 시설을 손괴 또는 기타의 방법으로 불통하게 하여 공중의 음용수의 이용과 그 안전을 위태롭게 함으로써 성립하는 범죄를 말한다.

제16장 먹는 물에 관한 죄 〈개정 2020.12.8, 시행일 2021.12.9〉

형법 제192조(먹는 물의 사용방해)

① 일상생활에서 먹는 물로 사용되는 물에 오물을 넣어 먹는 물로 쓰지 못하게 한 자는 1년 이하의 징역 또는 500만원 이하의 벌금에 처한다.

형법 제193조(수돗물의 사용방해)

① 수도(水道)를 통해 공중이 먹는 물로 사용하는 물 또는 그 수원(水原)에 오물을 넣어 먹는 물로 쓰지 못하게 한 자는 1년 이상 10년 이하의 징역에 처한다.

형법 제194조(먹는 물 혼독치사상)

일상생활에서 먹는 물이나 수도를 통해 공중이 먹는 물 또는 수원에 독물이나 그 밖에 건강을 해하는 물질을 넣어 사람을 상해에 이르게 한 경우에는 무기 또는 3년 이상의 징역에 처한다. 사망에 이르게 한 경우에는 무기 또는 5년 이상의 징역에 처한다.

형법 제195조(수도불통)

공중이 먹는 물을 공급하는 수도 그 밖의 시설을 손괴하거나 그 밖의 방법으로 불통(不通)하게 한 자는 1년 이상 10년 이하의 징역에 처한다.

② 아편에 관한 죄

아편에 관한 죄는 아편을 흡식하거나 아편 또는 아편흡식기구를 제조 · 수입 · 판매 또는 소지하는 것을 내용으로 하는 범죄를 말한다.

(4) 사회의 도덕에 대한 죄 18년 기출

① 성풍속에 관한 죄

성풍속에 관한 죄는 성도덕 또는 건전한 성적 풍속을 보호하기 위한 성생활에 관계된 범죄로, 공연음란죄, 음행매개죄 등이 있다.

✓ Tip

음행매개죄의 객체는 남녀 · 성년 · 미성년 · 기혼 · 미혼을 불문하고, 음행에 동의하였는가는 문제되지 않는다.

② 도박과 복표에 관한 죄

도박과 복표에 관한 죄는 도박하거나 도박장을 개장하거나 복표를 발매·중개 또는 취득함으로써 성립하는 범죄를 말한다.

③ 신앙에 관한 죄

신앙에 관한 죄는 종교적 평온과 종교 감정을 침해하는 것을 내용으로 하는 범죄로, 사체 등의 오욕죄, 분묘발굴죄 등이 있다.

> **형법 제159조(시체 등의 오욕)** 〈개정 2020.12.8, 시행일 2021.12.9〉
> 시체, 유골 또는 유발(遺髮)을 오욕한 자는 2년 이하의 징역 또는 500만원 이하의 벌금에 처한다.

최신기출확인

형법상 개인적 법익에 대한 죄가 아닌 것은? 18년 기출

① 절도죄 ② 폭행죄

③ 도박죄 ④ 공갈죄

해설

③ 형법상 개인적 법익에 대한 죄에는 크게 생명과 신체에 대한 죄, 자유에 대한 죄, 명예와 신용에 대한 죄, 사생활의 평온에 대한 죄, 재산에 대한 죄 등이 있다. 도박죄는 사회적 법익에 대한 죄에 해당한다.

①, ④ 절도죄와 공갈죄는 재산에 대한 죄에 해당한다.

② 폭행죄는 생명과 신체에 대한 죄에 해당한다.

답 ③

3. 국가적 법익에 대한 죄 20년, 16년, 15년, 14년 기출

(1) 국가의 존립과 권위에 대한 죄

① 내란의 죄

내란의 죄는 국가의 내부로부터 헌법의 기본질서를 침해하여 국가의 존립을 위태롭게 하는 것을 내용으로 하는 범죄로, 내란죄, 내란목적 살인죄, 내란 예비·음모·선동·선전죄 등이 있다.

② 외환의 죄

외환의 죄는 외환을 유치하거나 대한민국에 항적하거나 적국에 이익을 제공하여 국가의 안전을 위태롭게 하는 범죄로, 외환유치죄, 여적죄, 이적죄, **간첩**죄, 전시군수계약불이행죄 등이 있다.

* **간첩** : 적국을 위하여 국가기밀을 탐지·수집하는 것

③ 국기에 관한 죄

국기에 관한 죄는 대한민국을 모욕할 목적으로 국기 또는 국장을 손상・제거・오욕 또는 비방하는 것을 내용으로 하는 범죄로, 국기・국장모독죄, 국기・국장비방죄 등이 있다.

④ 국교에 관한 죄

외국원수・외국사절에 대한 폭행죄, 외국국기・국장모독죄, 외교상 기밀누설죄 등이 있다.

(2) 국가의 기능에 대한 죄

① 공무원의 직무에 관한 죄

공무원의 직무에 관한 죄는 공무원이 의무에 위배하거나 직권을 남용하여 국가기능의 공정을 해하는 것을 내용으로 하는 범죄, 즉 공무원의 직무범위를 말한다.

㉠ **직무유기죄** : 공무원이 정당한 이유 없이 직무수행의 거부나 직무를 유기함으로써 성립하는 범죄를 말한다.

㉡ **직권남용죄** : 공무원이 직권을 남용하여 사람으로 하여금 의무 없는 일을 하게 하거나 사람의 권리행사를 방해한 때 성립하는 범죄를 말한다.

㉢ **공무상 비밀누설죄** : 공무원 또는 공무원이었던 자가 법령에 의한 직무상 비밀을 누설하였을 때 성립하는 범죄를 말한다.

㉣ **뇌물죄** : 공무원 또는 중재인이 직무행위에 대한 대가로 법이 인정하지 않는 이익의 취득을 금지하는 것을 내용으로 하는 범죄이다.

✔ Tip

뇌물죄는 공무원의 직무에 관한 죄로 형법상 재산에 대한 죄가 아니다.

② 공무방해에 관한 죄 12년 기출

공무방해에 관한 죄는 국가 또는 공공기관이 행사하는 기능을 방해함으로써 성립하는 범죄로, 공무집행방해죄, 직무・사직강요죄, 위계에 의한 공무집행방해죄, 법정・국회회의장모욕죄, 공무상 비밀표시무효죄 등이 있다.

③ 도주와 범인은닉의 죄 12년 기출

㉠ **도주죄** : 법률에 의하여 체포 또는 구금된 자가 스스로 도주하거나 타인의 도주에 관여함으로써 성립하는 범죄를 말한다.

> **형법 제145조(도주)** 〈개정 2020.12.8, 시행일 2021.12.9〉
>
> ① 법률에 따라 체포되거나 구금된 자가 도주한 경우에는 1년 이하의 징역에 처한다.

✔ Tip

범인은닉죄는 개인적 법익에 대한 죄가 아니라 국가적 법익에 대한 죄에 해당한다.

㉡ **범인은닉죄** : 벌금 이상의 형에 해당하는 죄를 범한 자를 은닉 또는 도피하게 함으로써 성립하는 범죄를 말한다.

④ 위증과 증거인멸의 죄 11년 기출

㉠ **위증죄** : 법률에 의하여 선서한 증인이 허위의 진술을 하거나, 법률에 의하여 선서한 감정인·통역인 또는 번역인이 허위의 감정·통역 또는 번역함으로써 성립하는 범죄를 말한다.

㉡ **증거인멸죄** : 타인의 형사사건 또는 징계사건에 대한 증거를 인멸·은닉·위조 또는 변조하거나, 위조 또는 변조한 증거를 사용하거나, 타인의 형사사건 또는 징계사건에 관한 증인을 은닉 또는 도피하게 하여 국가의 심판기능을 방해하는 것을 내용으로 하는 범죄이다.

⑤ 무고의 죄

무고죄는 타인으로 하여금 형사처분 또는 징계처분을 받게 할 목적으로 공무소 또는 공무원에 대하여 허위의 사실을 신고함으로써 성립하는 범죄를 말한다.

✓OX

위증죄는 개인적 법익에 대한 죄에 해당한다. (×)

최신기출확인

형법상 국가적 법익에 관한 죄가 아닌 것은? 20년 기출

① 소요죄 ② 도주죄

③ 위증죄 ④ 직무유기죄

해설

① 소요죄는 사회적 법익에 관한 죄 중 공안(公安)을 해하는 죄에 해당한다.

②, ③, ④ 도주죄, 위증죄, 직무유기죄 모두 국가적 법익에 관한 죄에 해당한다.

답 ①

제2장 형사소송법

01 총칙

1. 형사소송법의 의의 및 이념

(1) 형사소송법의 의의 15년, 12년 기출

형사소송법은 형법을 구체적인 사건에 적용·실현하기 위한 절차를 규정하는 법률을 말한다. 형사소송법은 총 5편으로 구성되어 있고, 제2편(제1심)에서 수사, 공소, 공판에 관한 내용과 절차를 규정하고 있다.

✔ Tip
형사소송법은 공판절차뿐만 아니라 수사절차, 형집행절차에 대해서도 규정하고 있다.

(2) 형사소송법의 성격 및 법원

① 성격 15년, 12년 기출

형사소송법은 형법의 적용 및 실현을 목적으로 하는 절차법이고 사법권의 조직과 작용에 관한 법인 사법법이며, 형법과 함께 공법에 속한다.

✔ OX
형사소송법은 형법의 적용 및 실현을 목적으로 하는 실체법이다. (×)

② 법원(法源)

형사소송법이 존재하고 있는 형식, 즉 형사소송법의 법원은 헌법, 법률 그리고 대법원규칙이다. 실질적 의미의 형사소송법의 예로는 법원조직법, 경찰관 직무집행법, 즉결심판절차법, 형사보상법, 형의 집행 및 수용자의 처우에 관한 법률 등이 있다.

(3) 형사소송법의 이념 18년, 15년, 14년, 12년 기출

형사소송법은 실체적 진실주의, 적정절차의 원칙, 신속한 재판의 원칙을 지도이념으로 한다.

① 실체적 진실주의

소송의 대상인 사건에 대하여 객관적 진실을 발견하여 사안의 진상을 명백히 하자는 원칙, 즉 법원은 당사자의 사실에 관한 주장에 구애받지 않고 범죄사실을 객관적으로 규명해야 한다는 원칙을 말한다.

✔ Tip
기본이념으로 형식적 진실주의가 아니라 실체적 진실주의이다.

구분	내용
적극적 실체진실주의	범죄사실을 명확히 하여 범죄자를 빠짐없이 벌하도록 하는 작용을 말한다.
소극적 실체진실주의	객관적인 사실을 밝혀서 죄 없는 자를 벌해서는 안 된다는 인권보장의 작용을 말한다.

② 적정절차의 원칙

헌법정신을 구현한 공정한 법정절차에 의하여 형벌권이 실현되어야

한다는 원칙을 말한다. 내용으로는 공정한 재판의 원칙, 비례성원칙, 피고인 보호의 원칙 등이 있다.

③ 신속한 재판의 원칙

형사재판은 가능한 한 신속히 진행・종료해야 하며 부당하게 지연되어서는 안 된다는 원칙을 말한다.

✓ Tip

재판 비공개의 원리는 형사소송법의 기본이념에는 속하지 않는다.

최신기출확인

우리나라 형사소송법의 기본구조가 아닌 것은? 18년 기출

① 기소독점주의　　② 공개재판주의

③ 증거재판주의　　④ 형식적 진실주의

해설

④ 형사소송법은 실체적 진실주의, 적정절차의 원칙, 신속한 재판의 원칙을 지도이념으로 한다.

① 기소독점주의 : 국가소추주의 아래에서 국가기관 중에서 특히 검사만이 공소권을 행사하는 제도

② 공개재판주의 : 소송의 심리와 판결의 공정성을 기하기 위하여 재판을 일반 국민에게 공개하여야 한다는 입장이나 사고방식

③ 증거재판주의 : 재판에서 사실의 인정은 증거능력이 있는 증거에 의하여 행하여야 한다는 원칙

답 ④

2. 형사소송법의 기본구조 20년, 16년 기출

(1) 규문주의와 탄핵주의

규문주의	소추기관과 재판기관이 분리되지 않고 법원이 스스로 절차를 개시하여 규문하는 방식으로 심리・재판하는 것을 말한다.
탄핵주의	• 탄핵주의는 재판기관과 소추기관을 분리하여 소추기관의 공소제기에 의하여 법원이 절차를 개시하는 것을 말한다. • 우리나라 형사소송법은 '공소는 검사가 제기하여 수행한다'라고 규정하여 국가소추주의(국가기관에 소추권 부여)에 의한 탄핵주의 소송구조를 채택하고 있다.

✓ Tip

규문주의는 프랑스혁명을 계기로 자취를 감추게 된다.

(2) 직권주의와 당사자주의 15년, 12년 기출

직권주의	• 소송의 주도적 지위를 법원에게 인정하는 소송구조를 말한다(대륙법체계에서의 기본원리). • 직권주의 요소에는 직권증거조사제도, 법원의 증인신문제도, 법원의 피고인신문제도, 법원의 공소장변경요구권 등이 있다.

✓ Tip

우리나라 형사소송법은 당사자주의를 기본구조로 하며 직권주의와 당사자주의를 조화(병행)시킨 혼합형이다.

✔ OX
형사소송법은 순수한 직권주의를 기본구조로 하고 있다. (×)

당사자주의	• 당사자(검사와 피고인)에게 소송의 주도적 지위를 인정하여 당사자의 공격·방어에 의해 심리를 진행하고 법원은 제3자적 입장에서 당사자의 주장이나 입증활동을 판단하도록 하는 소송구조를 말한다(영미법체계에서의 기본원리). • 당사자주의 요소에는 공소장변경제도, 피고인의 증거신청권, 교호신문제도, 전문법칙, 공소장부본송달, 피고인의 진술권·진술거부권, 증거동의, 공소장일본주의 등이 있다.

최신기출확인

형사소송법에 관한 설명으로 옳지 않은 것은? 20년 기출

① 규문주의가 기본 소송구조이다.
② 국가소추주의를 규정하고 있다.
③ 형법을 적용·실현하기 위한 절차를 규정하는 법률이다.
④ 실체적 진실주의, 적법절차의 원칙, 신속한 재판의 원칙을 지도이념으로 한다.

해설

① 형사소송법의 기본 소송구조는 규문주의가 아니라 탄핵주의이다.
② 형사소송법 제246조에 "공소는 검사가 제기하여 수행한다."라고 하여 국가소추주의를 규정하고 있다.
③ 형사소송법은 형법의 적용 및 실현을 목적으로 하는 절차법이다.
④ 형사소송법은 실체적 진실주의, 적법절차의 원칙, 신속한 재판의 원칙을 지도이념으로 한다.

답 ①

02 소송의 주체 14년 기출

소송의 주체는 법원, 검사, 피고인이다. 법원은 형사사건을 심판하는 자이고 검사는 소추하는 자이며, 피고인은 검사로부터 소추를 받는 자이다.

✔ Tip
변호인은 소송주체가 아니고 피고인(피의자)의 보조자이다.

1. 법원(法院)

(1) 법원의 의의와 종류

① 법원의 의의

법원은 국법상의 의미로는 법원조직법상의 법원을 말하고, 소송법상의 의미로는 구체적 사건에 대한 재판기관으로서의 법원, 즉 합의제법원 또는 단독제법원을 말한다.

② 법원의 종류

국법상 의미의 법원	대법원과 고등법원, 지방법원으로 조직되어 있고, 그 밖에 특허법원, 행정법원, 가정법원, 군사법원 등이 있다.
소송법상 의미의 법원	사건의 경중과 심급에 따라 단독제와 합의제로 구분하고, 합의제는 2인 이상의 판사로 구성되며 상소법원은 무조건 합의제이다.

(2) 법원의 관할

법원의 관할은 재판권의 행사에 있어서 각 법원에 분배된 권한을 말한다.

법정관할	법률의 규정에 따라 정해지는 재판의 관할로, 고유관할(사물관할, 토지관할, 심급관할)과 관련사건의 관할로 나누어진다.
재정관할	구체적 사건에 대하여 법원의 재판에 의하여 관할을 창설·변경하는 것을 말한다.

(3) 법관의 제척·기피·회피 20년, 18년, 15년 기출

① 제척 15년 기출

㉠ 의의 : 제척은 법관이 불공평한 재판을 할 현저한 법정의 사유가 있을 때, 해당 법관을 그 재판에서 배제하는 제도를 말한다.

㉡ 제척사유

ⓐ 법관이 피해자인 때

ⓑ 법관이 피고인 또는 피해자의 친족 또는 친족관계가 있었던 자인 때

ⓒ 법관이 피고인 또는 피해자의 법정대리인, 후견감독인인 때

ⓓ 법관이 사건에 관하여 증인, 감정인, 피해자의 대리인으로 된 때

ⓔ 법관이 사건에 관하여 피고인의 대리인, 변호인, 보조인으로 된 때

ⓕ 법관이 사건에 관하여 검사 또는 사법경찰관의 직무를 행한 때

ⓖ 법관이 사건에 관하여 전심재판 또는 그 기초되는 조사, 심리에 관여한 때

ⓗ 법관이 사건에 관하여 피고인의 변호인이거나 피고인·피해자의 대리인인 법무법인, 법무법인(유한), 법무조합, 법률사무소, 「외국법자문사법」에 따른 합작법무법인에서 퇴직한 날부터 2년이 지나지 아니한 때

ⓘ 법관이 피고인인 법인·기관·단체에서 임원 또는 직원으로 퇴직한 날부터 2년이 지나지 아니한 때

✓ OX

법관이 불공평한 재판을 할 현저한 법정의 사유가 있을 때 해당 법관을 그 재판에서 배제하는 제도는 제척이다. (○)

✓ Tip

제척사유가 있는 법관이 관여한 판결은 당연무효는 아니고 상소이유가 된다.

② 기피 20년 기출

㉠ 의의 : 기피는 법관이 제척사유가 있음에도 재판에 관여하거나 기타 불공평한 재판을 할 사정이 있는 경우에 당사자의 신청에 의하여 법원의 결정으로 해당 법관을 직무집행에서 탈퇴케 하는 제도를 말한다.

㉡ 기피사유

ⓐ 법관이 제척사유에 해당한 때

ⓑ 법관이 불공평한 재판을 할 염려가 있는 때

③ 회피 18년 기출

회피는 법관 스스로가 기피의 원인이 있다고 판단한 때에 자발적으로 직무집행에서 탈퇴하는 제도를 말한다.

최신기출확인

형사소송법상 법관이 불공평한 재판을 할 염려가 있는 경우에 검사 또는 피고인의 신청에 의하여 그 법관을 직무에서 탈퇴하게 하는 제도는? 20년 기출

① 제척 ② 기피
③ 회피 ④ 진정

해설

② 검사 또는 피고인은 법관이 불공평한 재판을 할 염려가 있는 경우에 법관의 기피를 신청할 수 있다(형사소송법 제18조 제1항 제2호).

① 제척은 법관이 불공평한 재판을 할 현저한 법정의 사유가 있을 때, 해당 법관을 그 재판에서 배제하는 제도이다.

③ 회피는 법관 스스로가 기피의 원인이 있다고 판단한 때에 자발적으로 직무집행에서 탈퇴하는 제도이다.

④ 진정은 국민이 개인적으로나 집단적으로 공공기관에 대하여 어떤 유리한 조처를 취하여줄 것을 요청하는 행위를 말한다. 답 ②

보충학습

법관의 제척 · 기피 · 회피

구분	제척	기피	회피
신청요부	• 신청불요 • 당연 배제	당사자 신청필요	법관 스스로
신청사유	법정사유	• 제척사유에 해당될 때 • 법관이 불공평한 재판을 할 염려가 있는 때	• 제척사유 • 기피사유
효과	당연 배제	기피결정 후 배제	스스로 물러남
불복방법	상소	즉시항고(기피신청 기각결정에 한해서)	×

2. 검사

(1) 의의

검사는 범죄수사로부터 재판의 집행에 이르기까지 형사절차의 전 과정에 걸쳐 형사사법의 정의를 실현하는 검찰권을 행사하는 국가기관을 말한다.

> ✔ Tip
> 형사소송의 원고에 해당하는 자는 검사이다.

(2) 검사동일체의 원칙

① 의의

검사동일체의 원칙은 모든 검사는 검찰총장을 정점으로 하여 지휘감독과 이행의 관계에 서서 전국적으로 일체불가분의 유기적 통일체로 활동하는 것을 말한다.

② 내용

지휘감독과 이행, 직무의 위임・승계・이전, 직무대리권 등이 있다.

(3) 검사의 소송법상 지위

① 수사의 주재자

㉠ 수사권 : 검사는 범죄의 혐의가 있다고 사료하는 때에는 범인, 범죄사실과 증거를 수사하여야 한다.

㉡ 수사지휘권 : 검사는 사법경찰관의 모든 수사에 관하여 지휘권을 갖는다.

㉢ 수사종결권 : 검사는 공소제기의 여부를 결정할 수사종결권을 독점한다.

② 공소권의 주체

국가소추주의에 따라 공소는 검사가 제기하여 수행한다.

> ✔ Tip
> 검사는 공판절차에서 공소사실을 입증하고 공소를 유지한다.

③ 재판의 집행기관

재판의 집행은 검사가 지휘한다. 다만, 예외적으로 재판장・수명법관・수탁판사가 재판의 집행을 지휘할 수 있는 경우도 있다.

④ 공익적 지위

검사는 피고인의 반대당사자로 행동할 뿐만 아니라 공익의 대표자로서 피고인의 정당한 이익을 옹호해야 할 의무가 있다.

3. 피고인

(1) 의의 18년, 17년, 12년 기출

피고인이란 검사에 의하여 형사책임을 져야 할 자로 공소가 제기된 자를 말하며, 이외에도 경찰서장에 의하여 즉결심판이 청구된 자도 피고인에 해당된다.

> ✔ OX
> 형사책임을 져야 할 자로 검사에 의해 공소가 제기된 자는 피의자이다. (×)

✓OX
피고인은 당사자로서 검사와 대등한 지위를 가진다. (O)

(2) 피고인의 소송법상 지위

① 소송당사자

피고인은 검사의 공격에 대한 방어자로서 수동적인 당사자이다. 당사자의 지위로서 피고인은 검사와 대등한 지위를 갖는다.

② 증거방법

피고인의 임의진술은 증거로 될 수 있으므로 피고인은 일종의 인적 증거방법이라고 할 수 있다.

③ 절차의 대상

피고인은 소환·구속·압수·수색 등 강제처분의 객체가 된다.

(3) 진술거부권

진술거부권은 피고인 또는 피의자가 공판절차 또는 수사절차에서 법원이나 수사기관의 신문에 대하여 진술을 거부할 수 있는 권리를 말한다.

최신기출확인

형사소송에서 피고인에 관한 설명으로 옳지 않은 것은? 18년 기출

① 피고인은 진술거부권을 가진다.
② 피고인은 당사자로서 검사와 대등한 지위를 가진다.
③ 검사에 의하여 공소가 제기된 자는 피고인이다.
④ 피고인은 소환, 구속, 압수, 수색 등의 강제처분의 주체가 된다.

해설
④ 피고인은 소환·구속·압수·수색 등 강제처분의 객체가 된다.
① 진술거부권은 피고인 또는 피의자가 공판절차 또는 수사절차에서 법원이나 수사기관의 신문에 대하여 진술을 거부할 수 있는 권리를 말한다.
② 피고인은 검사의 공격에 대한 방어자로서 수동적인 당사자이다. 당사자의 지위로서 피고인은 검사와 대등한 지위를 갖는다.
③ 피고인이란 검사에 의하여 형사책임을 져야 할 자로 공소가 제기된 자를 말하며, 이외에도 경찰서장에 의하여 즉결심판이 청구된 자도 피고인에 해당된다.

답 ④

4. 변호인

(1) 의의

변호인은 피고인 또는 피의자의 방어권을 보충하는 것을 임무로 하는 보조자로서, 변호인은 사선변호인과 국선변호인이 있다.

① 사선변호인

피고인·피의자 또는 그와 일정한 관계에 있는 자가 선임한 변호인을 말한다.

② 국선변호인 19년, 11년 기출

㉠ 의의 : 국선변호인은 법원에 의하여 선임된 변호인을 말한다.

㉡ 국선변호인 선정사유

ⓐ 법원이 직권으로 선정(절대적 선정)

- 피고인이 구속된 때
- 피고인이 미성년자인 때
- 피고인이 70세 이상인 때
- 피고인이 농아자인 때
- 피고인이 심신장애의 의심이 있는 때
- 피고인이 사형, 무기 또는 단기 3년 이상의 징역이나 금고에 해당하는 사건으로 기소된 때

ⓑ 피고인의 청구에 의한 선정(필요적 선정) : 법원은 피고인이 빈곤 그 밖의 사유로 변호인을 선임할 수 없는 경우에 피고인의 청구가 있는 때에는 변호인을 선정하여야 한다.

형사소송법 제33조(국선변호인) 〈개정 2020.12.8, 시행일 2021.12.9〉

① 다음 각 호의 어느 하나에 해당하는 경우에 변호인이 없는 때에는 법원은 직권으로 변호인을 선정하여야 한다.

1. 피고인이 구속된 때
2. 피고인이 미성년자인 때
3. 피고인이 70세 이상인 때
4. 피고인이 듣거나 말하는 데 모두 장애가 있는 사람인 때
5. 피고인이 심신장애가 있는 것으로 의심되는 때
6. 피고인이 사형, 무기 또는 단기 3년 이상의 징역이나 금고에 해당하는 사건으로 기소된 때

② 법원은 피고인이 빈곤이나 그 밖의 사유로 변호인을 선임할 수 없는 경우에 피고인이 청구하면 변호인을 선정하여야 한다.

최신기출확인

형사소송법상 형사피고인이 변호인이 없는 때에 법원이 직권으로 국선변호인을 선정해야 하는 경우가 아닌 것은? 19년 기출

① 피고인이 구속된 때

② 피고인이 미성년자인 때

③ 피고인이 심신장애의 의심이 있는 때

④ 피고인이 단기 2년의 금고에 해당하는 사건으로 기소된 때

✓ OX

빈곤 그 밖의 사유로 변호사를 선임할 수 없는 때에는 피고인의 청구가 있어야 국선변호인을 선임하는 경우이다. (O)

✓ Tip

피고인이 빈곤으로 변호인을 선임할 수 없을 때는 형사소송법상 변호인이 없을 때 법원이 직권으로 국선변호인을 선정해야 하는 경우가 아니다.

해설

④ 피고인이 단기 3년의 금고에 해당하는 사건으로 기소된 때이다.

:: 국선변호인 선정 사유(형사소송법 제33조 제1항)

다음의 어느 하나에 해당하는 경우에 변호인이 없는 때에는 법원은 직권으로 변호인을 선정하여야 한다.
- 피고인이 구속된 때
- 피고인이 미성년자인 때
- 피고인이 70세 이상인 때
- 피고인이 농아자인 때
- 피고인이 심신장애의 의심이 있는 때
- 피고인이 사형, 무기 또는 단기 3년 이상의 징역이나 금고에 해당하는 사건으로 기소된 때

답 ④

(2) 변호인의 지위

① **보호자로서의 지위**

변호인은 형사절차에서 피고인・피의자의 이익을 보호할 임무가 있다.

② **공익적 지위**

변호인은 피고인・피의자의 정당한 이익을 보호함으로써 국가형벌권의 공정한 실현에 협력할 의무가 있다.

(3) 접견교통권

접견교통권은 피고인 또는 피의자가 변호인이나 가족・친지 등의 타인과 접견하고 서류 또는 물건을 수수하며 의사의 진료를 받는 권리를 말한다.

03 수사와 공소제기

1. 수사의 의의와 조건

(1) 수사의 의의

수사는 형사사건에 관하여 범죄혐의의 유무를 명백히 하여 공소제기 여부 및 공소유지 여부를 결정하기 위하여 범인을 발견・확보하고 증거를 수집・보전하는 수사기관의 활동을 말한다.

(2) 수사의 조건

수사의 조건은 수사절차의 개시와 실행에 필요한 전제조건으로, 일반적으로 요구되는 수사의 조건은 수사의 필요성과 상당성을 들 수 있다.

2. 수사기관과 피의자

(1) 수사기관

수사기관은 법률상 수사권이 인정되는 국가기관으로서 검사와 사법경찰관리가 있다.

* 사법경찰관 : 경무관 · 총경 · 경정 · 경감 · 경위 등
* 사법경찰리 : 경사 · 경장 · 순경 등

(2) 피의자

피의자는 수사기관에 의해 범죄혐의를 받고 수사가 개시된 자를 말한다. 따라서 수사가 개시된 때에는 피의자가 되며, 공소제기에 의해 피고인이 된다.

3. 수사의 개시

(1) 수사의 단서

수사의 단서는 수사개시의 원인으로, 검사와 사법경찰관은 범죄의 혐의가 있다고 사료하는 때에는 범인, 범죄사실과 증거를 수사한다. 수사의 단서에는 현행범체포, 불심검문, 고소, 고발 등이 있다.

(2) 고소 [20년, 19년, 16년, 11년 기출]

① 의의

고소는 범죄의 피해자 또는 그와 일정한 관계에 있는 자(고소권자)가 수사기관에 범죄사실을 신고하여 수사 및 소추를 요구하는 의사표시를 말한다.

✔ Tip

고소는 서면 또는 구술로 가능하며, 고소의 취소는 대리가 허용된다.

② 고소권자 [16년 기출]

범죄로 인한 피해자는 고소할 수 있다. 피해자가 아닌 경우라도 피해자의 법정대리인은 독립하여 고소할 수 있으며, 피해자가 사망한 때에는 그 배우자, 직계친족 또는 형제자매는 고소할 수 있다. 단, 피해자의 명시한 의사에 반하지 못한다.

③ 고소의 절차와 기간 [16년, 11년 기출]

㉠ 고소의 절차 : 고소는 구술 또는 서면으로써 검사 또는 사법경찰관에게 하여야 한다. 검사 또는 사법경찰관이 구술에 의한 고소 또는 고발을 받은 때에는 조서를 작성하여야 한다.

㉡ 고소의 기간 : 친고죄에 대하여는 범인을 알게 된 날로부터 6월을 경과하면 고소하지 못한다. 단, 고소할 수 없는 불가항력의 사유가 있는 때에는 그 사유가 없어진 날로부터 기산한다.

✔ OX

친고죄에서의 고소는 범인을 알게 된 날로부터 1년 이내에 하여야 한다. (×)

④ 고소의 제한과 취소 [16년, 11년 기출]

㉠ 고소의 제한 : 자기 또는 배우자의 직계존속을 고소하지 못한다.

ⓛ 고소의 취소

ⓐ 고소는 제1심 판결선고 전까지 취소할 수 있다.

ⓑ 고소를 취소한 자는 다시 고소할 수 없다.

ⓒ 대리인의 고소 : 고소 또는 그 취소는 대리인으로 하여금 하게 할 수 있다.

✔OX

고소 또는 그 취소는 본인이 직접 하여야 한다. (×)

최신기출확인

형사소송법상 고소에 관한 설명으로 옳지 않은 것은? 20년 기출

① 고소의 취소는 대리가 허용되지 않는다.

② 고소는 제1심 판결선고 전까지 취소할 수 있다.

③ 고소를 취소한 자는 동일한 사건에 대하여 다시 고소하지 못한다.

④ 친고죄의 고소기간은 원칙적으로 범인을 알게 된 날로부터 6월이다.

해설

① 고소 또는 그 취소는 대리인으로 하여금 하게 할 수 있다(형사소송법 제236조).

② 동법 제232조 제1항

③ 동법 제232조 제2항

④ 동법 제230조 제1항

답 ①

(3) 고발 19년, 16년, 11년 기출

① 의의

고발은 고소권자와 범인 이외의 제3자가 수사기관에 대해 범죄사실을 신고하여 범인의 처벌을 희망하는 의사표시를 말한다.

② 고발권자 16년, 11년 기출

누구든지 범죄가 있다고 사료하는 때에는 고발할 수 있다. 공무원은 그 직무를 행함에 있어 범죄가 있다고 사료하는 때에는 고발하여야 한다.

③ 고발의 절차와 기간 16년 기출

고발은 구술 또는 서면으로써 검사 또는 사법경찰관에게 하여야 한다. 고발기간은 제한이 없으며 고발을 취소한 후에도 다시 고발을 할 수 있다.

✔OX

고소 또는 고발은 구술로도 가능하다. (O)

✔Tip

대리인에 의한 고발은 허용되지 않는다.

④ 고발의 제한

자기 또는 배우자의 직계존속을 고발하지 못한다.

보충학습

고소와 고발에 대한 비교
- 현행법상 고소권자로는 피해자, 피해자의 법정대리인, 피해자의 배우자·친족, 지정고소권자가 있으나 고발권자는 제한이 없다.
- 고소와 고발은 수사의 단서이면서 고소의 경우는 소송조건이 되기도 한다.
- 자수는 범인이 하는 행위라는 점에서 고소·고발과 다르다.
- 고소는 1심 판결선고 후에는 취소할 수 없고, 1심 판결선고 전에 취소하였더라도 다시 고소할 수 없다는 점에서 고발과 다르다.

✓OX

고소와 고발은 취소하면 다시 할 수 없다는 점에서 같다. (×)

최신기출확인

형사소송법상 고소·고발에 관한 설명으로 옳은 것은? 19년 기출

① 고소를 취소한 자는 다시 고소할 수 있다.
② 고소의 취소는 대법원 확정판결 전까지 가능하다.
③ 피해자의 법정대리인은 피해자의 동의 없이는 독립하여 고소할 수 없다.
④ 친고죄의 공범 중 그 1인에 대한 고소는 다른 공범자에 대하여도 효력이 있다.

해설

④ 친고죄의 공범 중 그 1인 또는 수인에 대한 고소 또는 그 취소는 다른 공범자에 대하여도 효력이 있다(형사소송법 제233조).
① 고소를 취소한 자는 다시 고소하지 못한다(동법 제232조 제2항).
② 고소는 제1심 판결선고 전까지 취소할 수 있다(동법 제232조 제1항).
③ 피해자의 법정대리인은 독립하여 고소할 수 있다(동법 제225조 제1항).

답 ④

4. 수사의 방법

(1) 임의수사 15년, 14년, 10년 기출

① 의의

임의수사는 강제력을 행사하지 않고 상대방의 동의나 승낙을 받아서 행하는 수사를 말한다.

② 방법

임의수사의 방법에는 피의자 신문, 참고인 조사, 공무소 등에 대한 사실조회, 감정·통역 또는 번역의 위촉, 참고인 진술 청취 등이 있다.

✓ Tip

임의수사를 원칙으로 하고 예외적으로 형사소송법에 특별한 규정이 있는 경우에 한하여, 필요한 최소한도 범위 안에서만 강제수사가 허용된다.

(2) 강제수사 14년, 10년 기출

① 의의

강제수사는 강제처분에 의한 수사를 말한다. 강제수사는 형사소송법에 특별한 규정이 있는 경우에 한하고, 필요한 최소한도의 범위 안에서만 하여야 한다(강제수사 법정주의). 또 강제수사를 할 때에는 적법한 절차에 따라 검사의 신청에 의하여 법관이 발부한 영장을 제시하여야 한다(강제수사 영장주의).

② 방법

강제수사의 방법에는 체포와 구속, 압수・수색・검증 등이 있다.

✔OX
체포・구속은 임의수사의 방법이 아니다. (O)

5. 체포와 구속

(1) 체포 18년, 16년 기출

체포는 죄를 범하였다고 의심할 만한 상당한 이유가 있는 피의자를 사전영장에 의하여 단시간 동안 수사관서 등 일정한 장소에 인치하는 제도를 말한다.

① 체포영장에 의한 체포

㉠ **체포의 요건** : 피의자가 죄를 범하였다고 의심할 만한 상당한 이유가 있고, 정당한 이유 없이 출석요구에 응하지 아니하거나 응하지 아니할 우려가 있어야 한다.

㉡ **체포의 절차** : 사법경찰관은 검사에게 신청하여 검사의 청구로 관할 지방법원판사의 체포영장을 발부받아 피의자를 체포할 수 있다.

✔Tip
체포영장은 검사가 청구하고 관할 지방법원판사가 발부한다.

㉢ **체포 후의 절차** : 체포(긴급체포 포함)한 피의자를 구속하고자 할 때에는 체포한 때부터 48시간 이내에 구속영장을 청구하여야 하고, 그 기간 내에 구속영장을 청구하지 아니하는 때에는 피의자를 즉시 석방하여야 한다.

✔OX
긴급체포한 피의자에 대해서는 검사가 72시간 이내에 판사에게 구속영장을 청구하면 된다. (×)

② 체포영장 없이 체포가 가능한 경우

㉠ 긴급체포

ⓐ **의의** : 긴급체포는 중대한 범죄혐의가 있고 체포의 필요성이 인정되며 긴급을 요하는 경우에 현행범인이 아닌 피의자를 영장 없이 먼저 체포하여 놓고 그 후에 구속이 필요할 경우 구속영장을 발부받는 제도를 말한다.

ⓑ **요건** : 피의자가 사형・무기 또는 장기 3년 이상의 징역이나 금고에 해당하는 죄를 범하였다고 의심할 만한 상당한 이유가 있고, 피의자가 증거를 인멸할 염려가 있거나 피의자가 도망하거나 도망할 우려가 있는 경우이어야 한다.

㉡ 현행범체포

ⓐ 의의 : 현행범인은 범죄의 실행 중이거나 실행의 즉후인 자를 말하며 다음과 같은 준현행범인도 현행범인으로 간주한다.

- 범인으로 호창되어 추적되고 있는 때
- 장물이나 범죄에 사용되었다고 인정함에 충분한 흉기 기타의 물건을 소지하고 있는 때
- 신체 또는 의복류에 현저한 증적이 있는 때
- 누구임을 물음에 대하여 도망하려 하는 때

> **형사소송법 제211조(현행범인과 준현행범인)** 〈개정 2020.12.8, 시행일 2021.12.9〉
> ① 범죄를 실행하고 있거나 실행하고 난 직후의 사람을 현행범인이라 한다.
> ② 다음 각 호의 어느 하나에 해당하는 사람은 현행범인으로 본다.
> 1. 범인으로 불리며 추적되고 있을 때
> 2. 장물이나 범죄에 사용되었다고 인정하기에 충분한 흉기나 그 밖의 물건을 소지하고 있을 때
> 3. 신체나 의복류에 증거가 될 만한 뚜렷한 흔적이 있을 때
> 4. 누구냐고 묻자 도망하려고 할 때

ⓑ 현행범의 체포 : 현행범인은 누구든지 영장 없이 체포할 수 있다.

✓OX

검사 또는 사법경찰관리 아닌 자가 현행범인을 체포한 때에는 48시간 이내에 수사기관에 인도해야 한다. (×)

✓OX

현행범인은 누구든지 영장 없이 체포할 수 있다. (○)

최신기출확인

형사소송법상 체포에 관한 설명으로 옳지 않은 것은? 18년 기출

① 검사 또는 사법경찰관리 아닌 자가 현행범인을 체포한 때에는 48시간 이내에 수사기관에 인도해야 한다.
② 현행범인은 누구든지 영장 없이 체포할 수 있다.
③ 검사 또는 사법경찰관은 피의자 체포 시 피의사실의 요지, 체포의 이유와 변호인을 선입할 수 있음을 말하고 변명할 기회를 주어야 한다.
④ 검사가 체포한 피의자를 구속하고자 할 때에는 체포한 때부터 48시간 이내에 구속영장을 청구하여야 한다.

해설

① 검사 또는 사법경찰관리 아닌 자가 현행범인을 체포한 때에는 즉시 검사 또는 사법경찰관리에게 인도하여야 한다(형사소송법 제213조 제1항).
② 동법 제213조
③ 동법 제200조의5
④ 동법 제200조의2 제5항

답 ①

(2) 구속

① 의의

구속은 피고인 또는 피의자의 신체의 자유를 제한하는 대인적 강제처분으로, 구속은 구인과 구금을 포함한다.

② 구속사유

법원은 피고인이 죄를 범하였다고 의심할 만한 상당한 이유가 있고 다음에 해당하는 사유가 있는 경우에는 피고인을 구속할 수 있다.

㉠ 피고인이 일정한 주거가 없는 때

㉡ 피고인이 증거를 인멸할 염려가 있는 때

㉢ 피고인이 도망하거나 도망할 염려가 있는 때

③ 구속기간

사법경찰관과 검사는 10일의 범위 내에서 피의자를 구속할 수 있으며, 검사는 10일의 범위 내에서 1차에 한하여 연장할 수 있다.

✔ Tip

사형, 무기, 단기 1년 이상의 징역에 처할 범죄를 범하였을 때에는 형사소송법상의 구속적 요건으로 법원이 피고인을 구속할 수 있는 사유로 볼 수 없다.

✔ Tip

사법경찰관은 10일, 검사는 10일이나 1차에 한하여 10일의 한도에서 연장할 수 있으므로 수사기관의 최장 구속기간은 30일이다.

✔ OX

사법경찰관의 법적 허용 구속기간은 10일이다. (O)

(3) 체포 · 구속적부심사제도 10년 기출

① 의의

체포 · 구속적부심사제도는 수사기관에 의하여 체포 또는 구속된 피의자에 대하여 법원이 체포구속의 적부를 심사하여 체포 또는 구속이 부적법하거나 부당한 경우에 피의자를 석방하는 제도를 말한다.

② 청구권자

체포 또는 구속된 피의자 또는 그 변호인, 법정대리인, 배우자, 직계친족, 형제자매나 가족, 동거인 또는 고용주이다.

✔ Tip

기소유예와 구속적부심사는 공판절차 이전에 행해질 수 있는 것이다.

6. 수사의 종결

(1) 의의

수사의 종결은 공소제기 여부를 결정할 수 있을 정도로 피의사건이 해명되었을 때 검사가 수사절차를 종료하는 처분을 말한다.

(2) 불기소처분 10년 기출

불기소처분은 일정한 경우에 검사가 공소를 제기하지 아니하는 처분을 하는 것으로, 혐의의 불기소처분, 기소유예, 기소중지 등이 있다.

협의의 불기소처분	혐의 없음	증거가 불충분하거나 범죄구성요건에 해당하지 않는 경우를 말한다.
	죄가 안됨	피의자의 피의사실이 범죄구성요건에는 해당하나 피의자가 형사미성년자, 정당방위, 긴급피난 등에 해당하여 범죄를 구성하지 않는 경우를 말한다(위법성조각사유와 책임조각사유의 존재).

✔ Tip

불기소처분에 대한 불복방법으로는 검찰항고, 재정신청, 헌법소원 등이 있다.

	공소권 없음	소송조건이 결여되었거나 형이 면제되는 경우로, 피의자의 사망, 공소시효의 완성, 친고죄의 고소가 없는 경우, 반의사불벌죄에서 피해자가 처벌을 원하지 않는 경우 등이 있다.
기소유예	범죄의 혐의가 인정되고 소송조건이 구비되었으나, 범인의 연령, 성행, 지능과 환경, 피해자에 대한 관계, 범행의 동기, 수단과 결과, 범행 후의 정황 등을 참작하여 공소를 제기하지 아니하는 처분을 말한다.	
기소중지	피의사건에 대하여 공소조건이 구비되고 범죄의 객관적 혐의가 인정되는 경우에도 피의자의 소재가 판명되지 아니한 경우에 검사가 그 사유가 해소될 때까지 수사를 중지하는 처분을 말한다.	

(3) 공소제기 후의 수사 10년 기출

수사의 결과 검사가 충분한 혐의를 인정하고 공소를 제기하면 수사는 원칙적으로 종결되지만, 공소제기 후에도 공소유지를 위한 증거확보를 위하거나 진상규명을 통한 공소유지 여부를 결정하기 위하는 등 수사를 할 필요성이 인정된다. 다만, 제한된 범위에서 예외적으로 허용된다.

✓OX

공소제기 후에는 수사를 할 수 없다. (×)

7. 공소제기

(1) 의의

공소는 특정한 형사사건에 대하여 법원의 심판을 요구하는 검사의 법률행위적 소송행위로, 공소제기는 수사의 종결과 심판의 개시라는 이중적 의미를 가진다고 할 수 있다.

(2) 공소제기의 기본원칙 13년 기출

국가소추주의	공소제기의 권한을 국가기관에게 전담시키는 제도를 말한다. 공소는 검사가 제기하여 수행한다.
기소독점주의	국가소추주의 아래에서 국가기관 중에서 특히 검사만이 공소권을 행사하는 제도를 말한다.
기소편의주의	검사에게 형사소추와 관련하여 기소·불기소의 재량을 인정하는 제도를 말한다. 검사는 양형의 조건 사항을 참작하여 공소를 제기하지 아니할 수 있다.

✓Tip

기소변경주의란 검사가 일단 공소를 제기한 후에라도, 법원의 제1심판결선고가 있기 전까지는 공소를 취소할 수 있는 제도를 말한다.

✓OX

검사가 재량에 의해 불기소 처분을 할 수 있다는 원칙은 기소편의주의이다. (O)

(3) 공소제기의 방식 및 효력범위

① 공소제기의 방식 10년 기출

㉠ **공소장의 제출** : 공소를 제기함에는 공소장을 관할법원에 제출하여야 한다.

㉡ **공소장의 기재사항** : 공소장에는 피고인의 성명 기타 피고인을 특정할 수 있는 사항, 죄명, 공소사실, 적용법조를 기재하여야 한다.

✔ OX
공소장에는 피고인과 공소사실만 기재하면 족하다. (×)

② 공소제기의 효력범위 10년 기출

공소사실과 동일성이 인정되는 사실까지 공소제기의 효력이 미친다. 즉, 공소불가분의 원칙상 범죄사실의 일부에 대한 공소제기가 있더라도 공소제기의 효력은 공소사실과 단일성, 동일성이 인정되는 전 범위에 미치게 된다.

(4) 공소시효 19년 기출

① 의의

공소시효는 범죄행위가 종료한 후 검사가 일정한 기간 동안 공소를 제기하지 않고 방치하는 경우에 국가의 소추권을 소멸시키는 제도를 말한다.

② 공소시효의 완성

공소의 제기 없이 다음의 기간이 경과하면 공소시효는 완성된다.

㉠ 사형에 해당하는 범죄에는 25년

㉡ 무기징역 또는 무기금고에 해당하는 범죄에는 15년

㉢ 장기 10년 이상의 징역 또는 금고에 해당하는 범죄에는 10년

㉣ 장기 10년 미만의 징역 또는 금고에 해당하는 범죄에는 7년

㉤ 장기 5년 미만의 징역 또는 금고, 장기 10년 이상의 자격정지 또는 벌금에 해당하는 범죄에는 5년

㉥ 장기 5년 이상의 자격정지에 해당하는 범죄에는 3년

㉦ 장기 5년 미만의 자격정지, 구류, 과료 또는 몰수에 해당하는 범죄에는 1년

✔ OX
무기징역 또는 무기금고에 해당하는 범죄의 공소시효 기간은 15년이다. (○)

보충학습

실체적 소송요건
- 공소시효의 만료 전
- 확정판결이 없었을 것
- 사면이 없었을 것
- 범죄 후 법령개폐로 형이 폐지되지 않았을 것

✔ Tip
피고사건이 법원의 관할에 속할 것, 공소기각의 판결·결정사유가 없을 것 등은 형식적 요건에 속한다.

최신기출확인

형사소송법상 무기징역에 해당하는 범죄의 공소시효기간은? 19년 기출

① 7년 ② 10년
③ 15년 ④ 20년

해설

③ 무기징역 또는 무기금고에 해당하는 범죄의 공소시효기간은 15년이다(형사소송법 제249조 제1항 제2호).

답 ③

04 공판절차

1. 공판절차의 의의와 기본원칙 및 순서

(1) 공판절차의 의의

공판절차는 공소가 제기되어 사건이 법원에 계속된 이후 그 소송절차가 종결될 때까지의 모든 절차를 말하며, 공판기일의 절차(협의의 공판절차)와 공판기일 외의 절차로 구분된다.

(2) 공판절차의 기본원칙

구두변론주의	법원은 당사자의 구두에 의한 공격방어를 기초로 하여 심판을 해야 한다는 원칙을 말한다. 판결은 법률에 다른 규정이 없으면 구두변론에 의거하여야 한다.
직접심리주의	공판정에서 직접 조사한 증거만을 재판의 기초로 삼는다는 원칙을 말한다.
공개주의	일반국민에게 법원의 재판과정에 대한 방청을 허용하는 것을 말한다.
집중심리주의	법원이 공판기일에 하나의 사건을 집중적으로 심리하고, 공판기일이 연장되는 경우에도 시간적 간격을 두지 않고 계속적으로 심리해야 한다는 원칙을 말한다.

(3) 공판절차의 순서 14년 기출

공판준비절차가 끝나면 수소법원은 지정된 공판기일을 열어 피고사건에 대한 실체심리를 하게 된다. 제1심 공판절차는 모두절차 → 사실심리절차 → 판결선고절차 순으로 진행된다.

① 모두절차

형사소송의 공판을 시작함에 있어서 최초로 행하는 절차로, 진술거부권의 고지, 인정신문, 검사의 모두진술, 피고인의 모두진술, 재판

✓ Tip

공판절차 중 가장 먼저 이루어지는 것은 진술거부권의 고지이다.

장의 쟁점정리 및 당사자(검사・변호인)의 증거관계(주장・입증계획) 등에 대한 진술 순으로 이루어진다.

② 사실심리절차

사실심리절차는 증거조사에 의해 시작되고 피고인 신문, 최후변론(당사자의 의견진술) 순으로 이루어진다.

③ 판결선고절차

피고사건에 대한 심리가 종결되면 법원은 판결을 위한 심의에 들어가게 되고 판결을 선고한다.

2. 증거 20년, 13년, 11년 기출

(1) 의의

증거는 형벌법규 적용의 전제가 될 사실관계를 인정하는 데 사용되는 객관적인 자료로, 증거방법과 증거자료의 두 가지 의미로 사용된다.

증거방법	사실인정에 사용될 수 있는 유체물 자체(증거조사의 대상물)
증거자료	증거방법을 조사하여 얻어진 내용

(2) 증거의 기본원칙

① 증거재판주의 13년, 11년 기출

사실의 인정은 증거에 의하여야 하고, 범죄사실의 인정은 합리적인 의심이 없는 정도의 증명에 이르러야 한다.

② 거증책임

거증책임은 어느 사실의 존부가 증명되지 아니한 경우에 당사자의 일방이 최종적으로 받게 될 불이익을 말한다.

✓ Tip

형사소송에서는 거증책임을 원칙적으로 검사가 지는 것으로 되어 있다.

(3) 증거능력 및 증명력

① 증거능력

증거능력은 증거가 엄격한 증명의 자료로 사용될 수 있는 법률상의 자격을 말한다.

㉠ 위법수집증거배제법칙 : 적법한 절차에 따르지 아니하고 수집한 증거는 증거로 할 수 없다.

㉡ 자백의 증거능력 13년 기출

ⓐ 자백의 의의

- 고문에 의한 자백은 항상 증거로 할 수 없고 임의로 한 자백만이 증거능력이 있다.
- 자백은 구술 또는 서면으로 할 수 있다.
- 자백은 피고인・피의자 등 어떤 지위에서 행한 것이든 불문

✓ OX

일기장에 자기의 범죄를 인정하는 기재를 하는 것은 자백이 아니다. (×)

하고 사법절차 내에서뿐만 아니라 수사개시 전 사인에 대해 한 것도 포함된다.

ⓑ **자백배제법칙** : 임의성이 없거나 임의성이 의심스러운 자백은 증거능력이 부정된다는 원칙을 말한다.

ⓒ **자백배제법칙의 적용범위** : 피고인의 자백이 고문, 폭행, 협박, 신체구속의 부당한 장기화 또는 기망 기타의 방법으로 임의로 진술한 것이 아니라고 의심할 만한 이유가 있을 때에는 유죄의 증거로 하지 못한다.

ⓓ **전문증거의 증거능력** : 반대신문을 거치지 않은 진술 및 그 진술에 대신하는 서면을 전문증거라고 하며, 이러한 전문증거는 그 진술의 진실성을 당사자의 반대신문에 의하여 확증할 수 없다는 것을 이유로 원칙적으로 증거로 할 수 없게 하고 있다. 이를 전문법칙 또는 전문증거배척의 원칙이라 한다.

보충학습

전문증거의 예

- 범죄현장을 목격한 사람이 그 사실을 기재한 자술서
- 범죄현장을 목격한 자로부터 들은 사실을 기재한 진술서
- 범죄현장의 목격자로부터 들은 사실을 법원에 출두하여 한 진술

ⓔ **증거능력의 부인** : 수사기관이 피의자를 신문함에 있어서 피의자에게 미리 진술거부권을 고지하지 않은 때에는 그 피의자의 진술은 위법하게 수집된 증거로서 진술의 임의성이 인정되는 경우라도 증거능력이 부인된다(대판 1992.6.23, 92도682).

ⓕ **당사자의 동의와 증거능력** : 검사와 피고인이 증거로 할 수 있음을 동의한 서류 또는 물건은 진정한 것으로 인정한 때에는 증거로 할 수 있다.

ⓖ **탄핵증거** : 진술의 증명력을 다투기 위한 증거를 말한다.

② **증명력** 13년, 11년 기출

증거가 어떤 사실을 입증할 수 있는 실질적 가치를 말한다.

㉠ **자유심증주의** : 증거의 증명력 평가를 법률로 규정하지 않고 법관의 자유로운 판단에 맡기는 원칙을 말한다.

㉡ **자백보강법칙**(불이익한 자백의 증거능력) : 피고인의 자백이 그 피고인에게 불이익한 유일의 증거인 때에는 이를 유죄의 증거로 하지 못한다.

✓ Tip

범죄현장의 목격자가 법원에 출두하여 한 진술은 전문증거가 아니라 직접증거에 해당된다.

✓ OX

피의자에 대하여 진술거부권을 고지하지 않은 상태에서 수집한 증거의 증거능력은 인정된다. (×)

✓ Tip

증거의 증명력은 법관의 자유판단에 의한다.

✓ OX

피고인의 자백이 그 피고인에게 불이익한 유일의 증거인 때에는 이를 유죄의 증거로 채택한다. (×)

최신기출확인

형사소송에서 '사실인정의 기초가 되는 경험적 사실을 경험자 자신이 직접 법원에 진술하지 않고, 타인의 진술 등의 방법으로 간접적으로 법원에 보고하는 형태의 증거는 원칙적으로 증거능력이 인정되지 않는다'는 원칙은?

20년 기출

① 전문법칙　　② 자백배제법칙
③ 자백의 보강법칙　　④ 위법수집증거배제원칙

해설

① 전문법칙은 증인 자신이 직접 보고 들은 것이 아니고 다른 사람에게서 전하여 들은 것을 법원에 진술하는 증거는 신빙성이 희박하여 재판의 증거로 채택할 수 없다는 원칙이다(형사소송법 제310조의2).
② 자백배제법칙 : 피고인의 자백이 고문, 폭행, 협박, 신체구속의 부당한 장기화 또는 기망 기타의 방법으로 임의로 진술한 것이 아니라고 의심할 만한 이유가 있는 때에는 이를 유죄의 증거로 하지 못한다(동법 제309조).
③ 자백의 보강법칙 : 피고인의 자백이 그 피고인에게 불이익한 유일의 증거인 때에는 이를 유죄의 증거로 하지 못한다(동법 제310조).
④ 위법수집증거배제원칙 : 적법한 절차에 따르지 아니하고 수집한 증거는 증거로 할 수 없다(동법 제308조의2).

답 ①

3. 국민의 형사재판 참여에 관한 법률 17년 기출

(1) 도입배경

사법의 민주적 정당성을 강화하고 투명성을 높임으로써 국민으로부터 신뢰받는 사법제도를 확립하기 위해 도입되었다.

(2) 대상사건

① 「법원조직법」 제32조 제1항(제2호 및 제5호는 제외)에 따른 합의부 관할 사건
② ①에 해당하는 사건의 미수죄 · 교사죄 · 방조죄 · 예비죄 · 음모죄에 해당하는 사건
③ ① 또는 ②에 해당하는 사건과 「형사소송법」 제11조에 따른 관련 사건으로서 병합하여 심리하는 사건

(3) 관할

국민의 참여재판은 제1심절차(지방법원 본원 합의부, 지방법원 지원 합의부사건)에 한한다.

(4) 특징

① 국민참여재판에 관하여 변호인이 없는 때에는 법원은 직권으로 변호인을 선정하여야 한다.

② 법원은 대상사건의 피고인에 대하여 국민참여재판을 원하는지 여부에 관한 의사를 서면 등의 방법으로 반드시 확인하여야 한다.

③ 피고인이 국민참여재판을 원하지 않는 경우에는 국민참여재판을 할 수 없다.

(5) 배심원

① 배심원은 만 20세 이상의 대한민국 국민 중에서 선정한다.

② 지방법원장은 배심원후보예정자명부를 작성하기 위해 행정안전부장관에게 매년 그 관할구역 내에 거주하는 만 20세 이상 국민의 주민등록정보에서 일정한 수의 배심원후보예정자의 성명·생년월일·주소 및 성별에 관한 주민등록정보를 추출하여 전자파일의 형태로 송부하여 줄 것을 요청할 수 있다.

✔OX
배심원은 만 20세 이상의 대한민국 국민 중에서 선정한다. (O)

(6) 재판장

① 재판장은 배심원의 평결결과와 다른 판결을 선고할 수 있다.

② 배심원의 평결결과와 다른 판결을 선고하는 때에는 판결서에 그 이유를 기재하여야 한다.

4. 재판

(1) 재판의 의의

재판은 협의로는 유무죄에 대한 법원의 종국적 판단을 말하고, 광의로는 법원 또는 법관의 법률행위적 소송행위를 총칭하는 것을 말한다.

(2) 종국재판

① 유죄판결

유죄판결은 법원이 피고사건에 대하여 범죄의 증명이 있다고 판단하는 경우에 행하는 종국재판을 말한다. 유죄판결에는 반드시 재판의 이유를 명시하여야 한다.

② 무죄판결

무죄판결은 피고사건이 범죄로 되지 않거나 범죄사실의 증명이 없는 때에 법원이 선고하는 실체적 종국재판을 말한다.

✓ OX

공소의 시효가 완성되었을 때에는 판결로써 면소의 선고를 하여야 한다 (○)

✓ Tip

피고인에 대하여 재판권이 없는 때는 면소의 판결을 하는 경우가 아니다.

③ **면소판결** 19년, 15년 기출

㉠ 의의 : 면소판결은 피고사건에 대하여 실체적 소송조건이 결여된 경우에 사건의 실체에 대하여 직접적인 판단 없이 소송을 종결시키는 형식재판을 말한다.

㉡ 면소판결의 사유

ⓐ 확정판결이 있은 때

ⓑ 사면이 있은 때

ⓒ 공소의 시효가 완성되었을 때

ⓓ 범죄 후의 법령개폐로 형이 폐지되었을 때

최신기출확인

형사소송법상 면소판결의 선고를 해야 하는 경우는? 19년 기출

① 피고인에 대한 재판권이 없는 때

② 친고죄 사건에서 고소의 취소가 있은 때

③ 공소의 시효가 완성되었을 때

④ 공소가 제기된 사건에 대하여 다시 공소가 제기되었을 때

해설

③ 공소의 시효가 완성되었을 때에는 판결로써 면소의 선고를 하여야 한다(형사소송법 제326조 제3호).

면소의 판결(형사소송법 제326조)

- 확정판결이 있은 때
- 사면이 있은 때
- 공소의 시효가 완성되었을 때
- 범죄 후의 법령개폐로 형이 폐지되었을 때

답 ③

④ **공소기각의 재판** 16년, 12년 기출

공소기각의 재판은 피고사건에 대하여 관할권 이외의 형식적 소송조건이 결여된 경우에 절차상의 하자를 이유로 공소를 부적법하다고 인정하여 사건의 실체에 대한 심리를 하지 않고 소송을 종결시키는 형식재판을 말하는데, 이에는 공소기각 결정과 공소기각 판결이 있다.

㉠ 공소기각 결정 : 공소기각의 결정사유는 다음과 같다.

ⓐ 공소가 취소되었을 때

ⓑ 피고인이 사망하거나 피고인인 법인이 존속하지 아니하게 되었을 때

✓ Tip

공소제기 후 피고인이 사망하였을 때, 법원이 행하는 재판의 종류는 공소기각의 결정이다.

ⓒ 동일사건과 수개의 소송계속 또는 관할의 경합의 규정에 의하여 재판할 수 없는 때
ⓓ 공소장에 기재된 사실이 진실하다 하더라도 범죄가 될 만한 사실이 포함되지 아니하는 때

㉡ 공소기각 판결 17년 기출

공소기각의 판결사유는 다음과 같다.

ⓐ 피고인에 대하여 재판권이 없는 때
ⓑ 공소제기의 절차가 법률의 규정에 위반하여 무효인 때
ⓒ 공소가 제기된 사건에 대하여 다시 공소가 제기되었을 때
ⓓ 공소취소와 재기소의 규정에 위반하여 공소가 제기되었을 때
ⓔ 고소가 있어야 죄를 논할 사건(친고죄)에 대하여 고소의 취소가 있은 때
ⓕ 피해자의 명시한 의사에 반하여 죄를 논할 수 없는 사건(반의사불벌죄)에 대하여 처벌을 희망하지 아니하는 의사표시가 있거나 처벌을 희망하는 의사표시가 철회되었을 때

✔OX

공소가 취소되었을 때에는 공소기각의 결정을 하여야 한다 (O)

> **형사소송법 제327조(공소기각의 판결)** 〈개정 2020.12.8, 시행일 2021.12.9〉
> 다음 각 호의 경우에는 판결로써 공소기각의 선고를 하여야 한다.
> 1. 피고인에 대하여 재판권이 없을 때
> 2. 공소제기의 절차가 법률의 규정을 위반하여 무효일 때
> 3. 공소가 제기된 사건에 대하여 다시 공소가 제기되었을 때
> 4. 공소취소와 재기소의 규정을 위반하여 공소가 제기되었을 때
> 5. 고소가 있어야 공소를 제기할 수 있는 사건에서 고소가 취소되었을 때
> 6. 피해자의 명시한 의사에 반하여 공소를 제기할 수 없는 사건에서 처벌을 원하지 아니하는 의사표시를 하거나 처벌을 원하는 의사표시를 철회하였을 때

최신기출확인

형사소송법상 공소기각의 판결을 해야 하는 경우가 아닌 것은? 17년 기출

① 피고인에 대하여 재판권이 없는 때
② 친고죄 사건에 대하여 고소의 취소가 있을 때
③ 공소가 취소되었을 때
④ 공소제기의 절차가 법률의 규정에 위반하여 무효인 때

해설

③ 공소가 취소되었을 때에는 공소기각의 결정을 하여야 한다(형사소송법 제328조 제1항 제1호).

답 ③

4. 상소 20년, 18년, 16년, 14년, 13년 기출

(1) 통칙

① **상소의 의의** 13년 기출

상소는 미확정재판에 대하여 상급법원에 구제를 구하는 불복신청제도를 말한다.

② **상소의 종류** 13년 기출

상소에는 제1심 판결에 대한 상소인 항소, 제2심 판결에 대한 상소인 상고, 법원의 결정에 대한 상소인 항고가 있다.

③ **상소권 및 상소권자** 14년 기출

㉠ **상소권** : 형사재판에 대하여 상소할 수 있는 소송법상의 권리를 말한다.

㉡ **상소권자** 18년 기출

ⓐ 검사 또는 피고인은 상소를 할 수 있고, 피고인의 법정대리인은 피고인을 위하여 상소할 수 있다.

ⓑ 피고인의 배우자·직계친족·형제자매 또는 원심의 대리인이나 변호인 등은 피고인의 명시한 의사에 반하지 않는 한 상소할 수 있다.

ⓒ 항소권자는 항소를 제기하려면 항소기간 내에 항소장을 원심법원에 제출하여야 한다.

㉢ **상소권의 발생** : 상소권은 재판의 선고 또는 고지에 의하여 발생한다.

㉣ **상소권의 소멸** : 상소권은 상소기간의 경과, 상소의 포기 또는 취하에 의하여 소멸한다.

④ **불이익변경금지의 원칙** 16년 기출

불이익변경금지의 원칙이란 피고인이 항소 또는 상고한 사건이나 피고인을 위하여 항소 또는 상고한 사건에 관하여 상소심은 원판결의 형보다 중한 형을 선고하지 못한다는 원칙을 말한다.

✔ Tip

상소는 재판의 일부에 대하여 할 수 있다.

✔ Tip

법무부장관은 형사소송법상 상소할 수 없는 자이다.

✔ OX

상소의 제기기간은 7일이다. (○)

✔ OX

피고인을 위하여 항소한 사건에는 불이익변경금지의 원칙이 적용된다. (○)

최신기출확인

형사소송법상 상소에 관한 설명으로 옳지 않은 것은? 20년 기출

① 상소의 제기기간은 7일이다.
② 상소장은 원심법원에 제출하여야 한다.
③ 법원의 결정에 대해 불복하는 상소는 상고이다.
④ 검사는 피고인의 이익을 위하여 상소할 수 있다.

해설

③ 법원의 결정에 대해 불복하는 상소는 항고이다. 답 ③

(2) 항소

① 의의

항소는 제1심판결에 불복하여 제2심법원에 상소하는 것을 말한다.

② 항소심의 구조

항소심은 원칙적으로 속심의 성격을 가지고 있으며 사후심적 성격들은 보충적 성격을 가진다고 볼 수 있다.

③ 항소의 제기 16년 기출

㉠ **항소제기의 방식** : 항소를 함에는 7일의 항소제기기간 이내에 항소장을 항소법원에 제출하지 않고 원심법원에 제출하여야 한다.

㉡ **원심법원의 조치** : 원심법원은 항소장을 심사하여 항소제기가 법률상 방식에 위반하거나 항소권이 소멸된 후인 것이 명백한 때에는 결정으로 항소를 기각해야 하며 이 결정에 대하여 즉시항고할 수 있다.

㉢ **항소법원의 조치** : 항소법원이 소송기록의 송부를 받은 때에는 즉시 항소인과 상대방에게 그 사유를 통지하여야 한다.

㉣ **항소이유서의 제출** : 항소인 또는 변호인은 항소법원으로부터 소송기록의 접수통지를 받은 날로부터 20일 이내에 항소이유서를 항소법원에 제출하여야 한다.

㉤ **답변서의 제출** : 항소이유서를 제출받은 항소법원은 지체 없이 부본 또는 등본을 상대방에게 송달하여야 하며, 상대방은 이를 송달받은 날로부터 10일 이내에 답변서를 항소법원에 제출하여야 한다.

✓ Tip

항소의 제기기간은 14일이 아니라 7일이다.

(3) 상고

① 의의

상고는 2심판결에 불복하여 대법원에 제기하는 상소를 말한다.

② 상고심의 구조 16년 기출

상고심은 원심판결의 법률문제만을 판단하는 법률심이 원칙이며, 극히 예외적으로 피고사건의 사실관계에 관한 오류를 심사할 수 있는 사실심의 성격도 가지고 있다.

✓ Tip

상고심은 원칙적으로 법률심이다.

③ 상고의 제기

㉠ **상고제기의 방식** : 상고를 할 때에는 상고제기기간 내에 상고장을 원심법원에 제출하여야 하며, 상고법원은 대법원이 되고 상고기간은 7일이다.

㉡ **원심법원의 조치** : 원심법원은 상고장을 심사하여 상고제기가 법률상 방식에 위반하거나 상고권이 소멸된 후인 것이 명백한 때에는 결정으로 상고를 기각하여야 한다.

ⓒ **상고법원의 조치** : 상고법원이 소송기록의 송부를 받은 때에는 즉시 상고인과 상대방에게 그 사유를 통지하여야 한다.

ⓔ **상고이유서의 제출** : 상고인 또는 변호인은 상고법원으로부터 소송기록의 접수통지를 받은 날로부터 20일 이내에 상고이유서를 상고법원에 제출하여야 한다.

ⓜ **답변서의 제출** : 상고이유서를 제출받은 상고법원은 지체 없이 부본 또는 등본을 상대방에게 송달하여야 하며, 상대방은 이를 송달받은 날로부터 10일 이내에 답변서를 상고법원에 제출하여야 한다.

(4) 항고

✓ OX
법원의 결정에 불복하는 상소는 상고이다. (×)

① **의의** 16년 기출

항고는 법원의 결정에 불복하는 상소를 말한다.

② **종류**

항고는 일반항고(보통항고와 즉시항고)와 특별항고(재항고)로 구분한다.

즉시항고	제기기간이 7일로 제한되어 있고, 제기기간 내에 항고의 제기가 있으면 재판의 집행이 정지되는 효력을 가진 항고를 말한다.
보통항고	즉시항고를 제외한 항고를 말한다.
재항고	항고법원, 고등법원의 결정에 대하여 대법원에 제기하는 항고를 말한다.

③ **항고권자**

항고권자는 검사, 피고인 또는 변호인, 제3자(과태료처분을 받은 증인 등)이다.

✓ Tip
항고의 제기가 법률의 방식에 위배되거나 항고권 소멸 후인 것이 명백한 때에는 원심법원은 결정으로 항고를 기각해야 한다.

④ **항고의 제기**

항고는 항고장을 원심법원에 제출하여야 한다.

⑤ **항고심의 심리**

항고심은 결정을 위한 절차이므로 구두변론에 의하지 않을 수 있다.

최신기출확인

형사소송에서 상소에 관한 설명으로 옳지 않은 것은? 18년 기출

① 검사 또는 피고인은 상소를 할 수 있다.
② 항소의 제기기간은 7일로 한다.
③ 항소권자는 항소를 제기하려면 항소기간 내에 항소장을 항소법원에 제출하여야 한다.
④ 판결에 대한 상소에는 항소와 상고가 있다.

해설

③ 항소권자는 항소를 제기하려면 항소기간 내에 항소장을 원심법원에 제출하여야 한다(형사소송법 제359조).
① 동법 제338조
② 동법 제358조
④ 제1심법원의 판결에 대하여 불복이 있으면 지방법원 단독판사가 선고한 것은 지방법원 본원합의부에 항소할 수 있으며 지방법원 합의부가 선고한 것은 고등법원에 항소할 수 있다(동법 제357조). 제2심판결에 대하여 불복이 있으면 대법원에 상고할 수 있다(동법 제371조).

답 ③

5. 비상구제절차

(1) 재심 19년, 15년 기출

① 의의

재심은 형사상 유죄의 확정판결에 중대한 사실오인이 있는 경우 판결을 받은 자의 이익을 위하여 판결의 부당함을 시정하는 비상구제절차를 말한다.

② 대상

재심의 대상은 유죄의 확정판결과 항소 또는 상고의 기각판결이다.

③ 재심이유

㉠ 원판결의 증거된 서류 또는 증거물이 확정판결에 의하여 위조 또는 변조인 것이 증명된 때

㉡ 원판결의 증거된 증언, 감정, 통역 또는 번역이 확정판결에 의하여 허위인 것이 증명된 때

㉢ 무고로 인하여 유죄의 선고를 받은 경우에 그 무고의 죄가 확정판결에 의하여 증명된 때

㉣ 원판결의 증거된 재판이 확정재판에 의하여 변경된 때

㉤ 유죄의 선고를 받은 자에 대하여 무죄 또는 면소를, 형의 선고를 받은 자에 대하여 형의 면제 또는 원판결이 인정한 죄보다 경한 죄를 인정할 명백한 증거가 새로 발견된 때

㉥ 저작권, 특허권, 실용신안권, 의장권 또는 상표권을 침해한 죄로 유죄의 선고를 받은 사건에 관하여 그 권리에 대한 무효의 심결 또는 무효의 판결이 확정된 때

㉦ 원판결, 전심판결 또는 그 판결의 기초된 조사에 관여한 법관, 공소의 제기 또는 그 공소의 기초된 수사에 관여한 검사나 사법경찰관이 그 직무에 관한 죄를 범한 것이 확정판결에 의하여 증명된 때. 단, 원판결의 선고 전에 법관, 검사 또는 사법경찰관에 대

✓ Tip

재심은 확정판결에 의해서 불이익을 받는 피고인을 구제할 수 있다.

✓ OX

형사상 유죄의 확정판결에 중대한 사실오인이 있는 경우 판결을 받은 자의 이익을 위하여 판결의 부당함을 시정하는 비상구제절차는 비상상고이다. (×)

✔OX

재심의 청구가 청구권의 소멸 후인 것이 명백한 때에는 결정으로 기각하여야 한다. (O)

하여 공소의 제기가 있는 경우에는 원판결의 법원이 그 사유를 알지 못한 때에 한한다.

형사소송법 제420조(재심이유) 〈개정 2020.12.8, 시행일 2021.12.9〉

재심은 다음 각 호의 어느 하나에 해당하는 이유가 있는 경우에 유죄의 확정판결에 대하여 그 선고를 받은 자의 이익을 위하여 청구할 수 있다.

1. 원판결의 증거가 된 서류 또는 증거물이 확정판결에 의하여 위조되거나 변조된 것임이 증명된 때
2. 원판결의 증거가 된 증언, 감정, 통역 또는 번역이 확정판결에 의하여 허위임이 증명된 때
3. 무고(誣告)로 인하여 유죄를 선고받은 경우에 그 무고의 죄가 확정판결에 의하여 증명된 때
4. 원판결의 증거가 된 재판이 확정재판에 의하여 변경된 때
5. 유죄를 선고받은 자에 대하여 무죄 또는 면소를, 형의 선고를 받은 자에 대하여 형의 면제 또는 원판결이 인정한 죄보다 가벼운 죄를 인정할 명백한 증거가 새로 발견된 때
6. 저작권, 특허권, 실용신안권, 디자인권 또는 상표권을 침해한 죄로 유죄의 선고를 받은 사건에 관하여 그 권리에 대한 무효의 심결 또는 무효의 판결이 확정된 때
7. 원판결, 전심판결 또는 그 판결의 기초가 된 조사에 관여한 법관, 공소의 제기 또는 그 공소의 기초가 된 수사에 관여한 검사나 사법경찰관이 그 직무에 관한 죄를 지은 것이 확정판결에 의하여 증명된 때. 다만, 원판결의 선고 전에 법관, 검사 또는 사법경찰관에 대하여 공소가 제기되었을 경우에는 원판결의 법원이 그 사유를 알지 못한 때로 한정한다.

최신기출확인

형사소송법상 재심청구에 관한 설명으로 옳지 않은 것은? 19년 기출

① 재심의 청구는 원판결의 법원이 관할한다.
② 재심의 청구로 형의 집행은 정지된다.
③ 재심의 청구가 청구권의 소멸 후인 것이 명백한 때에는 결정으로 기각하여야 한다.
④ 재심의 청구는 형의 집행을 받지 아니하게 된 때에도 할 수 있다.

해설

② 재심의 청구는 형의 집행을 정지하는 효력이 없다. 단 관할법원에 대응한 검찰청 검사는 재심청구에 대한 재판이 있을 때까지 형의 집행을 정지할 수 있다(형사소송법 제428조).
① 재심의 청구는 원판결의 법원이 관할한다(동법 제423조).
③ 재심의 청구가 법률상의 방식에 위반하거나 청구권의 소멸 후인 것이 명백한 때에는 결정으로 기각하여야 한다(동법 제433조).

> ④ 재심의 청구는 형의 집행을 종료하거나 형의 집행을 받지 아니하게 된 때에도 할 수 있다(동법 제427조). 답 ②

(2) 비상상고 17년 기출

① 의의

비상상고는 확정판결에 대하여 그 심판의 법령위반을 바로잡기 위하여 인정되는 비상구제절차이다.

② 목적

비상상고는 법령해석·적용의 통일을 목적으로 한다.

③ 이유

검찰총장은 판결이 확정된 후 그 사건의 심판이 법령에 위반한 것을 발견한 때에는 대법원에 비상상고를 할 수 있다.

④ 신청권자

검찰총장만이 행할 수 있다.

⑤ 기각의 판결

비상상고가 이유 없다고 인정한 때에는 판결로써 이를 기각하여야 한다.

> ✓ OX
> 비상상고는 이유 없다고 인정한 때에는 결정으로써 이를 기각하여야 한다. (×)
> ➜ 결정이 아닌 판결

6. 특별형사절차

(1) 약식절차

약식절차는 지방법원의 관할사건에 대하여 검사의 청구가 있는 때에 공판절차를 경유하지 않고 검사가 제출한 자료만을 조사하여 피고인에게 벌금, 과료, 몰수형을 과하는 간편한 재판절차를 말한다.

① 청구권자 13년 기출

약식명령은 검사가 청구할 수 있다.

> ✓ Tip
> 약식명령은 해당 사건의 관할 경찰서장이 아니라 검사가 청구할 수 있다.

② 청구대상

지방법원의 관할에 속하는 사건으로서 벌금, 과료 또는 몰수에 처할 수 있는 사건에 한정된다.

③ 청구의 방식

약식명령의 청구는 검사가 공소의 제기와 동시에 서면으로 하여야 한다.

> ✓ OX
> 약식명령이 확정되더라도 확정판결과 동일한 효력을 갖지 않으므로 같은 사건에 대하여 다시 공소를 제기할 수 있다. (×)

④ 확정과 효력 13년 기출

약식명령은 정식재판의 청구기간이 경과하거나 그 청구의 취하 또는 청구기각결정이 확정된 때에는 확정판결과 동일한 효력이 있다.

⑤ 정식재판의 청구

정식재판청구는 검사 또는 피고인이 약식명령의 고지를 받은 날로부터 7일 이내에 약식명령을 한 법원에 서면으로 하여야 한다.

(2) 즉결심판절차

즉결심판은 20만원 이하의 벌금 · 구류 · 과료에 처할 경미한 범죄에 대하여 공판절차에 의하지 않고 즉결심판에 관한 절차법에 의해 신속하게 처리하는 심판절차를 말한다.

① 청구권자 및 대상 13년 기출

즉결심판절차는 관할 경찰서장이 청구하며, 20만원 이하의 벌금 · 구류 또는 과료에 처할 경미한 범죄를 그 대상으로 한다.

② 청구방식

즉결심판의 청구는 서면으로 하여야 하며, 경찰서장은 청구와 동시에 즉결심판을 함에 필요한 서류와 증거물을 판사에게 제출하여야 한다.

③ 관할법원

즉결심판사건의 관할법원은 지방법원, 지방법원지원 또는 시 · 군법원의 판사이다.

④ 즉결심판의 효력 13년 기출

즉결심판이 확정되면 확정판결과 동일한 효력이 있고, 그 형의 집행은 경찰서장이 한다.

✓ Tip

즉결심판의 형의 집행은 시 · 군법원의 판사가 아니라 경찰서장이 한다.

(3) 간이공판절차 13년 기출

간이공판절차는 피고인이 공판정에서 자백한 사건에 대하여 증거능력의 제한을 완화하는 등의 방법으로 심리를 신속하게 진행하기 위하여 인정되는 형사소송법상의 절차를 말한다.

체크-UP

간이공판절차상 적용 제외 규정

- 증인신문의 방식
- 증거조사
- 증거서류에 대한 조사 방식
- 증거조사 결과의 피고인의 의견
- 피고인 등의 퇴정 규정

① 대상

간이공판절차는 피고인이 공판정에서 자백한 공소사실에 한하여 적용된다.

② 결정의 주체

법원의 재량에 의하여 이루어진다.

③ 취소사유(필수적)

㉠ 피고인의 자백이 신빙할 수 없다고 인정될 때

㉡ 간이공판절차로 심판하는 것이 현저히 부당하다고 인정할 때

④ 공판절차의 갱신

간이공판절차의 결정이 취소된 때에는 공판절차를 갱신하여야 한다. 단, 검사, 피고인 또는 변호인이 이의가 없는 때에는 그러하지 아니하다.

기출 및 예상문제

01 "사람을 살해한 자는 사형 · 무기 또는 5년 이상의 징역에 처한다."는 형법의 규정이 지니는 규범적 성격이 아닌 것은? 13년 기출

① 조직규범 ② 행위규범
③ 강제규범 ④ 재판규범

정답해설 ≫

① 형법의 규범적 성격에는 가설규범, 행위규범, 재판규범, 평가규범, 의사결정규범, 강제규범이 있다. 조직규범이란 국가기관의 조직 및 그 권한범위 등을 정해놓은 법이다.

02 일본인이 독일 내 공원에서 대한민국 국민을 살해한 경우, 대한민국 형법을 적용할 수 있는 근거는?

① 속인주의 ② 속지주의
③ 보호주의 ④ 기국주의

정답해설 ≫

③ 설문은 보호주의에 대한 내용으로, 보호주의란 자국 또는 자국민의 법익을 침해하는 범죄에 대하여는 누구에 의하여 어느 곳에서 발생하였는가에 관계없이 자국 형법을 적용한다는 원칙을 말한다.

03 형법이 그 적용범위와 관련하여 채택하고 있는 원칙 중 대한민국 영역 외에 있는 대한민국의 선박 또는 항공기 내에서 죄를 범한 외국인에게 적용하는 것은?

① 속지주의 ② 속인주의
③ 기국주의 ④ 세계주의

정답해설 ≫

③ 설문은 기국주의에 대한 내용으로 기국주의도 속지주의의 일종으로 볼 수 있다.

정답 ≫ 01 ① 02 ③ 03 ③

오답해설≫

① 속지주의는 자국의 영역 안에서 발생한 모든 범죄에 대하여 범죄인의 국적을 불문하고 자국 형법을 적용한다는 원칙이다.
② 속인주의는 자국민의 범죄에 대해서는 범죄지의 여하를 불문하고 자국 형법을 적용하는 원칙이다.
④ 세계주의는 범죄지·범죄인의 국적 여하를 불문하고 공통적인 법익을 침해하는 행위에 대해서는 자국 형법을 적용한다는 원칙이다.

04 형법상 범죄의 성립요건이 아닌 것은?

14년 기출

① 구성요건 해당성
② 위법성
③ 책임성
④ 객관적 처벌조건

정답해설≫

④ 형법상 범죄의 성립요건은 구성요건 해당성, 위법성, 책임성이다. 이 세 가지 요건 중 하나라도 결여된다면 범죄가 성립하지 않는다.

05 형법의 내용에 관한 설명으로 옳은 것은?

① 형법상으로는 사람이지만, 민법상으로는 사람에 해당되지 않는 경우가 있다.
② 구성요건에 해당하지 않는 행위라도 위법하고 책임이 있는 때에는 범죄로 되는 경우가 있다.
③ 과실범을 원칙적으로 처벌하며, 고의범은 형법에 특별히 규정되어 있는 경우에만 처벌한다.
④ 범죄의 성립요건을 갖춘 행위에는 형벌이 가해지지 않는 것이 원칙이다.

정답해설≫

① 형법은 낙태죄, 영아살해죄 등 사람의 시기를 정함에 있어 통설·판례는 진통설을 따르고 있다. 진통설은 규칙적인 진통을 수반하면서 태아의 분만이 개시될 때, 즉 분만을 개시하는 진통이 있을 때를 사람의 시기라고 한다. 반면 민법은 전부노출설의 입장으로 분만이 완성되어 태아가 모체로부터 완전히 분리된 때에 사람이 된다고 한다. 이처럼 형법은 생명권 보호 차원에서 민법보다 사람의 시기를 더 일찍 보고 있다.

오답해설≫

② 범죄가 성립하려면 구성요건 해당성·위법성·책임이 충족되어야 하는데, 구성요건에 해당하지 않는 행위는 범죄 성립요건에 충족되지 못하고, 더불어 위법성, 책임의 판단 대상에서 제외된다.
③ 고의범을 원칙적으로 처벌하며, 과실범은 형법에 특별히 규정되어 있는 경우에만 처벌한다.
④ 범죄의 성립요건인 구성요건해당성·위법성·책임성이 있어야지 범죄가 성립되고 그에 따른 형벌을 가할 수 있다.

06 법관이 발부한 구속영장에 의하여 사법경찰관이 피의자를 구속하는 행위에 적용될 수 있는 위법성조각사유는?

① 정당방위　　② 긴급피난
③ 자구행위　　④ 정당행위

정답해설 >

④ 정당행위란 위법성 조각사유로서 법령에 의한 행위 또는 업무로 인한 행위 기타 사회상규에 위배되지 아니하는 행위로 이 같은 행위는 벌하지 않는다(형법 제20조).

오답해설 >

① 정당방위란 위법성 조각사유로서 자기 또는 타인의 법익에 대한 현재의 부당한 침해를 방위하기 위한 행위는 상당한 이유가 있는 때에는 벌하지 아니한다(형법 제21조 제1항).
② 긴급피난이란 위법성 조각사유로서 자기 또는 타인의 법익에 대한 현재의 위난을 피하기 위한 행위는 상당한 이유가 있는 때에는 벌하지 아니한다(형법 제22조 제1항).
③ 자구행위란 위법성 조각사유로서 법정절차에 의하여 청구권을 보전하기 불능한 경우에 그 청구권의 실행불능 또는 현저한 실행곤란을 피하기 위한 행위는 상당한 이유가 있는 때에는 벌하지 아니한다(형법 제23조 제1항).

07 형법상 위법성 조각사유에 해당하지 않는 것은?

① 정당행위　　② 강요된 행위
③ 긴급피난　　④ 자구행위

정답해설 >

② 저항할 수 없는 폭력이나 자기 또는 친족의 생명・신체에 대한 위해를 방어할 방법이 없는 협박에 의하여 강요된 행위는 벌하지 아니한다(형법 제12조). 강요된 행위는 책임조각사유에 해당한다.

* 형법상 위법성 조각사유는 어떤 행위가 구성요건에 해당하면 위법성이 추정되는데 그 추정을 깨뜨리는 특별한 사유로, 정당행위, 긴급피난, 자구행위, 정당방위, 피해자의 승낙 등이 있다.

08 행위자가 범행을 위하여 미리 술을 마시고 취한 상태에서 계획한 범죄를 실행한 경우에 적용되는 것은?

① 추정적 승낙　　② 구성요건적 착오
③ 원인에 있어서 자유로운 행위　　④ 과잉방위

정답해설 >

③ 원인에 있어서 자유로운 행위란 책임능력자가 자기 자신의 심신장애를 이용하여 범죄를 저지르는 행위이다. 예를 들면 행위자가 범행을 위해 미리 고의로 술을 마시고 명정 상태를 야기한 후 범죄를 실행한 경우로 형법은 제10조 제3항에서 위험의 발생을 예견하고 자의로 심신장애를 야기한 자는 심신장애인에 대한 경감규정을 적용하지 않는다고 규정하고 있다.

정답 > 04 ④ 05 ① 06 ④ 07 ② 08 ③

09 수사의 일반원칙이 아닌 것은?

17년 기출

① 임의수사의 원칙
② 수사자유의 원칙
③ 영장주의 원칙
④ 강제수사 법정주의 원칙

정답해설≫

② 수사자유의 원칙은 수사의 일반원칙이 아니다.

오답해설≫

① 임의수사의 원칙은 강제력을 행사하지 않고 상대방의 동의나 승낙을 받아서 수사를 행하는 것을 말한다.
③ 영장주의 원칙은 기본적 인권을 침해하는 경우가 없도록 강제처분에는 법관의 영장을 받도록 하는 것을 말한다.
④ 강제수사 법정주의 원칙은 강제수사는 형사소송법에 특별한 규정이 있는 경우에 한하고, 필요한 최소한도의 범위 안에서만 하여야 한다는 것을 말한다.

10 범죄의 실행에 착수한 자가 그 범죄가 완성되기 전에 자의로 실행에 착수한 행위를 중지하거나 그 행위로 인한 결과의 발생을 방지하는 것은?

① 중지미수
② 불능범
③ 장애미수
④ 불능미수

정답해설≫

① 중지미수 또는 중지범이란 자의로 실행에 착수한 행위를 중지하거나 그 행위로 인한 결과의 발생을 방지한 자를 말하며 이 경우 형을 감경 또는 면제한다(형법 제26조).

오답해설≫

② 불능범은 실행의 수단 또는 대상의 착오로 인하여 결과의 발생이 불가능하여 위험성이 없는 경우를 말한다.
③ 장애미수는 범인이 자의로 실행에 착수한 행위를 외부적 장애로 인하여 범죄가 미완성이 되는 경우로, 미수범의 형은 기수범보다 감경할 수 있다.
④ 불능미수는 범행할 의사로 실행행위에 착수하였으나 처음부터 실행의 수단 또는 대상의 착오로 인하여 결과 발생이 불가능하나 위험성이 있기 때문에 미수범으로 처벌되는 경우로, 형을 감경 또는 면제할 수 있다.

11 물건을 배달하러 온 택배기사를 강도로 착각하여 폭행을 가한 경비원의 행위에 해당하는 것은?

15년 기출

① 정당방위
② 우연방위
③ 오상방위
④ 과잉방위

정답해설

③ 오상방위는 착각방위라고 불리며 정당방위의 요건이 충족되지 않았음에도 불구하고 요건에 해당한다고 오인하여 방위행위를 한 경우를 말한다. 물건을 배달하러 온 택배기사를 강도로 착각하여 폭행을 가한 경비원의 경우도 객관적으로 정당방위의 요건이 충족되지 않았는데 경비원이 이를 착각하여 강도로 오인하고 폭행을 한 경우이므로 오상방위에 해당한다.

오답해설

① 정당방위란 자기 또는 타인의 법익에 대한 현재의 부당한 침해를 방위하기 위한 행위이다(형법 제21조 제1항).
② 우연방위란 방위하려는 의사 없이 현재의 부당한 침해를 방위한 행위이다.
④ 과잉방위란 정당방위 상황에서 그 방위행위가 그 정도를 초과한 때에 해당한다.

12 의사 甲이 그 사정을 전혀 알지 못하는 간호사를 이용하여 환자 乙에게 치료약 대신 독극물을 복용하게 하여 乙이 사망에 이른 경우에 甲의 범죄 형태는?

13년 기출

① 교사범 ② 단독정범
③ 공동정범 ④ 간접정범

정답해설

④ 간접정범이란 다른 사람을 도구로 이용하여 교사 또는 방조하여 간접적으로 자신의 범죄를 실행하는 형태이다. 의사 甲은 간호사를 도구로 이용하여 살인죄를 행하고 있으므로 간접정범에 해당한다.

오답해설

① 교사범은 타인을 교사하여 죄를 범하게 한 자로서, 죄를 실행한 자와 동일한 형으로 처벌한다.
② 단독정범은 범죄를 다른 사람의 가담 없이 단독으로 실행한 경우를 말하며, 정범으로 처벌한다.
③ 공동정범은 2인 이상이 공동으로 협력·가공하여 죄를 범한 경우를 말하며, 각자를 그 죄의 정범으로 처벌한다.

13 공무집행을 방해할 의사로 공무집행 중인 공무원을 상해한 경우는 다음 중 어느 것에 해당하는가?

13년 기출

① 법조경합 ② 포괄적 일죄
③ 상상적 경합 ④ 실체적 경합

정답해설

③ 상상적 경합이란 하나의 행위로 수개의 구성요건을 충족시키는 경우를 말한다. 공무집행 중인 공무원을 공무집행을 방해할 의사로 상해하였다면, 상해라는 하나의 행위로 공무집행방해죄와 상해죄의 수죄가 성립한다. 이 경우 둘 중 가장 중한 죄에 정한 형으로 처벌한다.

정답 09 ② 10 ① 11 ③ 12 ④ 13 ③

오답해설 >

① 법조경합이란 한 개 또는 수개의 행위가 외관상 수개의 구성요건에 해당하는 것처럼 보이지만, 형벌법규의 성질상 어느 하나의 법규만 적용되어 일죄만 성립하는 것을 말한다.
② 포괄적 일죄란 수개의 행위가 1개의 구성요건에 해당되어 일죄를 구성하는 것이다.
④ 실체적 경합이란 수개의 행위가 수개의 범죄에 해당하는 것이다.

14 다음 중 행위자를 처벌할 수 있는 경우는?

① 모욕죄에서 고소권자의 고소가 있는 경우
② 폭행죄에서 피해자가 명시적으로 처벌을 원하지 아니한 경우
③ 아들이 자신의 아버지 비상금을 몰래 절취한 경우
④ 정신병자가 심신상실 상태에서 이웃집에 불을 지른 경우

정답해설 >

① 모욕죄는 친고죄에 해당하여 고소권자의 고소가 없는 경우 처벌할 수 없으므로 고소권자의 고소가 있는 경우에는 처벌할 수 있다.

오답해설 >

② 폭행죄는 반의사불벌죄에 해당하여 피해자가 처벌을 원하지 않는 경우, 처벌이 불가하다.
③ 친족상도례 적용으로 아들이 아버지의 물건을 절취해도 처벌이 불가하다.
④ 정신병자가 심신상실 상태에서 이웃집에 불을 지른 경우, 심신상실 상태의 정신병자는 책임능력이 없으므로 책임이 조각되어 벌하지 아니한다.

15 교사를 받은 자가 범죄의 실행을 승낙하고 실행의 착수에 이르지 아니한 때에는 교사자와 피교사자를 어느 경우에 준하여 처벌하는가?

① 음모 또는 예비 ② 방조
③ 미수 ④ 긴급피난

정답해설 >

① 교사범은 원칙상 죄를 실행한 자와 동일한 형으로 처벌하지만, 교사를 받은 자가 범죄 실행의 승낙 후, 실행을 착수하지 아니한 때에는 법률에 특별한 규정이 없는 한 벌하지 아니한다(형법 제31조 제2항).

오답해설 >

② 타인의 범죄를 방조한 자는 종범으로 처벌한다. 종범의 형은 정범의 형보다 감경한다(형법 제32조).
③ 범죄의 실행에 착수하여 행위를 종료하지 못하였거나 결과가 발생하지 아니한 때에는 미수범으로 처벌한다. 미수범의 형은 기수범보다 감경할 수 있다(형법 제25조).
④ 자기 또는 타인의 법익에 대한 현재의 위난을 피하기 위한 행위는 상당한 이유가 있는 때에는 벌하지 아니한다(형법 제22조 제1항).

16 甲과 乙은 각각 독립된 범죄의사로 동시에 丙에게 발포하였고, 丙은 이 중의 한 발을 맞고 사망하였다. 그러나 누가 쏜 탄환에 맞았는지 밝혀지지 않은 경우, 甲과 乙의 죄책은?

① 살인죄 ② 살인미수죄
③ 상해치사죄 ④ 상해죄

정답해설

② 독립된 범죄의사로 동시에 발포한 탄환에 맞아 사망에 이른 경우, 그 사망의 원인이 된 발포의 주체가 판명되지 않는다면 형법 제19조에 따라 甲과 乙은 동시범 관계가 성립된다. 이때의 동시범은 미수범으로 처벌하기 때문에 甲과 乙의 죄책은 살인미수죄가 성립된다.

17 형법상 과실치상죄의 법정형이 아닌 것은?

17년 기출

① 징역 ② 벌금
③ 구류 ④ 과료

정답해설

① 징역은 형법상 과실치상죄의 법정형이 아니다.
* 과실로 인하여 사람의 신체를 상해에 이르게 한 자는 500만원 이하의 벌금, 구류 또는 과료에 처한다(형법 제266조 제1항).

18 형법상 형벌이 아닌 것은?

① 징역 ② 자격정지
③ 과태료 ④ 과료

정답해설

③ 과태료는 행정법상 의무 위반에 대한 제재로서 부과·징수되는 것으로, 벌금이나 과료와는 달리 형벌의 성질을 가지지 않는 법령위반에 대한 금전벌이다.
* **형의 종류**(형법 제41조) : 사형, 징역, 금고, 자격상실, 자격정지, 벌금, 구류, 과료, 몰수 등이 있다.

19 형법상 형벌의 종류 중 재산형이 아닌 것은?

① 구류 ② 벌금
③ 과료 ④ 몰수

정답해설

① 구류는 자유형에 해당하고 1일 이상 30일 미만으로 한다. 자유형에는 징역, 금고와 구류 등 세 가지 종류가 있다.
* 재산형은 범인으로부터 일정한 재산을 박탈하는 것을 내용으로 하는 형벌로서 벌금, 과료, 몰수가 있다.

정답 > 14 ① 15 ① 16 ② 17 ① 18 ③ 19 ①

20 형법상 형의 집행에 관한 설명으로 옳은 것은?

① 금고는 형무소 내에 구치하여 정역에 복무하게 한다.
② 과료는 판결확정일로부터 60일 내에 납입해야 한다.
③ 사형은 형무소 내에서 교수(絞首)하여 집행한다.
④ 벌금을 납입하지 아니한 자는 1일 이상 1년 이하의 기간 노역장에 유치하여 작업에 복무하게 한다.

정답해설 >
③ 형법 제66조

오답해설 >
① 징역은 형무소 내에 구치하여 정역에 복무하게 한다(형법 제67조).
② 벌금과 과료는 판결확정일로부터 30일 내에 납입하여야 한다(형법 제69조 제1항).
④ 벌금을 납입하지 아니한 자는 1일 이상 3년 이하, 과료를 납입하지 아니한 자는 1일 이상 30일 미만의 기간 노역장에 유치하여 작업에 복무하게 한다(형법 제69조 제2항).

21 형법상 형의 감경에 관한 설명으로 옳은 것은?

① 종범의 형은 정범의 형보다 감경할 수 있나.
② 타인을 교사하여 죄를 범하게 한 자는 죄를 실행한 자보다 형을 감경한다.
③ 미수범의 형은 기수범보다 감경한다.
④ 농아자의 행위는 형을 감경한다.

오답해설 >
① 종범의 형은 정범의 형보다 감경한다(형법 제32조 제2항).
② 타인을 교사하여 죄를 범하게 한 자는 죄를 실행한 자와 동일한 형으로 처벌한다(형법 제31조 제1항).
③ 미수범의 형은 기수범보다 감경할 수 있다(형법 제25조 제2항).

22 형법상 개인적 법익에 대한 죄가 아닌 것은?

① 범인은닉죄　　② 협박죄
③ 명예훼손죄　　④ 주거침입죄

정답해설 >
① 범인은닉죄는 국가적 법익에 대한 죄 중 국가의 기능을 보호법익으로 하는 죄에 해당한다.

23 형법상 개인적 법익에 대한 죄가 아닌 것은?

① 과실치사죄　　② 업무방해죄
③ 재물손괴죄　　④ 위증죄

정답해설 >

④ 위증죄는 국가적 법익에 대한 죄 중 국가의 기능을 보호법익으로 하는 죄에 해당한다.

24 경비원이 현행범인을 체포한 후 즉시 경찰관서에 인도하지 않고 장기간 구속한 경우에 성립할 수 있는 범죄는?

① 공갈죄 ② 감금죄
③ 공무집행방해죄 ④ 권리행사방해죄

정답해설 >

② 형사소송법상 경비원은 사인에 해당하므로 현행범인을 체포한 즉시, 검사 또는 사법경찰관리에게 인도하여야 한다(형사소송법 제213조 제1항). 만약 즉시 경찰관서에 인도하지 않고 장기간 구속한 경우에는 감금죄에 해당한다.

오답해설 >

① 공갈죄는 사람을 공갈하여 재물의 교부를 받거나 재산상의 이익을 취득하거나 제3자로 하여금 재물의 교부를 받게 하거나 재산상의 이익을 취득하게 한 범죄이다(형법 제350조 제1항·제2항).
③ 공무집행방해죄는 직무를 집행하는 공무원에 대하여 폭행 또는 협박하거나 그 직무상의 행위를 강요 또는 저지하거나 그 직을 사퇴하게 할 목적으로 폭행 또는 협박한 범죄이다(형법 제136조 제1항·제2항).
④ 권리행사방해죄는 타인의 점유 또는 권리의 목적이 된 자기의 물건 또는 전자기록 등 특수매체기록을 취거, 은닉 또는 손괴하여 타인의 권리행사를 방해하는 범죄이다(형법 제323조).

25 형법상 재산에 대한 죄를 모두 고른 것은? 15년 기출

ㄱ. 뇌물죄	ㄴ. 배임죄
ㄷ. 손괴죄	ㄹ. 신용훼손죄
ㅁ. 장물죄	

① ㄱ, ㄴ, ㄷ ② ㄱ, ㄷ, ㄹ
③ ㄴ, ㄷ, ㅁ ④ ㄴ, ㄹ, ㅁ

정답해설 >

③ 보기 중 형법상 재산에 대한 죄에 해당하는 것은 ㄴ. 배임죄, ㄷ. 손괴죄, ㅁ. 장물죄이다. 재산에 대한 죄는 개인적 법익에 대한 죄 중 하나로, 개인의 재산을 보호법익으로 하는 범죄이다. 배임죄, 손괴죄, 장물죄 이외에 절도죄, 강도죄, 사기죄, 공갈죄, 횡령죄, 권리행사방해죄가 있다.

오답해설 >

ㄱ. 뇌물죄는 국가적 법익에 대한 죄 중 공무원의 직무에 관한 죄에 해당한다.
ㄹ. 신용훼손죄는 개인적 법익에 대한 죄 중 명예와 신용에 대한 죄에 해당한다.

정답 > 20 ③ 21 ④ 22 ① 23 ④ 24 ② 25 ③

26 형법상 재산에 대한 죄가 아닌 것은? 14년 기출

① 절도죄 ② 뇌물죄
③ 사기죄 ④ 손괴죄

정답해설≫

② 뇌물죄는 국가적 법익에 대한 죄 중 공무원의 직무에 관한 죄에 해당한다.

27 우리나라의 형사소송법에 관한 설명으로 옳은 것은? 15년 기출

① 형법의 적용 및 실현을 목적으로 하는 실체법이다.
② 공판절차뿐만 아니라 수사절차도 규정하고 있다.
③ 순수한 직권주의를 기본구조로 하고 있다.
④ 형식적 진실발견, 적정절차의 원칙, 신속한 재판의 원칙을 지도이념으로 한다.

정답해설≫

② 형사소송법은 총 5편으로 구성되어 있고 제2편(제1심)에서 수사, 공소, 공판에 관한 내용과 절차를 규정하고 있다.

오답해설>

① 형법의 적용 및 실현을 목적으로 하는 절차법이다.
③ 우리나라 형사소송법은 당사자주의를 기본적인 구조로 하고 직권주의도 병행하여 당사자주의의 결함을 보충한다.
④ 실체적 진실발견, 적정절차의 원칙, 신속한 재판의 원칙을 지도이념으로 한다.

28 형사소송법에 관한 설명으로 옳은 것은?

① 형사소송법은 실체법이며 사법법(司法法)이다.
② 적정절차의 원리는 형사소송의 지도이념에 해당된다.
③ 민사소송이 실체적 진실주의를 추구하는 반면, 형사소송은 형식적 진실주의를 추구한다.
④ 형사소송법은 공판절차를 제외한 수사절차, 형집행절차에 대해서만 규정하고 있다.

오답해설>

① 형사소송법은 절차법이며 사법법(司法法)이다.
③ 형사소송의 목적은 진범을 찾아 정의를 실현하는 데에 있다. 때문에 형사소송에서는 실체적 진실을 규명하는 것이 가장 큰 목표이며 실체적 진실 발견을 위한 법원의 직권적 개입이 많다(직권주의). 민사소송에서는 소송 당사자 간의 협의에 의해 사건이 해결되는 것을 원칙으로 하므로(처분권주의) 형식적 진실주의를 추구한다.
④ 형사소송법은 공판절차뿐만 아니라 수사절차, 형집행절차에 대해서도 규정하고 있다.

29 형사소송법의 기본이념이 아닌 것은?

14년 기출

① 실체적 진실발견의 원리 ② 적정절차의 원리
③ 재판 비공개의 원리 ④ 신속한 재판의 원리

정답해설 >

③ 형사소송법의 기본이념에는 실체적 진실주의, 적정절차의 원리, 신속한 재판의 원칙이 있다. 재판 비공개의 원리는 형사소송법의 기본이념에는 속하지 않는다.

:: 형사소송법의 기본이념

실체적 진실주의	법원은 당사자의 사실에 관한 주장에 구애받지 않고 범죄사실을 객관적으로 규명해야 한다는 원칙
적정절차의 원칙	헌법정신을 구현한 공정한 법정절차에 의하여 형벌권이 실현되어야 한다는 원칙
신속한 재판의 원칙	형사절차는 신속하게 진행되어야 하며 부당하게 지연되어서는 안 된다는 원칙

30 우리나라 형사소송법의 기본원리에 관한 설명으로 옳은 것은?

16년 기출

① 규문주의를 취하고 있다.
② 탄핵주의를 배척하고 있다.
③ 국가소추주의를 취하고 있다.
④ 당사자주의를 기본으로 하고 직권주의를 보충적으로 가미하고 있다.

정답해설 >

③ 우리나라 형사소송법은 공소는 검사가 제기하여 수행한다고 규정하여 국가소추주의(국가기관에 소추권 부여)를 취하고 있다.

오답해설 >

① 규문주의를 취하고 있지 않다.
② 탄핵주의는 모든 대륙의 형사소송법이 채택하고 있는 소송구조로 우리나라도 탄핵주의를 채택하고 있다.
④ 당사자주의를 기본적인 구조로 하고 직권주의도 병행하여 당사자주의의 결함을 보충하고 있다.

31 형사소송법상 직권주의적 요소가 아닌 것은?

① 직권증거조사제도 ② 법원의 증인신문제도
③ 법원의 피고인신문제도 ④ 공소장변경제도

정답해설 >

④ 공소장변경제도는 당사자주의적 요소에 해당한다.

* 직권주의는 소송의 주도적 지위를 법원에게 인정하는 소송구조로, 직권주의 요소에는 직권증거조사제도, 법원의 증인신문제도, 법원의 피고인신문제도, 법원의 공소장변경요구권 등이 있다.

정답 > 26 ② 27 ② 28 ② 29 ③ 30 ③ 31 ④

32 형사소송법상 피고인에 관한 설명으로 옳지 않은 것은? 17년 기출

① 피고인은 공판정에서 진술을 거부할 수 있다.
② 피고인은 불공평한 재판을 할 염려가 있는 법관의 제척을 신청할 수 있다.
③ 피고인이 법인인 때에는 그 대표자가 소송행위를 대표한다.
④ 신체구속을 당한 피고인은 변호인과 접견할 수 있다.

정답해설 ≫

② 피고인은 불공평한 재판을 할 염려가 있는 법관의 기피를 신청할 수 있다(형사소송법 제18조 제1항 제2호).

오답해설 ≫

① 피고인은 공판정에서 진술을 거부할 수 있는 진술거부권을 가진다.
③ 동법 제27조 제1항
④ 동법 제34조

33 형사소송법상 소송주체가 아닌 것은? 14년 기출

① 검사 ② 피고인
③ 변호인 ④ 법원

정답해설 ≫

③ 형사소송의 주체에는 법원, 검사, 피고인이 있다. 변호인은 소송주체가 아니라 피고인(피의자)의 보조자이다.

34 형사책임을 져야 할 자로 검사에 의해 공소가 제기된 자는?

① 피해자 ② 가해자
③ 피의자 ④ 피고인

정답해설 ≫

④ 피고인이란 검사에 의하여 형사책임을 져야 할 자로 공소가 제기된 자를 말하며, 이외에도 경찰서장에 의하여 즉결심판이 청구된 자도 피고인에 해당된다.

오답해설 ≫

① 피해자란 다른 사람에게 생명, 신체, 재산 등에 해를 입은 자를 말한다.
② 가해자란 다른 사람의 생명, 신체, 재산 등에 해를 끼친 자를 말한다.
③ 피의자란 공소가 제기되기 전에 범죄를 저질렀을 것으로 강하게 의심되는 자를 말한다.

35 형사소송에서 법관이 불공평한 재판을 할 염려가 있는 경우에 자발적으로 직무집행에서 탈퇴하는 것은?

18년 기출

① 기피 ② 회피
③ 제척 ④ 거부

정답해설

② 회피는 법관 스스로가 제척 또는 기피 사유가 있다고 판단한 때에 자발적으로 직무집행에서 탈퇴하는 제도를 말한다.

오답해설

① 기피는 법관이 제척사유가 있음에도 재판에 관여하거나 기타 불공평한 재판을 할 사정이 있는 경우에 당사자의 신청에 의하여 법원의 결정으로 해당 법관을 직무집행에서 탈퇴케 하는 제도를 말한다.
③ 제척은 법관이 구체적 사건과 특별한 관계에 있는 경우 해당 법관을 그 재판에서 배제하는 제도를 말한다.

36 법관이 불공평한 재판을 할 현저한 법정의 사유가 있을 때, 해당 법관을 그 재판에서 배제하는 제도는?

15년 기출

① 제척 ② 기피
③ 회피 ④ 포기

정답해설

① 제척은 법관이 불공평한 재판을 할 현저한 법정의 사유가 있을 때, 그 법관을 직무집행에서 당연 배제시키는 제도로 법관의 제척사유는 다음과 같다(형사소송법 제17조).

1. 법관이 피해자인 때
2. 법관이 피고인 또는 피해자의 친족 또는 친족관계가 있었던 자인 때
3. 법관이 피고인 또는 피해자의 법정대리인, 후견감독인인 때
4. 법관이 사건에 관하여 증인, 감정인, 피해자의 대리인으로 된 때
5. 법관이 사건에 관하여 피고인의 대리인, 변호인, 보조인으로 된 때
6. 법관이 사건에 관하여 검사 또는 사법경찰관의 직무를 행한 때
7. 법관이 사건에 관하여 전심재판 또는 그 기초되는 조사, 심리에 관여한 때
8. 법관이 사건에 관하여 피고인의 변호인이거나 피고인·피해자의 대리인인 법무법인, 법무법인(유한), 법무조합, 법률사무소, 「외국법자문사법」에 따른 합작법무법인에서 퇴직한 날부터 2년이 지나지 아니한 때
9. 법관이 피고인인 법인·기관·단체에서 임원 또는 직원으로 퇴직한 날부터 2년이 지나지 아니한 때

정답 > 32 ② 33 ③ 34 ④ 35 ② 36 ①

37 형사소송법상 변호인이 없을 때 법원이 직권으로 국선변호인을 선정해야 하는 경우가 아닌 것은?

① 피고인이 심신장애의 의심이 있는 때
② 피고인이 빈곤으로 변호인을 선임할 수 없을 때
③ 피고인이 70세 이상인 때
④ 피고인이 사형, 무기 또는 단기 3년 이상의 징역이나 금고에 해당하는 사건으로 기소된 때

정답해설

② 법원은 피고인이 빈곤 그 밖의 사유로 변호인을 선임할 수 없는 경우에 피고인의 청구가 있는 때에는 변호인을 선정하여야 한다(형사소송법 제33조 제2항).

38 형사소송법상 고소와 고발에 대한 설명 중 옳은 것은?

① 자기 또는 배우자의 직계존속도 고소할 수 있다.
② 고발은 누구든지 범죄가 있다고 사료하는 때에 할 수 있다.
③ 친고죄에서의 고소는 범인을 알게 된 날로부터 1년 이내에 하여야 한다.
④ 고소 또는 고발은 구술로는 불가능하다.

정답해설

② 형사소송법 제234조 제1항

오답해설

① 자기 또는 배우자의 직계존속은 고소하지 못한다(동법 제224조).
③ 친고죄에 대하여는 범인을 알게 된 날로부터 6월을 경과하면 고소하지 못한다. 단, 고소할 수 없는 불가항력의 사유가 있는 때에는 그 사유가 없어진 날로부터 기산한다(동법 제230조 제1항).
④ 고소 또는 고발은 서면 또는 구술로써 검사 또는 사법경찰관에게 하여야 한다(동법 제237조 제1항).

39 고소와 고발에 관한 설명으로 옳지 않은 것은?

16년 기출

① 피해자가 아니면 고발할 수 없다.
② 고소를 취소한 자는 다시 고소하지 못한다.
③ 고소의 취소는 대리인으로 하여금 하게 할 수 있다.
④ 고소와 고발은 서면 또는 구술로써 검사 또는 사법경찰관에게 해야 한다.

정답해설

① 누구든지 범죄가 있다고 사료하는 때에는 고발할 수 있다(형사소송법 제234조 제1항).

오답해설

② 동법 제232조 제2항
③ 동법 제236조
④ 동법 제237조 제1항

40 친고죄와 반의사불벌죄에 관한 설명으로 옳은 것은?

① 사자명예훼손죄, 비밀침해죄, 모욕죄는 반의사불벌죄에 해당한다.
② 폭행죄, 협박죄, 명예훼손죄는 친고죄에 해당한다.
③ 고소는 수사기관에 대하여 서면 또는 구두로 할 수 있다.
④ 고소권자는 대법원 판결선고 전까지 고소를 취소할 수 있다.

오답해설>

① 사자명예훼손죄, 비밀침해죄, 모욕죄는 친고죄에 해당한다.
② 폭행죄, 협박죄, 명예훼손죄는 반의사불벌죄에 해당한다.
④ 고소는 제1심 판결선고 전까지 취소할 수 있다(형사소송법 제232조 제1항).

41 형사소송법상 임의수사에 해당하는 경우를 모두 고른 것은?

15년 기출

ㄱ. 검증	ㄴ. 피의자 신문
ㄷ. 사실조회	ㄹ. 수색

① ㄱ, ㄴ　　② ㄱ, ㄷ
③ ㄴ, ㄷ　　④ ㄴ, ㄹ

정답해설>

③ 보기 중 임의수사에 해당하는 것은 ㄴ. 피의자 신문, ㄷ. (공무소 등에 대한) 사실조회이다. 이 외에 임의수사로는 참고인 조사, 감정·통역·번역의 위촉 등이 있다.

오답해설>

ㄱ. 검증과 ㄹ. 수색은 강제수사에 해당하며 강제수사는 형사소송법에 특별한 규정이 있는 경우에 한하고, 필요한 최소한도의 범위 안에서만 하여야 한다(강제수사 법정주의). 또 강제수사를 할 때에는 적법한 절차에 따라 검사의 신청에 의하여 법관이 발부한 영장을 제시하여야 한다(강제수사 영장주의).

42 다음 (　)에 들어갈 숫자로 옳은 것은?

16년 기출

> 형사소송법상 검사 또는 사법경찰관이 피의자를 긴급체포한 경우 피의자를 구속하고자 할 때에는 체포한 때부터 (　)시간 이내에 구속 영장을 청구해야 한다.

① 12　　② 24
③ 48　　④ 72

정답해설>

③ 형사소송법상 검사 또는 사법경찰관이 피의자를 긴급체포한 경우 피의자를 구속하고자 할 때에는 체포한 때부터 48시간 이내에 구속 영장을 청구해야 한다(형사소송법 제200조의4 제1항).

정답> 37 ② 38 ② 39 ① 40 ③ 41 ③ 42 ③

43 임의수사의 방법이 아닌 것은?

14년 기출

① 체포·구속 ② 참고인 진술 청취
③ 감정·통역 또는 번역의 위촉 ④ 피의자 신문

정답해설≫

① 체포·구속은 형사소송법상 강제수사의 방법이다. 강제처분은 형사소송법에 특별한 규정이 있는 경우에 한하며, 필요한 최소한도의 범위 안에서만 하여야 한다(형사소송법 제199조 제1항 단서).

44 수사와 공소에 관한 설명으로 옳지 않은 것은?

① 임의수사가 원칙이고, 예외적으로 강제수사가 허용된다.
② 공소제기 후에는 수사를 할 수 없다.
③ 공소사실과 동일성이 인정되는 사실까지 공소제기의 효력이 미친다.
④ 공소장에는 피고인의 성명 기타 피고인을 특정할 수 있는 사항, 죄명, 공소사실, 적용법조를 기재하여야 한다.

정답해설≫

② 공소제기 후에도 공소유지를 위한 증거확보를 위하거나 진상규명을 통한 공소유지 여부를 결정하기 위하는 등 수사를 할 필요성이 인정된다. 다만, 제한된 범위에서 예외적으로 허용된다.

45 형법상 선고유예의 규정 내용이 아닌 것은?

17년 기출

① 선고유예기간 중 벌금형 이상의 판결이 확정된 때에는 유예한 형을 선고한다.
② 형을 병과할 경우에도 형의 전부 또는 일부에 대하여 그 선고를 유예할 수 있다.
③ 형의 선고를 유예하는 경우에 보호관찰을 명할 수 있다.
④ 형의 선고유예를 받은 날로부터 2년을 경과한 때에는 면소된 것으로 간주한다.

정답해설≫

① 형의 선고유예를 받은 자가 유예기간 중 자격정지 이상의 형에 처한 판결이 확정되거나 자격정지 이상의 형에 처한 전과가 발견된 때에는 유예한 형을 선고한다(형법 제61조 제1항).

오답해설≫

② 형법 제59조 제2항
③ 형법 제59조의2 제1항
④ 형법 제60조

46 범죄의 혐의가 인정되고 소송조건이 구비되었으나, 범인의 연령, 성행, 범행동기 등을 참작하여 공소를 제기하지 아니하는 처분은?

① 기소유예 ② 집행유예
③ 기소중지 ④ 선고유예

정답해설

① 기소유예란 검사가 형법 제51조(범인의 연령, 성행, 지능과 환경, 피해자에 대한 관계, 범행의 동기, 수단과 결과, 범행 후의 정황)의 사항을 참작하여 공소를 제기하지 않는 처분이다(형사소송법 제247조).

오답해설

② 집행유예란 3년 이하의 징역 또는 금고의 형을 선고할 경우에 형법 제51조의 사항을 참작하여 그 정상에 참작할 만한 사유가 있는 때에는 1년 이상 5년 이하의 기간 형의 집행을 유예하는 처분이다(형법 제62조 제1항).
③ 기소중지란 피의사건에 대하여 공소조건이 구비되고 범죄의 객관적 혐의가 인정되는 경우에도 피의자의 소재가 판명되지 아니한 경우에 검사가 그 사유가 해소될 때까지 수사를 중지하는 처분이다.
④ 선고유예란 1년 이하의 징역이나 금고, 자격정지 또는 벌금의 형을 선고할 경우에 제51조의 사항을 참작하여 개전의 정상이 현저한 때에는 그 선고를 유예하는 처분이다(형법 제59조 제1항).

47 검사가 재량에 의해 불기소처분을 할 수 있다는 원칙은?

13년 기출

① 국가소추주의 ② 기소독점주의
③ 기소편의주의 ④ 기소변경주의

정답해설

③ 기소편의주의란 검사에게 형사소추와 관련하여 기소・불기소의 재량을 인정하는 제도를 말한다. 검사는 양형의 조건 사항을 참작하여 공소를 제기하지 아니할 수 있다(형사소송법 제247조).

오답해설

① 국가소추주의란 공소제기의 권한을 국가기관에게 전담시키는 제도를 말한다. 공소는 검사가 제기하여 수행한다(동법 제246조).
② 기소독점주의란 국가소추주의 아래에서 국가기관 중에서 특히 검사만이 공소권을 행사하는 제도를 말한다.
④ 기소변경주의란 검사가 일단 공소를 제기한 후에라도, 법원의 제1심판결선고가 있기 전까지는 공소를 취소할 수 있는 제도를 말한다(동법 제255조 제1항).

정답 43 ① 44 ② 45 ① 46 ① 47 ③

48 다음 공판절차 중 가장 먼저 이루어지는 것은? 14년 기출

① 인정신문
② 진술거부권의 고지
③ 피고인 신문
④ 판결의 선고

정답해설

② 지문을 공판절차 순서대로 나열해보면, 진술거부권의 고지 → 인정신문 → 피고인 신문 → 판결의 선고가 된다.

■ 공판기일의 심리절차

모두절차	사실심리절차	선고절차
① 진술거부권 고지 ② 인정신문 ③ 검사의 모두진술 ④ 피고인의 모두진술 ⑤ 재판장의 쟁점 질문 ⑥ 당사자의 주장·입증계획을 진술	⑦ 증거조사 ⑧ 피고인 신문 ⑨ 최후변론	⑩ 판결의 선고

49 공판절차 이전에 행해질 수 있는 것으로만 묶인 것은?

① 가석방 - 선고유예
② 기소유예 - 구속적부심사
③ 불기소처분 - 가석방
④ 집행유예 - 영장실질심사

정답해설

② 기소유예와 구속적부심사는 검사의 소 제기 이전의 절차 내용이다. 기소유예란 범죄혐의가 충분하고 소추조건이 구비되어 있어도 가해자의 기존 전과나 피해자의 피해 정도, 피해자와의 합의내용, 반성 정도 등을 검사가 판단해 기소하지 않는 것이다(형사소송법 제247조). 구속적부심사란 수사기관에 의하여 체포·구속된 피의자에 대하여 법원이 체포·구속의 적부 여부를 심사하여 체포 또는 구속이 부적법하거나 부당한 경우에 피의자를 석방하는 제도이다(동법 제214조의2 제1항).

50 형사소송법상 증거의 일반원칙에 관한 설명으로 옳지 않은 것은? 13년 기출

① 사실의 인정은 증거에 의하여야 한다.
② 피고인의 자백이 그 피고인에게 불이익한 유일의 증거인 때에는 이를 유죄의 증거로 하지 못한다.
③ 피고인의 자백이 임의로 진술한 것이 아니라고 의심할만한 이유가 있을 때에는 유죄의 증거로 할 수 없다.
④ 피의자에 대하여 진술거부권을 고지하지 않은 상태에서 수집한 증거의 증거능력은 인정된다.

정답해설

④ 수사기관이 피의자를 신문함에 있어서 피의자에게 미리 진술거부권을 고지하지 않은 때에는 그 피의자의 진술은 위법하게 수집된 증거로서 진술의 임의성이 인정되는 경우라도 증거능력이 부인된다(대판 1992.6.23, 92도682).

오답해설 >

① 형사소송법 제307조 제1항
② 동법 제310조
③ 동법 제309조

51 형사소송법상 증거에 관한 내용으로 옳은 것은?

① 적법한 절차에 따르지 아니하고 수집한 증거는 증거로 할 수 있다.
② 증거의 증명력은 피고인의 자유판단에 의한다.
③ 피고인의 자백이 그 피고인에게 불이익한 유일의 증거인 때에는 이를 유죄의 증거로 채택한다.
④ 범죄사실의 인정은 합리적인 의심이 없는 정도의 증명에 이르러야 한다.

정답해설 >

④ 형사소송법 제307조 제2항

오답해설 >

① 적법한 절차에 따르지 아니하고 수집한 증거는 증거로 할 수 없다(동법 제308조의2).
② 증거의 증명력은 법관의 자유판단에 의한다(동법 제308조).
③ 피고인의 자백이 그 피고인에게 불이익한 유일의 증거인 때에는 이를 유죄의 증거로 하지 못한다(동법 제310조).

52 국민의 형사재판 참여에 관한 법률의 내용으로 옳지 않은 것은? 17년 기출

① 피고인이 국민참여재판을 원하지 않는 경우에는 국민참여재판을 할 수 없다.
② 국민참여재판은 필요적 변호사건이다.
③ 배심원은 만 18세 이상의 대한민국 국민 중에서 선정된다.
④ 배심원의 평결결과와 다른 판결을 선고할 수 있다.

정답해설 >

③ 배심원은 만 20세 이상의 대한민국 국민 중에서 국민의 형사재판 참여에 관한 법률로 정하는 바에 따라 선정된다(국민의 형사재판 참여에 관한 법률 제16조).

오답해설 >

① 동법 제5조 제2항, ② 동법 제7조, ④ 동법 제48조 제4항

정답 > 48 ② 49 ② 50 ④ 51 ④ 52 ③

53 친고죄에 있어서 고소가 취소된 때, 법원이 행하는 재판의 종류는?

16년 기출

① 무죄판결
② 면소판결
③ 공소기각 판결
④ 공소기각 결정

정답해설≫

③ 친고죄에 있어서 고소가 취소된 때, 법원은 공소기각 판결을 하여야 한다(형사소송법 제327조 제5호).

54 공소제기 후 피고인이 사망하였을 때, 법원이 행하는 재판의 종류는?

① 공소기각의 결정
② 공소기각의 판결
③ 면소의 판결
④ 무죄의 판결

정답해설≫

① 공소제기 후 피고인이 사망하였을 때, 법원은 공소기각의 결정을 하여야 한다(형사소송법 제328조 제1항 제2호).

55 형사소송법상 상소에 관한 설명으로 옳지 않은 것은?

16년 기출

① 상고심은 원칙적으로 법률심이다.
② 법원의 결정에 불복하는 상소는 '항고'이다.
③ 피고인을 위하여 항소한 사건에는 불이익변경금지의 원칙이 적용된다.
④ 항소의 제기기간은 14일로 한다.

정답해설≫

④ 항소의 제기기간은 7일로 한다(형사소송법 제358조).

56 형사상 유죄의 확정판결에 중대한 사실오인이 있는 경우 판결을 받은 자의 이익을 위하여 판결의 부당함을 시정하는 비상구제절차는?

15년 기출

① 상소
② 재심
③ 항고
④ 비상상고

정답해설≫

② 설문은 비상구제절차 중 재심에 대한 내용이다.

오답해설≫

① 상소는 미확정재판에 대하여 상급법원에 구제를 구하는 불복신청제도를 말한다.
③ 항고는 법원의 결정에 불복하는 상소로, 일반항고(보통항고와 즉시항고)와 특별항고(재항고)로 구분한다.
④ 비상상고는 확정판결에 대하여 그 심판의 법령위반을 바로잡기 위하여 인정되는 비상구제절차이다.

57 형사소송법상 상소할 수 없는 자는?

14년 기출

① 검사　　② 피고인
③ 법무부장관　　④ 피고인의 법정대리인

정답해설≫

③ 형사소송법상 상소권자는 검사, 피고인, 피고인의 법정대리인이다. 법무부장관은 상소권자에 해당하지 않는다.

58 형사소송법상 상소(上訴)에 관한 설명으로 옳지 않은 것은?

13년 기출

① 항소장은 항소법원에 제출하여야 한다.
② 상소는 재판의 일부에 대하여 할 수 있다.
③ 항소의 제기기간은 7일로 한다.
④ 피고인의 법정대리인은 피고인을 위하여 상소할 수 있다.

정답해설≫

① 항소를 함에는 항소장을 원심법원에 제출하여야 한다(형사소송법 제359조). 원심법원이란 검사가 처음에 소를 제기한 법원을 말한다.

오답해설>

② 동법 제342조 제1항
③ 동법 제358조
④ 동법 제340조

59 형사소송법상 비상상고에 관한 설명으로 옳지 않은 것은?

17년 기출

① 검찰총장은 판결이 확정한 후 그 사건의 심판이 법령에 위반한 것을 발견한 때에는 대법원에 비상상고를 할 수 있다.
② 공판기일에는 검사는 신청서에 의하여 진술하여야 한다.
③ 대법원은 신청서에 포함된 이유에 한하여 조사하여야 한다.
④ 비상상고가 이유 없다고 인정한 때에는 결정으로써 이를 기각하여야 한다.

정답해설≫

④ 비상상고가 이유 없다고 인정한 때에는 판결로써 이를 기각하여야 한다(형사소송법 제445조).

오답해설>

① 동법 제441조
② 동법 제443조
③ 동법 제444조 제1항

정답 > 53 ③ 54 ① 55 ④ 56 ② 57 ③ 58 ① 59 ④

60 특별형사소송절차에 관한 설명으로 옳은 것을 모두 고른 것은?

13년 기출

ㄱ. 약식명령은 해당 사건의 관할 경찰서장이 청구할 수 있다.
ㄴ. 약식명령이 확정되더라도 확정판결과 동일한 효력을 갖지 않으므로 같은 사건에 대하여 다시 공소를 제기할 수 있다.
ㄷ. 즉결심판절차는 관할 경찰서장이 청구하며, 20만원 이하의 벌금·구류 또는 과료에 처할 경미한 범죄를 그 대상으로 한다.
ㄹ. 즉결심판이 확정되면 확정판결과 동일한 효력이 있고, 그 형의 집행은 경찰서장이 한다.

① ㄱ, ㄴ　② ㄱ, ㄹ
③ ㄴ, ㄷ　④ ㄷ, ㄹ

정답해설

④ ㄷ. (○) 즉결심판에 관한 절차법 제2조 및 제3조
ㄹ. (○) 동법 제16조 및 제18조 제1항

오답해설

ㄱ. (×) 약식명령은 검사가 청구할 수 있다(형사소송법 제448조 제1항).
ㄴ. (×) 약식명령이 확정되면 확정판결과 동일한 효력이 있다(동법 제457조).

61 피고인이 공판정에서 자백한 사건에 대하여 증거능력의 제한을 완화하는 등의 방법으로 심리를 신속하게 진행하기 위하여 인정되는 형사소송법상의 절차는?

13년 기출

① 공판준비절차　② 간이공판절차
③ 증거개시절차　④ 국민참여재판절차

정답해설

② 피고인이 공판정에서 공소사실에 대하여 자백한 때에는 법원은 그 공소사실에 한하여 간이공판절차에 의하여 심판할 것을 결정할 수 있다(형사소송법 제286조의2).

정답 > 60 ④ 61 ②

PART

05

상법

상법

제1장 상법총칙

01 총설

(1) 상법의 의의

상법은 기업의 생활관계를 규율하는 특별사법을 말한다.

(2) 상법의 법원

① 의의 15년 기출

상법의 존재형식은 상법 제1조에 따르면 상사에 관하여 상법에 규정이 없으면 상관습법에 의하고 상관습법이 없으면 민법의 규정에 의한다. 따라서 상사에 관한 법규범의 적용순서를 나열해보면 '상사자치법 - 상법 - 상관습법 - 민법'이 된다.

② 상사자치법

상사자치법은 회사가 그 조직과 활동에 대해 자주적으로 제정하는 자치법규를 말한다.

③ 상관습법

상관습법은 사실인 상관습이 사회의 법적 확신에 의하여 지지받게 된 법규범으로 성문법의 보충적 효력을 갖는 법원이 된다.

✔ Tip

일정한 경우 정관의 규정을 상법보다 우선적으로 적용하고 있다.

(3) 상법의 이념 및 특성

① 상법의 이념

㉠ 대내적 이념 : 기업의 영리성을 보장하기 위한 기업의 유지 및 강화를 목적으로 한다.

㉡ 대외적 이념 : 기업활동의 활성화를 위해 거래의 간이화, 신속화 및 정형화를 도모하고 기업거래의 안전을 확보하기 위하여 공시주의, 외관주의를 도입하고 있다.

② 상법의 특성

㉠ 영리성 : 상법상의 활동주체로서의 기업이나 상인은 기업활동이

나 상행위를 통하여 영리를 추구하는데 상법은 이 영리성을 기초로 성립한다.

ⓒ **정형성** : 대량거래를 통하여 반복하여 이루어지는 기업활동에 있어서는 개별거래가 가지는 개성이 약화되고 상사거래의 정형화가 요청된다.

ⓒ **전문성** : 상법은 기업활동의 합리적 규제를 목적으로 하는 것이므로 기술적·전문적 성격을 띠게 된다.

02 상인 및 상업사용인

(1) 상인

① **의의** 12년 기출

㉠ **당연상인**(실질적 상인) : 자기명의로 상행위를 하는 자로, 자기의 명의로 상행위를 한다는 것은 자기가 그 상행위에서 생기는 권리의무의 귀속주체가 된다는 것이다.

㉡ **의제상인**(형식적 상인)

ⓐ 점포 기타 유사한 설비에 의하여 상인적 방법으로 영업을 하는 자는 상행위를 하지 아니하더라도 상인으로 본다.

ⓑ 회사는 상행위를 하지 아니하더라도 상인으로 본다.

㉢ **소상인** : 자본금액이 1천만원에 미치지 못하는 상인으로서 회사가 아닌 자를 말한다. 소상인에 대하여는 지배인, 상호, 상업장부 및 상업등기에 관한 규정이 적용되지 않는다.

✓OX

회사는 상행위를 하지 않으면 상인으로 보지 않는다. (×)

② **상인의 자격**

상인능력은 상인의 자격을 취득할 수 있는 법률상의 지위를 의미하며, 민법상의 권리능력자는 상법상 모두 상인능력자라고 할 수 있다.

③ **영업능력** 12년 기출

영업능력은 단독으로 유효한 영업활동을 할 수 있는 능력으로, 민법상의 행위능력은 상법상의 영업능력에 해당된다.

㉠ **미성년자**

ⓐ 미성년자가 법정대리인의 허락을 얻어 영업을 하는 때에는 등기를 하여야 한다.

ⓑ 미성년자가 법정대리인의 허락을 얻어 회사의 무한책임사원이 된 때에는 그 사원자격으로 인한 행위에는 능력자로 본다.

ⓒ 법정대리인이 미성년자를 위하여 영업을 하는 때에는 등기를 하여야 한다.

✓OX

미성년자가 법정대리인의 허락을 얻어 영업을 하는 때에는 등기를 하지 않아도 된다. (×)

* 민법상 한정치산자와 금치산자제도는 성년후견제도로 개정되었다.

ⓛ **피한정후견인 또는 피성년후견인** : 법정대리인이 피한정후견인 또는 피성년후견인을 위하여 영업을 하는 때에는 등기를 하여야 하고, 법정대리인의 대리권에 대한 제한은 선의의 제3자에게 대항하지 못한다.

(2) 상업사용인 20년 기출

상업사용인은 특정한 상인(영업주)에 종속하여 대외적인 영업상의 업무에 종사하는 자로, 지배인, 부분적 포괄대리권을 가진 사용인, 물건판매점포의 사용인 등이 있다.

① **지배인**

㉠ **의의** : 지배인은 영업주에 갈음하여 그 영업에 관한 재판상 또는 재판 외의 모든 행위를 할 수 있는 대리권(지배권)을 가진 상업사용인을 말한다.

✓ Tip
지배인의 선임과 종임은 등기사항이다.

ⓛ **지배인의 선임** : 상인은 지배인을 선임하여 본점 또는 지점에서 영업을 하게 할 수 있다.

ⓒ **지배인의 대리권** : 지배인은 지배인이 아닌 점원 기타 사용인을 선임 또는 해임할 수 있으며, 지배인의 대리권에 대한 제한은 선의의 제3자에게 대항하지 못한다.

ⓡ **표현지배인** : 본점 또는 지점의 본부장, 지점장, 그 밖에 지배인으로 인정될 만한 명칭을 사용하는 자는 본점 또는 지점의 지배인과 동일한 권한이 있는 것으로 본다.

② **부분적 포괄대리권을 가진 사용인**

영업의 특정한 종류 또는 특정한 사항에 대하여 재판 외의 모든 행위를 할 수 있는 대리권을 가진 상업사용인을 말한다.

③ **물건판매점포의 사용인**

물건을 판매하는 점포의 사용인은 그 판매에 관한 모든 권한이 있는 것으로 본다.

④ **상업사용인의 의무**

㉠ **경업금지의무** : 상업사용인은 영업주의 허락 없이 자기 또는 제3자의 계산으로 영업주의 영업부류에 속한 거래를 하지 못한다.

✓ Tip
개입권은 영업주가 그 거래를 안 날로부터 2주간을 경과하거나 그 거래가 있은 날로부터 1년을 경과하면 소멸한다.

ⓛ **겸직금지의무** : 상업사용인은 영업주의 허락 없이 다른 회사의 무한책임사원, 이사 또는 다른 상인의 사용인이 되지 못한다.

ⓒ **영업주의 개입권(탈취권)** : 상업사용인이 경업금지의무를 위반하여 거래를 한 경우에 그 거래가 자기의 계산으로 한 것인 때에는 영업주는 이를 영업주의 계산으로 한 것으로 볼 수 있고 제3자의

계산으로 한 것인 때에는 영업주는 사용인에 대하여 이로 인한 이득의 양도를 청구할 수 있다.

최신기출확인

상법상 상업사용인에 관한 설명으로 옳지 않은 것은? 20년 기출

① 지배인의 선임과 그 대리권의 소멸에 관한 사항은 등기사항이다.
② 영업의 특정한 종류 또는 특정한 사항에 대한 위임을 받은 사용인에 관한 사항은 등기사항이다.
③ 영업의 특정한 종류 또는 특정한 사항에 대한 위임을 받은 사용인은 이에 관한 재판 외의 모든 행위를 할 수 있다.
④ 지배인은 영업주에 갈음하여 그 영업에 관한 재판상 또는 재판 외의 모든 행위를 할 수 있다.

해설

② 등기사항에 해당하지 않는다.
① 상인은 지배인의 선임과 그 대리권의 소멸에 관하여 그 지배인을 둔 본점 또는 지점소재지에서 등기하여야 한다(상법 제13조).
③ 영업의 특정한 종류 또는 특정한 사항에 대한 위임을 받은 사용인은 이에 관한 재판 외의 모든 행위를 할 수 있다(동법 제15조 제1항).
④ 지배인은 영업주에 갈음하여 그 영업에 관한 재판상 또는 재판 외의 모든 행위를 할 수 있다(동법 제11조 제1항).

답 ②

(3) 상호

① 의의

상호는 상인이 영업활동상 자기를 나타내기 위하여 사용하는 명칭, 즉 상인 자신의 명칭이다. 상호는 명칭이므로 문자로 표시되고 발음할 수 있는 것이어야 한다.

② 상호의 선정

㉠ **상호선정의 자유** : 상인은 그 성명 기타의 명칭으로 상호를 정할 수 있다.

㉡ **회사의 상호** : 회사의 상호에는 그 종류에 따라 합명회사, 합자회사, 유한책임회사, 주식회사 또는 유한회사의 문자를 사용하여야 한다.

③ 상호의 단일성

동일한 영업에는 단일상호를 사용하여야 하고, 지점의 상호에는 본점과의 종속관계를 표시하여야 한다.

✓ Tip

회사가 아니면 상호에 회사임을 표시하는 문자를 사용하지 못한다.

④ 상호등기의 효력

타인이 등기한 상호는 동일한 특별시・광역시・시・군에서 동종영업의 상호로 등기하지 못한다.

⑤ 명의대여자의 책임

타인에게 자기의 성명 또는 상호를 사용하여 영업을 할 것을 허락한 자는 자기를 영업주로 오인하여 거래한 제3자에 대하여 그 타인과 연대하여 변제할 책임이 있다.

⑥ 상호의 양도

㉠ 상호는 영업을 폐지하거나 영업과 함께 하는 경우에 한하여 이를 양도할 수 있다.

㉡ 상호의 양도는 등기하지 아니하면 제3자에게 대항하지 못한다.

(4) 상업장부

✔ Tip

회계장부에는 거래와 기타 영업상의 재산에 영향이 있는 사항을 기재하여야 한다.

① 의의

상업장부는 상인이 영업상의 재산 및 손익의 상황을 명백히 하기 위하여 작성하여야 하는 회계장부 및 재무상태표를 말한다.

② 상인의 의무

㉠ **상업장부의 제출** : 법원은 신청에 의하여 또는 직권으로 소송당사자에게 상업장부 또는 그 일부분의 제출을 명할 수 있다.

㉡ **상업장부 등의 보존** : 상인은 10년간 상업장부와 영업에 관한 중요서류를 보존하여야 한다. 다만, 전표 또는 이와 유사한 서류는 5년간 이를 보존하여야 한다.

(5) 상업등기

① 의의

상업등기는 일정한 사항을 공시할 목적으로 상법에 따라 등기할 사항을 당사자의 신청에 의하여 영업소의 소재지를 관할하는 법원의 **상업등기부**에 하는 등기를 말한다.

* **상업등기부** : 상호, 미성년자, 법정대리인, 지배인, 합명회사, 합자회사, 주식회사, 유한회사 및 외국회사에 관한 등기부가 있다.

② 상업등기의 효력

등기할 사항은 이를 등기하지 아니하면 선의의 제3자에게 대항하지 못하고, 등기한 후라도 제3자가 정당한 사유로 인하여 이를 알지 못한 때에는 선의의 제3자에게 대항하지 못한다.

제2장 상행위

01 상행위 통칙

(1) 상행위의 의의 및 종류

① 상행위의 의의

상행위는 실질적으로는 기업이 유통활동으로서 하는 영리에 관한 행위이며, 형식적으로는 상법과 특별법에서 상행위로서 규정되어 있는 상행위를 말한다.

② 상행위의 종류

㉠ 영업적 상행위와 보조적 상행위

영업적 상행위	상인이 영리를 목적으로 영업으로 하는 상행위로, 기본적 상행위와 준상행위가 있다.
보조적 상행위	상인이 영업을 위하여 하는 상행위로, 상인의 행위는 영업을 위하여 하는 것으로 추정한다.

㉡ 일방적 상행위와 쌍방적 상행위

일방적 상행위	당사자의 일방에게만 상행위가 되는 경우를 말한다.
쌍방적 상행위	당사자 쌍방에게 상행위가 되는 경우를 말한다.

✓ Tip

일방적 상행위인 경우에도 전원에게 상법이 적용된다.

③ 상호계산

㉠ 의의 : 상호계산은 상인 간 또는 상인과 비상인 간에 상시 거래관계가 있는 경우에 일정한 기간의 거래로 인한 채권채무의 총액에 관하여 상계하고 그 잔액을 지급할 것을 약정함으로써 그 효력이 생긴다.

㉡ 상업증권상의 채권채무에 관한 특칙 : 어음 기타의 상업증권으로 인한 채권채무를 상호계산에 계입한 경우에 그 증권채무자가 변제하지 아니한 때에는 당사자는 그 채무의 항목을 상호계산에서 제거할 수 있다.

④ 익명조합 11년 기출

㉠ 의의 : 익명조합은 당사자의 일방이 상대방의 영업을 위하여 출자하고 상대방은 그 영업으로 인한 이익을 분배할 것을 약정함으로써 그 효력이 생긴다.

㉡ **당사자** : 익명조합계약의 당사자는 영업자(상인)와 익명조합원(익명조합의 구성원)이다.

㉢ **계약의 해지**

ⓐ 조합계약으로 조합의 존속기간을 정하지 아니하거나 어느 당사자의 종신까지 존속할 것을 약정한 때에는 각 당사자는 영업연도 말에 계약을 해지할 수 있다. 그러나 이 해지는 6월 전에 상대방에게 예고하여야 한다.

ⓑ 조합의 존속기간의 약정의 유무에 불구하고 부득이한 사정이 있는 때에는 각 당사자는 언제든지 계약을 해지할 수 있다.

체크-UP

익명조합계약의 종료
- 영업의 폐지 또는 양도
- 영업자의 사망 또는 성년후견개시
- 영업자 또는 익명조합원의 파산

⑤ **합자조합**

합자조합은 조합의 업무집행자로서 조합의 채무에 대하여 무한책임을 지는 조합원과 출자가액을 한도로 하여 유한책임을 지는 조합원이 상호출자하여 공동사업을 경영할 것을 약정함으로써 그 효력이 생긴다.

02 상행위 각칙

(1) 대리상

① **의의** 11년 기출

대리상은 상법상 일정한 상인을 위하여 상업사용인이 아니면서 상시 그 영업부류에 속하는 거래의 대리 또는 중개를 영업으로 하는 자를 말한다.

② **대리상의 의무**

㉠ **통지의무** : 대리상이 거래의 대리 또는 중개를 한 때에는 지체 없이 본인에게 그 통지를 발송하여야 한다.

㉡ **경업금지의무** : 대리상은 본인의 허락 없이 자기나 제3자의 계산으로 본인의 영업부류에 속한 거래를 하거나 동종영업을 목적으로 하는 회사의 무한책임사원 또는 이사가 되지 못한다.

㉢ **영업비밀준수의무** : 대리상은 계약의 종료 후에도 계약과 관련하여 알게 된 본인의 영업상의 비밀을 준수하여야 한다.

③ **대리상의 권리**

㉠ **유치권** : 대리상은 거래의 대리 또는 중개로 인한 채권이 변제기에 있는 때에는 그 변제를 받을 때까지 본인을 위하여 점유하는 물건 또는 유가증권을 유치할 수 있다. 그러나 당사자 간에 다른 약정이 있으면 그러하지 아니하다.

㉡ **보상청구권** : 대리상의 활동으로 본인이 새로운 고객을 획득하거나 영업상의 거래가 현저하게 증가하고 이로 인하여 계약의 종료 후에도 본인이 이익을 얻고 있는 경우에는 대리상은 본인에 대하여 상당한 보상을 청구할 수 있다. 다만, 계약의 종료가 대리상의 책임 있는 사유로 인한 경우에는 그러하지 아니하다.

(2) 중개업

① 의의 11년 기출

타인 간의 상행위의 중개를 영업으로 하는 자를 중개인이라 한다.

② 의무와 권리

중개인은 견품보관의무, 결약서교부의무, 장부작성의무, 성명·상호 묵비의 의무 등과 급여수령대리권, 보수청구권 등을 갖는다.

✓ Tip

중개인이 임의로 또는 당사자의 일방의 성명 또는 상호를 상대방에게 표시하지 아니한 때에는 상대방은 중개인에 대하여 이행을 청구할 수 있다.

(3) 위탁매매업

① 의의 11년 기출

자기명의로써 타인의 계산으로 물건 또는 유가증권의 매매를 영업으로 하는 자를 위탁매매인이라 한다.

② 위탁매매인의 지위

위탁매매인은 위탁자를 위한 매매로 인하여 상대방에 대하여 직접 권리를 취득하고 의무를 부담한다.

③ 위탁물의 귀속

위탁매매인이 위탁자로부터 받은 물건 또는 유가증권이나 위탁매매로 인하여 취득한 물건, 유가증권 또는 채권은 위탁자와 위탁매매인 또는 위탁매매인의 채권자 간의 관계에서는 이를 위탁자의 소유 또는 채권으로 본다.

(4) 운송주선업과 운송업

① 운송주선업

자기의 명의로 물건운송의 주선을 영업으로 하는 자를 운송주선인이라 한다.

② 운송업

육상 또는 호천, 항만에서 물건 또는 여객의 운송을 영업으로 하는 자를 운송인이라 한다.

✓ Tip

운송업은 운송의 대상에 따라 화물운송과 여객운송으로 분류된다.

(5) 기타 업종

공중접객업	극장, 여관, 음식점, 그 밖의 공중이 이용하는 시설에 의한 거래를 영업으로 하는 자를 공중접객업자라 한다.
창고업	타인을 위하여 창고에 물건을 보관함을 영업으로 하는 자를 창고업자라 한다.
금융리스업	**금융리스** 이용자가 선정한 기계, 시설, 그 밖의 재산(금융리스물건)을 제3자(공급자)로부터 취득하거나 대여받아 금융리스이용자에게 이용하게 하는 것을 영업으로 하는 자를 금융리스업자라 한다.
가맹업	자신의 상호·상표 등을 제공하는 것을 영업으로 하는 자(가맹업자)로부터 그의 상호 등을 사용할 것을 허락받아 가맹업자가 지정하는 품질기준이나 영업방식에 따라 영업을 하는 자를 가맹상이라 한다.
채권매입업	타인이 물건·유가증권의 판매, 용역의 제공 등에 의하여 취득하였거나 취득할 영업상의 채권을 매입하여 회수하는 것을 영업으로 하는 자를 채권매입업자라 한다.

* **금융리스** : 리스자산의 소유에 따른 대부분의 위험과 효익이 리스이용자에게 이전되는 리스

제3장 | 회사법

01 통칙

(1) 회사의 의의 및 종류

① 회사의 의의

상법상 회사란 상행위나 그 밖의 영리를 목적으로 하여 설립한 법인을 말한다.

② 회사의 종류 19년, 14년, 12년 기출

회사는 합명회사, 합자회사, 유한책임회사, 주식회사와 유한회사의 5종으로 한다.

✔ Tip

유한공사, 무한책임공사, 무한회사, 다국적회사는 상법이 명시적으로 규정하고 있는 회사가 아니다.

(2) 회사의 능력 19년 기출

① 회사의 능력은 성질상·법령상 제한이 있다. 자연인의 특유한 권리의무인 신체·생명에 관한 권리 등은 가질 수 없다.

② 회사는 다른 회사의 무한책임사원이 될 수 없다.

③ 회사는 형법상 범죄능력을 갖지 아니한다.

④ 판례는 회사의 권리능력이 정관에서 정한 목적범위 내로 제한된다고 한다.

(3) 회사의 설립 및 합병

① 회사의 설립 19년, 14년 기출

㉠ 의의 : 회사의 설립은 회사라는 법인을 창설하여 법률상의 인격자로서 존재하기에 이르는 절차로, 회사는 본점소재지에서 설립등기를 함으로써 성립한다.

㉡ 입법주의 : 회사의 설립에 관한 입법주의는 자유설립주의, 특허주의, 면허주의 및 준칙주의가 있는데, 우리나라 상법에서 채택하고 있는 것은 준칙주의이다.

② 회사의 합병

㉠ 의의 : 회사의 합병은 둘 이상의 회사가 일정한 계약에 의하여 하나의 회사로 합쳐지는 조직법상의 특수계약을 말한다.

㉡ 원칙 : 회사는 자유롭게 합병할 수 있는 것이 원칙이다.

㉢ 합병의 조건

ⓐ 합병을 하는 회사의 일방 또는 쌍방이 주식회사, 유한회사 또는 유한책임회사인 경우에는 합병 후 존속하는 회사나 합병으로 설립되는 회사는 주식회사, 유한회사 또는 유한책임회사이어야 한다.

ⓑ 해산 후의 회사는 존립 중의 회사를 존속하는 회사로 하는 경우에 한하여 합병을 할 수 있다.

③ 조직변경

조직변경은 회사가 그 법인격의 동일성을 유지하면서 다른 종류의 회사로 전환하는 것을 말한다.

(4) 회사의 해산과 청산

① 회사의 해산

㉠ 의의 : 회사의 해산은 회사의 법인격의 소멸을 가져오는 법률사실로, 회사마다 고유의 해산사유가 정해져 있다.

㉡ 회사의 해산명령사유

ⓐ 회사의 설립목적이 불법한 것인 때

ⓑ 회사가 정당한 사유 없이 설립 후 1년 내에 영업을 개시하지 아니하거나 1년 이상 영업을 휴지하는 때

✓OX

회사는 다른 회사의 무한책임사원 또는 유한책임사원이 될 수 있다. (×)

✓Tip

회사 설립이 법적으로 완료되는 시기는 설립등기 시이다.

✓OX

상법상 회사의 설립은 인가주의를 취하고 있다. (×)

체크-UP

준칙주의

준칙주의란 회사에 관한 일반 법률에 의하여, 회사의 실체형성에 관한 대내적 요건과 거래안전에 관한 대외적 요건을 규정하고, 이 규정에 준거하여 그 요건을 충족한 때에는 회사의 성립을 당연 인정하는 입법주의이다.

✓Tip

분할 또는 분할합병으로 회사분할의 효력이 발생하는 시기는 분할 또는 분할합병의 등기 시이다.

ⓒ 이사 또는 회사의 업무를 집행하는 사원이 법령 또는 정관에 위반하여 회사의 존속을 허용할 수 없는 행위를 한 때

② 회사의 청산

회사의 청산은 회사가 해산하는 경우 기존에 성립한 채권, 채무 등 재산관계를 정리하고 회사의 법인격을 소멸시키는 절차를 말한다.

최신기출확인

상법상 회사에 관한 설명으로 옳지 않은 것은? 19년 기출

① 회사는 다른 회사의 무한책임사원이 될 수 있다.
② 회사의 주소는 본점소재지에 있는 것으로 한다.
③ 회사는 본점소재지에서 설립등기를 함으로써 성립한다.
④ 회사는 합명회사, 합자회사, 유한책임회사, 주식회사와 유한회사로 분류된다.

해설

① 회사는 다른 회사의 무한책임사원이 되지 못한다(상법 제173조).
② 회사의 주소는 본점소재지에 있는 것으로 한다(상법 제171조).
③ 회사는 본점소재지에서 설립등기를 함으로써 성립한다(상법 제172조).
④ 회사는 합명회사, 합자회사, 유한책임회사, 주식회사와 유한회사의 5종으로 한다(상법 제170조).

답 ①

02 합명회사

(1) 설립 18년, 14년 기출

① 의의

합명회사는 회사 채무에 대해 직접・연대・무한책임을 지는 2인 이상의 무한책임사원으로 이루어진 회사를 말한다.

② 업무집행정지가처분 등의 등기

사원의 업무집행을 정지하거나 직무대행자를 선임하는 가처분을 하거나 그 가처분을 변경・취소하는 경우에는 본점 및 지점이 있는 곳의 등기소에서 이를 등기하여야 한다.

③ 설립무효, 취소의 소 16년 기출

회사의 설립의 무효는 그 사원에 한하여, 설립의 취소는 그 취소권 있는 자에 한하여 회사성립의 날로부터 2년 내에 소만으로 이를 주장할 수 있다.

✓ Tip

회사설립무효 및 취소는 회사성립의 날로부터 1년, 3년이 아니라 2년 내에 소만으로 주장할 수 있다.

④ 설립무효, 취소의 등기

설립무효의 판결 또는 설립취소의 판결이 확정된 때에는 본점과 지점의 소재지에서 등기하여야 한다.

최신기출확인

합명회사에 관한 설명으로 옳은 것은? 18년 기출

① 무한책임사원과 유한책임사원으로 조직한다.
② 2인 이상의 무한책임사원으로 조직한다.
③ 사원이 출자금액을 한도로 유한의 책임을 진다.
④ 사원은 주식의 인수가액을 한도로 하는 출자의무를 부담할 뿐이다.

해설
② 합명회사는 2인 이상의 무한책임사원으로 조직한다.
① 합자회사는 무한책임사원과 유한책임사원으로 조직한다(상법 268조).
③ 유한회사에 대한 설명이다.
④ 주식회사에 대한 설명이다.
답 ②

(2) 내부관계

① 준용법규

합명회사의 내부관계에 관하여는 정관 또는 본법에 다른 규정이 없으면 조합에 관한 민법의 규정을 준용한다.

② 지분의 양도

사원은 다른 사원의 동의를 얻지 아니하면 그 지분의 전부 또는 일부를 타인에게 양도하지 못한다.

③ 지배인의 선임과 해임

지배인의 선임과 해임은 정관에 다른 정함이 없으면 업무집행사원이 있는 경우에도 총사원 과반수의 결의에 의하여야 한다.

✔OX
합명회사의 내부관계에 관하여는 정관에 다른 규정이 없으면 조합에 관한 민법의 규정을 준용하지 않는다. (×)

(3) 외부관계

① 회사대표

정관으로 업무집행사원을 정하지 아니한 때에는 각 사원은 회사를 대표한다. 수인의 업무집행사원을 정한 경우에 각 업무집행사원은 회사를 대표한다.

② 해산원인 10년 기출

㉠ 존립기간의 만료 기타 정관으로 정한 사유의 발생
㉡ 총사원의 동의

✔OX
사원이 1인으로 된 때 해산할 수 있는 회사는 유한회사이다. (×)

㉢ 사원이 1인으로 된 때
㉣ 합병
㉤ 파산
㉥ 법원의 명령 또는 판결

③ 해산등기
회사가 해산된 때에는 합병과 파산의 경우 외에는 그 해산사유가 있은 날로부터 본점소재지에서는 2주간 내, 지점소재지에서는 3주간 내에 해산등기를 하여야 한다.

03 합자회사

(1) 의의

합자회사는 무한책임사원과 유한책임사원으로 조직된 회사를 말한다.

(2) 합자회사의 제관계

① 유한책임사원의 출자 14년 기출
합자회사의 유한책임사원은 신용 또는 노무를 출자의 목적으로 하지 못하며(상법 제272조), 금전 기타 재산으로만 출자할 수 있다.

✔OX
합자회사의 유한책임사원은 금전 기타 재산으로만 출자할 수 있다. (○)

② 지배인의 선임 · 해임
지배인의 선임과 해임은 업무집행사원이 있는 경우에도 무한책임사원 과반수의 결의에 의하여야 한다.

③ 유한책임사원의 지분양도
유한책임사원은 무한책임사원 전원의 동의가 있으면 그 지분의 전부 또는 일부를 타인에게 양도할 수 있다. 지분의 양도에 따라 정관을 변경하여야 할 경우에도 같다.

④ 유한책임사원의 책임
유한책임사원은 그 출자가액에서 이미 이행한 부분을 공제한 가액을 한도로 하여 회사채무를 변제할 책임이 있다.

⑤ 합자회사의 해산
합자회사는 무한책임사원 또는 유한책임사원의 전원이 퇴사한 때에는 해산된다.

✔OX
합자회사는 무한책임사원 전원이 퇴사한 때 해산된다. (○)

⑥ 청산인
합자회사의 청산인은 무한책임사원 과반수의 의결로 선임한다. 이를 선임하지 아니한 때에는 업무집행사원이 청산인이 된다.

04 유한책임회사

(1) 의의

유한책임회사는 회사의 주주들이 채권자에 대하여 자기의 투자액의 범위 내에서 법적인 책임을 부담하는 회사를 말한다. 유한책임회사를 설립할 때에는 사원은 정관을 작성하여야 한다.

(2) 내부관계 및 외부관계

① 내부관계 14년 기출

㉠ 사원의 책임 : 사원의 책임은 상법에 다른 규정이 있는 경우 외에는 그 출자금액을 한도로 한다.

㉡ 지분의 양도 : 사원은 다른 사원의 동의를 받지 아니하면 그 지분의 전부 또는 일부를 타인에게 양도하지 못한다.

② 외부관계

㉠ 유한책임회사의 대표 : 업무집행자는 유한책임회사를 대표하며, 업무집행자가 둘 이상인 경우 정관 또는 총사원의 동의로 유한책임회사를 대표할 업무집행자를 정할 수 있다.

㉡ 손해배상책임 : 유한책임회사를 대표하는 업무집행자가 그 업무집행으로 타인에게 손해를 입힌 경우에는 회사는 그 업무집행자와 연대하여 배상할 책임이 있다.

✔OX

유한책임회사는 주식회사에 비해 지분양도가 자유롭지 못하다. (O)

(3) 사원의 가입 및 탈퇴

① 사원의 가입

유한책임회사는 정관을 변경함으로써 새로운 사원을 가입시킬 수 있다.

② 사원의 탈퇴

㉠ 사원의 퇴사권 : 정관으로 회사의 존립기간을 정하지 아니하거나 어느 사원의 종신까지 존속할 것을 정한 때에는 사원은 영업연도 말에 한하여 퇴사할 수 있다. 그러나 6월 전에 이를 예고하여야 한다.

㉡ 퇴사 원인 : 정관에 정한 사유의 발생, 총사원의 동의, 사망, 성년후견개시, 파산, 제명 등이다.

✔ Tip

사원이 부득이한 사유가 있을 때에는 언제든지 퇴사할 수 있다.

(4) 유한책임회사의 해산

① 해산 원인

㉠ 존립기간의 만료 기타 정관으로 정한 사유의 발생

㉡ 총사원의 동의
㉢ 합병
㉣ 파산
㉤ 법원의 명령 또는 판결
㉥ 사원이 없게 된 경우

② 해산등기

유한책임회사가 해산된 경우에는 합병과 파산의 경우 외에는 그 해산사유가 있었던 날부터 본점소재지에서는 2주 내에 해산등기를 하고, 지점소재지에서는 3주 내에 해산등기를 하여야 한다.

05 주식회사

(1) 의의 16년 기출

주식회사는 상법에 의하여 유한책임을 지는 다수의 주주가 출자한 자본으로 설립된 물적 회사로, 소유와 경영이 분리되어 있다.

✓OX

주식회사는 주주가 출자한 자본으로 구성되는 물적 회사이다. (○)

(2) 설립

① 발기인

주식회사를 설립함에는 발기인이 정관을 작성하여야 한다.

② 정관의 절대적 기재사항과 변태설립사항 18년, 15년 기출

절대적 기재사항	변태설립사항
• 목적 • 상호 • 회사가 발행할 주식의 총수 • 액면주식을 발행하는 경우 1주의 금액 • 회사의 설립 시에 발행하는 주식의 총수 • 본점의 소재지 • 회사가 공고를 하는 방법 • 발기인의 성명·주민등록번호 및 주소	• 발기인이 받을 특별이익과 이를 받을 자의 성명 • 현물출자를 하는 자의 성명과 그 목적인 재산의 종류, 수량, 가격과 이에 대하여 부여할 주식의 종류와 수 • 회사 성립 후에 양수할 것을 약정한 재산의 종류, 수량, 가격과 그 양도인의 성명 • 회사가 부담할 설립비용과 발기인이 받을 보수액

✓Tip

발기인의 성명과 주소는 주식회사 정관의 변태설립사항이 아니다.

최신기출확인

상법상 주식회사 설립 시 정관의 절대적 기재사항이 아닌 것은? 18년 기출

① 목적 ② 상호
③ 청산인 ④ 본점의 소재지

해설

③ 청산인은 상법상 주식회사 설립 시 정관의 절대적 기재사항이 아니다.

답 ③

③ 발기설립과 모집설립

㉠ 발기설립 : 발기인이 회사의 설립 시에 발행하는 주식의 총수를 인수한 때에는 지체 없이 각 주식에 대하여 그 인수가액의 전액을 납입하여야 한다.

㉡ 모집설립 : 발기인이 회사의 설립 시에 발행하는 주식의 총수를 인수하지 아니하는 때에는 주주를 모집하여야 한다.

④ 설립의 등기 16년 기출

㉠ 설립등기의 기한 : 주식회사의 설립등기는 발기인이 회사설립 시에 발행한 주식의 총수를 인수한 경우에는 검사인의 조사・보고, 법원의 변경처분절차가 종료한 날로부터, 발기인이 주주를 모집한 경우에는 창립총회가 종결한 날 또는 변태설립사항의 변경절차가 종료한 날로부터 2주간 내에 이를 하여야 한다.

㉡ 설립등기의 기재사항

ⓐ 목적, 상호, 회사가 발행할 주식의 총수, 액면주식을 발행하는 경우 1주의 금액, 본점의 소재지, 회사가 공고를 하는 방법

ⓑ 자본금의 액

ⓒ 발행주식의 총수, 그 종류와 각종주식의 내용과 수

ⓓ 주식의 양도에 관하여 이사회의 승인을 얻도록 정한 때에는 그 규정

ⓔ 주식매수선택권을 부여하도록 정한 때에는 그 규정

ⓕ 지점의 소재지

ⓖ 회사의 존립기간 또는 해산사유를 정한 때에는 그 기간 또는 사유

ⓗ 주주에게 배당할 이익으로 주식을 소각할 것을 정한 때에는 그 규정

ⓘ 전환주식을 발행하는 경우에는 전환주식발행의 절차에 게기한 사항

✓OX

발행주식의 총수는 주식회사 설립등기의 기재사항이다. (O)

ⓙ 사내이사, 사외이사, 그 밖에 상무에 종사하지 아니하는 이사, 감사 및 집행임원의 성명과 주민등록번호

ⓚ 회사를 대표할 이사 또는 집행임원의 성명·주민등록번호 및 주소

ⓛ 둘 이상의 대표이사 또는 대표집행임원이 공동으로 회사를 대표할 것을 정한 경우에는 그 규정

ⓜ 명의개서대리인을 둔 때에는 그 상호 및 본점소재지

ⓝ 감사위원회를 설치한 때에는 감사위원회 위원의 성명 및 주민등록번호

(3) 주식

① 주식회사의 자본 16년 기출

주식회사의 자본은 회사가 보유하여야 할 책임재산의 최저한도를 의미하며, 주주의 출자로서 구성된다.

② 자본금 15년 기출

㉠ 회사의 자본금은 상법에서 달리 규정한 경우 외에는 발행주식의 액면총액으로 한다. 때문에 자본금은 특정 시점이 아닌 발행 당시의 주식이며, 균등 분할이 아닌 액면총액으로 되어 있다.

㉡ 회사가 무액면주식을 발행하는 경우 회사의 자본금은 주식 발행가액의 2분의 1 이상의 금액으로서 이사회에서 자본금으로 계상하기로 한 금액의 총액으로 한다. 이 경우 주식의 발행가액 중 자본금으로 계상하지 아니하는 금액은 자본준비금으로 계상하여야 한다.

③ 자본금의 구성 15년, 13년 기출

㉠ 회사는 정관으로 정한 경우에는 주식의 전부를 무액면주식으로 발행할 수 있다. 다만, 무액면주식을 발행하는 경우에는 액면주식을 발행할 수 없다.

㉡ 액면주식의 금액은 균일하여야 한다.

㉢ 액면주식 1주의 금액은 100원 이상으로 하여야 한다.

㉣ 회사는 정관으로 정하는 바에 따라 발행된 액면주식을 무액면주식으로 전환하거나 무액면주식을 액면주식으로 전환할 수 있다.

④ 주식의 양도성 15년 기출

㉠ 주식은 타인에게 양도할 수 있다. 다만, 회사는 정관으로 정하는 바에 따라 그 발행하는 주식의 양도에 관하여 이사회의 승인을 받도록 할 수 있다.

✓ OX

자본금은 특정 시점에서 회사가 보유하고 있는 재산의 현재가치로서 주식으로 균등하게 분할되어 있다. (×)

✓ Tip

무액면주식의 발행도 허용되며, 액면주식이 발행되는 경우 1주의 금액은 100원 이상 균일하여야 한다.

✓ Tip

주권발행 이후 주주는 자신의 주식을 자유롭게 양도 및 처분을 할 수 있다.

㉡ 주권발행 전에 한 주식의 양도는 회사에 대하여 효력이 없다. 그러나 회사성립 후 또는 신주의 납입기일 후 6월이 경과한 때에는 그러하지 아니하다.

⑤ **주식의 의미** 16년 기출

주식은 자본을 이루는 최소의 구성단위로서의 의미뿐만 아니라 사원으로서의 지위라는 의미를 가지고 있다.

⑥ **자기주식의 취득**

회사는 합병 또는 다른 회사의 영업 전부의 양수로 인한 때에는 자기의 계산으로 자기주식을 취득할 수 있다. 그러나 회사는 자기의 계산으로 또는 무상으로 자기주식을 취득하지는 못한다.

✔OX
회사는 자기의 계산으로 자기의 주식을 취득할 수 있다. (×)

최신기출확인

상법상 주식회사에 관한 설명으로 옳지 않은 것은? 16년 기출

① 주식회사는 주주가 출자한 자본으로 구성되는 물적 회사이다.
② 주식은 자본을 이루는 최소의 구성단위이다.
③ 주식회사의 자본은 5천만 원 이상이어야 한다.
④ 발행주식의 총수는 주식회사 설립등기의 기재사항이다.

해설

③ 주식회사의 자본은 회사가 보유하여야 할 책임재산의 최저한도를 의미하며, 주주의 출자로서 구성된다. 주식회사의 자본은 5천만 원 이상이라는 최저자본금제도는 폐지되었다.

답 ③

(4) 주주

① **주주의 책임** 15년, 13년 기출

주주의 책임은 그가 가진 주식의 인수가액을 한도로 한다. 즉, 주주는 주식의 인수가액을 한도로 출자의무를 부담할 뿐, 회사의 채무에 대하여 책임을 지지 않는다.

② **주주의 지위**

주주는 그가 가지는 주식의 수에 비례하여 회사에 대하여 평등한 권리・의무를 갖는다.

(5) 주식회사의 기관 20년, 19년, 17년, 10년 기출

① **주주총회** 20년, 10년 기출

주주총회는 주주 전원으로 구성되는 필요적 상설기관으로, 상법 또는 정관에 정하는 사항에 한하여 결의할 수 있는 최고 의사결정기관이다.

✔OX
상법상 주식회사의 최고 의사결정기관은 이사이다. (×)

㉠ 소집의 결정 : 총회의 소집은 상법에 다른 규정이 있는 경우 외에는 이사회가 이를 결정하지만 발행주식총수의 100분의 3 이상에 해당하는 주식을 가진 주주(소수주주)는 회의의 목적사항과 소집의 이유를 적은 서면 또는 전자문서를 이사회에 제출하여 임시총회의 소집을 청구할 수 있다.

㉡ 총회의 소집

ⓐ 정기총회는 매년 1회 일정한 시기에 이를 소집하여야 하고, 임시총회는 필요 있는 경우에 수시로 이를 소집한다.

ⓑ 연 2회 이상의 결산기를 정한 회사는 매기에 총회를 소집하여야 한다.

㉢ 총회의 결의방법과 의결권의 행사 17년 기출

ⓐ 총회의 결의는 상법 또는 정관에 다른 정함이 있는 경우를 제외하고는 출석한 주주의 의결권의 과반수와 발행주식총수의 4분의 1 이상의 수로써 하여야 한다.

ⓑ 주주는 대리인으로 하여금 그 의결권을 행사하게 할 수 있다. 이 경우에는 그 대리인은 대리권을 증명하는 서면을 총회에 제출하여야 한다.

ⓒ 총회의 결의에 관하여 특별한 이해관계가 있는 자는 의결권을 행사하지 못한다.

✓ Tip

의결권은 1주마다 1개로 하고, 회사가 가진 자기주식은 의결권이 없다.

㉣ 주주총회의 특별결의사항 19년 기출

ⓐ 영업의 전부 또는 중요한 일부의 양도

ⓑ 영업 전부의 임대 또는 경영위임, 타인과 영업의 손익 전부를 같이 하는 계약, 그 밖에 이에 준하는 계약의 체결・변경 또는 해약

ⓒ 회사의 영업에 중대한 영향을 미치는 다른 회사의 영업 전부 또는 일부의 양수

✓ OX

타인과 영업의 손익 전부를 같이 하는 계약을 할 때 주주총회의 특별결의사항에 해당한다. (O)

최신기출확인

상법상 주주총회의 특별결의사항에 해당하지 않는 것은? 19년 기출

① 영업 전부의 양도
② 영업 전부의 임대
③ 타인과 영업의 손익 일부를 같이 하는 계약
④ 회사의 영업에 중대한 영향을 미치는 다른 회사의 영업 일부의 양수

해설

③ 타인과 영업의 손익 전부를 같이 하는 계약을 할 때 주주총회의 특별결의사항에 해당한다.

답 ③

② 이사와 이사회

㉠ 이사 13년, 11년 기출

ⓐ 이사의 선임 : 이사는 주주총회에서 선임한다.

ⓑ 이사의 의무 13년, 11년 기출

충실의무	이사는 법령과 정관의 규정에 따라 회사를 위하여 그 직무를 충실하게 수행하여야 한다.
비밀유지 의무	이사는 재임 중뿐만 아니라 퇴임 후에도 직무상 알게 된 회사의 영업상 비밀을 누설하여서는 아니 된다.

ⓒ **구성원 및 임기** : 이사는 3명 이상이어야 한다. 다만, 자본금 총액이 10억원 미만인 회사는 1명 또는 2명으로 할 수 있다. 이사의 임기는 3년을 초과하지 못한다.

ⓓ **해임** : 이사는 언제든지 주주총회의 결의로 이를 해임할 수 있다. 그러나 이사의 임기를 정한 경우에 정당한 이유 없이 그 임기만료 전에 이를 해임한 때에는 그 이사는 회사에 대하여 해임으로 인한 손해의 배상을 청구할 수 있다.

ⓔ **경업금지** : 이사는 이사회의 승인이 없으면 자기 또는 제3자의 계산으로 회사의 영업부류에 속한 거래를 하거나 동종영업을 목적으로 하는 다른 회사의 무한책임사원이나 이사가 되지 못한다.

ⓕ **재무제표 등의 제출** : 이사는 정기총회회일의 6주간 전에 재무제표 및 영업보고서의 서류를 감사에게 제출하여야 하고, 감사는 그 서류를 받은 날로부터 4주간 내에 감사보고서를 이사에게 제출하여야 한다.

Guide 주식회사의 이사 13년 기출

이사가 임무를 수행함에 있어서 위와 같은 법령에 위반한 행위를 한 때에는 그 행위 자체가 회사에 대하여 채무불이행에 해당되므로 이로 인하여 회사에 손해가 발생한 이상, 특별한 사정이 없는 한 손해배상책임을 면할 수는 없다 할 것이며, 이사가 임무를 수행함에 있어서 선관주의의무를 위반하여 임무해태로 인한 손해배상책임이 문제되는 경우에 고려될 수 있는 경영판단의 원칙은 적용될 여지가 없다(대판 2005.10.28, 2003다69638).

✔ Tip

이사가 제3자의 계산으로 회사와 거래를 하기 위하여는 미리 이사회의 승인을 받아야 한다.

✔ OX

이사는 재무제표를 받은 날로부터 4주간 내에 감사보고서를 감사에게 제출하여야 한다. (×)

ⓖ **이사회의 소집** : 이사회는 각 이사가 소집한다. 그러나 이사회의 결의로 소집할 이사를 정한 때에는 그러하지 아니하다.

ⓗ **이사회의 권한** : 중요한 자산의 처분 및 양도, 대규모 재산의 차입, 지배인의 선임 또는 해임과 지점의 설치·이전 또는 폐지 등 회사의 업무집행은 이사회의 결의로 한다. 이사회는 이사의 직무의 집행을 감독한다.

ⓛ **대표이사** : 회사는 이사회의 결의로 회사를 대표할 이사를 선정하여야 한다. 그러나 정관으로 주주총회에서 이를 선정할 것을 정할 수 있다.

ⓒ **집행임원** 13년 기출

ⓐ **설치** : 회사는 집행임원을 둘 수 있다. 이 경우 집행임원을 둔 회사는 대표이사를 두지 못한다.

ⓑ **집행임원의 임기** : 정관에 다른 규정이 없으면 2년을 초과하지 못한다.

ⓒ **집행임원의 권한** : 집행임원 설치회사의 업무집행, 정관이나 이사회의 결의에 의하여 위임받은 업무집행에 관한 의사결정 등을 한다.

③ 감사 및 감사위원회

㉠ **감사** 13년 기출

ⓐ **선임** : 감사는 주주총회에서 선임한다.

ⓑ **임기** : 감사의 임기는 취임 후 3년 내의 최종의 결산기에 관한 정기총회의 종결시까지로 한다.

ⓒ **감사의 이사회출석·의견진술권** : 감사는 이사회에 출석하여 의견을 진술할 수 있다.

ⓓ **감사의 책임** : 감사가 그 임무를 해태한 때에는 그 감사는 회사에 대하여 연대하여 손해를 배상할 책임이 있다.

ⓛ **감사위원회**

ⓐ **설치** : 회사는 정관이 정한 바에 따라 감사에 갈음하여 위원회로서 감사위원회를 설치할 수 있다. 감사위원회를 설치한 경우에는 감사를 둘 수 없다.

ⓑ **구성** : 감사위원회는 3명 이상의 이사로 구성한다. 다만, 사외이사가 위원의 3분의 2 이상이어야 한다.

ⓒ **해임결의** : 감사위원회의 위원의 해임에 관한 이사회의 결의는 이사 총수의 3분의 2 이상의 결의로 하여야 한다.

✔ OX
이사가 임무를 수행함에 있어서 법령을 위반한 행위를 한 때에는 경영판단의 원칙이 적용된다. (×)

✔ Tip
지배인의 선임은 사원총회가 아니라 이사회의 결의로 한다.

✔ Tip
집행임원은 이사회가 선임한다.

✔ OX
감사는 이사회에 출석할 수 없다. (×)

(6) 주식회사의 해산

① 해산사유 10년 기출

㉠ 존립기간의 만료 기타 정관으로 정한 사유의 발생
㉡ 합병
㉢ 파산
㉣ 법원의 명령 또는 판결
㉤ 회사의 분할 또는 분할합병
㉥ 주주총회의 결의

② 해산의 통지, 공고

회사가 해산한 때에는 파산의 경우 외에는 이사는 지체 없이 주주에 대하여 그 통지를 하여야 한다.

✓ Tip

회사가 해산한 때에는 합병・분할・분할합병 또는 파산의 경우 외에는 이사가 청산인이 된다.

06 유한회사

(1) 의의

유한회사는 유한책임사원으로만 구성되는 회사를 말한다.

(2) 설립

① 정관의 절대적 기재사항과 변태설립사항

절대적 기재사항	변태설립사항
• 목적 • 상호 • 사원의 성명・주민등록번호 및 주소 • 자본금의 총액 • 출자1좌의 금액 • 각 사원의 출자좌수 • 본점의 소재지	• 현물출자를 하는 자의 성명과 그 목적인 재산의 종류, 수량, 가격과 이에 대하여 부여하는 출자좌수 • 회사의 설립 후에 양수할 것을 약정한 재산의 종류, 수량, 가격과 그 양도인의 성명 • 회사가 부담할 설립비용

② 설립의 등기

유한회사의 설립등기는 납입 또는 현물출자의 이행이 있은 날로부터 2주간 내에 하여야 한다.

(3) 사원의 권리 및 회사관리

① 사원의 책임

사원의 책임은 본법에 다른 규정이 있는 경우 외에는 그 출자금액을 한도로 한다.

> ✔ Tip
> 유한회사에는 1인 또는 수인의 이사를 두어야 한다.

> ✔ Tip
> 유한회사의 지배인의 선임방법은 이사 과반수 결의 또는 사원총회의 보통결의로 할 수 있다.

② 지분의 양도

사원은 그 지분의 전부 또는 일부를 양도하거나 상속할 수 있다. 다만, 정관으로 지분의 양도를 제한할 수 있다.

③ 업무집행의 결정

㉠ 이사가 수인인 경우에 정관에 다른 정함이 없으면 회사의 업무집행, 지배인의 선임 또는 해임과 지점의 설치·이전 또는 폐지는 이사 과반수의 결의에 의하여야 한다.

㉡ 사원총회는 지배인의 선임 또는 해임을 할 수 있다.

(4) 합병과 조직변경

① 합병의 방법

유한회사가 다른 회사와 합병을 함에는 사원총회의 결의가 있어야 한다.

② 유한회사의 주식회사로의 조직변경

유한회사는 총사원의 일치에 의한 총회의 결의로 주식회사로 조직을 변경할 수 있다. 다만, 회사는 그 결의를 정관으로 정하는 바에 따라 사원총회의 결의로 할 수 있다.

(5) 해산과 청산

① 해산사유 10년 기출

㉠ 존립기간의 만료 기타 정관으로 정한 사유의 발생

㉡ 합병

㉢ 파산

㉣ 법원의 명령 또는 판결

㉤ 사원총회의 결의

> ✔ OX
> 유한회사의 해산사유는 사원이 1인으로 된 때이다. (×)

② 청산 중의 회사

회사는 해산된 후에도 청산의 목적범위 내에서 존속하는 것으로 본다.

> **Guide 회사의 종류에 따른 지배인의 선임방법**
>
> - 합명회사 : 총사원 과반수의 결의
> - 합자회사 : 무한책임사원 과반수의 결의
> - 주식회사 : 이사회의 결의
> - 유한회사 : 이사 과반수 결의 또는 사원총회의 보통결의

제4장 | 보험법

01 통칙

(1) 보험의 의의

우발적인 사고로 인한 손실에 대비하거나 경제적 수요를 충족시키기 위하여 다수의 경제 주체(보험계약자)가 일정률의 금액(보험료)을 분담하여 특정인(피보험자)에게 발생한 우연한 사고(보험사고)에 대해서 일정한 금액(보험금)을 지급하는 제도를 말한다.

✓ Tip
보험은 우발적 사고나 위험에 의하여 생긴 손해의 전보 또는 재산상의 수요를 충족시키기 위한 것이다.

(2) 보험의 종류

보험에는 피보험자가 보험사고로 인하여 생길 피보험자의 재산상의 손해를 보상할 목적으로 하는 손해보험과 사람의 생존 또는 사망에 관하여 보험자가 보험계약에 따라 일정한 급여를 하기로 하는 인보험이 있다.

(3) 보험계약 18년, 17년 기출

① 보험계약의 의의
보험계약은 당사자 일방이 약정한 보험료를 지급하고 재산 또는 생명이나 신체에 불확정한 사고가 발생할 경우에 상대방이 일정한 보험금이나 그 밖의 급여를 지급할 것을 약정함으로써 효력이 생긴다.

② 보험계약의 목적 16년 기출
보험계약은 금전으로 산정할 수 있는 이익에 한하여 보험계약의 목적으로 할 수 있다.

✓OX
손해보험계약은 금전으로 산정할 수 있는 이익에 한하여 보험계약의 목적으로 할 수 있다. (O)

③ 보험계약의 특징
㉠ **유상·쌍무계약** : 보험계약은 보험계약자가 보험료를 지급하고 보험자가 보험금을 지불하는 것을 약정하는 유상·쌍무계약이다.
㉡ **불요식·낙성계약** : 보험계약은 당사자 쌍방의 합의에 의하여 효력이 발생하고 특별한 요식행위를 요구하지 않는 불요식·낙성계약이다.
㉢ **사행계약** : 보험계약은 우연한 사고의 발생을 전제로 하여 보험금액의 액수가 정해지므로 사행계약이다.
㉣ **계속적 계약** : 보험계약은 일정한 기간 동안 계속해서 보험료를 납입하고 보험사고 발생 시에 보험금이 지급되는 계속적 계약이다.
㉤ **부합계약** : 보험계약은 계약의 형식은 취하고 있으나, 내용은 미리 당사자의 일방이 결정하고 상대방은 이에 따를 수밖에 없는 계약으로, 보험약관에 의하여 체결되는 부합계약이다.

✓ Tip
요식계약은 보험계약의 특징에 해당되지 않는다.

최신기출확인

보험계약에 관한 설명으로 옳지 않은 것은? 18년 기출

① 사행계약(射倖契約)이 아니다.
② 유상(有償)·쌍무(雙務)계약이다.
③ 불요식(不要式)의 낙성계약(諾成契約)이다.
④ 계약관계자에게 선의 또는 신의성실이 요구되는 선의계약이다.

해설
① 보험계약은 우연한 사고의 발생을 전제로 하여 보험금액의 액수가 정해지므로 사행계약(射倖契約)이다.
② 보험계약은 보험계약자가 보험료를 지급하고 보험자가 보험금을 지불하는 것을 약정하는 유상·쌍무계약이다.
③ 보험계약은 당사자 쌍방의 합의에 의하여 효력이 발생하고 특별한 요식행위를 요구하지 않는 불요식·낙성계약이다.
④ 보험계약은 계약관계자에게 선의 또는 신의성실이 요구되는 선의계약이다.

답 ①

✓OX
보험료 반환의무는 보험계약자가 부담한다. (×)

✓OX
인보험에서 보험자는 자신의 생명이나 신체를 보험에 붙인 자연인을 말한다. (×)

④ 보험계약의 관계자 19년, 17년, 13년 기출

구분	내용
보험자	보험계약의 직접 당사자로서 보험사고가 발생한 경우 보험금액을 지급할 의무를 부담하는 자로서 보험사업자이다.
보험계약자	보험자의 상대방으로서 자기명의로 보험자와 보험계약을 체결하여 보험료 지급의무를 부담하는 보험가입자이다.
피보험자	자신의 생명이나 신체를 보험에 붙인 자연인으로, 보험사고로 인한 재산상의 손해에 대한 보상을 보험자에게 청구할 수 있는 피보험이익의 주체이다.
보험수익자	인보험에서 보험사고가 발생한 때에 보험금액의 지급을 받을 자를 말한다. 보험계약자는 보험수익자를 지정 또는 변경할 권리가 있다.
보험자의 보조자	보험대리점, 보험중개사, 보험설계사, 보험의 등이 있다.

최신기출확인

보험계약의 직접 당사자로서 보험사고가 발생한 경우에 보험금을 지급할 의무를 지는 자는? 19년 기출

① 보험자 ② 피보험자
③ 보험계약자 ④ 보험수익자

해설
① 보험자는 보험계약의 직접 당사자로서 보험사고가 발생한 경우 보험금을 지급할 의무를 부담한다.
답 ①

⑤ 보험자의 의무 및 보험계약자의 의무 20년, 14년 기출

㉠ 보험자의 의무

보험약관의 교부 · 설명 의무	보험자는 보험계약을 체결할 때에 보험계약자에게 보험약관을 교부하고 그 약관의 중요한 내용을 설명하여야 한다.
보험금지급 의무	보험자는 보험금액의 지급에 관하여 약정기간이 있는 경우에는 그 기간 내에, 약정기간이 없는 경우에는 보험사고 발생의 통지를 받은 후 지체 없이 지급할 보험금액을 정하고 그 정하여진 날부터 10일 내에 피보험자 또는 보험수익자에게 보험금액을 지급하여야 한다.
보험증권 작성 · 교부 의무	보험자는 보험계약이 성립한 때에는 지체 없이 보험증권을 작성하여 보험계약자에게 교부하여야 한다. 그러나 보험계약자가 보험료의 전부 또는 최초의 보험료를 지급하지 아니한 때에는 그러하지 아니하다.

㉡ 보험계약자의 의무 20년 기출

보험료 지급의무	보험계약자는 계약체결 후 지체 없이 보험료의 전부 또는 제1회 보험료를 지급하여야 하며, 보험계약자가 이를 지급하지 아니하는 경우에는 다른 약정이 없는 한 계약성립 후 2월이 경과하면 그 계약은 해제된 것으로 본다.
위험변경 · 증가의 통지의무	보험기간 중에 보험계약자 또는 피보험자가 사고발생의 위험이 현저하게 변경 또는 증가된 사실을 안 때에는 지체 없이 보험자에게 통지하여야 한다.
보험사고 발생의 통지의무	보험계약자 또는 피보험자나 보험수익자는 보험사고의 발생을 안 때에는 지체 없이 보험자에게 그 통지를 발송하여야 한다.

✓ Tip
보험증권작성 · 교부의무는 상법상 보험계약자의 의무가 아니다.

중요사항에 관한 고지의무	보험계약자 또는 피보험자는 보험계약 당시 보험계약과 관련된 중요사항에 대하여 보험자에게 고지하여야 한다.

(4) 계약해지

① 위험변경증가의 통지와 계약해지

㉠ 보험기간 중에 보험계약자 또는 피보험자가 사고발생의 위험이 현저하게 변경 또는 증가된 사실을 안 때에는 지체 없이 보험자에게 통지하여야 한다. 이를 해태한 때에는 보험자는 그 사실을 안 날로부터 1월 내에 한하여 계약을 해지할 수 있다.

㉡ 보험자가 위험변경증가의 통지를 받은 때에는 1월 내에 보험료의 증액을 청구하거나 계약을 해지할 수 있다.

② 보험계약자 등의 고의나 중과실로 인한 위험증가와 계약해지

보험기간 중에 보험계약자, 피보험자 또는 보험수익자의 고의 또는 중대한 과실로 인하여 사고발생의 위험이 현저하게 변경 또는 증가된 때에는 보험자는 그 사실을 안 날부터 1월 내에 보험료의 증액을 청구하거나 계약을 해지할 수 있다.

③ 보험자의 파산선고와 계약해지 16년 기출

㉠ 보험자가 파산의 선고를 받은 때에는 보험계약자는 계약을 해지할 수 있다.

㉡ 해지하지 아니한 보험계약은 파산선고 후 3월을 경과한 때에는 그 효력을 잃는다.

✔OX

보험자가 파산선고를 받은 때에도 보험계약자는 계약을 해지할 수 없다. (×)

④ 계약해지와 보험금청구권

보험사고가 발생한 후라도 보험자가 계약을 해지하였을 때에는 보험금을 지급할 책임이 없고 이미 지급한 보험금의 반환을 청구할 수 있다. 다만, 고지의무를 위반한 사실 또는 위험이 현저하게 변경되거나 증가된 사실이 보험사고 발생에 영향을 미치지 아니하였음이 증명된 경우에는 보험금을 지급할 책임이 있다.

(5) 소급보험 16년, 13년 기출

보험계약은 그 계약 전의 어느 시기를 보험기간의 시기로 할 수 있다는 것으로, 주로 운송보험이나 해상보험 등에서 많이 적용된다.

✔ Tip

보험계약은 그 계약 전의 어느 시기를 보험기간의 시기로 할 수 없는 것이 아니라 있다.

보충학습

상법상 보험자의 면책사유
- 보험사고가 보험계약자의 고의로 발생한 경우
- 보험사고가 보험계약자의 중대한 과실로 발생한 경우
- 보험사고가 전쟁 기타의 변란으로 발생한 경우 '실수'는 과실로 볼 수 있으며, 면책사유에는 해당되지 않는다.

✔ Tip

보험사고가 피보험자의 실수로 발생한 경우는 상법상 보험자의 면책사유에 해당되지 않는다.

(6) 소멸시효 및 불이익변경금지

① 소멸시효 16년 기출

보험금청구권은 3년간, 보험료 또는 적립금의 반환청구권은 3년간, 보험료청구권은 2년간 행사하지 아니하면 시효의 완성으로 소멸한다.

✔ Tip

보험금청구권의 소멸시효는 1년이 아니라 3년이다.

② 보험계약자 등의 불이익변경금지

통칙의 규정은 당사자 간의 특약으로 보험계약자 또는 피보험자나 보험수익자의 불이익으로 변경하지 못한다. 그러나 재보험 및 해상보험 기타 이와 유사한 보험의 경우에는 그러하지 아니하다.

최신기출확인

상법상 보험계약에 관한 설명으로 옳지 않은 것은? 20년 기출

① 보험금의 지급자는 보험자이다.
② 보험수익자는 인보험에서만 존재한다.
③ 보험료 반환의무는 보험계약자가 부담한다.
④ 생명보험의 보험계약자는 보험수익자를 지정 또는 변경할 권리가 있다.

해설

③ 보험계약의 전부 또는 일부가 무효인 경우에 보험계약자와 피보험자가 선의이며 중대한 과실이 없는 때에는 보험자에 대하여 보험료의 전부 또는 일부의 반환을 청구할 수 있다. 보험계약자와 보험수익자가 선의이며 중대한 과실이 없는 때에도 같다(상법 제648조). 즉, 보험료 반환의무는 보험자가 부담한다.
① 보험자는 보험계약의 직접 당사자로서 보험사고가 발생한 경우 보험금을 지급할 의무를 부담한다.
② 보험수익자는 인보험에서 보험사고가 발생한 때에 보험금액을 지급받을 자를 말한다.
④ 생명보험의 보험계약자는 보험수익자를 지정 또는 변경할 권리가 있다(동법 제733조 제1항).

답 ③

02 손해보험 17년 기출

(1) 손해보험의 의의

손해보험은 당사자의 일방(보험자)이 우연한 사고로 인하여 발생하게 되는 피보험자의 재산상의 손해를 보상할 것을 약정하고, 상대방(보험계약자)이 이에 대하여 보험료를 지급할 것을 약정함으로써 효력이 발생하는 보험계약을 말한다.

(2) 피보험이익

① 의의

피보험이익은 손해보험에서 보험사고의 발생에 의하여 손해를 입을 우려가 있는 피보험자의 경제적 이익을 말한다.

② 특징

㉠ 적법하고 금전으로 산정할 수 있는 이익이어야 한다.
㉡ 보험계약의 동일성을 결정하는 기준이다.
㉢ 피보험이익의 주체를 피보험자라 한다.

✓OX
피보험이익은 인보험계약의 본질적인 요소이다. (×)

(3) 보험가액과 보험금

① 보험가액

보험사고 발생 시에 피보험자가 입게 되는 손해액의 최고한도액이며 보상받을 수 있는 최고한도액으로, 손해보험에 있어서 피보험이익의 금전적 평가액이다.

② 보험금액

1회의 사고에 대해 보험자가 손해의 보상책임을 부담하는 금액의 최고한도를 말한다.

(4) 상법상 손해보험의 종류 19년, 16년, 15년, 14년 기출

① 화재보험

화재보험계약의 보험자는 화재로 인하여 생긴 손해를 보상할 책임이 있다.

② 운송보험

운송보험은 육상운송에 있어서 운송물에 관하여 운송에 관한 사고로 인하여 손해가 발생한 경우에 그 손해를 보상하기 위한 손해보험계약으로, 운송보험계약의 보험자는 다른 약정이 없으면 운송인이 운송물을 수령한 때로부터 수하인에게 인도할 때까지 생길 손해를 보상할 책임이 있다.

③ 해상보험

해상보험계약의 보험자는 해상사업에 관한 사고로 인하여 생길 손해를 보상할 책임이 있다.

④ 책임보험 19년 기출

책임보험계약의 보험자는 피보험자가 보험기간 중의 사고로 인하여 제3자에게 배상할 책임을 진 경우에 이를 보상할 책임이 있다.

⑤ 자동차보험

자동차보험계약의 보험자는 피보험자가 자동차를 소유, 사용 또는 관리하는 동안에 발생한 사고로 인하여 생긴 손해를 보상할 책임이 있다.

⑥ 보증보험

보증보험계약의 보험자는 보험계약자가 피보험자에게 계약상의 채무불이행 또는 법령상의 의무불이행으로 입힌 손해를 보상할 책임이 있다.

✔ Tip

선박을 보험에 붙인 경우에 선박을 양도할 때, 선박의 선급을 변경한 때, 선박을 새로운 관리로 옮긴 때에는 보험계약은 종료한다.

✔ Tip

생명보험은 손해보험으로 볼 수 없다.

03 인보험

(1) 인보험의 의의

인보험은 사람의 생명 또는 신체에 관하여 보험사고가 발생할 경우 보험자가 일정한 보험금액을 보험수익자에게 지급하거나 기타의 급여를 할 것을 약정하는 보험계약으로, 인보험계약의 보험자는 피보험자의 생명이나 신체에 관하여 보험사고가 발생할 경우에 보험계약으로 정하는 바에 따라 보험금이나 그 밖의 급여를 지급할 책임이 있다.

(2) 인보험의 종류 20년, 18년, 16년 기출

① 생명보험

생명보험계약의 보험자는 피보험자의 사망, 생존, 사망과 생존에 관한 보험사고가 발생할 경우에 약정한 보험금을 지급할 책임이 있다.

구분	내용
사망보험	피보험자가 보험기간 중 사망 시 보험금이 지급되는 보험계약을 말한다.
생존보험	피보험자가 일정한 연령까지 생존할 것을 보험사고로 하는 보험계약을 말한다.
혼합보험	일정한 시기에 있어서의 피보험자의 생존 및 그 시기까지의 피보험자의 사망의 쌍방을 보험사고로 하는 보험계약을 말한다.

체크-UP

재보험 15년 기출

재보험이란 보험자가 보험사고로 인하여 부담할 책임에 대하여 다른 보험자와 재보험계약을 체결하는 보험을 말한다(상법 제661조). 손해보험은 그 성질에 반하지 아니하는 범위에서 재보험계약에 준용한다(상법 제726조). 따라서 재보험은 상법상 손해보험에 해당된다.

✔ Tip

15세 미만자, 심신상실자 또는 심신박약자의 사망을 보험사고로 한 보험계약은 무효로 한다. 다만, 심신박약자가 보험계약을 체결하거나 단체보험의 피보험자가 될 때에 의사능력이 있는 경우에는 유효로 한다.

최신기출확인

상법상 유효하게 사망보험계약을 체결할 수 있는 자는? 20년 기출

① 15세 미만자　② 심신상실자
③ 70세 이상인 자　④ 의사능력 없는 심신박약자

해설

③ 70세 이상인 자는 상법상 유효하게 사망보험계약을 체결할 수 있는 자이다.
①, ②, ④ 15세 미만자, 심신상실자 또는 심신박약자의 사망을 보험사고로 한 보험계약은 무효로 한다. 다만, 심신박약자가 보험계약을 체결하거나 단체보험의 피보험자가 될 때에 의사능력이 있는 경우에는 그러하지 아니하다(상법 제732조).

답 ③

✔ OX

상해보험은 인보험에 해당된다. (O)

② 상해보험

상해보험계약의 보험자는 신체의 상해에 관한 보험사고가 생길 경우에 보험금액 기타의 급여를 할 책임이 있다.

③ 질병보험

질병보험계약의 보험자는 피보험자의 질병에 관한 보험사고가 발생할 경우 보험금이나 그 밖의 급여를 지급할 책임이 있다.

최신기출확인

상법상 피보험자가 보험기간 중에 사고로 인하여 제3자에게 배상할 책임을 지는 경우에 이를 보상하는 보험은? 19년 기출

① 보증보험　② 생명보험
③ 상해보험　④ 책임보험

해설

④ 책임보험계약의 보험자는 피보험자가 보험기간 중의 사고로 인하여 제3자에게 배상할 책임을 진 경우에 이를 보상할 책임이 있다(상법 제719조).
① 보증보험계약의 보험자는 보험계약자가 피보험자에게 계약상의 채무불이행 또는 법령상의 의무불이행으로 입힌 손해를 보상할 책임이 있다(상법 제726조의5).
② 생명보험계약의 보험자는 피보험자의 사망, 생존, 사망과 생존에 관한 보험사고가 발생할 경우에 약정한 보험금을 지급할 책임이 있다(상법 제730조).
③ 상해보험계약의 보험자는 신체의 상해에 관한 보험사고가 생길 경우에 보험금액 기타의 급여를 할 책임이 있다(상법 제737조).

답 ④

기출 및 예상문제

01 상사에 관한 법규범의 적용순서를 바르게 나열한 것은? 15년 기출

① 상법 – 상사자치법 – 상관습법 – 민법
② 상법 – 민법 – 상관습법 – 상사자치법
③ 상사자치법 – 상법 – 민법 – 상관습법
④ 상사자치법 – 상법 – 상관습법 – 민법

정답해설

④ 상사자치법은 회사가 그 조직과 활동에 대해 자주적으로 제정하는 자치법규를 말한다. 상사자치법은 상법보다 우선하며(상사자치법 우선주의), 상법 제1조에 따르면 상사에 관하여 상법에 규정이 없으면 상관습법에 의하고 상관습법이 없으면 민법의 규정에 의한다. 결국 상사에 관한 법규범의 적용순서를 나열해보면 '상사자치법 - 상법 - 상관습법 - 민법'이 된다.

02 상법상 상인에 관한 설명으로 옳은 것은?

① 타인명의로 상행위를 하는 자를 상인이라 한다.
② 회사는 상행위를 하지 않으면 상인으로 보지 않는다.
③ 점포 기타 유사한 설비에 의하여 상인적 방법으로 영업을 하는 자는 상행위를 하지 아니하더라도 상인으로 본다.
④ 미성년자가 법정대리인의 허락을 얻어 영업을 하는 때에는 등기를 하지 않아도 된다.

정답해설

③ 상법 제5조 제1항

오답해설

① 자기명의로 상행위를 하는 자를 상인이라 한다(상법 제4조).
② 회사는 상행위를 하지 아니하더라도 상인으로 본다(상법 제5조 제2항).
④ 미성년자가 법정대리인의 허락을 얻어 영업을 하는 때에는 등기를 하여야 한다(상법 제6조).

정답 > 01 ④ 02 ③

03 상법상 일정한 상인을 위하여 상업사용인이 아니면서 상시 그 영업부류에 속하는 거래의 대리 또는 중개를 영업으로 하는 자는?

① 익명조합원　② 대리상
③ 중개인　④ 위탁매매인

정답해설

② 대리상이란 일정한 상인을 위하여 상업사용인이 아니면서 상시 그 영업부류에 속하는 거래의 대리 또는 중개를 영업으로 하는 자를 말한다(상법 제87조).

오답해설

① 익명조합은 당사자의 일방이 상대방의 영업을 위하여 출자하고 상대방은 그 영업으로 인한 이익을 분배할 것을 약정함으로써 그 효력이 생긴다(상법 제78조). 익명조합원은 익명조합의 구성원이다.
③ 중개인이란 타인 간의 상행위의 중개를 영업으로 하는 자를 말한다(상법 제93조).
④ 위탁매매인이란 자기명의로써 타인의 계산으로 물건 또는 유가증권의 매매를 영업으로 하는 자를 말한다(상법 제101조).

04 상법상 합명회사에 관한 규정이다. 다음 ( )에 들어갈 숫자로 옳은 것은?

16년 기출

> 회사의 설립의 무효는 그 사원에 한하여, 설립의 취소는 그 취소권 있는 자에 한하여 회사성립의 날로부터 ( )년 내에 소만으로 이를 주장할 수 있다.

① 1　② 2
③ 3　④ 4

정답해설

② 회사의 설립의 무효는 그 사원에 한하여, 설립의 취소는 그 취소권 있는 자에 한하여 회사성립의 날로부터 2년 내에 소만으로 이를 주장할 수 있다(상법 제184조 제1항).

05 상법상 회사에 관한 설명으로 옳지 않은 것은?

14년 기출

① 합명회사는 2인 이상의 무한책임사원으로 이루어진 회사이다.
② 합자회사의 유한책임사원은 금전 기타 재산으로만 출자할 수 있다.
③ 유한책임회사는 주식회사에 비해 지분양도가 자유롭지 못하다.
④ 상법상 회사의 설립은 인가주의를 취하고 있다.

정답해설

④ 상법상 회사의 설립은 준칙주의를 취하고 있다. 준칙주의란 회사에 관한 일반 법률에 의하여, 회사의 실체형성에 관한 대내적 요건과 거래안전에 관한 대외적 요건을 규정하고, 이 규정에 준거하여 그 요건을 충족한 때에는 회사의 성립을 당연 인정하는 입법주의이다.

오답해설 >

① 상법 제178조
② 상법 제272조
③ 상법 제287조의8 제1항 및 제335조 제1항

06 상법상 회사의 종류로 옳은 것은?

14년 기출

① 유한공사 ② 무한책임공사
③ 유한책임회사 ④ 무한회사

정답해설 >

③ 회사는 합명회사, 합자회사, 유한책임회사, 주식회사와 유한회사의 5종으로 한다(상법 제170조).

07 상법이 명시적으로 규정하고 있는 회사가 아닌 것은?

① 유한회사 ② 유한책임회사
③ 유한공사 ④ 합자회사

정답해설 >

③ 회사는 합명회사, 합자회사, 유한책임회사, 주식회사와 유한회사의 5종으로 한다(상법 제170조).

08 상법상 주식회사에 관한 설명으로 옳지 않은 것은?

17년 기출

① 회사가 공고를 하는 방법은 정관의 절대적 기재사항이다.
② 회사가 가진 자기주식에도 의결권이 있다.
③ 각 발기인은 서면에 의하여 주식을 인수하여야 한다.
④ 창립총회에서는 이사와 감사를 선임하여야 한다.

정답해설 >

② 회사가 가진 자기주식은 의결권이 없다(상법 제369조 제2항).

오답해설 >

① 상법 제289조 제1항 제7호
③ 상법 제293조
④ 상법 제312조

정답 > 03 ② 04 ② 05 ④ 06 ③ 07 ③ 08 ②

09 주식회사에 관한 설명으로 옳지 않은 것은?

15년 기출

① 자본금은 특정 시점에서 회사가 보유하고 있는 재산의 현재가치로서 주식으로 균등하게 분할되어 있다.

② 무액면주식의 발행도 허용되며, 액면주식이 발행되는 경우 1주의 금액은 100원 이상 균일하여야 한다.

③ 주주는 주식의 인수가액을 한도로 출자의무를 부담할 뿐, 회사의 채무에 대하여 책임을 지지 않는다.

④ 주권 발행 이후 주주는 자신의 주식을 자유롭게 양도 및 처분을 할 수 있다.

정답해설 >

① 회사의 자본금은 상법에서 달리 규정한 경우 외에는 발행주식의 액면총액을 말한다(상법 제451조 제1항). 때문에 자본금은 특정 시점이 아닌 발행 당시의 주식이며, 균등 분할이 아닌 액면총액으로 되어 있다.

오답해설 >

② 상법 제329조 제1항 ~ 제3항
③ 상법 제331조
④ 상법 제335조 제1항 및 제342조

10 주식회사 정관의 변태설립사항이 아닌 것은?

15년 기출

① 발기인의 성명과 주소

② 현물출자를 하는 자의 성명

③ 회사성립 후에 양수할 것을 약정한 재산의 가격

④ 회사가 부담할 설립비용

정답해설 >

① 발기인의 성명과 주소는 주식회사 정관의 절대적 기재사항에 해당할 뿐, 주식회사 정관의 변태설립사항에는 해당하지 않는다.

:: 주식회사 정관의 절대적 기재사항 · 변태설립사항(상법 제289조, 제290조)

절대적 기재사항	변태설립사항
• 목적 • 상호 • 회사가 발행할 주식의 총수 • 액면주식을 발행하는 경우 1주의 금액 • 회사의 설립 시에 발행하는 주식의 총수 • 본점의 소재지 • 회사가 공고를 하는 방법 • 발기인의 성명 · 주민등록번호 및 주소	• 발기인이 받을 특별이익과 이를 받을 자의 성명 • 현물출자를 하는 자의 성명과 그 목적인 재산의 종류, 수량, 가격과 이에 대하여 부여할 주식의 종류와 수 • 회사 성립 후에 양수할 것을 약정한 재산의 종류, 수량, 가격과 그 양도인의 성명 • 회사가 부담할 설립비용과 발기인이 받을 보수액

11 상법상 주식회사의 최고의결기관은?

20년 기출

① 대표이사 ② 이사회
③ 감사위원회 ④ 주주총회

정답해설

④ 주주총회는 상법 또는 정관에서 정하는 사항에 한하여 결의할 수 있는 최고의결기관으로, 주주 전원으로 구성되는 필요적 상설기관이다.

12 주식회사의 이사에 관한 설명으로 옳지 않은 것은?

13년 기출

① 이사는 주주총회에서 선임한다.
② 이사가 제3자의 계산으로 회사와 거래를 하기 위하여는 미리 이사회의 승인을 받아야 한다.
③ 이사가 임무를 수행함에 있어서 법령을 위반한 행위를 한 때에는 경영판단의 원칙이 적용된다.
④ 이사는 퇴임 후에도 직무상 알게 된 회사의 영업상 비밀을 누설하여서는 아니 된다.

정답해설

③ 이사가 임무를 수행함에 있어서 위와 같은 법령에 위반한 행위를 한 때에는 그 행위 자체가 회사에 대하여 채무불이행에 해당되므로 이로 인하여 회사에 손해가 발생한 이상, 특별한 사정이 없는 한 손해배상책임을 면할 수는 없다 할 것이며, 이사가 임무를 수행함에 있어서 선관주의의무를 위반하여 임무해태로 인한 손해배상책임이 문제되는 경우에 고려될 수 있는 경영판단의 원칙은 적용될 여지가 없다(대판 2005.10.28, 2003다69638).

오답해설

① 상법 제382조 제1항
② 상법 제398조 제1호
④ 상법 제382조의4

13 주식회사에 관한 설명으로 옳지 않은 것은?

13년 기출

① 주식회사는 무액면주식을 발행할 수 있다.
② 감사는 이사회에 출석할 수 없다.
③ 집행임원은 이사회가 선임한다.
④ 주주의 책임은 그가 가진 주식의 인수가액을 한도로 한다.

정답해설

② 감사는 이사회에 출석하여 의견을 진술할 수 있다(상법 제391조의2 제1항).

오답해설

① 상법 제329조 제1항, ③ 상법 제408조의2 제3항 제1호, ④ 상법 제331조

정답 > 09 ① 10 ① 11 ④ 12 ③ 13 ②

14 상법상 회사의 종류와 그 해산사유의 연결이 옳지 않은 것은?

① 합명회사 – 총사원의 동의
② 유한회사 – 사원이 1인으로 된 때
③ 합자회사 – 무한책임사원 전원의 퇴사
④ 주식회사 – 주주총회의 특별결의

정답해설≫
② 사원이 1인으로 된 때 해산하는 회사는 합명회사이다.

15 상법상 주주총회의 특별결의사항에 해당하지 않는 것은? 19년 기출

① 영업 전부의 양도
② 영업 전부의 임대
③ 타인과 영업의 손익 일부를 같이 하는 계약
④ 회사의 영업에 중대한 영향을 미치는 다른 회사의 영업 일부의 양수

정답해설≫
③ 타인과 영업의 손익 전부를 같이 하는 계약을 할 때 주주총회의 특별결의사항에 해당한다.

:: 주주총회의 특별의결사항(상법 제374조 제1항)

> 회사가 다음의 어느 하나에 해당하는 행위를 할 때에는 제434조(정관변경의 특별결의)에 따른 결의가 있어야 한다.
> - 영업의 전부 또는 중요한 일부의 양도
> - 영업 전부의 임대 또는 경영위임, 타인과 영업의 손익 전부를 같이 하는 계약, 그 밖에 이에 준하는 계약의 체결·변경 또는 해약
> - 회사의 영업에 중대한 영향을 미치는 다른 회사의 영업 전부 또는 일부의 양수

16 보험계약의 성질로 옳지 않은 것은? 17년 기출

① 유상계약성
② 사행계약성
③ 쌍무계약성
④ 요식계약성

정답해설≫
④ 보험계약은 당사자 쌍방의 합의에 의하여 효력이 발생하고 특별한 요식행위를 요구하지 않는 불요식계약이다.

17 (　)에 들어갈 용어를 순서대로 나열한 것은?

17년 기출

> 보험계약은 (　)가 약정한 보험료를 지급하고 재산 또는 생명이나 신체에 불확정한 사고가 발생할 경우에 (　)가 일정한 보험금이나 그 밖의 급여를 지급할 것을 약정함으로써 효력이 생긴다.

① 피보험자, 보험수익자
② 피보험자, 보험계약자
③ 보험계약자, 피보험자
④ 보험계약자, 보험자

정답해설

④ 보험계약은 당사자 일방(보험계약자)이 약정한 보험료를 지급하고 재산 또는 생명이나 신체에 불확정한 사고가 발생할 경우에 상대방(보험자)이 일정한 보험금이나 그 밖의 급여를 지급할 것을 약정함으로써 효력이 생긴다(상법 제638조).

18 상법상 보험에 관한 설명으로 옳은 것은?

16년 기출

① 손해보험계약은 금전으로 산정할 수 있는 이익에 한하여 보험계약의 목적으로 할 수 있다.
② 보험계약은 그 계약 전의 어느 시기를 보험기간의 시기로 할 수 없다.
③ 보험금청구권의 소멸시효는 1년이다.
④ 보험자가 파산선고를 받은 때에도 보험계약자는 계약을 해지할 수 없다.

정답해설

① 상법 제668조

오답해설

② 보험계약은 그 계약 전의 어느 시기를 보험기간의 시기로 할 수 있다(상법 제643조).
③ 보험금청구권의 소멸시효는 3년이다(상법 제662조).
④ 보험자가 파산선고를 받은 때에는 보험계약자는 계약을 해지할 수 있다(상법 제654조 제1항).

19 상법상 보험계약자의 의무가 아닌 것은?

14년 기출

① 보험료 지급의무
② 보험증권 교부의무
③ 위험변경 증가 통지의무
④ 중요사항에 관한 고지의무

정답 > 14 ② 15 ③ 16 ④ 17 ④ 18 ① 19 ②

정답해설≫

② 보험증권 작성・교부의무는 보험자의 의무에 해당한다(상법 제640조 제1항).

보험자의 의무와 보험계약자의 의무

보험자의 의무	보험계약자의 의무
• 보험약관의 교부・설명의무 • 보험금 지급의무 • 보험증권 작성・교부의무	• 보험료 지급의무 • 위험변경・증가의 통지의무 • 보험사고 발생의 통지의무 • 중요사항에 관한 고지의무

20 상법상 손해보험증권의 필요적 기재사항이 아닌 것은? 17년 기출

① 보험의 목적 ② 보험사고의 성질
③ 보험계약의 종류 ④ 무효와 실권의 사유

정답해설≫

③ 보험계약의 종류는 상법상 손해보험증권의 필요적 기재사항이 아니다.

손해보험증권의 필요적 기재사항(상법 제666조)

- 보험의 목적
- 보험사고의 성질
- 보험금액
- 보험료와 그 지급방법
- 보험기간을 정한 때에는 그 시기와 종기
- 무효와 실권의 사유
- 보험계약자의 주소와 성명 또는 상호
- 피보험자의 주소, 성명 또는 상호
- 보험계약의 연월일
- 보험증권의 작성지와 그 작성년월일

21 상법상 손해보험에 해당하는 것은 모두 몇 개인가? 15년 기출

ㄱ. 책임보험 ㄴ. 화재보험
ㄷ. 해상보험 ㄹ. 생명보험
ㅁ. 상해보험 ㅂ. 재보험

① 2개 ② 3개
③ 4개 ④ 5개

정답해설>

③ 보기 중에서 상법상 손해보험인 것은 ㄱ. 책임보험, ㄴ. 화재보험, ㄷ. 해상보험, ㅂ. 재보험으로 총 4개이다. 손해보험이란 보험사고로 인하여 생길 피보험자의 재산상의 손해를 보호하는 보험이다.

오답해설>

ㄹ. 생명보험, ㅁ. 상해보험은 인보험에 해당한다. 인보험이란 피보험자의 생명이나 신체에 관하여 보험사고가 발생한 경우에 보험계약으로 정하는 바에 따라 보험금이나 그 밖의 급여를 지급하는 보험이다.

22 손해보험으로 볼 수 없는 것은?

14년 기출

① 화재보험
② 생명보험
③ 자동차보험
④ 운송보험

정답해설>

② 생명보험은 상해보험, 질병보험과 함께 상법상 인보험에 해당한다.

23 상법상 인보험에 해당하는 것을 모두 고른 것은?

16년 기출

ㄱ. 해상보험	ㄴ. 생명보험
ㄷ. 운송보험	ㄹ. 상해보험

① ㄱ, ㄴ
② ㄱ, ㄷ
③ ㄴ, ㄹ
④ ㄷ, ㄹ

정답해설>

③ ㄴ. 생명보험, ㄹ. 상해보험은 인보험에 해당되고, ㄱ. 해상보험, ㄷ. 운송보험은 손해보험에 해당된다.

24 인보험에서 피보험자란?

13년 기출

① 보험사고가 발생한 때에 보험금액의 지급을 받을 자를 말한다.
② 보험자의 상대방으로서 자기명의로 보험계약을 체결하는 자를 말한다.
③ 자신의 생명이나 신체를 보험에 붙인 자연인을 말한다.
④ 보험사고가 발생한 때에 보험금액을 지급할 의무를 부담하는 자를 말한다.

정답해설>

③ 피보험자란 자신의 생명이나 신체를 보험에 붙인 자연인으로 보험의 객체(대상)를 말한다. 인보험이란 사람의 생명 또는 신체에 대하여 생긴 사고를 보험사고로 하는 보험이다.

정답 > 20 ③ 21 ③ 22 ② 23 ③ 24 ③

오답해설 >
① 보험수익자, ② 보험계약자, ④ 보험자에 대한 설명이다.

25 계약 전의 어느 시기(時期)를 보험기간의 시기(始期)로 한 보험계약은? 13년 기출

① 소급보험 ② 일부보험
③ 단체보험 ④ 중복보험

정답해설 >
① 소급보험이란 계약 이전의 어느 시기까지 소급하는 보험으로서, 주로 운송보험이나 해상보험 등에서 많이 적용된다.

26 상법상 손해보험이 아닌 것은? 18년 기출

① 화재보험 ② 운송보험
③ 해상보험 ④ 생명보험

정답해설 >
④ 생명보험은 손해보험이 아니라 인보험에 해당한다.

오답해설 >
상법상 손해보험에는 화재보험, 운송보험, 해상보험, 책임보험, 자동차보험, 보증보험 등이 있다.

정답 > 25 ① 26 ④

PART

06

사회법

사회법

제1장 노동법

01 사회법 일반

(1) 사회법의 의의

사회법은 사회공공적 이익을 실현하기 위하여 개인 간의 관계에 국가가 개입하는 법을 말한다.

(2) 사회법의 대상

사회법이 규율하는 올바른 대상은 자본가, 노동자, 국민 모두 해당된다.

(3) 사회법의 특징

① 사회법은 독점 자본주의의 문제점을 해결하고 국민의 인간다운 삶을 보장하기 위하여 등장하였으며, 주로 현대 복지 국가에서 중요시된다.

② 사회법은 사법의 재산권절대의 원칙과 계약자유의 원칙에 대하여 공법상의 제한을 가함으로써 공법과 사법의 교착·융화, 공법의 사법에의 침투, 사법의 공법화의 현상 등으로 일컬어진다.

> ✔ Tip
> 사회법의 출현과 가장 관계가 깊은 것은 복지국가이다.

보충학습

근대 사법이 공법화 경향을 나타내고 있는 이유
- 공공복리의 실현
- 사회보장제도의 확충
- 사권(私權)의 의무화

> ✔ Tip
> 계약자유의 범위의 확대는 근대 사법이 공법화 경향을 나타내고 있는 이유로 옳지 않다.

02 근로기본권

(1) 집단적 노사관계법과 개별적 근로관계법

집단적 노사관계법	• 근로자 단체와 사용자 또는 사용자 단체 사이의 근로계약의 체결을 둘러싼 관계를 규율하는 법으로서, 근로자가 조직의 힘으로 사용자와 실질적 대등관계를 실현하는 것을 목적으로 한다.

	• 집단적 노사관계법에는 노동조합 및 노동관계조정법, 근로자참여 및 협력증진에 관한 법률 등이 있다.
개별적 근로관계법	• 개개의 근로자와 개개의 사용자, 사용자 또는 국가와의 관계 등 당사자의 행위를 규제함으로써 개개 근로자를 개별적 방법으로 보호할 수 있는 법이다. • 개별적 근로관계법에는 근로기준법, 최저임금법, 산업재해보상보험법 등이 있다.

(2) 근로기본권의 종류

근로기본권은 근로의 권리(근로권)와 근로3권을 말한다.

① 근로권

근로권은 노동을 할 능력이 있는 자가 근로의 기회제공을 국가에 대해 요구할 수 있는 권리를 말한다.

✔ Tip

모든 국민은 근로의 권리를 가진다(헌법 제32조 제1항).

② 근로3권

근로자는 근로조건의 향상을 위하여 자주적인 단결권·단체교섭권 및 단체행동권을 가진다.

단결권	근로자가 사용자와 대등한 교섭력을 갖기 위하여 단결해서 집단을 형성할 수 있는 권리를 말한다.
단체교섭권	근로자가 노동조합을 통하여 사용자 또는 사용자 단체와 근로조건을 유지·개선하기 위하여 단체교섭하는 권리를 말한다.
단체행동권	근로자가 근로조건의 유지·개선을 위하여 사용자에 대항하여 파업·태업·시위운동 등의 단체적인 행동을 할 수 있는 권리를 말한다.

✔ OX

근로기본권은 단결권, 단체교섭권, 단체행동권의 근로3권을 말한다. (×)

③ 근로3권의 제한

㉠ 국민의 모든 자유와 권리는 국가안전보장·질서유지 또는 공공복리를 위하여 필요한 경우에 한하여 법률로써 제한할 수 있으며, 제한하는 경우에도 자유와 권리의 본질적인 내용을 침해할 수 없다.

㉡ 공무원인 근로자는 법률이 정하는 자에 한하여 단결권·단체교섭권 및 단체행동권을 가진다.

㉢ 법률이 정하는 주요방위산업체에 종사하는 근로자의 단체행동권은 법률이 정하는 바에 의하여 이를 제한하거나 인정하지 아니할 수 있다.

㉣ 공무원노동조합의 설립 및 운영에 관한 법률에 따라 6급 이하의

공무원 중 법률로 정하는 자에 한하여 공무원노동조합을 설립하고 가입할 수 있다.

03 노동조합 및 노동관계조정법

(1) 총칙

① 의의

노동조합 및 노동관계조정법은 헌법에 보장된 노동3권, 즉 근로자의 단결권, 단체교섭권, 단체행동권에 관하여 구체적으로 규정하고 있는 법률을 말한다.

② 목적

노동조합 및 노동관계조정법은 헌법에 의한 근로자의 단결권·단체교섭권 및 단체행동권을 보장하여 근로조건의 유지·개선과 근로자의 경제적·사회적 지위의 향상을 도모하고, 노동관계를 공정하게 조정하여 노동쟁의를 예방·해결함으로써 산업평화의 유지와 국민경제의 발전에 이바지함을 목적으로 한다.

③ 용어의 정의 10년 기출

근로자	직업의 종류를 불문하고 임금·급료 기타 이에 준하는 수입에 의하여 생활하는 자를 말한다.
사용자	사업주, 사업의 경영담당자 또는 그 사업의 근로자에 관한 사항에 대하여 사업주를 위하여 행동하는 자를 말한다.
사용자단체	노동관계에 관하여 그 구성원인 사용자에 대하여 조정 또는 규제할 수 있는 권한을 가진 사용자의 단체를 말한다.
노동쟁의	노동조합과 사용자 또는 사용자단체 간에 임금·근로시간·복지·해고 기타 대우 등 근로조건의 결정에 관한 주장의 불일치로 인하여 발생한 분쟁상태를 말한다. 이 경우 주장의 불일치라 함은 당사자 간에 합의를 위한 노력을 계속하여도 더 이상 자주적 교섭에 의한 합의의 여지가 없는 경우를 말한다.
쟁의행위	파업·태업·직장폐쇄 기타 노동관계 당사자가 그 주장을 관철할 목적으로 행하는 행위와 이에 대항하는 행위로서 업무의 정상적인 운영을 저해하는 행위를 말한다.

④ 손해배상 청구의 제한 11년 기출

사용자는 노동조합 및 노동관계조정법에 의한 단체교섭 또는 쟁의행위로 인하여 손해를 입은 경우에 노동조합 또는 근로자에 대하여 그 배상을 청구할 수 없다.

✔ Tip

근로자가 할 수 있는 쟁의행위에 직장폐쇄는 포함되지 않는다.

✔ OX

노동조합의 파업에 대한 사용자의 직장폐쇄도 쟁의행위에 해당된다. (○)

✔ OX

사용자는 노동조합 및 노동관계조정법에 의한 단체교섭으로 인하여 손해를 입은 경우에 노동조합에 대하여 그 배상을 청구할 수 있다. (×)

(2) 노동조합

① 의의

노동조합은 근로자가 주체가 되어 자주적으로 단결하여 근로조건의 유지·개선, 기타 근로자의 경제적·사회적 지위의 향상을 도모함을 목적으로 조직하는 단체 또는 그 연합단체를 말한다.

보충학습

노동조합으로 보지 않는 경우

- 사용자 또는 항상 그의 이익을 대표하여 행동하는 자의 참가를 허용하는 경우
- 경비의 주된 부분을 사용자로부터 원조 받는 경우
- 공제·수양 기타 복리사업만을 목적으로 하는 경우
- 근로자가 아닌 자의 가입을 허용하는 경우
- 주로 정치운동을 목적으로 하는 경우

② 통칙 11년, 10년 기출

㉠ **노동조합의 조직·가입** : 근로자는 자유로이 노동조합을 조직하거나 이에 가입할 수 있다. 다만, 공무원과 교원에 대하여는 따로 법률로 정한다.

㉡ **노동조합의 활동**

ⓐ 사업 또는 사업장에 종사하는 근로자(종사근로자)가 아닌 노동조합의 조합원은 사용자의 효율적인 사업 운영에 지장을 주지 아니하는 범위에서 사업 또는 사업장 내에서 노동조합 활동을 할 수 있다.

ⓑ 종사근로자인 조합원이 해고되어 노동위원회에 부당노동행위의 구제신청을 한 경우에는 중앙노동위원회의 재심판정이 있을 때까지는 종사근로자로 본다.

㉢ **법인격의 취득** : 노동조합은 그 규약이 정하는 바에 의하여 법인으로 할 수 있다.

㉣ **노동조합의 보호요건** : 노동조합 및 노동관계조정법에 의하여 설립된 노동조합이 아니면 노동위원회에 노동쟁의의 조정 및 부당노동행위의 구제를 신청할 수 없다.

㉤ **조세의 면제** : 노동조합에 대하여는 그 사업체를 제외하고는 세법이 정하는 바에 따라 조세를 부과하지 아니한다.

㉥ **차별대우의 금지** : 노동조합의 조합원은 어떠한 경우에도 인종, 종교, 성별, 연령, 신체적 조건, 고용형태, 정당 또는 신분에 의하여 차별대우를 받지 아니한다.

✓OX

공무원의 노동조합설립은 인정된다. (O)

✓Tip

노동조합은 당해 노동조합을 법인으로 하고자 할 경우에는 등기를 하여야 한다.

✓OX

노동조합의 조합원은 어떠한 경우에도 인종, 종교, 신분 등에 의하여 차별대우를 받는다. (×)

③ 노동조합의 설립

노동조합을 설립하고자 하는 자는 신고서에 규약을 첨부하여 연합단체인 노동조합과 2 이상의 특별시·광역시·특별자치시·도·특별자치도에 걸치는 단위노동조합은 고용노동부장관에게, 2 이상의 시·군·구에 걸치는 단위노동조합은 특별시장·광역시장·도지사에게, 그 외의 노동조합은 특별자치시장·특별자치도지사·시장·군수·구청장에게 제출하여야 한다.

④ 노동조합의 관리

㉠ **종회의 개최** : 노동조합은 매년 1회 이상 총회를 개최하여야 하고, 노동조합의 대표자는 총회의 의장이 된다.

㉡ **대의원회** : 노동조합은 규약으로 총회에 갈음할 대의원회를 둘 수 있으며, 대의원은 조합원의 직접·비밀·무기명투표에 의하여 선출되어야 한다. 하나의 사업 또는 사업장을 대상으로 조직된 노동조합의 대의원은 그 사업 또는 사업장에 종사하는 조합원 중에서 선출하여야 한다.

✔ Tip

대의원의 임기는 규약으로 정하되 3년을 초과할 수 없다.

㉢ **임시총회 등의 소집** : 노동조합의 대표자는 필요하다고 인정할 때에는 임시총회 또는 임시대의원회를 소집할 수 있다.

㉣ **근로시간의 면제** 10년 기출

ⓐ 근로자는 단체협약으로 정하거나 사용자의 동의가 있는 경우에는 사용자 또는 노동조합으로부터 급여를 지급받으면서 근로계약 소정의 근로를 제공하지 아니하고 노동조합의 업무에 종사할 수 있다.

ⓑ 사용자로부터 급여를 지급받는 근로자(근로시간면제자)는 사업 또는 사업장별로 종사근로자인 조합원 수 등을 고려하여 근로시간 면제 한도를 초과하지 아니하는 범위에서 임금의 손실 없이 사용자와의 협의·교섭, 고충처리, 산업안전 활동 등 이 법 또는 다른 법률에서 정하는 업무와 건전한 노사관계 발전을 위한 노동조합의 유지·관리업무를 할 수 있다.

ⓒ 근로시간 면제 한도를 초과하는 내용을 정한 단체협약 또는 사용자의 동의는 그 부분에 한정하여 무효로 한다.

(3) 단체교섭 및 단체협약

① 교섭 및 체결권한

㉠ 노동조합의 대표자는 그 노동조합 또는 조합원을 위하여 사용자나 사용자단체와 교섭하고 단체협약을 체결할 권한을 가진다.

ⓛ 노동조합과 사용자 또는 사용자단체로부터 교섭 또는 단체협약의 체결에 관한 권한을 위임받은 자는 그 노동조합과 사용자 또는 사용자단체를 위하여 위임받은 범위 안에서 그 권한을 행사할 수 있다.

② **교섭 등의 원칙**

㉠ 노동조합과 사용자 또는 사용자단체는 신의에 따라 성실히 교섭하고 단체협약을 체결하여야 하며 그 권한을 남용하여서는 아니 된다.

ⓛ 노동조합과 사용자 또는 사용자단체는 정당한 이유 없이 교섭 또는 단체협약의 체결을 거부하거나 해태하여서는 아니 된다.

ⓒ 국가 및 지방자치단체는 기업·산업·지역별 교섭 등 다양한 교섭방식을 노동관계 당사자가 자율적으로 선택할 수 있도록 지원하고 이에 따른 단체교섭이 활성화될 수 있도록 노력하여야 한다.

③ **단체협약의 작성**

㉠ 단체협약은 서면으로 작성하여 당사자 쌍방이 서명 또는 날인하여야 한다.

ⓛ 단체협약의 당사자는 단체협약의 체결일부터 15일 이내에 이를 행정관청에게 신고하여야 한다.

④ **단체협약 유효기간의 상한**

㉠ 단체협약의 유효기간은 3년을 초과하지 않는 범위에서 노사가 합의하여 정할 수 있다.

ⓛ 단체협약에 그 유효기간을 정하지 아니한 경우 또는 2년을 초과하는 유효기간을 정한 경우에 그 유효기간은 3년으로 한다.

⑤ **기준의 효력**

단체협약에 정한 근로조건 기타 근로자의 대우에 관한 기준에 위반하는 취업규칙 또는 근로계약의 부분은 무효로 한다.

⑥ **일반적 구속력**

하나의 사업 또는 사업장에 상시 사용되는 동종의 근로자 반수 이상이 하나의 단체협약의 적용을 받게 된 때에는 당해 사업 또는 사업장에 사용되는 다른 동종의 근로자에 대하여도 당해 단체협약이 적용된다.

체크-UP

노동조합법상 근로자란 특정한 사용자에게 고용되어 현실적으로 취업하고 있는 사람뿐만 아니라 일시적으로 실업 상태에 있는 사람이나 구직 중인 사람을 포함하여 노동3권을 보장할 필요성이 있는 사람도 여기에 포함되는 것으로 보아야 한다(대판 2004.2.27, 2001두8568).

✓ Tip

행정관청은 단체협약 중 위법한 내용이 있는 경우에는 노동위원회의 의결을 얻어 그 시정을 명할 수 있다.

✔ Tip
단순히 사용자에게 고통을 주기 위한 행위는 쟁의행위라고 볼 수 없다.

✔ OX
쟁의행위 참가자들이 당해 쟁의행위로 인하여 중단된 업무를 수행하려고 하는 자들에게 업무수행을 하지 말 것을 평화적으로 설득하거나 권고하는 것은 보이콧이다. (×)

(4) 쟁의행위

① 의의

쟁의행위는 파업, 태업, 직장폐쇄 기타 노동관계 당사자가 그 주장을 관철할 목적으로 행하는 행위와 이에 대항하는 행위로서 업무의 정상적인 운영을 저해하는 행위를 말한다.

② 쟁의행위의 기본원칙

㉠ 쟁의행위는 그 목적·방법 및 절차에 있어서 법령 기타 사회질서에 위반되어서는 아니 된다.

㉡ 조합원은 노동조합에 의하여 주도되지 아니한 쟁의행위를 하여서는 아니 된다.

㉢ 노동조합은 사용자의 점유를 배제하여 조업을 방해하는 형태로 쟁의행위를 해서는 아니 된다.

③ 쟁의행위의 종류 12년 기출

파업	노동조합이 집단적으로 노무의 제공을 거부하는 행위를 말한다.
태업	노무는 제공하되, 의도적으로 작업능률을 저하시켜 사용자측에 손해를 끼치는 행위를 말한다.
사보타주	태업보다 넓은 내용으로 적극적으로 생산활동을 방해하거나 파괴하는 행위를 말한다.
준법투쟁	근로기준법 등 관련법령이나 단체협약, 취업규칙 등에 규정된 적법한 권리를 행사하여 업무의 능률이나 실적을 떨어뜨리는 행위를 말한다.
보이콧 (boycott)	사용자 또는 사용자와 거래관계에 있는 제3자의 제품서비스의 집단거부 또는 근로계약체결을 거부하는 쟁의행위를 말한다.
피케팅 (picketing)	쟁의행위 참가자들이 해당 쟁의행위로 인하여 중단된 업무를 수행하려고 하는 자들에게 업무수행을 하지 말 것을 평화적으로 설득하거나 권고하는 것으로, 사업장이나 공장 입구 등에서 플래카드를 들고 파업파괴자들의 공장 출입을 막고 근로희망자들에게 파업에 동조할 것을 요구한다.
직장점거	노동자들이 주된 목적을 위해 사용자의 의사에 반하여 사업장이나 공장 내에 체류하거나 점거하는 행위를 말한다.
직장폐쇄	사용자가 노조의 쟁의행위에 맞서 공장, 작업장을 폐쇄하고 근로자의 근로행위를 거부하는 법적 권리이자 쟁의행위를 말한다.

④ 노동조합의 지도와 책임

쟁의행위는 그 쟁의행위와 관계없는 자 또는 근로를 제공하고자 하는 자의 출입·조업 기타 정상적인 업무를 방해하는 방법으로 행하여져서는 아니 되며 쟁의행위의 참가를 호소하거나 설득하는 행위로서 폭행·협박을 사용하여서는 아니 된다.

⑤ 쟁의행위의 제한과 금지

노동조합의 쟁의행위는 그 조합원(교섭대표노동조합이 결정된 경우에는 그 절차에 참여한 노동조합의 전체 조합원)의 직접·비밀·무기명투표에 의한 조합원 과반수의 찬성으로 결정하지 아니하면 이를 행할 수 없다. 이 경우 조합원 수 산정은 종사근로자인 조합원을 기준으로 한다.

⑥ 폭력행위 등의 금지

㉠ 쟁의행위는 폭력이나 파괴행위 또는 생산 기타 주요업무에 관련되는 시설과 이에 준하는 시설로서 대통령령이 정하는 시설을 점거하는 형태로 이를 행할 수 없다.

㉡ 사업장의 안전보호시설에 대하여 정상적인 유지·운영을 정지·폐지 또는 방해하는 행위는 쟁의행위로서 이를 행할 수 없다.

⑦ 사용자의 채용제한

㉠ 사용자는 쟁의행위 기간 중 그 쟁의행위로 중단된 업무의 수행을 위하여 당해 사업과 관계없는 자를 채용 또는 대체할 수 없다.

㉡ 사용자는 쟁의행위기간 중 그 쟁의행위로 중단된 업무를 도급 또는 하도급 줄 수 없다.

⑧ 직장폐쇄의 요건

사용자는 노동조합이 쟁의행위를 개시한 이후에만 직장폐쇄를 할 수 있다.

✓ Tip

사용자는 쟁의행위에 참가하여 근로를 제공하지 아니한 근로자에 대하여는 그 기간 중의 임금을 지급할 의무가 없다.

(5) 부당노동행위

① 의의

부당노동행위는 헌법으로 보장된 근로자의 근로3권(단결권·단체교섭권·단체행동권) 행사에 대한 사용자의 침해 또는 방해행위를 말한다.

② 사용자의 부당노동행위의 종류

㉠ **노동조합의 조직행위를 이유로 근로자를 해고하는 행위** : 근로자가 노동조합에 가입 또는 가입하려고 하였거나 노동조합을 조직하려고 하였거나 기타 노동조합의 업무를 위한 정당한 행위를 한

것을 이유로 그 근로자를 해고하거나 그 근로자에게 불이익을 주는 행위이다.

ⓒ **노동조합의 탈퇴를 고용조건으로 하는 행위** : 근로자가 어느 노동조합에 가입하지 아니할 것 또는 탈퇴할 것을 고용조건으로 하거나 특정한 노동조합의 조합원이 될 것을 고용조건으로 하는 행위이다. 다만, 노동조합이 당해 사업장에 종사하는 근로자의 3분의 2 이상을 대표하고 있을 때에는 근로자가 그 노동조합의 조합원이 될 것을 고용조건으로 하는 단체협약의 체결은 예외로 하며, 이 경우 사용자는 근로자가 그 노동조합에서 제명된 것 또는 그 노동조합을 탈퇴하여 새로 노동조합을 조직하거나 다른 노동조합에 가입한 것을 이유로 근로자에게 신분상 불이익한 행위를 할 수 없다.

ⓓ **노동조합 대표자에 대한 단체교섭 거부 행위** : 노동조합의 대표자 또는 노동조합으로부터 위임을 받은 자와의 단체협약체결 기타의 **단체교섭**을 정당한 이유 없이 거부하거나 해태하는 행위이다.

* **단체교섭** : 피고용자의 대표와 고용주가 상호 간에 만족할 만한 고용조건을 정할 목적으로 행하는 교섭

ⓔ **근로시간 면제한도를 초과한 급여 지원 및 운영비 원조 등의 행위** : 근로자가 노동조합을 조직 또는 운영하는 것을 지배하거나 이에 개입하는 행위와 근로시간 면제한도를 초과하여 급여를 지급하거나 노동조합의 운영비를 원조하는 행위이다. 다만, 근로자가 근로시간 중에 사용자와 협의·교섭, 고충처리, 산업안전 활동 등을 하는 것을 사용자가 허용함은 무방하며, 또한 근로자의 후생자금 또는 경제상의 불행 기타 재해의 방지와 구제 등을 위한 기금의 기부와 최소한의 규모의 노동조합사무소의 제공 및 그 밖에 이에 준하여 노동조합의 자주적인 운영 또는 활동을 침해할 위험이 없는 범위에서의 운영비 원조행위는 예외로 한다.

✓ Tip

쟁의기간 동안의 임금을 지급하지 않는 행위는 사용자의 부당노동행위가 아니다.

ⓜ **단체행위에 참가한 것에 대한 불이익 조치** : 근로자가 정당한 단체행위에 참가한 것을 이유로 하거나 또는 노동위원회에 대하여 사용자가 부당노동행위에 위반한 것을 신고하거나 그에 관한 증언을 하거나 기타 행정관청에 증거를 제출한 것을 이유로 그 근로자를 해고하거나 그 근로자에게 불이익을 주는 행위이다.

04 근로기준법

(1) 의의

근로기준법은 근로자의 인간다운 생활을 보장하기 위하여 근로조건의 최저기준을 정한 법으로, 근로자의 채용에서 퇴직까지의 적정한 근로조건을 국가의 공권력을 배경으로 확보시켜 주려는 것이다.

(2) 총칙

① 목적

근로기준법은 헌법에 따라 근로조건의 기준을 정함으로써 근로자의 기본적 생활을 보장, 향상시키며 균형 있는 국민경제의 발전을 꾀하는 것을 목적으로 한다.

② 정의 13년 기출

근로자	직업의 종류와 관계없이 임금을 목적으로 사업이나 사업장에 근로를 제공하는 사람을 말한다.
사용자	사업주 또는 사업 경영 담당자, 그 밖에 근로자에 관한 사항에 대하여 사업주를 위하여 행위하는 자를 말한다.
근로계약	근로자가 사용자에게 근로를 제공하고 사용자는 이에 대하여 임금을 지급하는 것을 목적으로 체결된 계약을 말한다.
임금	사용자가 근로의 대가로 근로자에게 임금, 봉급, 그 밖에 어떠한 명칭으로든지 지급하는 모든 금품을 말한다.
평균임금	이를 산정하여야 할 사유가 발생한 날 이전 3개월 동안에 그 근로자에게 지급된 임금의 총액을 그 기간의 총일수로 나눈 금액을 말한다. 근로자가 취업한 후 3개월 미만인 경우도 이에 준한다.
단시간 근로자	1주 동안의 소정근로시간이 그 사업장에서 같은 종류의 업무에 종사하는 통상 근로자의 1주 동안의 소정근로시간에 비하여 짧은 근로자를 말한다.

③ 근로조건의 기준 12년, 11년 기출

근로기준법에서 정하는 근로조건은 최저기준이므로 근로관계 당사자는 이 기준을 이유로 근로조건을 낮출 수 없다.

④ 근로조건의 결정 14년, 12년 기출

근로조건은 근로자와 사용자가 동등한 지위에서 자유의사에 따라 결정해야 한다.

* **근로** : 정신노동과 육체노동을 말한다.

✓OX

친권자나 후견인은 미성년자의 근로계약을 대리할 수 없다. (O)

⑤ 근로조건의 준수 14년 기출

근로자와 사용자는 각자가 단체협약, 취업규칙과 근로계약을 지키고 성실하게 이행할 의무가 있다.

⑥ 균등한 처우

사용자는 근로자에 대하여 남녀의 성(性)을 이유로 차별적 대우를 하지 못하고, 국적·신앙 또는 사회적 신분을 이유로 근로조건에 대한 차별적 처우를 하지 못한다.

⑦ 강제 근로의 금지

사용자는 폭행, 협박, 감금, 그 밖에 정신상 또는 신체상의 자유를 부당하게 구속하는 수단으로써 근로자의 자유의사에 어긋나는 근로를 강요하지 못한다.

⑧ 폭행의 금지 14년 기출

사용자는 사고의 발생이나 그 밖의 어떠한 이유로도 근로자에게 폭행을 하지 못한다.

✓OX

사용자는 중대한 사고발생을 방지하거나 국가안전보장을 위해 긴급한 필요가 있는 경우에 근로자를 폭행할 수 있다. (×)

⑨ 중간착취의 배제

누구든지 법률에 따르지 아니하고는 영리로 다른 사람의 취업에 개입하거나 중간인으로서 이익을 취득하지 못한다.

⑩ 공민권 행사의 보장 14년 기출

사용자는 근로자가 근로시간 중에 선거권, 그 밖의 공민권 행사 또는 공(公)의 직무를 집행하기 위하여 필요한 시간을 청구하면 거부하지 못한다. 다만, 그 권리 행사나 공의 직무를 수행하는 데에 지장이 없으면 청구한 시간을 변경할 수 있다.

✓OX

사용자는 근로자가 근로시간 중에 선거권을 행사하기 위하여 필요한 시간을 청구하면 거부하지 못하지만 그 선거권을 행사하는 데에 지장이 없으면 청구한 시간을 변경할 수 있다. (○)

⑪ 적용 범위 13년 기출

㉠ 근로기준법은 상시 5명 이상의 근로자를 사용하는 모든 사업 또는 사업장에 적용한다. 다만, 동거하는 친족만을 사용하는 사업 또는 사업장과 가사 사용인에 대하여는 적용하지 아니한다.

㉡ 상시 4명 이하의 근로자를 사용하는 사업 또는 사업장에 대하여는 대통령령으로 정하는 바에 따라 근로기준법의 일부 규정을 적용할 수 있다.

✓OX

동거하는 친족만을 사용하는 사업장은 근로기준법의 적용을 받지 않는다. (○)

(3) 근로계약 19년, 18년 기출

① 의의 13년 기출

근로자가 사용자에게 근로를 제공하고 사용자는 이에 대하여 임금을 지급하는 것을 목적으로 체결된 계약을 말한다.

② 근로기준법을 위반한 근로계약 13년 기출

근로기준법에서 정하는 기준에 미치지 못하는 근로조건을 정한 근로계약은 그 부분에 한정하여 무효로 한다.

③ 계약기간

근로계약은 기간을 정하지 아니한 것과 일정한 사업의 완료에 필요한 기간을 정한 것 외에는 그 기간은 1년을 초과하지 못한다.

④ 근로조건의 명시 13년 기출

㉠ 사용자는 근로계약을 체결할 때에 근로자에게 임금, 소정근로시간, 휴일, 연차 유급휴가, 그 밖에 대통령령으로 정하는 근로조건을 명시하여야 한다.

㉡ 사용자는 임금의 구성항목·계산방법·지급방법 및 소정근로시간, 휴일, 연차 유급휴가가 명시된 서면(전자문서 포함)을 근로자에게 교부하여야 한다.

⑤ 근로조건의 위반

㉠ 명시된 근로조건이 사실과 다를 경우에 근로자는 근로조건 위반을 이유로 손해의 배상을 청구할 수 있으며 즉시 근로계약을 해제할 수 있다.

㉡ 근로자가 손해배상을 청구할 경우에는 노동위원회에 신청할 수 있으며, 근로계약이 해제되었을 경우에는 사용자는 취업을 목적으로 거주를 변경하는 근로자에게 귀향 여비를 지급하여야 한다.

⑥ 위약 예정의 금지 16년, 11년 기출

사용자는 근로계약 불이행에 대한 위약금 또는 손해배상액을 예정하는 계약을 체결하지 못한다.

⑦ 전차금 상계의 금지

사용자는 전차금이나 그 밖에 근로할 것을 조건으로 하는 전대채권과 임금을 상계하지 못한다.

⑧ 강제 저금의 금지

사용자는 근로계약에 덧붙여 강제 저축 또는 저축금의 관리를 규정하는 계약을 체결하지 못한다.

⑨ 해고 등의 제한

사용자는 근로자에게 정당한 이유 없이 해고, 휴직, 정직, 전직, 감봉, 그 밖의 징벌을 하지 못한다.

✓ Tip

근로기준법에서 정하는 기준에 미치지 못하는 근로조건을 정한 근로계약은 그 근로계약 전체가 아니라 그 부분에 한정하여 무효로 한다.

✓ OX

사용자는 근로계약을 체결할 때에 근로자에게 소정근로시간을 명시하여야 한다. (O)

✓ Tip

근로계약 불이행에 대한 위약금 또는 손해배상액을 예정하는 계약을 체결할 수 있는 것이 아니라 체결하지 못한다.

✔ OX
사용자가 경영상 이유에 의하여 근로자를 해고하려면 긴박한 경영상의 필요가 있어야 한다. (○)

✔ OX
사용자가 경영상 이유에 의하여 근로자를 해고하고자 하는 경우에는 긴박한 경영상의 필요가 있어야 한다. 경영악화를 방지하기 위한 사업의 양도·인수·합병은 긴박한 경영상의 필요에 해당하지 않는다. (×)

⑩ 경영상 이유에 의한 해고의 제한 19년, 13년 기출

㉠ 사용자가 경영상 이유에 의하여 근로자를 해고하려면 긴박한 경영상의 필요가 있어야 한다. 이 경우 경영 악화를 방지하기 위한 사업의 양도·인수·합병은 긴박한 경영상의 필요가 있는 것으로 본다.

㉡ 사용자는 해고를 피하기 위한 노력을 다하여야 하며, 합리적이고 공정한 해고의 기준을 정하고 이에 따라 그 대상자를 선정하여야 한다. 이 경우 남녀의 성을 이유로 차별하여서는 아니 된다.

㉢ 사용자는 해고를 피하기 위한 방법과 해고의 기준 등에 관하여 그 사업 또는 사업장에 근로자의 과반수로 조직된 노동조합이 있는 경우에는 그 노동조합(근로자의 과반수로 조직된 노동조합이 없는 경우에는 근로자의 과반수를 대표하는 자)에 해고를 하려는 날의 50일 전까지 통보하고 성실하게 협의하여야 한다.

최신기출확인

근로기준법 제24조 제1항의 규정이다. ( )에 각각 들어갈 용어로 옳지 않은 것은? 19년 기출

> 사용자가 경영상 이유에 의해 근로자를 해고하려면 긴박한 경영상의 필요가 있어야 한다. 이 경우 경영 악화를 방지하기 위한 사업의 ( )·( )·( )은/는 긴박한 경영상의 필요가 있는 것으로 본다.

① 양도 ② 위탁
③ 인수 ④ 합병

해설

② 사용자가 경영상 이유에 의하여 근로자를 해고하려면 긴박한 경영상의 필요가 있어야 한다. 이 경우 경영 악화를 방지하기 위한 사업의 양도·인수·합병은 긴박한 경영상의 필요가 있는 것으로 본다(근로기준법 제24조 제1항).

답 ②

⑪ 해고의 예고

㉠ 사용자는 근로자를 해고(경영상 이유에 의한 해고를 포함)하려면 적어도 30일 전에 예고를 하여야 하고, 30일 전에 예고를 하지 아니하였을 때에는 30일분 이상의 통상임금을 지급하여야 한다.

㉡ 해고예고의 예외

ⓐ 근로자가 계속 근로한 기간이 3개월 미만인 경우

ⓑ 천재·사변, 그 밖의 부득이한 사유로 사업을 계속하는 것이 불가능한 경우

ⓒ 근로자가 고의로 사업에 막대한 지장을 초래하거나 재산상 손해를 끼친 경우로서 고용노동부령으로 정하는 사유에 해당하는 경우

⑫ **해고사유 등의 서면통지** 16년 기출

㉠ 사용자는 근로자를 해고하려면 해고사유와 해고시기를 서면으로 통지하여야 한다.

㉡ 근로자에 대한 해고는 서면으로 통지하여야 효력이 있다.

㉢ 사용자가 해고의 예고를 해고사유와 해고시기를 명시하여 서면으로 한 경우에는 통지를 한 것으로 본다.

⑬ **부당해고 등의 구제신청** 16년 기출

㉠ 사용자가 근로자에게 부당해고 등을 하면 근로자는 노동위원회에 구제를 신청할 수 있다.

㉡ 구제신청은 부당해고 등이 있었던 날부터 3개월 이내에 하여야 한다.

⑭ **구제명령 등의 확정**

㉠ 「노동위원회법」에 따른 지방노동위원회의 구제명령이나 기각결정에 불복하는 사용자나 근로자는 구제명령서나 기각결정서를 통지받은 날부터 10일 이내에 중앙노동위원회에 재심을 신청할 수 있다.

㉡ 중앙노동위원회의 재심판정에 대하여 사용자나 근로자는 재심판정서를 송달받은 날부터 15일 이내에 「행정소송법」의 규정에 따라 소(訴)를 제기할 수 있다.

㉢ 신청 및 소 제기 기간 이내에 재심을 신청하지 아니하거나 행정소송을 제기하지 아니하면 그 구제명령, 기각결정 또는 재심판정은 확정된다.

⑮ **구제명령 등의 효력** 16년 기출

노동위원회의 구제명령, 기각결정 또는 재심판정은 중앙노동위원회에 대한 재심신청이나 행정소송 제기에 의하여 그 효력이 정지되지 아니한다.

✓ Tip

근로자를 해고하려면 해고사유와 해고시기를 구술이 아닌 서면으로 통지하여야 한다.

✓ OX

사용자로부터 부당해고를 당한 근로자는 노동위원회에 구제를 신청할 수 있다. (○)

✓ Tip

구제명령은 사용자와 근로자에게 각각 서면으로 통지하여야 한다.

최신기출확인

근로기준법상 근로계약에 관한 설명으로 옳은 것은? 18년 기출

① 미성년자의 임금청구는 친권자가 대리하여야 한다.
② 사용자는 긴박한 경영상의 필요가 있으면 근로자를 해고할 수 있다.
③ 사용자는 근로계약 불이행에 대한 위약금 예정계약을 체결할 수 있다.
④ 근로자에 대한 해고는 반드시 서면으로 할 필요는 없다.

해설

② 사용자가 경영상 이유에 의하여 근로자를 해고하려면 긴박한 경영상의 필요가 있어야 한다(근로기준법 제24조 제1항).
① 미성년자는 독자적으로 임금을 청구할 수 있다(동법 제68조).
③ 사용자는 근로계약 불이행에 대한 위약금 또는 손해배상액을 예정하는 계약을 체결하지 못한다(동법 제20조).
④ 사용자는 근로자를 해고하려면 해고사유와 해고시기를 서면으로 통지하여야 한다(동법 제27조 제1항).

답 ②

(4) 임금

① 임금 지급 13년 기출

㉠ 임금은 통화(通貨)로 직접 근로자에게 그 전액을 지급하여야 한다. 다만, 법령 또는 단체협약에 특별한 규정이 있는 경우에는 임금의 일부를 공제하거나 통화 이외의 것으로 지급할 수 있다.

㉡ 임금은 매월 1회 이상 일정한 날짜를 정하여 지급하여야 한다. 다만, 임시로 지급하는 임금, 수당, 그 밖에 이에 준하는 것 또는 대통령령으로 정하는 임금에 대하여는 그러하지 아니하다.

② 통상임금 15년 기출

㉠ 의의 : 통상임금은 근로자에게 정기적이고 일률적으로 소정 근로 또는 총 근로에 대하여 지급하기로 정한 시간급 금액, 일급 금액, 주급 금액, 월급 금액 또는 도급 금액을 말한다.

㉡ 특징

ⓐ 근로자가 실제로 연장근로 등을 제공하기 전에 미리 확정되어 있어야 할 것이다. 그래야만 사용자와 근로자는 소정근로시간을 초과하여 제공되는 연장근로 등에 대한 비용 또는 보상의 정도를 예측하여 연장근로 등의 제공 여부에 관한 의사결정을 할 수 있고, 실제 연장근로 등이 제공된 때에는 사전에 확정된 통상임금을 기초로 하여 가산임금을 곧바로 산정할 수 있게 되기 때문이다(대판 2013.12.18, 2012다89399).

✓ Tip
단체협약에 특별한 규정이 있는 경우에는 임금의 일부를 공제할 수 있다.

✓ OX
임금은 매월 1회 이상 지급하면 되고 원칙적으로 일정한 기일을 지정하여 지급하지 않아도 무방하다. (×)

✓ OX
근로자에게 정기적, 일률적으로 소정 근로 또는 총 근로에 대하여 지급하기로 정한 금액은 명목임금이다. (×)

ⓑ 해고예고수당, 법정수당, 연차유급휴가수당 및 평균임금의 최고 한도 보장의 산정 기초가 된다.

ⓒ 어떠한 임금이 통상임금에 속하는지 여부는 그 임금이 소정근로의 대가로 근로자에게 지급되는 금품으로서 정기적 · 일률적 · 고정적으로 지급되는 것인지를 기준으로 객관적인 성질에 따라 판단하여야 하고, 임금의 명칭이나 지급주기의 장단 등 형식적 기준에 의해 정할 것이 아니다(대판 2013.12.18, 2012다89399).

✓ Tip

임금의 명칭이나 지급주기의 장단 등 형식적인 기준이 아니라 임금의 객관적 성질이 통상임금의 법적 요건을 충족하여야 한다.

③ 휴업수당

사용자의 귀책사유로 휴업하는 경우에 사용자는 휴업기간 동안 그 근로자에게 평균임금의 100분의 70 이상의 수당을 지급하여야 한다. 다만, 평균임금의 100분의 70에 해당하는 금액이 통상임금을 초과하는 경우에는 통상임금을 휴업수당으로 지급할 수 있다.

(5) 근로시간과 휴식

① 근로시간

㉠ 1주 간의 근로시간은 휴게시간을 제외하고 40시간을 초과할 수 없다.

㉡ 1일의 근로시간은 휴게시간을 제외하고 8시간을 초과할 수 없다.

② 연장근로의 제한 13년 기출

당사자 간의 합의하에 1주에 12시간을 한도로 근로시간을 연장할 수 있다.

✓ OX

사용자와 근로자의 합의에 의하여 1주에 15시간을 한도로 법정근로시간을 연장할 수 있다. (×)

③ 휴게 11년 기출

㉠ 사용자는 근로시간이 4시간인 경우에는 30분 이상, 8시간인 경우에는 1시간 이상의 휴게시간을 근로시간 도중에 주어야 한다.

㉡ 휴게시간은 근로자가 자유롭게 이용할 수 있다.

④ 휴일

사용자는 근로자에게 1주일에 평균 1회 이상의 유급휴일을 보장하여야 한다.

⑤ 연장 · 야간 및 휴일근로

㉠ 사용자는 연장근로와 야간근로(오후 10시부터 오전 6시까지 사이의 근로)에 대하여는 통상임금의 100분의 50 이상을 가산하여 지급하여야 한다.

ⓛ 사용자는 휴일근로에 대하여는 다음의 기준에 따른 금액 이상을 가산하여 근로자에게 지급하여야 한다.

ⓐ 8시간 이내의 휴일근로 : 통상임금의 100분의 50

ⓑ 8시간을 초과한 휴일근로 : 통상임금의 100분의 100

⑥ 연차 유급휴가 13년 기출

㉠ 사용자는 1년간 80퍼센트 이상 출근한 근로자에게 15일의 유급휴가를 주어야 한다.

ⓛ 사용자는 계속하여 근로한 기간이 1년 미만인 근로자 또는 1년간 80퍼센트 미만 출근한 근로자에게 1개월 개근 시 1일의 유급휴가를 주어야 한다.

✓ Tip

사용자는 1년간 80퍼센트 이상 출근한 근로자에게 12일이 아니라 15일의 유급휴가를 주어야 한다.

(6) 여성과 소년 20년, 12년, 11년 기출

① 근로계약

㉠ 친권자나 후견인은 미성년자의 근로계약을 대리할 수 없다.

ⓛ 친권자, 후견인 또는 고용노동부장관은 근로계약이 미성년자에게 불리하다고 인정하는 경우에는 이를 해지할 수 있다.

✓ OX

친권자나 후견인은 미성년자의 근로계약을 대리할 수 있다. (×)

② 임금의 청구 20년, 12년 기출

미성년자는 독자적으로 임금을 청구할 수 있다.

③ 근로시간

15세 이상 18세 미만인 사람의 근로시간은 1일에 7시간, 1주일에 35시간을 초과하지 못한다. 다만, 당사자 사이의 합의에 따라 1일에 1시간, 1주일에 5시간을 한도로 연장할 수 있다.

④ 야간근로와 휴일근로의 제한

사용자는 18세 이상의 여성을 오후 10시부터 오전 6시까지의 시간 및 휴일에 근로시키려면 그 근로자의 동의를 받아야 한다.

⑤ 생리휴가

사용자는 여성 근로자가 청구하면 월 1일의 생리휴가를 주어야 한다.

⑥ 임산부의 보호

사용자는 임신 중의 여성에게 출산 전과 출산 후를 통하여 90일(한 번에 둘 이상 자녀를 임신한 경우에는 120일)의 출산전후휴가를 주어야 한다. 이 경우 휴가 기간의 배정은 출산 후에 45일(한 번에 둘 이상 자녀를 임신한 경우에는 60일) 이상이 되어야 한다.

보충학습

근로기준법상 근로조건

- 근로기준법에서 정하는 근로조건은 최저기준이므로 근로관계당사자는 이 기준을 이유로 근로조건을 저하시킬 수 없다.
- 근로조건은 근로자와 사용자가 동등한 지위에서 자유의사에 의하여 결정하여야 한다.
- 근로기준법에서 정한 기준에 미치지 못하는 근로조건을 정한 근로계약은 그 부분에 한정하여 무효로 하며, 무효로 된 부분은 근로기준법에 정한 기준에 의한다.

최신기출확인

근로기준법상 미성년자의 근로에 관한 설명으로 옳은 것을 모두 고른 것은?

20년 기출

ㄱ. 미성년자는 독자적으로 임금을 청구할 수 있다.
ㄴ. 친권자는 미성년자의 근로계약을 대리할 수 없다.
ㄷ. 고용노동부장관은 근로계약이 미성년자에게 불리하다고 인정하는 경우에는 이를 해지할 수 있다.

① ㄱ, ㄴ　　② ㄱ, ㄷ
③ ㄴ, ㄷ　　④ ㄱ, ㄴ, ㄷ

해설

④ ㄱ, ㄴ, ㄷ 모두 옳다.
ㄱ. 미성년자는 독자적으로 임금을 청구할 수 있다(근로기준법 제68조).
ㄴ. 친권자나 후견인은 미성년자의 근로계약을 대리할 수 없다(동법 제67조 제1항).
ㄷ. 친권자, 후견인 또는 고용노동부장관은 근로계약이 미성년자에게 불리하다고 인정하는 경우에는 이를 해지할 수 있다(동법 제67조 제2항).

답 ④

제2장 | 사회보장법

01 사회보장법 일반이론

(1) 의의

① **사회보장**

국민이 안정적인 삶을 영위하는 데 위험이 되는 요소, 즉 빈곤이나 질병, 생활불안 등에 대해 국가적인 부담 또는 보험방법에 의하여 행하는 사회안전망을 말한다.

② **사회보장법** 13년 기출

국민에게 발생하는 사회적 위험을 보험의 방식으로 대처함으로써 국민의 건강과 소득을 보장하는 제도를 규정하는 공법을 말한다. 사회보장법에는 사회보험 분야에 해당하는 국민연금법, 국민건강보험법, 산업재해보상보험법, 고용보험법 등, 공공부조 분야에 해당하는 국민기초생활보장법, 의료급여법 등, 사회복지서비스 분야에 해당하는 사회복지사업법, 아동복지법 등이 있다.

✔OX
아동복지법은 사회보장법의 분야에 해당하는 법률이다. (O)

(2) 사회보장의 헌법상 규정

사회보장의 근거를 나타내는 헌법상의 규정은 모든 국민은 인간다운 생활을 할 권리, 국가의 사회보장·사회복지의 증진에 노력할 의무, 생활능력이 없는 국민이 법률이 정하는 바에 의하여 국가의 보호를 받을 권리 등이 있다.

(3) 구성

우리나라에서 사회보장의 주된 방법이 되는 것은 사회보험과 공공부조이다.

02 사회보장기본법 18년 기출

(1) 총칙

① 목적

사회보장기본법은 사회보장에 관한 국민의 권리와 국가 및 지방자치단체의 책임을 정하고 사회보장정책의 수립·추진과 관련 제도에 관한 기본적인 사항을 규정함으로써 국민의 복지증진에 이바지하는 것을 목적으로 한다.

② 기본이념

사회보장은 모든 국민이 다양한 사회적 위험으로부터 벗어나 행복하고 인간다운 생활을 향유할 수 있도록 자립을 지원하며, 사회참여・자아실현에 필요한 제도와 여건을 조성하여 사회통합과 행복한 복지사회를 실현하는 것을 기본 이념으로 한다.

③ 정의 19년, 18년, 13년, 10년 기출

사회보장	출산, 양육, 실업, 노령, 장애, 질병, 빈곤 및 사망 등의 사회적 위험으로부터 모든 국민을 보호하고 국민의 삶의 질을 향상시키는 데 필요한 소득・서비스를 보장하는 사회보험, 공공부조, 사회서비스를 말한다.
사회보험	국민에게 발생하는 사회적 위험을 보험의 방식으로 대처함으로써 국민의 건강과 소득을 보장하는 제도를 말한다.
공공부조	국가와 지방자치단체의 책임하에 생활유지능력이 없거나 생활이 어려운 국민의 최저생활을 보장하고 자립을 지원하는 제도를 말한다.
사회서비스	국가・지방자치단체 및 민간부문의 도움이 필요한 모든 국민에게 복지, 보건의료, 교육, 고용, 주거, 문화, 환경 등의 분야에서 인간다운 생활을 보장하고 상담, 재활, 돌봄, 정보의 제공, 관련 시설의 이용, 역량 개발, 사회참여 지원 등을 통하여 국민의 삶의 질이 향상되도록 지원하는 제도를 말한다.
평생사회안전망	생애주기에 걸쳐 보편적으로 충족되어야 하는 기본욕구와 특정한 사회위험에 의하여 발생하는 특수욕구를 동시에 고려하여 소득・서비스를 보장하는 맞춤형 사회보장제도를 말한다.

✓ OX

사회보장기본법상 국가와 지방자치단체의 책임하에 생활유지능력이 없거나 생활이 어려운 국민의 최저생활을 보장하고 자립을 지원하는 제도는 사회보험이다. (×)

최신기출확인

사회보장기본법상 생애주기에 걸쳐 보편적으로 충족되어야 하는 기본욕구와 특정한 사회위험에 의하여 발생하는 특수욕구를 동시에 고려하여 소득・서비스를 보장하는 맞춤형 사회보장제도는? 19년 기출

① 사회보험 ② 공공부조

③ 사회서비스 ④ 평생사회안전망

해설

④ 평생사회안전망은 생애주기에 걸쳐 보편적으로 충족되어야 하는 기본욕구와 특정한 사회위험에 의하여 발생하는 특수욕구를 동시에 고려하여 소득・서비스를 보장하는 맞춤형 사회보장제도를 말한다(사회보장기본법 제3조 제5호).

답 ④

✔ Tip

국가와 지방자치단체는 가정이 건전하게 유지되고 그 기능이 향상되도록 노력하여야 한다.

④ 국가와 지방자치단체의 책임 16년 기출

㉠ 국가와 지방자치단체는 모든 국민의 인간다운 생활을 유지·증진하는 책임을 가진다.

㉡ 국가와 지방자치단체는 사회보장에 관한 책임과 역할을 합리적으로 분담하여야 한다.

㉢ 국가와 지방자치단체는 국가 발전수준에 부응하고 사회환경의 변화에 선제적으로 대응하며 지속가능한 사회보장제도를 확립하고 매년 이에 필요한 재원을 조달하여야 한다.

㉣ 국가는 사회보장제도의 안정적인 운영을 위하여 중장기 사회보장 재정추계를 격년으로 실시하고 이를 공표하여야 한다.

⑤ 국민의 책임

㉠ 모든 국민은 자신의 능력을 최대한 발휘하여 자립·자활할 수 있도록 노력하여야 한다.

㉡ 모든 국민은 경제적·사회적·문화적·정신적·신체적으로 보호가 필요하다고 인정되는 사람에게 지속적인 관심을 가지고 이들이 보다 나은 삶을 누릴 수 있는 사회환경 조성에 서로 협력하고 노력하여야 한다.

㉢ 모든 국민은 관계 법령에서 정하는 바에 따라 사회보장급여에 필요한 비용의 부담, 정보의 제공 등 국가의 사회보장정책에 협력하여야 한다.

✔OX

국내에 거주하는 외국인은 국적을 불문하고 우리나라의 사회보장제도의 혜택을 받을 수 없다. (×)

⑥ 외국인에 대한 적용 16년 기출

국내에 거주하는 외국인에게 사회보장제도를 적용할 때에는 상호주의의 원칙에 따르되, 관계 법령에서 정하는 바에 따른다.

(2) 사회보장수급권

① 의의

사회보장수급권은 모든 국민이 사회보장 관계 법령에서 정하는 바에 따라 사회보장급여를 받을 권리를 말한다.

✔OX

국가와 지방자치단체는 모든 국민의 인간다운 생활을 유지·증진하는 책임을 가진다. (○)

② 사회보장급여의 수준

국가와 지방자치단체는 모든 국민이 건강하고 문화적인 생활을 유지할 수 있도록 사회보장급여의 수준 향상을 위하여 노력하여야 한다.

③ 사회보장급여의 신청

사회보장급여를 받으려는 사람은 관계 법령에서 정하는 바에 따라 국가나 지방자치단체에 신청하여야 한다. 다만, 관계 법령에서 따로 정하는 경우에는 국가나 지방자치단체가 신청을 대신할 수 있다.

④ **사회보장수급권의 보호** 16년 기출

사회보장수급권은 관계 법령에서 정하는 바에 따라 다른 사람에게 양도하거나 담보로 제공할 수 없으며, 이를 압류할 수 없다.

⑤ **사회보장수급권의 제한 등**

㉠ 사회보장수급권은 제한되거나 정지될 수 없다. 다만, 관계 법령에서 따로 정하고 있는 경우에는 그러하지 아니하다.

㉡ 사회보장수급권이 제한되거나 정지되는 경우에는 제한 또는 정지하는 목적에 필요한 최소한의 범위에 그쳐야 한다.

⑥ **사회보장수급권의 포기** 16년 기출

㉠ 사회보장수급권은 정당한 권한이 있는 기관에 서면으로 통지하여 포기할 수 있다.

㉡ 사회보장수급권의 포기는 취소할 수 있다.

㉢ 사회보장수급권을 포기하는 것이 다른 사람에게 피해를 주거나 사회보장에 관한 관계 법령에 위반되는 경우에는 사회보장수급권을 포기할 수 없다.

✓ OX

사회보장수급권은 관계 법령에서 정하는 바에 따라 다른 사람에게 양도하거나 담보로 제공할 수 있다. (×)

✓ OX

사회보장수급권의 포기는 취소할 수 없다. (×)

최신기출확인

사회보장기본법에 관한 설명으로 옳지 않은 것은? 18년 기출

① 모든 국민은 사회보장 관계 법령에서 정하는 바에 따라 사회보장급여를 받을 권리를 가진다.

② 사회보장에 관한 주요 시책을 심의·조정하기 위하여 국무총리 소속으로 사회보장위원회를 둔다.

③ 국가와 지방자치단체는 모든 국민의 인간다운 생활을 유지·증진하는 책임을 가진다.

④ 사회보장수급권은 포기할 수 있으나, 그 포기는 취소할 수 없다.

해설

④ 사회보장수급권의 포기는 취소할 수 있다(사회보장기본법 제14조 제2항).

① 동법 제9조

② 동법 제20조 제1항

③ 동법 제5조 제1항

답 ④

보충학습

국민기초생활보장법 20년, 16년 기출

(1) 의의 및 목적

① 국민기초생활보장법은 공공부조 분야에 해당하는 법률이다.

② 국민기초생활보장법은 생활이 어려운 사람에게 필요한 급여를 실시하여 이들의 최저생활을 보장하고 자활을 돕는 것을 목적으로 한다.

(2) 급여의 종류

① 생계급여

② 주거급여

③ 의료급여

④ 교육급여

⑤ 해산급여(解産給與)

⑥ 장제급여(葬祭給與)

⑦ 자활급여

(3) 수급자의 권리와 의무

① 수급자에 대한 급여는 정당한 사유 없이 수급자에게 불리하게 변경할 수 없다.

② 수급자에게 지급된 수급품(지방자치단체가 실시하는 급여를 포함한다)과 이를 받을 권리는 압류할 수 없다.

③ 수급자는 급여를 받을 권리를 타인에게 양도할 수 없다.

✔ Tip

국민기초생활보장법은 사회보험법에 해당하지 않는다.

03 사회보험법 16년, 15년 기출

사회보험법은 국민에게 발생하는 사회적 위험을 보험의 방식으로 대처함으로써 국민의 건강과 소득을 보장하는 사회보험제도의 운영과 그 실시에 관한 법으로, 이에 해당되는 대표적인 법률로 국민건강보험법, 국민연금법, 고용보험법, 산업재해보상보험법 등이 있다.

(1) 국민건강보험법

① 목적

국민건강보험법은 국민의 질병·부상에 대한 예방·진단·치료·재활과 출산·사망 및 건강증진에 대하여 보험급여를 실시함으로써 국민보건 향상과 사회보장 증진에 이바지함을 목적으로 한다.

② 국민건강보험의 적용대상자

직장가입자	모든 사업장의 근로자 및 사용자와 공무원 및 교직원은 직장가입자가 된다.
지역가입자	직장가입자와 그 피부양자를 제외한 가입자를 말한다.

✔ Tip

건강보험의 보험자는 국민건강보험공단으로 한다.

보충학습

직장가입자의 제외 대상
- 고용 기간이 1개월 미만인 일용근로자
- 「병역법」에 따른 현역병(지원에 의하지 아니하고 임용된 하사를 포함한다), 전환복무된 사람 및 군간부후보생
- 선거에 당선되어 취임하는 공무원으로서 매월 보수 또는 보수에 준하는 급료를 받지 아니하는 사람
- 그 밖에 사업장의 특성, 고용 형태 및 사업의 종류 등을 고려하여 대통령령으로 정하는 사업장의 근로자 및 사용자와 공무원 및 교직원

③ 보험급여

㉠ **요양급여** : 가입자와 피부양자의 질병, 부상, 출산 등에 대하여 진찰・검사, 약제・치료재료의 지급, 처치・수술 및 그 밖의 치료, 예방・재활, 입원, 간호, 이송의 요양급여를 실시한다.

㉡ **건강검진** : 국민건강보험공단은 가입자와 피부양자에 대하여 질병의 조기 발견과 그에 따른 요양급여를 하기 위하여 건강검진을 실시한다.

㉢ **급여의 제한** : 공단은 보험급여를 받을 수 있는 사람이 다음에 해당하면 보험급여를 하지 아니한다.

ⓐ 고의 또는 중대한 과실로 인한 범죄행위에 그 원인이 있거나 고의로 사고를 일으킨 경우

ⓑ 고의 또는 중대한 과실로 공단이나 요양기관의 요양에 관한 지시에 따르지 아니한 경우

ⓒ 고의 또는 중대한 과실로 문서와 그 밖의 물건의 제출을 거부하거나 질문 또는 진단을 기피한 경우

ⓓ 업무 또는 공무로 생긴 질병・부상・재해로 다른 법령에 따른 보험급여나 보상(報償) 또는 보상(補償)을 받게 되는 경우

(2) 국민연금법 19년, 17년 기출

① 국민연금법의 의의

㉠ **목적** : 국민연금법은 국민의 노령, 장애 또는 사망에 대하여 연금급여를 실시함으로써 국민의 생활 안정과 복지 증진에 이바지하는 것을 목적으로 한다.

✔ Tip

국민연금법에 따른 국민연금사업은 보건복지부장관이 맡아 주관한다.

ⓛ 국민연금의 특징 15년 기출

사회보험 방식	가입이 강제되고 탈퇴, 보험료 징수 및 급여에 관한 규정이 법에 의해 엄격히 규제되고 있다.
단일연금 체계	공무원, 군인, 사립학교 교직원 등 특수 직역에 종사하는 자를 제외한 모든 국민을 단일한 연금체계에 편입하여 관리한다.
세대 간 재분배요소 반영	현재의 가입세대가 미래의 가입세대로부터 일정한 지원을 받도록 재분배를 반영한다.
부분적립 방식	보험료 중 일부를 수급자에게 연금으로 지급하고, 남은 돈을 기금으로 운용하는 방식이다.
공적연금	연금제도의 관리운영을 국가가 관장하여 연금제도의 영속성과 안전성을 도모하는 연금으로, 국민연금 이외에 공무원연금, 사립학교교직원연금, 군인연금이 있다.

✓ Tip

전부적립방식은 국민연금법상 국민연금의 특성에 해당되지 않는다.

② 정의 14년 기출

근로자	직업의 종류가 무엇이든 사업장에서 노무를 제공하고 그 대가로 임금을 받아 생활하는 자를 말한다.
사용자	해당 근로자가 소속되어 있는 사업장의 사업주를 말한다.
연금 보험료	국민연금사업에 필요한 비용으로서 사업장가입자의 경우에는 부담금 및 기여금의 합계액을, 지역가입자·임의가입자 및 임의계속가입자의 경우에는 본인이 내는 금액을 말한다.
부담금	사업장가입자의 사용자가 부담하는 금액을 말한다.
기여금	사업장가입자가 부담하는 금액을 말한다.
수급권	국민연금법에 따른 급여를 받을 권리를 말한다.

✓ Tip

수급권자는 수급권을 가진 자를 말하고, 수급자는 국민연금법에 따른 급여를 받고 있는 자를 말한다.

③ 국민연금의 적용대상 20년, 19년, 14년 기출

㉠ 가입 대상 : 국내에 거주하는 국민으로서 18세 이상 60세 미만인 자는 국민연금 가입 대상이 된다. 다만, 공무원, 군인, 교직원 및 별정우체국 직원, 그 밖에 대통령령으로 정하는 자는 제외한다.

㉡ 가입자의 종류 : 가입자는 사업장가입자, 지역가입자, 임의가입자 및 임의계속가입자로 구분한다.

사업장 가입자	사업장에 고용된 근로자 및 사용자로서 국민연금에 가입된 자를 말하는데, 당연적용사업장의 18세 이상 60세 미만인 근로자와 사용자는 당연히 사업장가입자가 된다.

✓ Tip

국내에 거주하는 국민으로서 15세 이상 70세 미만이 아니라 18세 이상 60세 미만인 자는 국민연금 가입 대상이 된다.

✓ OX

국민연금 가입자는 직장가입자와 임의가입자로 이분(二分)된다. (×)

지역가입자	사업장가입자가 아닌 자로서 국민연금에 가입된 자를 말하는데, 18세 이상 60세 미만인 자는 당연히 지역가입자가 된다.
임의가입자	사업장가입자 및 지역가입자 외의 자로서 국민연금에 가입된 자를 말하는데, 18세 이상 60세 미만인 자는 국민연금공단에 가입을 신청하면 임의가입자가 될 수 있고 국민연금공단에 신청하여 탈퇴할 수 있다.
임의계속 가입자	국민연금 가입자 또는 가입자였던 자가 가입자로 된 자를 말한다.

최신기출확인

국민연금법상 국민연금 가입자의 종류에 해당하는 것을 모두 고른 것은?

19년 기출

ㄱ. 지역가입자　　ㄴ. 사업장가입자
ㄷ. 임의가입자　　ㄹ. 임의계속가입자

① ㄱ, ㄷ　　② ㄱ, ㄴ, ㄹ
③ ㄴ, ㄷ, ㄹ　　④ ㄱ, ㄴ, ㄷ, ㄹ

해설

④ 국민연금 가입자는 사업장가입자, 지역가입자, 임의가입자 및 임의계속가입자로 구분한다(국민연금법 제7조).

답 ④

④ 국민연금공단의 설립

보건복지부장관의 위탁을 받아 국민연금법의 목적을 달성하기 위한 사업을 효율적으로 수행하기 위하여 국민연금공단을 설립한다.

⑤ 급여의 종류 14년 기출

국민연금법에 따른 급여의 종류에는 노령연금, 장애연금, 유족연금, 반환일시금이 있다.

노령연금 수급권자	가입기간이 10년 이상인 가입자 또는 가입자였던 자에 대하여는 60세(특수직종근로자는 55세)가 된 때부터 그가 생존하는 동안 노령연금을 지급한다.
장애연금 수급권자	가입자 또는 가입자였던 자가 질병이나 부상으로 신체상 또는 정신상의 장애가 있고 해당 요건을 모두 충족하는 경우에는 장애 정도를 결정하는 기준이 되는 날(장애결정 기준일)부터 그 장애가 계속되는 기간 동안 장애 정도에 따라 장애연금을 지급한다.

✓OX

「국민연금법」에 따른 급여는 연금급여와 실업급여로 구분된다. (×)

유족연금 수급권자	다음의 어느 하나에 해당하는 사람이 사망하면 그 유족에게 유족연금을 지급한다. • 노령연금 수급권자 • 가입기간이 10년 이상인 가입자 또는 가입자였던 자 • 연금보험료를 낸 기간이 가입대상기간의 3분의 1 이상인 가입자 또는 가입자였던 자 • 사망일 5년 전부터 사망일까지의 기간 중 연금보험료를 낸 기간이 3년 이상인 가입자 또는 가입자였던 자(다만, 가입대상기간 중 체납기간이 3년 이상인 사람은 제외) • 장애등급이 2급 이상인 장애연금 수급권자
반환일시금	가입자 또는 가입자였던 자가 가입기간이 10년 미만인 자가 60세가 된 때, 가입자 또는 가입자였던 자가 사망한 때(유족연금이 지급되는 경우 제외), 국적을 상실하거나 국외로 이주한 때에는 본인이나 그 유족의 청구에 의하여 반환일시금을 지급받을 수 있다.

✔ Tip

국가는 매년 국민연금공단 및 건강보험공단이 국민연금사업을 관리・운영하는 데에 필요한 비용의 전부 또는 일부를 부담한다.

최신기출확인

국민연금법에 관한 설명으로 옳은 것은? 20년 기출

① 국민연금 수급권은 담보로 제공할 수 있다.

② 국민연금공단 이사장은 보건복지부장관이 임명한다.

③ 「국민연금법」에 따른 급여는 연금급여와 실업급여로 구분된다.

④ 국민연금 가입자는 사업장가입자, 지역가입자, 임의가입자 및 임의계속가입자로 구분한다.

해설

④ 국민연금 가입자는 사업장가입자, 지역가입자, 임의가입자 및 임의계속가입자로 구분한다(국민연금법 제7조).

① 수급권은 양도・압류하거나 담보로 제공할 수 없다(동법 제58조 제1항).

② 국민연금공단 이사장은 보건복지부장관의 제청으로 대통령이 임면하고, 상임이사・이사(당연직 이사는 제외한다) 및 감사는 이사장의 제청으로 보건복지부장관이 임면한다(동법 제30조 제2항).

③ 국민연금법에 따른 급여는 노령연금, 장애연금, 유족연금, 반환일시금으로 구분된다(동법 제49조).

답 ④

(3) 고용보험법

① 목적

고용보험법은 고용보험의 시행을 통하여 실업의 예방, 고용의 촉진 및 근로자의 직업능력의 개발과 향상을 꾀하고, 국가의 직업지도와

직업소개 기능을 강화하며, 근로자가 실업한 경우에 생활에 필요한 급여를 실시하여 근로자의 생활안정과 구직 활동을 촉진함으로써 경제 · 사회 발전에 이바지하는 것을 목적으로 한다.

② 정의

피보험자	고용산재보험료징수법에 따라 보험에 가입되거나 가입된 것으로 보는 근로자, 예술인 또는 노무제공자, 고용보험에 가입하거나 가입된 것으로 보는 자영업자를 말한다.
이직	피보험자와 사업주 사이의 고용관계가 끝나게 되는 것(예술인 및 노무제공자의 경우에는 문화예술용역 관련 계약 또는 노무제공계약이 끝나는 것)을 말한다.
실업	근로의 의사와 능력이 있음에도 불구하고 취업하지 못한 상태에 있는 것을 말한다.
실업의 인정	직업안정기관의 장이 수급자격자가 실업한 상태에서 적극적으로 직업을 구하기 위하여 노력하고 있다고 인정하는 것을 말한다.
보수	근로소득에서 비과세 근로소득을 뺀 금액을 말한다. 다만, 휴직이나 그 밖에 이와 비슷한 상태에 있는 기간 중에 사업주 외의 자로부터 지급받는 금품 중 고용노동부장관이 정하여 고시하는 금품은 보수로 본다.
일용근로자	1개월 미만 동안 고용되는 사람을 말한다.

③ 고용보험사업 14년 기출

고용보험사업으로 고용안정 · 직업능력개발 사업, 실업급여, 육아휴직 급여 및 출산전후휴가 급여 등을 실시한다.

㉠ **고용안정 · 직업능력개발 사업** : 고용노동부장관은 피보험자 및 피보험자였던 사람, 그 밖에 취업할 의사를 가진 사람에 대한 실업의 예방, 취업의 촉진, 고용기회의 확대, 직업능력개발 · 향상의 기회 제공 및 지원, 그 밖에 고용안정과 사업주에 대한 인력 확보를 지원하기 위하여 고용안정 · 직업능력개발 사업을 실시한다.

㉡ **실업급여** : 구직급여와 취업촉진 수당(조기재취업 수당, 직업능력개발 수당, 광역 구직활동비, 이주비)으로 구분한다.

㉢ **육아휴직 급여** : 고용노동부장관은 육아휴직을 30일(출산전후휴가기간과 중복되는 기간은 제외) 이상 부여받은 피보험자 중 육아휴직을 시작한 날 이전에 피보험 단위기간이 합산하여 180일 이상인 피보험자에게 육아휴직 급여를 지급한다.

✔ Tip

고용보험은 고용노동부장관이 관장한다.

✓ Tip

저소득층 생계비지원은 고용보험법상 고용보험사업으로 명시되지 않았다.

㉣ **출산전후휴가 급여** : 고용노동부장관은 피보험자가 출산전후휴가 또는 유산·사산휴가를 받은 경우와 배우자 출산휴가를 받은 경우로서 휴가가 끝난 날 이전에 피보험 단위기간이 합산하여 180일 이상일 것, 휴가를 시작한 날[출산전후휴가 또는 유산·사산휴가를 받은 피보험자가 속한 사업장이 우선지원 대상기업이 아닌 경우에는 휴가 시작 후 60일(한 번에 둘 이상의 자녀를 임신한 경우에는 75일)이 지난 날] 이후 1개월부터 휴가가 끝난 날 이후 12개월 이내에 신청할 것의 요건을 모두 갖춘 경우에 출산전후휴가 급여 등을 지급한다.

보충학습

사회보험과 사보험과의 차이

- 사회보험은 그 가입이 강제적이다.
- 사회보험의 계약의 체결 및 해약 등에는 조건이 수반된다.
- 사회보험의 수급자격과 보험료율 및 급부내용 등의 보험계약 내용은 법으로 정해져 있다.
- 사회보험의 보험납부비용은 당사자뿐만 아니라, 사회적 위험에 동일한 확률로 처해 있는 모든 해당 국민 개개인을 공동체로 서로 결합시킨 후 그 부담을 국가, 사업주, 당사자에게 일정비율로 분산시킨다.

✓ OX

사회보험의 보험납부비용은 모두 당사자가 부담한다. (×)

(4) 산업재해보상보험법 20년, 19년, 18년, 14년 기출

① 목적 18년 기출

산업재해보상보험법은 산업재해보상보험 사업을 시행하여 근로자의 업무상의 재해를 신속하고 공정하게 보상하며, 재해근로자의 재활 및 사회 복귀를 촉진하기 위하여 이에 필요한 보험시설을 설치·운영하고, 재해 예방과 그 밖에 근로자의 복지 증진을 위한 사업을 시행하여 근로자 보호에 이바지하는 것을 목적으로 한다.

✓ Tip

산업재해보상보험법은 사회법에 속한다.

② 정의 16년 기출

구분	내용
유족	사망한 사람의 배우자(사실상 혼인 관계에 있는 사람을 포함)·자녀·부모·손자녀·조부모 또는 형제자매를 말한다.
치유	부상 또는 질병이 완치되거나 치료의 효과를 더 이상 기대할 수 없고 그 증상이 고정된 상태에 이르게 된 것을 말한다.
장해	부상 또는 질병이 치유되었으나 정신적 또는 육체적 훼손으로 인하여 노동능력이 상실되거나 감소된 상태를 말한다.
중증 요양상태	업무상의 부상 또는 질병에 따른 정신적 또는 육체적 훼손으로 노동능력이 상실되거나 감소된 상태로서 그 부상 또는 질병이 치유되지 아니한 상태를 말한다.

✓ OX

부상 또는 질병이 치유되었으나 정신적 또는 육체적 훼손으로 인하여 노동능력이 상실된 상태는 치유이다. (×)

진폐	분진을 흡입하여 폐에 생기는 섬유증식성 변화를 주된 증상으로 하는 질병을 말한다.
출퇴근	취업과 관련하여 주거와 취업장소 사이의 이동 또는 한 취업장소에서 다른 취업장소로의 이동을 말한다.

최신기출확인

근로자의 업무상 재해보상과 재해근로자의 재활 및 사회 복귀를 촉진하고 이에 필요한 보험시설을 설치 · 운영하며 재해 예방과 그 밖에 근로자의 복지증진을 위한 법률은? 18년 기출

① 근로복지기본법 ② 근로자퇴직급여보장법

③ 산업재해보상보험법 ④ 임금채권보장법

해설

③ 산업재해보상보험법은 산업재해보상보험 사업을 시행하여 근로자의 업무상의 재해를 신속하고 공정하게 보상하며, 재해근로자의 재활 및 사회 복귀를 촉진하기 위하여 이에 필요한 보험시설을 설치 · 운영하고, 재해 예방과 그 밖에 근로자의 복지 증진을 위한 사업을 시행하여 근로자 보호에 이바지하는 것을 목적으로 한다(산업재해보상보험법 제1조).

답 ③

③ 보험급여의 종류 19년 기출

보험급여의 종류에는 요양급여, 휴업급여, 장해급여, 간병급여, 유족급여, 상병보상연금, 장례비, 직업재활급여 등이 있다.

✓OX

사망한 자의 사실혼 관계에 있는 배우자는 유족급여 대상이 아니다. (×)

최신기출확인

산업재해보상보험법상 진폐에 따른 보험급여의 종류에 해당하지 않는 것은? 19년 기출

① 장해급여 ② 요양급여

③ 간병급여 ④ 장례비

해설

① 장해급여는 진폐에 따른 보험급여의 종류에 해당하지 않는다.

:: 보험급여의 종류(산업재해보상보험법 제36조 제1항)

보험급여의 종류는 다음과 같다. 다만, 진폐에 따른 보험급여의 종류는 요양급여, 간병급여, 장례비, 직업재활급여, 진폐보상연금 및 진폐유족연금으로 한다.

- 요양급여
- 휴업급여
- 장해급여
- 간병급여
- 유족급여
- 상병(傷病)보상연금
- 장례비
- 직업재활급여

답 ①

④ 업무상 재해 15년 기출

업무상 재해는 근로자가 업무상의 사유로 부상·질병 또는 장해가 발생하거나 사망한 경우를 말한다.

업무상 사고	• 근로자가 근로계약에 따른 업무나 그에 따르는 행위를 하던 중 발생한 사고 • 사업주가 제공한 시설물 등을 이용하던 중 그 시설물 등의 결함이나 관리소홀로 발생한 사고 • 사업주가 주관하거나 사업주의 지시에 따라 참여한 행사나 행사준비 중에 발생한 사고 • 휴게시간 중 사업주의 지배관리하에 있다고 볼 수 있는 행위로 발생한 사고 • 그 밖에 업무와 관련하여 발생한 사고
업무상 질병	• 업무수행 과정에서 물리적 인자(因子), 화학물질, 분진, 병원체, 신체에 부담을 주는 업무 등 근로자의 건강에 장해를 일으킬 수 있는 요인을 취급하거나 그에 노출되어 발생한 질병 • 업무상 부상이 원인이 되어 발생한 질병 • 「근로기준법」에 따른 직장 내 괴롭힘, 고객의 폭언 등으로 인한 업무상 정신적 스트레스가 원인이 되어 발생한 질병 • 그 밖에 업무와 관련하여 발생한 질병
출퇴근 재해	• 사업주가 제공한 교통수단이나 그에 준하는 교통수단을 이용하는 등 사업주의 지배관리하에서 출퇴근하는 중 발생한 사고 • 그 밖에 통상적인 경로와 방법으로 출퇴근하는 중 발생한 사고

✔ Tip

근로자의 고의·자해행위나 범죄행위 또는 그것이 원인이 되어 발생한 부상·질병·장해 또는 사망은 업무상의 재해로 보지 아니한다.

✔ Tip

사업주의 지배관리하에 있지 않더라도 사업주가 제공한 교통수단을 이용하여 출퇴근 중에 발생한 사고는 산업재해보상보험법상 업무상 재해가 인정되는 사고에 해당하지 않는다.

⑤ 근로복지공단

㉠ 근로복지공단의 설립 : 고용노동부장관의 위탁을 받아 산업재해보상보험법의 목적을 달성하기 위한 사업을 효율적으로 수행하기 위하여 근로복지공단을 설립한다.

㉡ 근로복지공단의 사업

ⓐ 보험가입자와 수급권자에 관한 기록의 관리·유지
ⓑ 보험료징수법에 따른 보험료와 그 밖의 징수금의 징수
ⓒ 보험급여의 결정과 지급
ⓓ 보험급여 결정 등에 관한 심사 청구의 심리·결정
ⓔ 산업재해보상보험 시설의 설치·운영
ⓕ 업무상 재해를 입은 근로자 등의 진료·요양 및 재활
ⓖ 재활보조기구의 연구개발·검정 및 보급
ⓗ 보험급여 결정 및 지급을 위한 업무상 질병 관련 연구
ⓘ 근로자 등의 건강을 유지·증진하기 위하여 필요한 건강진단 등 예방사업
ⓙ 근로자의 복지 증진을 위한 사업

ⓚ 그 밖에 정부로부터 위탁받은 사업

ⓛ ⓔ · ⓕ부터 ⓘ까지 · ⓙ 및 ⓚ에 따른 사업에 딸린 사업

최신기출확인

산업재해보상보험법에 관한 설명으로 옳은 것은? 20년 기출

① 「산업재해보상보험법」은 가구 내 고용활동에는 적용되지 않는다.

② 「산업재해보상보험법」에 따른 산업재해보상보험 사업은 보건복지부장관이 관장한다.

③ 근로자의 업무와 상당인과관계가 없는 재해도 업무상 재해로 인정된다.

④ 사망한 자의 사실혼 관계에 있는 배우자는 유족급여 대상이 아니다.

해설

① 산업재해보상보험법은 가구 내 고용활동에는 적용되지 않는다.

② 산업재해보상보험법에 따른 산업재해보상보험 사업은 고용노동부장관이 관장한다(산업재해보상보험법 제2조 제1항).

③ 근로자가 다음의 어느 하나에 해당하는 사유로 부상 · 질병 또는 장해가 발생하거나 사망하면 업무상의 재해로 본다. 다만, 업무와 재해 사이에 상당인과관계가 없는 경우에는 그러하지 아니하다(동법 제37조 제1항).

1. 업무상 사고
   - 근로자가 근로계약에 따른 업무나 그에 따르는 행위를 하던 중 발생한 사고
   - 사업주가 제공한 시설물 등을 이용하던 중 그 시설물 등의 결함이나 관리소홀로 발생한 사고
   - 사업주가 주관하거나 사업주의 지시에 따라 참여한 행사나 행사준비 중에 발생한 사고
   - 휴게시간 중 사업주의 지배관리하에 있다고 볼 수 있는 행위로 발생한 사고
   - 그 밖에 업무와 관련하여 발생한 사고
2. 업무상 질병
   - 업무수행 과정에서 물리적 인자(因子), 화학물질, 분진, 병원체, 신체에 부담을 주는 업무 등 근로자의 건강에 장해를 일으킬 수 있는 요인을 취급하거나 그에 노출되어 발생한 질병
   - 업무상 부상이 원인이 되어 발생한 질병
   - 「근로기준법」 제76조의2에 따른 직장 내 괴롭힘, 고객의 폭언 등으로 인한 업무상 정신적 스트레스가 원인이 되어 발생한 질병
   - 그 밖에 업무와 관련하여 발생한 질병
3. 출퇴근 재해
   - 사업주가 제공한 교통수단이나 그에 준하는 교통수단을 이용하는 등 사업주의 지배관리하에서 출퇴근하는 중 발생한 사고
   - 그 밖에 통상적인 경로와 방법으로 출퇴근하는 중 발생한 사고

④ "유족"이란 사망한 사람의 배우자(사실상 혼인 관계에 있는 사람을 포함한다) · 자녀 · 부모 · 손자녀 · 조부모 또는 형제자매를 말한다(동법 제5조 제3호). 따라서 사실혼 관계에 있는 배우자도 유족급여의 대상에 포함된다. 답 ①

기출 및 예상문제

01 노동조합 및 노동관계조정법에 관한 설명으로 옳은 것은?

① 노동조합의 조합원은 어떠한 경우에도 인종, 종교, 성별, 연령, 신체적 조건, 고용형태, 정당 또는 신분에 의하여 차별대우를 받지 아니한다.
② 노동조합은 그 규약이 정하는 바에 의하여도 법인으로 할 수 없다.
③ 사용자는 노동조합 및 노동관계조정법에 의한 단체교섭 또는 쟁의행위로 인하여 손해를 입은 경우에 노동조합 또는 근로자에 대하여 그 배상을 청구할 수 있다.
④ 노동조합에 대하여는 그 사업체에도 세법이 정하는 바에 따라 조세를 부과하지 아니한다.

정답해설

① 노동조합 및 노동관계조정법 제9조

오답해설

② 노동조합은 그 규약이 정하는 바에 의하여 법인으로 할 수 있다(동법 제6조 제1항).
③ 사용자는 노동조합 및 노동관계조정법에 의한 단체교섭 또는 쟁의행위로 인하여 손해를 입은 경우에 노동조합 또는 근로자에 대하여 그 배상을 청구할 수 없다(동법 제3조).
④ 노동조합에 대하여는 그 사업체를 제외하고는 세법이 정하는 바에 따라 조세를 부과하지 아니한다(동법 제8조).

02 현행법상 노동조합에 관한 설명으로 옳은 것은?

① 노동조합의 파업에 대한 사용자의 직장폐쇄는 쟁의행위에 해당되지 않는다.
② 공무원의 노동조합설립은 인정된다.
③ 현재 실업 중인 자는 노동조합에 가입할 수 없다.
④ 노조전임자는 전임기간 동안 사용자로부터 급여를 받을 수 있다.

정답해설

② 공무원의 노동조합설립은 공무원의 노동조합 설립 및 운영 등에 관한 법률에서 규정하고 있다.

오답해설

① 쟁의행위라 함은 파업·태업·직장폐쇄 기타 노동관계 당사자가 그 주장을 관철할 목적으로 행하는 행위와 이에 대항하는 행위로서 업무의 정상적인 운영을 저해하는 행위를 말한다(노동조합 및 노동관계조정법 제2조 제6호).

③ 노동조합법상 근로자란 특정한 사용자에게 고용되어 현실적으로 취업하고 있는 사람뿐만 아니라 일시적으로 실업 상태에 있는 사람이나 구직 중인 사람을 포함하여 노동3권을 보장할 필요성이 있는 사람도 여기에 포함되는 것으로 보아야 한다(대판 2004.2.27, 2001두8568). 따라서 현재 실업 중인 자도 노동조합에 가입할 수 있다.

④ 노조전임자는 전임기간 동안 사용자로부터 어떠한 급여도 받을 수 없다(동법 제24조 제2항).

※ 2021.1.5. 개정으로 노동조합의 업무에만 종사하는 근로자(전임자)에 대한 급여 지급 금지 규정이 삭제되었고, 사용자가 노동조합의 업무에 종사하는 근로자에게 급여를 지급하는 경우 해당 근로자는 근로시간 면제 한도를 초과하지 아니하는 범위에서 노동조합의 업무를 수행해야 한다.

노동조합 및 노동관계조정법 제24조(근로시간 면제 등)

① 근로자는 단체협약으로 정하거나 사용자의 동의가 있는 경우에는 사용자 또는 노동조합으로부터 급여를 지급받으면서 근로계약 소정의 근로를 제공하지 아니하고 노동조합의 업무에 종사할 수 있다.

② 제1항에 따라 사용자로부터 급여를 지급받는 근로자(이하 "근로시간면제자")는 사업 또는 사업장별로 종사근로자인 조합원 수 등을 고려하여 근로시간 면제 한도(이하 "근로시간 면제 한도")를 초과하지 아니하는 범위에서 임금의 손실 없이 사용자와의 협의・교섭, 고충처리, 산업안전 활동 등 이 법 또는 다른 법률에서 정하는 업무와 건전한 노사관계 발전을 위한 노동조합의 유지・관리업무를 할 수 있다.

03 부당노동행위의 구제절차에 관한 설명으로 옳지 않은 것은? 17년 기출

① 부당노동행위로 인하여 그 권리를 침해당한 근로자는 노동위원회에 그 구제를 신청할 수 있다.

② 노동위원회에 대한 구제의 신청은 부당노동행위를 안 날로부터 6월 이내에 하여야 한다.

③ 노동위원회는 부당노동행위가 성립한다고 판정한 때에는 사용자에게 구제명령을 발하여야 한다.

④ 노동위원회의 구제명령은 행정소송의 제기에 의하여 그 효력이 정지되지 아니한다.

정답해설>

② 노동위원회에 대한 구제의 신청은 부당노동행위가 있은 날(계속하는 행위는 그 종료일)부터 3월 이내에 이를 행하여야 한다(노동조합 및 노동관계조정법 제82조 제2항).

오답해설>

① 동법 제82조 제1항
③ 동법 제84조 제1항
④ 동법 제86조

정답 > 01 ① 02 ② 03 ②

04 근로기준법상 2주 이내 또는 3개월을 초과하고 6개월 이내의 일정한 단위기간을 평균하여 법정 근로시간을 초과하지 아니하는 범위 내에서 특정한 날이나 특정한 주의 근로시간을 초과하여 근무할 수 있도록 운영하는 제도는?

17년 기출

① 선택적 근로시간제
② 탄력적 근로시간제
③ 연장근로제
④ 유급휴가대체제도

정답해설 >

② 탄력적 근로시간제는 2주 이내 또는 3개월을 초과하고 6개월 이내의 일정한 단위기간을 평균하여 법정근로시간을 초과하지 아니하는 범위 내에서 특정한 날이나 특정한 주의 근로시간을 초과하여 근무할 수 있도록 운영하는 제도이다(근로기준법 제51조·제51조의2).

* 2021.1.5 개정 : 주 최대 근로시간을 52시간으로 명확히 하고 특례업종을 축소한 가운데, 산업현장의 근로시간 운영상 애로 해소를 위한 보완책으로 3개월 초과 6개월 이내의 탄력적 근로시간제를 도입하는 한편, 근로시간의 탄력적 운영 및 근로자의 시간 선택권의 중요성이 높은 연구개발 업무에 한정하여 선택적 근로시간제의 정산기간을 3개월로 확대하였다.

오답해설 >

① 선택적 근로시간제는 취업규칙에 따라 업무의 시작 및 종료 시각을 근로자의 결정에 맡기기로 한 근로자에 대하여 근로자대표와의 서면 합의에 따라 1개월 신상품 또는 신기술의 연구개발 업무의 경우에는 3개월 이내의 정산기간을 평균하여 1주 간의 근로시간이 법정근로시간을 초과하지 아니하는 범위에서 1주 간에 법정근로시간을, 1일에 법정 근로시간을 초과하여 근로하게 할 수 있도록 운영하는 제도이다(동법 제52조).

③ 연장근로제는 당사자 간에 합의하면 1주 간에 12시간을 한도로 법정근로시간을 연장할 수 있도록 운영하는 제도이다(동법 제53조 제1항).

④ 유급휴가대체제도는 사용자는 근로자대표와의 서면 합의에 따라 연차 유급휴가일을 갈음하여 특정한 근로일에 근로자를 휴무시킬 수 있도록 운영하는 제도이다(동법 제62조).

05 근로기준법의 내용으로 옳지 않은 것은?

16년 기출

① 사용자는 근로자를 해고하려면 해고사유와 해고시기를 서면으로 통지해야 한다.
② 사용자는 근로계약 불이행에 대한 위약금 또는 손해배상액을 예정하는 계약을 체결하지 못한다.
③ 사용자로부터 부당해고를 당한 근로자는 노동위원회에 구제를 신청할 수 있다.
④ 사용자가 지방노동위원회의 구제명령에 불복하여 중앙노동위원회에 재심신청을 한 경우 그 구제명령의 효력은 정지된다.

정답해설 >

④ 사용자가 지방노동위원회의 구제명령에 불복하여 중앙노동위원회에 재심신청을 한 경우 그 구제명령의 효력은 정지되지 아니한다(근로기준법 제32조).

오답해설 >

① 동법 제27조 제1항
② 동법 제20조
③ 동법 제28조 제1항

06 근로기준법에 관한 설명으로 옳지 않은 것은?

14년 기출

① 근로조건은 근로자와 사용자가 동등한 지위에서 자유의사에 의하여 결정되어야 한다.
② 근로자와 사용자는 각자가 단체협약, 취업규칙과 근로계약을 지키고 성실하게 이행할 의무가 있다.
③ 사용자는 중대한 사고발생을 방지하거나 국가안전보장을 위해 긴급한 필요가 있는 경우에 근로자를 폭행할 수 있다.
④ 사용자는 근로자가 근로시간 중에 선거권을 행사하기 위하여 필요한 시간을 청구하면 거부하지 못하지만 그 선거권을 행사하는 데에 지장이 없으면 청구한 시간을 변경할 수 있다.

정답해설

③ 사용자는 사고의 발생이나 그 밖의 어떠한 이유로도 근로자에게 폭행을 하지 못한다(근로기준법 제8조).

오답해설

① 동법 제4조, ② 동법 제5조, ④ 동법 제10조

07 다음 설명 중 옳지 않은 것은?

13년 기출

① 동거하는 친족만을 사용하는 사업장은 근로기준법의 적용을 받지 않는다.
② 단체협약에 특별한 규정이 있는 경우에는 임금의 일부를 공제할 수 있다.
③ 사용자와 근로자의 합의에 의하여 1주에 15시간을 한도로 법정근로시간을 연장할 수 있다.
④ 사용자는 1년간 80퍼센트 이상 출근한 근로자에게 15일의 유급휴가를 주어야 한다.

정답해설

③ 당사자 간의 합의하에 1주에 12시간을 한도로 근로시간을 연장할 수 있다(근로기준법 제53조 제1항).

오답해설

① 동법 제11조 제1항
② 동법 제43조 제1항
④ 동법 제60조 제1항

정답 > 04 ② 05 ④ 06 ③ 07 ③

08 근로기준법에 관한 설명으로 옳지 않은 것은?

13년 기출

① 근로계약이란 근로자가 사용자에게 근로를 제공하고 사용자는 이에 대하여 임금을 지급하는 것을 목적으로 체결된 계약을 말한다.

② 근로기준법에서 정하는 기준에 미치지 못하는 근로조건을 정한 근로계약은 그 근로계약 전체를 무효로 한다.

③ 사용자는 근로계약을 체결할 때에 근로자에게 소정근로시간을 명시하여야 한다.

④ 사용자가 경영상 이유에 의하여 근로자를 해고하려면 긴박한 경영상의 필요가 있어야 한다.

정답해설

② 근로기준법에서 정하는 기준에 미치지 못하는 근로조건을 정한 근로계약은 그 부분에 한정하여 무효로 한다(근로기준법 제15조 제1항).

오답해설

① 동법 제2조 제1항 제4호, ③ 동법 제17조 제1항 제2호, ④ 동법 제24조 제1항

09 근로기준법에 관한 설명으로 옳은 것은?

① 근로기준법에서 정하는 근로조건은 최저기준이므로 근로관계 당사자는 이 기준을 이유로 근로조건을 낮출 수 없다.

② 친권자나 후견인은 미성년자의 근로계약을 대리할 수 있다.

③ 미성년자는 독자적으로 임금을 청구할 수 없다.

④ 근로조건은 근로자가 사용자보다 우월한 지위에서 결정해야 한다.

정답해설

① 근로기준법 제3조

오답해설

② 친권자나 후견인은 미성년자의 근로계약을 대리할 수 없다(동법 제67조 제1항).
③ 미성년자는 독자적으로 임금을 청구할 수 있다(동법 제68조).
④ 근로조건은 근로자와 사용자가 동등한 지위에서 자유의사에 따라 결정해야 한다(동법 제4조).

10 근로기준법에 관한 설명으로 옳은 것은?

① 친권자나 후견인은 미성년자의 근로계약을 대리할 수 있다.

② 사용자는 근로시간이 5시간인 경우에는 30분 이상, 10시간인 경우에는 1시간 이상의 휴게시간을 근로시간 도중에 주어야 한다.

③ 근로기준법에서 정하는 근로조건은 최저기준이다.

④ 사용자는 근로계약 불이행에 대한 위약금 또는 손해배상액을 예정하는 계약을 체결할 수 있다.

정답해설 >

③ 근로기준법에서 정하는 근로조건은 최저기준이므로 근로관계 당사자는 이 기준을 이유로 근로조건을 낮출 수 없다(근로기준법 제3조).

오답해설 >

① 친권자나 후견인은 미성년자의 근로계약을 대리할 수 없다(동법 제67조 제1항).
② 사용자는 근로시간이 4시간인 경우에는 30분 이상, 8시간인 경우에는 1시간 이상의 휴게시간을 근로시간 도중에 주어야 한다(동법 제54조 제1항).
④ 사용자는 근로계약 불이행에 대한 위약금 또는 손해배상액을 예정하는 계약을 체결하지 못한다(동법 제20조).

11 통상임금에 관한 설명으로 옳지 않은 것은? 15년 기출

① 근로자에게 정기적, 일률적으로 소정 근로 또는 총 근로에 대하여 지급하기로 정한 금액을 말한다.
② 근로자가 실제로 연장・야근・휴일근로를 제공하기 전에 미리 확정되어 있어야 한다.
③ 해고예고수당, 법정수당, 연차유급휴가수당 및 평균임금의 최고한도 보장의 산정 기초가 된다.
④ 임금의 명칭이나 지급주기의 장단 등 형식적인 기준이 아니라 임금의 객관적 성질이 통상임금의 법적 요건을 충족하여야 한다.

정답해설 >

③ 통상임금은 근로기준법이 연장・야간・휴일 근로에 대한 가산임금, 해고예고수당, 연차유급휴가수당 등의 산정 기준 및 평균임금의 최저한으로 규정하고 있다(대판 2013.12.18, 2012다94643).

오답해설 >

① 근로기준법 시행령 제6조 제1항
②・④ 대판 2013.12.18, 2012다89399

12 사회보장법의 분야에 해당하는 법률은? 13년 기출

① 근로기준법
② 아동복지법
③ 소비자기본법
④ 독점규제 및 공정거래에 관한 법률

정답해설 >

② 사회보장법이란 국민의 복리증진을 위하여 제정된 법 분야로 주로 복지와 관련이 깊다. 사회보장법의 종류로는 국민기초생활보장법, 국민건강보험법, 사회복지사업법, 아동복지법 등이 이에 해당한다.

정답 > 08 ② 09 ① 10 ③ 11 ③ 12 ②

13 사회보험법에 해당하지 않는 것은? 15년 기출

① 고용보험법
② 기초노령연금법
③ 산업재해보상보험법
④ 국민기초생활보장법

정답해설≫

사회보험법은 국민에게 발생하는 사회적 위험을 보험의 방식으로 대처함으로써 국민의 건강과 소득을 보장하는 제도를 규정하는 공법을 말한다. 사회보험법에는 국민건강보험법, 산업재해보상보험법, 고용보험법, 국민연금법, 공무원연금법, 사립학교교직원연금법 등이 있다.

④ 국민기초생활보장법은 사회보장법에 해당한다.

14 다음 (　　) 안에 들어갈 내용은? 18년 기출

> 사회보장은 모든 국민이 다양한 사회적 위험으로부터 벗어나 행복한 복지사회를 실현하는 것을 기본이념으로 한다. (　　)는(은) 국가와 지방자치단체의 책임하에 생활유지능력이 없거나 생활이 어려운 국민의 최저생활을 보장하고 자립을 지원하는 제도를 말한다.

① 사회보험
② 공공부조
③ 사회서비스
④ 평생사회안전망

정답해설≫

② "공공부조"(公共扶助)란 국가와 지방자치단체의 책임하에 생활유지능력이 없거나 생활이 어려운 국민의 최저생활을 보장하고 자립을 지원하는 제도를 말한다(사회보장기본법 제3조 제3호).

15 사회보장기본법상 국가와 지방자치단체의 책임하에 생활유지능력이 없거나 생활이 어려운 국민의 최저생활을 보장하고 자립을 지원하는 제도는? 13년 기출

① 사회보장
② 사회보험
③ 공공부조
④ 사회서비스

정답해설≫

③ 공공부조란 국가와 지방자치단체의 책임하에 생활유지능력이 없거나 생활이 어려운 국민의 최저생활을 보장하고 자립을 지원하는 제도를 말한다(사회보장기본법 제3조 제3호).

■ 정의(사회보장기본법 제3조)

사회보장	출산, 양육, 실업, 노령, 장애, 질병, 빈곤 및 사망 등의 사회적 위험으로부터 모든 국민을 보호하고 국민의 삶의 질을 향상시키는 데 필요한 소득·서비스를 보장하는 사회보험, 공공부조, 사회서비스를 말한다.
사회보험	국민에게 발생하는 사회적 위험을 보험의 방식으로 대처함으로써 국민의 건강과 소득을 보장하는 제도를 말한다.
공공부조	국가와 지방자치단체의 책임하에 생활유지능력이 없거나 생활이 어려운 국민의 최저생활을 보장하고 자립을 지원하는 제도를 말한다.
사회서비스	국가·지방자치단체 및 민간부문의 도움이 필요한 모든 국민에게 복지, 보건의료, 교육, 고용, 주거, 문화, 환경 등의 분야에서 인간다운 생활을 보장하고 상담, 재활, 돌봄, 정보의 제공, 관련 시설의 이용, 역량 개발, 사회참여 지원 등을 통하여 국민의 삶의 질이 향상되도록 지원하는 제도를 말한다.
평생사회안전망	생애주기에 걸쳐 보편적으로 충족되어야 하는 기본욕구와 특정한 사회위험에 의하여 발생하는 특수욕구를 동시에 고려하여 소득·서비스를 보장하는 맞춤형 사회보장제도를 말한다.

16 사회보장기본법에 관한 내용으로 옳지 않은 것은? 16년 기출

① 국가와 지방자치단체는 사회보장에 관한 책임과 역할을 합리적으로 분담해야 한다.
② 국내에 거주하는 외국인은 국적을 불문하고 우리나라의 사회보장제도의 혜택을 받을 수 없다.
③ 사회보장수급권은 관계 법령에서 정하는 바에 따라 다른 사람에게 양도할 수 없다.
④ 사회보장수급권은 정당한 권한이 있는 기관에 서면으로 통지하여 포기할 수 있다.

정답해설>

② 국내에 거주하는 외국인에게 사회보장제도를 적용할 때에는 상호주의의 원칙에 따르되, 관계 법령에서 정하는 바에 따르므로(사회보장기본법 제8조), 국내에 거주하는 외국인은 국적을 불문하고 우리나라의 사회보장제도의 혜택을 받을 수 없는 것은 아니다.

오답해설>

① 동법 제5조 제2항
③ 동법 제12조
④ 동법 제14조 제1항

17 사회보장기본법상 국민에게 발생하는 사회적 위험을 보험의 방식으로 대처함으로써 국민의 건강과 소득을 보장하는 제도는?

① 사회복지서비스 ② 특별원호
③ 공공부조 ④ 사회보험

정답 > 13 ④ 14 ② 15 ③ 16 ② 17 ④

정답해설

④ 사회보장기본법 제3조 제2호

오답해설

① 사회복지서비스는 금전적 급여 이외의 방식으로 국민의 정상적인 사회생활이 가능하도록 위한다는 점에서 사회보험이나 공공부조와 구별된다.
② 특별원호란 원호대상자로 하여금 상부상조하여 자활능력을 배양하게 하고 나아가 그들의 생활안정을 기하기 위한 제도이다.
③ 공공부조란 국가와 지방자치단체의 책임하에 생활유지능력이 없거나 생활이 어려운 국민의 최저생활을 보장하고 자립을 지원하는 제도를 말한다(동법 제3조 제3호).

18 국민연금법에 관한 설명으로 옳은 것은?

17년 기출

① 만 20세 이상 만 70세 미만의 국내 거주 국민은 국민연금 가입대상이 된다.
② 부담금이란 사업장가입자의 근로자가 부담하는 금액을 말한다.
③ 기여금이란 사업장가입자가 부담하는 금액을 말한다.
④ 이 법을 적용할 때 배우자, 남편 또는 아내에는 사실상의 혼인관계에 있는 자는 제외된다.

정답해설

③ 국민연금법 제3조 제1항 제12호

오답해설

① 국내에 거주하는 국민으로서 18세 이상 60세 미만인 자는 국민연금 가입대상이 된다(동법 제6조).
② 부담금이란 사업장가입자의 사용자가 부담하는 금액을 말한다(동법 제3조 제1항 제11호).
④ 이 법을 적용할 때 배우자, 남편 또는 아내에는 사실상의 혼인관계에 있는 자를 포함한다(동법 제3조 제2항).

19 국민연금법상 국민연금의 특성으로 옳지 않은 것은?

15년 기출

① 사회보험 ② 공적연금
③ 단일연금체계 ④ 전부적립방식

정답해설

④ 국민연금은 부분적립방식으로 운영되고 있다. 부분적립방식이란 보험료 중 일부를 수급자에게 연금으로 지급하고, 남은 돈을 기금으로 운용하는 방식이다. 즉, 보험료로 모인 연금 기금에 기금운용으로 거둔 수익을 더해서 수급자에게 연금을 지급한다.

오답해설

① 사회보험이란 국민에게 발생하는 사회적 위험을 보험의 방식으로 대처함으로써 국민의 건강과 소득을 보장하는 제도를 말한다(사회보장기본법 제3조 제2호). 사회보험에는 국민연금 이외에 공무원연금, 사립학교교직원연금, 군인연금, 국민건강보험, 산업재해보상보험, 고용보험 등이 있다.

② 공적연금이란 국가가 운영주체가 되어 연금제도의 연속성과 안정성을 도모하는 연금으로 국민연금 이외에 공무원연금, 사립학교교직원연금, 군인연금이 있다.
③ 단일연금체계란 공무원, 군인, 사립학교교직원 등 특수 직역에 종사하는 자를 제외한 모든 국민을 단일한 연금 체계에 편입하여 관리하는 것이다.

20 국민연금법에 규정된 내용으로 옳은 것은?

14년 기출

① 급여의 종류에는 노령연금, 장애연금, 유족연금, 반환일시금이 있다.
② 국민연금 가입자는 직장가입자와 임의가입자로 이분(二分)된다.
③ 기여금이란 직장가입자의 사용자가 부담하는 금액을 말한다.
④ 국내에 거주하는 국민으로서 15세 이상 70세 미만인 자는 국민연금 가입 대상이 된다.

정답해설

① 국민연금법 제49조

오답해설

② 국민연금 가입자는 사업장가입자, 지역가입자, 임의가입자 및 임의계속가입자로 구분한다(동법 제7조).
③ 기여금이란 사업장가입자가 부담하는 금액을 말한다(동법 제3조 제1항 제12호).
④ 국내에 거주하는 국민으로서 18세 이상 60세 미만인 자는 국민연금 가입 대상이 된다(동법 제6조).

21 고용보험법에서 규정하는 급여가 아닌 것은?

17년 기출

① 육아휴직급여
② 요양급여
③ 구직급여
④ 출산전후휴가급여

정답해설

② 요양급여는 고용보험법에서 규정하는 급여가 아니라 산업재해보상보험법에서 규정하는 급여이다.
* 고용보험법에서 규정하는 급여에는 실업급여(구직급여와 취업촉진수당, 고용보험법 제37조), 육아휴직급여(동법 제70조), 육아기 근로시간 단축 급여(동법 제73조의2), 출산전후휴가급여(동법 제75조) 등이 있다.

22 고용보험법상 고용보험사업으로 명시되지 않은 것은?

14년 기출

① 실업급여
② 육아휴직 급여
③ 직업능력개발 사업
④ 저소득층 생계비지원

정답해설

④ 보험은 고용보험사업으로 고용안정・직업능력개발 사업, 실업급여, 육아휴직 급여 및 출산전후휴가 급여 등을 실시한다(고용보험법 제4조 제1항). 저소득층 생계비지원은 고용보험사업이 아니다.

정답 > 18 ③ 19 ④ 20 ① 21 ② 22 ④

23 산업재해보상보험법상 다음 설명에 해당하는 용어는?

16년 기출

> 업무상의 부상 또는 질병에 따른 정신적 또는 육체적 훼손으로 노동능력이 상실되거나 감소된 상태로서 그 부상 또는 질병이 치유되지 아니한 상태를 말한다.

① 진폐
② 중증요양상태
③ 장해
④ 장애

정답해설≫

② 지문은 중증요양상태에 대한 내용이다(산업재해보상보험법 제5조 제6호).

24 산업재해보상보험법상 업무상 재해가 인정되는 사고에 해당하지 않는 것은?

15년 기출

① 휴게시간 중 사업주의 지배관리하에 있다고 볼 수 있는 행위로 발생한 사고
② 사업주가 주관하거나 사업주의 지시에 따라 참여한 행사나 행사준비 중에 발생한 사고
③ 사업주가 제공한 시설물 등을 이용하던 중 시설물의 결함이나 관리소홀로 발생한 사고
④ 사업주의 지배관리하에 있지 않더라도 사업주가 제공한 교통수단을 이용하여 출퇴근하는 중에 발생한 사고

정답해설≫

④ 사업주가 제공한 교통수단이나 그에 준하는 교통수단을 이용하는 등 사업주의 지배관리하에서 출퇴근하는 중 발생한 사고인 경우 업무상 재해가 인정된다(산업재해보상보험법 제37조 제1항 제3호 가목).

25 다음 중 사회법에 속하는 것은?

14년 기출

① 상법
② 가등기담보 등에 관한 법률
③ 특정범죄 가중처벌 등에 관한 법률
④ 산업재해보상보험법

정답해설≫

④ 산업재해보상보험법은 사회법 중 사회보험법에 해당한다. 사회보험법은 국민에게 발생하는 사회적 위험을 보험의 방식으로 대처함으로써 국민의 건강과 소득을 보장하는 제도를 규정하는 공법을 말한다.

26 사회보험 분야에 해당하는 법률이 아닌 것은? 16년 기출

① 고용보험법　　② 국민연금법
③ 국민건강보험법　　④ 국민기초생활보장법

정답해설

④ 국민기초생활보장법은 사회보험이 아니라 공공부조 분야에 해당하는 법률이다.
* 사회보험은 국민에게 발생하는 사회적 위험을 보험의 방식으로 대처함으로써 국민의 건강과 소득을 보장하는 사회보험제도의 운영과 그 실시에 관한 법으로, 이에 해당되는 대표적인 법률로 국민건강보험법, 국민연금법, 고용보험법, 산업재해보상보험법 등이 있다.

27 생활이 어려운 사람에게 필요한 급여를 실시하여 이들의 최저생활을 보장하고 자활을 돕는 것을 목적으로 하는 법률은? 20년 기출

① 국민연금법　　② 최저임금법
③ 국민기초생활보장법　　④ 산업재해보상보험법

정답해설

③ 국민기초생활보장법은 생활이 어려운 사람에게 필요한 급여를 실시하여 이들의 최저생활을 보장하고 자활을 돕는 것을 목적으로 한다(국민기초생활보장법 제1조).

오답해설

① 국민연금법은 국민의 노령, 장애 또는 사망에 대하여 연금급여를 실시함으로써 국민의 생활 안정과 복지 증진에 이바지하는 것을 목적으로 한다(국민연금법 제1조).
② 최저임금법은 근로자에 대하여 임금의 최저수준을 보장하여 근로자의 생활안정과 노동력의 질적 향상을 꾀함으로써 국민경제의 건전한 발전에 이바지하는 것을 목적으로 한다(최저임금법 제1조).
④ 산업재해보상보험법은 산업재해보상보험 사업을 시행하여 근로자의 업무상의 재해를 신속하고 공정하게 보상하며, 재해근로자의 재활 및 사회 복귀를 촉진하기 위하여 이에 필요한 보험시설을 설치・운영하고, 재해 예방과 그 밖에 근로자의 복지 증진을 위한 사업을 시행하여 근로자 보호에 이바지하는 것을 목적으로 한다(산업재해보상보험법 제1조).

정답 > 23 ② 24 ④ 25 ④ 26 ④ 27 ③

경비지도사 **1차** 기본서

✓ **법학개론**

PART

07

행정법

행정법

제1장 행정법 서론

01 행정법의 의의 및 기본원리

(1) 행정법의 의의 및 특수성

① 행정법의 의의

행정법은 행정의 조직·작용 및 구제에 관한 국내 공법을 말한다.

② 행정법의 특수성

행정법은 그 형식상 단일법전이 없어 무수한 개별법규의 집합체로 구성되어 있으나, 그 전체를 특징짓는 공통의 기초원리를 가지고 통일적 고유한 법체계를 형성하고 있다. 이러한 행정법의 특수성은 절대적인 것이 아니라 타법체계에 대한 상대적인 개념으로 볼 수 있다.

③ 행정기본법의 목적

이 법은 행정의 원칙과 기본사항을 규정하여 행정의 민주성과 적법성을 확보하고 적정성과 효율성을 향상시킴으로써 국민의 권익 보호에 이바지함을 목적으로 한다(행정기본법 제1조).

④ 행정의 법 원칙

㉠ **법치행정의 원칙** : 행정작용은 법률에 위반되어서는 아니 되며, 국민의 권리를 제한하거나 의무를 부과하는 경우와 그 밖에 국민생활에 중요한 영향을 미치는 경우에는 법률에 근거하여야 한다(행정기본법 제8조).

㉡ **평등의 원칙** : 행정청은 합리적 이유 없이 국민을 차별하여서는 아니 된다(행정기본법 제9조).

㉢ **비례의 원칙** : 행정작용은 다음의 원칙에 따라야 한다(행정기본법 제10조).

ⓐ 행정목적을 달성하는 데 유효하고 적절할 것

ⓑ 행정목적을 달성하는 데 필요한 최소한도에 그칠 것

ⓒ 행정작용으로 인한 국민의 이익 침해가 그 행정작용이 의도하는 공익보다 크지 아니할 것

✓OX

행정청은 합리적 이유 없이 국민을 차별하여서는 아니 된다. (○)

㉣ **성실의무의 원칙** : 행정청은 법령 등에 따른 의무를 성실히 수행하여야 한다(행정기본법 제11조 제1항).

㉤ **권한남용금지의 원칙** : 행정청은 행정권한을 남용하거나 그 권한의 범위를 넘어서는 아니 된다(행정기본법 제11조 제2항).

㉥ **신뢰보호의 원칙**

ⓐ 행정청은 공익 또는 제3자의 이익을 현저히 해칠 우려가 있는 경우를 제외하고는 행정에 대한 국민의 정당하고 합리적인 신뢰를 보호하여야 한다(행정기본법 제12조 제1항).

ⓑ 행정청은 권한 행사의 기회가 있음에도 불구하고 장기간 권한을 행사하지 아니하여 국민이 그 권한이 행사되지 아니할 것으로 믿을 만한 정당한 사유가 있는 경우에는 그 권한을 행사해서는 아니 된다. 다만, 공익 또는 제3자의 이익을 현저히 해칠 우려가 있는 경우는 예외로 한다(행정기본법 제12조 제2항).

㉦ **부당결부금지의 원칙** : 행정청은 행정작용을 할 때 상대방에게 해당 행정작용과 실질적인 관련이 없는 의무를 부과해서는 아니 된다(행정기본법 제13조).

(2) 행정법의 기본원리

① **법치행정주의**

입헌주의의 원리에 따라 모든 국가행정은 반드시 법적 근거를 가지고 있어야 한다는 것으로, 기본권의 보장, 행정구제제도의 강화 등을 통해 법치주의의 원리를 실질적으로 보장하고 있다.

✔ Tip
형식적 법치주의의 폐해에 대한 반성으로 기본권보장을 이념으로 하고 그 실질적 구현을 내용으로 하는 실질적 법치주의가 채택되었다.

② **민주행정주의**

주권은 국민에게 있으며 행정은 국민 전체의 이익을 위하여 행하여지는 원칙에 입각하여 우리나라의 행정 및 행정조직은 민주주의적 요소에 의하여 지배되고 있다.

③ **복지행정의 원리**

국가는 국민의 자유와 평등을 실질적으로 보장하기 위하여 국민생활에 적극적으로 관여하고 복리증진에 중점을 둔 복지행정의 원리를 채택하고 있다.

④ **지방분권주의**

지방자치단체는 주민의 복리에 관한 사무를 처리하고 재산을 관여하며, 법령의 범위 안에서 자치에 관한 규정을 제정할 수 있다는 지방분권주의를 채택하고 있다.

02 행정법관계

(1) 의의

국가·지방자치단체와 같은 행정주체가 당사자로 되어 있는 모든 법률관계 중 행정법이 규율하는 법률관계를 말한다.

(2) 행정법관계의 당사자

행정법관계의 당사자는 권리의무의 귀속주체로, 행정권의 담당자를 행정주체, 행정권 발동의 대상자를 행정객체라고 한다.

① **행정주체** 20년, 19년, 17년, 15년, 10년 기출

행정주체는 자기의 이름과 책임으로 공행정 임무를 수행하는 행정법관계의 당사자로서 국가, 지방자치단체, 공공조합, 영조물법인, 공법상 재단, 공무수탁사인 등이 있다.

✔ Tip
지방자치단체장, 행정안전부 장관은 행정법상 행정주체에 해당하지 않는다.

구분	내용
국가	행정권을 보유하고 직접 국가행정을 담당하는 주체를 말한다.
지방자치단체	국가의 영토 내에서 일정한 지역을 단위로, 그 지역 내의 주민에게 일정한 통치권을 행사하는 공공단체이다. 예 특별시, 광역시, 특별자치시, 도, 특별자치도, 시, 군, 자치구 등
공공조합	특별한 공익목적을 수행하기 위하여 일정한 자격을 가진 사람(조합원)으로 구성된 공법상 사단법인을 말한다. 예 한국농어촌공사, 산림조합중앙회, 대한약사회, 국민건강보험공단, 상공회의소 등
영조물법인	특정한 국가목적을 수행하기 위하여 제공된 인적·물적 결합체로서 공법상 법인격을 취득한 영조물을 말한다. 예 한국도로공사, 한국전력공사, 서울교통공사, 한국은행, 서울대학교병원, 한국과학기술원 등
공법상 재단	공익목적을 위해 출연된 재산을 관리하기 위하여 설립된 공공단체를 말한다. 예 한국장학재단, 한국연구재단 등
공무수탁사인	법령에 의하여 국가나 지방자치단체로부터 특별한 권한을 위탁받아 자기의 이름으로 임무를 수행하도록 권한이 주어진 사인을 말한다. 예 • 사인이 별정우체국의 지정을 받아서 체신업무를 수행하는 경우 • 원양어선의 선장이 선원들에 대해서 일정한 경찰사무를 수행하는 경우

② **행정객체**

행정객체는 행정주체에 대하여 그가 행하는 행정작용의 상대방이 되는 자를 말한다.

✔ Tip
국민은 행정주체가 아니라 행정객체에 해당된다.

최신기출확인

행정주체에 해당하지 않는 것은? 19년 기출

① 한국은행 ② 부산광역시
③ 세종특별자치시 ④ 행정안전부장관

해설
④ 행정안전부장관은 행정주체에 해당하지 않는다.
①, ②, ③ 행정주체는 자기의 이름과 책임으로 공행정 임무를 수행하는 행정법관계의 당사자로서 국가, 지방자치단체, 공공조합, 영조물법인, 공법상 재단, 공무수탁사인 등이 있다.

답 ④

(3) 행정법관계의 내용

국가적 공권	국가 또는 지방자치단체와 같은 행정주체가 우월한 지위에서 개인 또는 단체에 대하여 가지는 권리로, 조직권, 형벌권, 경찰권, 하명권, 공물관리권 등이 있다.
개인적 공권	개인 또는 단체 등과 같은 행정객체가 행정주체에 대하여 직접 자기를 위하여 일정한 이익을 주장할 수 있는 법률상의 힘으로, 자유권, 수익권, **무하자재량행사권**, 행정개입청구권 등이 있다.

* **무하자재량행사권** : 행정청에게 재량권이 부여된 경우 사인이 행정청에 대하여 하자 없는 재량권을 행사하여 줄 것을 청구할 수 있는 권리를 말한다.

(4) 행정법관계의 특수성 18년 기출

행정법관계는 공익목적의 실현을 위하여 행정주체에 대해 우월한 지위가 인정되므로 대등한 당사자 간의 의사자치에 의해 형성되는 사법관계와는 여러 면에서 다른 특수성을 지닌다.

법률적합성	행정이 공익의 실현작용이라는 점에서 행정권은 사인과 같은 의사자치를 향유할 수는 없고, 행정작용은 원칙적으로 엄격한 법적 기속을 받는 것을 말한다.
공정력	행정행위의 성립에 흠(하자)이 있는 경우에도 그 흠이 중대·명백하여 당연무효로 인정되는 경우를 제외하고는, 권한 있는 기관에 의하여 취소되기 전까지 유효한 것으로 통용되는 힘을 말한다.
존속력	행정행위가 발령되면 이에 근거하여 새로운 법률관계가 형성되므로 행정행위를 변경하지 않고 계속적으로 존속시킬 필요성에서 인정되는 것을 말한다.
강제력	행정주체의 의사에 위배되는 행위에 대하여는 법원을 거치지 않고 일단 행정청이 일정한 제재를 가하거나 해당 행정청에 의하여 의무이행을 강제할 수 있는 것을 말한다.

✓ Tip
의무불이행에 대한 강제집행은 대집행이나 강제징수 등의 방법에 의한다.

권리 · 의무의 특수성	행정법관계에 있어서 개인의 권리는 공공복리의 향상 등 국가적 · 공익적 견지에서 인정되는 것이거나, 그 권리의 행사가 공익실현과 밀접한 관련을 가지는 결과 권리인 동시에 의무를 수반하게 되는 상대성을 가지게 된다.
권리구제 수단의 특수성	사법상 법률관계는 민사소송으로 구제되는 데 반하여 행정상 법률관계는 행정상 손해전보제도나 행정상 쟁송제도로 구제된다는 차이가 있다.

최신기출확인

행정행위에 취소사유가 있다고 하더라도 당연무효가 아닌 한 권한 있는 기관에 의해 취소되기 전에는 유효한 것으로 통용되는 것은 행정행위의 어떠한 효력 때문인가? 18년 기출

① 강제력 ② 공정력
③ 불가변력 ④ 형식적 확정력

해설

② 공정력은 행정행위의 성립에 흠(하자)이 있는 경우에도 그 흠이 중대 · 명백하여 당연무효로 인정되는 경우를 제외하고는, 권한 있는 기관에 의하여 취소되기 전까지 유효한 것으로 통용되는 힘을 말한다.
① 강제력은 행정주체의 의사에 위배되는 행위에 대하여는 법원을 거치지 않고 일단 행정청이 일정한 제재를 가하거나 해당 행정청에 의하여 의무이행을 강제할 수 있는 것을 말한다.
③ 불가변력(실질적 확정력)은 예외적으로 일정한 경우 행정행위를 한 행정청 자신도 행정행위의 하자 등을 이유로 직권으로 취소 · 철회할 수 없는 힘을 말한다.
④ 형식적 확정력(불가쟁력)은 행정행위에 대한 쟁송제기기간이 경과하거나 쟁송수단을 마친 경우에는 아무리 행정행위가 위법 또는 부당하더라도 상대방 또는 이해관계인은 더 이상 그 행정행위의 효력을 다툴 수 없게 되는 힘을 말한다. 답 ②

03 법률요건과 법률사실

(1) 법률요건

법률요건은 행정법관계의 발생 · 변경 · 소멸의 법률효과를 발생시키는 원인이 되는 사실을 말한다. 법률요건에는 법률행위, 준법률행위, 불법행위, 공법상 부당이득, 사무관리 등이 있다.

(2) 법률사실

법률사실은 법률요건을 구성하는 개개의 사실을 말한다. 법률사실은 정신작용을 요소로 하는 용태와 정신작용과 무관한 사건으로 구분된다.

제2장 | 행정조직법

01 행정조직법의 일반

(1) 행정조직법의 의의

행정조직법은 행정기관의 설치·폐지·구성·권한 및 행정기관 상호 간의 관계를 규정한 법, 즉 행정주체의 내부조직에 관한 법을 말한다. 크게 국가행정조직법과 자치행정조직법으로 구분되며, 대표적인 것으로 정부조직법, 지방자치법, 국가공무원법 등이 있다.

(2) 행정조직법정주의

행정조직법정주의는 행정조직에 관한 중요한 사항은 법률로 정하여야 한다는 원칙을 말한다.

▷ 행정각부의 설치·조직과 직무범위는 법률로 정한다(헌법 제96조).

(3) 행정기관 20년, 16년, 15년, 14년 기출

국가 또는 지방자치단체의 행정 사무를 담당하는 기관으로, 행정(관)청·의결기관·자문기관·보조기관·집행기관·감사기관·공기업기관 및 공공시설기관으로 구분된다.

구분	내용
행정청	행정청이란 다음의 자를 말한다(행정기본법 제2조 제2호). • 행정에 관한 의사를 결정하여 표시하는 국가 또는 지방자치단체의 기관 • 그 밖에 법령 등에 따라 행정에 관한 의사를 결정하여 표시하는 권한을 가지고 있거나 그 권한을 위임 또는 위탁받은 공공단체 또는 그 기관이나 사인(私人)
의결기관	행정청의 의사결정에 참여하는 권한을 가진 기관으로 행정청의 의사를 법적으로 구속한다.
자문기관	행정청에 대하여 자문을 제시할 수 있는 권한을 가진 행정기관으로, 각종 심의회와 국가안전보장회의 등이 있고 주로 합의제이며, 그 구성원은 공무원으로 한정하지 않는다.
보조기관	행정조직의 내부기관으로서 행정청의 권한 행사를 보조하는 것을 임무로 하는 행정기관으로, 각 부의 차관·실장·국장 등이 있다.
집행기관	행정청이 결정한 의사인 국가의사를 사실상 집행하는 기관으로, 경찰공무원, 소방공무원, 세무공무원 등이 있다.

체크-UP

우리나라 행정조직법의 특색
- 책임행정의 원칙
- 민주적 공무원제
- 행정기관법률주의
- 능률행정주의

✔ Tip

중앙집권주의는 우리나라 행정조직법의 특색이라고 할 수 없다.

✔ Tip

행정청은 행정주체의 의사를 결정하여 외부에 표시하는 권한을 가진 기관이다.

✔ OX

행정청의 자문기관은 합의제이며, 그 구성원은 공무원으로 한정된다. (×)

체크-UP

보좌기관
보좌기관은 국가 또는 공공단체의 행정청 또는 그 보조기관을 보좌하는 기관으로, 대통령비서실, 국가안보실, 국무조정실, 국무총리비서실, 행정각부의 차관보 등이 이에 해당한다.

감사기관	다른 행정기관의 사무나 회계처리를 검사하고 그 적부에 관해 감사하는 기관이다. 우리나라의 감사기관으로는 감사원이 있으며, 대통령 소속의 기관이지만 직무에 있어서는 독립된 지위를 가지고 있다.
공기업기관	공기업의 관리·운영을 임무로 하는 행정기관으로, 체신관서 등이 있다.
공공시설기관	공공시설의 관리를 담당하는 공기업기관으로, 국립병원, 국립도서관, 국립대학 등이 있다.

최신기출확인

행정주체의 의사를 결정할 수는 있지만 이를 대외적으로 표시할 권한이 없는 행정기관은? 20년 기출

① 행정청
② 의결기관
③ 집행기관
④ 자문기관

해설

② 의결기관은 내부적으로 국가나 공공단체의 의사를 결정할 수는 있지만, 외부에 대하여 국가를 대표할 수 없는 점에서 행정관청과 구별된다.
① 행정청이란 일정한 범위 내의 행정사무에 관하여 국가나 공공단체의 의사를 결정·표시할 수 있는 권한을 가지는 기관을 말한다.
③ 집행기관이란 행정청이 결정한 의사인 국가의사를 사실상 집행하는 기관을 말한다.
④ 자문기관이란 행정청에 대하여 자문을 제시할 수 있는 권한을 가진 행정기관을 말한다.

답 ②

02 국가행정조직법(정부조직법)

(1) 목적

정부조직법은 국가행정사무의 체계적이고 능률적인 수행을 위하여 국가행정기관의 설치·조직과 직무범위의 대강을 정함을 목적으로 한다.

(2) 중앙행정기관의 설치 11년 기출

① 중앙행정기관의 설치와 직무범위는 법률로 정한다.
② 중앙행정기관은 정부조직법에 따라 설치된 부·처·청과 다음의 행정기관으로 하되, 중앙행정기관은 정부조직법 및 다음의 법률에 따르지 아니하고는 설치할 수 없다.

㉠ 「방송통신위원회의 설치 및 운영에 관한 법률」에 따른 방송통신위원회
㉡ 「독점규제 및 공정거래에 관한 법률」에 따른 공정거래위원회
㉢ 「부패방지 및 국민권익위원회의 설치와 운영에 관한 법률」에 따른 국민권익위원회
㉣ 「금융위원회의 설치 등에 관한 법률」에 따른 금융위원회
㉤ 「개인정보 보호법」에 따른 개인정보 보호위원회
㉥ 「원자력안전위원회의 설치 및 운영에 관한 법률」에 따른 원자력안전위원회
㉦ 「신행정수도 후속대책을 위한 연기·공주지역 행정중심복합도시 건설을 위한 특별법」에 따른 행정중심복합도시건설청
㉧ 「새만금사업 추진 및 지원에 관한 특별법」에 따른 새만금개발청

(3) 대통령

① 대통령의 행정감독권 11년 기출

㉠ 대통령은 정부의 수반으로서 법령에 따라 모든 중앙행정기관의 장을 지휘·감독한다.
㉡ 대통령은 국무총리와 중앙행정기관의 장의 명령이나 처분이 위법 또는 부당하다고 인정하면 이를 중지 또는 취소할 수 있다.

② 대통령 소속기관 11년 기출

대통령비서실	대통령의 직무를 보좌하기 위하여 대통령비서실을 둔다.
국가안보실	국가안보에 관한 대통령의 직무를 보좌하기 위하여 국가안보실을 둔다.
대통령경호처	대통령 등의 경호를 담당하기 위하여 대통령경호처를 둔다.
국가정보원	국가안전보장에 관련되는 정보·보안 및 범죄수사에 관한 사무를 담당하기 위하여 대통령 소속으로 국가정보원을 둔다.

✓ Tip
국가정보원은 국무총리 소속이 아니라 대통령 소속이다.

(4) 국무총리

① 국무총리의 행정감독권

㉠ 국무총리는 대통령의 명을 받아 각 중앙행정기관의 장을 지휘·감독한다.

㉡ 국무총리는 중앙행정기관의 장의 명령이나 처분이 위법 또는 부당하다고 인정될 경우에는 대통령의 승인을 받아 이를 중지 또는 취소할 수 있다.

② 국무총리 소속기관 11년 기출

국무조정실	각 중앙행정기관의 행정의 지휘·감독, 정책 조정 및 사회위험·갈등의 관리, 정부업무평가 및 규제개혁에 관하여 국무총리를 보좌하기 위하여 국무조정실을 둔다.
국무총리 비서실	국무총리의 직무를 보좌하기 위하여 국무총리비서실을 둔다.
인사혁신처	공무원의 인사·윤리·복무 및 연금에 관한 사무를 관장하기 위하여 국무총리 소속으로 인사혁신처를 둔다.
법제처	국무회의에 상정될 법령안·조약안과 총리령안 및 부령안의 심사와 그 밖에 법제에 관한 사무를 전문적으로 관장하기 위하여 국무총리 소속으로 법제처를 둔다.
국가보훈처	국가유공자 및 그 유족에 대한 보훈, 제대군인의 보상·보호 및 보훈선양에 관한 사무를 관장하기 위하여 국무총리 소속으로 국가보훈처를 둔다.
식품의약품 안전처	식품 및 의약품의 안전에 관한 사무를 관장하기 위하여 국무총리 소속으로 식품의약품안전처를 둔다.

✓OX

국가유공자 및 그 유족에 대한 보훈, 제대군인의 보상·보호 및 보훈선양에 관한 사무를 관장하기 위하여 대통령 소속으로 국가보훈처를 둔다. (×)

➜ 국무총리 소속

03 자치행정조직법(지방자치법)

(1) 의의

자치행정이란 주민이 그들 스스로의 손에 의하여 또는 그들이 선출한 대표기관에 의하여 그 지방사무를 처리하는 방식을 말한다.

(2) 지방자치단체 18년 기출

국가의 영토 내에서 일정한 지역과 그 지역의 주민을 대상으로 하여 일정한 통치권을 행사하는 법인격을 가진 단체를 말한다.

① 지방자치단체의 종류

보통지방자치단체와 특별지방자치단체(지방자치단체조합 등)로 분류할 수 있는데, 보통지방자치단체에는 특별시, 광역시, 특별자치시, 도, 특별자치도의 광역자치단체와 시, 군, 자치구의 기초자치단체가 있다.

② **지방자치단체의 권한**

지방자치단체는 자치입법권(조례 · 규칙제정권), 자치조직권, 자치행정권, 자치재정권 등의 권한을 가진다.

③ **지방자치단체의 기관**

㉠ **지방의회** : 지방자치단체에는 지방의회를 두는데, 지방의회는 의결권, 조례제정권, 지방자치단체의 예산 심의 · 확정권, 지방자치단체의 결산승인권, 행정의 감사 · 조사권 등의 권한을 가진다.

㉡ **지방자치단체장** : 특별시에 특별시장, 광역시에 광역시장, 특별자치시에 특별자치시장, 도와 특별자치도에 도지사를 두고, 시에 시장, 군에 군수, 자치구에 구청장을 두는데, 지방자치단체장은 통할대표권, 소속직원에 대한 임면권, 국가사무의 위임, 사무의 관리 및 집행권, 규칙제정권 등의 권한을 가진다.

④ **지방자치단체의 사무**

지방자치단체의 사무에는 지방자치단체의 존립목적인 고유사무와 국가나 다른 공공단체로부터 위임된 위임사무(단체위임사무, 기관위임사무) 등이 있다.

⑤ **주민의 권리와 의무** 13년 기출

주민의 권리	주민의 의무
• 소속재산 및 공공시설이용권 • 균등한 행정혜택을 받을 권리 • 선거권, 피선거권 • 주민투표권 • 지방의회로의 청원권 • 행정쟁송권 • 손해배상청구권, 손실보상청구권 등	• 공공시설의 이용 또는 재산의 사용에 대한 사용료 징수 • 이익의 범위 안에서의 부담금 징수 • 특정사무에 대한 수수료 징수 등

Guide 조례의 제정과 개폐 청구 13년 기출

일정한 요건에 충족한 19세 이상의 주민은 지방자치단체의 장에게 조례의 제정 · 개정 · 폐지를 청구할 수 있는데 다음의 경우는 청구대상에서 제외한다.

• 법령을 위반하는 사항
• 지방세 · 사용료 · 수수료 · 부담금의 부과 · 징수 또는 감면에 관한 사항
• 행정기구를 설치하거나 변경하는 것에 관한 사항이나 공공시설의 설치를 반대하는 사항

✔ Tip

자치사법권은 인정되지 않는다.

✔ Tip

지방세의 감면에 관한 조례제정청구권은 지방자치법상 주민의 권리가 아니다.

최신기출확인

지방자치단체의 조직에 관한 설명으로 옳지 않은 것은? 18년 기출

① 지방자치단체에 주민의 대의기관인 의회를 둔다.
② 지방자치단체의 장은 주민이 보통·평등·직접·비밀선거에 따라 선출한다.
③ 지방자치단체의 장은 법령의 범위 안에서 자치에 관한 조례를 제정할 수 있다.
④ 지방자치단체의 종류는 법률로 정한다.

해설

③ 지방자치단체는 법령의 범위 안에서 그 사무에 관하여 조례를 제정할 수 있다. 다만, 주민의 권리 제한 또는 의무 부과에 관한 사항이나 벌칙을 정할 때에는 법률의 위임이 있어야 한다(지방자치법 제22조).
① 동법 제30조
② 동법 제94조
④ 지방자치단체의 종류는 법률로 정한다(헌법 제117조 제2항).

답 ③

04 공무원(국가공무원법)

(1) 공무원의 의의

국가 또는 지방자치단체의 공무에 종사하는 사람으로, 공법상 국가의 고용인으로서 국가공무를 담당한다. 공무원은 경력직공무원과 특수경력직공무원으로 구분한다.

경력직 공무원	실적과 자격에 따라 임용되고 그 신분이 보장되며 평생 동안 공무원으로 근무할 것이 예정되는 공무원을 말한다. • **일반직공무원** : 기술·연구 또는 행정 일반에 대한 업무를 담당하는 공무원 • **특정직공무원** : 법관, 검사, 외무공무원, 경찰공무원, 소방공무원, 교육공무원, 군인, 군무원, 헌법재판소 헌법연구관, 국가정보원의 직원, 경호공무원과 특수 분야의 업무를 담당하는 공무원으로서 다른 법률에서 특정직공무원으로 지정하는 공무원
특수경력직 공무원	경력직공무원 외의 공무원을 말한다. • **정무직공무원** : 선거로 취임하거나 임명할 때 국회의 동의가 필요한 공무원, 고도의 정책결정 업무를 담당하거나 이러한 업무를 보조하는 공무원으로서 법률이나 대통령령에서 정무직으로 지정하는 공무원

• **별정직공무원** : 비서관 · 비서 등 보좌업무 등을 수행하거나 특정한 업무 수행을 위하여 법령에서 별정직으로 지정하는 공무원

(2) 공무원의 권리

① **신분상 권리** 13년 기출

신분보유권, 직위보유권, 직무집행권, 직명사용권, 쟁송제기권, 제복착용권, 인사상담 및 고충심사청구권 등이 있다.

② **재산상 권리** 13년 기출

보수청구권, 연금청구권 및 실비변상청구권 등이 있다.

(3) 공무원의 의무 14년 기출

① **선서의 의무**

공무원은 취임할 때에 소속 기관장 앞에서 대통령령 등으로 정하는 바에 따라 선서(宣誓)하여야 한다.

② **성실의무**

모든 공무원은 법령을 준수하며 성실히 직무를 수행하여야 한다.

③ **복종의 의무**

공무원은 직무를 수행할 때 소속 상관의 직무상 명령에 복종하여야 한다.

④ **직장이탈 금지**

공무원은 소속 상관의 허가 또는 정당한 사유가 없으면 직장을 이탈하지 못한다.

⑤ **친절 · 공정의 의무**

공무원은 국민 전체의 봉사자로서 친절하고 공정하게 직무를 수행하여야 한다.

⑥ **종교중립의 의무**

공무원은 종교에 따른 차별 없이 직무를 수행하여야 한다.

⑦ **비밀엄수의 의무**

공무원은 재직 중은 물론 퇴직 후에도 직무상 알게 된 비밀을 엄수하여야 한다.

⑧ **청렴의 의무**

공무원은 직무와 관련하여 직접적이든 간접적이든 사례 · 증여 또는 향응을 주거나 받을 수 없다.

✓ Tip

보수청구권은 공무원이 봉급, 수당, 연금 등의 보수를 국가 또는 지방자치단체에 청구하는 권리로서 공무원의 재산상 권리에 해당한다.

✓ Tip

법령상 특별한 규정이 없는 한 직무상 명령의 형식에는 제한이 없으므로 구술 또는 서면으로 하면 된다.

✓ Tip

공무원이 외국 정부로부터 영예나 증여를 받을 경우에는 대통령의 허가를 받아야 한다.

⑨ 품위유지의 의무

공무원은 직무의 내외를 불문하고 그 품위가 손상되는 행위를 하여서는 아니 된다.

⑩ 영리업무 및 겸직금지

공무원은 공무 외에 영리를 목적으로 하는 업무에 종사하지 못하며 소속 기관장의 허가 없이 다른 직무를 겸할 수 없다.

⑪ 정치운동의 금지

공무원은 정당이나 그 밖의 정치단체의 결성에 관여하거나 이에 가입할 수 없다.

⑫ 집단행위의 금지

공무원은 노동운동이나 그 밖에 공무 외의 일을 위한 집단 행위를 하여서는 아니 된다.

✔ Tip

범죄 고발의 의무는 국가공무원법에 명시된 공무원의 복무의무가 아니다.

(4) 공무원의 징계 12년 기출

공무원에 대한 징계는 파면 · 해임 · 강등 · 정직 · 감봉 · 견책으로 구분한다.

구분	내용
파면	공무원을 강제로 퇴직시키는 중징계처분의 하나로, 파면된 사람은 5년 동안 공무원으로 임용될 수 없으며, 퇴직급여액의 1/2이 삭감(5년 미만 근무자에게는 퇴직급여액의 1/4이 삭감)된다.
해임	공무원을 강제로 퇴직시키는 중징계처분으로, 해임된 사람은 3년 동안 공무원으로 임용될 수 없다.
강등	1계급 아래로 직급을 내리고 공무원신분은 보유하나 3개월간 직무에 종사하지 못하며 그 기간 중 보수는 전액을 감한다.
정직	1개월 이상 3개월 이하의 기간으로 하고, 정직 처분을 받은 자는 그 기간 중 공무원의 신분은 보유하나 직무에 종사하지 못하며 보수는 전액을 감한다.
감봉	1개월 이상 3개월 이하의 기간 동안 보수의 3분의 1을 감한다.
견책	전과(前過)에 대하여 훈계하고 회개하게 한다.

✔ OX

직위해제는 국가공무원법상 공무원에 대한 징계에 해당하지 않는다. (O)

제3장 | 행정작용법

01 행정입법

(1) 행정입법의 의의

행정기관(행정주체)이 일반적・추상적인 규정을 정립하는 작용을 의미하는 것으로, 강학상(학문상)의 용어이다.

> 체크-UP
> 행정입법의 필요성
> • 행정기능의 확대・강화
> • 행정의 전문성・기술성
> • 긴박한 상황에 대한 신속한 대응
> • 급속한 사회변화에 대한 능동적・신축적 대응

(2) **행정의 입법활동**(행정기본법 제38조)

① 국가나 지방자치단체가 법령 등을 제정・개정・폐지하고자 하거나 그와 관련된 활동(법률안의 국회 제출과 조례안의 지방의회 제출을 포함한다)을 할 때에는 헌법과 상위 법령을 위반해서는 아니 되며, 헌법과 법령 등에서 정한 절차를 준수하여야 한다.

② 행정의 입법활동은 다음의 기준에 따라야 한다.

㉠ 일반 국민 및 이해관계자로부터 의견을 수렴하고 관계 기관과 충분한 협의를 거쳐 책임 있게 추진되어야 한다.

㉡ 법령 등의 내용과 규정은 다른 법령 등과 조화를 이루어야 하고, 법령 등 상호 간에 중복되거나 상충되지 아니하여야 한다.

㉢ 법령 등은 일반 국민이 그 내용을 쉽고 명확하게 이해할 수 있도록 알기 쉽게 만들어져야 한다.

③ 정부는 매년 해당 연도에 추진할 법령안 입법계획(이하 "정부입법계획"이라 한다)을 수립하여야 한다.

④ 행정의 입법활동의 절차 및 정부입법계획의 수립에 관하여 필요한 사항은 정부의 법제업무에 관한 사항을 규율하는 대통령령으로 정한다.

(3) **행정법제의 개선**(행정기본법 제39조)

① 정부는 권한 있는 기관에 의하여 위헌으로 결정되어 법령이 헌법에 위반되거나 법률에 위반되는 것이 명백한 경우 등 대통령령으로 정하는 경우에는 해당 법령을 개선하여야 한다.

② 정부는 행정분야의 법제도 개선 및 일관된 법 적용기준 마련 등을 위하여 필요한 경우 대통령령으로 정하는 바에 따라 관계 기관 협의 및 관계 전문가 의견 수렴을 거쳐 개선조치를 할 수 있으며, 이를 위하여 현행 법령에 관한 분석을 실시할 수 있다.

(4) 법규명령

① 의의

법규명령은 행정기관이 법령상의 수권에 의해 정립하는 일반적 · 추상적인 명령으로서 법규의 성질을 가지는 것을 말한다.

② 종류

㉠ **법률과의 관계를 기준** : 헌법대위명령, 법률대위명령, 법률종속명령(위임명령 · 집행명령)

㉡ **수권의 근거를 기준** : 직권명령과 위임명령

㉢ **발령권(권한)의 소재를 기준** : 대통령령 · 총리령 · 부령, 기타 중앙선거관리위원회 규칙 등

③ **법규명령의 적법성**

법규명령은 법률 또는 상위법령의 근거가 필요하고 내용이 수권의 범위 내에 있어야 하며, 구체적인 위임일 것을 요한다.

(5) 행정규칙

① 의의

행정규칙이란 상급행정기관이 하급행정기관에 대하여 법률의 수권 없이 권한의 범위 내에서 정립하는 일반적 · 추상적 규정으로서 법규적 성질을 가지지 않는 것을 말한다.

② 종류

㉠ **내용에 따른 구분** : 조직규칙, 근무규칙, 영조물규칙, 규범해석규칙, 법률대위규칙 등

㉡ **형식에 따른 구분** : **훈령**, 지시, 예규, 일일명령, 고시 등

* **훈령** : 상급기관이 하급기관에 대하여 장기간에 걸쳐 그 권한의 행사를 일반적으로 지시하기 위하여 발하는 명령을 말한다.

③ 성립요건

㉠ 정당한 권한 있는 기관이 그 권한의 범위 내에서 제정하여야 한다.

㉡ 그 내용이 법규나 상위 규칙에 반하지 않고 실현불가능하지 않고 명확하여야 한다.

㉢ 소정의 절차와 형식이 있으면 그것을 갖추어야 적법한 것이 된다.

(6) 자치입법

조례와 규칙 및 교육규칙 등 지방의회가 법령이 정하는 절차에 따라 정하는 조례를 말한다.

02 행정행위

(1) 행정행위의 개념

① 의의

행정행위는 행정청이 구체적 사실에 대한 법집행으로서 외부에 대해 직접적이고 구체적인 구속력을 발생시키는 권력적 단독행위로서 학문상의 용어이다.

② 행정기본법상의 처분개념

"처분"이란 행정청이 구체적 사실에 관하여 행하는 법 집행으로서 공권력의 행사 또는 그 거부와 그 밖에 이에 준하는 행정작용을 말한다(행정기본법 제2조 제4호).

③ 행정쟁송법상 처분개념 16년 기출

행정처분은 행정주체가 국민에 대하여 명령·강제하고, 권리나 이익(利益)을 부여하는 등 법을 집행하는 행위를 말한다.

보충학습

행정처분
- 행정처분은 행정청이 행하는 공권력 작용이다.
- 경미한 하자 있는 행정처분에는 공정력이 인정된다.
- 행정처분에 대해서만 항고소송을 제기할 수 있다.

✓OX
행정처분에는 조건을 부가할 수 없다. (×)

④ 처분의 효력

처분은 권한이 있는 기관이 취소 또는 철회하거나 기간의 경과 등으로 소멸되기 전까지는 유효한 것으로 통용된다. 다만, 무효인 처분은 처음부터 그 효력이 발생하지 아니한다(행정기본법 제15조).

⑤ 제재처분

"제재처분"이란 법령 등에 따른 의무를 위반하거나 이행하지 아니하였음을 이유로 당사자에게 의무를 부과하거나 권익을 제한하는 처분을 말한다. 다만, 제30조 제1항 각 호에 따른 행정상 강제(행정대집행, 이행강제금의 부과, 직접강제, 강제징수, 즉시강제)는 제외한다(행정기본법 제2조 제5호).

(2) 행정행위의 종류 19년 기출

① 성질에 따른 분류

㉠ 수익적 행정행위 : 허가, 인가, 특허 따위와 같이 해당 행정행위의 상대방에게 권리나 이익을 부여하는 행정행위를 말한다.

㉡ **침익적 행정행위** : 의무를 부과하거나 권리·이익을 침해하거나 제한하는 등의 행위를 말한다.

㉢ **복효적 행정행위**(이중효과적 행정행위) : 하나의 행위가 수익적 측면과 침익적 측면이라는 복수의 효과를 함께 발생시키는 행정행위이다. 행정행위의 상대방에게 수익적 효과와 침익적 효과를 아울러 주거나, 그 행정행위의 상대방에 대하여는 수익적 효과가 발생하고 일정한 제3자에 대하여는 침익적 효과를 수반하는 경우를 말한다.

② 대상에 따른 분류

㉠ **대인적 행정행위** : 행정행위 상대방의 주관적 사정(학식, 기술, 경험 등)에 착안하여 행해진 행정행위로 의사면허, 자동차운전면허, 인간문화재 지정 등이 예이다.

㉡ **대물적 행정행위** : 물건의 객관적 사정(물건의 안전도, 자동차검사증의 교부 등)에 착안하여 행해지는 행정행위로 건축물의 준공검사, 자연공원지정, 채석허가 등이 예이다.

㉢ **혼합효 행정행위** : 상대방의 주관적 사정과 물건의 객관적 사정을 모두 고려하여 행해지는 행정행위로 석유사업허가 등이 있다.

③ 행정주체의 재량 여부에 따른 분류

㉠ **기속행위** : 법이 정한 일정한 요건이 충족되어 있을 때 법규가 행정주체에 대하여 어떠한 재량의 여지를 주지 아니하고 오직 그 법규를 집행하도록 하는 행위를 말한다.

예 사인이 대중음식점영업을 개시하는 데 필요한 요건을 갖추어 행정청에 청구하면 식품위생법상 대중음식점영업허가를 발급해주어야 한다.

㉡ **재량행위** : 법규상 구성요건으로 정한 전제요건이 충족되더라도 공익 등의 이유로 행정기관에게 어느 범위까지 판단의 자유를 허용하는 행위를 말한다.

예 다수의 개인택시운송사업면허 신청에 대하여 행정청이 행정사무처리기준으로 규정한 운전경력 인정방법에 대한 기준을 근거로 재량권 범위 내에서 신청자 전부가 아닌 일부에게만 면허를 발급한다.

④ 행정행위의 내용에 따른 분류

㉠ 법률행위적 행정행위

㉡ 준법률행위적 행정행위

최신기출확인

甲에게 수익적이지만 동시에 乙에게는 침익적인 결과를 발생시키는 행정행위는? 19년 기출

① 대인적 행정행위 ② 혼합적 행정행위
③ 복효적 행정행위 ④ 대물적 행정행위

해설

③ 복효적 행정행위는 하나의 행위가 수익적 측면과 침익적 측면이라는 복수의 효과를 함께 발생시키는 행정행위이다.
① 대인적 행정행위 : 행정행위 상대방의 주관적 사정(학식, 기술, 경험 등)에 착안하여 행해지는 행정행위로, 의사면허, 자동차운전면허, 인간문화재 지정 등이 예이다.
② 혼합적 행정행위 : 상대방의 주관적 사정과 물건의 객관적 사정을 모두 고려하여 행해지는 행정행위로, 석유사업허가 등이 있다.
④ 대물적 행정행위 : 물건의 객관적 사정(물건의 안전도, 자동차검사증의 교부 등)에 착안하여 행해지는 행정행위로, 건축물의 준공검사, 자연공원 지정, 채석허가 등이 예이다.

답 ③

(3) 행정행위의 내용 20년, 19년, 18년, 16년, 13년, 12년 기출

① 법률행위적 행정행위

㉠ **명령적 행정행위** : 국민에게 특정한 의무를 부과하여 자연적 자유를 제한하거나, 이미 부과된 의무를 해제하여 자연적 자유를 회복시키는 행위를 말한다.

하명	행정청이 국민에게 작위, 부작위, 급부 또는 수인의무를 명하는 행정행위를 말한다. • **작위하명** : 적극적으로 어떠한 행위를 할 것을 명하는 행정행위로서 불법건축물에 대한 철거명령 등이 있다. • **부작위하명** : 어떠한 행위를 하지 아니할 것을 명하는 행정행위로서 심야영업금지명령(영업정지처분), 수출입금지 등이 있다. • **급부하명** : 금전물품의 급부를 명하는 행정행위로서 과태료부과처분, 세금부과처분 등이 있다. • **수인하명** : 행정권의 권한행사 시에 이에 대항하지 말고 참아야 하는 의무를 명하는 행정행위로서 정신병원에의 강제입원명령 등이 있다.
허가	금지했던 행위를 특정한 경우에 적법하게 해제하여 그 행위를 할 수 있는 자격을 주는 행정행위로서 영업허가, 건축허가, 자동차 운전면허 등이 있다.
면제	법령에 의하여 부여된 작위의무, 수인의무, 급부의무를 특정한 경우에 해제하여 주는 행정행위로서 예방접종면제, 도로교통법 위반 과태료납부의무 면제 등이 있다.

✓ Tip

행정상 즉시강제는 행정행위로 볼 수 없다.

✓ OX

건축허가는 행정행위에 해당된다. (O)

㉡ 형성적 행정행위 : 상대방에 대하여 특정한 권리나 능력 기타 법률상의 힘이나 포괄적 법률관계를 설정·변경·소멸시켜 주는 행정행위를 말한다.

특허	행정청이 상대방에게 특정한 권리, 능력, 법적 지위, 포괄적 법률관계를 설정하는 행정행위를 말한다. • 권리 설정 : 자동차운수사업면허, 어업면허 • 능력 설정 : 공법인(EBS 교육방송)설립허가, 광업허가 • 포괄적 법률관계 설정 : 공무원 임명, 귀화허가
인가	타인의 법률적 행위를 보충하여 그 법률적 효력을 완성시켜 주는 행정행위로서 재단법인의 정관변경의 허가, 사립학교의 설립자변경인가처분 등이 있다.
공법상 대리	행정청 이외의 제3자인 개인이 행하여야 할 행위를 행정기관이 대신하여 행하고, 그 행위의 법적 효과는 제3자인 개인에게 귀속되는 행정행위로서 체납처분절차상 압류재산공납처분, 감독청에 의한 공법인의 정관작성 또는 임원임명 등이 있다.

✔ Tip

도로의 설치, 국유재산의 매각, 토지수용에 관한 협의 등은 행정행위에 해당되지 않는다.

최신기출확인

행정청이 행정목적을 달성하기 위하여 부과한 일반적·상대적 금지를 일정한 요건을 갖춘 경우에 해제하여 일정한 행위를 적법하게 할 수 있게 하는 행정행위는? 20년 기출

① 인가 ② 특허
③ 확인 ④ 허가

해설

④ 허가는 법령에 의한 일반적·상대적 금지(허가조건부 금지)를 일정한 요건을 갖춘 경우에 해제하여 일정한 행위를 적법하게 할 수 있게 하는 행정행위를 말한다.
① 인가는 타인의 법률적 행위를 보충하여 그 법률적 효력을 완성시켜 주는 행정행위이다.
② 특허는 행정청이 상대방에게 특정한 권리, 능력, 법적 지위, 포괄적 법률관계를 설정하는 행정행위이다.
③ 확인은 특정한 사실 또는 법률관계의 존부 또는 정부에 관하여 의문이 있거나 다툼이 있는 경우에 행정청이 이를 공권적으로 확인하는 행정행위이다.

답 ④

② **준법률행위적 행정행위** 17년, 11년 기출

준법률행위적 행정행위는 행정주체의 의사표시 이외의 정신작용(판단의 표시, 인식의 표시, 관념의 표시 등)을 구성요소로 하고 그 법

적 효과는 행정청의 의사와 관계없이 직접 법이 정하는 바에 따라 발생하는 행정행위를 말한다.

확인	특정한 사실 또는 법률관계의 존부 또는 정부에 관하여 의문이 있거나 다툼이 있는 경우에 행정청이 이를 공권적으로 확인하는 행정행위로서 당선인 결정, 국가유공자등록결정 등이 있다.
공증	특정한 사실 또는 법률관계의 존재를 공적으로 증명하는 행정행위로서 부동산 등기, 선거인명부에의 등록 등이 있다.
통지	특정인 또는 불특정다수인에게 특정한 사실을 알리는 행정행위로서 대집행의 계고, 납세독촉 등이 있다.
수리	법률상 행정청에게 수리의무가 있는 경우에 신고, 신청 등 타인의 행위를 행정청이 적법한 행위로 받아들이는 행정행위로서 행정심판청구서의 수리, 혼인신고서의 수리 등이 있다.

✓OX
하명, 특허, 승인은 준법률행위적 행정행위에 해당한다. (×)

✓Tip
인가는 행정법상 준법률행위적 행정행위가 아니다.

(4) 행정행위의 부관 19년 기출

① 부관의 의의

부관은 행정행위의 일반적인 효과를 제한 또는 보충하기 위하여 주된 의사표시에 부가된 종된 의사표시이다.

② 행정기본법상의 부관(행정기본법 제17조)

㉠ 행정청은 처분에 재량이 있는 경우에는 부관(조건, 기한, 부담, 철회권의 유보 등을 말한다)을 붙일 수 있다.

㉡ 행정청은 처분에 재량이 없는 경우에는 법률에 근거가 있는 경우에 부관을 붙일 수 있다.

㉢ 행정청은 부관을 붙일 수 있는 처분이 다음의 어느 하나에 해당하는 경우에는 그 처분을 한 후에도 부관을 새로 붙이거나 종전의 부관을 변경할 수 있다.

ⓐ 법률에 근거가 있는 경우

ⓑ 당사자의 동의가 있는 경우

ⓓ 사정이 변경되어 부관을 새로 붙이거나 종전의 부관을 변경하지 아니하면 해당 처분의 목적을 달성할 수 없다고 인정되는 경우

㉣ 부관은 다음의 요건에 적합하여야 한다.

ⓐ 해당 처분의 목적에 위배되지 아니할 것

ⓑ 해당 처분과 실질적인 관련이 있을 것

ⓒ 해당 처분의 목적을 달성하기 위하여 필요한 최소한의 범위일 것

③ 부관의 종류

조건	행정행위의 효력의 발생 또는 소멸을 장래의 불확실한 사실에 의존하게 하는 부관으로서, 효력의 발생에 관한 조건인 정지조건과 효력의 소멸에 관한 조건인 해제조건이 있다.
기한	행정행위의 효력을 장래 도래가 확실한 사실에 의존시키는 부관을 말한다.
부담	행정행위에 부수하여 그 상대방에게 작위 · 부작위 · 급부 · 수인의무 등 별도의 의무를 부과하는 부관을 말한다.
철회권의 유보	행정청이 일정한 경우에 행정행위를 철회하여 그 효력을 소멸시킬 수 있음을 정한 부관을 말한다.
법률효과의 일부배제	법률이 행정행위에 부여하는 효과의 일부를 배제하는 것을 내용으로 하는 부관을 말한다.

✔ Tip

행정행위의 부관은 부담의 경우를 제외하고는 독립하여 행정소송의 대상이 될 수 없다.

④ 위법한 부관이 붙은 행정행위의 효력

하자가 중대하고 명백하면 부관은 무효에 해당하고 그 밖에 하자는 취소할 수 있는 부관에 해당한다.

⑤ 부관의 한계

㉠ 부관은 법령이나 행정법의 일반원칙에 위반되어서는 안 된다.

㉡ 부관은 주된 행정행위의 목적에 반하여서는 안 된다.

㉢ 부관은 주된 행정행위와 실질적 관련성이 있어야 하고 그렇지 못한 것은 부당결부금지의 원칙에 반하여 위법한 부관이 된다.

㉣ **사후부관의 문제** : 법률에 명문의 규정이 있거나 그 변경이 미리 유보되어 있는 경우 또는 상대방의 동의가 있는 경우에 한하여 허용되는 것이 원칙이지만, 사정변경으로 인하여 당초에 부담을 부가한 목적을 달성할 수 없게 된 경우에도 그 목적달성에 필요한 범위 내에서 예외적으로 허용된다.

최신기출확인

행정행위의 부관에 해당하지 않는 것은? 19년 기출

① 조건 ② 철회

③ 부담 ④ 기한

해설

② 철회는 하자 없이 성립한 행정행위에 대해 그의 효력을 존속시킬 수 없는 새로운 사정이 발생하였음을 이유로 그의 효력을 소멸시키는 독립한 행정행위를 말한다.

답 ②

(5) 행정행위의 요건 14년 기출

① 행정행위의 성립요건

㉠ 내부적 성립요건 : 행정행위는 주체·내용·형식·절차에 있어 법정요건에 적합하여야 하며 공익에 적합하여야 한다.

㉡ 외부적 성립요건 : 행정행위는 행정결정의 외부에 대한 표시행위이므로 행정 내부에서의 결정이 있는 것으로는 아직 행정행위가 성립하였다고는 할 수 없고 외부에 표시되어야 비로소 성립한다.

② 행정행위의 적법요건

㉠ 행정행위의 주체 : 행정행위를 발령한 주체에게 정당한 권한이 있을 것, 즉 정당한 권한을 가진 자의 행위라야 한다.

㉡ 행정행위의 내용 : 행정행위의 내용이 적법하고, 실현가능하고, 명확하여야 한다.

㉢ 행정행위의 절차 : 행정행위가 행해지는 절차가 적법절차에 따라 행해져야 한다.

㉣ 행정행위의 형식 : 행정행위의 형식이 법정의 형식을 갖추어야 할 것, 즉 법률의 규정에 위배되지 않아야 한다.

③ 행정행위의 효력요건

행정행위는 보통 법규나 부관에 특별한 규정이 없는 한 성립과 동시에 효력이 발생하지만, 수령을 요하는 행정행위의 경우 그것이 효력을 발생하기 위해서는 상대방에 도달함으로써 발생한다.

✓ Tip

행정행위는 반드시 법에 근거를 두어야 하고 법이 정하는 절차에 적합해야 한다. 잘못된 행정행위는 일단은 유효하고 적법한 것으로 추정된다.

✓ OX

행정행위는 법률상 절차와 형식을 갖출 필요는 없다. (×)

(6) 행정행위의 효력 18년, 15년 기출

① 구속력(기속력)

구속력은 행정행위가 그 내용에 따라 상대방·관계인 및 관계 행정청에 대해 법적 효력을 발생하는 힘을 말한다.

② 공정력

권력관계에 있어서 국가와 기타 행정주체의 의사는 비록 설립에 흠이 있을지라도 당연 무효의 경우를 제외하고는 일단 적법·유효하다는 추정을 받으며, 권한 있는 기관이 직권 또는 쟁송절차를 거쳐 취소하기 전에는 누구라도 이에 구속되고 그 효력을 부정하지 못하는 우월한 힘을 말한다.

③ 구성요건적 효력 15년 기출

행정행위가 당연 무효가 아닌 이상 모든 국가기관은 이 행위를 존중하고 스스로의 판단에 대한 기초로 삼아야 하는 효력을 말한다.

체크-UP

구성요건적 효력

법무부장관이 외국인 A에게 귀화를 허가한 경우, 선거관리위원장은 귀화허가가 무효가 아닌 한 귀화허가에 하자가 있더라도 A가 한국인이 아니라는 이유로 선거권을 거부할 수 없고, 법무부장관의 귀화허가에 구속되는 행정행위의 효력을 말한다.

④ 존속력(확정력)

행정행위가 일단 행하여진 경우에 법적 안정성을 위해 가급적 그 행정행위의 효력을 존속시키고자 하는 효력을 말한다.

불가쟁력 (형식적 확정력)	행정행위에 대한 쟁송제기기간이 경과하거나 쟁송수단을 마친 경우에는 아무리 행정행위가 위법 또는 부당하더라도 상대방 또는 이해관계인은 더 이상 그 행정행위의 효력을 다툴 수 없게 되는 힘을 말한다.
불가변력 (실질적 확정력)	예외적으로 일정한 경우 행정행위를 한 행정청 자신도 행정행위의 하자 등을 이유로 직권으로 취소·철회할 수 없는 힘을 말한다. 18년 기출

⑤ 강제력

부과된 행정상 의무의 불이행이 있는 경우에 행정청이 직접 실력을 행사하여 그 의무를 이행시키거나(자력집행력), 행정벌을 가하는 힘(제재력)을 말한다.

(7) 행정행위의 무효

① 의의

무효는 행정행위로서의 외형은 갖추고 있으나 중대하고 명백한 하자로 인하여 처음부터 아무런 행정행위로서의 효력이 발생하지 못하는 것을 말한다.

② 무효의 사유

주체상의 하자	정당한 권한을 가진 행정기관이 아닌 자의 행위, 무권한자의 행위, 의사무능력자·제한능력자의 행위, 착오에 의한 행정행위의 효력, 법령상 필요한 타기관의 필요적 협력을 받지 아니하고 한 행위 등은 원칙적으로 무효이다.
내용상의 하자	내용상 실현이 불가능한 행위이거나 불명확한 행위는 무효이다.
절차상의 하자	법률상 필요한 상대방의 신청 또는 동의를 결여한 행위, 필요적 공고·통지·중간절차 없이 한 행위, 필요한 이해관계인의 입회 또는 협의를 결한 행위, 소정의 청문을 결한 행위, 타 기관의 필요한 협력을 결한 행위 등은 무효이다.
형식상의 하자	내용을 명백히 하기 위해 형식이 요구되는 행위, 문서에 의하지 아니한 행위, 필요적 기재사항 또는 이유부기 등을 결한 행위, 행정기관의 서명·날인이 없는 행위 등은 무효이다.

체크-UP

행정행위의 하자

행정행위의 하자는 행정행위가 적법·유효하게 성립하기 위해 필요한 요건을 완전히 갖추지 못한 경우를 말한다. 그 유형으로는 무효인 행정행위와 취소할 수 있는 행정행위로 나눈다. 국민의 권리구제와 법적 안정성의 요청을 조화시키기 위해 하자가 법규의 중요한 부분을 위반한 중대한 것으로서 객관적으로 명백할 때 무효이고 그 외에는 취소할 수 있는 행정행위로 보는 중대명백설이 다수설과 판례의 입장이다.

(8) 행정행위의 취소

① 의의

행정행위의 취소는 일단 유효하게 성립한 행정행위의 효력을 그 성립에 흠(원시적 하자)이 있음을 이유로 권한 있는 기관(취소권자)이 그 효력의 전부 또는 일부를 원칙적으로 행위 시에 소급하여 소멸시키는 행위를 말한다.

직권취소	일단 유효하게 발령된 행정행위를 처분청이나 감독청이 그 행위에 위법 또는 부당한 하자가 있음을 이유로 하여 직권으로 그 효력을 소멸시키는 것을 말한다.
쟁송취소	권익침해를 당한 국민의 권리구제수단으로 행정행위의 추상적 위법성을 이유로 위법한 행정행위를 취소함으로써 소급적으로 그 효력을 소멸시키는 것을 말한다.

② 취소권자

직권취소의 취소권자는 처분청과 그 감독청이고, 쟁송취소의 취소권자는 행정심판위원회와 법원이다.

③ 위법 또는 부당한 처분의 취소(행정기본법 제18조)

㉠ 행정청은 위법 또는 부당한 처분의 전부나 일부를 소급하여 취소할 수 있다. 다만, 당사자의 신뢰를 보호할 가치가 있는 등 정당한 사유가 있는 경우에는 장래를 향하여 취소할 수 있다.

㉡ 행정청은 당사자에게 권리나 이익을 부여하는 처분을 취소하려는 경우에는 취소로 인하여 당사자가 입게 될 불이익을 취소로 달성되는 공익과 비교・형량(衡量)하여야 한다. 다만, 다음의 어느 하나에 해당하는 경우에는 그러하지 아니하다.

ⓐ 거짓이나 그 밖의 부정한 방법으로 처분을 받은 경우

ⓑ 당사자가 처분의 위법성을 알고 있었거나 중대한 과실로 알지 못한 경우

(9) 적법한 처분의 철회(행정기본법 제19조)

① 행정청은 적법한 처분이 다음의 어느 하나에 해당하는 경우에는 그 처분의 전부 또는 일부를 장래를 향하여 철회할 수 있다.

㉠ 법률에서 정한 철회 사유에 해당하게 된 경우

㉡ 법령 등의 변경이나 사정변경으로 처분을 더 이상 존속시킬 필요가 없게 된 경우

㉢ 중대한 공익을 위하여 필요한 경우

② 행정청은 처분을 철회하려는 경우에는 철회로 인하여 당사자가 입게 될 불이익을 철회로 달성되는 공익과 비교・형량하여야 한다.

✓ Tip

행정행위의 철회 : 하자 없이 성립한 행정행위에 대해 그의 효력을 존속시킬 수 없는 새로운 사정이 발생하였음을 이유로 그의 효력을 소멸시키는 독립한 행정행위를 말한다.

(10) 그 밖의 행정행위

① **확약**

확약은 행정청이 자기구속을 할 의도로 국민에 대해 특정한 행정행위를 하거나 또는 하지 않을 것을 약속하는 의사표시를 말한다.

② **행정계획**

행정계획이란 행정주체 또는 그 기관이 장래 일정기간 내에 달성하고자 하는 일정한 목표를 설정하고, 이를 위하여 필요한 수단들을 조정하고 통합하는 활동으로 국토종합계획, 도시·군관리계획 등이 이에 해당된다.

③ **공법상 계약** 17년, 16년 기출

㉠ 공법상 계약은 공법적 효과의 발생을 목적으로 하는 복수당사자 사이의 반대방향의 의사합치에 의하여 성립되는 비권력적 쌍방행위로서 사업시행자와 토지소유자 간의 협의, 공공시설의 이용관계에 관한 계약, 계약직 공무원의 채용계약, 별정우체국장의 지정 등이 이에 해당된다.

㉡ 행정청은 법령 등을 위반하지 아니하는 범위에서 행정목적을 달성하기 위하여 필요한 경우에는 공법상 법률관계에 관한 계약(이하 "공법상 계약"이라 한다)을 체결할 수 있다. 이 경우 계약의 목적 및 내용을 명확하게 적은 계약서를 작성하여야 한다(행정기본법 제27조 제1항).

㉢ 행정청은 공법상 계약의 상대방을 선정하고 계약 내용을 정할 때 공법상 계약의 공공성과 제3자의 이해관계를 고려하여야 한다(행정기본법 제27조 제2항).

④ **공법상 합동행위**

공법상 합동행위는 공법적 효과의 발생을 목적으로 하는 복수당사자의 동일방향의 의사표시의 합치에 의하여 성립하는 공법행위를 말한다.

⑤ **행정지도** 16년, 14년 기출

㉠ **의의** : 행정지도는 행정기관이 그 소관 사무의 범위에서 일정한 행정목적을 실현하기 위하여 특정인에게 일정한 행위를 하거나 하지 아니하도록 지도, 권고, 조언 등을 하는 행정작용을 말한다.

㉡ **성질** : 행정지도는 일정한 행정목적을 실현하기 위하여 상대방인 국민에게 임의적인 협력을 요청하는 비권력적 사실행위를 말한다.

✔ Tip

행정상의 사실행위는 일정한 법률효과의 발생을 목적으로 하는 것이 아니라 직접적으로 사실상의 효과의 발생만을 목적으로 하는 행정주체의 행위형식의 전체를 의미한다.

최신기출확인

행정작용 중 원칙적으로 비권력적 사실행위에 해당하는 것은? 16년 기출

① 공법상 계약
② 행정상 즉시강제
③ 행정처분
④ 행정지도

해설

④ 행정지도는 일정한 행정목적을 실현하기 위하여 상대방인 국민에게 임의적인 협력을 요청하는 비권력적 사실행위를 말한다.

답 ④

보충학습

행정예고(행정절차법 제46조 제1항)

행정예고는 행정청이 정책, 제도 및 계획(이하 "정책 등"이라 한다)을 수립·시행하거나 변경하려는 경우에는 이를 예고하는 것을 말한다. 다만, 다음의 어느 하나에 해당하는 경우에는 예고를 하지 아니할 수 있다.

- 신속하게 국민의 권리를 보호하여야 하거나 예측이 어려운 특별한 사정이 발생하는 등 긴급한 사유로 예고가 현저히 곤란한 경우
- 법령 등의 단순한 집행을 위한 경우
- 정책 등의 내용이 국민의 권리·의무 또는 일상생활과 관련이 없는 경우
- 정책 등의 예고가 공공의 안전 또는 복리를 현저히 해칠 우려가 상당한 경우

제4장 | 행정구제법

01 실효성 확보수단

(1) 행정상 강제

행정청은 행정목적을 달성하기 위하여 필요한 경우에는 법률로 정하는 바에 따라 필요한 최소한의 범위에서 행정상 강제에 해당하는 조치를 할 수 있다(행정기본법 제30조 제1항).

① **행정상 강제집행** 18년, 15년 기출

㉠ 의의 : 행정상 강제집행이란 행정법상의 의무불이행에 대해 의무의 이행을 강제하는 행위를 말한다.

✔ Tip

대집행은 계고 → 통지 → 실행 → 비용징수 순으로 이루어진다.

㉡ 수단 : 행정상 강제집행의 수단으로는 행정대집행, 이행강제금의 부과(집행벌), 직접강제, 행정상 강제징수가 있다(행정기본법 제30조 제1항 제1호~제4호).

행정대집행	의무자가 행정상 의무(법령 등에서 직접 부과하거나 행정청이 법령 등에 따라 부과한 의무를 말한다. 이하 이 절에서 같다)로서 타인이 대신하여 행할 수 있는 의무를 이행하지 아니하는 경우 법률로 정하는 다른 수단으로는 그 이행을 확보하기 곤란하고 그 불이행을 방치하면 공익을 크게 해칠 것으로 인정될 때에 행정청이 의무자가 하여야 할 행위를 스스로 하거나 제3자에게 하게 하고 그 비용을 의무자로부터 징수하는 것
이행강제금의 부과	의무자가 행정상 의무를 이행하지 아니하는 경우 행정청이 적절한 이행기간을 부여하고, 그 기한까지 행정상 의무를 이행하지 아니하면 금전급부의무를 부과하는 것 • 행정청은 이행강제금을 부과하기 전에 미리 의무자에게 적절한 이행기간을 정하여 그 기한까지 행정상 의무를 이행하지 아니하면 이행강제금을 부과한다는 뜻을 문서로 계고(戒告)하여야 한다(행정기본법 제31조 제3항). • 행정청은 의무자가 위에 따른 계고에서 정한 기한까지 행정상 의무를 이행하지 아니한 경우 이행강제금의 부과 금액・사유・시기를 문서로 명확하게 적어 의무자에게 통지하여야 한다(행정기본법 제31조 제4항). • 행정청은 의무자가 행정상 의무를 이행할 때까지 이행강제금을 반복하여 부과할 수 있다. 다만, 의무자가 의무를 이행하면 새로운 이행강제금의 부과를 즉시 중지하되, 이미 부과한 이행강제금은 징수하여야 한다(행정기본법 제31조 제5항).
직접강제	의무자가 행정상 의무를 이행하지 아니하는 경우 행정청이 의무자의 신체나 재산에 실력을 행사하여 그 행정상 의무의 이행이 있었던 것과 같은 상태를 실현하는 것 • 직접강제는 행정대집행이나 이행강제금 부과의 방법으로는 행정상 의무 이행을 확보할 수 없거나 그 실현이 불가능한 경우에 실시하여야 한다(행정기본법 제32조 제1항). • 직접강제를 실시하기 위하여 현장에 파견되는 집행책임자는 그가 집행책임자임을 표시하는 증표를 보여 주어야 한다(행정기본법 제32조 제2항). • 직접강제의 계고 및 통지에 관하여는 이행강제금 부과의 계고 및 통지 규정을 준용한다(행정기본법 제32조 제3항).

강제징수	의무자가 행정상 의무 중 금전급부의무를 이행하지 아니하는 경우 행정청이 의무자의 재산에 실력을 행사하여 그 행정상 의무가 실현된 것과 같은 상태를 실현하는 것

ⓒ 행정상 강제 조치에 관하여 행정기본법에서 정한 사항 외에 필요한 사항은 따로 법률로 정한다(행정기본법 제30조 제2항).

ⓔ 형사(刑事), 행형(行刑) 및 보안처분 관계 법령에 따라 행하는 사항이나 외국인의 출입국·난민인정·귀화·국적회복에 관한 사항에 관하여는 이 절을 적용하지 아니한다(행정기본법 제30조 제3항).

② 행정상 즉시강제 17년, 16년, 15년, 13년 기출

㉠ 현재의 급박한 행정상의 장해를 제거하기 위한 경우로서 다음의 어느 하나에 해당하는 경우에 행정청이 곧바로 국민의 신체 또는 재산에 실력을 행사하여 행정목적을 달성하는 것을 말한다(행정기본법 제30조 제1항 제5호).

ⓐ 행정청이 미리 행정상 의무 이행을 명할 시간적 여유가 없는 경우

ⓑ 그 성질상 행정상 의무의 이행을 명하는 것만으로는 행정목적 달성이 곤란한 경우

㉡ 즉시강제는 다른 수단으로는 행정목적을 달성할 수 없는 경우에만 허용되며, 이 경우에도 최소한으로만 실시하여야 한다(행정기본법 제33조 제1항).

ⓒ 즉시강제를 실시하기 위하여 현장에 파견되는 집행책임자는 그가 집행책임자임을 표시하는 증표를 보여 주어야 하며, 즉시강제의 이유와 내용을 고지하여야 한다(행정기본법 제33조 제2항).

③ 행정조사

행정조사는 행정기관이 행정작용을 지정하고 효과적으로 수행하기 위하여 필요한 정보나 자료를 얻기 위하여 행하는 권력적 조사작용을 말한다.

체크-UP

행정상 즉시강제
경찰관이 목전에 급박한 장해를 제거할 필요가 있거나 그 성질상 미리 의무를 명할 시간적 여유가 없을 때, 자신이 근무하는 국가중요시설에 무단으로 침입한 자의 신체에 직접 무기를 사용하여 저지하는 행위는 행정상 즉시강제이다.

최신기출확인

행정청이 건물의 철거 등 대체적 작위의무의 이행과 관련하여 의무자가 행할 작위를 스스로 행하거나 또는 제3자로 하여금 이를 행하게 하고 그 비용을 의무자로부터 징수하는 행정상의 강제집행수단은? 18년 기출

① 행정대집행　　② 행정벌
③ 직접강제　　④ 행정상 즉시강제

해설

① 대체적 작위의무를 의무자가 이행하지 않는 경우에 해당 행정청이 그 의무를 스스로 이행하거나 제3자를 통해 이행하게 하고 작위의무의 비용은 의무자에게 징수하는 작용으로, 철거명령을 따르지 않은 무허가건물을 행정청이 직접 철거하고 그에 대한 비용을 당사자에게 청구하는 행위 등이 있다.
② 행정벌은 행정법상의 의무위반행위에 대하여 제재로서 가하는 처벌로, 과거의 의무위반에 대한 제재를 직접적인 목적으로 한다.
③ 직접강제는 의무자의 행정법상 의무 불이행에 대해 직접 의무자의 신체 또는 재산에 실력을 행사하여 행정상 필요한 상태를 실현하는 강제집행수단으로, 영업장의 폐쇄, 외국인의 강제퇴거 등이 있다.
④ 행정상 즉시강제는 급박한 상황하에서 의무를 명할 수 없는 경우에 행하여지는 행정강제로, 행정 실현을 위해 사람의 신체 또는 재산에 실력을 가함으로써 행정을 실현하려는 권력적 사실행위를 말한다. 행정상 즉시강제의 대표적인 사례로는 전염병 환자의 강제입원, 소방장애물의 제거 등이 있다. 답 ①

(2) 행정벌 16년 기출

① 의의

행정벌은 행정법상의 의무위반행위에 대하여 제재로서 가하는 처벌로, 과거의 의무위반에 대한 제재를 직접적인 목적으로 한다.

✓ Tip

행정벌은 장래의 의무이행을 촉구하기 위한 것이 아니라 과거의 의무위반에 대한 제재를 직접적인 목적으로 한다.

② 종류

행정벌에는 행정형벌과 행정질서벌이 있다.

㉠ 행정형벌

ⓐ **의의** : 행정형벌은 형법상의 형벌을 가하는 행정벌을 말한다.

ⓑ **과벌** : 행정형벌은 원칙상 형사벌과 같이 형사소송법에 따라 부과된다. 행정형벌의 일반적인 과형절차는 형벌과 마찬가지로 형사소송법에 의하는 것이 원칙이다.

㉡ 행정질서벌

ⓐ **의의** : 행정질서벌은 행정법규 위반에 대하여 과태료를 부과하는 행정벌로, 행정질서벌에는 국가의 법령에 근거한 것과 지방자치단체의 조례에 근거한 것이 있다.

✓ OX

행정질서벌의 부과·징수는 형사소송법에 따른다. (×)

ⓑ **과벌** : 원칙상 질서행위위반규제법이 적용되고 그 밖에 지방자치법에 근거하여 조례로써 부과할 수 있다. 행정질서벌에 관하여 조례로 규율할 수 있지만 규칙으로는 행정질서벌을 규정할 수 없다.

최신기출확인

행정벌에 관한 설명으로 옳은 것은? 16년 기출

① 행정벌은 장래의 의무이행을 촉구하기 위한 행정상 강제집행을 말한다.
② 행정벌은 행정형벌, 행정질서벌, 행정상 직접강제로 구분된다.
③ 행정질서벌은 행정법규 위반에 대하여 과태료를 부과하는 행정벌이다.
④ 행정질서벌의 부과·징수는 형사소송법에 따른다.

해설

① 행정벌은 과거의 의무위반에 대한 제재를 직접적인 목적으로 하는 것인 반면에, 장래의 의무이행을 촉구하기 위한 행정상 강제집행은 이행강제금이다.
② 행정벌은 행정형벌, 행정질서벌로 구분되고, 행정상 직접강제는 행정강제에 해당된다.
④ 행정질서벌의 부과·징수는 질서행위위반규제법에 따르고 행정형벌은 형사소송법에 따른다.

답 ③

02 행정구제

(1) 의의

행정구제는 행정작용으로 자기의 권리·이익이 침해되었거나 될 것으로 주장하는 자가 행정기관이나 법원에 원상회복·손해전보 또는 해당 행정작용의 취소·변경을 청구하여 행정기관 또는 법원이 이를 심리하여 권리·이익의 보호에 관한 판정을 내리는 것을 말한다.

(2) 종류

행정구제제도에는 손해전보제도와 행정쟁송제도가 있다.

① **손해전보제도**

㉠ **행정상 손해배상제도** : 국가나 지방자치단체의 위법한 행정작용 등으로 인하여 개인이 손해를 입은 경우 이로 인하여 발생한 손해에 대하여 배상하여 주는 제도를 말한다.

예 지방자치단체가 건설한 교량이 시공자의 흠으로 붕괴되어 지역주민들에게 상해를 입혔을 때, 지방자치단체가 상해를 입은 주민들의 피해를 구제해 주었다.

ⓐ **공무원의 직무상 불법행위로 인한 배상책임** : 공무원이 그 직무를 집행하면서 고의 또는 과실로 법령에 위반하여 타인에게 손해를 가하였을 때에는 국가나 지방자치단체는 그 손해를 배상할 책임이 있다.

✓ Tip
행정상 손해배상제도는 위법한 행정작용 등으로 인하여 개인에게 손해를 입힌 것에 대한 배상이다.

ⓑ **영조물 설치·관리의 하자로 인한 배상책임** : 도로·하천 그 밖의 공공의 영조물의 설치나 관리의 하자로 타인에게 손해를 발생하게 하였을 때에는 국가나 지방자치단체는 그 손해를 배상하여야 한다.

ⓛ **행정상 손실보상제도**

ⓐ **의의** : 행정상 손실보상은 공공의 필요에 의한 적법한 공권력 행사로 사유재산에 가하여진 특별한 희생에 대하여 사유재산의 보장과 공평부담의 견지에서 행정주체가 이를 조정하기 위하여 행하는 조절적인 재산적 보장을 말한다.

예 도로확장사업으로 인하여 토지를 수용당한 주민들의 피해를 국가가 변상하여 주었다.

ⓑ **법적 근거** : 공공필요에 의한 재산권의 수용·사용 또는 제한 및 그에 대한 보상은 법률로써 하되, 정당한 보상을 지급하여야 한다(헌법 제23조 제3항).

✓ Tip
손해배상과 손실보상의 가장 본질적 구별기준은 침해의 위법·적법성 여부이다.

✓ OX
행정쟁송제도는 행정작용으로 인한 손해를 구제받기 위한 제도이다. (×)
➜ 손해전보제도

② **행정쟁송제도** 20년, 10년 기출

행정쟁송은 위법 또는 부당한 행정작용으로 인해 권리나 이익을 침해당한 자가 일정한 국가기관에 이의를 제기하여 그 행정작용의 취소나 무효 등의 확인을 구하고 이를 심리받는 권리구제제도를 말한다.

㉠ **행정심판** : 행정청의 위법·부당한 행정행위로 인하여 권익을 침해당한 자가 행정기관에 그 시정을 구하는 절차를 말한다. 행정심판은 위법·부당한 행정행위로 권익을 침해당한 자가 행정처분을 행한 행정청 혹은 직근 상급행정기관에 청구한다.

취소심판	행정청의 위법 또는 부당한 처분을 취소하거나 변경하는 행정심판을 말한다.
무효등확인심판	행정청의 처분의 효력 유무 또는 존재 여부를 확인하는 행정심판을 말한다.
의무이행심판	당사자의 신청에 대한 행정청의 위법 또는 부당한 거부처분이나 부작위에 대하여 일정한 처분을 하도록 하는 행정심판을 말한다. 예 관할행정청 甲이 乙의 경비업 허가신청에 대해 거부처분을 한 경우, 이에 불복하는 乙이 제기할 수 있는 행정심판이다.

✓ Tip
부작위위법확인심판은 행정심판법상 행정심판의 종류에 해당되지 않는다.

㉡ **행정소송** : 법원이 사법의 일환으로 행정사건에 관하여 심리·판단하는 행정소송절차로, 이를 통해 행정청의 위법한 처분 그 밖에 공권력으로 인한 국민의 권리 또는 이익의 침해를 구제한다. 행정소송은 법원에 제기하며 행정심판을 거치지 않고 행정소송

을 제기할 수 있으며, 3심급제를 채택하여 제1심 판결에 대한 항소사건은 고등법원이 심판하고, 상고사건은 대법원이 관할한다.

항고소송	행정청의 처분 등이나 부작위에 대하여 제기하는 소송을 말하며, 취소소송, 무효등확인소송, 부작위위법확인소송으로 구분한다.
당사자소송	행정청의 처분 등을 원인으로 하는 법률관계에 대한 소송 그 밖에 공법상의 법률관계에 대한 소송으로서 그 법률관계의 한쪽 당사자를 피고로 하는 소송을 말한다.
민중소송	국가 또는 공공단체의 기관이 법률에 위반되는 행위를 한 때에 직접 자기의 법률상 이익과 관계없이 그 시정을 구하기 위하여 제기하는 소송을 말한다.
기관소송	국가 또는 공공단체의 기관 상호 간에 있어서의 권한의 존부 또는 그 행사에 관한 다툼이 있을 경우 이에 대하여 제기하는 소송을 말한다.

✓OX
행정소송은 정식 소송절차에서 대법원에서만 심리하는 단심제소송이다. (×)
➜ 3심제

최신기출확인

행정청의 처분 등이나 부작위에 대하여 제기하는 행정소송은? 20년 기출

① 항고소송 ② 기관소송
③ 민중소송 ④ 당사자소송

해설

① 행정청의 처분 등이나 부작위에 대하여 제기하는 행정소송은 항고소송이다(행정소송법 제3조 제1호).
② 기관소송 : 국가 또는 공공단체의 기관 상호 간에 있어서의 권한의 존부 또는 그 행사에 관한 다툼이 있을 때에 이에 대하여 제기하는 소송. 다만, 헌법재판소법의 규정에 의하여 헌법재판소의 관장사항으로 되는 소송은 제외한다(동법 제3조 제4호).
③ 민중소송 : 국가 또는 공공단체의 기관이 법률에 위반되는 행위를 한 때에 직접 자기의 법률상 이익과 관계없이 그 시정을 구하기 위하여 제기하는 소송(동법 제3조 제3호)
④ 당사자소송 : 행정청의 처분 등을 원인으로 하는 법률관계에 관한 소송 그 밖에 공법상의 법률관계에 관한 소송으로서 그 법률관계의 한쪽 당사자를 피고로 하는 소송(동법 제3조 제2호)

답 ①

기출 및 예상문제

01 행정법상 행정주체에 해당하지 않는 것은? 15년 기출

① 국가 ② 지방자치단체장
③ 영조물법인 ④ 공무수탁사인

정답해설≫

② 지방자치단체장은 행정주체인 지방자치단체의 기관 중 하나인 집행기관에 해당할 뿐 행정주체는 아니다. 행정주체인 지방자치단체는 국가의 영토 내에서 일정한 지역을 단위로, 그 지역 내의 주민에게 일정한 통치권을 행사하는 공공단체이다. 지방의회와 지방자치단체장은 각각 지방자치단체의 의결기관과 집행기관으로서 행정주체라고 볼 수 없다.

02 행정주체가 아닌 것은? 17년 기출

① 한국은행 ② 서울특별시
③ 대한민국 ④ 경찰청장

정답해설≫

④ 경찰청장은 행정주체인 국가의 행정관청에 해당할 뿐 행정주체는 아니다.

03 행정기관에 관한 설명으로 옳은 것은? 15년 기출

① 행정청의 자문기관은 합의제이며, 그 구성원은 공무원으로 한정된다.
② 보좌기관은 행정조직의 내부기관으로서 행정청의 권한 행사를 보조하는 것을 임무로 하는 행정기관이다.
③ 국무조정실, 각 부의 차관보 · 실장 · 국장 등은 행정조직의 보조기관이다.
④ 행정청은 행정주체의 의사를 결정하여 외부에 표시하는 권한을 가진 기관이다.

오답해설 >

① 행정청의 자문기관에는 각종 심의회와 국가안전보장회의 등이 있고 주로 합의제이며, 그 구성원은 공무원으로 한정하지 않는다.
② 지문은 보조기관에 대한 설명이다. 보좌기관은 국가 또는 공공단체의 행정청 또는 그 보조기관을 보좌하는 기관으로, 대통령비서실, 국가안보실, 국무총리실, 행정각부의 차관보 등이 이에 해당한다.
③ 각 부의 차관 · 실장 · 국장 등은 행정조직의 보조기관에 해당하지만, 각 부의 차관부, 국무조정실은 보좌기관에 해당한다.

04 행정기관에 관한 설명으로 옳은 것은?

14년 기출

① 다수 구성원으로 이루어진 합의제 행정청이 대표적인 행정청의 형태이며 지방자치단체의 경우 지방의회가 행정청이다.
② 감사기관은 다른 행정기관의 사무나 회계처리를 검사하고 그 적부에 관해 감사하는 기관이다.
③ 자문기관은 행정청의 내부 실 · 국의 기관으로 행정청의 권한 행사를 보좌한다.
④ 의결기관은 행정청의 의사결정에 참여하는 권한을 가진 기관이지만 행정청의 의사를 법적으로 구속하지는 못한다.

정답해설 >

② 감사기관은 타 행정기관의 사무나 회계처리에 대해 감사하는 기관이다. 우리나라의 감사기관으로는 감사원이 있으며, 대통령 소속의 기관이지만 직무에 있어서는 독립된 지위를 가지고 있다.

오답해설 >

① 독임제 행정청이 대표적인 행정청의 형태이며, 독임제 행정청으로 각 부의 장관, 각 처의 처장, 각 청의 청장, 특별시장, 도지사 등이 있다. 지방자치단체의 경우 지방자치단체장이 행정청이다.
③ 자문기관이란 행정청에 대하여 자문을 제시할 수 있는 권한을 가진 행정기관이다.
④ 의결기관은 행정청의 의사를 법적으로 구속한다.

05 행정법상 행정주체가 아닌 것은?

20년 기출

① 영조물법인
② 공공조합
③ 지방자치단체
④ 행정각부의 장관

정답해설 >

④ 행정각부의 장관은 행정기관으로 행정주체에 해당하지 않는다.

오답해설 >

행정법상 행정주체로는 국가, 지방자치단체, 공공조합, 영조물법인, 공법상 재단, 공무수탁사인 등이 있다.

정답 > 01 ② 02 ④ 03 ④ 04 ② 05 ④

06 정부조직법에 관한 설명으로 옳은 것은?

① 대통령은 정부의 수반으로서 법령에 따라 모든 중앙행정기관의 장을 지휘·감독한다.
② 국가유공자 및 그 유족에 대한 보훈, 제대군인의 보상·보호 및 보훈선양에 관한 사무를 관장하기 위하여 대통령 소속으로 국가보훈처를 둔다.
③ 국가안전보장에 관련되는 정보·보안 및 범죄수사에 관한 사무를 담당하기 위하여 국무총리 소속으로 국가정보원을 둔다.
④ 중앙행정기관의 설치와 직무범위는 행정규칙으로 정한다.

정답해설≫

① 정부조직법 제11조 제1항

오답해설≫

② 국가유공자 및 그 유족에 대한 보훈, 제대군인의 보상·보호 및 보훈선양에 관한 사무를 관장하기 위하여 국무총리 소속으로 국가보훈처를 둔다(동법 제22조의2).
③ 국가안전보장에 관련되는 정보·보안 및 범죄수사에 관한 사무를 담당하기 위하여 대통령 소속으로 국가정보원을 둔다(동법 제17조 제1항).
④ 중앙행정기관의 설치와 직무범위는 법률로 정한다(동법 제2조 제1항).

07 지방자치법상 주민의 권리가 아닌 것은?

13년 기출

① 주민투표권
② 공공시설이용권
③ 균등한 행정혜택을 받을 권리
④ 지방세의 감면에 관한 조례제정청구권

정답해설≫

④ 일정한 요건에 충족한 19세 이상의 주민은 지방자치단체의 장에게 조례의 제정·개정·폐지를 청구할 수 있는데 법령을 위반하는 사항, 지방세·사용료·수수료·부담금의 부과·징수 또는 감면에 관한 사항, 행정기구를 설치하거나 변경하는 것에 관한 사항이나 공공시설의 설치를 반대하는 사항은 청구대상에서 제외한다(지방자치법 제15조 제2항).

∷ 주민의 권리와 의무

주민의 권리	주민의 의무
• 소속재산 및 공공시설이용권 • 균등한 행정혜택을 받을 권리 • 선거권, 피선거권 • 주민투표권 • 지방의회로의 청원권 • 행정쟁송권 • 손해배상청구권, 손실보상청구권 등	• 공공시설의 이용 또는 재산의 사용에 대한 사용료 징수 • 이익의 범위 안에서의 부담금 징수 • 특정사무에 대한 수수료 징수 등

08 국가공무원법에 명시된 공무원의 복무의무가 아닌 것은? 14년 기출

① 범죄고발의 의무 ② 친절·공정의 의무
③ 비밀엄수의 의무 ④ 정치운동의 금지

정답해설>

① 범죄고발의 의무는 국가공무원법에 명시된 공무원의 복무의무가 아니다.

오답해설>

② 공무원은 국민 전체의 봉사자로서 친절하고 공정하게 직무를 수행하여야 한다(국가공무원법 제59조).
③ 공무원은 재직 중은 물론 퇴직 후에도 직무상 알게 된 비밀을 엄수하여야 한다(동법 제60조).
④ 공무원은 정당이나 그 밖의 정치단체의 결성에 관여하거나 이에 가입할 수 없다(동법 제65조 제1항).

09 공무원의 재산상 권리인 것은? 13년 기출

① 신분보유권 ② 직위보유권
③ 직무집행권 ④ 보수청구권

정답해설>

④ 보수청구권은 공무원이 봉급, 수당, 연금 등의 보수를 국가 또는 지방자치단체에 청구하는 권리로서 공무원의 재산상 권리에 해당한다.

오답해설>

①·②·③ 모두 공무원의 신분상의 권리에 해당한다.

10 국가공무원법상 공무원에 대한 징계에 해당하지 않는 것은?

① 직위해제 ② 파면
③ 해임 ④ 강등

정답해설>

① 징계는 파면·해임·강등·정직·감봉·견책으로 구분한다(국가공무원법 제79조).

정답 > 06 ① 07 ④ 08 ① 09 ④ 10 ①

11 甲에게 수익적이지만 동시에 乙에게는 침익적인 결과를 발생시키는 행정행위는? 19년 기출

① 대인적 행정행위
② 혼합적 행정행위
③ 복효적 행정행위
④ 대물적 행정행위

정답해설>

③ 복효적 행정행위는 하나의 행위가 수익적 측면과 침익적 측면이라는 복수의 효과를 함께 발생시키는 행정행위이다.

오답해설>

① 대인적 행정행위 : 행정행위 상대방의 주관적 사정(학식, 기술, 경험 등)에 착안하여 행해지는 행정행위로, 의사면허, 자동차운전면허, 인간문화재 지정 등이 예이다.
② 혼합적 행정행위 : 상대방의 주관적 사정과 물건의 객관적 사정을 모두 고려하여 행해지는 행정행위로, 석유사업허가 등이 있다.
④ 대물적 행정행위 : 물건의 객관적 사정(물건의 안전도, 자동차검사증의 교부 등)에 착안하여 행해지는 행정행위로, 건축물의 준공검사, 자연공원 지정, 채석허가 등이 예이다.

12 행정청이 타인의 법률행위를 보충하여 그 행위의 효력을 완성시켜 주는 행정행위의 강학상 용어는? 16년 기출

① 인가
② 면제
③ 허가
④ 특허

정답해설>

① 행정청이 타인의 법률행위를 보충하여 그 행위의 효력을 완성시켜 주는 행정행위는 인가로서 재단법인의 정관변경의 허가, 사립학교의 설립자변경인가처분 등이 있다.

13 법령에 의하여 부여된 작위의무, 수인의무, 급부의무를 특정한 경우에 해제하여 주는 행정행위는? 13년 기출

① 허가
② 특허
③ 면제
④ 인가

정답해설>

③ 면제는 법령에 의하여 일반적으로 부여된 작위의무, 수인의무, 급부의무를 특정한 경우에 해제시키는 행정행위이다.

오답해설>

① 허가는 금지했던 행위를 특정한 경우에 적법하게 해제하여 그 행위를 할 수 있는 자격을 주는 행정행위이다.
② 특허는 행정청이 상대방에게 특정한 권리, 능력, 법적 지위, 포괄적 법률관계를 설정하는 행위이다.
④ 인가는 타인의 법률적 행위를 보충하여 그 법률적 효력을 완성시켜 주는 행정행위이다.

14 행정법상 행정작용에 관한 설명으로 옳지 않은 것은?

18년 기출

① 기속행위는 행정주체에 대하여 재량의 여지를 주지 않고 그 법규를 집행하도록 하는 행정행위를 말한다.

② 특정인에게 새로운 권리나 포괄적 법률관계를 설정해주는 특허는 형성적 행정행위이다.

③ 의사표시 이외의 정신작용 등의 표시를 요소로 하는 행위는 준법률행위적 행정행위이다.

④ 개인에게 일정한 작위의무를 부과하는 하명은 형성적 행정행위이다.

정답해설≫

④ 하명은 행정청이 국민에게 작위, 부작위, 급부 또는 수인의무를 명하는 행정행위를 말하며, 명령적 행정행위에 해당한다.

오답해설≫

① 기속행위는 법이 정한 일정한 요건이 충족되어 있을 때 법규가 행정주체에 대하여 어떠한 재량의 여지를 주지 아니하고 오직 그 법규를 집행하도록 하는 행위를 말한다.

② 형성적 행정행위는 상대방에 대하여 특정한 권리나 능력 기타 법률상의 힘이나 포괄적 법률관계를 설정·변경·소멸시켜 주는 행정행위를 말한다. 특허, 인가, 공법상 대리가 여기에 포함된다.

③ 준법률행위적 행정행위는 행정주체의 의사표시 이외의 정신작용(판단의 표시, 인식의 표시, 관념의 표시 등)을 구성요소로 하고 그 법적 효과는 행정청의 의사와 관계없이 직접 법이 정하는 바에 따라 발생하는 행정행위를 말한다.

15 행정행위로 볼 수 없는 것은?

13년 기출

① 광업허가 ② 영업정지처분

③ 운전면허의 취소 ④ 행정상 즉시강제

정답해설≫

④ 행정행위란 행정주체가 법 아래에서 구체적 사실에 관한 법집행으로 행하는 권력적인 단독행위인 공법행위를 의미한다는 것이 통설이다. 행정관청의 허가, 취소처분 등은 행정행위에 해당한다. 그러나 행정상 즉시강제는 행정 실현을 위해 사람의 신체 또는 재산에 실력을 가함으로써 행정을 실현하려는 권력적 사실행위로서 공법행위가 아니기 때문에 행정행위로 볼 수 없다.

16 행정행위에 관한 설명으로 옳지 않은 것은?

14년 기출

① 내용이 명확하고 실현가능하여야 한다.

② 법률상 절차와 형식을 갖출 필요는 없다.

③ 법률의 규정에 위배되지 않아야 한다.

④ 정당한 권한을 가진 자의 행위라야 한다.

정답≫ 11 ③ 12 ① 13 ③ 14 ④ 15 ④ 16 ②

정답해설

② 행정행위의 적법요건을 묻는 문제로, 행정행위는 적법절차에 따라 행해져야 하고, 형식이 법정의 형식을 갖추어야 한다.

17 법무부장관이 외국인 A에게 귀화를 허가한 경우, 선거관리위원장은 귀화허가가 무효가 아닌 한 귀화허가에 하자가 있더라도 A가 한국인이 아니라는 이유로 선거권을 거부할 수 없고, 법무부장관의 귀화허가에 구속되는 행정행위의 효력은?

15년 기출

① 공정력
② 구속력
③ 형식적 존속력
④ 구성요건적 효력

정답해설

④ 법무부장관의 귀화허가는 유효한 행정행위이므로 모든 국가기관은 유효한 행정행위인 귀화허가를 존중하고 판단의 기초로 삼아야 한다. 이와 같은 행정행위의 효력을 구성요건적 효력이라고 한다.

행정행위의 효력

내용상 구속력	행정행위가 그 내용에 따라 일정한 법적 효과를 발생시키고 구속력을 보유
공정력	비록 행정행위에 하자가 있을지라도 그 하자가 중대하고 명백한 당연 무효가 아닌 이상, 권한이 있는 기관에 의한 취소가 있을 때까지는 유효한 것으로 보는 효력
구성요건적 효력	행정행위가 당연 무효가 아닌 이상, 국가기관은 이 행위를 존중하고 판단의 기초로 삼아야 하는 효력
존속력(확정력)	행정행위가 일단 행하여진 경우에 법적 안정성을 위해 가급적 그 행정행위의 효력을 존속시키고자 하는 효력
강제력	부과된 행정상 의무의 불이행이 있는 경우에 행정청이 직접 실력을 행사하여 그 의무를 이행시키거나(자력집행력), 행정벌을 가하는 힘(제재력)

18 다음 중 행정행위에 해당하는 것은?

① 도로의 설치
② 건축허가
③ 국유재산의 매각
④ 토지수용에 관한 협의

정답해설

② 건축허가는 법률행위적 행정행위 중 명령적 행정행위에 속하고, 명령적 행정행위로는 하명, 허가, 면제가 있다. 행정행위의 허가는 건축허가 이외에 영업허가, 운전면허 등이 대표적이다.

19 행정작용에 관한 설명으로 옳지 않은 것을 모두 고른 것은?

17년 기출

ㄱ. 하명은 명령적 행정행위이다.
ㄴ. 인가는 형성적 행정행위이다.
ㄷ. 공증은 법률행위적 행정행위이다.
ㄹ. 공법상 계약은 권력적 사실행위이다.

① ㄱ, ㄴ
② ㄱ, ㄷ
③ ㄴ, ㄹ
④ ㄷ, ㄹ

정답해설

④ ㄷ. 공증은 준법률행위적 행정행위이다.
ㄹ. 공법상 계약은 공법적 효과의 발생을 목적으로 하는 복수당사자 사이의 반대방향의 의사합치에 의하여 성립되는 비권력적 쌍방행위이다.

20 행정법상 준법률행위적 행정행위가 아닌 것은?

① 인가
② 수리
③ 공증
④ 통지

정답해설

① 인가는 타인의 법률적 행위를 보충하여 그 법률적 효력을 완성시켜 주는 행정행위로, 법률행위적 행정행위에 속한다.

오답해설

준법률행위적 행정행위는 행정주체의 의사표시 이외의 정신작용(판단의 표시, 인식의 표시, 관념의 표시 등)을 구성요소로 하고 그 법적 효과는 행정청의 의사와 관계없이 직접 법이 정하는 바에 따라 발생하는 행정행위로, 확인, 공증, 통지, 수리 등이 있다.

21 사인(私人)이 행정청에 대하여 어떠한 사실을 알리는 공법상의 행위는?

19년 기출

① 신고
② 확인
③ 하명
④ 수리

정답해설

① 신고는 사인(私人)이 행정청에 대하여 공법적 효과의 발생을 목적으로 어떠한 사실을 알리는 공법상의 행위이다.

정답 > 17 ④ 18 ② 19 ④ 20 ① 21 ①

오답해설

② 확인 : 특정한 사실 또는 법률관계의 존부 또는 정부에 관하여 의문이 있거나 다툼이 있는 경우에 행정청이 이를 공권적으로 확인하는 행정행위로서 당선인 결정, 국가유공자등록결정 등이 있다.
③ 하명 : 행정청이 국민에게 작위, 부작위, 급부 또는 수인의무를 명하는 행정행위를 말하며, 명령적 행정행위에 해당한다.
④ 수리 : 법상 행정청에게 수리의무가 있는 경우에 신고, 신청 등 타인의 행위를 행정청이 적법한 행위로 받아들이는 행정행위로서 행정심판청구서의 수리, 혼인신고서의 수리 등이 있다.

22 하자 있는 행정행위가 다른 행정행위의 적법요건을 갖춘 경우, 다른 행정행위의 효력발생을 인정하는 것은? 17년 기출

① 하자의 승계
② 행정행위의 철회
③ 행정행위의 직권취소
④ 하자 있는 행정행위의 전환

정답해설

④ 하자 있는 행정행위가 다른 행정행위의 적법요건을 갖춘 경우, 다른 행정행위의 효력발생을 인정하는 것은 하자 있는 행정행위의 전환이다.

오답해설

① 하자의 승계는 둘 이상의 행정행위가 서로 연속하여 행해지는 경우 선행행위가 불가쟁력이 발생한 후에 후행행위의 위법을 주장할 수 있는가의 문제이다.
② 행정행위의 철회는 하자 없이 성립한 행정행위에 대해 그의 효력을 존속시킬 수 없는 새로운 사정이 발생하였음을 이유로 그의 효력을 소멸시키는 독립한 행정행위를 말한다.
③ 행정행위의 직권취소는 일단 유효하게 발령된 행정행위를 처분청이나 감독청이 그 행위에 위법 또는 부당한 하자가 있음을 이유로 하여 직권으로 그 효력을 소멸시키는 것을 말한다.

23 행정기관이 그 소관 사무의 범위에서 일정한 행정목적을 실현하기 위하여 특정인에게 일정한 행위를 하거나 하지 아니하도록 지도, 권고, 조언 등을 하는 행정작용은? 14년 기출

① 행정예고
② 행정계획
③ 행정지도
④ 의견제출

정답해설

③ 행정지도란 행정기관이 그 소관 사무의 범위에서 일정한 행정목적을 실현하기 위하여 특정인에게 일정한 행위를 하거나 하지 아니하도록 지도, 권고, 조언 등을 하는 행정작용을 말한다(행정절차법 제2조 제3호).

오답해설 ≫

① 행정예고는 행정청이 정책, 제도 및 계획(정책 등)을 수립·시행하거나 변경하려는 경우에는 이를 예고하여야 하는 것을 말한다. 다만, 다음의 어느 하나에 해당하는 경우에는 예고를 하지 아니할 수 있다(동법 제46조 제1항).
1. 신속하게 국민의 권리를 보호하여야 하거나 예측이 어려운 특별한 사정이 발생하는 등 긴급한 사유로 예고가 현저히 곤란한 경우
2. 법령 등의 단순한 집행을 위한 경우
3. 정책 등의 내용이 국민의 권리·의무 또는 일상생활과 관련이 없는 경우
4. 정책 등의 예고가 공공의 안전 또는 복리를 현저히 해칠 우려가 상당한 경우

② 행정계획이란 행정주체 또는 그 기관이 장래 일정기간 내에 달성하고자 하는 일정한 목표를 설정하고, 이를 위하여 필요한 수단들을 조정하고 통합하는 활동을 말한다.

④ 의견제출이란 행정청이 어떠한 행정작용을 하기 전에 당사자 등이 의견을 제시하는 절차로서 청문이나 공청회에 해당하지 아니하는 절차를 말한다(동법 제2조 제7호).

24 행정상 강제집행이 아닌 것은?

17년 기출

① 즉시강제 ② 강제징수
③ 직접강제 ④ 이행강제금

정답해설 ≫

① 즉시강제는 급박한 상황하에서 의무를 명할 수 없는 경우에 행하여지는 행정강제로, 행정 실현을 위해 사람의 신체 또는 재산에 실력을 가함으로써 행정을 실현하려는 권력적 사실행위를 말한다. 즉시강제는 행정상 강제집행이 아니다.

:: 행정상 강제집행

행정대집행	의무자가 행정상 의무(법령 등에서 직접 부과하거나 행정청이 법령 등에 따라 부과한 의무를 말한다. 이하 이 절에서 같다)로서 타인이 대신하여 행할 수 있는 의무를 이행하지 아니하는 경우 법률로 정하는 다른 수단으로는 그 이행을 확보하기 곤란하고 그 불이행을 방치하면 공익을 크게 해칠 것으로 인정될 때에 행정청이 의무자가 하여야 할 행위를 스스로 하거나 제3자에게 하게 하고 그 비용을 의무자로부터 징수하는 것
이행강제금의 부과	의무자가 행정상 의무를 이행하지 아니하는 경우 행정청이 적절한 이행기간을 부여하고, 그 기한까지 행정상 의무를 이행하지 아니하면 금전급부의무를 부과하는 것 • 행정청은 이행강제금을 부과하기 전에 미리 의무자에게 적절한 이행기간을 정하여 그 기한까지 행정상 의무를 이행하지 아니하면 이행강제금을 부과한다는 뜻을 문서로 계고(戒告)하여야 한다(행정기본법 제31조 제3항). • 행정청은 의무자가 위에 따른 계고에서 정한 기한까지 행정상 의무를 이행하지 아니한 경우 이행강제금의 부과 금액·사유·시기를 문서로 명확하게 적어 의무자에게 통지하여야 한다(행정기본법 제31조 제4항). • 행정청은 의무자가 행정상 의무를 이행할 때까지 이행강제금을 반복하여 부과할 수 있다. 다만, 의무자가 의무를 이행하면 새로운 이행강제금의 부과를 즉시 중지하되, 이미 부과한 이행강제금은 징수하여야 한다(행정기본법 제31조 제5항).

정답 ≫ 22 ④ 23 ③ 24 ①

직접강제	의무자가 행정상 의무를 이행하지 아니하는 경우 행정청이 의무자의 신체나 재산에 실력을 행사하여 그 행정상 의무의 이행이 있었던 것과 같은 상태를 실현하는 것 • 직접강제는 행정대집행이나 이행강제금 부과의 방법으로는 행정상 의무 이행을 확보할 수 없거나 그 실현이 불가능한 경우에 실시하여야 한다(행정기본법 제32조 제1항). • 직접강제를 실시하기 위하여 현장에 파견되는 집행책임자는 그가 집행책임자임을 표시하는 증표를 보여 주어야 한다(행정기본법 제32조 제2항). • 직접강제의 계고 및 통지에 관하여는 이행강제금 부과의 계고 및 통지 규정을 준용한다(행정기본법 제32조 제3항).
강제징수	의무자가 행정상 의무 중 금전급부의무를 이행하지 아니하는 경우 행정청이 의무자의 재산에 실력을 행사하여 그 행정상 의무가 실현된 것과 같은 상태를 실현하는 것

25 경찰관이 목전에 급박한 장해를 제거할 필요가 있거나 그 성질상 미리 의무를 명할 시간적 여유가 없을 때, 자신이 근무하는 국가중요시설에 무단으로 침입한 자의 신체에 직접 무기를 사용하여 저지하는 행위는?

15년 기출

① 행정대집행 ② 행정상 즉시강제
③ 행정상 강제집행 ④ 집행벌

정답해설

② 행정상 즉시강제란 급박한 상황하에서 의무를 명할 수 없는 경우에 행하여지는 행정강제이다. 행정상 즉시강제의 대표적인 사례로는 전염병 환자의 강제입원, 소방장애물의 제거 등이 있다.

오답해설

① 행정대집행이란 대체적 작위의무를 의무자가 이행하지 않는 경우에 해당 행정청이 그 의무를 스스로 이행하거나 제3자를 통해 이행하게 하고 작위의무의 비용은 의무자에게 징수하는 작용을 말한다.
③ 행정상 강제집행이란 행정법상의 의무불이행에 대해 의무의 이행을 강제하는 행위이다. 행정상 강제집행의 수단으로는 행정대집행, 집행벌, 직접강제, 행정상 강제징수가 있다.
④ 집행벌이란 대집행이 불가능한 경우, 즉 비대체적 작위의무나 부작위의무를 불이행한 경우에 이행을 강제하기 위한 금전적 수단이다.

26 관할행정청 甲이 乙의 경비업 허가신청에 대해 거부처분을 한 경우, 이에 불복하는 乙이 제기할 수 있는 행정심판은?

① 당사자심판 ② 부작위위법확인심판
③ 거부처분부당확인심판 ④ 의무이행심판

정답해설

④ 의무이행심판은 당사자의 신청에 대한 행정청의 위법 또는 부당한 거부처분이나 부작위에 대하여 일정한 처분을 하도록 하는 행정심판이다(행정심판법 제5조 제3호).

27 위법 · 부당한 행정행위로 인하여 권익을 침해당한 자가 행정기관에 그 시정을 구하는 절차를 무엇이라 하는가?

① 행정소송
② 행정심판
③ 행정상 손해배상제도
④ 행정상 손실보상제도

정답해설

② 설문은 행정심판에 대한 내용으로, 행정심판은 위법 · 부당한 행정행위로 권익을 침해당한 자가 행정기관에 그 시정을 구하는 절차로 행정처분을 행한 행정청 혹은 직근 상급행정기관에 청구한다.

28 행정심판법상 행정심판의 종류에 해당되지 않는 것은?

① 취소심판
② 의무이행심판
③ 무효등확인심판
④ 부작위위법확인심판

정답해설

④ 행정심판은 취소심판, 의무이행심판, 무효등확인심판 세 가지로 구분한다.

취소심판	행정청의 위법 또는 부당한 처분을 취소하거나 변경하는 행정심판을 말한다.
무효등확인심판	행정청의 처분의 효력 유무 또는 존재 여부를 확인하는 행정심판을 말한다.
의무이행심판	당사자의 신청에 대한 행정청의 위법 또는 부당한 거부처분이나 부작위에 대하여 일정한 처분을 하도록 하는 행정심판을 말한다.

29 우리나라 행정구제제도에 대한 설명으로 옳지 않은 것은?

① 행정심판은 위법 · 부당한 행정행위로 권익을 침해당한 자가 행정처분을 한 곳의 직근 상급기관에 요구한다.
② 행정구제제도에는 손해전보제도와 행정쟁송제도가 있다.
③ 행정상 손해배상제도는 위법한 행정작용 등으로 개인에게 손해를 입힌 것에 대한 배상이다.
④ 행정소송은 정식 소송절차에서 대법원에서만 심리하는 단심제소송이다.

정답해설

④ 행정소송은 법원에 제기하며 행정심판을 거치지 않고 행정소송을 제기할 수 있으며, 3심급제를 채택하여 제1심 판결에 대한 항소사건은 고등법원이 심판하고, 상고사건은 대법원이 관할한다.

정답 25 ② 26 ④ 27 ② 28 ④ 29 ④

30 손해배상과 손실보상의 가장 본질적 구별기준은?

① 침해의 위법·적법성 여부
② 고의·과실
③ 공무원 직무행위
④ 손해액수

정답해설≫

① 손해배상과 손실보상의 가장 본질적 구별기준은 침해의 위법·적법성 여부이다.

손해배상제도	국가나 지방자치단체의 위법한 행정작용 등으로 인하여 개인이 손해를 입은 경우 이로 인하여 발생한 손해에 대하여 배상하여 주는 제도를 말한다.
손실보상제도	공공의 필요에 의한 적법한 공권력행사로 사유재산에 가하여진 특별한 희생에 대하여 사유재산의 보장과 공평부담의 견지에서 행정주체가 이를 조정하기 위하여 행하는 조절적인 재산적 보장을 말한다.

31 다음은 「행정소송법」상 제소기간에 대한 설명이다. ㉠~㉣에 들어갈 내용은?

취소소송은 처분 등이 (㉠)부터 (㉡) 이내에 제기하여야 한다. 다만, 행정심판청구를 할 수 있는 경우 또는 행정청이 행정심판청구를 할 수 있다고 잘못 알린 경우에 행정심판청구가 있은 때의 기간은 결정서의 정본을 (㉢)부터 기산한다. 한편 취소소송은 처분 등이 있은 날부터 (㉣)을 경과하면 이를 제기하지 못한다. 다만, 정당한 사유가 있는 때에는 그러하지 아니하다.

	㉠	㉡	㉢	㉣
①	있은 날	60일	통지받은 날	180일
②	있음을 안 날	90일	송달받은 날	1년
③	있은 날	1년	통지받은 날	2년
④	있음을 안 날	1년	송달받은 날	3년

정답해설≫

② 취소소송은 처분 등이 있음을 안 날부터 90일 이내에 제기하여야 한다. 다만, 제18조 제1항 단서에 규정한 경우와 그 밖에 행정심판청구를 할 수 있는 경우 또는 행정청이 행정심판청구를 할 수 있다고 잘못 알린 경우에 행정심판청구가 있은 때의 기간은 재결서의 정본을 송달받은 날부터 기산한다(행정소송법 제20조 제1항). 취소소송은 처분 등이 있은 날부터 1년(제1항 단서의 경우는 재결이 있은 날부터 1년)을 경과하면 이를 제기하지 못한다. 다만, 정당한 사유가 있는 때에는 그러하지 아니하다(행정소송법 제20조 제2항).

정답 ≫ 30 ① 31 ②

부록

2020년 제22회

법학개론
기출문제

2020년 [제22회] 법학개론 기출문제

01 법원(法源)에 관한 현행법의 설명으로 옳지 않은 것은?

① 상사에 관하여 상관습법은 민법에 우선하여 적용된다.
② 대법원 판결은 모든 사건의 하급심을 기속한다.
③ 민사관계에서 조리는 성문법과 관습법이 존재하지 않는 경우에 적용된다.
④ 민사관계에서 법령 중의 선량한 풍속 기타 사회질서에 관계없는 규정과 다른 관습이 있는 경우에 당사자의 의사가 명확하지 아니한 때에는 그 관습에 의한다.

02 법의 효력에 관한 설명으로 옳지 않은 것은?

① 「국제사법(國際私法)」에 따르면 사람의 권리능력은 우리나라 법에 의한다.
② 속지주의는 한 국가의 법은 자국의 영토 내에 있는 모든 사람에게 적용된다는 주의를 말한다.
③ 구법(舊法)과 신법 사이의 법적용의 문제를 해결하기 위해 제정된 법을 경과법이라고 한다.
④ 헌법에 의하면 법률은 특별한 규정이 없는 한 공포한 날로부터 20일을 경과함으로써 효력을 발생한다.

03 우리나라 법의 체계에 관한 설명으로 옳은 것은?

① 대법원규칙은 법률과 동등한 효력을 가진다.
② 대통령령과 총리령은 동등한 효력을 가진다.
③ 헌법에 의하여 체결·공포된 조약은 국내법에 우선한다.
④ 대통령은 법률의 효력을 가지는 긴급명령을 발할 수 있다.

04 **법의 분류에 관한 설명으로 옳지 않은 것은?**

① 절차법에서는 원칙적으로 신법 우선의 원칙이 적용된다.
② 일반법과 특별법이 충돌하는 경우에는 특별법이 우선한다.
③ 당사자가 임의법과 다른 의사를 표시한 때에는 그 의사에 의한다.
④ 사회법은 사법(私法)원리를 배제하고, 공공복리의 관점에서 사회적 약자보호와 실질적 평등을 목적으로 한다.

05 **우리나라 소송에 관한 설명으로 옳지 않은 것은?**

① 사실의 인정은 증거에 의하여야 한다.
② 사실확정에 있어서 추정은 반증에 의해 그 효과가 부인될 수 있다.
③ 증인신문은 원칙적으로 법원의 신문 후에 당사자에 의한 교호신문(交互訊問)의 형태로 진행된다.
④ 형사소송에서 피고인의 자백이 그 피고인에게 불이익한 유일의 증거인 때에는 이를 유죄의 증거로 하지 못한다.

06 **'민법 제3조는 "사람은 생존한 동안 권리와 의무의 주체가 된다."라고 규정하고 있으므로 원칙적으로 태아에게는 권리능력이 인정되지 않는다'라고 하는 해석은?**

① 축소해석 ② 반대해석
③ 물론해석 ④ 유추해석

07 **권리에 관한 설명으로 옳지 않은 것은?**

① 친권은 권리이면서 의무적 성질을 가진다.
② 인격권은 상속이나 양도를 할 수 없는 것이 원칙이다.
③ 청구권적 기본권으로는 청원권, 재판청구권, 환경권 등이 있다.
④ 물건에 대한 소유권은 권리이고, 그 사용권은 권능에 해당한다.

08 **상대방의 권리를 승인하지만 그 효력발생을 연기하거나 영구적으로 저지하는 효과를 발생시키는 권리는?**

① 형성권　② 항변권
③ 지배권　④ 상대권

09 **개인적(주관적) 공권에 해당하는 것은?**

① 참정권　② 입법권
③ 사법권　④ 사원(社員)권

10 **헌법상 명문 규정이 없는 헌법보호수단은?**

① 저항권　② 계엄선포권
③ 위헌법률심판제도　④ 정당해산심판제도

11 **헌법상 신체의 자유에 관한 설명으로 옳지 않은 것은?**

① 모든 국민은 고문을 받지 아니할 권리가 있다.
② 모든 국민은 형사상 자기에게 불리한 진술을 강요당하지 아니한다.
③ 누구든지 체포 또는 구속을 당한 때에는 즉시 국선변호인의 조력을 받을 권리를 가진다.
④ 누구든지 체포 또는 구속을 당한 때에는 적부의 심사를 법원에 청구할 권리를 가진다.

12 **헌법상 국회의 권한에 관한 설명으로 옳지 않은 것은?**

① 국회는 국가의 예산안을 심의·확정한다.
② 국회는 국무총리의 해임을 대통령에게 건의할 수 있다.
③ 국회는 특정한 국정사안에 대하여 조사할 수 있다.
④ 국회는 정부의 동의 없이 정부가 제출한 지출예산 각항의 금액을 증가할 수 있다.

13 헌법상 재판청구권에 관한 설명으로 옳은 것을 모두 고른 것은?

ㄱ. 형사피고인은 상당한 이유가 없는 한 지체 없이 공개재판을 받을 권리를 가진다.
ㄴ. 모든 국민은 신속한 재판을 받을 권리를 가진다.
ㄷ. 모든 국민은 헌법과 법률이 정한 법관에 의하여 법률에 의한 재판을 받을 권리를 가진다.

① ㄱ, ㄴ
② ㄱ, ㄷ
③ ㄴ, ㄷ
④ ㄱ, ㄴ, ㄷ

14 헌법상 탄핵 대상이 아닌 자는?

① 국무위원
② 국회의원
③ 헌법재판소 재판관
④ 중앙선거관리위원회 위원

15 민법상 소멸시효제도에 관한 설명으로 옳은 것은?

① 지상권은 소멸시효의 대상이 된다.
② 소멸시효의 이익은 미리 포기할 수 있다.
③ 소멸시효 완성의 효력은 소급되지 않는다.
④ 소멸시효는 법률행위에 의하여 이를 연장할 수 있다.

16 경비업자 甲에게 소속된 경비원 乙의 업무 중 불법행위로 인하여 제3자 丙이 손해를 입었다. 이에 관한 설명으로 옳은 것은?

① 丙은 甲에게 직접 손해배상을 청구할 수 없다.
② 乙은 丙에 대하여 일반 불법행위책임을 진다.
③ 甲에 갈음하여 그 사무를 감독하는 자는 손해배상책임을 부담하지 않는다.
④ 甲이 丙에게 손해를 배상한 경우, 乙의 귀책사유가 없더라도 배상한 손해 전부에 대하여 乙에게 구상권을 행사할 수 있다.

17 **민법상 합유에 관한 설명으로 옳은 것은?**

① 합유는 조합계약에 의하여만 성립한다.
② 합유물의 보존행위는 합유자 각자가 할 수 없다.
③ 합유자는 전원의 동의 없이 합유물에 대한 지분을 처분하지 못한다.
④ 합유가 종료하기 전이라도 합유물의 분할을 청구할 수 있다.

18 **경비업체 甲과 상가 건물의 건물주 乙이 경비계약을 체결하였다. 이 계약의 법적 성질로 옳은 것은?**

① 매매계약성
② 편무계약성
③ 요물계약성
④ 낙성계약성

19 **민법상 이행지체에 따른 효과가 아닌 것은?**

① 계약해제권
② 대상(代償)청구권
③ 손해배상청구권
④ 강제이행청구권

20 **경비업자 甲은 경비업무 중 취득한 고객 乙의 개인적인 비밀을 부주의로 누설하여 손해를 입혔다. 이에 관한 설명으로 옳지 않은 것은?**

① 甲은 채무불이행에 의한 손해배상책임을 질 수 있다.
② 甲은 乙의 재산적 손해에 대하여 배상책임을 진다.
③ 乙에게 정신적 손해가 발생하였더라도 甲은 이에 대하여 배상책임을 지지 않는다.
④ 甲에게 불법행위책임을 묻는 경우, 행위와 결과에 대한 인과관계의 증명책임은 乙이 부담한다.

21 **경비업자 甲은 경비계약 위반을 이유로 고객 乙에게 손해배상청구소송을 제기하여 승소하였다. 이후 乙이 판결내용에 따른 이행을 하지 않는 경우, 甲이 국가기관의 강제력에 의하여 판결내용을 실현하기 위한 절차는?**

① 독촉절차
② 강제집행절차
③ 집행보전절차
④ 소액사건심판절차

22 **형사소송법에 관한 설명으로 옳지 않은 것은?**

① 규문주의가 기본 소송구조이다.
② 국가소추주의를 규정하고 있다.
③ 형법을 적용・실현하기 위한 절차를 규정하는 법률이다.
④ 실체적 진실주의, 적법절차의 원칙, 신속한 재판의 원칙을 지도이념으로 한다.

23 **형사소송법상 법관이 불공정한 재판을 할 염려가 있는 경우에 검사 또는 피고인의 신청에 의하여 그 법관을 직무에서 탈퇴하게 하는 제도는?**

① 제척 ② 기피
③ 회피 ④ 진정

24 **형사소송법상 고소에 관한 설명으로 옳지 않은 것은?**

① 고소의 취소는 대리가 허용되지 않는다.
② 고소는 제1심 판결선고 전까지 취소할 수 있다.
③ 고소를 취소한 자는 동일한 사건에 대하여 다시 고소하지 못한다.
④ 친고죄의 고소기간은 원칙적으로 범인을 알게 된 날로부터 6월이다.

25 **형법상 범죄의 성립과 처벌에 관한 설명으로 옳지 않은 것은?**

① 범죄의 성립과 처벌은 행위시의 법률에 의한다.
② 범죄 후 법률의 변경에 의하여 그 행위가 범죄를 구성하지 아니하거나 형이 구법보다 경한 때에는 신법에 의한다.
③ 재판확정 후 법률의 변경에 의하여 그 행위가 범죄를 구성하지 아니하는 때에는 형의 집행을 면제한다.
④ 대한민국 영역 외에서 '우표와 인지에 관한 죄'를 범한 외국인에게는 우리나라 형법을 적용할 수 없다.

26 **형법상 국가적 법익에 관한 죄가 아닌 것은?**

① 소요죄 ② 도주죄
③ 위증죄 ④ 직무유기죄

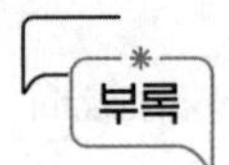

27 형사소송법상 상소에 관한 설명으로 옳지 않은 것은?

① 상소의 제기기간은 7일이다.
② 상소장은 원심법원에 제출하여야 한다.
③ 법원의 결정에 대해 불복하는 상소는 상고이다.
④ 검사는 피고인의 이익을 위하여 상소할 수 있다.

28 형사소송에서 '사실인정의 기초가 되는 경험적 사실을 경험자 자신이 직접 법원에 진술하지 않고, 타인의 진술 등의 방법으로 간접적으로 법원에 보고하는 형태의 증거는 원칙적으로 증거능력이 인정되지 않는다'는 원칙은?

① 전문법칙　　② 자백배제법칙
③ 자백의 보강법칙　　④ 위법수집증거배제원칙

29 상법상 유효하게 사망보험계약을 체결할 수 있는 자는?

① 15세 미만자　　② 심신상실자
③ 70세 이상인 자　　④ 의사능력 없는 심신박약자

30 상법상 주식회사의 최고의결기관은?

① 대표이사　　② 이사회
③ 감사위원회　　④ 주주총회

31 상법상 상업사용인에 관한 설명으로 옳지 않은 것은?

① 지배인의 선임과 그 대리권의 소멸에 관한 사항은 등기사항이다.
② 영업의 특정한 종류 또는 특정한 사항에 대한 위임을 받은 사용인에 관한 사항은 등기사항이다.
③ 영업의 특정한 종류 또는 특정한 사항에 대한 위임을 받은 사용인은 이에 관한 재판 외의 모든 행위를 할 수 있다.
④ 지배인은 영업주에 갈음하여 그 영업에 관한 재판상 또는 재판 외의 모든 행위를 할 수 있다.

32 **상법상 보험계약에 관한 설명으로 옳지 않은 것은?**

① 보험금의 지급자는 보험자이다.
② 보험수익자는 인보험에서만 존재한다.
③ 보험료 반환의무는 보험계약자가 부담한다.
④ 생명보험의 보험계약자는 보험수익자를 지정 또는 변경할 권리가 있다.

33 **생활이 어려운 사람에게 필요한 급여를 실시하여 이들의 최저생활을 보장하고 자활을 돕는 것을 목적으로 하는 법률은?**

① 국민연금법
② 최저임금법
③ 국민기초생활보장법
④ 산업재해보상보험법

34 **근로기준법상 미성년자의 근로에 관한 설명으로 옳은 것을 모두 고른 것은?**

ㄱ. 미성년자는 독자적으로 임금을 청구할 수 있다.
ㄴ. 친권자는 미성년자의 근로계약을 대리할 수 없다.
ㄷ. 고용노동부장관은 근로계약이 미성년자에게 불리하다고 인정하는 경우에는 이를 해지할 수 있다.

① ㄱ, ㄴ
② ㄱ, ㄷ
③ ㄴ, ㄷ
④ ㄱ, ㄴ, ㄷ

35 **산업재해보상보험법에 관한 설명으로 옳은 것은?**

① 「산업재해보상보험법」은 가구 내 고용활동에는 적용되지 않는다.
② 「산업재해보상보험법」에 따른 산업재해보상보험 사업은 보건복지부장관이 관장한다.
③ 근로자의 업무와 상당인과관계가 없는 재해도 업무상 재해로 인정된다.
④ 사망한 자의 사실혼 관계에 있는 배우자는 유족급여 대상이 아니다.

36 **국민연금법에 관한 설명으로 옳은 것은?**

① 국민연금 수급권은 담보로 제공할 수 있다.
② 국민연금공단 이사장은 보건복지부장관이 임명한다.
③ 「국민연금법」에 따른 급여는 연금급여와 실업급여로 구분된다.
④ 국민연금 가입자는 사업장가입자, 지역가입자, 임의가입자 및 임의계속가입자로 구분한다.

37 **행정청의 처분 등이나 부작위에 대하여 제기하는 행정소송은?**

① 항고소송
② 기관소송
③ 민중소송
④ 당사자소송

38 **행정청이 행정목적을 달성하기 위하여 부과한 일반적·상대적 금지를 일정한 요건을 갖춘 경우에 해제하여 일정한 행위를 적법하게 할 수 있게 하는 행정행위는?**

① 인가
② 특허
③ 확인
④ 허가

39 **행정법상 행정주체가 아닌 것은?**

① 영조물법인
② 공공조합
③ 지방자치단체
④ 행정각부의 장관

40 **행정주체의 의사를 결정할 수는 있지만 이를 대외적으로 표시할 권한이 없는 행정기관은?**

① 행정청
② 의결기관
③ 집행기관
④ 자문기관

[제22회] 법학개론 정답 및 해설

정답

번호	정답	번호	정답	번호	정답	번호	정답	번호	정답	번호	정답	번호	정답	번호	정답	번호	정답	번호	정답
01	②	02	①	03	④	04	④	05	③	06	②	07	③	08	②	09	①	10	①
11	③	12	④	13	④	14	②	15	①	16	②	17	③	18	④	19	②	20	③
21	②	22	①	23	②	24	①	25	④	26	①	27	③	28	①	29	③	30	④
31	②	32	③	33	③	34	④	35	①	36	④	37	①	38	④	39	④	40	②

해설

01 ② 상급법원 재판에서의 판단은 해당 사건에 관하여 하급심을 기속한다(법원조직법 제8조).

오답해설 >

① 상사에 관하여 상법에 규정이 없으면 상관습법에 의하고 상관습법이 없으면 민법의 규정에 의한다(상법 제1조).

③ 민사에 관하여 법률에 규정이 없으면 관습법에 의하고 관습법이 없으면 조리에 의한다(민법 제1조).

④ 법령 중의 선량한 풍속 기타 사회질서에 관계없는 규정과 다른 관습이 있는 경우에 당사자의 의사가 명확하지 아니한 때에는 그 관습에 의한다(민법 제106조).

02 ① 사람의 권리능력은 그의 본국법에 의한다(국제사법 제11조).

오답해설 >

② 속지주의란 자국의 영토 내에 있는 모든 사람에 대하여 내・외국인을 불문하고 자국법을 적용할 수 있다는 원칙이다.

③ 경과법이란 법령의 제정이나 개폐가 있을 때, 진행 중인 사항에 관하여 적용될 법령을 규정하는 법으로, 구법과 신법 사이의 법적용의 문제를 해결하기 위해 제정된다.

④ 법률은 특별한 규정이 없는 한 공포한 날로부터 20일을 경과함으로써 효력을 발생한다(헌법 제53조 제7항).

03 ④ 대통령은 내우・외환・천재・지변 또는 중대한 재정・경제상의 위기에 있어서 국가의 안전보장 또는 공공의 안녕질서를 유지하기 위하여 긴급한 조치가 필요하고 국회의 집회를 기다릴 여유가 없을 때에 한하여 최소한으로 필요한 재정・경제상의 처분을 하거나 이에 관하여 법률의 효력을

가지는 명령을 발할 수 있다. 대통령은 국가의 안위에 관계되는 중대한 교전상태에 있어서 국가를 보위하기 위하여 긴급한 조치가 필요하고 국회의 집회가 불가능한 때에 한하여 법률의 효력을 가지는 명령을 발할 수 있다(헌법 제76조 제1항 · 제2항). 즉, 대통령은 법률의 효력을 가지는 긴급명령을 발할 수 있다.

오답해설>

① 대법원은 법률에 저촉되지 아니하는 범위 안에서 소송에 관한 절차, 법원의 내부규율과 사무처리에 관한 규칙을 제정할 수 있다(헌법 제108조). 따라서 법률이 대법원규칙보다 상위 법령이다.
② 대통령령은 행정권의 수반인 대통령이 발하는 명령이고, 총리령은 국무총리가 발하는 명령으로 일반적으로 부령과 같은 위계이다.
③ 헌법에 의하여 체결 · 공포된 조약은 국내법과 동일한 효력을 갖는다.

04 ④ 사회법이란 종전 순수하게 사법 영역에 해당하였던 법률관계에서 공법적 요소를 가미하는 제3의 법 영역으로, 사법원리를 배제한다는 설명은 옳지 않다.

오답해설>

①, ② 동일한 효력을 갖는 법 상호간에 모순이 있는 경우에는 특별법 우선의 원칙과 신법 우선의 원칙에 의해 특별법이 일반법보다, 신법이 구법보다 우선한다.
③ 당사자가 임의법과 다른 의사를 표시한 때에는 그 의사에 의한다(민법 제105조).

05 ③ 증인신문은 신청한 당사자가 먼저 하고, 다음에 다른 당사자가 한다. 재판장은 당사자의 신문이 끝난 뒤에 신문하거나 필요한 경우 언제든지 신문할 수 있다(민사소송법 제327조 제1항~제3항). 따라서 증인신문은 원칙적으로 당사자에 의한 교호신문 후에 법원의 신문이 진행된다.

오답해설>

① 증거재판주의에 따라 사실의 인정은 증거에 의하여야 한다.
② 추정이란 입증의 부담을 완화하기 위하여 불명확한 사실에 대하여 일정한 법적 효과를 부여하는 것으로, 반증이 입증되면 그 효과는 부정된다.
④ 피고인의 자백이 그 피고인에게 불이익한 유일의 증거인 때에는 이를 유죄의 증거로 하지 못한다(형사소송법 제310조).

06 ② 서로 반대되는 두 개의 사실 중 하나의 사실에 관해서만 규정이 되어 있을 때 다른 하나에 관해서는 법문과 반대의 결과를 인정하는 해석방법인 반대해석이다.

오답해설>

① 축소해석은 법 규정 문언이 본래 내포하고 있는 의미보다 좁은 의미를 부여함으로써 그 법 규정의 적용범위를 축소하는 해석방법이다.
③ 물론해석은 법 규정의 문언이 적용대상 내에서, 성질상 당연히 포함되는 것으로 인식되는 행위는 명시적인 규정이 없더라도 적용대상이 된다는 해석방법이다.
④ 유추해석은 어떤 사항에 관하여 적용할 법 규정이 없는 경우에 이와 성질이 유사한 다른 사항의 법 규정을 적용하여 해석하는 방법이다.

07

③ 청원권, 재판청구권은 청구권적 기본권에 해당하나, 환경권은 생존권적(사회적) 기본권에 해당한다.

오답해설 >

① 친권은 권리와 의무의 성질을 동시에 가진다.
② 인격권은 권리의 주체와 분리할 수 없는 인격적 이익을 내용으로 하는 권리로, 양도・처분할 수 없으며, 시효의 대상도 되지 않는다.
④ 물건에 대한 소유권은 권리이고, 그 안에 사용권능・수익권능・처분권능이 있다.

08

② 항변권은 상대방의 청구권의 행사를 저지할 수 있는 권리이다.

오답해설 >

① 형성권은 권리자의 일방적인 의사표시에 의해 권리변동의 효과(법률관계의 발생・변경・소멸 등)가 발생하는 권리이다.
③ 지배권은 타인의 행위의 개입 없이 권리의 객체를 직접적・배타적으로 지배할 수 있는 권리이다.
④ 상대권은 특정인에게만 권리의 효력을 주장할 수 있는 권리이다.

09

① 개인적(주관적) 공권은 국민이 국가에 대하여 가지는 공법상 권리로, 참정권, 평등권, 자유권, 수익권 등이 있다.

오답해설 >

② 입법권, ③ 사법권은 국가적 공권에 해당한다.
④ 사원(社員)권은 사권으로, 단체구성원이 그 구성원의 자격(지위)으로 단체에 대하여 가지는 권리이다.

10

① 저항권은 헌법상 명문 규정이 없다.

오답해설 >

② 계엄선포권(헌법 제77조), ③ 위헌법률심판제도(헌법 제111조 제1항 제1호), ④ 정당해산심판제도(헌법 제111조 제1항 제3호)는 헌법상 명문 규정이 있다.

:: 헌법 제111조

① 헌법재판소는 다음 사항을 관장한다.
1. 법원의 제청에 의한 법률의 위헌 여부 심판
2. 탄핵의 심판
3. 정당의 해산 심판
4. 국가기관 상호간, 국가기관과 지방자치단체 간 및 지방자치단체 상호간의 권한쟁의에 관한 심판
5. 법률이 정하는 헌법소원에 관한 심판

11 ③ 누구든지 체포 또는 구속을 당한 때에는 즉시 변호인의 조력을 받을 권리를 가진다. 다만, 형사피고인이 스스로 변호인을 구할 수 없을 때에는 법률이 정하는 바에 의하여 국가가 변호인을 붙인다(헌법 제12조 제4항).

오답해설>

① 헌법 제12조 제2항
② 헌법 제12조 제2항
④ 헌법 제12조 제6항

12 ④ 국회는 정부의 동의 없이 정부가 제출한 지출예산 각항의 금액을 증가하거나 새 비목을 설치할 수 없다(헌법 제57조).

오답해설>

① 헌법 제54조 제1항
② 헌법 제63조 제1항
③ 헌법 제61조 제1항

13 ④ ㄱ, ㄴ, ㄷ 모두 옳은 설명이다.

ㄱ. 모든 국민은 신속한 재판을 받을 권리를 가진다. 형사피고인은 상당한 이유가 없는 한 지체 없이 공개재판을 받을 권리를 가진다(헌법 제27조 제3항).
ㄴ. 헌법 제27조 제3항
ㄷ. 헌법 제27조 제1항

14 ② 국회의원은 헌법상 탄핵 대상에 해당하지 않는다.

:: 헌법 제65조

> ① 대통령·국무총리·국무위원·행정각부의 장·헌법재판소 재판관·법관·중앙선거관리위원회 위원·감사원장·감사위원 기타 법률이 정한 공무원이 그 직무집행에 있어서 헌법이나 법률을 위배한 때에는 국회는 탄핵의 소추를 의결할 수 있다.

15 ① 채권 및 소유권 이외의 재산권은 20년간 행사하지 아니하면 소멸시효가 완성한다(민법 제162조 제2항). 지상권은 타인의 토지에 건물, 기타 공작물이나 수목을 소유하기 위하여 그 토지를 사용하는 권리로, 소멸시효의 대상이 된다.

오답해설>

② 소멸시효의 이익은 미리 포기하지 못한다(동법 제184조 제1항).
③ 소멸시효는 그 기산일에 소급하여 효력이 생긴다(동법 제167조).
④ 소멸시효는 법률행위에 의하여 이를 배제, 연장 또는 가중할 수 없으나 이를 단축 또는 경감할 수 있다(동법 제184조 제2항).

16 ② 고의 또는 과실로 인한 위법행위로 타인에게 손해를 가한 자는 그 손해를 배상할 책임이 있다(민법 제750조).

오답해설>

① 타인을 사용하여 어느 사무에 종사하게 한 자는 피용자가 그 사무집행에 관하여 제3자에게 가한 손해를 배상할 책임이 있다(동법 제756조 제1항). 따라서 甲은 乙의 사용자로서 사용자 배상책임을 부담한다.
③ 사용자에 갈음하여 그 사무를 감독하는 자도 전항의 책임이 있다(동법 제756조 제2항). 따라서 甲에 갈음하여 그 사무를 감독하는 자도 손해배상책임을 부담한다.
④ 사용자 또는 감독자는 피용자에 대하여 구상권을 행사할 수 있다(동법 제756조 제3항). 그러나 그 전제조건으로 피용자 乙에게 귀책사유가 있어야 하므로 乙에게 귀책사유가 없다면 甲은 乙에게 구상권을 행사할 수 없다.

17 ③ 합유자는 전원의 동의 없이 합유물에 대한 지분을 처분하지 못한다(민법 제273조 제1항).

오답해설>

① 법률의 규정 또는 계약에 의하여 수인이 조합체로서 물건을 소유하는 때에는 합유로 한다(동법 제271조 제1항).
② 합유물을 처분 또는 변경함에는 합유자 전원의 동의가 있어야 한다. 그러나 보존행위는 각자가 할 수 있다(동법 제272조).
④ 합유자는 합유물의 분할을 청구하지 못한다(동법 제273조 제2항).

18 경비계약은 일종의 도급계약으로, 유상・쌍무・불요식・낙성계약의 법적 성질을 갖는다.
④ 낙성계약은 계약의 당사자의 합의만으로 성립하는 계약이다.

오답해설>

② 편무계약은 계약의 당사자 일방만이 채무를 부담하는 계약이다.
③ 요물계약은 계약의 당사자의 합의 이외에 일방이 물건의 인도 또는 일정한 급부를 하여야 성립하는 계약이다.

19 ② 대상청구권은 이행불능에 따른 효과에 해당하는 것으로, 민법상 규정에는 없지만 대법원의 판례(대판 1992.5.12, 92다4581)에서 대상청구권을 인정한 이후 현재까지 그 입장을 유지하고 있다.

오답해설>

①, ③, ④ 이행지체는 채무의 이행기가 되었고 채무의 이행이 가능함에도 불구하고 채무자가 책임있는 사유에 의하여 이행을 하지 않고 있는 것으로, 이행지체의 효과로 계약해제, 손해배상청구권, 강제이행청구권 등이 있다.

20 ③ 일반적으로 계약상 채무불이행으로 인하여 재산적 손해가 발생한 경우, 그로 인하여 계약 당사자가 받은 정신적인 고통은 재산적 손해에 대한 배상이 이루어짐으로써 회복된다고 보아야 할 것이므로, 재산적 손해의 배상만으로는 회복될 수 없는 정신적 고통을 입었다는 특별한 사정이 있고, 상대방이 이와 같은 사정을 알았거나 알 수 있었을 경우에 한하여 정신적 고통에 대한 위자료를

인정할 수 있다(대판 2007.12.13, 2007다18959). 또한 민법 제751조 제1항에서 "타인의 신체, 자유 또는 명예를 해하거나 기타 정신상 고통을 가한 자는 재산 이외의 손해에 대하여도 배상할 책임이 있다."라고 규정하고 있다. 따라서 乙에게 정신적 손해가 발생하였더라도 甲은 배상책임을 지지 않는다는 설명은 옳지 않다.

21 ② 강제집행절차는 확정판결이나 공정증서 등 채무명의를 가지고 채권자가 국가권력에 대하여 그 집행을 신청하고, 국가는 채무자의 의사에 반하여 실력으로 그 청구권을 실현시켜주는 절차를 말한다.

오답해설>

① 독촉절차는 금전 기타 대체물, 유가증권의 일정한 수량의 지급을 목적으로 하는 청구권에 관하여 인정되는 절차이다.
③ 집행보전절차는 강제집행의 보전을 목적으로 하는 절차로 가압류, 가처분절차 등이 이에 해당한다.
④ 소액사건심판절차는 소송물 가액이 3,000만원을 초과하지 아니하는 금전 기타 대체물, 유가증권의 지급을 청구하는 사건을 대상으로 신속하고 경제적인 해결을 위해서 간이절차에 따라 재판이 진행될 수 있도록 한 절차이다.

22 ① 형사소송법의 기본 소송구조는 규문주의가 아니라 탄핵주의이다.

오답해설>

② 형사소송법 제246조에 "공소는 검사가 제기하여 수행한다."라고 하여 국가소추주의를 규정하고 있다.
③ 형사소송법은 형법의 적용 및 실현을 목적으로 하는 절차법이다.
④ 형사소송법은 실체적 진실주의, 적법절차의 원칙, 신속한 재판의 원칙을 지도이념으로 한다.

23 ② 검사 또는 피고인은 법관이 불공평한 재판을 할 염려가 있는 경우에 법관의 기피를 신청할 수 있다(형사소송법 제18조 제1항 제2호).

오답해설>

① 제척은 법관이 불공평한 재판을 할 현저한 법정의 사유가 있을 때, 해당 법관을 그 재판에서 배제하는 제도이다.
③ 회피는 법관 스스로가 기피의 원인이 있다고 판단한 때에 자발적으로 직무집행에서 탈퇴하는 제도이다.
④ 진정은 국민이 개인적으로나 집단적으로 공공기관에 대하여 어떤 유리한 조처를 취하여줄 것을 요청하는 행위를 말한다.

24 ① 고소 또는 그 취소는 대리인으로 하여금 하게 할 수 있다(형사소송법 제236조).

오답해설>

② 동법 제232조 제1항
③ 동법 제232조 제2항
④ 동법 제230조 제1항

25 ④ 대한민국 영역 외에서 '우표와 인지와 관한 죄'를 범한 외국인에게는 우리나라 형법이 적용된다(형법 제5조 5호).

:: 형법 제5조(외국인의 국외범)

> 본법은 대한민국 영역 외에서 다음에 기재한 죄를 범한 외국인에게 적용한다.
> 1. 내란의 죄
> 2. 외환의 죄
> 3. 국기에 관한 죄
> 4. 통화에 관한 죄
> 5. 유가증권, 우표와 인지에 관한 죄
> 6. 문서에 관한 죄 중 제225조 내지 제230조
> 7. 인장에 관한 죄 중 제238조

오답해설 >

① 동법 제1조 제1항
② 동법 제1조 제2항
③ 동법 제1조 제3항

:: 형법 제1조(범죄의 성립과 처벌)

> ① 범죄의 성립과 처벌은 행위 시의 법률에 따른다.
> ② 범죄 후 법률이 변경되어 그 행위가 범죄를 구성하지 아니하게 되거나 형이 구법(舊法)보다 가벼워진 경우에는 신법(新法)에 따른다.
> ③ 재판이 확정된 후 법률이 변경되어 그 행위가 범죄를 구성하지 아니하게 된 경우에는 형의 집행을 면제한다.
> [전문개정 2020.12.8.]
> [시행일 : 2021.12.9.] 제1조

26 ① 소요죄는 사회적 법익에 관한 죄 중 공안(公安)을 해하는 죄에 해당한다.

오답해설 >

②, ③, ④ 도주죄, 위증죄, 직무유기죄 모두 국가적 법익에 관한 죄에 해당한다.

27 ③ 법원의 결정에 대해 불복하는 상소는 항고이다.

28 ① 전문법칙은 증인 자신이 직접 보고 들은 것이 아니고 다른 사람에게서 전하여 들은 것을 법원에 진술하는 증거는 신빙성이 희박하여 재판의 증거로 채택할 수 없다는 원칙이다(형사소송법 제310조의2).

오답해설 >

② 자백배제법칙 : 피고인의 자백이 고문, 폭행, 협박, 신체구속의 부당한 장기화 또는 기망 기타의 방법으로 임의로 진술한 것이 아니라고 의심할 만한 이유가 있는 때에는 이를 유죄의 증거로 하지 못한다(동법 제309조).

③ 자백의 보강법칙 : 피고인의 자백이 그 피고인에게 불이익한 유일의 증거인 때에는 이를 유죄의 증거로 하지 못한다(동법 제310조).
④ 위법수집증거배제원칙 : 적법한 절차에 따르지 아니하고 수집한 증거는 증거로 할 수 없다(동법 제308조의2).

29 ③ 70세 이상인 자는 상법상 유효하게 사망보험계약을 체결할 수 있는 자이다.

오답해설 >

15세 미만자, 심신상실자 또는 심신박약자의 사망을 보험사고로 한 보험계약은 무효로 한다. 다만, 심신박약자가 보험계약을 체결하거나 단체보험의 피보험자가 될 때에 의사능력이 있는 경우에는 그러하지 아니하다(상법 제732조).

30 ④ 주주총회는 상법 또는 정관에서 정하는 사항에 한하여 결의할 수 있는 최고의결기관으로, 주주 전원으로 구성되는 필요적 상설기관이다.

31 ② 등기사항에 해당하지 않는다.

오답해설 >

① 상인은 지배인의 선임과 그 대리권의 소멸에 관하여 그 지배인을 둔 본점 또는 지점소재지에서 등기하여야 한다(상법 제13조).
③ 영업의 특정한 종류 또는 특정한 사항에 대한 위임을 받은 사용인은 이에 관한 재판 외의 모든 행위를 할 수 있다(동법 제15조 제1항).
④ 지배인은 영업주에 갈음하여 그 영업에 관한 재판상 또는 재판 외의 모든 행위를 할 수 있다(동법 제11조 제1항).

32 ③ 보험계약의 전부 또는 일부가 무효인 경우에 보험계약자와 피보험자가 선의이며 중대한 과실이 없는 때에는 보험자에 대하여 보험료의 전부 또는 일부의 반환을 청구할 수 있다. 보험계약자와 보험수익자가 선의이며 중대한 과실이 없는 때에도 같다(상법 제648조). 즉, 보험료 반환의무는 보험자가 부담한다.

오답해설 >

① 보험자는 보험계약의 직접 당사자로서 보험사고가 발생한 경우 보험금을 지급할 의무를 부담한다.
② 보험수익자는 인보험에서 보험사고가 발생한 때에 보험금액을 지급받을 자를 말한다.
④ 생명보험의 보험계약자는 보험수익자를 지정 또는 변경할 권리가 있다(동법 제733조 제1항).

33 ③ 국민기초생활보장법은 생활이 어려운 사람에게 필요한 급여를 실시하여 이들의 최저생활을 보장하고 자활을 돕는 것을 목적으로 한다(국민기초생활보장법 제1조).

오답해설 >

① 국민연금법은 국민의 노령, 장애 또는 사망에 대하여 연금급여를 실시함으로써 국민의 생활 안정과 복지 증진에 이바지하는 것을 목적으로 한다(국민연금법 제1조).

② 최저임금법은 근로자에 대하여 임금의 최저수준을 보장하여 근로자의 생활안정과 노동력의 질적 향상을 꾀함으로써 국민경제의 건전한 발전에 이바지하는 것을 목적으로 한다(최저임금법 제1조).

④ 산업재해보상보험법은 산업재해보상보험 사업을 시행하여 근로자의 업무상의 재해를 신속하고 공정하게 보상하며, 재해근로자의 재활 및 사회 복귀를 촉진하기 위하여 이에 필요한 보험시설을 설치·운영하고, 재해 예방과 그 밖에 근로자의 복지 증진을 위한 사업을 시행하여 근로자 보호에 이바지하는 것을 목적으로 한다(산업재해보상보험법 제1조).

34

④ ㄱ, ㄴ, ㄷ 모두 옳다.

ㄱ. 미성년자는 독자적으로 임금을 청구할 수 있다(근로기준법 제68조).

ㄴ. 친권자나 후견인은 미성년자의 근로계약을 대리할 수 없다(동법 제67조 제1항).

ㄷ. 친권자, 후견인 또는 고용노동부장관은 근로계약이 미성년자에게 불리하다고 인정하는 경우에는 이를 해지할 수 있다(동법 제67조 제2항).

35

① 산업재해보상보험법은 가구 내 고용활동에는 적용되지 않는다.

오답해설 >

② 산업재해보상보험법에 따른 산업재해보상보험 사업은 고용노동부장관이 관장한다(산업재해보상보험법 제2조 제1항).

③ 근로자가 다음의 어느 하나에 해당하는 사유로 부상·질병 또는 장해가 발생하거나 사망하면 업무상의 재해로 본다. 다만, 업무와 재해 사이에 상당인과관계가 없는 경우에는 그러하지 아니하다(동법 제37조 제1항).

1. 업무상 사고
   - 근로자가 근로계약에 따른 업무나 그에 따르는 행위를 하던 중 발생한 사고
   - 사업주가 제공한 시설물 등을 이용하던 중 그 시설물 등의 결함이나 관리소홀로 발생한 사고
   - 사업주가 주관하거나 사업주의 지시에 따라 참여한 행사나 행사준비 중에 발생한 사고
   - 휴게시간 중 사업주의 지배관리하에 있다고 볼 수 있는 행위로 발생한 사고
   - 그 밖에 업무와 관련하여 발생한 사고
2. 업무상 질병
   - 업무수행 과정에서 물리적 인자(因子), 화학물질, 분진, 병원체, 신체에 부담을 주는 업무 등 근로자의 건강에 장해를 일으킬 수 있는 요인을 취급하거나 그에 노출되어 발생한 질병
   - 업무상 부상이 원인이 되어 발생한 질병
   - 「근로기준법」 제76조의2에 따른 직장 내 괴롭힘, 고객의 폭언 등으로 인한 업무상 정신적 스트레스가 원인이 되어 발생한 질병
   - 그 밖에 업무와 관련하여 발생한 질병
3. 출퇴근 재해
   - 사업주가 제공한 교통수단이나 그에 준하는 교통수단을 이용하는 등 사업주의 지배관리하에서 출퇴근하는 중 발생한 사고
   - 그 밖에 통상적인 경로와 방법으로 출퇴근하는 중 발생한 사고

④ "유족"이란 사망한 사람의 배우자(사실상 혼인 관계에 있는 사람을 포함한다)·자녀·부모·손자녀·조부모 또는 형제자매를 말한다(동법 제5조 제3호). 따라서 사실혼 관계에 있는 배우자도 유족급여의 대상에 포함된다.

36

④ 국민연금 가입자는 사업장가입자, 지역가입자, 임의가입자 및 임의계속가입자로 구분한다(국민연금법 제7조).

오답해설>

① 수급권은 양도 · 압류하거나 담보로 제공할 수 없다(동법 제58조 제1항).
② 국민연금공단 이사장은 보건복지부장관의 제청으로 대통령이 임면하고, 상임이사 · 이사(당연직 이사는 제외한다) 및 감사는 이사장의 제청으로 보건복지부장관이 임면한다(동법 제30조 제2항).
③ 국민연금법에 따른 급여는 노령연금, 장애연금, 유족연금, 반환일시금으로 구분된다(동법 제49조).

37

① 행정청의 처분 등이나 부작위에 대하여 제기하는 행정소송은 항고소송이다(행정소송법 제3조 제1호).

오답해설>

② 기관소송 : 국가 또는 공공단체의 기관 상호 간에 있어서의 권한의 존부 또는 그 행사에 관한 다툼이 있을 때에 이에 대하여 제기하는 소송. 다만, 헌법재판소법의 규정에 의하여 헌법재판소의 관장사항으로 되는 소송은 제외한다(동법 제3조 제4호).
③ 민중소송 : 국가 또는 공공단체의 기관이 법률에 위반되는 행위를 한 때에 직접 자기의 법률상 이익과 관계없이 그 시정을 구하기 위하여 제기하는 소송(동법 제3조 제3호)
④ 당사자소송 : 행정청의 처분 등을 원인으로 하는 법률관계에 관한 소송 그 밖에 공법상의 법률관계에 관한 소송으로서 그 법률관계의 한쪽 당사자를 피고로 하는 소송(동법 제3조 제2호)

38

④ 허가는 법령에 의한 일반적 · 상대적 금지(허가조건부 금지)를 일정한 요건을 갖춘 경우에 해제하여 일정한 행위를 적법하게 할 수 있게 하는 행정행위를 말한다.

오답해설>

① 인가는 타인의 법률적 행위를 보충하여 그 법률적 효력을 완성시켜 주는 행정행위이다.
② 특허는 행정청이 상대방에게 특정한 권리, 능력, 법적 지위, 포괄적 법률관계를 설정하는 행정행위이다.
③ 확인은 특정한 사실 또는 법률관계의 존부 또는 정부에 관하여 의문이 있거나 다툼이 있는 경우에 행정청이 이를 공권적으로 확인하는 행정행위이다.

39

④ 행정각부의 장관은 행정기관으로 행정주체에 해당하지 않는다.

오답해설>

행정법상 행정주체로는 국가, 지방자치단체, 공공조합, 영조물법인, 공법상 재단, 공무수탁사인 등이 있다.

40

② 의결기관은 내부적으로 국가나 공공단체의 의사를 결정할 수는 있지만, 외부에 대하여 국가를 대표할 수 없는 점에서 행정관청과 구별된다.

오답해설>

① 행정청이란 일정한 범위 내의 행정사무에 관하여 국가나 공공단체의 의사를 결정 · 표시할 수 있는 권한을 가지는 기관을 말한다.
③ 집행기관이란 행정청이 결정한 의사인 국가의사를 사실상 집행하는 기관을 말한다.
④ 자문기관이란 행정청에 대하여 자문을 제시할 수 있는 권한을 가진 행정기관을 말한다.

제3판 경비지도사 합격기준 박문각 자격증

1차 법학개론 기본서

제3판인쇄 : 2021. 06. 10.
제3판발행 : 2021. 06. 15.
편 저 자 : 박문각출판문화연구소
발 행 인 : 박 용
발 행 처 : (주)박문각출판
등 록 : 2015. 04. 29. 제2015-000104호
주 소 : 06654 서울시 서초구 효령로 283 서경B/D 4층
전 화 : (02) 723-6869
팩 스 : (02) 723-6870

정가 22,000원

ISBN 979-11-6704-080-0

MEMO